2025

사회복지사1급

단원별 역대기출문제집

김진원 편저

수험적합성 대한민국 No.1

합격생들이 극찬하는 大作

제1교시 ▶ 사회복지기초

인간행동과 사회환경 · 사회복지조사론

기출바이블!!
전공교수가 장인정신으로 집필한 기출백과사전!

· 2003년 1회 시험부터 2024년 22회 시험까지 전(全)회분 최다수록!!
· 진도별로 배열된 문제를 통해 주요 빈출논점을 빈틈없이 완벽간파!!
· 상세하고 정확한 해설과 주요 핵심논점정리로 혼자서도 쉽게 이해!!

오이코스북스
oikosbooks

머리말

우리가 선을 행하되 낙심하지 말지니
포기하지 아니하면
때가 이르매 거두리라

And let us not grow weary of doing good,
for in due season we will reap, if we do not give up.
―Galatians(갈라디아서) 6:9

2024년 22회 시험에서도 확실히 입증된
경이적이고 독보적인 적중률
합격생들이 극찬하는 1급 사회복지사 기출 바이블!

"학교 시험을 앞두고 요점파악이 되지않아 유튜브강의를 검색하다가
우연히 교수님 강의를 보게 되었어요.
뼈대를 잡아주시는 강의였는데, 그 강의를 보고 요점이 단번에 파악이 되었고,
그때 시험을 만점받게 되었으며,,,
그리곤 다짐했죠, 다른거 안보고 교수님만 믿고 1급 준비해야지 하고요~"
- 제22회 합격 김명진 선생님 -

수험사회복지학 대한민국 No.1
인화(仁和) 김진원 인사드립니다.

　2003년 제1회 사회복지사1급 국가시험이 시행된 이후 2024년 제22회 시험이 치러지는 기간 동안 비록 출제수준이 향상되긴 했지만, 그간 기출문제가 누적되어 있음에도 불구하고 합격률이 높지 않은 가장 큰 이유는 '수험적합성이 있는 전문화된 교재와 강의'의 부재로 수험생들이 '헛다리짚는 공부'를 하고 있기 때문입니다. 전문화된 수험효율적인 수험서를 집필하여, 합격의 길로 인도하는 등대같은 역할을 해야겠다는 가슴벅찬 소명의식으로 수험 교재집필과 강의를 시작하였습니다.

　"시험의 처음과 끝은 기출문제에 있습니다!!" 시험에 있어서 "만고의 진리(?)"는 바로 기출문제에서 문제가 다시 반복출제가 된다는 것입니다. 실제로 시험회차가 쌓일수록 더욱 더 뚜렷이 나타나고 있는 것이 바로 "6080법칙"입니다. 즉 60%만 넘기면 되는 시험인데 80%이상의 기출문제에서 1회 이상 출제된 내용이 반복출제 된다는 것입니다. 따라서 기출문제를 심층분석함으로써 출제가능성이 높은 빈출 내용요소를 뽑아 방대한 학습량을 줄이는 것이 최단기간 학습으로 합격할 수 있는 방법입니다.

'사회복지수험서적 역사상 유일'하게 제1회부터 제22회까지 전(全)회분 기출문제를 총망라하여, 진도별로 심층분석한 기출백과사전인 본서의 출간으로 1급 국가시험은 이제 '손바닥 시험'이 되었습니다.

합격을 위한 필독서로서 "기출분석집의 바이블(Bible)"인 본서는 다음과 같은 특징이 있습니다.

01
2003년 1회 시험부터 2024년 22회 시험까지 전(全)회분 최다수록!!
사회복지수험서적 역사상 최초로 2003년부터 2024년까지 **전회차(22회차)** 최다문제를 총망라하여 심층분석하였습니다.

02
진도별로 배열된 문제를 통해 주요 빈출논점을 빈틈없이 완벽간파!!
내용흐름별 이해가 가능하도록 기출문제를 진도별로 정리하였습니다. 유사한 문제들을 함께 공부하는 것이 넝쿨식 이해와 기출논점을 빠르게 간파할 수 있는 방법이기 때문이며, 이를 토대로 이론 학습에 있어서도 **"선택과 집중"**이 가능합니다.

03
상세하고 정확한 해설과 주요 핵심논점정리로 혼자서도 쉽게 이해!!
빈출문제에 대해 핵심논점을 OIKOS UP 으로 정리하였고, 이론서 없이도 내용에 대한 이해학습이 가능하도록 **해설, 보충설명, 오답풀이**를 상세히 기술하였습니다. 또한, 복원 수준이 좋지 않거나 법률의 개정·폐지로 의미가 없어진 문제 등을 추려내고 **최근 경향에 맞게 재복원**하여 안심하고 학습을 할 수 있도록 하였습니다.

> "공부의 깊이와 넓이를 정확하게 재단해 주시는
> 교수님의 강의 순서대로 그대로 따라가면서 공부한다면
> 합격은 반드시 저절로 온다는 걸 간곡하게 알려드리고 싶습니다."
> - 제21회 합격 영채경 선생님 -

아끼는 제자들의 1급 국가시험대비를 정규수업과 방학 집중특강으로 믿고 맡겨주시는 총신대학교, 성결대학교 등 여러 대학의 교수님들께, 그리고 다듬어야 할 부분이 많은 원목(原木) 같은 사람의 강의와 교재를 추천해주시고 응원해주시는 선생님들께 마음 깊이 감사드립니다. 과분하고도 따뜻한 배려에 부응하기 위해 겸허히 배전의 노력으로 최선을 다하겠습니다.

부족한 저의 생명이시요 힘이 되시는 참으로 좋으신 하나님의 크신 은총이 이 책을 보시는 선생님들의 평생에 충만하시길 간절히 기도드립니다.

2024년 4월

oikonomos 인화(仁和) 김기원

합격수기

숲을 보는 방법을 알려주시고,
요점만 딱 알려주셔서 헤매지 않아도 됩니다.

김명진 선생님
(2024년 제22회 합격)

1. 수험정보

회 차	22회	필기점수	1교시 사회복지기초	32점
준비기간	6개월+1.5개월		2교시 사회복지실천	46점
응시횟수	1회		3교시 사회복지정책과 제도	50점

2. 간단한 자기소개

한국방송통신대학교 사회복지학과를 졸업하여 장애인복지쪽으로 한번 해보고 싶어 1급을 준비하게 된 김명진입니다. 결혼전에는 어린이집교사로, 결혼후에는 경력이 단절된 상태로 아이만 케어하는 삶을 살면서 번아웃도 오고, 자존감도 많이 낮아진 상태였답니다. 그런 제가 진정성있고, 사회복지에 진심인 교수님을 만나게 된 건 천운이었다고 생각합니다. 교수님 강의를 들으면서 탈시설에 대한 생각도 달라지게 되었고, 공부하는 방법도 많이 배우게 되어 좋았습니다.

3. 김진원 Oikos 사회복지사1급 교재와 강의로 공부한 계기

한국방송통신대학교 사회복지학과에 편입하여 공부를 하는데, 방송대에 특성상 영상강의를 보고, 과제와 객관식 시험을 봅니다. 영상을 3번보고, 교재를 보아도 인행사의 경우 너무 방대하여 어떻게 요점을 파악해야 할 지 막막하여 유튜브 영상강의들을 찾아보게 되었답니다. 그때 우연히 보게 된 것이 교수님 인행사 무료강의였고, 뼈대를 잡아서 학자별 이론들을 쉽게 설명해 주시는데, 단번에 요점이 잡히게 되었고, 나무만 보고 이해하면서 외우던 공부방식에서 숲을 먼저 보는 공부방식으로 바꿀 수 있게된 계기가되기도 하였습니다. 이후, 교수님께서 운영하시는 밴드와 네이버카페를 가입하게 되었고, 기초부터 다시 공부하고 싶어서 기본강의부터 신청, 오이코스 스터디도 신청하여 공부하게 되었답니다.

4. 교수님의 장점

숲을 보는 방법을 알려주시고, 요점만 딱 알려주셔서 헤매지 않아도 됩니다. 외워야 하는 것만 외울 수 있게 정리하여 알려주시고, 오이코스 스터디에 가입하게 되면 진도별 ox 빵꾸체크로 자신이 얼마만큼 알고 있는지 체크 할 수 있도록 매주 강의를 해주십니다. 반복학습이 가능하게 강의마다 그리고 오이코스 강의때마다 중요한 부분을 계속 말씀해 주시니 무의식에 잠재되어 있던 것들이 언젠가는 튀어오르게 되는 경험을 하게 되기도 합니다. 교수님의 건강이 걱정될 정도로 사회복지에 진심이셨고, 오이코스스터디 줌강의를 통해 ox빵꾸체크를 하시는데 그때 궁금한 점이 있어 질문하면 성심껏 답변해주시기도 하였답니다.

5. 자신만의 슬럼프 극복방법은 무엇일까요?

23년 졸업과 동시에 1급시험에 합격하고 싶어 22년 7월부터 강의신청하여 스터디에 가입하게 되었습니다. 강의날짜와 시간을 체크하여 매주 무슨일이 있어도 꼭 들었고, 매일 같은 시간 같은 양을 공부하여 인증.. 이동시에도 음악대신 교수님 강의를 반복해서 들었답니다. 그래서 합격할것 같은 자신이 있어 정말 즐거운 마음으로 공부를 하면서 시험날만 기다렸지요. 그런데 웬걸....... 몸살과 컨디션 난조로 시험전날 응급실에 가게되었고, 결국 시험을 치루지 못하였답니다. 시험보기 전 모의고사를 볼 때에도 점수가 130점이 넘어서 '시험만 보면 합격이겠구나' 하고 생각했는데, 건강관리실패로 시험장 자체를 가지 못하게 되자, 제 자신에게 실망하게 되었고, 긍정적으로 생각하면서 공부하자라며 마음을 다잡았었는데....
우연히 동기들의 1급합격소식을 듣게 되었을 땐 무너지더라구요. 그래서 오이코스 스터디를 다시 가입은 하였지만, 바쁘다는 핑계로 공부에 손을 놓게 되었답니다. 저만의 슬럼프 극복방법은 '쉼' 이었던거 같아요. 언젠가는 다시 공부를 시작 할 것이라는 것을 알고 있었기에 억지로 스트레스 받으면서 꾸역꾸역 하지말고, 일단 쉬자였어요.
번아웃과 슬럼프를 극복하지 못한채 11월이 되었고, 이러다간 이번시험도 못볼 것같아 정신이 번쩍 들었습니다. 마음을 다잡는데 한달이 걸렸고, 12월부터 새벽3시까지 시간을 쪼개면서 공부를 했답니다.

6. 본인이 생각하는 합격 비결은 무엇인가요?

교수님을 믿고 교수님이 시키는대로, 알려주시는 대로 공부했던 6개월의 시기가 정말 합격비결인 것 같아요. 만약 그 기간이 없었다면 전 이번해에도 합격증을 받지 못했을 겁니다.

7. 다른 수험생에게 하고 싶은 한마디

사회복지사1급은 누군가에게는 쉽고 누군가에게는 어려운 자격증인 것 같아요. 보편적으론 1급은 단기간에 공부해서 합격할 수 있는 자격증은 아닌것 같습니다. 저 또한 준비기간을 1.5개월이라고 작성하였지만, 어찌보면 7개월일지도 모릅니다. 교수님과 함께 했던 오이코스 스터디 시절이 정말 많이 도움이 되었고, 1년이 지난 시기에 다시 펜을 들었을 때에도 무의식에 있던 것들이 떠오르면서 "맞아 이랬었지"하고 중얼거리며 공부하는 저를 보게 되었답니다.
내년에 꼭 합격하고 싶다고 생각이 드시는 분들께는 교수님 강의를 듣고, 오이코스 스터디에 가입하는 것을 강추하며, 단순히 가입하고 강의를 결제한다고 해서 합격할 수 있는 것이 아니라 교수님께서 최선을 다해서 알려주시는 만큼 수험생또한 성실하게 임하는 자세가 중요하다고 생각이 듭니다.
ox빵꾸체크 꼭 줌강의로 보시고, 매일 공부인증하면서 스터디 공부를 하세요. 녹화강의를 보려고 하니 잘 안보게 되더라구요. ox 빵꾸체크를 하게되면 기출공부를 하거나 핵심요약노트를 보게 될 때 교수님께서 말씀하시는 물고기가 튀어오르는 경험을 정말 하시게 될 것입니다.
모두들 건투를 빕니다.

합격수기

8첩반상 유기농 한정식에
끈기와 노력이라는 숟가락만 없었을 뿐 ……

염채경 선생님
(2023년 제21회 합격)

1. 수험정보

회 차	21회	필기점수	1교시 사회복지기초	42점
준비기간	10개월		2교시 사회복지실천	62점
응시횟수	1회		3교시 사회복지정책과 제도	58점

2. 간단한 자기소개

저는 30년 이상 군무원으로 생활하였고 제2의 인생을 사회복지사로 재도전하여 2년간 재가 복지센터에서 사회복지사로 근무하였습니다. 2022년 새로운 한해가 시작되었는데 뭔가 의미있는 도전을 해볼까하는 단순한 생각과 나이를 먹어도 오랫동안 사회생활을 하고 싶다는 열망으로 사회복지사 1급에 도전하게 되었습니다.

3. 김진원 Oikos 사회복지사1급 교재와 강의로 공부한 계기

저는 처음에 시중에 나와있는 강의가 다 거기서 거기 비슷하겠지, 나만 열심히 하면 합격하는 거 아닌가 하는 생각으로 대충 인터넷 검색하여 배움카드로 강의를 듣기 시작했는데, 강의를 들으면 뭔가 감이 잡히고 공부가 되어야 되는데 도대체 무슨소리인지 감이 잡히지 않았습니다. 그러던 중 출근길에 우연히 U-tube에서 김진원교수님의 강의(인행사 핵심요약강의)를 보게 되었는데 "이거다"하는 생각이 들었습니다. (운명적인 만남??)
이미 결재해버린 수강료가 아까웠지만 그것보다 뭔가 확실한 방법으로 가는 것이 지름길로 가는 길이라는 생각으로 다큐프라임 에듀에 김진원교수님 강의를 다시 신청하여 시작하였습니다.

4. 교수님의 장점

교수님의 장점이야 뭐 한강의만 들어보시면 다 알수 있는 것들이죠. 성심성의껏 열정을 다 쏟아 붓는 열정적인 강의와 거기에 실력까지 겸비하셨으니 강의를 듣는 입장에서는 아무리 긴 강의라도 지루할 틈이 없고 어려운 이론도 이해하기 쉽게 강의해 주시니 반복해서 들으면 들을수록 실력이 나날이 쌓이는 기적을 경험하게 되지요.

5. 자신만의 슬럼프 극복방법은 무엇일까요?

저는 솔직히 슬럼프는 없었습니다. 처음 시작할 때는 기초 이론강의를 출/퇴근길 또는 어르신들 방문다니면서 이동할 때 이어폰으로 계속 듣고 다니면서 반복 반복해서 들었고, 매일 하루 일과의 마지막은 Oikos 스터디에 데일리 미션을 밴드애 올리고 잠드는 생활로 작년 한해를 보냈던 것 같아요. 데일리 미션을 올리면서 회원들과 서로 응원해주고 독려해 주면서 힘을 많이 얻었고 항상 강의 말미에 하나, 둘, 셋, 화이팅!!! 을 외쳐주시는 교수님의 응원을 들으면 힘이 절로 났던 것 같아요.

6. 본인이 생각하는 합격 비결은 무엇인가요?

저의 합격 비결은 한마디로 교수님이 하라는 대로 그대로 따라가면 된다는 것입니다(진심). 매일 공부한 것 데일리 미션에 올리고, 중간 중간 모의고사 치를 때 그것에 맞춰서 진도 나가고 실력이 부족하더라도 모의고사 건너뛰지 말고 치르고, 외우라는 것은 반드시 외우고, 공부의 깊이와 넓이를 정확하게 재단해 주시는 교수님의 강의 순서대로 그대로 따라가면서 공부한다면 합격은 반드시 저절로 온다는 걸 간곡하게 알려드리고 싶습니다.

7. 다른 수험생에게 하고 싶은 한마디

저는 처음에는 무엇을 하든 저만 열심히 하면 좋은 성과를 낼 수 있다고 생각했는데 스스로 열심히 하는 것도 중요하지만 누구와 함께 가느냐 하는것이 더욱 중요하다는 것을 이번 교수님의 강의를 듣고 다시한번 크게 깨달았습니다.

혹시 사회복지사1급을 도전하기 위해 망설이고 계시는 분이 계시다면 김진원 교수님과 함께 그리고 Oikos 스터디 그룹과 동행하신다면 그리 겁낼 것 없다. 일단 결신하고 결정하시면 50%는 합격하신거고 교수님께서 한정식 8첩반상을 유기농 건강식으로 잘 차려놓았으니 거기에 여러분의 끈기와 노력의 숟가락만 얹으시면 당신의 꿈은 스마일 미소를 띠며 옆에 와 있다고 알려드리고 싶습니다.

합격수기

약은 약사에게, 1급 사회복지사시험은 국내 최고의 전문가 김진원 교수님께

남상근 선생님
(2022년 제20회 합격)

1. 수험정보

회 차	20회	필기점수	1교시 사회복지기초	40점
준비기간	2개월		2교시 사회복지실천	66점
응시횟수	1회		3교시 사회복지정책과 제도	66점

2. 간단한 자기소개

자기소개에 앞서 두 달 동안 많은 가르침을 주신 교수님께 감사의 인사를 드립니다. 교수님의 도움으로 짧은 시간에도 불구하고 합격 할 수 있었습니다. 저는 올해 나이 41세 남상근 입니다. 현재 다른 직종에서 근무하고 있으며 사회복지 비 전공자 입니다. 2012년 학점은행제로 이론 강의를 들었으며 직장생활 하면서 실습을 진행하기 어려워 자격증 취득을 포기 하고 있었습니다. 이번에 육아휴직을 하게 되어 실습 후 바로 1급 국가시험에 도전 하게 되었습니다.

3. 김진원 Oikos 사회복지사1급 교재와 강의로 공부한 계기

현장실습을 계기로 사회복지에 대한 지식이 많이 부족함을 느꼈고 1급 시험에 도전해보기로 결심했지만 약 두 달의 시간 밖에 남지 않아 고민이 많았습니다. 우연히 유튜브에서 교수님의 강의를 보게 되었고 시험이 딱 두 달 남긴 시점에서 갑자기 결정하게 되어 시작 하게 되었습니다. 처음 시작했을 때 많은 고민이 있었는데 교수님이 커리큘럼을 자세히 문자로 보내주셔서 자신감이 생겨서 도전해볼 수 있었습니다. 수험공부를 시작할 때 저는 정말 지식 제로, 백지 상태였습니다. 창피하지만 1급 시험에 어떤 과목이 있는지도 몰랐습니다. 백지였던 저를 두 달 만에 172점으로 만들어 주셨습니다.

4. 교수님의 장점

정확한 기출논점을 파악하여 알려주시고 비전공자도 쉽게 이해할 수 있게 설명해 주십니다. 어떤 분들은 물고기가 튀어 나온다고 표현해 주셨는데 제가 진짜 놀랐던 점은 기존 기출문제가 아닌 것 중에도 교재에 나온 단어, 문장 그대로 시험문제 나오는 게 굉장히 많습니다. 그리고 예측해 주시는 것 들은 그냥 다 나온다고 보시면 됩니다. 교수님께서 그림까지 그려주시면서 열심히 강의해주셨던 지역사회보장 계획, 보장협의체 이번에 지역 사회 복지론 에서 두 문제나 나왔습니다. 강의 중에 갑자기 큰소리로 얘기 하시는 부분은 잘 기억해 두시고 암기 하시면 됩니다. 여러분도 경험하시게 될 것입니다. 수강생들이 어떤 걸 어려워하고 힘들어 하는지 정확히 알고 계셔서 충분히 설명해 주십니다.

5. 자신만의 슬럼프 극복방법은 무엇일까요?

공부 시작하고 한 달 정도 지난 후에 기간이 짧아서 해도 안 되겠지, 괜히 도전하는 거 아닌가, 하기 싫다는 생각이 들 때가 많았습니다. 교수님의 강의 끝날 때 파이팅 외쳐주시는게 큰 동기 부여가 됐던 거 같습니다. 혼자만의 싸움이라는 생각이 들 때가 많았는데 든든한 지원군이 있구나! 라는 생각에 포기 하지 않고 할 수 있었던 거 같습니다. 교수님이 아무리 맛있는 밥상을 차려주신다 해도 어떻게 먹느냐는 내 노력, 능력이다. 노력은 배신하지 않는다. 이런 생각하면서 마음을 다잡았습니다.

6. 본인이 생각하는 합격 비결은 무엇인가요?

저는 교수님이 추천해 주신 방법대로 교재, 강의 회독 + 9개년 기출문제 회독 이렇게 진행 했습니다. 그리고 중요하다고 하신내용, 암기가 필요한 내용 암기, 기출문제 자주틀리는 것 확인하고 교수님이 조사론 시간에 이해가 안 되면 암기해라 암기 하면 이해된다. 라고 하셨는데 진짜 그렇게 됐습니다.

7. 다른 수험생에게 하고 싶은 한마디

2023년 21회 시험을 준비 하고 계신 선생님들 교수님을 믿고 열심히 달려가시면 눈앞에 합격이 와 있으실 겁니다. 자신감 잃지 마십시오. 국내최고의 교수님을 만나신겁니다. 그리고 저처럼 이론이 부족하신 분들은 절대 교재로만 독학으로 하지마시고 강의 들으시는 걸 꼭 추천 드립니다. 쉬운 길 두고 어려운길로 돌아가시는 겁니다. 제가 경험했던 건데 처음 강의 1회 수강 후 이해가 많이 부족한 상황에서 교재로만 하다보면 어려운 내용을 자기생각대로 이해하려고 해서 나중에 같은 문제 계속 틀리게 됩니다. 그래서 강의 회독을 계속 했습니다. 이론은 이론대로 기술은 기술대로 이해하려면 강의 꼭 들으셔야 합니다. 이게 정말 큰 도움이 된 거 같습니다. 마지막으로 교수님께 감사의 인사를 올리겠습니다. 짧은 시간이었지만 교수님이 중간 중간 얘기 해 주셨던 내용들 가르침 잊지 않고 살아가겠습니다. 항상 건강하시고 행복 하세요 교수님 감사합니다.

합격수기

교수님께서 집필하신 레전드급 교재들은
감탄과 감동이 절로 되는 교재들 입니다.

정기향 선생님
(2021년 제19회 합격)

안녕 하세요. 저는 54세이고 재수생입니다^^
먼저 이렇게 합격수기를 쓸수 있도록 인도해 주신 하나님께 모든 영광 돌립니다.
또 무엇보다 기뻐하실 김진원 교수님께 합격선물을 드리게 되어 더 감격스럽습니다.

2015년 보육교사 11년차인 저는 자기개발 차원에서 총신대 평교원 학은제로 사회복지 공부를 했어요
매주 토요일 대면 수업을 받았는데 해마다 8월이면 "사회복지1급 핵심전략반 김진원교수" 홍보판이 행정실
쪽에 있었지만 무심히 지났쳤고 "내가 감히 1급을.. 2급에 만족하자" 생각하며 4년 학사과정을 마무리 할
즈음 몇 분의 학우가 1급에 합격했다는 소식을 접하며 "나도 할수 있을까? 그래 도전해 보자!"

2019년 9월 핵심전략반에서 수험공부를 시작했어요.
인행사 과목 외엔 나머지 과목들은 모두 생소하고 어려웠고, 그래도 시험은 봐야 하기에 교수님이 외우라
고 한 부분은 외워서 시험장에 갔는데 시험문제를 접하니 더 긴장 되어 그마나 외웠던 것은 생각도 안 나
고 18회 시험결과 103개로 불합격 했습니다.
시험을 치룬 후에 "진짜 어렵구나 포기 할까..." 자신감이 떨어지니 부정적인 생각만 떠오르고 솔직히 8과목
의 방대한 과정을 재도전해서 이해할수 있을까? 그러다가 결단했어요.
지금 포기하면 난 패배자가 된다 꼭 재도전해서 합격의 2배의 기쁨을 만끽해 보자!

"차근 차근 꼼꼼하게 하자" 굳게 결심하고
3월부터 모두자에 접수해서 기본 이론 강의 들으면서 "적자생존" 열심히 적고 1×3,3×1법칙에 따라 정독
하고 강의듣기를 회독하고, 7월 노량진 합격설명회에서 재시생 수준별 합격전략 및 합격 플랜 대로 (인식
→이해→암기→집중)자신의 약한 과목을 인식하고 집중하고 선별적으로 학습하도록 알려 주셨습니다.

8월 oikos스터디4기 멤버들과 학습하면서 서로 원원 토닥이며 데일리 학습을 통해 학습습관이 형성되었고
11월부터 oikos열공반들에게 하프모고로 중간 점검 할수 있도록 무료 줌 강의로 해설도 해주시면서 채점결
과 비가 많이 내렸어도 "틀린 것을 기반으로 부족한 부분을 메꾸고 땅따먹기 식으로 자기 것으로 만들면
된다" 그렇게 아낌없는 격려로 힘을 주셨습니다.

12월까지 기본이론서 3회독 역대기출 4회독 그리고 핵심요약노트는 어려운 법제론 부터 앞으로 1회독 인행사부터 뒤로 2회독 다시 뒤에서부터 3회독 OX기출족보 3회독 그리고 시험직전 법령특강으로 최종정리 할수 있도록 도와 주시고, 달달달 암기할 연도들도 정리해서 주셔서 싱크대 수납장에 붙여 교수님이 알려 주신 리듬있는 암기법으로 계속 읽기하니 자연 암기가 됐답니다.
11월 중순부터 잠자리에 들 때엔 적중요약강의를 이어폰으로 들으면서 이틀에 한과목씩 정리를 했습니다.

그리고 19회 시험은 점심시간 없이 바로 3교시 시험을 치루어야 하기에 시험 일주일 전부터 적중모의고사로 실제 시험장 처럼 타임설정하고 50분 75분 75분 중간 휴식 10분 연습하기 했는데 근데 적중모의고사가 머리 쥐나도록 참 어려웠어요. 그덕에 1교시 인행사를 어렵지 않게 봤던 것 같습니다. 그래도 시간이 금방 지나갔고 커리큘럼 여러 과정이 재미있었고 어릴때 학교 다닐 때는 못했던 공부를 사복1급 공부하면서 제 나이도 잊게 하는 즐거운 수험공부여서 큰 슬럼프 없이 시험장까지 갈수 있었고 19회 시험 가채점 결과 157개 득점했습니다.

수험공부하면서 졸리거나 잡념이 생길때는 큰소리로 역대기출문제를 읽어 가며 풀이하고 기억력감퇴와 감기예방을 위해 홍삼과 비타민C는 매일 챙겨 먹고, 공부할 때 재난경보도 듣지 않으려고 핸드폰 끄고 쉬는 시간에 켜고 꼭 스트레칭으로 긴장된 근육 풀기도 빼 놓지 않고 했습니다.

교수님의 오프라인과 온라인 강의를 다 들어봤어요.
한결같이 열정적이고 혼신의 힘과 온 정성을 다해 하나라도 더 알려주시려는 섬세한 마음이 전해지는 강의 무한긍정의 파이팅 넘치는 에너지를 전해 주는 강의입니다.
교수님께서 집필하신 레전느급 교재들은 수험생 눈높이의 맞춤 교재인듯 해요.
가려운 부분을 긁어주듯 시원하고 감탄과 감동이 절로 되는 교재들입니다.

교수님의 탁월한 강의를 잘 편성해 주신 모두자 임직원분들께 감사드리고요
성도들을 위해 늘 기도해주시는 난곡제일교회 원로목사님과 유** 담임목사님에게 무한 감사의 마음을 전해 드리고, 시험당일 새벽 합격 기도를 보내 준 친정언니들에 감사의 마음을 전하고,
수험공부하느냐 부족한 집안일을 잘 챙겨준 남편과 늘 응원해준 두 딸들~ 고마운 마음을 전합니다^^

수험생 여러분 !
시험에 맞는 제대로 된 방향 설정만 믿고, 교수님이 보라는 것만 보면 반드시 120마리 물고기 거뜬히 잡습니다!!
합격하는 그 날까지 곁에서 끝까지 달려 주시는 김진원교수님과 함께 라면 기필코 합격합니다 !!
저도 수험생 여러분들에게 아낌없이 응원하겠습니다.^^

시험제도

1 시험과목, 시험방법, 시험시간, 합격자 결정기준 등

1. 시험과목 및 시험방법

시험과목(3과목)	시험영역(8영역)	문제수(총점)	문제형식
사회복지기초 (50문항)	○ 인간행동과 사회환경 (25문항) ○ 사회복지조사론 (25문항)	200문제 (1문제 1점, 200점) ※ 2014년 제12회 시험부터 문항수가 영역별 30문항에서 25문항으로 변경	객관식 5지 택1형
사회복지실천 (75문항)	○ 사회복지실천론 (25문항) ○ 사회복지실천기술론 (25문항) ○ 지역사회복지론 (25문항)		
사회복지정책과 제도 (75문항)	○ 사회복지정책론 (25문항) ○ 사회복지행정론 (25문항) ○ 사회복지법제론 (25문항)		

※ 시험관련 법령 등을 적용하여 정답을 구하여야 하는 문제는 시험시행일 현재 시행중인 법령을 기준으로 출제함

2. 시험시간

구분	시험과목		입실시간	시험시간
1교시	사회복지기초 (50문항)	○ 인간행동과 사회환경 ○ 사회복지조사론	09:00	09:30~10:20 (50분)
휴식 10 : 20 ~ 10 : 40 (20분)				
2교시	사회복지실천 (75문항)	○ 사회복지실천론 ○ 사회복지실천기술론 ○ 지역사회복지론	10:40	10:50~12:05 (75분)
점심시간 12 : 05 ~ 12 : 25 (20분)				
3교시	사회복지정책과 제도 (75문항)	○ 사회복지정책론 ○ 사회복지행정론 ○ 사회복지법제론	12:25	12:35~13:50 (75분)

※ 수험자는 매 과목 시험시간표와 입실시간을 반드시 확인하시기 바라며, 점심시간이 촉박하니 개별 도시락 준비 등 시험응시에 차질이 없도록 하여 주시기 바랍니다.
※ 응시편의 제공 대상자 1.2배/1.5배/1.7배 시간 연장

3. 합격(예정)자 결정기준 등

가. 시험의 합격결정에 있어서는 매 과목 4할 이상, 전 과목 총점의 6할 이상을 득점한 자를 합격예정자로 결정
나. 사회복지사 1급 국가시험 합격예정자는 한국사회복지사협회에서 응시자격 서류심사를 실시하며, 응시자격서류를 정해진 기한 내에 제출하지 않거나 심사결과 부적격자인 경우에는 최종불합격 처리함
다. 최종합격자 발표 후라도 제출된 서류 등의 기재사항이 사실과 다르거나 응시자격 부적격 사유가 발견될 때에는 합격을 취소함

2 시험현황, 시험제도 분석

1. 연도별 시험현황

구분	3회 05년	4회 06년	5회 07년	6회 08년	7회 09년	8회 10년	9회 11년	10회 12년	11회 13년	12회 14년	13회 15년	14회 16년	15회 17년	16회 18년	17회 19년	18회 20년	19회 21년	20회 22년	21회 23년	22회 24년
시험일자	3월6일	3월12일	3월4일	2월3일	2월8일	1월24일	1월23일	2월5일	1월26일	1월25일	1월24일	1월23일	1월21일	1월20일	1월19일	2월8일	2월6일	1월22일	1월14일	1월13일
시험요일	일요일										토요일									
접수인원	10,287명	14,617명	20,580명	27,017명	29,770명	26,587명	25,471명	28,143명	25,719명	27,882명	26,327명	25,949명	24,674명	27,520명	28,273명	33,788명	35,598명	31,018명	30,544명	31,608명
응시인원	8,635명	12,151명	16,166명	19,493명	22,753명	23,050명	21,868명	23,627명	20,544명	22,604명	21,393명	20,946명	19,514명	21,975명	22,646명	25,462명	28,391명	24,248명	24,119명	25,458명
합격자	3,731명	5,056명	4,006명	9,034명	7,081명	9,700명	3,119명	10,254명	5,839명	6,412명	6,820명	9,919명	5,284명	7,422명	7,801명	8,457명	17,295명	8,882명	6,425명	7,633명
합격률	43%	42%	25%	46%	31%	42%	14%	43.4%	28.42%	28.4%	31.9%	47.35%	27.07%	33.7%	34.45%	33.21%	60.92%	36.62%	40.7%	29.98%
시험과목	필수3과목(8영역) ※ 10회 시험부터 시험문제 공개																			
문항수	240(영역별 30문제)									200(영역별 25문제, 12회부터)										

※ 2022년 제20회 시험현황은 1교시 출간시점에 발표되지 않아 반영하지 못함.

2. 시험제도 분석

구분	시험과목 (3과목)	시험영역 (8개 영역)	문항수	배점(문항당1점) 영역별	배점(문항당1점) 과목별	합격/과락커트라인		시험시간
제1교시	사회복지기초 (50문항)	인간행동과 사회환경	25	25	50점	매 과목 만점의 40% 이상	20점 이상	50분
		사회복지조사론	25	25				
제2교시	사회복지실천 (75문항)	사회복지실천론	25	25	75점		30점 이상	75분
		사회복지실천기술론	25	25				
		지역사회복지론	25	25				
제3교시	사회복지정책과 제도 (75문항)	사회복지정책론	25	25	75점		30점 이상	75분
		사회복지행정론	25	25				
		사회복지법제론	25	25				
계	3과목 (8개영역)		200문항	200점		전 과목 총점의 60% 이상 120점 이상		문항 당 60초

출제빈도

1 제1교시 사회복지기초 과목

제1영역 인간행동과 사회환경

이해 틀	목차 (교과목 지침서에 준함)	1회 2003	2회 2004	3회 2005	4회 2006	5회 2007	6회 2008	7회 2009	8회 2010	9회 2011	10회 2012	11회 2013	12회 2014	13회 2015	14회 2016	15회 2017	16회 2018	17회 2019	18회 2020	19회 2021	20회 2022	21회 2023	22회 2024
서설	제1장 인간행동 발달과 사회복지	1	1	2	3	2	3	1	2	1	3	3	2	2	2	2	1	2	2	1	3	2	2
전생애 주기적 발달 관점에서 이해	제2장 태내기, 영아기, 유아기	1	3	2	3	4	3	4	3	3	5	3	3	2	4	3	3	3(1)	3	3(2)	2(1)	3(1)	3(1)
	태내기 : 임산~출산	1	1	1	–	1	1	2	1	1	1	1	1	1	2	1	1	1	1	1	1	–	1
	영아기 : 0~2세	–	2	–	2	2	1	1	1	1	3	1	1	1	2	–	1	1(1)	1	1(1)	(1)	2	1(1)
	유아기 : 3~6세	–	–	1	1	1	1	1	1	1	1	1	1	1	1	1	1	1	1	1(1)	1	1(1)	1
	제3장 아동기 : 7~12세	2	1	2	1	1	2	1	2	1	2	1	1	1	1	(1)	1	1	1	1	1(1)	1(1)
	제4장 청소년기 : 13~18세	–	2	2	2	2	1	2	1	2	3	2	2	1	1	–	2	1(1)	2	1(1)	1(1)	1	1(1)
	제5장 청년기 : 19~39세	1	1	1	–	1	1	1	1	–	1	1	–	1	1	(1)	1(1)	–	1	1	(1)	1
	제6장 중·장년기 : 40~64세	1	1	1	1	1	1	1	1	1	2	1	1	2	1	1	1	1(1)	1	1	1	1	1(1)
	제7장 노년기 : 65세 이상	–	2	2	2	2	1	2	1	2	2	1	2	1	1	1	(1)	1	1	2(1)	(1)	1(1)	(1)
인간의 성격에 대한 이해	제8장 정신역동이론	9	8	6	5	5	6	5	5	7	11	4	6	5	3	5	6	5(3)	4(2)	4(2)	3(1)	3	4(4)
	프로이트의 정신분석이론	5	4	2	2	2	2	3	1	3	4	1	1	1	–	1	2	2(1)	1(1)	1(1)	1(1)	1	1(1)
	에릭슨의 심리사회이론	2	2	2	1	1	2	–	1	2	3	1	2	1	2	1	1	1	1(1)	1	1	–	1	1(1)
	융의 분석심리이론	1	1	1	1	1	1	1	2	1	2	1	1	1	1	2	1	1	1(1)	1	1	1	1(1)
	아들러의 개인심리이론	1	1	1	1	1	1	1	1	1	2	1	2	2	–	1	1	(1)	1	1(1)	1	–	1(1)
	제9장 행동주의 이론	3	3	3	2	2	2	3	4	10	4	4	2	3	3	2	2	1(1)	2(1)	2(1)	2(2)	2	2(2)
	초기 행동주의와 스키너의 학습이론	1	2	1	1	1	1	1	2	5	4	3	1	1	1	2	1	–	1(1)	1(1)	2(1)	1(1)	1(1)
	반두라의 사회학습이론	2	1	2	1	1	1	2	2	4	–	1	1	2	2	–	1	1(1)	1	1	(1)	1	1(1)
	제10장 인지이론	2	4	1	2	5	1	2	2	2	7	4	2	4	2	3	3	2	1	1(3)	1(2)	2(1)	1	1(1)
	피아제의 인지이론	2	3	1	1	4	1	1	1	1	4	1	1	3	2	2	2	–	1(1)	1(1)	1(1)	1	1
	콜버그의 도덕발달이론과 인지치료	–	1	–	1	1	–	1	1	1	3	1	1	1	–	(1)	1	(2)	1	–	(1)
	제11장 인본주의 이론	2	2	2	2	3	2	2	3	4	3	2	1	3	3	(1)	3(1)	2(1)	2(1)	2	1(2)
	로저스의 현상학 이론	1	1	1	1	1	1	1	2	2	1	1	1	1	–	1	(1)	2	1(1)	1(1)	2	1(1)
	매슬로우의 인간동기이론	1	1	1	1	2	2	1	1	1	1	1	1	1	–	1(1)	1	1	1	(1)
사회환경에 대한 이해	제12장 사회체계 이론	1	2	1	2	1	4	1	2	2	1	2	1	–	1	2	3	4	2	4	4	3	4
	제13장 사회체계로서의 가족과 집단	–	–	–	2	1	1	1	3	2	1	–	2	1	(2)	2	–	–	1	–
	제14장 사회체계로서의 조직·지역사회·문화	–	2	–	1	1	1	1	1	–	1	2	1	2	1	1	1	1(3)	–	–	1	2	2

※ 표 안에 ( ) 안의 숫자는 단독 출제되지는 않았으나 문제의 지문상에 해당 부분의 내용이 출제된 것을 의미합니다.
※ 제12회 시험부터 영역별 30문제에서 25문제 출제로 변경되었으므로 출제빈도는 12회 시험부터 눈여겨보시기 바랍니다.

제2영역 사회복지조사론

이해 틀	목차 (교과목 지침서에 준함)	1회 2003	2회 2004	3회 2005	4회 2006	5회 2007	6회 2008	7회 2009	8회 2010	9회 2011	10회 2012	11회 2013	12회 2014	13회 2015	14회 2016	15회 2017	16회 2018	17회 2019	18회 2020	19회 2021	20회 2022	21회 2023	22회 2024
사회조사 방법의 기초	제1장 과학과 조사연구방법	1	3	6	3	3	3	3	-	3	4	4	3	2	3	3	4	-	2	2	1(3)	2	3
	제2장 사회조사방법의 기본 개념	-	4	1	5	2	3	3	4	3	3	3	3	3	5	3	2(1)	4(1)	3	2	2(3)	2	2
	제3장 사회조사방법의 형태와 절차	2	5	1	1	2	2	1	2	3	1	2	2	2	(2)	3	1	1	3	1	2(1)	2	2
사회조사 방법의 설계	제4장 질문지 작성	-	1	2	1	1	1	1	1	-	1	-	1	-	-	1	-	1	-	(3)	-	-	
	제5장 측정과 척도	2	1	2	2	3	3	3	3	2	1	2	2	1	1	3	2(1)	2	3	3	3	3	3
	제6장 신뢰도와 타당도	1	3	3	2	2	2	2	3	2	1	2	2	2	3	3	2	2(2)	3	2(1)	3(1)	3	2
	제7장 표본추출(표집)	2	5	2	3	3	3	4	5	4	3	4	4	4	2	2	3	4	2	2	3(2)	3	2
자료수집	제8장 자료수집과 질문지법	-	1	1	1	1	1	1	2	-	4	-	3	1	1	1	1	(2)	1(1)	2	(1)	-	-
	제9장 면접법과 관찰법	-	1	1	2	2	1	2	1	2	-	1	-	1	-	(1)	1	(3)	(2)	-	(1)	2	1
	제10장 비반응성 자료수집과 내용 분석	-	1	1	1	-	2	1	1	1	2	1	2	1	3	1	(2)	1(2)	1	-	-	1
	제11장 실험설계(집단설계)	3	7	6	3	4	4	4	5	5	5	4	3	4	5	3	2	4(1)	2	4	3	3	4
	제12장 단일사례연구	2	1	1	1	-	-	-	-	1	-	1	1	(1)	1	1	1	1	1	-	2	1
	제13장 질적 연구방법론	-	1	1	2	1	2	1	2	1	2	5	1	1	1	2	4	3	4	3	2	3
	제14장 욕구조사와 평가조사	-	2	2	1	5	3	4	2	3	3	1	-	1	1(1)	2	1	(1)	-	1	1	1	-
자료 처리/ 보고서 작성	제15장 자료처리 및 연구보고서 작성	-	1	1	1	1	1	-	-	-	-	-	-	-	-	-	-	-	-	-	-	-	-

※ 표 안에 ( ) 안의 숫자는 단독 출제되지는 않았으나 문제의 지문상에 해당 부분의 내용이 출제된 것을 의미합니다.
※ 제12회 시험부터 영역별 30문제에서 25문제 출제로 변경되었으므로 출제빈도는 12회 시험부터 눈여겨보시기 바랍니다.

출제빈도

2 제2교시 사회복지실천 과목

제1영역 사회복지실천론

이해 틀	목차 (교과목 지침서에 준함)	1회 2003	2회 2004	3회 2005	4회 2006	5회 2007	6회 2008	7회 2009	8회 2010	9회 2011	10회 2012	11회 2013	12회 2014	13회 2015	14회 2016	15회 2017	16회 2018	17회 2019	18회 2020	19회 2021	20회 2022	21회 2023	22회 2024
사회복지 실천에 대한 이해	제1장 사회복지 실천의 개념 및 정의	1	2	1	2	1	1	1	2	2	5	2	1	1	1	1	2	1	-	1	1	2	1
	제2장 사회복지 실천의 가치와 윤리	2	4	3	2	3	3	2	3	3	3	3	-	2	2	2	2	2	3	3	3	2	4
	제3장 사회복지실천의 역사적 발달과정	1	2	2	2	2	3	2	2	4	3	3	3	2	3	3	2	2	2	2	2	2	3
	제4장 사회복지 실천의 현장에 대한 이해	1	4	3	3	2	4	2	2	3	2	1	4	4	2	2	2	2	1	2	1	2	1
접근 방법	제5장 사회복지 실천의 관점: 통합적 접근	-	5	5	4	4	5	7	6	6	4	4	3	3	3	4	5	4	4	4	4	3	4
관계론과 면접론	제6장 사회복지 실천의 관계론	2	3	1	2	2	4	5	3	2	3	2	3	4	2	2	3	2	4	3	4	3	3
	제7장 사회복지 실천의 면접론	5	5	2	2	3	-	1	3	3	3	3	3	2	2	2	2	2	3	2	3	2	2
과정론	제8장 접수 및 자료수집	2	2	2	1	2	2	1	1	1	3	3	-	2	2	1	2	2	2	2	2	1	1
	제9장 사정단계	-	5	3	1	3	5	-	1	2	2	2	1	2	2	-	2	2	1	1	1	1	1
	제10장 계획 수립 단계	1	2	1	2	2	-	-	-	-	1	1	1	2	1	1	1	-	1	1	-	1	1
	제11장 개입단계	-	-	2	5	3	2	4	3	1	-	1	1	-	2	2	-	-	1	-	1	2	1
	제12장 종결과 평가단계	3	3	2	2	1	-	2	2	-	1	1	-	2	1	-	1	1	1	1	1	-	-
사례 관리	제13장 사례관리	-	-	1	1	2	1	3	2	2	3	3	2	3	2	3	3	3	3	3	2	4	2

※ 표 안에 ( ) 안의 숫자는 단독 출제되지는 않았으나 문제의 지문상에 해당 부분의 내용이 출제된 것을 의미합니다.
※ 제12회 시험부터 영역별 30문제에서 25문제 출제로 변경되었으므로 출제빈도는 12회시험부터 눈여겨보시기 바랍니다.

제2영역 사회복지실천기술론

이해 틀	목차 (교과목 지침서에 준함)	1회 2003	2회 2004	3회 2005	4회 2006	5회 2007	6회 2008	7회 2009	8회 2010	9회 2011	10회 2012	11회 2013	12회 2014	13회 2015	14회 2016	15회 2017	16회 2018	17회 2019	18회 2020	19회 2021	20회 2022	21회 2023	22회 2024
사회복지사의 전문성	제1장 사회복지사의 전문성	2	2	-	1	2	4	2	3	-	-	-	-	-	-	-	2	-	3	1	1	1	2
사회복지 실천 모델과 개입 기술	제2장 정신역동 모델	-	-	-	1	2	2	1	1	2	3	-	1	1	1	1	1	1	1	1	1		1
	제3장 심리사회 모델	1	3	1	3	2	2	3	1	-	2	3	2	-	1	1	1	1	1	-	1(1)	1	1(1)
	제4장 인지행동 모델과 행동수정모델	-	2	3	2	3	5	3	2	2	2	3	3	3	2	3	3	2	2	1	3(2)	4	1(3)
	제5장 과제중심 모델	-	-	2	2	1	1	2	2	2	1	1	1	1	1	1	1	1(1)	-	1	1(1)	(1)	1
	제6장 역량강화 모델과 위기 개입 모델	1	1	-	-	2	1	-	2	4	-	2	2	2	2	2	2	1(2)	3	3	1(1)	1(3)	1(4)
가족 대상 사회복지 실천과 기술	제7장 가족에 대한 이해	-	-	3	1	1	-	2	2	3	4	2	3	4	1	1	3	2	2	1	1	2	2
	제8장 가족문제 사정	1	3	1	2	3	2	3	2	1	2	3	1	1	2	1	1	1	2	1	1	2	-
	제9장 가족대상 실천기법: 가족치료의 다양한 접근	1	1	2	-	2	1	3	2	6	5	5	5	5	4	7	6	3	5(1)	4	8	6	4	5(2)
집단 대상 사회복지 실천과 기술	제10장 집단대상 실천기법	1	4	3	4	3	4	3	3	3	3	3	2	4	4	2	2(1)	1(1)	2(2)	1	1	2	1
	제11장 집단의 역동성	-	2	3	2	4	3	2	3	1	1	3	2	-	-	-	2	2(1)	(3)	3	2	-	2
	제12장 집단발달 단계	1	1	2	1	3	3	4	4	4	4	2	2	3	2	4	2	4	2	3	3	3	4
기록과 평가	제13장 사회복지 실천기록	1	3	1	3	2	-	2	1	1	1	1	1	1	1	1	1	1	1	1	1	1	1
	제14장 사회복지 실천평가	-	1	1	1	-	-	-	2	2	1	2	1	1	1	1	2	2	1	1	-	1	1
	※ 사례관리	-	-	2	3	-	-	-	-	1	-	-	-	-	-	-	-	-	-	-	-	-	-

※ 표 안에 ( ) 안의 숫자는 단독 출제되지는 않았으나 문제의 지문상에 해당 부분의 내용이 출제된 것을 의미합니다.
※ 제12회 시험부터 영역별 30문제에서 25문제 출제로 변경되었으므로 출제빈도는 12회시험부터 눈여겨보시기 바랍니다.

출제빈도

제3영역 지역사회복지론

이해 틀	목차 (교과목 지침서에 준함)	2회 2004	3회 2005	4회 2006	5회 2007	6회 2008	7회 2009	8회 2010	9회 2011	10회 2012	11회 2013	12회 2014	13회 2015	14회 2016	15회 2017	16회 2018	17회 2019	18회 2020	19회 2021	20회 2022	21회 2023	22회 2024
지역사회 복지의 이해	제1장 지역사회에 대한 이해	-	1	1	1	1	1	1	1	2	1	1	1	2	2	1	2	1	2	2	1	1
	제2장 지역사회복지와 지역사회 복지실천의 이해	5	3	-	3	3	4	2	3	2	3	1	3	1	1	1	2	-	1	2	2
	제3장 지역사회복지 역사의 이해	3	2	2	2	2	2	4	2	3	3	2	3	4	3	5	3	3	3	3	3	4
지역사회 복지의 이론과 모델	제4장 지역사회복지의 이론적 기초이해	-	-	-	-	1	1	1	2	2	2	3	3	3	2	1	2	2	2	3	3
	제5장 지역사회복지의 실천모델에 대한 이해	1	4	6	5	5	3	5	5	2	6	3	3	2	2	3	2	2	3	3	3	2
지역사회 복지 실천의 과정과 기술	제6장 지역사회복지 실천의 과정	-	4	2	-	3	3	-	3	4	3	2	4	2	3	3	2	1	1	3	2	2
	제7장 지역사회복지 실천에서의 사회복지사의 역할	1	2	1	3	1	2	1	2	1	3	1	1	-	-	1	1½	-	-	1	2
	제8장 지역사회복지 실천에서의 사회복지사의 기술	2	-	3	2	3	1	2	3	3	1	2	3	6	3	3	2	3	3½	4	2	2	2
	제9장 사회행동의 전략과 전술	-	1	2	3	-	4	3	1	1	2	-	1	-	-	-	-	1	-	-	-	-
지역사회 복지실천 추진체계	제10장 지역사회 보장계획	2	-	1	1	1	1	1	1	2	2	-	1	1	1	1	2	1	1	1	1
	제11장 공공지역사회 복지실천의 추진체계	-	2	2	1	3	4	2	3	3	-	1	1	3	2	2	3	3	2	2	1
	제12장 민간지역사회 복지실천의 추진체계	12	8	5	8	6	7	7	5	5	4	5	1	3	3	3	4	3	4	4	3	4
지역사회 복지운동	제13장 지역사회복지 운동	3	3	1	-	-	1	1	1	1	-	1	1	1	2	1	2	2	2	1

※ 표 안에 ( ) 안의 숫자는 단독 출제되지는 않았으나 문제의 지문상에 해당 부분의 내용이 출제된 것을 의미합니다.
※ 제12회 시험부터 영역별 30문제에서 25문제 출제로 변경되었으므로 출제빈도는 12회시험부터 눈여겨보시기 바랍니다.

3 제3교시 사회복지정책과 제도 과목

제1영역 사회복지정책론

이해 틀	목차 (교과목 지침서에 준함)	1회 2003	2회 2004	3회 2005	4회 2006	5회 2007	6회 2008	7회 2009	8회 2010	9회 2011	10회 2012	11회 2013	12회 2014	13회 2015	14회 2016	15회 2017	16회 2018	17회 2019	18회 2020	19회 2021	20회 2022	21회 2023	22회 2024
사회복지 정책의 기초	제1장 사회복지 정책의 이해	1	2	2	3	1	1	-	3	3	1	1	1	2	2	2	2	2	2	3	2	2	3
	제2장 사회복지 정책의 가치와 갈등	-	2	2	2	1	1	1	2	1	1	1	2	2	2	1	1	2	1	1	1	2	-
사회복지 정책의 역사와 발달이론	제3장 사회복지 정책의 역사적 전개	4	6	2	-	4	5	1	4	5	4	3	4	3	1	4	3	1	3	2	1	2	2
	제4장 사회복지 정책의 이론과 사상	5	4	3	4	4	3	1	4	2	4	5	3	6	4	2	4	1	4	2	4	3	3
사회복지 정책의 과정과 분석틀	제5장 사회복지 정책의 형성과정	-	2	3	4	3	2	2	1	2	3	3	2	3	2	2	1	2	1	2	1	3	-
	제6장 사회복지 정책의 내용분석	2	6	6	5	5	5	6	6	8	7	9	5	4	10	1	5	2	5	7	5	3	7
사회 보장의 이해	제7장 사회보장의 이해	2	3	2	3	2	2	2	3	-	1	1	1	-	2	1	1	5	1	1	2	2	3
	제8장 빈곤과 공공부조 제도	2	4	3	4	3	5	2	4	3	2	4	3	1	2	4	4	3	4	3	4	5	6
	제9장 공적연금 제도의 이해	1	1	2	-	1	2	3	2	2	2	-	2	2	-	3	1	2	1	1	1	1	(1)
	제10장 국민건강보장 제도의 이해	-	1	1	1	-	-	2	1	3	1	2	1	1	-	2	2	1	2	1	2	1	(2)
	제11장 산업재해보상 보험제도의 이해	-	-	1	-	1	1	1	-	1	1	1	-	1	-	2	1	1	1	-	1	$\frac{1}{2}$	(1)
	제12장 고용보험 제도의 이해	-	1	-	-	-	1	1	-	-	1	-	1	-	-	1	-	1	-	1	1	$\frac{1}{2}$	(1)
	제13장 사회서비스정책	-	-	-	-	-	-	-	-	-	-	-	-	-	-	-	-	2	-	1	-	-	-

※ 표 안에 ( ) 안의 숫자는 단독 출제되지는 않았으나 문제의 지문상에 해당 부분의 내용이 출제된 것을 의미합니다.
※ 제12회 시험부터 영역별 30문제에서 25문제 출제로 변경되었으므로 출제빈도는 12회시험부터 눈여겨보시기 바랍니다.

출제빈도

제2영역 사회복지행정론

이해 틀	목차 (교과목 지침서에 준함)	1회 2003	2회 2004	3회 2005	4회 2006	5회 2007	6회 2008	7회 2009	8회 2010	9회 2011	10회 2012	11회 2013	12회 2014	13회 2015	14회 2016	15회 2017	16회 2018	17회 2019	18회 2020	19회 2021	20회 2022	21회 2023	22회 2024
사회복지 행정의 이해	제1장 사회복지 행정의 개념과 특성	-	3	-	1	1	1	2	1	2	2	2	1	1	2	1	1	1	2	1	1	2	1
	제2장 사회복지 행정의 역사	-	1	1	1	1	1	1	1	2	2	1	2	1	1	3	-	1	3	3	3	3	1
사회복지 행정 이론과 조직이해	제3장 사회복지 행정의 이론적 배경	1	3	4	3	3	4	3	4	2	3	3	2	3	2	3	5	2	3	2(1)	5(4)	5(2)	3
	제4장 사회복지 조직의 구조와 조직화	3	-	4	3	3	4	2	3	3	4	2	2	1	1	1	1	2	1	-	1	1	2
사회복지 조직 관리와 인사관리	제5장 사회복지조직의 기획과 의사결정	2	3	2	3	2	2	3	2	4	2	3	2	3	4	3	3	1	1	1	1	1	2
	제6장 리더십 (leadership)	-	3	3	2	2	1	3	2	3	2	1	2	1	1	1	2	1	3	2	3	2	3
	제7장 인적자원관리	1	3	4	5	1	2	2	2	3	2	2	1	1	3	1	4	4	3	2(1)	3	4
	제8장 재정관리	1	3	4	3	2	3	3	3	3	3	2	1	2	1	2	2	2	2	2	1	2
	제9장 서비스 품질 관리와 위험 관리	-	-	-	-	-	-	-	-	-	-	-	-	-	-	-	1	1	-	(2)	1	(3)	1
	제10장 정보관리 시스템	-	1	-	1	1	1	1	1	-	1	1	1	1	1	-	-	-	-	-	-	1	-
	제11장 프로그램 개발과 평가	1	4	2	2	4	3	5	5	4	3	6	4	5	2	3	2	4	2	2(1)	1	1	1
	제12장 사회복지 서비스전달체계	-	4	3	2	2	3	2	2	3	2	3	5	4	6	3	2	3	-	4	1	1	3
	제13장 마케팅과 홍보	-	1	2	1	2	2	2	1	1	1	1	-	1	1	1	1	1	2	1	3	2
평가와 책임성, 변화	제14장 사회복지 조직의 책임성과 평가	-	1	-	1	-	-	2	-	1	2	1	1	1	1	2	1	2	2	2	-	-
	제15장 사회복지 조직의 환경변화	-	1	1	1	1	1	2	-	1	-	1	-	1	2	1	1	1	-	-	-

※ 표 안에 ( ) 안의 숫자는 단독 출제되지는 않았으나 문제의 지문상에 해당 부분의 내용이 출제된 것을 의미합니다.
※ 제12회 시험부터 영역별 30문제에서 25문제 출제로 변경되었으므로 출제빈도는 12회시험부터 눈여겨보시기 바랍니다.

제3영역 사회복지법제론

이해 틀	목차 (교과목 지침서에 준함)	3회 2005	4회 2006	5회 2007	6회 2008	7회 2009	8회 2010	9회 2011	10회 2012	11회 2013	12회 2014	13회 2015	14회 2016	15회 2017	16회 2018	17회 2019	18회 2020	19회 2021	20회 2022	21회 2023	22회 2024
총론	제1장 사회복지법의 개념과 체계	1	3	3	2	2	1	1	3	3	1	3	2	2	2	1	1	3	1	1	1
	제2장 사회복지법의 역사적 형성과 특징	-	2	-	-	-	-	-	-	-	-	1	-	1	-	-	-	-	-	-	-
	제3장 사회복지의 권리성	1	1	1	1	1	1	1	-	-	-	1	1	-	-	1(1)	1	-	1	1	1
	제4장 사회복지의 법률관계	2	2	2	1	1	1	2	1	2	1	1	-	-	-	-	-	1	-	-	-
	제5장 사회복지 주체에 대한 법적 검토	-	1	-	-	-	-	-	-	-	-	-	-	-	-	-	-	-	-	-	-
	제6장 사회복지사 등의 법적 지위와 권한	1	1	-	2	2	2	1	1	1	-	-	-	-	1	-	-	-	-	-	-
	제7장 우리나라 사회복지 입법 변천사	3	-	1	1	1	1	1	1	-	1	1	1	1	1	1	1	1	1	2	1
	제8장 국제법과 사회복지	2	1	1	1	1	-	-	1	-	1	-	-	-	-	-	-	-	-	-	-
각론	제9장 사회보장기본법	3	1	-	1	2	1	2	1	1	1	3	4	4	3	2	2	3	3	3	3
	↳ 사회보장급여의 이용·제공 및 수급권자 발굴에 관한 법률	-	-	-	-	-	-	-	-	-	-	-	-	-	-	1	2	1	3	4	2
	제10장 사회복지사업법	4	3	3	3	3	3	2	4	4	4	4	4	3	4	3	3	3	2	1	4
	제11장 공공부조법	4	4	6	5	6	5	3	4	5	5	5	4	3	3	3	4	3	4	4	4
	국민기초생활보장법	3	3	5	1	4	3	1	2	2	2	2	1	1	1	1	2	2	1	3	2
	의료급여법	1	1	1	2	1	1	1	1	1	2	1	1	1	-	-	-	1	-	1
	긴급복지지원법	-	-	-	1	1	1	-	-	1	1	-	1	-	-	1	1	-	1	-	-
	기초연금법	-	-	-	1	-	-	1	1	1	1	1	1	1	1	1	1	1	1	1	1
	장애인연금법	-	-	-	-	-	-	-	-	-	-	-	-	-	-	-	-	-	-	-	-
	제12장 사회보험법	2	3	4	3	2	4	6	5	5	7	6	5	3	5	5	4	4	5	3	5
	국민연금법	1	1	1	1	-	2	1	1	2	1	1	1	1	-	1	1	-	1	1
	국민건강보험법	1	1	1	1	1	2	1	1	1	2	1	-	1	1	1	1	1	1	1
	고용보험법	-	-	-	-	-	1	1	1	1	1	1	1	1	1	1	1	1	1	2
	산업재해보상보험법	-	1	1	1	-	1	1	1	1	2	1	1	1	1	1	1	1	1	-
	노인장기요양보험법	-	-	-	-	-	1	1	1	1	1	1	1	1	1	1	1	1	1	-
	제13장 사회복지서비스법	7	7	10	5	8	10	9	7	7	4	5	4	3	5	6	7	5	5	5	4
	아동복지법	1	2	1	1	1	1	1	1	1	1	1	1	-	1	1	(2)	1	2	1
	노인복지법	1	1	2	1	2	2	2	1	1	1	1	1	1	-	1	1(2)	1	-	1
	장애인복지법	1	1	1	-	2	1	1	1	1	1	1	1	1	1	1	(1)	1	-	-
	한부모가족지원법	1	1	1	1	-	-	1	1	1	-	1	1	-	1	1	(2)	1	1	1
	영유아보육법	-	-	-	1	1	2	-	1	-	-	-	-	-	-	-	-	-	-	-
	정신건강증진 및 정신질환자 복지서비스 지원에 관한 법률	1	1	1	-	-	1	2	1	-	-	-	-	-	-	-	-	-	1	-	-
	사회복지공동모금회법	1	-	1	-	1	-	-	-	-	-	-	-	1	1	1	1	-	1
	입양특례법	-	-	1	-	-	-	1	-	-	-	-	-	-	-	-	-	-	-	-
	장애인·노인·임산부 등의 편의증진에 관한 법률	1	-	-	-	1	-	-	-	-	-	-	-	-	-	-	-	-	-	-
	농어촌주민의 보건복지 증진을 위한 특별법	-	-	1	-	-	-	-	-	-	-	-	-	-	-	-	-	-	-	-
	식품등 기부 활성화에 관한 법률	-	1	-	-	-	-	-	-	-	-	-	-	-	-	-	-	-	-	-
	다문화 가족지원법	-	-	-	-	1	-	1	1	-	-	-	1	1	-	1	(1)	-	-	-
	가정폭력 및 피해자보호 등에 관한 법률	-	-	1	-	-	-	-	-	-	1	-	1	1	1	1	1	-	-	-
	성매매방지 및 피해자 보호 등에 관한 법률	-	-	-	-	1	1	-	-	-	-	-	-	-	-	-	-	-	-	-
	성폭력방지 및 피해자 보호 등에 관한 법률	-	-	-	-	-	-	-	-	-	-	-	-	1	1	1	1	-	-	-
	건강가정기본법	-	-	-	-	-	-	-	-	-	-	-	-	-	-	-	-	-	1	-
	제14장 사회복지 관련법	-	-	-	1	-	1	1	1	-	-	1	-	1	-	-	1	-	-	-
	자원봉사활동 기본법	-	-	-	-	-	-	-	-	-	-	1	-	1	-	1	1	-	-	-
	장애인고용촉진 및 직업 재활법	-	-	-	-	-	-	1	1	-	-	-	-	-	-	-	-	-	-	-
	제15장 판례	-	1	-	-	1	-	2	-	1	1	-	1	-	1	-	1	-	1	-

※ 표 안에 ( ) 안의 숫자는 단독 출제되지는 않았으나 문제의 지문상에 해당 부분의 내용이 출제된 것을 의미합니다.
※ 제12회 시험부터 영역별 30문제에서 25문제 출제로 변경되었으므로 출제빈도는 12회시험부터 눈여겨보시기 바랍니다.

Contents

제 1 영역 인간행동과 사회환경

제1부 서 설
　제1장　인간행동, 발달과 사회복지 ················· 26

제2부 전생애주기적 발달관점에서 이해
　제2장　태내기, 영아기, 유아기 ·················· 52
　제3장　아동기(childhood) : 7~12세 ············· 80
　제4장　청소년기(adolescence) : 13~18세 ········ 90
　제5장　청년기(youth) : 19~39세 ················ 104
　제6장　중·장년기(middle adulthood) : 40~64세 ········ 110
　제7장　노년기(old age) : 65세 이상 ············· 122

제3부 인간의 성격에 대한 이해
　제8장　정신역동이론 ························· 134
　제9장　행동주의 이론 ························ 190
　제10장　인지이론 ···························· 224
　제11장　인본주의 이론 ······················· 248

제4부 사회환경에 대한 이해
　제12장　사회체계이론 ························ 274
　제13장　사회체계로서의 가족, 집단 ············· 300
　제14장　사회체계로서의 조직·지역사회·문화 ······ 314

제 2 영역 사회복지조사론

제1부 사회조사방법의 기초
- 제1장 과학과 조사연구방법 ····································· 330
- 제2장 사회조사방법의 기본 개념 ····························· 362
- 제3장 사회조사방법의 형태와 절차 ·························· 392

제2부 사회조사방법의 설계
- 제4장 질문지 작성 ··· 412
- 제5장 측정과 척도 ··· 420
- 제6장 신뢰도와 타당도 ··· 442
- 제7장 표본추출(표집) ··· 470

제3부 자료 수집
- 제8장 자료수집과 질문지법 ····································· 508
- 제9장 면접법과 관찰법 ··· 518
- 제10장 비반응성 자료수집과 내용분석 ······················ 528
- 제11장 실험설계(집단설계) ······································ 540
- 제12장 단일사례연구 ·· 580
- 제13장 질적 연구방법론 ··· 590
- 제14장 욕구조사와 평가조사 ···································· 618

제4부 자료처리 및 연구조사보고서 작성
- 제15장 자료처리 및 연구보고서 작성 ······················· 636

1교시 / 사회복지기초

제1영역

인간행동과 사회환경
Human Behavior and the Social Environment

교과목 개요

본 과목은 학생들에게 사회복지 실천의 기초지식이라고 할 수 있는 인간 행동 및 인간 발달, 사회체계에 대한 이론적 기반을 형성해 주고자 한다. 구체적으로 인간행동과 사회환경의 다양한 요소와 이들의 상호작용에 관한 지식을 세 차원 – 사회복지 실천에서 많이 활용되어 온 인간행동을 설명하는 주요 이론들 ; 생태체계 이론적 관점에서 본 개인, 가족, 사회, 문화적 요소 간의 상호작용 ; 생애 주기 이론에 입각해서 본 발달단계와 발달과업 – 에 입각하여 검토하고 각각의 이론과 사회복지실천의 연관성도 파악한다.

교과목 목표

1. 사회복지 실천의 주요 관점인 '환경 속의 인간(person-in-environment)'이라는 입장에서 인간행동을 설명하는 대표적인 이론들에 대한 이해
2. 인간과 사회환경의 상호작용을 체계이론과 생태학 이론의 관점에서 이해하고 개인, 가족, 사회, 문화적 요소 간의 상호작용과 상호교류가 인간행동에 미치는 영향을 이해
3. 인간의 발달을 전 생애주기적 관점(태아기~노년기)으로 바라보고, 각 단계에서의 발달의 특성과 과업을 이해
4. 인간행동, 인간발달, 생태체계적 관점에 관한 이론들이 사회복지실천에 갖는 의미와 연관성을 파악

1영역 | 인간행동과 사회환경

이해 틀	목차 (교과목 지침서에 준함)	10회 2012	11회 2013	12회 2014	13회 2015	14회 2016	15회 2017	16회 2018	17회 2019	18회 2020	19회 2021	20회 2022	21회 2023	22회 2024
서설	제1장 인간행동 발달과 사회복지	3	3	2	2	2	2	1	2	2	1	3	2	2
전생애 주기적 발달 관점 에서 이해	제2장 태내기, 영아기, 유아기	5	3	3	2	4	3	3	3(1)	3	3(2)	2(1)	3(1)	3(1)
	태내기 : 임신~출산	1	1	1	-	1	2	1	1	1	1	1	-	1
	영아기 : 0~2세	3	1	1	1	2	-	1	1(1)	1	1(1)	(1)	2	1(1)
	유아기 : 3~6세	1	1	1	1	1	1	1	1	1	1(1)	1	1(1)	1
	제3장 아동기 : 7~12세	2	1	2	1	1	1	(1)	1(1)	1	1(1)	1	1(1)	1(1)
	제4장 청소년기 : 13~18세	3	2	2	1	1	-	2	1(1)	2	1(1)	1(1)	1	1(1)
	제5장 청년기 : 19~39세	1	1	-	1	1	(1)	1	1(1)	-	1	1	(1)	1
	제6장 중장년기 : 40~64세	2	1	1	2	1	1	1	1(1)	1	1	1	1	1(1)
	제7장 노년기 : 65세 이상	2	1	2	1	1	1	(1)	1	1	2(1)	(1)	1(1)	(1)
인간의 성격에 대한 이해	제8장 정신역동이론	11	4	6	5	3	5	6	5(3)	4(2)	4(2)	3(1)	3	4(4)
	프로이트의 정신분석이론	4	1	1	1	-	1	2	2(1)	1(1)	1(1)	1(1)	1	1(1)
	에릭슨의 심리사회이론	3	1	2	1	2	1	2	1(1)	1	1	-	1	1(1)
	융의 분석심리이론	2	1	1	1	1	2	1	1	1(1)	1	1	1	1(1)
	아들러의 개인심리이론	2	1	2	1	-	1	1	(1)	1	1(1)	1	-	1(1)
	제9장 행동주의 이론	4	4	2	3	3	2	2	1(1)	2(1)	2(1)	2(2)	2	2(2)
	초기 행동주의와 스키너의 학습이론	4	3	1	1	1	2	1	-	1(1)	1(1)	2(1)	1	1(1)
	반두라의 사회학습이론	-	1	1	2	2	-	1	1(1)	1	1	(1)	1	1(1)
	제10장 인지이론	7	4	2	4	2	3	2	1	1(3)	1(2)	2(1)	1	1(1)
	피아제의 인지이론	4	1	1	3	2	3	1	-	1(1)	1(1)	1(1)	1	1
	콜버그의 도덕발달이론과 인지치료	3	1	1	1	-	-	(1)	1	(2)	(1)	1	-	(1)
	제11장 인본주의 이론	3	2	2	1	3	2	1	(1)	3(1)	2(1)	2(1)	2	1(2)
	로저스의 현상학 이론	2	1	1	-	1	1	1	(1)	2	1(1)	1(1)	1	(1)
	매슬로우의 인간동기이론	1	1	1	1	2	1	-	-	1(1)	1	1	1	(1)
사회 환경에 대한 이해	제12장 사회체계 이론	1	2	1	-	1	2	3	4	2	4	4	3	4
	제13장 사회체계로서의 가족과 집단	1	-	-	-	1	2	1	(2)	2	-	-	1	-
	제14장 사회체계로서의 조직 지역사회 문화	1	2	1	2	1	2	1	1(3)	-	-	1	2	2

※ 표 안에 ( ) 안의 숫자는 단독 출제되지는 않았으나 문제의 지문상에 해당 부분의 내용이 출제된 것을 의미합니다.
※ 제12회 시험부터 영역별 30문제에서 25문제 출제로 변경되었으므로 출제빈도는 12회시험부터 눈여겨보시기 바랍니다.

제01장

인간행동, 발달과 사회복지

제1영역 : 인간행동과 사회환경

▶ 제1장 회차별 출제빈도, 출제비중 및 출제논점 1, 2, 3순위

10회 2012	11회 2013	12회 2014	13회 2015	14회 2016	15회 2017	16회 2018	17회 2019	18회 2020	19회 2021	20회 2022	21회 2023	22회 2024
3	3	2	2	2	2	1	2	2	1	3	2	2

출제 비중	출제 논점		
	1순위 ☺	2순위 ※	3순위 ☆
12₃	① 발달의 원리 ② 학자별 성격발달단계 구분	① 인간발달이론과 사회복지실천 관계	① 환경 속의 인간 ② 발달 유사 용어

---

01 환경 속의 인간(person in environment)에 관한 설명으로 옳지 않은 것은? • 11회

① 인간을 환경과 지속적인 상호작용을 일으키는 존재로 본다.
② 인간과 환경체계 사이의 유기적 관계를 설명한다.
③ 인간은 사회환경을 지배하는 독립적 존재이다.
④ 인간행동이 사회환경에 의해 영향을 받고 있음을 설명한다.
⑤ 인간과 환경을 하나의 통합적 체계로 이해한다.

> **정답 및 해설**
>
> 사회복지전문직에서는 **환경 속의 인간**(PIE, person in environment)이라는 이중적 관점은 사회복지전문직의 이론적 기반 구축과 실천기술의 발전뿐만 아니라 전문직 자체의 정체성 확립에도 기여하였다. 사회복지전문직에서는 반드시 환경 속의 인간이라는 이중적 초점 하에서 내담자의 욕구와 문제를 사정하고 원조해야 한다.
>
> **오답풀이**
>
> ③ 인간은 사회환경을 지배하는 독립적 존재라는 것은 옳지 않다. **환경 속의 인간**이라는 관점은 인간과 환경 사이의 **상호작용 영역에 초점**을 두고, 양자 간 상호교환으로 진행되는 일에 관심을 둔다.
>
> 답 ③

> **OIKOS UP** 환경 속의 인간(PIE : Person in Environment)
>
> ① 환경 속의 인간 = 이중적 관심(이중적 초점, dual focus)
>   ㉠ 사회복지전문직에서는 인간과 환경을 분리된 실체가 아니라 적극적이고 능동적인 주체로서 하나의 **통합된 총체로** 이해하는 관점유지를 말한다.
>   ㉡ 인간과 환경 사이의 상호작용 영역에 초점을 두고, 양자 간 상호교환으로 진행되는 일에 관심을 둔다.
> ② 인간과 환경의 균형
>   ㉠ 환경 속의 인간이라는 관점은 인간과 환경 사이의 상호작용적 관계파악을 중시하지만 **인간과 환경을 종속적으로 보지 않는다.**
>   ㉡ 인간을 이해하기 위해서는 인간의 심리 내적인 특성만을 고려할 것이 아니라 개인의 심리적인 특성 외에도 환경 혹은 상황까지 고려해야 한다는 관점이다.

02 다음 설명 중 옳은 것을 모두 고른 것은?
• 10회

> ㉠ 성장은 주로 유전인자가 지니고 있는 정보에 따라 나타나는 변화를 의미한다.
> ㉡ 학습은 훈련과정을 통하여 행동이 변하는 과정을 의미한다.
> ㉢ 성숙은 신체의 크기, 근육의 세기 등의 양적 증가를 의미한다.
> ㉣ 발달은 유기체가 생활하는 모든 변화를 의미한다.

① ㉠, ㉡, ㉢ ② ㉠, ㉢
③ ㉡, ㉣ ④ ㉣
⑤ ㉠, ㉡, ㉢, ㉣

정답 및 해설

㉠은 **성숙을**, ㉢은 **성장을** 설명하고 있다.

답 ③

03 성장과 성숙에 관한 설명으로 옳은 것을 모두 고른 것은?

• 11회

㉠ 성숙은 유전인자가 지니고 있는 정보에 따른 변화를 의미한다.
㉡ 성장은 신체 크기의 증대, 근력 증가, 인지의 확장 등과 같은 양적 확대를 의미한다.
㉢ 성숙은 경험이나 훈련과 관계없이 체계적으로 일어난다.
㉣ 성장은 일정한 시기가 지나면 정지된다.

① ㉠, ㉡, ㉢
② ㉠, ㉢
③ ㉡, ㉣
④ ㉣
⑤ ㉠, ㉡, ㉢, ㉣

정답 및 해설

㉠, ㉡, ㉢, ㉣ 모두 올바른 내용이다.

보충설명

㉡ **성장**은 신체 크기의 증대, 근력 증가는 물론 인지의 확장도 포함한 **양적 확대를 의미**한다.
㉣ **성장**은 생리적으로 이미 설계되어 있는 계획표에 따라 양적 확대가 이루어지다가 일정한 시기가 지나면 정지되는 인간의 부분적 측면, 특히 신체적 부분에 국한된 변화를 설명하고자 할 때 주로 사용된다.

답 ⑤

04 다음의 설명으로 옳은 것을 모두 고른 것은?

• 18회

㉠ 성장은 키가 커지거나 몸무게가 늘어나는 등의 양적 변화를 의미한다.
㉡ 성숙은 유전인자에 의해 발달 과정이 방향 지어지는 것을 의미한다.
㉢ 학습은 직·간접 경험 및 훈련과정을 통한 변화를 의미한다.

① ㉠
② ㉡
③ ㉠, ㉡
④ ㉡, ㉢
⑤ ㉠, ㉡, ㉢

정답 및 해설

㉠ **성장**은 키가 커지거나 몸무게가 늘어나는 등과 같은 **신체의 양적 변화**를 의미한다.
㉡ **성숙**은 부모로부터 받은 **유전인자**가 지니고 있는 정보에 따라 발달적 변화가 통제되는 과정이다.
㉢ 학습은 직접 또는 간접적 경험, 훈련과 연습의 결과로 일어나는 개인의 내적인 변화다.

답 ⑤

05 인간발달 및 그 유사개념에 관한 설명으로 옳지 않은 것은?

• 20회

① 성장(growth)은 시간의 경과에 따라 나타나는 양적 변화이다.
② 성숙(maturation)은 환경과의 상호작용에 의한 사회적 발달이다.
③ 학습(learning)은 경험이나 훈련의 결과로 나타나는 행동변화이다.
④ 인간발달은 유전과 환경의 상호작용 결과이다.
⑤ 인간발달은 상승적 변화와 하강적 변화를 모두 포함한다.

정답 및 해설

성숙(maturation)은 내적·유전적 요인에 의해 발달적 변화가 통제되는 신체적·심리적 변화과정을 말한다. 즉, 인간의 **발달**은 유전과 환경 사이의 상호작용에 의해 이루어지는 데 반해, **성숙은 부모에게서 받은 유전인자가 지니고 있는 정보에 따라 변화**(예 태아의 모체 내에서의 발달, 사춘기에 나타나는 2차 성징 등)가 일어나기 때문에 경험이나 훈련과는 관계가 없다.

보충설명

① **성장(growth)**은 생리적으로 이미 설계되어 있는 계획표에 따라 **양적 확대가 이루어지다가 일정한 시기가 지나면 정지되는 인간의 부분적인 측면**, 즉 특히 신체적 부분에 국한된 변화를 설명할 때 주로 사용한다.
③ **학습(learning)**은 직·간접적 경험, 훈련, 연습의 산물로서 인간의 발달을 이끄는 환경적 요소의 총체를 말한다.
④ 인간발달은 **유전적 요인과 환경적 요인 간의 상호작용**에 의해 이루어지는 것이다.
⑤ 인간발달은 **상승적 변화뿐만 아니라 하강적 혹은 퇴행적 변화까지 모두** 포함한다.

답 ②

OIKOS UP   발달 유사 용어 : 성장, 성숙, 학습 ⊂ 발달

① 성장(growth)
  ㉠ 신체 크기의 증대, 근력 증가(근육의 세기), 인지의 확장 등과 같은 양적 확대를 의미
  ㉡ 생래적으로 이미 설계되어 있는 계획표(programing)에 따라 양적 확대가 이루어지다가 일정한 시기가 지나면 정지되는 인간의 부분적 측면
  ㉢ 특히 신체적 부분에 국한된 변화를 설명할 때 주로 사용한다.
    ↳ 발달은 신체뿐 아니라 심리·사회적 측면에서의 변화를 모두 포함하며, 양적 확대뿐만 아니라 양과 질에서의 상승적 또는 퇴행적 변화를 모두 포함
② 성숙(maturation)
  ㉠ 경험이나 훈련에 관계없이 인간의 내적 또는 유전적 기제의 작용에 의해 나타나는 체계적이고 규칙적으로 진행되어 가는 신체 및 심리적 변화를 의미
  ㉡ 부모로부터 받은 유전인자가 지니고 있는 정보에 따라 일어나는 변화(예 태아의 발달, 영구치의 돌출, 사춘기의 2차 성 특성의 출현 및 폐경기의 도래 등)를 의미
    ↳ 발달은 유전과 환경 사이의 상호작용에 의해 이루어지는 변화를 의미
③ 학습(learning) : 특수한 경험, 훈련 또는 연습과 같은 외부 자극이나 조건의 결과로서 일어나는 개인 내적인 변화
    ↳ 발달은 경험이나 훈련은 물론 유전적 요인에 의해서 일어나는 변화까지도 포함하고 있으며, 내적인 변화뿐만 아니라 외적인 변화까지도 포함

06 인간 발달의 원리로 옳은 것은?
• 9회

① 인간 발달의 순서는 말초에서 중심으로 이루어진다.
② 정서적 발달은 성격발달과 관련이 없다.
③ 인간 발달은 분화의 과정이면서 통합의 과정이다.
④ 인간 발달은 적절한 환경과 자극만 제공되면 언제든지 이루어진다.
⑤ 인간 발달은 전체적인 활동이 나타나기 이전에 세분화된 활동이 먼저 나타난다.

정답 및 해설

발달은 **분화와 통합**의 과정이다.

오답풀이
① 발달은 중심 부위**에서 말초 부위**로 이루어진다.
② **정서적 발달은 성격발달과 관련이** 있다.
④ 발달은 **결정적 시기(최적기, 민감기)**가 있다. 즉 어떤 특정한 발달 과업을 성취하는 데는 가장 적절한 시기(critical period; 결정적 시기)가 있다. 발달의 최적기를 놓치게 되면 다음 시기에 보완되기가 어렵다.
⑤ 발달은 전체 운동**에서 특수 운동**으로 진행된다.

답 ③

OIKOS UP 발달의 기본 성격

① **발달의 기초성**(foundation of whole life) : 어렸을 때의 발달이 이후 모든 발달의 기초가 된다는 것이다. 특히 아동기는 일생의 기초가 형성되는 기간이다. 즉 아동 발달의 모든 경험은 성인기 행동의 여러 특성을 결정하는 원인이 된다. '세살 버릇 여든까지 간다'
② **발달의 적기성**(critical age) : 어떤 특정한 발달 과업을 성취하는 데 가장 적절한 시기가 있는데, 그 시기를 놓치면 다음 시기에 보완되기가 어렵다는 것이다.
③ **발달의 누적성**(cumulativeness) : 인간의 성장 발달에서 어떤 결손이 생기면, 그 결손은 다음 시기의 발달에 좋지 못한 장애가 된다. 이 결손은 계속 누적되어 좀 더 심각한 결손으로 나타날 수 있다.
④ **발달의 불가역성**(irreversibility) : 발달의 최적기를 놓치게 되면, 그 시기 이후에 이를 보완하거나 교정하기가 매우 힘들게 되는데, 이러한 성격을 곧 발달의 불가역성이라고 한다.

07 인간 발달에 관한 설명으로 옳은 것은?	• 10회

① 발달과정에 문화적·환경적 요인은 중요하지 않다.
② 일정한 방향으로 이루어지므로 개인적 차이는 없다.
③ 태아기에서 노년기에 이르기까지 시간적 흐름에 따라 일어나는 변화이다.
④ 특정단계에서의 발달은 이전단계의 발달과업 성취와 무관하다.
⑤ 하부에서 상부로, 말초에서 중심으로, 복잡한 것에서 단순한 것으로 나타난다.

> **정답 및 해설**
>
> 발달은 생명이 시작되는 순간부터 소멸되는 순간까지 전 생애적 **변화양상과 과정**이다.
>
> ✔ 오답풀이
> ① 발달과정에서 **문화적·환경적 요인은 중요**하다.
> ② 발달에는 **성장률의 개인차**가 있다.
> ④ **점성성, 혹은 기초성의 원리**로 특정단계에서의 발달은 이전단계의 발달과업 성취 정도에 기초하여 이루어진다.
> ⑤ 발달은 **상부에서 하부로, 중심에서 말초로, 단순한 것에서 복잡한 것**으로 나타난다.
>
> 답 ③

08 인간 발달의 관점에 관한 설명으로 옳지 않은 것은?	• 10회

① 개인의 유전형질도 인간 발달에 영향을 미친다.
② 인간 발달은 퇴행적 변화보다는 상승적 변화를 의미한다.
③ '환경 속의 인간'은 인간 발달 이해를 위한 기본 관점이다.
④ 인간 발달은 인간의 내적 변화뿐만 아니라 외적 변화도 포함한다.
⑤ 생물학적·심리적·사회적 체계를 포괄적으로 고려해야 한다.

> **정답 및 해설**
>
> 발달은 **상승적 변화와 하강적 혹은 퇴행적 변화를 포함**하는 개념이다.
>
> 답 ②

09 인간 발달에 관한 설명으로 옳은 것은? • 12회

① 일정한 속도로 전 생애에 걸쳐 이루어진다.
② 주로 유전적 요인에 의해 주도되는 과정이다.
③ 하부에서 상부로, 말초 부위에서 중심 부위로 진행된다.
④ 인간행동 양식의 전체적인 맥락 안에서 분석되어야 한다.
⑤ 점진적으로 일어나는 체계적 변화이며 질적 변화보다는 양적 변화를 의미한다.

정답 및 해설

인간은 환경에 적응하는 고도의 능력이 있어 행동양식이나 그 변화는 흔히 그것이 일어난 물리적, 사회적 상황을 반영하고 있기 때문에, 인간의 발달과 행동은 **그에 관련된 상황이나 인간관계의 맥락(context)에서 분석되어야** 한다.

오답풀이

① 발달이 전 생애에 이루어지는 것은 맞지만, 일정한 속도로 이루어지는 것은 아니다. 성장률 속도는 시기와 부분에 따라 다르게 나타난다(**속도의 불균등성**).
② 유전적 요인에 의해 주도되는 것이 아니라, **유전인자와 환경 간의 끊임없는 역동적 상호작용**에 의해 이루어진다.
③ **두부(head) → 미부(tail) 방향, 상부 → 하부, 중심부(중심 부위) → 주변부(말초 부위) 방향**, 전체 운동 → 특수 운동으로 진행한다.
⑤ 발달은 일생에 걸쳐 점진적으로 일어나는 체계적 변화로, **양적 변화(크기 또는 양에서의 변화)와 질적 변화(본질, 구조, 비율, 기능의 변화)** 모두를 포함한다.

답 ④

10 인간 발달의 원리에 관한 설명으로 옳은 것은? • 13회

① 유전적 요인보다 환경적 요인을 중시한다.
② 일생에 걸쳐 일어나는 예측 불가능한 변화이다.
③ 연속적인 과정이지만 발달 속도는 일정하지 않다.
④ 발달상의 결정적 시기와 바람직한 성격 형성은 무관하다.
⑤ 개인차가 존재하므로 일정한 순서와 방향성을 제시하기 어렵다.

정답 및 해설

발달은 연속적인 과정이긴 하지만 발달의 속도는 일정하지 않다. 즉 **인간 발달의 속도는 빠르고 느릴 수 있으나** 상승적 발달이든 쇠퇴적 발달이든 발달을 멈출 수는 없으며, 연속적으로 발달해 간다.

오답풀이
① 발달은 **유전인자와 환경 간의 끊임없는 역동적 상호작용에 의해 이루어지는 것**으로, 유전적 요인과 환경적 요인 모두를 중시한다. 즉, 유전적 요인이 인간의 잠재적 변화와 성장의 한계를 설정하지만 적절한 환경이 뒷받침될 경우 그 잠재력이 최대한 표현될 수 있다.
② 일생에 걸쳐 일어나는 것으로, **예측이 가능한 변화**이다. 성장과 발달의 양상에는 일정한 규칙성과 보편성이 있다. 그것이 바로 발달 원리이고 이러한 발달 원리를 통해 예측이 가능함을 유추해 볼 수 있다. 다만, "**연령이 증가하면 발달 경향에 대한 예측이 점점 어려워진다.**" 즉, 발달은 일정한 방향과 원리가 있지만 개인차도 존재하고 성장하면서 외적인 요인 등 다양한 변수의 영향을 받기 때문에 개인차의 폭이 커지고 예측 또한 어려워진다.
④ 인간의 발달은 어느 시기에나 가능한 것이 아니라 발달이 가장 용이하게 이루어지는 **최적의 시기**가 있다. 이 시기를 놓치면 이후의 인지발달, 정서발달, 사회성 발달에 있어 결함을 보이게 된다.
⑤ 발달은 성장률의 개인차와 성장의 개인차가 있으며, **일정한 순서와 방향성이 있다.**

답 ③

---

11 인간 발달에 관한 설명으로 옳지 않은 것은? 14회

① 발달은 일정한 순서를 거친다.
② 발달과 변화는 전 생애에 걸쳐 일어난다.
③ 발달은 특수활동에서 전체활동으로 이루어진다.
④ 발달을 이해하는데 사회환경은 필수적 요인이다.
⑤ 발달은 '환경 속의 인간'(person in environment)의 맥락으로 이해되어야 한다.

정답 및 해설
발달은 **전체활동(전체운동)에서 특수활동(특수운동)으로** 이루어진다.

보충설명
④ 인간의 발달을 이해하는데 사회환경은 필수적으로 고려해야 할 요인이다. 그 이유는 **인간의 발달은 사회환경과의 상호작용의 질에 의해 결정되기 때문이다.**

답 ③

12 인간 발달에 관한 설명으로 옳지 않은 것은?
• 15회

① 각 단계의 발달은 이전 단계의 발달에 의하여 영향을 받지 않는다.
② 인간발달에는 일반적인 원리가 존재하지만 모든 사람들이 동일하게 발달하는 것은 아니다.
③ 발달과정에는 결정적 시기가 존재한다.
④ 유전적 요인과 환경적 요인 모두 인간발달에 중요하다.
⑤ 중추부에서 말초로, 상체에서 하체의 방향으로 발달한다.

정답 및 해설

이전 단계의 발달은 다음 단계에 영향을 미친다. 즉, 발달단계는 연속적이며, **한 단계에서 성취한 발달은 이후 모든 단계에 영향을** 미친다.

답 ①

13 인간발달에 관한 설명으로 옳지 않은 것은?
• 16회

① 발달의 속도에는 개인차가 있다.
② 발달은 하부에서 상부로, 말초부위에서 중심부위로 진행된다.
③ 발달은 유전과 환경의 상호작용에 의해 이루어진다.
④ 발달에는 결정적 시기가 있다.
⑤ 발달은 양적 변화와 질적 변화를 포함한다.

정답 및 해설

발달은 **상부에서 하부로, 중심부위에서 말초부위로** 진행된다.

보충설명
④ 인간의 발달에는 **결정적인 시기**(critical period, 민감기, 최적기)가 있기 때문에 그 시기에 이루어져야 할 발달과업은 그때그때 이루어져야 한다.

답 ②

14 인간발달의 원리로 옳지 않은 것은?　　　　　　　　　　　　　　　　• 17회

① 유전과 환경의 영향을 모두 받는다.
② 일생에 걸친 예측 불가능한 변화이다.
③ 발달의 정도와 속도는 개인마다 다르다.
④ 일정한 순서와 방향성이 존재한다.
⑤ 멈추는 일 없이 지속된다.

> **정답 및 해설**
>
> **일생에 걸친 예측 가능한 변화**이다. 즉, 인간의 성장과 발달 양상에는 일정한 규칙성과 보편성이 있다. 그것이 바로 발달원리이고 이러한 **발달원리를 통해 예측이 가능**함을 유추해 볼 수 있다.
>
> ✅ 보충설명
> ⑤ 발달은 연속적인 과정이기는 하지만 발달의 속도는 일정하지 않다. 인간의 발달속도는 어느 시기에는 빠르고 또 어느 시기에는 느리나 **멈추는 일 없이 계속적으로 진행**한다.
>
> 답 ②

15 인간발달의 원리에 관한 설명으로 옳지 않은 것은?　　　　　　　　　　　• 18회

① 환경적 요인보다 유전적 요인을 중요시 한다.
② 결정적 시기가 있다.
③ 일정한 순서가 있다.
④ 개인차이가 존재한다.
⑤ 특정단계의 발달은 이전의 발달과업 성취에 기초한다.

> **정답 및 해설**
>
> 발달은 유전적 요인과 환경적 요인 간의 상호작용에 의해 이루어지는 것으로, 유전적 요인과 환경적 요인 **모두를 중시**한다. 유전적 요인이 인간의 잠재적 변화와 성장의 한계를 설정하지만 적절한 환경이 뒷받침될 경우 그 잠재력이 최대한 표현될 수 있다고 보고 있다.
>
> ✅ 보충설명
> ② 발달은 **결정적 시기**가 있다. 결정적 시기(critical period)란 어떤 주어진 사건의 출현 혹은 그 사건의 결여가 발달에 지대한 영향을 주는 특정시기를 말한다.
> ③ 발달은 **일정한 순서와 방향성**을 가지고 있다. 발달의 방향은 머리에서 하부로, 중심부위에서 말초부위로 이루어지며, 일어서서 걷기 전에 서기, 네모꼴을 그리기 전에 원을 그리는 것과 같은 일정한 순서를 거치게 된다.
> ④ 발달에는 **개인차가 존재**한다. 발달의 순서는 일정하지만, 최종적으로 이루어진 발달의 정도와 발달속도 그리고 발달이 끝나는 시기는 각 개인마다 다르다. 그리고 성에 따른 차이뿐만 아니라 같은 성내에서도 큰 차이가 있다.
> ⑤ 발달은 **점성의 원리**를 따른다. 즉, 이전 단계의 발달과업 성취 정도에 기초하여, 특정 단계에서의 발달이 이루어지는 것이다.
>
> 답 ①

16 인간발달의 원리에 관한 설명으로 옳은 것은? • 19회

① 무작위적으로 발달이 진행되기 때문에 예측이 불가능하다.
② 발달에는 결정적 시기가 있다.
③ 안정적 속성보다 변화적 속성이 강하게 나타난다.
④ 신체의 하부에서 상부로, 말초부위에서 중심부위로 진행된다.
⑤ 순서와 방향성이 정해져 있으므로 발달속도에는 개인차가 존재하지 않는다.

> **정답 및 해설**
>
> 발달에는 **결정적인 시기**(critical period)가 있기 때문에 그 시기에 이루어야 할 과업을 이루지 못할 경우 성격형성에 결함을 나타낸다.
>
> **오답풀이**
> ① 성장과 발달의 양상에는 **일정한 규칙성과 보편성이 있어 예측이 가능**하다.
> ③ 발달이라는 개념이 변화와 동등한 개념은 아니다. 발달은 지속성과 안정성과 변화를 모두 포함하는 과정으로, **안정적 속성과 변화의 속성이 모두 나타나는 것**이다.
> ④ 신체의 **상부에서 하부로, 중심부위에서 말초부위로** 진행된다.
> ⑤ 순서와 방향성이 정해져 있으며 **발달속도에는 개인차가 존재**한다.
>
> 답 ②

17 동갑 친구들 A~C의 대화에서 알 수 있는 인간발달의 원리는? • 20회

A : 나는 50세가 되니 확실히 노화가 느껴져. 얼마 전부터 노안이 와서 작은 글씨를 읽기 힘들어.
B : 나는 노안은 아직 안 왔는데 흰머리가 너무 많아지네. A는 흰머리가 거의 없구나.
C : 나는 노안도 왔고 흰머리도 많아. 게다가 기억력도 예전 같지 않아.

① 발달에는 개인차가 있다.
② 발달의 초기단계가 일생에서 가장 중요하다.
③ 발달은 학습에 따른 결과이다.
④ 발달은 분화와 통합의 과정이다.
⑤ 발달은 이전의 발달과업 성취에 기초하여 이루어진다.

정답 및 해설

A, B, C의 대화를 통해 **발달에는 개인차가 있음**을 알 수 있다. 모든 개인은 개인이 타고난 유전적 요인과 주어진 환경이 서로 다르기 때문에 발달에 있어서 그 속도, 정도, 질이 동일하지 않다. 즉, 발달정도, 발달속도, 발달이 끝나는 시기는 각 개인마다 다르며, 성에 따른 차이뿐만 아니라 같은 성내에서도 큰 차이가 있다.

답 ①

18 인간발달의 원리에 관한 설명으로 옳지 않은 것은?

• 20회

① 발달에는 최적의 시기가 존재하지 않는다.
② 발달의 각 영역은 상호 밀접한 연관이 있다.
③ 일정한 순서와 방향이 있어서 예측 가능하다.
④ 대근육이 있는 중심부위에서 소근육의 말초부위 순으로 발달한다.
⑤ 연속적 과정이지만 발달의 속도는 일정하지 않다.

정답 및 해설

발달에는 **최적의 시기가 존재**한다. 인간의 발달은 어느 시기에나 가능한 것이 아니라 발달이 가장 용이하게 이루어지는 최적의 시기(critical period; 결정적 시기)가 있다.

✅ 보충설명

② 인간발달이 이루어지는 영역은 신체적, 심리적, 사회적 영역으로 구분할 수 있으며, 이러한 **발달영역은 서로 밀접한 상호관련성을** 지니고 있다.
③ 발달은 **일정한 순서와 방향성**을 가지고 있으며, 발달의 양상에는 일정한 규칙성과 보편성이 있어 **예측이 가능**하다.
④ 발달은 **중심부위에서 말초부위로** 진행되는데, 팔을 움직이게 된 이후에 손목, 손목 다음에 손가락을 움직일 수 있게 된다.
⑤ 발달은 **연속적인 과정**이며, 일정한 순서와 방향성이 있으나 **발달의 속도는 일정하지 않다**. 발달 속도는 항상 일정한 것이 아니라 빠르게 진행되는 시기도 있고 더디게 진행되는 시기도 있는 '속도의 불규칙성'을 가진다.

답 ①

19 인간발달에 관한 설명으로 옳지 않은 것은? • 21회

① 영아기에서 노년기까지 시간 흐름의 과정이다.
② 일정한 순서와 방향성이 있어 예측이 가능하다.
③ 생애 전 과정에 걸쳐 진행되는 환경적, 유전적 상호작용의 결과이다.
④ 각 발달단계별 인간행동의 특성이 있다.
⑤ 발달에는 개인차가 있다.

정답 및 해설

발달은 모체 내에서 수정되는 순간부터 그 생명이 소멸되는 순간까지 끊임없이 변화하는 양상과 과정으로, **태내기(수정~출생)**에서 노년기까지 시간 흐름의 과정이다.

보충설명
② 발달은 어떤 일정한 순서와 방향성을 가지며, 일정한 규칙성과 보편성이 있다. 이러한 발달원리를 통해 예측이 가능함을 유추해 볼 수 있다.
③ 발달은 전 생애에 걸쳐 이루어지며, 유전인자와 환경 간의 끊임없는 역동적 상호작용에 의해 이루어진다.
④ 각 발달단계마다 습득해야 할 신체적, 인지적, 심리사회적 발달과업이 있다.
⑤ 발달에는 성장률이나 형태, 성장이 끝나는 시기나 성숙에 이르는 시기에 있어 개인차가 있다.

답 ①

20 인간발달에 관한 설명으로 옳은 것은? • 22회

① 긍정적·상승적 변화는 발달로 간주하지만, 부정적·퇴행적 변화는 발달로 보지 않는다.
② 순서대로 진행되고 예측가능하다는 특징이 있다.
③ 인간의 전반적 변화를 다루기 때문에 개인차는 중요하지 않다고 본다.
④ 키·몸무게 등의 질적 변화와 인지특성·정서 등의 양적 변화를 모두 포함하는 개념이다.
⑤ 각 발달단계에서의 발달 속도는 거의 일정한 것으로 알려져 있다.

정답 및 해설

인간발달은 모든 신체적 부위의 발달이 동시에 일어나지 않고, 어떤 **일정한 순서와 방향성**을 가진다. 성장과 발달의 양상에는 일정한 규칙성과 보편성이 있는데, 이러한 발달원리를 통해 **예측이 가능함**을 유추해 볼 수 있다.

오답풀이
① 긍정적·상승적 변화뿐만 아니라, **부정적·퇴행적 변화도 발달로 본다.**
③ 인간의 전반적 변화를 다루며 **개인차를 중요하게 본다.** 즉, 모든 개인은 발달의 속도, 정도, 질에 있어서 개인차가 존재한다.
④ 키·몸무게 등의 **양적 변화**와 인지특성·정서 등의 **질적 변화**를 모두 포함하는 개념이다. 참고로 발달은 크기 또는 양에서의 변화인 양적 변화와 본질, 구조, 비율, 기능의 변화인 질적 변화를 포함한다.
⑤ 각 발달단계에서의 **발달 속도는 일정하지 않으며, 속도의 불균등성**을 특징으로 한다. 각 발달단계에서 생체의 각 부분의 성장률 속도는 시기와 부분에 따라 다르게 나타난다.

답 ②

OIKOS UP 발달의 원리

- 연속성/전(全) 생애적 발달
- 성장률의 차이 또는 속도의 불균등성
- 성장률의 개인차, 성장률의 성차, 성장의 개인차
- 유전과 환경의 상호작용
- 분화와 통합의 과정
- 일정한 순서와 방향성 : 두부(head) → 미부(tail) 방향, 상부(상체) → 하부(하체), 중심부(중심 부위) → 주변부(말초 부위) 방향, 전체 운동 → 특수 운동으로 진행
- 점성성(epigenetic principle, 점성적 원리)
- 결정적 시기(critical period, 민감기, 최적기)
- 순응성
- 발달은 예측 가능하지만, 연령 증가시 예측이 어려워짐

21 인생주기에 따른 주요 발달과업의 연결이 옳은 것은? • 10회

① 영·유아기(0~6세) – 언어학습, 보행학습, 배설통제학습
② 아동기(7~12세) – 양심의 발달, 부모로부터의 정서적 독립
③ 청소년기(13~18세) – 직업선택, 배우자 선택, 성역할학습
④ 중년기(40~64세) – 동년배 사귀는 법 학습, 놀이에 필요한 신체 기술학습
⑤ 노년기(65세 이상) – 노년기 부모에 대한 적응, 경제적 독립의 필요성 인식

정답 및 해설

0~6세까지는 구강기에서 남근기까지에 해당한다. 즉 항문기(배설통제학습)를 포함하고 있다. 또한 이 시기는 언어학습 및 보행학습이 이루어진다.

오답풀이

② 유아기(3~6세, 학령전기)에 양심과 초자아가 발달하게 된다. **부모로부터 정서적 독립은 청소년기에 해당**한다.
③ 직업선택, 배우자 선택은 청년기에 해당하며, **성역할에 대한 인식 및 학습은 유아기(3~6세, 학령전기)에 해당**한다.
④ 놀이에 필요한 신체기술 학습, 동년배 사귀는 법은 유아기(3~6세, 학령전기) 집단놀이부터 시작되지만, **운동기능이 정교화되고 또래집단을 형성하는 것은 아동기에 해당**한다.
⑤ 노년기 부모에 대한 적응은 중·장년기에 해당하며, **경제적 독립의 필요성을 느끼는 것은 청년기의 발달과제**이다.

답 ①

22. 인생주기별 주요 발달과업의 연결이 옳은 것은?

• 11회

① 영아기(0~2세) - 애착 발달, 자기중심성, 직관적 사고
② 아동기(7~12세) - 자존감의 발달, 부모로부터 독립
③ 청소년기(13~18세) - 자아정체감 형성, 형식적 조작 사고 발달
④ 중년기(40~64세) - 직업선택, 도덕성 발달, 노부모 부양
⑤ 노년기(65세 이상) - 가족 내 역할 변화와 적응, 만족스러운 직업 성취

정답 및 해설

자아정체감 형성, 피아제의 형식적 조작 사고 발달은 **청소년기**에 해당한다.

오답풀이

① 애착발달은 영아기(0~2세)에 해당되지만, **자기중심성과 직관적 사고는 전조작기(전개념적 사고단계, 직관적 사고단계)인 유아기(3~6세, 학령전기)**에 해당한다.
② 자존감의 발달은 아동기(7~12세)에 해당되지만, **부모로부터 독립은 청소년기(13~18세)와 청년기(19~39세)**에 해당된다.
④ 노부모 부양은 중년기(40~64세)에 해당된다. 그러나 **도덕성 발달은 유아기(3~6세, 학령전기)부터 시작되며, 직업선택은 청년기(19~39세)**에 해당된다. 참고로 청년기에 직업선택, 직업준비, 직업생활, 직업유지를 하며, 중년기에는 직업관리, 직업성취, 직업전환을 한다.
⑤ 가족 내 역할 변화와 적응은 노년기(65세 이상)에 해당되지만, **만족스러운 직업 성취는 중년기(40~64세)**에 해당된다.

답 ③

23. 인생주기별 특징에 관한 설명으로 옳지 않은 것은?

• 13회

① 유아기는 놀이를 통해 자신의 감정과 행동을 적절하게 표현하는 것을 배운다.
② 아동기는 학교생활을 통해 인지적 기술 뿐 아니라 사회적 기술도 습득한다.
③ 청소년기는 또래집단의 지지를 더 선호함으로써 부모로부터 독립하려는 경향을 보인다.
④ 청년기는 직업과 결혼에 대한 준비를 하는 것이 주요 과업이다.
⑤ 장년기는 사고가, 청년기는 질병이 가장 큰 사망 원인이다.

정답 및 해설

장년기는 질병이, 청년기는 사고가 가장 큰 사망 원인이다. 즉, 청년기에 발생하는 주된 사망 원인은 **사고, 자살, 암** 등이며, 장년기에는 암과 심장질환, 뇌졸중 등 질병으로 사망하는 경우가 많다.

답 ⑤

24 인생 주기별 발달 특성에 관한 설명으로 옳지 않은 것은? • 14회

① 영아기(0~2세)에는 거식증이 나타난다.
② 유아기(3~6세)는 주도성 대 죄의식의 심리사회적 위기를 경험한다.
③ 아동기(7~12세)에는 자기중심성이 완화되고 역할수용이 가능하다.
④ 청소년기(13~19세)에는 상상의 청중 및 개인적 우화가 나타난다.
⑤ 노년기(65세 이상)는 자아통합의 시기이며 사회관계망의 축소로 사회적 역할이 감소한다.

> **정답 및 해설**
> 거식증은 **섭식장애(eating disorders)**로 **청소년기(13~19세)**에 나타난다.
>
> 답 ①

---

25 연령별 발달과업에 관한 설명으로 옳은 것을 모두 고른 것은? • 16회

㉠ 영아기(0~2세) : 사물이 눈에 보이지 않아도 존재하고 있음을 아는 대상영속성(object permanence)이 습득된다.
㉡ 유아기(3~6세) : 콜버그(L. Kohlberg)의 도덕발달단계에서 착한 아이를 지향하여 다른 사람의 인정이나 사회규범을 따르는 인습적 수준에 해당된다.
㉢ 아동기(7~12세) : 보존개념을 획득하며 분류와 조합개념이 점차로 발달한다.
㉣ 노년기(65세 이상) : 죽음과 상실에 대한 심리적 반응으로 퀴블러로스(Kübler-Ross)가 제시한 부정 – 분노 – 타협 – 우울 – 수용 과정을 경험할 수 있다.

① ㉠, ㉡   ② ㉢, ㉣
③ ㉠, ㉢, ㉣   ④ ㉡, ㉢, ㉣
⑤ ㉠, ㉡, ㉢, ㉣

> **정답 및 해설**
> ㉠ 만 24개월까지 대상영속성(object permanence) 개념을 완전히 확립한다. 숨기는 과정을 눈으로 보지 못한 경우에도 그 숨겨진 물체를 찾아낼 수 있게 된다.
> ㉢ 아동기(7~12세)는 구체적 조작기로 보존개념을 획득하며 분류와 조합개념이 발달한다.
> ㉣ 퀴블러로스(Kübler-Ross)는 불치병 환자들과 이야기를 나눈 후, 사람들이 임종하는 순간까지 경험하는 **부정 – 분노 – 타협 – 우울 – 수용의 5개의 심리적 단계**를 제시하였다.
>
> **오답풀이**
> ㉡ 콜버그(L. Kohlberg)의 도덕발달단계에서 착한 아이를 지향하여 다른 사람의 인정이나 사회규범을 따르는 인습적 수준에 해당하는 것은 **아동기(7~12세)**이다. 유아기(3~6세)의 아동은 전 인습적 도덕기에 머물러 있다고 할 수 있다.
>
> 답 ③

26 생애주기에 따른 주요 발달과업의 연결이 옳은 것은? • 17회

① 영아기(0-2세) : 대상 영속성, 자율적 도덕성
② 아동기(7-12세) : 근면성, 보존개념
③ 청소년기(13-19세) : 자아정체감, 분류화
④ 청년기(20-35세) : 친밀감, 서열화
⑤ 중장년기(36-64세) : 자아통합, 노부모 부양

> **정답 및 해설**
>
> 아동기(7-12세)는 에릭슨의 **근면성 대 열등감**(6~12세, 학령기)의 시기이며, 피아제의 **구체적 조작기**(7~12세)에 해당한다. **보존개념**은 형태와 위치가 변화하더라도 물질의 양은 동일하게 유지된다는 개념으로 **구체적 조작기의 특징**이다.
>
> **오답풀이**
> ① 대상 영속성은 영아기(0-2세)의 발달과업이 맞지만, **자율적 도덕성은 구체적 조작기인 아동기의 발달과업에 해당**한다.
> ③ 자아정체감은 청소년기(13-19세)의 발달과업이 맞지만, **분류화는 구체적 조작기인 아동기의 발달과업에 해당**한다.
> ④ 친밀감은 청년기(20-35세)의 발달과업이 맞지만, **서열화는 구체적 조작기인 아동기의 발달과업에 해당**한다.
> ⑤ 노부모 부양은 중장년기(36-64세)의 발달과업이 맞지만, **자아통합은 노년기의 발달과업에 해당**한다.
>
> 답 ②

27 인생주기별 특징에 관한 설명으로 옳지 않은 것은? • 19회

① 영아기(0-2세)에는 주 양육자와의 안정된 정서적 신뢰관계가 다른 사람이나 사물과의 관계를 형성하는데 영향을 미치고 이후의 사회적 발달의 밑바탕이 된다.
② 유아기(3-6세)는 사물을 정신적으로 표상할 수 있는 능력이 발달하여 가장놀이를 즐기며, 이는 사회정서 발달에 영향을 미친다.
③ 아동기(7-12세)는 또래 친구들과 함께 많은 시간을 보내면서 정서 및 사회적 발달에 영향을 받아 도당기라고도 한다.
④ 청소년기(13-19세)는 또래집단의 지지를 더 선호함으로써 부모로부터 독립하려는 경향을 보인다.
⑤ 노년기(65세 이상)는 생물학적으로 노화를 경험하는 시기이면서 경제적으로 안정된 시기이므로 심리적 위기를 경험하지 않는다.

> **정답 및 해설**
>
> 노년기(65세 이상)는 생물학적으로 노화를 경험하는 시기라는 것은 옳은 문장이다. 그러나, **노년기에는 수입이 급격히 줄어들거나 상실되는 반면 지출은 지속적으로 이루어지기 때문에 경제적 어려움을 경험할 가능성이 높아진다.** 따라서, 경제적으로 안정된 시기이므로 심리적 위기를 경험하지 않는다는 것은 옳지 않다.
>
> ✔ 보충설명
> ① 영아기(0–2세)는 에릭슨(E. Erikson)의 **신뢰감 대 불신감의 시기**이다. 양육자의 일관되고 적절한 돌봄과 사랑은 기본적인 신뢰감을 형성하며, 거부적이고 부적절한 돌봄은 불신을 야기한다.
> ② 유아기(3–6세)는 **피아제(J. Piaget)의 전조작기에 해당**한다. 이 시기 유아는 상징적인 사고능력이 생기면서 외부 세계를 표상하기 위해 상징을 사용하는 표상적 사고능력이 발달하여 **가장놀이**(pretend play, 가상놀이)를 한다. 이전에 관찰했던 것을 모방하거나, 인형이나 물건을 사람으로 상상하고 가상의 상황을 만들어내는 가상놀이는 사회정서 발달에 영향을 미친다.
> ③ 아동기(7–12세)는 사회적 행동이 현저하게 증가하면서 또래끼리 어울려 다니기 시작한다고 하여 **도당기**(gang age)라고 한다.
> ④ 청소년기(13–19세)는 **부모와 성인으로부터의 지지보다 또래들로부터의 지지와 이해를 더 필요**하며, 부모나 가족으로부터 분리되어 친구나 자기 자신에게 의존하려는 경향이 높아진다. 청소년들이 **부모의 보호로부터 벗어나 자기의 판단에 의해 독립적으로 행동하려는 성향을 심리적 이유라고 부른다.**
>
> 답 ⑤

28 생애주기에 따른 주요 발달과업의 연결이 옳은 것을 모두 고른 것은?   •20회

ㄱ. 영아기(0–2세) – 신뢰감, 애착형성
ㄴ. 청소년기(13–19세) – 생산성, 서열화
ㄷ. 노년기(65세 이상) – 자아통합, 죽음수용

① ㄱ
② ㄴ
③ ㄱ, ㄴ
④ ㄱ, ㄷ
⑤ ㄴ, ㄷ

> **정답 및 해설**
>
> ㄱ. 영아기(0~2세)는 에릭슨(E. Erikson)의 신뢰감 대 불신감 단계로 영아기 발달시켜야 될 긍정적인 성격특성은 **신뢰감**(trust)이다. 또한 애착형성은 영아기 주요 발달과업에 해당한다.
> ㄷ. 노년기(65세 이상)는 에릭슨(E. Erikson)의 자아통합 대 절망감 단계로 노년기 발달시켜야 될 긍정적인 성격특성은 **자아통합**(ego identity)이다. 또한 **죽음수용은 노년기 주요 발달과업**에 해당한다.
>
> ✔ 오답풀이
> ㄴ. 생산성은 중년기(40~64세)의 주요 발달과업이며, 서열화는 구체적 조작기인 아동기(7~12세)의 주요 발달과업이다.
>
> 답 ④

29 생애주기별 특징으로 옳은 것을 모두 고른 것은?   • 21회

㉠ 유아기(3-6세)는 성역할을 인식하기 시작한다.
㉡ 아동기(7-12세)는 자기중심성을 보이며 자신의 시각에서 사물을 본다.
㉢ 성인기(20-35세)는 신체적 기능이 최고조에 달하며 이 시기를 정점으로 쇠퇴하기 시작한다.
㉣ 노년기(65세 이상)는 단기기억보다 장기기억의 감퇴 속도가 느리다.

① ㉠, ㉡
② ㉠, ㉣
③ ㉡, ㉢
④ ㉠, ㉢, ㉣
⑤ ㉡, ㉢, ㉣

정답 및 해설

㉠ 유아기(3~6세)에 자신의 성 역할(sex role, 특정문화에서 남성과 여성에게 적절하다고 규정하고 있는 행동)에 대해 인식하기 시작한다.
㉢ 성인기(20~35세, 청년기)는 신체적 발달이 완성되며 매우 건강한 시기로, 최고의 신체 기능 수준에 이르고 이 시기를 정점으로 쇠퇴하기 시작한다.
㉣ 노년기(65세 이상)는 단기기억과 최근기억보다 장기기억의 감퇴 속도가 느리다. 참고로 단기기억은 5~10초 후에 회상해 내는 기억이며, 최근기억은 1시간~며칠 후에 회생해 내는 기억이다. 그리고 장기기억은 오래전에 일어난 일을 생의 과정을 통하여 자주 회상되었던 것을 회생해 내는 기억이다.

오답풀이

㉡ 유아기(3~6세)는 피아제의 전조작기에 해당하는 것으로, 자기중심성을 보이며 자신의 시각에서 사물을 본다. 아동기(7~12세)는 피아제의 구체적 조작기에 해당하는 것으로, 전조작기의 자기중심성에서 벗어나 다른 사람의 시각에서 사물을 보는 능력을 발달시키며, 다른 사람을 이해하고 공감하는 능력도 더욱 향상된다.

답 ④

30. 생애주기와 발달적 특징의 연결로 옳지 않은 것은?

① 영아기(0~2세) – 애착발달
② 아동기(7~12세) – 자아정체감 확립
③ 청소년기(13~19세) – 제2차 성징의 발달
④ 중년기(40~64세) – 신진대사의 저하
⑤ 노년기(65세 이상) – 내향성과 수동성의 증가

정답 및 해설

자아정체감 확립은 청소년기(13~19세)에 해당한다.

보충설명
① **애착관계 형성과 발달**은 영아기(0~2세)의 주요 발달적 특징에 해당한다.
③ **제2차 성징의 발달**은 청소년기(13~19세)로, 2차 성징은 사춘기가 시작되면서 성 호르몬의 분비에 의해 나타나는 신체상의 성적 특징을 의미한다.
④ 중년기(40~64세)에는 **신진대사활동의 저하**가 일어나며 체중이 늘기 시작한다. 중년기에는 감각기관, 신경계, 심폐기능, 생식능력 등 거의 모든 기관의 기능이 저하된다.
⑤ 노년기(65세 이상) 특징적인 성격변화로 **내향성과 수동성이 증가**된다. 외부 사물이나 행동보다는 내적 측면에 관심과 주의를 기울이며, 자신의 사고나 감정에 따라 사물을 판단하고 능동적 문제해결보다는 타인에 대한 의존성이 증가한다.

답 ②

31. 인간 발달이론의 유용성에 관한 설명으로 옳지 않은 것은?

① 개인의 적응과 부적응을 판단하기 위한 기준을 제공한다.
② 발달에 영향을 미치는 사회적 영향력을 평가할 수 있는 준거틀을 제공한다.
③ 개인이 경험하는 사회문화적 요인들을 정형화하여 이해할 수 있는 시각을 제공한다.
④ 클라이언트의 발달과업과 문제를 파악할 수 있는 준거틀을 제공한다.
⑤ 다양한 연령층의 클라이언트를 이해할 수 있는 기반을 제공한다.

정답 및 해설

정형화하여 이해 라는 것은 옳지 못하다. 오히려 발달을 구성하는 **다양한 신체·심리·사회적 요인을 파악**할 수 있다.

답 ③

32 인간 발달이론의 유용성으로 옳지 않은 것은? • 12회

① 인간과 환경 간의 상호작용을 파악할 수 있다.
② 일생을 통해 일어나는 변화의 과정을 설명해 준다.
③ 비슷한 연령대의 사람들은 모두 동일한 특성이 있음을 알 수 있다.
④ 개인의 성장 과정에서 나타나는 문제의 원인을 이해하는데 도움을 준다.
⑤ 개인의 발달에 영향을 주는 다양한 신체적, 심리적, 사회적 요인을 이해할 수 있다.

> **정답 및 해설**
> **개인적인 발달상의 차이를 파악**할 수 있게 해준다. 즉 비슷한 연령대의 사람들이 모두 동일한 특성이 있다는 것은 올바르지 않다.
>
> 답 ③

33 인간 발달이론이 사회복지실천에 기여한 바로 옳지 않은 것은? • 13회

① 발달단계에 따른 클라이언트의 욕구와 문제를 파악할 수 있다.
② 다양한 클라이언트의 발달과업을 획일적으로 이해할 수 있다.
③ 특정 발달단계에서 나타나는 특징적 발달요인을 이해할 수 있다.
④ 전 생애에 걸쳐 일어나는 안정성과 변화의 과정을 이해할 수 있다.
⑤ 이전 발달단계의 결과가 다음 단계에 미치는 영향을 파악할 수 있다.

> **정답 및 해설**
> **다양한 클라이언트의 발달과업을 이해**할 수 있다. 즉, 임신에서부터 사망에 이르기까지의 각 단계에서 수행해야 할 발달과업이 무엇인지를 제시해 준다.
>
> 답 ②

34 인간 발달이론이 사회복지실천에 기여한 내용으로 옳지 않은 것은? • 14회

① 클라이언트의 욕구와 문제를 파악하는데 도움이 된다.
② 클라이언트의 사회환경보다 생물학적 요소가 더 중요함을 이해하게 한다.
③ 사회복지사가 파악해야 할 클라이언트에 관한 사항을 사정할 수 있게 한다.
④ 클라이언트의 발달과업 수행에 필요한 서비스가 무엇인지 파악할 수 있게 한다.
⑤ 사회복지사가 모든 연령층의 클라이언트를 이해하고 그들과 함께 일할 수 있게 한다.

> **정답 및 해설**
>
> 클라이언트의 **사회환경과 생물학적 요소 모두 중요함**을 이해하게 한다. 즉 인간의 발달과정은 생물학적 요소와 환경적 요소에 의해 추진된다. **인간발달은 생물학적 요소와 환경적 요소의 지속적인 상호작용을 포함**하며 전적으로 한 요소에 의해 일어나는 것은 아니다.
>
> **오답풀이**
> ⑤ 전 생애를 통한 인간행동의 발달은 사회복지사가 모든 연령계층의 클라이언트를 이해하고 그들과 함께 일할 수 있는 기반을 조성해 준다.
>
> 답 ②

35 인간생애주기의 이해에 관한 설명으로 옳은 것은? • 15회

① 성장과 발달은 횡단적으로 일어난다.
② 인간의 삶에는 비지속성 혹은 단절의 특성이 있다.
③ 인간 삶을 전체가 아닌 부분으로 이해하여야 한다.
④ 인간행동 이해를 위하여 환경보다 유전적 원인을 분석하여야 한다.
⑤ 생애주기의 연령구분은 국가와 사회적 상황에 따라 다양하게 나타난다.

정답 및 해설

생애주기의 연령구분은 국가, 사회적 상황, 학자 등에 따라 다양하며, 단계별 연령구분은 엄격한 구분이 아니다. 참고로 **인간의 생애주기**(life span)란 임신을 통한 태아기와 출산과정을 거쳐 영아기, 유아기(학령전기), 아동기, 청소년기, 청년기, 중·장년기, 노년기에 이어 죽음에 이르게 되는 인간의 전 생애에 걸친 시간적 변화 상태에 의한 생활주기를 말한다.

오답풀이
① 성장과 발달은 시간의 경과에 따라 **종단적으로** 일어난다.
② 인간의 삶에는 **전 생애에 걸친 인간의 변화와 안정(지속성)**의 특성이 있다.
③ 인간 삶을 부분이 아닌 전체로 이해하여야 한다. 즉 인간발달은 신체적, 심리적, 사회적 영역의 상호작용으로 이루어지므로 **총체적 인간(전인, whole person)**으로 이해해야만 하는 속성을 가진다.
④ 발달은 **유전인자와 환경 간에 끊임없는 상호작용**에 의해 이루어진다. 따라서 인간행동 이해를 위하여 환경과 유전적 원인을 모두 분석하여야 한다.

답 ⑤

36 인간발달이론이 사회복지실천에 유용한 이유로 옳지 않은 것은? ● 17회

① 개인 적응과 부적응의 판단 기준이 된다.
② 모든 연령 계층의 클라이언트와 일할 수 있는 기반이 된다.
③ 생애주기에 따른 변화와 안정 요인을 이해하게 한다.
④ 발달단계에 따라 신체, 심리, 사회적 기능을 분절적으로 이해하게 한다.
⑤ 발달단계별 욕구에 따른 사회복지제도의 기반을 제공한다.

정답 및 해설

발달단계에 따라 신체, 심리, 사회적 기능을 **연속적으로 이해**하게 한다. 인간행동의 발달은 전 생애 동안 신체적, 인지적, 사회적인 측면에서 연속적으로 이루어지고 있으며, 이러한 발달은 개인차, 순서 등과 같은 보편적인 원리에 의해 이루어지고 연령별로 각 단계에 특정한 발달과업을 성취하도록 되어 있다.

보충설명
② 전 생애를 통한 인간행동의 발달은 사회복지사가 모든 연령계층의 클라이언트를 이해하고 그들과 함께 일할 수 있는 기반을 조성해 준다. 이것은 클라이언트의 행동에 영향을 미치는 생물학적·심리적·사회적 영향을 이해하고, 그들의 발달과업의 수행에 필요한 서비스를 제공받아 성장과 발전을 촉진할 수 있게 한다.
⑤ 사회복지학자들은 인간의 발달단계에 따라 나타날 수 있는 욕구, 문제, 그리고 부적응상태를 면밀히 분석하고 이를 충족 또는 해결할 수 있는 이상적이고 규범적인 사회복지대책을 제안하였다.

답 ④

37. 인간발달이론과 사회복지실천에 관한 설명으로 옳지 않은 것은?

• 21회

① 다양한 연령층의 클라이언트와 일할 수 있는 토대가 된다.
② 발달단계별 욕구를 기반으로 사회복지서비스를 개발할 수 있다.
③ 발달단계별 발달과제는 문제해결의 목표와 방법 설정에 유용하다.
④ 발달단계별 발달 저해 요소들을 이해하는데 유용하다.
⑤ 인간발달이론은 문제 사정단계에서만 유용하다.

정답 및 해설

인간발달이론은 **자료수집·조사단계 및 사정단계와 밀접한 관련성**을 지니고 있다. 즉, 사회복지사는 인간발달이론을 바탕으로 하여 내담자의 발달과업, 욕구와 문제를 정확히 파악하고 평가하여 적절한 개입 계획을 수립할 수 있게 된다.

보충설명

① 사회복지사가 모든 연령층의 클라이언트를 이해하고 그들과 함께 일할 수 있게 한다.
② 발달단계별 욕구를 기반으로 연령이나 발달단계에서 나타나는 다양한 욕구를 충족시킬 수 있는 사회복지서비스를 개발할 수 있다.
③ 인간발달이론을 바탕으로 클라이언트의 발달과제, 욕구와 문제를 정확히 파악하고 평가하여 문제해결의 목표와 방법을 설정하는 것에 유용하다.
④ 특정 발달단계에서 특징적으로 나타나는 발달적 요인이나 발달 저해 요소들을 이해하는 데 유용하다.

답 ⑤

OIKOS UP — 인간 발달이론의 사회복지실천에 대한 기여

① 생활주기를 순서대로 정리할 수 있는 준거 틀을 제공해 준다.
② 임신에서부터 사망에 이르기까지의 각 단계에서 수행해야 할 발달과업이 무엇인지를 제시해 준다.
③ 전 생애에 걸쳐 일어나는 안정성과 변화의 과정을 설명할 수 있다.
④ 생활전이(life transition)에 따른 안정성과 변화를 파악할 수 있다.
⑤ 특정 발달단계에서 특징적으로 나타나는 발달적 요인을 설명해 준다.
⑥ 발달을 구성하는 다양한 신체·심리·사회적 요인을 파악할 수 있다.
⑦ 이전 단계의 결과가 다음 생활단계에 미치는 영향을 파악할 수 있다.
⑧ 이전 단계의 결과에 의해서 형성된 각 단계에서의 성공과 실패를 설명할 수 있다.
⑨ 개인적인 발달상의 차이를 파악할 수 있다.

MEMO

제02장 태내기, 영아기, 유아기

제1영역 : 인간행동과 사회환경

▶ 제2장 회차별 출제빈도, 출제비중 및 출제논점 1, 2, 3순위

구 분	10회 2012	11회 2013	12회 2014	13회 2015	14회 2016	15회 2017	16회 2018	17회 2019	18회 2020	19회 2021	20회 2022	21회 2023	22회 2024
제2장 태내기, 영아기, 유아기	5	3	3	2	4	3	3	3(1)	3	3(2)	2(1)	3(1)	3(1)
태내기 : 임신~출산	1	1	1	-	1	2	1	1	1	1	1	-	1
영아기 : 0~2세	3	1	1	1	2	-	1	1(1)	1	1(1)	(1)	2	1(1)
유아기 : 3~6세	1	1	1	1	1	1	1	1	1	1(1)	1	1(1)	1

목차	출제비중	출제 논점 1순위 ☺	2순위 ※	3순위 ☆
제2장 태내기, 영아기, 유아기	2**3**4			
태내기 : 임신~출산	0**1**2	① 태아의 발달에 영향을 미치는 요인 (유전적 요소 + 환경적 요인)	① 태아의 발달 : 발생학적 + 임신단계별 구분	① 태내기의 개요
영아기 : 0~2세	0**1**2	① 신체, 심리, 사회적 발달 ② 감각운동기	① 대상영속성 ② 애착관계 형성과 발달	① 신생아기 발달 : 반사운동
유아기 : 3~6세	1~**1(1)**	① 신체, 심리, 사회적 발달 ② 전조작기 특징	① 자아개념 형성 ② 성 역할에 대한 인식 및 학습	① 자아통제 및 자율성 발달

01 태내기 : 임신~출산

01 태아의 발달과정 중 가장 먼저 발달하는 것은? • 16회

① 귀
② 눈
③ 다리
④ 심장
⑤ 외부생식기

정답 및 해설

3주경이면 배아에 초기 **심장**이 생기고, 3주가 끝날 무렵에는 심장이 뛰기 시작한다. 4주경이 되면 눈, 귀, 팔과 다리, 소화기관이 형성되며, 척추가 생기고 신경계가 형성된다. 5주경에는 호흡기 계통이 생성되며, 45일경에는 주요 기관들이 초기 활동을 시작한다. 7주경에는 얼굴과 목, 눈꺼풀이 형성되며, 근육이 빠르게 분화되고, **외부생식기**가 형성되며, 신경이 매우 빠른 속도로 발달한다.

답 ④

02 태내기(수정-출산)의 발달장애에 관한 설명으로 옳은 것은? • 9회

① 다운증후군은 23번 염색체가 하나 더 있어 염색체 수가 47개이다.
② 터너증후군은 남성의 정소 발달이 불완전하여 생식이 불가능한 증상이다.
③ 클라인펠터증후군에서는 여성의 2차 성 특징이 나타나지 않는다.
④ 페닐케톤 요증은 지방의 분해 효소가 결여되어 발생한다.
⑤ 혈우병은 남성에게 발병하며 X염색체의 열성 유전자에 기인한다.

> **정답 및 해설**
>
> **혈우병**은 혈액이 혈관 밖으로 나와 일정기간이 경과하여도 응고되지 않고 계속 출혈하는 증상으로 여성은 혈우병의 유전인자를 갖고 있지만 발병하지 않고 **남성에게만 발병**한다.
>
> **오답풀이**
> ① **다운증후군**은 21번 염색체가 3개가 되어 염색체 수가 47개가 되는 것이다.
> ② **터너증후군**은 성염색체가 XO로 X염색체 한 개가 없으며, 2,500~8,000명당 1명꼴로 여성에게만 나타난다. 외견상 여성이지만 여성호르몬의 부족으로 2차적 성징이 나타나지 않고 난소가 기능을 제대로 하지 못하여 생식능력이 없다.
> ③ **클라인펠터증후군**은 남아 900명당 1명꼴로 발생하며, 사춘기 때에 가장 분명한 특징이 나타나서 남자이기는 하나 남성적 특징이 약하다. 약간의 정신지체(75%는 정상 지능)와 언어지체를 나타내며, 고환이 작고, 키가 크고 마르며, 사지가 길고 생식능력이 없고, 남성 호르몬의 수준이 낮아 유방이 발달한다.
> ④ **페닐케톤요증**은 페닐알라닌(phenylalanine)을 분해하는 효소를 만들지 못하는 선천적 대사장애 유전병으로서 임신 중 진단이 가능하고 유아 10,000명당 1명꼴로 나타난다.
>
> 답 ⑤

03 태내기(수정-출산)의 유전적 요인에 의한 발달장애의 설명으로 옳지 않은 것은? • 14회

① 혈우병은 X염색체의 열성 유전자에 기인한다.
② 터너증후군은 X염색체를 하나만 가진 여성에게 나타난다.
③ 클라인펠터증후군은 X염색체를 더 많이 가진 남성에게 나타난다.
④ 다운증후군은 23번 염색체가 하나 더 있어서 염색체 수가 47개이다.
⑤ 페닐케톤요증은 아미노산을 분해시키는 효소가 결핍된 열성 유전자에 기인한다.

> **정답 및 해설**
>
> **다운증후군(Down Syndrome)**은 여분의 한 개 염색체로 인해 생기는데 가장 보편적인 것은 **21번 염색체**가 **3개(trisomy)**가 되어 염색체 수가 47개가 되는 것이다.
>
> 답 ④

04. 태내기(수정-출산)의 유전성 질환에 관한 설명으로 옳지 않은 것은? • 15회

① 유전성 질환은 유전자 이상으로 발생하는 신체적 정신적 이상을 모두 가리키는 것이다.
② 유전자 이상으로 인한 장애에 묘성(cat-cry) 증후군이 포함된다.
③ 유전성 질환은 유전적 요인과 환경적 요인의 상호작용에 의해 발생할 수 있다.
④ 유전성 질환을 가진 태아는 임신 초기에 유산된다.
⑤ 유전질환 가능성을 알기 위하여 임신 15주~17주 경 양수를 채취하여 진단할 수 있으나 태아에 손상을 줄 우려가 있다.

정답 및 해설

유전성 질환을 가진 태아는 **대부분 임신 초기**에 **자연유산**되기도 하지만, **때로는 결함을 가진 채 출산**되기도 한다. 이를 선천성 이상이라고 하는데 이는 해마다 증가하고 있다.

보충설명

① **유전성 질환(또는 유전병)**은 유전적 요인이나 염색체 이상 또는 태아 때 받은 손상, 부모의 부주의, 혹은 운명이라고 할 수 밖에 없는 알 수 없는 원인들로 인해 출생 시부터 지니는 **신체적·정신적 이상**을 모두 가리키는 것이다.
② **묘성증후군(Cri-du-chat Syndrome)**은 고양이 울음소리 같은 소리를 내며, 저체중, 소두증, 신경근육의 손상과 키가 작은 것이 특징이며, 대부분 태아 때 사망한다.
③ 유전성 질환의 발생과 관련하여 가족력이 가장 중요한 요인으로 인식되지만, 사실 **대부분의 유전성 질환은 유전적 요인과 환경적 요인의 상호작용에 의해 발생**한다.
⑤ **양수검사(Amniocentesis)**는 가장 광범위하게 사용되는 태아진단법으로, 가느다란 바늘로 자궁 안의 양수를 추출하여 유전인자의 이상을 발견해 내는 방법이다. **수정 후 12~17주 사이에 행하며 15~17주가 되어서 검사하면 그 결과가 더욱 정확**하다. 검사 결과를 알기 위해 2~3주 정도가 소요되며 유산 위험이 약간 있다.

답 ④

05. 태내기(수정-출산)에 유전적 요인으로 인해 발생할 수 있는 장애에 관한 설명으로 옳은 것은? • 20회

① 다운증후군은 지능 저하를 동반하지 않는다.
② 헌팅톤병은 열성 유전인자 질병으로서 단백질의 대사장애를 일으킨다.
③ 클라인펠터증후군은 X염색체를 더 많이 가진 남성에게 나타난다.
④ 터너증후군은 Y염색체 하나가 더 있는 남성에게 나타난다.
⑤ 혈우병은 여성에게만 발병한다.

정답 및 해설

클라인펠터증후군은 X염색체를 2개 이상 가진 남성에게 나타난다. 남성의 특성이 약하고 사춘기에 가슴과 엉덩이가 커지는 등 **여성적인 2차 성징**이 나타난다.

오답풀이
① 다운증후군은 지능 저하를 **동반한다**.
② 열성 유전인자 질병으로서 단백질의 대사장애를 일으키는 것은 **페닐케톤요증**이다. 참고로 **헌팅톤병**은 **우성 유전인자**에 의한 중추신경계 질병이다.
④ 터너증후군은 **X염색체 하나만 있는 여성**에게 나타난다.
⑤ 혈우병은 **남성에게만 발병한다**.

답 ③

06 임신 9~11주에 가능하며 염색체 이상이 의심되거나 35세 이상 임산부에게만 제한적으로 실시되는 태아 진단 검사는? • 10회

① 양수검사　　　　　　　　② 융모 생체 표본검사
③ 초음파검사　　　　　　　④ 산모혈액검사
⑤ 풍진 감염검사

정답 및 해설

융모(생체 표본) 검사는 가는 관을 질을 통해 자궁으로 삽입하거나 가느다란 복벽을 통해 삽입하여 작은 융모 조식을 떼어내 유전직 결함을 알아낸다. 양수검사보다 유산의 위험이 크며 초기에 시행될수록 위험이 증가한다.

답 ②

07 태아의 건강에 영향을 미치는 요인이 아닌 것은? • 12회

① 임산부의 연령　　　　　　② 임산부의 교육정도
③ 임산부의 영양상태　　　　④ 임산부의 정서적 상태
⑤ 임산부의 흡연과 음주

정답 및 해설

임산부의 교육정도는 태아의 건강에 영향을 미치는 요인에 해당하지 않는다. **임산부가 태아에게 미치는 영향으로는** 임산부의 연령, 영양상태, 정서적 상태, 흡연과 음주(알코올 섭취) 외에도, 약물복용, 분만 횟수, 출산 간격, Rh 인자의 부조화, 출산 과정, 환경호르몬 등이 있다.

답 ②

08 임신 중 태아기에 기형 혹은 저체중을 발생시키는 요인으로 옳지 않은 것은?   • 15회

① 간접흡연
② 항생제 섭취
③ 알코올 섭취
④ 폴리염화비페닐(PCB)에 노출
⑤ 철분 섭취

> **정답 및 해설**
>
> **저체중아(저출생체중아)**는 2.5kg 미만의 신생아로 규정된다. **저체중아 출산과 관련한 위험요인**은 첫째는 연령, 인종, 교육과 같은 인구학적 변인, 둘째는 조기유산과 같이 임신기간 전에 발생하는 의료적인 요인, 셋째는 임산부의 비정상적인 체중저하와 같은 임신기간의 의료적인 요인, 그리고 알코올 및 마약복용, 흡연, 약물복용과 같은 임산부가 갖는 행동요인과 그를 둘러 싼 환경 요인에 있다.
>
> **보충설명**
> ④ 화학물질인 **폴리염화비페닐(PCB)**에 감염된 물고기를 섭취한 임산부의 태아는 신체발육이 느리고 조산할 위험도 크며, 출생 후에도 감각적 반응이 느리고 지각적인 변별장애가 있으며 단기기억장애도 나타난다.
>
> **오답풀이**
> ⑤ 저체중아 출산 및 조산은 빈곤, 영양결핍과 관련이 있다. **철은 태반의 발달과 태아의 성장에 꼭 필요한 영양소**로, 임신기간 중 철분을 매일 섭취할 경우 태아의 체중증가에 도움을 주며 저체중아 출산 위험성을 낮춘다.
>
> 답 ⑤

09 태내기에 관한 설명으로 옳지 않은 것은?   • 11회

① 임산부의 연령이 16세 이하 또는 35세 이상일 경우, 태아의 선천성 결함 가능성이 높아진다.
② 정자의 X염색체와 난자가 만나 XX로 결합하면 여아가 태어나게 된다.
③ 다운증후군은 21번 염색체의 이상으로 나타난다.
④ 터너증후군은 47개의 염색체를 가짐으로 남성에게 여성적인 성징이 나타난다.
⑤ 일반적으로 16~20주가 되면 임신부가 태동을 느낄 수 있다.

> **정답 및 해설**
>
> **터너증후군**은 성염색체가 XO로 X염색체 한 개가 없으며, 2,500~8,000명당 1명꼴로 **여성에게만** 나타난다.
>
> ④

10. 태내기의 발달에 관한 설명으로 옳지 않은 것은?

•13회

① 배아기는 수정 후 약 2~8주 사이를 말한다.
② 임신 16주경이 되면 산모는 태아의 움직임을 알 수 있다.
③ 터너증후군, 클라인펠터증후군은 염색체 이상으로 나타난다.
④ 임신 2~3개월이 되면 배아는 인간의 모습을 갖추기 시작한다.
⑤ 일반적으로 임신 3개월 혹은 13주가 되면 조산아의 생존이 가능하다.

정답 및 해설

임신 7개월 혹은 30주(210일)가 되면 신경계의 조절 능력이 생기고 조산아 보육기(incubator)에서의 생존이 가능해지므로 이 시기를 **생존 가능 연령**이라고 부른다. 참고로 최옥채 외(2013)에서 "6개월 혹은 26주가 되면 태아는 생존이 가능하다."라고 소개하고 있다.

보충설명

① 태아의 발달은 **발생학적 구분**에 의하면 배란기-배아기-태아기 순으로 이루어진다. **배란기**는 수정에서부터 수정체가 나팔관을 거쳐 자궁벽에 착상하기까지의 시기로, **약 2주 내지 15일간**을 말한다. **배아기**는 수정란이 자궁벽에 착상한 후(약 2주)부터 임신 약 8주까지의 기간, **태아기**는 수정 후 9주(수정 후 3개월)부터 출산까지의 시기에 해당한다.
② **임신 4개월(16주)경이 되면 임산부는 태동**을 느낄 수 있다.
③ **염색체 이상으로 인한 태아 이상**에는 터너증후군, 클라인휄터증후군, 다운증후군 등이 있다.
④ 임신 2~3개월이 되면 배아는 **인간의 모습을 갖추기 시작**한다. 즉 눈, 코, 입을 비롯한 얼굴 전체 모습이 드러나기 시작한다.

답 ⑤

11 태아기에 관한 설명으로 옳지 않은 것은?

• 17회

① 수정이 이루어지는 순간부터 출생하기까지의 시기를 말한다.
② 태내발달은 어머니의 영양상태, 학력, 질병 등으로부터 영향을 받는다.
③ 임신부 연령은 임신부와 태아 모두에게 영향을 미칠 수 있다.
④ 태아는 임신부의 정서 상태로부터 영향을 받을 수 있다.
⑤ 약물은 태아에게 치명적인 영향을 미칠 수 있다.

정답 및 해설

태내발달은 어머니의 영양상태, 질병 등의 영향을 받지만, **어머니의 학력으로부터는 영향을 받지 않는다.** 임산부의 임신 전 영양상태와 임신기간 중 **영양섭취는 태아의 발달에 결정적인 영향을 미치며, 임산부의 질병은 태반을 통해 태아에게 전이되거나 출생 시 태아에게 감염**된다.

① 태아기(Prenatal, 태내기)는 **수정(임신)에서 출생까지 이르는 기간 동안**을 말하는 것으로 일생 중 가장 빠른 속도로 성장·발달이 이루어지는 시기이다. 이런 측면에서 가답안에서는 옳은 문장이었다. 하지만, 최종정답에서는 틀린 문장으로 처리되었는데, 그 이유는 다음과 같다. 태아의 발달을 발생학적 구분으로 배란기(약 2주 내지 15일간) – 배아기(2주~8주 사이) – 태아기(9주부터 출산까지)로 나눈다. 발생학적 구분에서의 태아기로 본다면, 수정 후 9주(수정 후 3개월)부터 출산까지의 시기이므로 '수정이 이루어지는 순간부터 출생하기까지의 시기'로 보는 것은 올바르지 않다.

보충설명

③ **임산부의 연령은 임산부 자신과 태아 모두에게 영향**을 미칠 수 있다. 의학적으로 35세 이후에 출산을 할 경우 노산(老産)이라 하는데, 노산의 경우 자연유산, 임신중독증, 난산, 미숙아 출산 그리고 다운증후군의 비율이 높아지게 된다.
④ 임신기간 동안 **임산부가 경험하는 정서 상태는 태아에게 큰 영향**을 미친다. 임산부가 정서장애를 가지고 있거나 불안이 심하거나 혹은 원치 않은 임신을 한 경우에는 그렇지 않은 임산부에 비해 임신기간 중 입덧, 자연유산, 조산이나 난산의 가능성이 높아진다. 또한 이런 임산부에게서 태어난 유아는 지나치게 활동적이거나 많이 울고, 잠을 잘 자지 않으며, 젖도 잘 안 먹는 등 여러 가지 문제를 보인다.
⑤ 술, 담배, 안정제, 감기약, 항생제와 같은 약품이나 물질이 임산부의 체내에 들어가면 태아에게 바로 그 영향이 미치게 된다. **임산부가 복용한 모든 약물은 거의 그대로 태반을 통해 태아에게 전달**되는데, 특히 임신 4~10주(임신 1~3개월)는 태아가 약물에 가장 취약한 시기로, 이 시기 복용하는 약물은 **기형아의 발생률을 높다.**

답 ①, ②(복수정답)

12. 태내기(prenatal period)의 발달에 관한 설명으로 옳지 않은 것은?   • 18회

① 환경호르몬, 방사능 등 외부환경과 임신부의 건강상태, 정서상태, 생활습관 등이 태아의 발달에 영향을 미친다.
② 터너(Turner)증후군은 남아가 XXY, XXXY 등의 성염색체를 가져 외모는 남성이지만 사춘기에 여성적인 2차 성징이 나타난다.
③ 양수검사는 임신초기에 할 경우 자연유산의 위험성이 있으므로 임신중기에 실시하는 것이 좋다.
④ 융모막검사는 정확도가 양수검사에 비해 떨어지고 유산의 위험성이나 사지 기형의 가능성이 있어 염색체 이상이나 노산일 경우에 제한적으로 실시하는 것이 좋다.
⑤ 다운증후군은 23쌍의 염색체 중 21번 염색체가 하나 더 존재해서 유발된다.

> **정답 및 해설**
>
> 남아가 XXY, XXXY 등의 성염색체를 가져 외모는 남성이지만 사춘기에 여성적인 2차 성징이 나타나는 것은 **클라인휄터(Klinefelter)증후군**이다. **터너(Turner)증후군은** 성염색체가 XO로 X염색체 한 개가 없으며, 2,500명~8,000명당 1명꼴로 여성에게만 나타난다. 외견상 여성이지만 여성호르몬의 부족으로 2차적 성징이 나타나지 않고 난소가 기능을 제대로 하지 못하여 생식을 하지 못하며, 목이 가늘고 키가 작다.
>
> ②

13 태내기(수정 – 출산)에 관한 설명으로 옳지 않은 것은?

• 19회

① 성염색체 이상증세로는 클라인펠터 증후군(Klinefelter's syndrome), 터너증후군(Turner's syndrome)이 있다.
② 임산부의 심각하고 지속적인 불안은 높은 비율의 유산이나 난산, 조산, 저체중아 출산과 연관이 있다.
③ 태아의 성장, 발육을 위하여 칼슘, 단백질, 철분, 비타민 등을 충분히 섭취하여야 한다.
④ 다운증후군은 47개의 염색체를 가짐으로 나타나는 증후군이다.
⑤ 기형발생물질이란 태내발달에 영향을 미쳐 심각한 손상을 일으키는 환경적 매개물을 말한다.

정답 및 해설

① 유전적 요인에 의한 태아 이상 중 1 유전자 이상 장애에는 ⓐ 우성인자에 의한 유전질환인 헌팅턴무도병과 ⓑ 열성인자에 의한 유전병인 페닐케톤요증, 2 염색체 이상 장애에는 ⓐ 상염색체 이상 장애인 다운증후군과 ⓑ **성염색체 이상 장애인 터너증후군, 클라인펠터 증후군, XYY증후군, 다중X증후군** 등이 있다.
② 임산부가 **심각한 불안 증상이 지속될 경우 유산, 미숙아, 저체중아, 언청이 또는 호흡기 질환을 가진 아기를 출산할 확률**이 높아진다.
③ 태아의 성장, 발육을 위하여 칼슘, 단백질, 철분, 비타민 등을 충분히 섭취하여야 한다.
④ **가답안에서는 "다운증후군은 47개의 염색체를 가짐으로 나타나는 증후군이다."는 문장이 틀린 문장이었으나 최종정답에서는 옳은 문장으로 처리**되어 전항정답이 되었다. 참고로 47개 염색체를 가짐으로 나타나는 증후군은 다운증후군만 있는 것은 아니다. 성염색체 이상 장애로 X염색체가 2개 이상일 때 나타나는 클라인펠터증후군(남아에게 발생)이나, 아직 1급 시험에 출제된 적은 없지만 Y염색체가 2개 이상일 때 나타나는 XYY증후군(남아에게 발생)와 X염색체가 3개 이상일 때 나타나는 다중X증후군(여아에게 발생)도 47개의 염색체를 가짐으로 나타나는 증후군에 해당된다.
⑤ **기형발생물질이란** 태내 발달기에 노출된 결과, 인간의 신체적, 심리적 발달에 부정적 영향을 야기할 수 있는 환경적 요인을 말하는 것으로, 임신 중 알코올 섭취, 흡연, 마약류, 방사능, 환경 오염 물질에 과다하게 노출되는 것 역시 아기의 이후 발달에 부정적인 영향을 미친다.

보충설명

④ **다운증후군은** 가장 흔한 염색체 이상 장애(상염색체 이상 장애)로, 21번째 염색체가 3개인 삼체형이거나 21번째 염색체 하나가 15번 또는 22번에 길게 누적되어 있는 전위형일 때 나타난다. 즉, 다운증후군은 47개의 염색체를 가짐으로 나타나는 증후군이지만, 46개의 정상 염색체 수를 보이는 전위형 다운증후군도 있다. 다운증후군의 발생빈도는 약 600~800 대 1이고, 이 중 95%가 47개의 염색체를 가지는 삼체형인 경우이다.

답 전항정답(가답안 ④)

14 다음 중 태내기(수정–출산)에 관한 설명으로 옳지 않은 것은? • 22회

① 배종기(germinal period)는 수정 후 수정란이 자궁벽에 착상할 때까지의 시기를 말한다.
② 임신 3개월이 지나면 태아의 성별구별이 가능해진다.
③ 양수검사(amniocentesis)를 통해서 다운증후군 등 다양한 유전적 결함을 판별할 수 있다.
④ 임신 중 어머니의 과도한 음주는 태아알콜증후군(fetal alcohol syndrome)을 초래할 수 있다.
⑤ 배아의 구성은 외배엽과 내배엽으로 이루어지며, 외배엽은 폐, 간, 소화기관 등을 형성하게 된다.

> **정답 및 해설**
>
> 배아의 구성은 **외배엽, 중배엽, 내배엽**으로 이루어지며, **내배엽**은 폐, 간, 소화기관 등을 형성하게 된다. 즉, 배아기(embryonic stage)에 분화하는 유기체를 **배아**(embryo)라고 하며, 배아의 구성은 **외배엽, 중배엽, 내배엽**의 세 개층으로 이루어진다. 폐, 간, 소화기관 등을 형성하게 되는 것은 **내배엽**이다. **외배엽**은 피부의 표피, 손톱, 머리카락, 신경계, 감각기관으로, **중배엽**은 피부의 진피, 근육, 골격, 순환계, 배설기관으로 발달한다.
>
> **보충설명**
> ① **배종기(germinal period, 배란기)는** 수정 후 수정란이 자궁벽에 착상할 때까지의 시기로, 난자와 정자가 수정된 접합자(배란, zygote)가 자궁벽에 착상하고 세포분열을 거듭하면서 포배낭(blastocyst)을 형성하게 되는 약 2주 내지 15일간을 말한다.
> ② 임신 3개월(12주)에는 태아의 모든 기관들이 기본적인 형태를 갖추게 되며, **태아의 성별을 확실하게 구분할 수 있다.**
> ③ **양수검사는** 가장 광범위하게 사용되는 태아진단법으로, 가느다란 바늘로 자궁 안의 양수를 추출하여 다양한 유전적 결함을 발견해 내는 방법이다.
> ④ 임신 중 알코올을 과도하게 섭취하게 되면 **태아알코올증후군**과 **태아알코올효과**에 걸린 아기를 출산하게 된다. **태아알코올증후군**(FAS, fetal alcohol syndrome)이란 임신 중에 알코올을 섭취했던 임산부 아이는 특이한 얼굴과 작은 머리, 작은 몸, 선천적인 심장질환, 관절상 결함, 정신능력 저하 그리고 이상한 행동패턴을 보이는 것을 말한다.
>
> 답 ⑤

02 영아기 : 0~2세

01 신생아기(출생-1개월)의 반사운동에 관한 설명으로 옳지 않은 것은? • 21회

① 바빈스키반사(babinski reflect)는 입 부근에 부드러운 자극을 주면 자극이 있는 쪽으로 입을 벌리는 반사운동이다.
② 파악반사(grasping reflect)는 손에 닿는 것을 움켜쥐고 놓지 않으려는 반사운동이다.
③ 연하반사(swallowing reflect)는 입 속에 있는 음식물을 삼키려는 반사운동이다.
④ 모로반사(moro reflect)는 갑작스러운 외부 자극에 팔과 다리를 쭉 펴면서 껴안으려고 하는 반사운동이다.
⑤ 원시반사(primitive reflect)에는 바빈스키, 모로, 파악, 걷기 반사 등이 있다.

> **정답 및 해설**
> 젖찾기반사(rooting reflex, 근원반사)는 입 부근에 부드러운 자극을 주면 자극이 있는 쪽으로 입을 벌리는 반사운동이다. 참고로 바빈스키반사(babinski reflect)는 아기의 발바닥을 간질이면 발가락을 발등을 향하여 부채모양으로 쫙 편 후 다시 오므리는 반사운동이다.
>
> **보충설명**
> ⑤ 걷기반사(stepping reflex, 걸음마반사)는 평평한 바닥에 아기를 세워서 양쪽 겨드랑이를 받쳐 주면 한 발씩 움직이며 마치 걷는 것처럼 다리와 발을 움직이는 행동을 보이는 것이다.
>
> ①

02 영아기(0~2세)의 발달 특성으로 옳은 것은? • 9회

① 자기 주도성을 가진다.
② 애착관계를 형성한다.
③ 성적 호기심을 보인다.
④ 자율적 도덕관을 가진다.
⑤ 상징 놀이가 가능하다.

> **정답 및 해설**
>
> **애착형성은 영아기(0~2세)의 중요한 사회적 발달**이다. 애착은 영유아와 보호자 사이에 형성되는 친밀한 정서적 유대감을 의미하며, 주로 양육자에서 점차적으로 기타 가족이나 친구에게로 확대된다.
>
> **오답풀이**
> ① 유아기(3~6세, 학령전기) 중 3~4세(걸음마기)에 자기통제로서 충동에 대한 통제와 환경에 대한 지배가 발달한다. 이 시기에는 무엇이든 혼자서 해보려는 환경에 대한 통제를 시도한다.
> ③ **성적 호기심**은 청소년기에 해당한다.
> ④ **자율적 도덕관**은 10세경에는 대부분의 아동이 도달한다.
> ⑤ **상징 놀이**는 학령전기(걸음마기, 3~4세)에 가능하다.
>
> 답 ②

03 영아기(0~2세)의 설명으로 옳지 않은 것은? • 10회

① 애착관계에 관심을 가져야 한다.
② 자아개념 및 성격발달의 기초를 형성하는 시기이다.
③ 프로이트의 구강기, 에릭슨의 유아기, 피아제의 전조작기에 해당한다.
④ 태어난 지 1년 이내 몸무게가 2~3배 정도 증가한다.
⑤ 장난감을 빼앗아 숨겨도 그것을 찾으려고 하지 않는다면 대상 영속성의 개념을 획득하지 못한 것이다.

> **정답 및 해설**
>
> 영아기(0~2세)는 프로이트의 구강기(口腔期, 출생~1.5세), **피아제의 감각운동기(출생~2세)에 해당하며, 에릭슨**은 기본적인 신뢰감과 불신감이 형성되는 시기(출생~2세, 유아기)라고 하였다.
>
> **보충설명**
> ⑤ 유아에게 **대상영속성의 개념이 형성되어 있는지를 보려면** 대상이 유아의 지각영역에서 사라졌을 때, 또는 한 위치에서 다른 위치로 옮겨졌을 때의 반응을 봄으로써 알 수 있다. 아이가 쥐고 있는 장난감을 빼앗아 의자 뒤에 숨겼을 때 그것을 찾으려는 노력을 하지 않으면 그 장난감의 존재가 지속적이라는 감각이 아직 형성되어 있지 않은 것이다.
>
> 답 ③

04 영아기(0~2세)의 설명으로 옳지 않은 것은? • 11회

① 피아제에 의하면, 통찰기 단계에서 상징적 표상 사고가 시작된다.
② 영아는 움직이는 것보다 정지된 것을 선호하며 지각한다.
③ 신생아의 두개골에는 6개의 숫구멍이 존재한다.
④ 모로반사는 큰 소리가 나면 팔과 다리를 벌리고 마치 무엇인가 껴안으려는 듯 몸 쪽으로 팔과 다리를 움츠리는 반사운동이다.
⑤ 바빈스키반사는 발가락을 펴고 오므리는 반사운동이다.

정답 및 해설

영아는 정지된 것보다 움직이는 것을 선호한다.

보충설명

① 피아제와 인헬더(Piaget & Inhelder)는 감각운동단계(감각운동기)를 6단계로 구분하였으며, 그 중 **통찰기 단계는 18~24개월에 해당**한다. 이 단계에서는 행동이나 물리적 조작을 통해 실제로 수행해 보지 않고서도, 어떤 행동의 결과를 예측할 수 있는 통찰력이 생긴다. 상징적 표상사고는 전조작기의 전개념적 단계에 해당되는 것이지만, 감각운동단계의 마지막 시기인 통찰기부터 시작되는 것이므로 맞는 말이다.

답 ②

05 영아기(0~2세)의 특징으로 옳은 것은? • 12회

① 서열화를 획득한다.
② 물활론적 사고를 한다.
③ 성적 호기심을 갖는다.
④ 애착관계를 형성한다.
⑤ 오이디푸스 콤플렉스를 경험한다.

정답 및 해설

애착관계를 형성하는 것은 영아기(0~2세)의 특징이다. 에인스워드(Ainsworth)는 어머니와의 기본적인 애착은 보통 생후 7개월경에 형성되며 애착형성을 위한 민감기는 **생후 1.5개월에서부터 보통 생후 2년까지 확대될 수 있다고 제안**하였다. 2세 이후 애착 형성은 불가능한 것은 아니지만 대단히 어렵다.

오답풀이

① 서열화의 획득은 아동기인 구체적 조작기(7~12세)에 해당한다.
② 무생물을 살아 있다고 생각하는 **물활론적 사고는 유아기(3~6세, 학령전기)에 해당하는 전조작적 사고단계(preoperational stage, 2~7세) 중에서도 전개념적 사고단계(preconceptual period, 2~4세)** 에 속한다.
③ 성적 호기심을 갖는 것은 청소년기에 해당한다.
⑤ 오이디푸스 콤플렉스(Oedipus Complex)는 유아기(3~6세, 학령전기)에 해당하는 남근기(3~6세)에 경험한다.

답 ④

06 영아기(0~2세)의 발달에 관한 설명으로 옳지 않은 것은? •13회

① 애착관계를 형성한다.
② 성 정체성을 확립한다.
③ 울음, 옹알이 등의 언어적 표현을 한다.
④ 모로반사, 바빈스키반사 등의 반사행동이 나타난다.
⑤ 기쁨, 분노, 슬픔 등의 기초적인 정서를 느낄 수 있다.

> **정답 및 해설**
> **성역할 정체감의 확립은 청년기에 해당**한다. 성역할 정체감(sex-role identity)은 개인 정체감의 한 부분으로서 사회가 특정 성에 적절하다고 인정하는 특성, 태도, 흥미와 동일시하는 과정으로 성에 따른 사회의 역할기대를 내면화하는 과정을 의미한다.
>
> 답 ②

07 영아기(0~2세)의 발달 특성으로 옳은 것을 모두 고른 것은? •14회

> ㉠ 애착관계 및 대상영속성이 확립된다.
> ㉡ 모로반사, 바빈스키반사 등의 반사행동이 나타난다.
> ㉢ 피아제(J. Piaget)의 감각운동단계로서 목적지향적 행동을 한다.
> ㉣ 서열화 및 분류화를 획득한다.

① ㉠, ㉡, ㉢   ② ㉠, ㉢
③ ㉡, ㉣   ④ ㉣
⑤ ㉠, ㉡, ㉢, ㉣

> **정답 및 해설**
> ㉠ **애착의 형성이 용이한 민감기**(sensitive period)는 생후 1.5개월에서부터 **생후 2년까지 확대**될 수 있으며, 만 24개월이 되면 **대상영속성이 형성(확립)**된다.
> ㉡ 영아기(0~2세)에 해당하는 **신생아기 주요 반사운동**에는 모로반사(Moro reflex), 바빈스키반사(Babinski reflex) 등이 있다. 반사운동은 생후 1년에 거의 사라지거나 의식적 행동으로 대치된다.
> ㉢ 피아제(J. Piaget)의 **감각운동단계 중 2차 도식의 협응기(8~12개월)**에는 새로운 목적을 성취하기 위해 친숙한 행동이나 수단을 사용한다. 이 단계의 행동은 **의도적이고 목적지향적**이다.
>
> **✓ 오답풀이**
> ㉣ 서열화 및 분류화를 획득하게 되는 것은 **구체적 조작기인 아동기(7~12세)에 해당**한다.
>
> 답 ①

08 영아기(0~2세)의 발달특성으로 옳은 것을 모두 고른 것은?   • 17회

㉠ 외부자극에 주로 반사운동을 한다.
㉡ 주 양육자와 관계를 바탕으로 신뢰감을 형성한다.
㉢ 대상영속성이 발달한다.
㉣ 서열화 사고의 특징을 나타낸다.

① ㉠, ㉡
② ㉢, ㉣
③ ㉠, ㉡, ㉢
④ ㉠, ㉢, ㉣
⑤ ㉠, ㉡, ㉢, ㉣

정답 및 해설

㉠ 유아는 출생 직후 외부자극에 대해 분명하게 반응하기보다 **무의식적인 반사반응인 반사운동을 주로 한다.** 반사운동은 어떤 특수한 자극에 대하여 반사적이고 불수의적인 본능적 반응으로, 생후 1년에 거의 사라지거나 의식적 행동으로 대치된다.
㉡ **영아기(0~2세)는 에릭슨(Erikson)의 신뢰감 대 불신감의 시기로, 영아는 최초의 사회적 관계인 어머니(주 양육자)를 통해서 신뢰감을 형성**하게 된다. 신뢰감은 다른 사람들을 믿을 수 있고 또 그들의 행동이 예측 가능한 것이라고 인식하는 것으로, 영아가 처음으로 갖게 되는 신뢰감은 어머니와 할머니, 또는 보육교사와 같은 모성인물(mother figure)에 대한 기본적인 믿음이다.
㉢ 대상영속성(object permanence)은 유아가 어떤 대상이 시야에서 사라지거나 들리지 않아도 그것이 계속 존재한다고 믿는 것으로, **만 24개월이 되면 대상영속성이 형성(확립)**된다.

오답풀이

㉣ 서열화(seriation)란 '길이'와 같은 '양'적인 차원에 따라 특정한 사물을 차례대로 배열(예 크기가 큰 자동차부터 가장 작은 자동차까지 배열)할 수 있는 능력을 의미하는 것으로, **구체적 조작기인 아동기에 서열화 사고의 특징을 나타낸다.**

답 ③

OIKOS UP   대상 영속성(object permanence, = 대상 불변성)

① 대상 영속성이란 어떤 대상이 자신의 눈 앞에서 사라진다고 해도 그 존재가 끝나지 않는다는 것을 알게 되는 것이다. 점차적으로 형성되다가 대략 2세(24개월)쯤이 되면 영유아는 대상 영속성을 획득하게 된다.
② 영유아는 4개월 이전에는 자기 외부에는 사물이 존재한다는 것을 알지 못하지만, 4~8개월경에 이르게 되면 대상 영속성의 개념이 획득되어 비로소 외부 세계에 관심을 갖기 시작한다. 그 결과, 사물의 영속성에 대한 개념을 얻게 되어 사물의 일부분을 감추더라도 찾아낼 수 있게 된다. 12개월이 되면 완전히 감추어진 물건이라도 찾아낼 수 있으나 숨겨둔 위치를 다시 바꾸게 되면 찾지 못하는 한계점을 갖는다. 그러나 24개월 정도가 되어서야 비로소 보이지 않게 물체를 이동해도 위치 이동을 이해할 수 있으며, 이 시기에 영유아는 자신이 우주 안의 많은 대상 중에 하나라는 것을 깨달을 수 있고 대상 영속성과 함께 자신이 독립된 개체라는 것을 깨닫게 된다(곽형식 외, 2002 : 123).

09 영아기(0~2세)에 관한 설명으로 옳지 않은 것은? •18회

① 제1성장 급등기라고 할 정도로 일생 중 신체적으로 급격한 성장이 일어난다.
② 프로이드(S. Freud)의 구강기, 피아제(J. Piaget)의 감각운동기에 해당된다.
③ 생존반사로는 연하반사(삼키기반사), 빨기반사, 바빈스키반사, 모로반사 등이 있다.
④ 대상이 눈에 보이지 않아도 존재한다는 사실을 인식할 수 있는 대상영속성이 습득된다.
⑤ 양육자와의 애착관계형성은 사회·정서적 발달에 매우 중요하다.

> **정답 및 해설**
>
> 신생아의 반사운동은 생존과 관련된 것(**생존반사**)과 생존과 관계없이 단지 진화과정에서 퇴화되어 남아 있는 것(**원시반사**)이 있다. 연하반사(삼키기반사)와 빨기반사는 생존반사이지만, **바빈스키반사와 모로반사는 원시반사**이다.
>
> 답 ③

10 영아기(0~2세)에 관한 설명으로 옳지 않은 것은? •19회

① 양육자와의 애착형성은 사회·정서적 발달에 중요하다.
② 피아제(J. Piaget)의 감각운동기에 해당한다.
③ 프로이트(S. Freud)의 구강기에 해당한다.
④ 에릭슨(E. Erikson)의 자율성 대 수치심 단계에 해당한다.
⑤ 제1성장 급등기라고 할 정도로 일생 중 신체적으로 급격한 성장이 일어난다.

> **정답 및 해설**
>
> 영아기(0~2세)는 **에릭슨(E. Erikson)의 신뢰감 대 불신감 단계에 해당**한다. 에릭슨(E. Erikson)의 자율성 대 수치심 단계는 유아기(3~6세, 학령전기)에 해당한다.
>
> ✓ 보충설명
>
> ① **애착(attachment)**은 영아와 어머니 또는 자신을 돌보아주는 양육자 간의 강한 정서적 유대를 맺는 것으로, 영아기에 영아가 부모와 형성하는 초기 애착의 질은 **아동기의 인지발달과 사회·정서적 발달에 지대한 영향**을 미친다.
>
> 답 ④

11 영아기(0~2세)에 관한 설명으로 옳지 않은 것은? • 21회

① 인지발달은 감각기관과 운동기능을 통해 이루어지며 언어나 추상적 개념은 포함되지 않는다.
② 정서발달은 긍정적 정서를 표현하는 것에서 시작하여 점차 부정적 정서까지 표현하게 된다.
③ 언어발달은 인지 및 사회성 발달과 밀접한 관련이 있다.
④ 영아와 보호자 사이에 애착관계 형성이 중요하다.
⑤ 낯가림이 시작된다.

정답 및 해설

출생직후 미분화된 **흥분**만 있게되지만, 3개월 이전에 **불쾌**의 반응을 보이고 3개월 경에는 **쾌**의 반응이 나타나면서 불쾌와 쾌가 분화된다. 즉 **부정적 정서 표현**이 긍정적 정서 표현보다 **먼저 분화**된다.

✅ 보충설명

① 영아는 자신이 직접 보고, 듣고, 느끼고, 행동하는 것을 통해 세상을 이해하고, 이런 감각기관을 통해 받아들인 정보가 인지발달의 중요한 기제가 된다. 언어가 발달하지 않은 영아는 지각과 환경탐색을 통해 개념형성의 기초를 구축하고, 운동기능이 활발해짐에 따라 세상을 이해하고 조작하기 위한 감각운동유형이 복잡해진다.
③ 인간은 언어를 통해 자신의 욕구를 충족하고 다른 사람과 교제하며 주위환경에 적응한다. 따라서, 영아기 언어발달은 인지발달 및 사회성 발달과 밀접한 관련성을 지니고 있다.
④ 영아기에 영아가 부모와 형성하는 초기 애착의 질은 아동기의 인지발달과 사회·정서적 발달에 지대한 영향을 미친다.
⑤ 낯가림은 생후 5~6개월경이 되면 보이기 시작한다.

  ②

12 영아기(0~2세)에 관한 설명으로 옳은 것은? •22회

① 콜버그(L. Kohlberg) : 전인습적 도덕기에 해당한다.
② 에릭슨(E. Erikson) : 주 양육자와의 "신뢰 대 불신"이 중요한 시기이다.
③ 피아제(J. Piaget) : 보존(conservation) 개념이 확립되는 시기이다.
④ 프로이트(S. Freud) : 거세불안(castration anxiety)을 경험하는 시기이다.
⑤ 융(C. Jung) : 생활양식이 형성되는 시기이다.

> **정답 및 해설**
>
> **영아기(0-2세)**는 에릭슨(E. Erikson)의 심리사회적 발달단계 중 **신뢰감 대 불신감이 형성되는 시기**로, 이 시기 발달과업인 신뢰감과 불신감은 이후 인생전반에 걸쳐 맺게 되는 사회적 관계에서의 기본적 태도를 형성한다고 보았다.
>
> **오답풀이**
>
> ① 콜버그(L. Kohlberg)의 전인습적 도덕기에 **해당하지 않는다**. **전인습적 도덕기는 유아기(3~6세, 학령전기)에 해당**된다. 참고로 피아제(J. Piaget)는 영아기(0-2세)를 전도덕성 단계(pre-moral stage), 즉 이 시기에는 인지발달이 이루어지지 않아서 규칙을 이해하지 못하고 도덕적 판단을 할 수가 없다고 보았다.
> ③ 영아기(0-2세)는 피아제(J. Piaget)의 감각운동기에 해당한다. **보존(conservation) 개념이 확립되는 시기는 구체적 조작기인 아동기(7~12세)이다.**
> ④ 영아기(0-2세)는 프로이트(S. Freud)의 구강기에 해당한다. **거세불안(castration anxiety)을 경험하는 시기는 남근기로, 유아기(3~6세, 학령전기)에 해당**된다.
> ⑤ 생활양식은 융(C. Jung)의 이론에서의 개념이 아니라, 아들러(A. Adler) 이론에서의 개념이다. **아들러(A. Adler)는 생활양식이 4~5세경에 기본적으로 결정된다고 보았다.**
>
> 답 ②

13 다음에서 설명하는 아인스워드(M. Ainsworth)의 애착유형으로 옳은 것은? • 16회

> 어린이집에 맡겨지게 된 영희는 엄마가 자신을 어린이집에 놓고 떠나려고 하자 떨어지지 않으려고 계속 울었다. 두 시간이 지나고 엄마가 데리러 왔는데도 영희는 안정감을 보이지 못하고 엄마를 원망하듯이 울음을 그치지 못했다.

① 안정 회피애착형
② 안정 저항애착형
③ 불안정 저항애착형
④ 불안정 회피애착형
⑤ 불안정 혼란애착형

정답 및 해설

아인스워드(M. Ainsworth)는 영유아의 애착의 질을 평가하여 크게 **안정 애착과 불안정 애착으로 구분**하고, **불안정 애착을 회피애착, 저항애착, 혼란애착(또는 비조직적 애착)의 3가지 유형**으로 분류한다. 주어진 사례에서 **영희는 불안정 저항애착형에 해당**한다. 불안정 저항애착형의 영아들은 어머니가 방을 떠나기 전부터 매우 불안해하며 어머니의 곁에서 떨어지지 않고 탐색도 거의 하지 않는다. 어머니가 떠나기 전부터 매우 불안해하며 어머니가 방을 나가면 심하게 울며 분리불안 증세를 보이고, 어머니가 돌아온 후에는 어머니와 접촉하려고 시도하지만 안아 주어도 안정감을 느끼지 못해 화를 내며 밀쳐내는 등 양가감정을 표현한다.

보충설명

④ **불안정 회피애착형의 영아들은** 어머니가 방을 떠나도 불안해하거나 울지 않고 어머니가 돌아왔을 때에도 안기려 하지 않는 등 무시하거나 회피한다.
⑤ **불안정 혼란애착형의 영아들은** 극단적인 혼돈 상태로 양육자에게 접근해야 할지 회피해야 할지 갈피를 잡지 못하는 것처럼 보인다. 어머니와 재결합했을 때 어머니가 안아주어도 얼어붙은 표정으로 있거나 먼 곳을 응시하며, 양육자에게 접근하다가도 양육자가 다가오면 멀리 도망가고 피한다.

답 ③

03 유아기 : 3~6세

01 2~3세 유아의 특징으로 옳지 않은 것은? • 16회

① 숟가락질을 할 수 있다.
② 혼자 넘어지지 않고 잘 걸으며 뛸 수 있게 된다.
③ 프로이드(S. Freud) 이론의 항문기에 해당되고 배변훈련이 시작된다.
④ 양육자와의 애착관계가 시작되고 분리불안이 늘어난다.
⑤ 언어활동이 급격히 증가하고 낱말을 이어 문장으로 말하기 시작한다.

> **정답 및 해설**
> 애착 형성의 단계는 (1) 전 애착 형성 단계(출생 후~8주), (2) **애착 형성 단계는(8주~8개월)**, (3) 애착 단계(8~18개월), (4) 상호적 관계 형성 단계(18개월~2세)로 구분한다. 이 중 **애착 단계(8~18개월)**에서 영아는 어머니에 대한 애착을 분명히 나타내며, 어머니와 떨어지게 되면 매우 불안해하는 **분리불안**을 보인다. **상호적 관계 형성 단계(18개월~2세)**에 영아는 언어와 정신적 표상이 발달하면서 어머니가 다시 돌아온다는 것을 인지하고 결과적으로 **분리불안이 급격히 감소**한다.
>
> **보충설명**
> ① 2~3세 유아는 소근육 운동으로 단순한 옷을 입고 벗을 수 있으며, 큰 지퍼를 올리고 내린다. 또한 **수저를 잘 사용**한다.
> ② 2~3세 유아는 대근육 운동으로 **빠른 걸음이 뛰는 것으로 바뀌고**, 점프하고 던지고 받는 것이 가능하다.
> ③ 프로이드(S. Freud) 이론의 **항문기(1.5~3세)**에 해당되고, **배변훈련(toilet training)이 시작**되면서 아이의 본능적 충동은 외부(양육자인 어머니)에 의해 통제되며 이때 자아가 발달한다.
> ⑤ 2~3세 유아는 450단어 정도의 어휘를 사용하여 표현하며, 그보다 더 많은 단어를 이해할 수 있다. **3세경의 유아는 3개 이상의 낱말을 연결하여 문장을 만들어 사용**할 수 있으며 900~1,000단어 정도의 어휘력과 문법의 초보적 지식을 갖추게 된다.
>
> ④

02 유아기(3~6세)의 발달에 관한 설명으로 옳지 않은 것은? • 10회

① 정서의 분화가 두드러지게 나타난다.
② 영아기(0~2세)에 비해 성장 속도가 완만해진다.
③ 주로 감각운동을 통하여 지능발달을 도모한다.
④ 사회성을 발달시키는데 놀이가 중요한 역할을 한다.
⑤ 사고발달에 있어 직관적 사고, 물활론 등의 특징이 나타난다.

정답 및 해설

3~6세는 **전조작기**에 해당하는 시기이다. 감각운동을 통하여 지능발달을 도모하는 것은 0~2세의 영아기, 즉 감각운동기에 해당한다.

답 ③

03 유아기(3~6세)의 설명으로 옳은 것을 모두 고른 것은? • 10회

㉠ 피아제에 의하면 3차 순환반응이 나타나는 시기이다.
㉡ 에릭슨에 의하면 정체감 확립이 가장 중요한 발달과업이다.
㉢ 프로이트의 생식기 단계에 해당되며 이성 부모에게 관심을 가진다.
㉣ 콜버그에 의하면 도덕성 발달 수준이 전인습적 수준에 머물러 있다.

① ㉠, ㉡, ㉢
② ㉠, ㉢
③ ㉡, ㉣
④ ㉣
⑤ ㉠, ㉡, ㉢, ㉣

정답 및 해설

㉣ 콜버그는 도덕 발달 수준을 **전 인습적 수준**(pre-conventional level : 4~10세), 인습적 수준(conventional level : 10~13세), 후 인습적 수준(post-conventional level : 13세 이상)의 3수준으로 나누고 각 수준에 2단계씩 총 6단계를 거쳐 발달한다고 본다.

오답풀이

㉠ 3차 순환반응이 나타나는 시기는 영아기(0~2세), 즉 감각운동기에 해당한다.
㉡ 정체감 확립이 가장 중요한 발달과업인 것은 청소년기(13~18세)에 해당한다.
㉢ 이성 부모에게 관심을 갖는 것은 **남근기(3~6세), 즉 유아기(3~6세, 학령전기)에 해당**하지만, 프로이트의 생식기에 해당하는 것은 **청소년기에 해당**한다.

답 ④

04 유아기(3~6세)에 관한 설명으로 옳지 않은 것은? • 11회

① 콜버그의 후 인습적 도덕 발달단계에 해당하며 타인과 좋은 관계를 맺는데 치중하는 시기이다.
② 프로이트(S. Freud)의 남근기에 해당하며 이성 부모에게 관심을 갖는 시기이다.
③ 피아제의 전조작기에 해당하며 상징적 사고가 활발한 시기이다.
④ 에릭슨의 주도성 대 죄의식 단계에 해당하며 책임의식이 고취되는 시기이다.
⑤ 융의 아동기에 해당하며 자아가 형성되는 시기이다.

> **정답 및 해설**
>
> 유아기(3~6세)는 콜버그의 도덕 발달단계 중 **전 인습적 도덕기**에 해당한다.
>
> **보충설명**
> ⑤ 융은 생애주기를 아동기, 청소년기와 성인기, 중년기, 노년기로 구분하였으며, **아동기를 출생부터 사춘기까지**로 보았다. 따라서, 영아기(0~2세), 유아기(3~6세, 학령전기), 아동기(7~12세)는 모두 융의 아동기에 해당한다.
>
> 답 ①

05 유아기(3~6세) 때 일반적으로 볼 수 있는 특징으로 옳은 것을 모두 고른 것은? • 12회

㉠ 타율적 도덕성이 발달한다.
㉡ 자아개념과 자아존중감을 형성한다.
㉢ 프로이트(S. Freud)의 성격발달 단계의 남근기에 해당한다.
㉣ 타인의 감정을 수용할 수 있는 사회적 관점이 발달하기 시작한다.

① ㉠, ㉡, ㉢   ② ㉠, ㉢
③ ㉡, ㉣   ④ ㉣
⑤ ㉠, ㉡, ㉢, ㉣

> **정답 및 해설**
>
> ㉠ **타율적 도덕성**은 어른들의 신체적 힘에 대한 두려움과 어른의 권위에 대한 복종에서 시작하는 것으로, 사고의 경향이 아직 자기중심적인 2~6세 동안의 전조작기에 존재하는 도덕적 수준이다.
> ㉡ 유아기(3~6세, 학령전기)에 자아개념과 자아존중감을 형성한다. **자아개념**(self-concept, 자기개념)은 신체적 특성, 개인적 기술, 가치관, 희망, 지위와 역할 등 개인이 자신의 것으로 동일시하는 개인적 특성에 대한 지각이나 느낌으로, **자기상**(self-image)과 **자아존중감**(self-esteem, 자긍심)의 두 가지 요소를 포함한다.
> ㉢ **프로이트의 남근기**(3~6세), 에릭슨의 솔선성(주도성) vs 죄의식 단계(4~6세), 피아제의 전조작기(2~7세)의 직관적 사고단계(5~7세), 콜버그의 도덕 발달 수준 중 전인습적 수준(4~10세)에 해당한다.
> ㉣ 유아기(3~6세, 학령전기) 아동은 타인의 관점을 수용할 수 있는 능력인 **사회적 관점 수용능력**(social perspective taking ability, 조망수용능력)이 발달하기 시작한다. 다만, 유아기(3~6세, 학령전기)에 속하는 아동은 다른 사람의 기분을 어느 정도 이해할 수 있으나 모든 사람이 자신과 동일한 방식으로 상황을 이해한다고 생각하므로 사회적 관점 수용능력은 매우 낮다.
>
> 답 ⑤

> **OIKOS UP** 자아개념(self-concept, 자기개념)
>
> 자아개념(self-concept, 자기개념)은 신체적 특성, 개인적 기술, 가치관, 희망, 지위와 역할 등 개인이 자신의 것으로 동일시하는 개인적 특성에 대한 지각이나 느낌을 말하는 것으로, 자기상(self-image)과 자아존중감(self-esteem, 자긍심)의 두 가지 요소를 포함한다. 따라서 자기상이나 자아존중감은 자아개념 형성에 당연히 밀접한 관련이 있다.

06 유아기(3~6세)의 발달에 관한 설명으로 옳은 것을 모두 고른 것은? • 13회

㉠ 피아제의 자기중심적 사고가 활발한 시기이다.
㉡ 에릭슨의 주도성과 죄책감이 중요한 시기이다.
㉢ 프로이트의 오이디푸스 콤플렉스와 엘렉트라 콤플렉스가 나타나는 시기이다.
㉣ 콜버그의 인습적 단계의 도덕적 사고가 나타나는 시기이다.

① ㉠, ㉡, ㉢　　② ㉠, ㉢
③ ㉡, ㉣　　　　④ ㉣
⑤ ㉠, ㉡, ㉢, ㉣

> **정답 및 해설**
>
> ㉠ 피아제의 전조작기(2~7세)에 해당한다. 전조작기는 자기중심적 사고가 활발한 시기로, 우주의 모든 현상을 자기중심적으로 생각하며 자기관점과 다른 사람의 관점을 고려하지 못한다.
> ㉡ 에릭슨의 자율성과 수치심 단계(2~4세)와 솔선성(주도성)과 죄의식 단계(4~6세)에 해당한다.
> ㉢ 프로이트의 남근기(3~6세)에 해당한다. 남근기에는 오이디푸스 콤플렉스와 엘렉트라 콤플렉스가 나타나는 시기이다.
>
> **오답풀이**
> ㉣ 콜버그의 도덕 발달 수준 중 **전인습적 수준(4~10세)**에 해당한다. 인습적 단계의 도덕적 사고가 나타나는 시기는 10~13세로 아동기이다.
>
> 답 ①

07 유아기(3~6세)의 발달 특성으로 옳은 것은?   •14회

① 주요 발달과업 중의 하나는 배변훈련이다.
② 피아제(J. Piaget)의 구체적 조작기에 해당한다.
③ 콜버그(L. Kohlberg)의 인습적 수준의 도덕성 발달단계이다.
④ 에릭슨(E. Erikson)의 발달단계에서 신뢰감 대 불신감에 해당한다.
⑤ 물활론적 사고에서 완전히 벗어나 생명이 있는 것과 없는 것을 구분한다.

정답 및 해설

유아기(3~6세)는 프로이트의 항문기(1.5~3세)와 남근기(3~6세)에 해당한다. 배변훈련은 프로이트의 항문기에 해당하는 것으로 유아기(3~6세) 발달 특성에 해당한다.

오답풀이
② 유아기(3~6세)는 피아제(J. Piaget)의 **전조작기**에 해당한다. 구체적 조작기는 **아동기(7~12세)에 해당**한다.
③ 유아기(3~6세)는 콜버그(L. Kohlberg)의 **전인습적 수준**의 도덕성 발달단계에 해당한다. 인습적 수준의 도덕성 발달단계는 **아동기(7~12세)**이다.
④ 유아기(3~6세)는 에릭슨(E. Erikson)의 발달단계에서 **자율성 대 수치심 단계(2~4세)와 솔선성(주도성) 대 죄의식 단계(4~6세)**에 해당한다. 신뢰감 대 불신감은 **영아기(0~2세)**에 해당한다.
⑤ 유아기(3~6세)는 피아제(J. Piaget)의 전조작기에 해당하며, 이 시기에는 물활론적 사고를 한다. 물활론적 사고에서 완전히 벗어나 생명이 있는 것과 없는 것을 구분하는 것은 구체적 조작기인 **아동기(7~12세)에 해당**한다.

답 ①

08 유아기(3~6세)의 인지발달 특성에 해당하지 않는 것은?   •15회

① 표상에 의한 상징적 사고
② 자기중심적 사고
③ 비가역적 사고
④ 물활론적 사고
⑤ 연역적 사고

정답 및 해설

유아기(3~6세)는 전조작기(preoperational stage)에 해당한다. **연역적 사고는 청소년기(13~19세)인 형식적 조작기(formal operational stage)에 해당**한다. 연역적 사고(가설 연역적 추리)는 제시된 문제에 내포된 정보로부터 하나의 가설을 설정하여 일반적인 원리를 바탕으로 특수한 원리를 논리적으로 이끌어내는 것을 말한다. 즉, 구체적 조작기에는 어떤 문제상황에 놓이게 되면 과거의 문제해결 경험을 바탕으로 문제를 해결하려고 하지만, 형식적 조작기에는 문제해결 방안과 관련된 가설을 설정하고 체계적인 검증을 통하여 하나의 문제해결의 원리를 표출해낸다.

답 ⑤

09 유아기(3~6세)의 발달특성에 관한 설명으로 옳지 않은 것은? • 17회

① 피아제(J. Piaget)의 전조작기의 시기로 분리불안이 나타난다.
② 프로이드(S. Freud)의 오이디푸스 콤플렉스 시기로 이성부모에게 관심을 갖게 된다.
③ 콜버그(L. Kohlberg)의 도덕발달단계에서는 보상 또는 처벌회피를 위해 행동한다.
④ 에릭슨(E. Erikson)의 주도성 대 죄의식 단계로 부모와 가족이 가장 큰 영향을 미친다.
⑤ 성적 정체성(gender identity)이 발달하는 시기이다.

> **정답 및 해설**
>
> 3~6세는 유아기(학령전기)로 피아제(J. Piaget)의 전조작기의 시기에 해당하는 것은 맞지만, **분리불안 (separation anxiety)이 나타나는 것은 감각운동기인 영아기(0~2세)의 발달특성이다. 출생 후 9개월경이 되면 부모와 분리되기 싫어하는 분리불안이 나타나며**, 14~18개월에 급증하고 18개월 이후 차츰 감소하다가 20~24개월경(대상영속성의 확립이 이루어지는 시기)이면 사라진다.
>
> **보충설명**
> ② 유아기(3~6세, 학령전기)는 프로이트의 항문기(1.5~3세)와 남근기(3~6세)에 해당한다. 남근기에는 오이디푸스 콤플렉스와 엘렉트라 콤플렉스가 나타나는 시기로, **이성부모에게 성적 관심을 갖게 된다**.
> ③ 유아기(3~6세, 학령전기)의 유아는 전인습적 도덕기에 해당하며, **보상 또는 처벌회피를 위해 행동하는 것은 전인습적 도덕기 중 1단계인 복종과 처벌지향의 도덕성에 해당한다**. 1단계인 복종과 처벌지향의 도덕성은 인간적인 의미나 가치와 무관하게 보상과 처벌의 기준에 따라 행동을 판단하는 것으로, 착한 행동은 보상을 받고 나쁜 행동은 벌을 받을 것이라는 단순한 논리이다.
> ④ 유아기(3~6세, 학령전기)는 에릭슨(E. Erikson)의 주도성 대 죄의식 단계에 해당하며, 이 단계에서 **부모와 가족이 가장 중요한 영향을 미친다**. 특히 부모가 자신의 권위를 절대시하지 않으면서 아동의 주도성을 격려하여 이끌어주면 아동은 자신의 열망과 대범성을 성인기 사회생활의 목표에 맞게 부합시킬 수 있는 반면, 부모가 아이 스스로 어떤 일을 하도록 기회를 주지 않고 지나친 통제를 하면 죄의식을 발달시키게 된다.
> ⑤ **성적 정체성(gender identity)**은 3세경의 유아가 최초로 자신을 남자 또는 여자로 범주화하는 능력이다. 유아기(3~6세, 학령전기)의 유아는 성과 관련된 사회적 관계성향에 관심을 나타내고, 자신의 성에 걸맞은 행동을 함으로써 **성역할 정체감을 형성해 가기 시작**한다.
>
> 답 ①

10 유아기(3~6세)의 발달에 관한 설명으로 옳은 것은? • 18회

① 프로이드(S. Freud)의 오이디푸스 콤플렉스와 엘렉트라 콤플렉스가 일어나는 시기이다.
② 콜버그(L. Kohlberg)의 후인습적 단계의 도덕적 사고가 나타나는 시기이다.
③ 피아제(J. Piaget)의 자율적 도덕성의 단계이다.
④ 심리사회적 유예가 일어나는 시기이다.
⑤ 보존기술, 분류기술 등 기본적 논리체계가 획득된다.

정답 및 해설

유아기(3~6세)는 프로이드의 항문기와 남근기에 해당한다. 따라서, 남근기에 일어나는 오이디푸스 콤플렉스(Oedipus complex)와 엘렉트라 콤플렉스(Electra Complex)는 유아기(3~6세)에 해당한다.

오답풀이
② 콜버그의 도덕발달 수준 중 전인습적 수준(4~10세)에 해당한다.
③ 이 시기는 피아제의 전조작기에 해당되므로 타율적 도덕성의 단계이다.
④ 심리사회적 유예가 일어나는 시기는 **청소년기(13~18세)**이다.
⑤ 보존기술, 분류기술 등 기본적 논리체계가 획득되는 것은 **아동기(7~12세)**인 **구체적 조작기**이다.

  ①

---

11 유아기(3~6세)에 관한 설명으로 옳지 않은 것은?   • 19회

① 프로이트(S. Freud)의 오이디푸스·엘렉트라 콤플렉스가 나타나는 시기이다.
② 콜버그(L. Kohlberg)의 도덕발달단계에서는 보상 또는 처벌회피를 위해 행동을 하는 시기이다.
③ 에릭슨(E. Erikson)의 주도성 대 죄의식 단계에 해당한다.
④ 성적 정체성(gender identity)이 발달하는 시기이다.
⑤ 영아기(0~2세)에 비해 성장속도가 빨라지는 특성을 보인다.

정답 및 해설

유아기(3~6세)도 꾸준하게 성장은 하지만, 제1성장 급등기인 영아기(0~2세)보다 급속한 신체발달은 이루어지지 않는다. 즉, 유아기(3~6세)에는 **영아기(0~2세)**에 비해 신체의 성장 속도는 둔화된다.

보충설명
① 유아기(3~6세)는 **프로이트(S. Freud)의 항문기와 남근기**에 해당한다. 따라서, 남근기에 나타나는 오이디푸스(Oedipus complex)와 엘렉트라 콤플렉스(Electra Complex)가 나타나는 시기이다.
② 유아기(3~6세)는 **콜버그(L. Kohlberg)의 도덕발달단계 중 전인습적 도덕기(1단계 : 복종과 처벌지향 도덕성, 2단계 : 욕구충족수단으로서 도덕성)**에 해당한다. 따라서, 1단계의 복종과 처벌지향 도덕성에 해당하는 보상 또는 처벌회피를 위해 행동을 하는 시기이다.
③ 유아기(3~6세)는 에릭슨(E. Erikson)의 **자율성 대 수치심 단계(2~4세, 초기아동기)**와 **주도성(솔선성) 대 죄의식 단계(4~6세, 유희기)**에 해당한다.
④ **성적 정체성(gender identity)**은 3세경의 유아가 최초로 자신을 남자 또는 여자로 범주화하는 능력으로, 유아기(3~6세)는 성적 정체감이 발달하는 시기이다.

  ⑤

12 유아기(3~6세)에 관한 설명으로 옳지 않은 것은? • 20회

① 영아기(0~2세)보다 성장속도가 느려진다.
② 성역할의 내면화가 이루어진다.
③ 오로지 자신의 관점에 비추어 타인의 감정이나 사고를 예측하는 경향이 있다.
④ 피아제(J. Piaget)의 형식적 조작기에 해당한다.
⑤ 전환적 추론이 가능하다.

> **정답 및 해설**
> 유아기(3~6세, 학령전기)는 **피아제(J. Piaget)의 전조작기**에 해당한다.
> **보충설명**
> ① 제1의 성장급등기인 영아기(0~2세)보다 성장속도가 **둔화**된다.
> ② 유아기(3~6세)의 유아는 부모의 기대와 문화적 기준에 맞는 **성역할 기준을 이해**하고 **내면화**하게 된다. 가령 우리나라에서는 남성성에 보다 우월한 가치를 부여함으로써 성에 따른 사회적 차별을 유아기부터 은연중에 내면화할 가능성이 있다.
> ③ 유아기(3~6세)의 유아는 사회적 관점 수용능력이 매우 낮아서, **타인의 감정이나 사고를 어느 정도 이해할 수 있지만 타인이 자신과 동일한 방식으로 상황을 이해한다고 생각**한다. 참고로 **사회적 관점 수용능력(social perspective taking ability)**이란 타인의 입장, 관점, 사고, 감정을 추론하고, 감정이입적으로 타인의 감정을 이해하는 능력을 말한다.
> ⑤ **전환적 추론(transductive reasoning, 전도추리, 비약적 추론)**은 전조작기의 특징으로, 한 가지 특정 사건으로부터 다른 특정 사건을 추론하는 사고이다. 예) 자기가 동생을 미워해서 동생이 아프게 되었다고 두 사건 간의 인과관계를 연결시키는 것을 들 수 있다.
> 답 ④

13 유아기(3-6세)에 관한 설명으로 옳은 것은? • 21회

① 남아는 오이디푸스 콤플렉스를 경험하고 여아는 엘렉트라 콤플렉스를 경험한다.
② 콜버그(L. Kohlberg)에 의하면 인습적 수준의 도덕성 발달단계를 보인다.
③ 피아제의 구체적 조작기에 해당되며 상징적 사고가 가능하다.
④ 인지발달은 상위 개념과 하위 개념을 구분하여 완전한 수준의 분류능력을 보인다.
⑤ 영아기에 비해 성장 속도가 빨라지며 지속적으로 성장한다.

정답 및 해설

유아기(3~6세)는 프로이트의 항문기(1.5~3세)와 남근기(3~6세)에 해당한다. **남근기에** 남아는 오이디푸스 콤플렉스(Oedipus complex)를 경험하고 여아는 엘렉트라 콤플렉스(Electra Complex)를 경험한다.

오답풀이
② 콜버그(L. Kohlberg)에 의하면 **전인습적 수준**의 도덕성 발달단계를 보인다.
③ 피아제의 **전조작기**에 해당되며 상징적 사고가 가능하다.
④ 인지발달은 상위 개념과 하위 개념을 완전히 구분하지 못하여 **불완전한 수준의 분류능력**을 보인다.
⑤ 제1의 성장급등기인 영아기에 비해 성장 속도가 **완만해지며** 지속적으로 성장한다.

  ①

14 유아기(3~6세)에 관한 설명으로 옳지 않은 것은? • 22회

① 자신의 성을 인식하는 성 정체성이 발달한다.
② 놀이를 통한 발달이 활발한 시기이다.
③ 신체적 성장이 영아기(0-2세)보다 빠른 속도로 진행된다.
④ 언어발달이 현저하게 이루어지는 시기이다.
⑤ 정서적 표현의 특징은 일시적이며 유동적이다.

정답 및 해설

유아기(3~6세)의 신체적 성장은 제1의 성장급등기인 영아기(0~2세)보다 **느린 속도로 진행**된다. 즉, 영아기(0~2세)에 비해 성장속도가 완만해진다.

보충설명
① **성적 정체성(gender identity)은** 3세경의 유아가 최초로 자신을 남자 또는 여자로 범주화하는 능력을 말한다.
② 유아기(3~6세)는 **놀이를 통한 발달이 활발한 시기**로서, 유아의 사회성은 놀이를 통해 이루어지는 부분이 많다.
④ 유아기(3~6세)는 **언어발달의 결정적 시기**이다. 3~4세가 되면 언어활동이 급속히 증가하는데, 이 시기에 유아가 사용하는 단어의 수가 증가할 뿐만 아니라 성인이 사용하는 복잡한 문장을 그대로 반복하거나 새로운 문장을 만들어 내는 단계로 발달한다.
⑤ 유아기(3~6세)의 정서적 표현은 **일시적이며 유동적이어서 상황이 바뀌면 금새 다른 정서로 변한다.** 또한 자신의 정서를 통제하려는 노력을 하지 않고 느끼는 대로 표현하기 때문에 격렬하고, 그 지속시간이 짧아서 쉽게 변하며 금방 잊게 된다.

  ③

제03장

아동기 : 7~12세

제1영역 : 인간행동과 사회환경

▶ 제3장 회차별 출제빈도, 출제비중 및 출제논점 1, 2, 3순위

10회 2012	11회 2013	12회 2014	13회 2015	14회 2016	15회 2017	16회 2018	17회 2019	18회 2020	19회 2021	20회 2022	21회 2023	22회 2024
2	1	2	1	1	1	(1)	1(1)	1	1(1)	1	1(1)	1(1)

출제 비중	출제 논점		
	1순위 ☺	2순위 ※	3순위 ☆
(1)12	① 신체, 심리, 사회적 발달 ② 구체적 조작기 특징	① 단체놀이의 경험	① 짝패집단 형성

01 에릭슨(E. Erickson)의 심리사회이론에서 아동기(7~12세) 발달과업을 성취하지 못할 경우 경험하는 심리사회적 위기는?
• 20회

① 불신감 ② 절망감
③ 침체감 ④ 고립감
⑤ 열등감

> **정답 및 해설**
>
> 아동기(7~12세)의 아동은 학교에서 지적인 기술을 습득하는 과정에 몰입하면서 **근면성**(industry)을 발달시킨다. 이 시기의 위기는 **열등감**(inferiority)인데 이것은 자신의 학습능력이나 기술을 또래들과 비교하여 열등하다고 느껴 학습추구의 동기를 잃는 것이다.
>
> ✓ 오답풀이
> ① 신뢰감 대 **불신감**은 영아기(0~2세, 영유아기)에 해당한다.
> ② 자아통합 대 **절망감**은 노년기(65세 이상, 성인후기)에 해당한다.
> ③ 생산성 대 **침체감**은 중장년기(40~64세, 성인중기)에 해당한다.
> ④ 친밀감 대 **고립감**은 청년기(19~39세, 성인초기)에 해당한다.
>
> 답 ⑤

02 아동기(7~12세)의 설명으로 옳은 것은?

• 10회

① 프로이트의 남근기에 해당한다.
② 단체놀이를 통하여 노동배분의 개념을 익힌다.
③ 제1성장 급등기에 해당된다.
④ 주요과업은 대상 영속성 개념의 획득이다.
⑤ 신체적 성숙이 거의 완성되며 성역할에 대한 정체성이 확고해진다.

정답 및 해설

아동기(7~12세)에는 단체놀이를 통하여 **상호의존성(협동), 경쟁, 노동의 분화, 협상하는 능력 등이 향상**된다. 노동의 분화란 분업의 원리, 즉 **노동배분의 개념을 배우게 되는 것**을 말한다.

오답풀이

① 아동기(7~12세)는 **프로이트의 잠재기**에 해당한다.
③ **제1성장 급등기는 영아기(0~2세)**에 해당한다.
④ **대상 영속성 개념 획득**이 주요 과업인 단계는 **영아기(0~2세)**이다.
⑤ 신체적 성숙이 거의 완성되고 **성역할에 대한 정체성이 확고해지는 시기는 청소년기**에 해당한다. 참고로 아동기에서 청소년기 후기에 이르기까지 자신의 성에 대한 정체감이 재개념화되고 확고해진다. 즉 청소년기 후기에 성정체감이 확고해지는 과정을 성적 사회화라고 한다. 성적 사회화란 좋아하는 성적 대상을 선택하는 것, 성정체감을 확립하는 것, 적절한 성인의 성역할을 배우는 것, 성행위에 대해 이해하고 그에 대한 지식을 습득하는 것 등을 말한다.

 ②

03 아동기(7~12세)의 설명으로 옳은 것은?

• 11회

① 사물의 분류와 보존의 개념을 획득한다.
② 자율성 대 수치감이 형성되는 시기이다.
③ 물활론적 사고가 주요 특징이다.
④ 성역할 정체감이 완성되는 시기이다.
⑤ 심리 사회적 유예가 일어나는 시기이다.

정답 및 해설

구체적 조작기에 해당하는 **아동기에는 분류와 보존 개념을 획득**한다.

오답풀이

② 에릭슨의 **자율성 대 수치심 단계와 솔선성 대 죄의식 단계는 유아기(3~6세, 학령전기)**에 해당한다.
③ **물활론적 사고는 전조작기인 유아기(3~6세, 학령전기)**에 해당한다.
④ 성역할에 대한 정체성이 확고해지는 시기는 청소년기에 해당하며, **성역할 정체감이 완성 또는 확립되는 것은 청년기(19~39세)**에 해당한다.
⑤ **심리 사회적 유예가 일어나는 시기는 청소년기(13~18세)**이다.

 ①

04 아동기(7~12세)의 특징으로 옳은 것은?
• 12회

① 성에너지가 무의식 속으로 잠복하는 시기이다.
② 자기중심적 사고에서 벗어나 추상적 개념을 획득하게 된다.
③ 또래집단과의 상호작용이 줄어들어 혼자 있는 시간이 늘어난다.
④ 신체적 성장과 발달이 급격하게 진행되어 골격이 완성되는 시기이다.
⑤ 학교에서의 성공이나 실패경험이 아동기 자아발달에 중요한 영향을 주지 않는다.

정답 및 해설

아동기(7~12세)는 프로이트의 잠복기(latency period, 잠재기)에 해당한다. **잠복기는 6세에서 12, 13세 (사춘기)까지의 시기**로 리비도의 신체적 부위는 특별히 한정된 데가 없고 따라서 성적인 힘도 잠재된다.

오답풀이
② 구체적 조작기에 해당하는 **아동기에는 구체적인 수준의 가역적인 논리적 사고로 발달하며, 전조작기의 자기중심적 사고에서 벗어난다**. 다만, **추상적 사고는 형식적 조작기에 해당**하는 내용이다.
③ 또래집단과의 상호작용이 늘어나며, **강한 연대성과 소속감을 가진 또래 친구집단(짝패집단)을 형성**하여 조직적인 활동을 하기 좋아한다.
④ 신체적 성장과 발달이 급격하게 진행되는 것은 청소년기에 해당하며, **골격의 발달은 17~21세경에 완성**된다.
⑤ 학교는 아동의 인지발달은 물론 사회적 활동의 장으로서 사회적 발달에도 많은 영향을 미친다. 즉 **학교에서의 성공이나 실패경험이 아동기 자아발달에 중요한 영향을 준다**.

답 ①

05 아동기(7~12세)의 사회적 발달에 관한 설명으로 옳은 것은?
• 12회

① 자아의식이 발달하여 고독에 빠지기 쉽다.
② 단체놀이를 통하여 협동, 경쟁, 협상하는 능력이 향상된다.
③ 부모의 기대와 문화적 기준에 맞는 성역할 기준을 내면화한다.
④ 사회적 관계가 확대되어 가족으로부터 독립을 준비하고자 한다.
⑤ 학년이 올라갈수록 급우들과의 관계가 약화되며 성인의 승인을 받고 싶어한다.

정답 및 해설

아동기에는 유아기(3~6세, 학령전기)의 집단놀이(group play)보다 **단체놀이(team play)를 선호**하는데, 단체놀이를 통하여 **상호의존성(협동), 경쟁, 노동의 분화, 협상하는 능력** 등이 향상된다.

오답풀이
① 자아의식이 발달하여 고독에 빠지기 쉬운 것은 **청소년기**에 해당한다.
③ 성역할 기준은 남자와 여자의 적합한 행동양식에 대한 기준을 말하는 것으로, 부모의 기대와 문화적 기준에 맞는 **성역할 기준을 내면화하는 것은 유아기**(3~6세, 학령전기)에 해당한다.
④ 가족으로부터 독립을 준비하는 것은 **청년기**에 해당한다.
⑤ 학년이 올라갈수록 **급우들과의 관계가 강화**되며 또래집단의 승인을 받고 싶어한다.

---

06 아동기(7~12세)에 관한 설명으로 옳은 것은? •13회

① 생활의 중심이 가정에 한정된다.
② 자아정체감이 완성되는 시기이다.
③ 프로이트(S. Freud)의 남근기에 해당하는 시기이다.
④ 논리적 사고를 하게 되고 물활론적 사고가 감소하는 시기이다.
⑤ 에릭슨(E. Erikson)의 자율성 대 수치심의 단계에 해당하는 시기이다.

정답 및 해설

아동기(7~12세)는 피아제의 구체적 조작기에 해당하는 것으로, 이 시기 아동의 사고능력은 비논리적 사고에서 **구체적인 수준의 가역적인 논리적 사고**로 발달한다. 전조작기의 특징인 물활론적 사고가 감소하는 시기이다.

오답풀이
① 생활의 중심이 가정에 한정된 것은 **유아기**(3~6세, 학령전기)이다. 아동기에는 이웃, 학교까지로 범위가 확대된다. 아동기에는 가정 밖에서 생활하는 시간이 많아짐에 따라 또래집단과의 사회적 상호작용이 많아진다.
② **자아정체감이 완성되는 시기는 청소년기**이다.
③ 프로이트의 **잠복기**(latency period, 잠재기)에 해당한다.
⑤ 에릭슨(E. Erikson)의 자율성 대 수치심의 단계는 2~4세까지로 유아기(3~6세, 학령전기)에 해당한다.

07 아동기(7~12세)의 발달 특성으로 옳은 것을 모두 고른 것은?

• 14회

㉠ 자아정체감이 형성되는 결정적인 시기이다.
㉡ 유치가 영구치로 바뀌고 보존개념을 획득할 수 있다.
㉢ 가설연역적 추리 및 조합적 사고를 할 수 있다.
㉣ 한 가지 속성에 따라 대상을 배열하는 서열화가 가능하다.

① ㉠, ㉡, ㉢ ② ㉠, ㉢
③ ㉡, ㉣ ④ ㉣
⑤ ㉠, ㉡, ㉢, ㉣

정답 및 해설

㉡ 아동기에는 치아가 **유치에서 영구치**로 바뀌기 시작하며, 아동기는 구체적 조작기로서 **보존개념을 획득**하게 된다.
㉣ 구체적 조작기인 아동기에는 어떤 특정 속성이나 특징을 기준으로 순서대로 배열하는 능력인 **서열화**는 이 시기에 완전히 획득된다.

오답풀이

㉠ 자아정체감이 형성되는 결정적인 시기는 **청소년기(13~18세)의 발달 특성**이다.
㉢ 가설연역적 추리 및 조합적 사고는 형식적 조작기인 **청소년기(13~18세)의 발달 특성**이다.

답 ③

08 유아기(3~6세) 혹은 아동기(7~12세)의 주요 발달과업에 해당하지 않는 것은?

• 15회

① 애착관계 형성
② 또래관계 증진
③ 도덕 및 가치체계 발달
④ 성역할 습득
⑤ 학습기술 습득

정답 및 해설

애착(attachment)이란 친숙한 사람과의 강력한 정서적 유대를 말하는 것으로, **애착관계 형성과 발달은 영아기(0~2세)의 주요 발달과업**에 해당한다.

보충설명

② 유아기(3~6세)에는 유치원이나 보육시설을 통해 **또래관계를 경험**하고, 이 시기 또래관계의 시작은 이후 아동기(7~12세)의 우정, 청소년기의 낭만적 관계를 맺는 데 기초가 된다. 아동기(7~12세)에는 또래집단과의 사회적 상호작용이 많아진다.
③ **초기적 수준의 도덕발달은 유아기(3~6세)부터**이다. 피아제는 유아의 도덕적 판단은 유아기(3~6세)의 타율적 도덕성에서 아동기(7~12세)의 자율적 도덕성으로 발달해 나간다고 하였다.
④ 유아기(3~6세)에는 성과 관련된 사회적 관계성향에 관심을 나타내고, 자신의 성에 걸맞은 행동을 함으로써 **성역할 정체감을 형성해 가기 시작**한다. 부모로부터 학습한 성역할 기대를 또래관계에서도 그대로 적용하고자 한다.
⑤ 유아기(3~6세)에 시작되는 부모의 훈육, 유치원이나 보육시설, 아동기(7~12세)의 학교를 통해 **학습기술을 습득**하게 된다.

답 ①

---

09 아동기(7~12세)에 관한 설명으로 옳은 것은? •17회

① 자아중심적 사고 특성을 나타낸다.
② 동성 또래관계를 통해 사회화를 경험한다.
③ 신뢰감 대 불신감이 형성되는 시기이다.
④ 심리사회적 유예기간이다.
⑤ 경험하지 않고도 추론이 가능해진다.

정답 및 해설

아동기의 또래집단은 이웃에 살고 연령이 비슷하고 동성의 아동으로 주로 구성된다. **동성의 친구와 친밀한 관계를 경험을 통해 사회적 상호작용에 필요한 기술과 규범을 배우고, 또래집단의 행동기준이나 태도, 가치관을 배우는 등의 사회화를 경험**한다.

오답풀이

① 자아중심적 사고 특성을 나타내는 것은 전조작기인 **유아기(3~6세, 학령전기)**에 해당한다.
③ 신뢰감 대 불신감이 형성되는 시기는 **영아기(0~2세)**이다.
④ 심리사회적 유예기간은 **청소년기(13~18세)**이다.
⑤ 경험하지 않고도 추론이 가능해지는 것은 형식적 조작기인 **청소년기(13~18세)**에 해당한다. 즉, 청소년기에는 경험하지 못한 사건에 대한 가설을 설정하여 미래의 사건을 예측하는 가설적·연역적 사고가 발달한다.

답 ②

10. 아동기(7~12세)의 발달에 관한 설명으로 옳은 것을 모두 고른 것은?

• 18회

㉠ 에릭슨(E. Erikson)의 심리사회적 위기 중 솔선성 대 죄의식(initiative vs guilt)이 해당된다.
㉡ 조합기술을 획득하기 위해서는 가역성, 보상성, 동일성의 원리에 대한 이해가 필요하다.
㉢ 단체놀이를 통해 개인의 목표가 단체의 목표에 속함을 인식하고 노동배분(역할분담)의 개념을 학습한다.
㉣ 추상적 사고가 가능해져서 미래의 사건을 예측할 수 있는 가설적, 연역적 사고가 발달한다.

① ㉠
② ㉢
③ ㉠, ㉢
④ ㉡, ㉢
⑤ ㉡, ㉣

정답 및 해설

㉢ 아동기에 이르게 되면 **집단놀이보다 단체놀이를 선호**하는데, 단체놀이는 심판이 필요하고 규칙이 매우 복잡하다. 아동은 이러한 **단체놀이를 통하여 개인의 목표가 단체의 목표에 종속된다**는 것을 인식하게 된다. 그리고 **노동배분의 개념을 학습**하게 된다. 즉, 단체놀이에서 아동은 각자에게 부여된 지위와 역할을 충실히 수행하여야만 놀이의 승리를 보장받을 수 있다는 사실을 인식하게 된다.

오답풀이

㉠ 에릭슨(E. Erikson)의 심리사회적 위기 중 **근면성 대 열등감**(industry vs inferiority)이 해당된다.
㉡ **보존개념**을 획득하기 위해서는 가역성, 보상성, 동일성의 원리에 대한 이해가 필요하다.
㉣ 추상적 사고가 가능해져서 미래의 사건을 예측할 수 있는 가설적, 연역적 사고가 발달하는 것은 **청소년기인 형식적 조작기**이다. 아동기는 피아제의 인지발달과정 중 **구체적 조작기에 해당**한다.

답 ②

11 아동기(7~12세)에 관한 설명으로 옳은 것을 모두 고른 것은? • 19회

㉠ 보존개념을 획득한다.
㉡ 분류화·유목화가 가능하다.
㉢ 가설연역적 추리가 가능하다.
㉣ 자아정체감을 획득한다.

① ㉠
② ㉡, ㉣
③ ㉠, ㉡, ㉢
④ ㉠, ㉢, ㉣
⑤ ㉡, ㉢, ㉣

정답 및 해설

아동기(7~12세)는 피아제의 구체적 조작기에 해당하는데, 구체적 조작기에는 **보존개념을 획득**(㉠)하고 **분류화·유목화가 가능**(㉡)하다. **보존개념(conservation)**이란 한 사물의 외양이 변해도 그것의 길이, 양, 무게, 면적, 부피 등은 변하지 않는다는 사실을 이해하는 것이며, **분류화(classification, 유목화)**는 유사점과 차이점을 구별하여 한 가지 범주에 포함된 몇 개의 하위 항목으로 나누는 것을 말한다.

오답풀이

㉢ **가답안에서 "가설연역적 추리가 가능하다."는 문장이 옳은 문장이어서 정답이 ③번이었지만, 최종정답에서 옳지 않은 문장으로 처리되어 전항정답이 되었다.** 즉 옳은 문장은 ㉠, ㉡인데 선지에 해당되는 번호가 없어 전항정답처리가 된 것이다. 해당 선지는 「인간행동과 사회환경」 주요 저서 중 하나인 김동배 외 공저(2006, p.183. 학지사)에서 "아동기 마지막 1~2년(만 11~12세)은 구체적 사고에서 형식적 사고로 전환해 가는 시기이다. 따라서 **이 시기의 아동은 가설에 대한 연역적 추리가 가능**해지며,~"라는 문장에 근거해서 출제된 것으로 보여진다. 하지만, 최종정답에서 옳지 않은 문장이 된 것이다. 따라서, 시험을 준비하는 수험생 입장에서 "가설연역적 추리가 가능하다."라는 문장은 청소년기인 형식적 조작기에 **해당하는** 것으로 알고 있으면 된다.

㉣ **자아정체감을 획득하는 것은 청소년기에 해당**한다.

답 전항정답(가답안 ③)

12 아동기(7-12세)에 관한 설명으로 옳은 것을 모두 고른 것은?　●21회

㉠ 제1의 반항기이다.
㉡ 조합기술의 획득으로 사칙연산이 가능해진다.
㉢ 객관적, 논리적 사고가 가능해진다.
㉣ 정서적 통제와 분화된 정서표현이 가능해진다.
㉤ 타인의 입장을 고려하지 못한다.

① ㉡, ㉢
② ㉠, ㉡, ㉣
③ ㉡, ㉢, ㉣
④ ㉢, ㉣, ㉤
⑤ ㉠, ㉢, ㉣, ㉤

정답 및 해설

㉡ 조합기술은 수(數)를 조작하는 능력으로, 조합기술의 획득으로 더하기, 빼기, 곱하기, 나누기와 같은 사칙연산을 할 수 있게 된다.
㉢ 아동기는 피아제의 구체적 조작기에 해당하는 것으로, 이 시기 아동의 사고능력은 비논리적 사고에서 구체적인 수준의 가역적인 객관적, 논리적 사고로 발달한다.
㉣ 아동기는 비교적 정서적으로 안정된 시기로서, 정서적 통제와 분화된 정서표현이 가능해진다.

오답풀이

㉠ 제1의 반항기는 **유아기(3~6세, 학령전기)**에 해당된다. 자기주장적이고 반항적인 행동은 3~4세경에 절정에 달하는데, 이를 통해 자율성이라는 중요한 심리적 기제가 발달한다.
㉤ **타인의 입장을 고려할 수 있다.** 참고로 타인의 입장, 관점, 사고, 감정을 추론하고, 감정이입적으로 타인의 감정을 이해하는 능력인 **사회적 관점 수용능력**(social perspective taking ability, 조망수용능력)은 유아기(3~6세)부터 발달하기 시작한다. 따라서, 유아기(3~6세)에는 발달수준이 매우 낮지만, 아동기(7-12세)에는 발달수준이 높아져서 타인의 관점으로부터 자신의 생각과 감정을 고려하고 제3자적 입장에서 자신가 타인의 행동을 생각할 수 있다.

 ③

13 아동기(7~12세)의 발달에 관한 설명으로 옳은 것을 모두 고른 것은? • 22회

㉠ 프로이트(S. Freud) : 성 에너지(리비도)가 무의식 속에 잠복하는 잠재기(latency stage)
㉡ 피아제(J. Piaget) : 보존, 분류, 유목화, 서열화 등의 개념을 점차적으로 획득
㉢ 콜버그(L. Kohlberg) : 인습적 수준의 도덕성 발달단계로 옮겨가는 시기
㉣ 에릭슨(E. Erikson) : "주도성 대 죄의식"의 발달이 중요한 시기

① ㉠, ㉡
② ㉡, ㉣
③ ㉠, ㉡, ㉢
④ ㉠, ㉢, ㉣
⑤ ㉡, ㉢, ㉣

정답 및 해설

㉠ 아동기는 **프로이트의 잠재기**(latency period, 잠복기)**에 해당**한다. 잠재기에 리비도의 신체부위는 특별히 한정된 데가 없고 성적인 힘도 잠재된다.
㉡ 아동기는 **피아제(J. Piaget)의 구체적 조작기에 해당**하는 것으로, 보존, 분류, 유목화, 서열화 등의 개념을 점차적으로 획득한다.
㉢ 아동기는 **콜버그(L. Kohlberg)의 인습적 수준의 도덕성 발달단계에 해당**된다.

오답풀이

㉣ 에릭슨(E. Erikson)의 심리사회적 발달단계 중 주도성 대 죄의식의 발달이 중요한 시기는 유아기(3~6세, 학령전기)에 해당된다.

답 ③

제04장 청소년기 : 13~18세

김진원 OIKOS 사회복지사 1급

제1영역 : 인간행동과 사회환경

▶ 제4장 회차별 출제빈도, 출제비중 및 출제논점 1, 2, 3순위

10회 2012	11회 2013	12회 2014	13회 2015	14회 2016	15회 2017	16회 2018	17회 2019	18회 2020	19회 2021	20회 2022	21회 2023	22회 2024
3	2	2	1	1	0	2	1(1)	2	1(1)	1(1)	1	1(1)

출제 비중	출제 논점		
	1순위 ☺	2순위 ※	3순위 ☆
01 2	① 신체, 심리, 사회적 발달 ② 형식적 조작기 특징	① 마르시아의 자아정체감 유형 ② 섭식장애	① 또래집단

---

01 청소년기(13~24세)에 관한 용어로 옳지 않은 것은? ●13회

① 질풍노도의 시기
② 심리적 이유기
③ 주변인 시기
④ 제1반항기
⑤ 성장 급등기

> **정답 및 해설**
>
> 부모로부터의 독립을 추구하는 과정에서 부모의 권위에 도전하고 잦은 갈등을 일으킨다하여 뷸러(Buhler)는 **부정기**(negative) 또는 **제2의 반항기**(second opposition period)라고 불렀다.
>
> ✓ **오답풀이**
> ① 정서적 변화가 급격히 일어나 갈등으로 가득한 격동의 시기란 의미로 홀(Hall)은 **질풍노도기**(storm and stress period)라 부른다.
> ② 부모로부터 심리적으로 독립하고 자아정체감을 형성하는 **심리적 이유기**(psychological weaning)이다.
> ③ 어린이도 성인도 아닌 **주변인**(marginal man) 또는 중간인에 머물러 있는 특징적 발달양상을 보인다.
> ⑤ 신체적 성장이 급격하게 이루어지는 **제2의 성장급등기**(second growth spurt)이며, 성적 성숙이 급격히 이루어지는 **사춘기**(puberty)라 불린다.
>
> 답 ④

02 다음에 해당되는 개념은? • 12회

> 청소년기에는 자신의 삶에 대하여 고민하며 다양한 정보를 수집하고 탐색하는 행동을 지속하지만, 여전히 불확실한 상태로 선택과 결정을 하지 못한 채 구체적인 과업에 몰입하지 못하는 상태이다.

① 정체감 유실(identity foreclosure) ② 정체감 수행(identity commitment)
③ 정체감 혼란(identity diffusion) ④ 정체감 성취(identity achievement)
⑤ 정체감 유예(identity moratorium)

정답 및 해설

정체감 유예(identity moratorium)는 정체감 위기 상태에 처하여 정체감을 확립하기 위한 다양한 역할 실험을 수행하고 있는 상태로서, 청소년이 자신의 가치, 이상, 신념을 탐색하기 시작하는 상태로 정체감 형성에 대한 욕구를 경험하고 있으나 아직 적극적인 노력이 부재한 상태로 자신이 어떤 능력이 있고 자신에게 무엇이 적합한지 아직 결정하지 못한 상태이다(위기 +, 전념 −).

답 ⑤

03 마샤(J. Marcia)의 자아정체감이론에서 다음의 정체감 상태를 설명하는 것으로 옳은 것은? • 16회

> 철수는 어려서부터 변호사였던 아버지의 영향을 받아 법조인이 되는 것을 꿈으로 생각하였고, 사회에서도 유망한 직업이라 생각하여 법학과에 진학하였다. 철수는 법학 전공이 자신의 적성과 잘 맞는지 탐색해보지 못했지만 이미 선택했기에 법조인 외의 직업은 생각해본 적이 없다.

① 정체감 유실(identity foreclosure) ② 정체감 혼란(identity diffusion)
③ 정체감 성취(identity achievement) ④ 정체감 유예(identity moratorium)
⑤ 정체감 전념(identity commitment)

정답 및 해설

철수는 부모에게서 영향(변호사였던 아버지의 영향)이나 사회의 가치에 영향(사회에서도 유망한 직업)을 받은 자신의 가치에 따라 인생의 방향을 결정하였다. 변호사가 되고 싶어 하는 결정에 있어서 어떤 개인적 이유도 없으며 개인적 탐색과정도 없다. 이와 같이 스스로 심각하게 생각하거나 의문을 갖지 않고 타인의 가치를 받아들이는 상태를 **정체감 유실(identity foreclosure)**이라고 한다.

답 ①

04 마샤(J. Marcia)의 자아정체감 유형에 속하지 않는 것은?

• 18회

① 정체감 수행(identity performance)
② 정체감 혼란(identity diffusion)
③ 정체감 성취(identity achievement)
④ 정체감 유예(identity moratorium)
⑤ 정체감 유실(identity foreclosure)

> **정답 및 해설**
>
> 마샤(J. Marcia)는 자아정체감을 **정체감 성취, 정체감 유예, 정체감 유실, 정체감 혼란**으로 구분하였다. 정체감 수행은 마샤의 자아정체감 유형에 속하지 않는다.
>
> 답 ①

OIKOS UP 마르시아의 자아정체감 유형 분류

Marcia는 ㉠ 역할 실험과 대안적 선택 중에서 의사결정을 할 수 있는 능력, 즉 위기(crisis)와 ㉡ 직업활동, 종교, 정치이념 등의 수행에 몰입하는 정도, 즉 전념(commitment)이라는 두 가지 잣대를 활용하여 자아정체감의 발달 상태를 네 가지로 구분한다.

정체감의 범주	위기 경험	역할 전념	특정 가치/믿음의 형태
정체감 성취	+	+	확고한 개인적 정체성
정체감 유예	+	−	실험 단계
정체감 유실	−	+	부모나 사회의 가치관
정체감 혼란	+/−	−	부재(不在)

05 청소년기(13~19세)의 성적 성숙에 관한 설명으로 옳은 것은? • 19회

① 성적 성숙에는 개인차가 있지만 발달의 순서는 일정하다.
② 여성은 난소에서 에스트로겐이 분비되어 초경, 가슴 발육, 음모, 겨드랑이 체모 등의 순으로 성적 성숙이 진행된다.
③ 남성은 고환에서 분비되는 안드로겐의 영향으로 음모, 고환과 음경 확대, 겨드랑이 체모, 수염 등의 순으로 성적 성숙이 진행된다.
④ 일차성징은 성적성숙의 생리적 징후로서 여성의 가슴 발달과 남성의 넓은 어깨를 비롯하여 변성, 근육 발달 등의 변화가 나타나는 것을 말한다.
⑤ 이차성징은 여성의 난소, 나팔관, 자궁, 질, 남성의 고환, 음경, 음낭 등 생식을 위해 필요한 기관의 발달을 말한다.

정답 및 해설

① 청소년기 **성적 성숙은 개인에 따라 발달 속도의 차이는 있지만 그 순서는 동일(발달 순서는 일정)**하게 나타난다.
⑤ 이 문장은 **가답안에서 옳지 않은 문장이어서 정답이 ①번이었지만, 최종정답에서 옳은 문장으로 처리**되어 ①, ⑤번으로 복수정답이 되었다. **일차성징**은 태어나면서 생식기에 의한 남자와 여자를 구분할 수 있는 신체상의 성적 특징이지만, **이차성징**은 사춘기가 시작되면서 성호르몬의 분비에 의해 나타나는 신체상의 성적 특징이다. 여성의 난소, 나팔관, 자궁, 질, 남성의 고환, 음경, 음낭 등 생식을 위해 필요한 기관의 발달은 **일차성징과 이차성징 모두에 해당되는 문장**이다. 청소년기 남성의 경우 남성호르몬인 테스토스테론의 분비로 남성의 성기를 구성하는 고환, 음경, 음낭이 확대되며, 여성의 경우 여성호르몬인 에스트로겐과 프로게스테론의 분비로 자궁과 나팔관등 1차 성징에 해당하는 신체적 기관이 정상적 크기와 기능을 유지할 수 있도록 하며, 임신이 가능하도록 자궁 내벽을 준비한다. 유방의 발육, 자궁과 질의 변화(질, 음순, 음핵이 커짐)가 나타난다.

오답풀이

② 여성은 난소에서 에스트로겐이 분비되어 가슴(유방) 발육, 음모, 겨드랑이 체모, **초경** 등의 순으로 성적 성숙이 진행된다.
③ 남성은 고환에서 분비되는 안드로겐의 영향으로 **고환 확대**, 음모, 음경 확대, 겨드랑이 체모, 수염 등의 순으로 성적 성숙이 진행된다.
④ 성적성숙의 생리적 징후로서 여성의 가슴 발달과 남성의 넓은 어깨를 비롯하여 변성, 근육 발달 등의 변화가 나타나는 것은 **이차성징**이다.

답 ①, ⑤(가답안 ①)

06 청소년기(13~19세)의 설명으로 옳은 것을 모두 고른 것은?

• 10회

㉠ 구체적 조작기 사고에서 형식적 조작기 사고로 전환된다.
㉡ 모든 사람이 자신에게 관심을 가지고 있다고 생각하는 개인적 우화가 나타난다.
㉢ 불안, 우울, 질투 등 부정적인 감정을 많이 경험하는 시기이다.
㉣ 도덕적 발달이 시작되는 시기이다.

① ㉠, ㉡, ㉢
② ㉠, ㉢
③ ㉡, ㉣
④ ㉣
⑤ ㉠, ㉡, ㉢, ㉣

정답 및 해설

㉠ 청소년기는 **피아제의 형식적 조작기에 해당**한다.
㉢ 청소년기는 불안, 분노, 질투, 수치심, 우울, 죄책감, 고독, 열등감, 공허감 등의 **부정적 감정을 경험하는 빈도가 많다**.

오답풀이

㉡ **개인적 우화(personal fable)**는 자신은 특별한 존재이므로 자신의 감정이나 경험의 세계는 다른 사람과 근본적으로 다르다고 믿는 것으로, 이것은 청소년의 자기 과신에서 비롯된 것이며 자신의 독특성에 대한 비합리적이고 허구적인 관념이다.
㉣ 콜버그는 도덕 발달 수준을 전 인습적 수준(pre-conventional level : 4~10세), 인습적 수준(conventional level : 10~13세), 후 인습적 수준(post-conventional level : 13세 이상)의 3수준으로 나누고 각 수준에 2단계씩 총 6단계를 거쳐 발달한다고 본다. **청소년기에 도덕적 발달이 시작된다는 것은 옳지 않다**.

답 ②

07 엘킨드(D. Elkind)가 제시한 청소년기(13~19세) 자기중심성(egocentrism)에 관한 내용으로 옳지 않은 것은?

• 20회

① 다른 사람이 경험하는 위기가 자신에게는 일어나지 않으리라 믿는다.
② 상상적 관중을 의식하여 작은 실수에 대해서도 번민한다.
③ 자신의 감정이나 경험이 매우 특별하다고 생각한다.
④ 자신과 타인에 대해 객관적으로 이해하고 판단한다.
⑤ 자신이 타인으로부터 집중적인 관심의 대상이 된다고 믿는다.

정답 및 해설

데이비드 엘킨드(David Elkind, 1967)는 청소년기(13-19세) 자기중심성(egocentrism)은 **상상적 청중과 개인적 우화의 두 가지 문제로 나타난다**고 제안하였다. 자기중심성이란 이기적이고 비사회적인 사고로 인하여 타인을 의식하지 않고 자기 자신을 중심으로 모든 정신생활이나 행동을 영위하는 상태를 말한다.

오답풀이

④ 자신과 타인에 대해 객관적으로 이해하고 판단하지 **못한다**. 청소년기 자기중심성으로 인해 **자기중심적이고 자의식이 과장되기 쉽다**. 즉 자신의 감정을 과대평가하여 자신의 것만이 독특하며 어느 누구도 자신을 알아주지 못한다고 여긴다.

보충설명

① 다른 사람이 경험하는 위기가 자신에게는 일어나지 않으리라 믿는 것은 **개인적 우화**이다.
② 상상적 관중을 의식하여 작은 실수에 대해서도 번민하는 것은 **상상적 청중**이다.
③ 자신의 감정이나 경험이 매우 특별하다고 생각하는 것은 **개인적 우화**이다.
⑤ 자신이 타인으로부터 집중적인 관심의 대상이 된다고 믿는 것은 **상상적 청중**이다.

답 ④

OIKOS UP 청소년기 자아중심적 사고(자기중심성)의 대표적인 예

① **상상적 청중(imaginary audience)**
청소년들은 자신은 주인공이 되어 무대 위에 서 있는 것처럼 행동하고, 다른 사람들을 모두 구경꾼이라고 생각하는 등 자신을 관심의 초점에 두고자 한다.
  예 유치하고 요란한 옷차림을 하고 멋있다고 생각하며, 어른들이 자신의 복장을 못마땅하게 생각한다는 것을 모르는 경우가 이에 해당한다.

② **개인적 우화(personal fable)**
자신은 특별한 존재이므로 자신의 감정이나 경험의 세계는 다른 사람과 근본적으로 다르다고 믿는 것으로, 이것은 청소년의 자기 과신에서 비롯된 것이며 자신의 독특성에 대한 비합리적이고 허구적인 관념이다.
  예 자신은 어느 누구도 경험하지 못한 아름답고 숭고한 첫사랑을 하고 있다고 생각하거나, 위험한 놀이를 하면서도 자신은 절대로 다치지 않을 것이라고 믿는 경우를 들 수 있다.

08 청소년기(13~18세)에 관한 설명으로 옳은 것은? • 11회

① 직업과 배우자 선택, 자녀양육 등으로 스트레스를 받는다.
② 에릭슨은 이 시기를 친밀감 대 고립감의 위기로 표현했다.
③ 체벌적 훈육법은 내적 통제능력을 길러준다.
④ 이상적 자아와 현실적 자아의 괴리로 인해 갈등과 고민이 많은 시기이다.
⑤ 또래집단에서 단체놀이를 통해 상대를 존중하고 규칙과 예절을 배운다.

> **정답 및 해설**
> 청소년기의 자아중심성과 관련된 내용으로 올바른 내용이다.
> **오답풀이**
> ①, ② 청년기에 해당한다.
> ③ 체벌적 훈육법은 올바르지 않다.
> ⑤ 단체놀이는 아동기에 해당한다.
>
> 답 ④

09 청소년기(13~24세)의 특징으로 옳지 않은 것은? • 12회

① 여성보다 남성에게서 섭식장애가 더 많이 나타난다.
② 자아정체감 확립이 주요 발달과업이다.
③ 또래에게 인정받고자 하는 욕구가 강하다.
④ 가설을 통한 연역적 사고와 논리적 추론을 할 수 있다.
⑤ 성적 성숙은 감정 기복과 같은 극단적 정서변화를 가져온다.

> **정답 및 해설**
> 섭식장애(eating disorders)는 청소년기의 여성에게 발병할 가능성이 높은 정신장애이다.
>
> 답 ①

OIKOS UP 섭식장애(Eating Disorders)

① 최소한의 정상적 체중조차 유지하려 하지 않고 체중 증가에 대해 병적인 두려움을 갖는 것으로, 강박적으로 체중을 측정하면서 절제된 식사를 하고 식사조절 외에 스스로 구토를 유발하거나 설사제나 이뇨제를 사용하는 것을 의미한다(최옥채 외, 2004).
② 거식증은 주로 여자에게 나타나는데 사춘기 또는 약 18세에 수반되는 몸무게 증가 이후에 증상이 시작된다. 이들은 대부분의 음식을 거부하는 데 집착하며 다이어트와 과도한 운동을 수반한다. 또한 자신의 신체 이미지를 왜곡되게 인식하는데 자신을 실제로 더 뚱뚱하다고 생각한다. 폭식증은 과식 또는 폭식 이후 과식 또는 폭식 이후 음식의 흡수를 막는 다른 전략을 사용하는 것으로, 구토를 유도하거나 설사제를 복용하며 격한 운동을 한다(고지희 외, 2005 : 211).

10 청소년기(13~19세)의 발달 특성으로 옳지 않은 것은? • 14회

① 극단적인 정서변화를 경험하게 된다.
② 성적 성숙과 자아정체감이 형성되는 시기이다.
③ 피아제(J. Piaget)의 형식적 조작기에 해당한다.
④ 힘과 기술이 향상되지만 신체적 성장 속도는 둔화된다.
⑤ 이상적 자아와 현실적 자아의 괴리로 인해 갈등과 고민이 많은 시기이다.

정답 및 해설

신체적 성장 속도가 청소년기에 이르게 되면 급격한 급등현상을 보이기 때문에 청소년기를 **제2의 급등기**라고 부른다.

보충설명
⑤ 청소년기는 미래의 이상에 대한 상상과 공상이 많아지는 **이상적 사고가 발달**하게 된다. 이로 인해 이상과 현실 사이의 괴리를 목격하고는 실존적 공허감에 빠지기도 한다.

답 ④

11 청소년기 인지발달의 일반적 특성으로 옳지 않은 것은? • 16회

① 자기개념(self-concept)의 발달이 시작되고 자기효능감이 급격히 증가한다.
② 구체적인 사물에 한정되지 않고 추상적 개념을 다룰 수 있다.
③ 가설을 세울 수 있고 인과관계를 추론할 수 있는 연역적 사고가 가능해진다.
④ 피아제(J. Piaget)의 이론에 따르면 형식적 조작기에 속한다.
⑤ 자아중심적 사고로 상상적 청중 현상과 개인적 우화 현상을 보인다.

> **정답 및 해설**
>
> 아동기(7~12세)에 아동은 학교라는 사회 맥락 안에 놓이면서 자신이 누구인지에 대한 **자기개념 및 자아존중감, 나아가 자기효능감을 발달**시켜 나간다. **자기개념**(self-concept)은 한 개인으로서 자신에 대해 긍정적 혹은 부정적으로 인식하게 되는 것을 의미하며, 자기상(self-image)과 자아존중감(self-esteem, 자긍심)의 두 가지 요소를 포함한다. **자기개념은 유아기(3~6세, 학령전기)에 형성되어 아동기(7~12세)에 발달**한다. 또한 **자기 효능감**(self-efficacy)은 자신이 스스로 어떠한 상황을 극복할 수 있고 자신에게 주어진 과제를 성공적으로 수행할 수 있다는 개인의 신념이나 기대를 의미하는 것으로, **아동기는 자기효능감의 형성을 위한 중대한 시기**이다. 이 시기가 되면 아동은 특정한 영역에 대하여 자신이 얼마만큼 잘해 낼 수 있는지에 대하여 스스로 예견할 수 있을 정도로 인지가 발달한다.
>
> **보충설명**
>
> ⑤ **상상적 청중**(imaginary audience)이란 자의식을 지나치게 과장한 나머지 자신의 행동이 모든 사람의 관심 대상이라고 생각하는 현상이다. 예 버스에 타면 앉아 있는 사람이 모두 나를 쳐다볼 것이라고 생각하거나, 교실의 모든 친구가 오늘 내가 무엇을 입고 왔는지에 관심을 가질 것이라 생각하는 것이다. **개인적 우화**(personal fable)란 자신의 경험은 독특하다 못해 특이하기 때문에 다른 사람과는 다르다는 강한 믿음이다. 우화 속의 주인공은 주변 인물과 달리 그들의 삶이 일반적인 법칙이 적용되지 않는 것처럼, 청소년은 남들이 겪는 위험이 자신에게는 일어나지 않을 것이라고 믿으며, 설명 일어나더라도 고통이 없을 것이라고 믿는다. 예 오토바이를 타다가 사고가 나도 '난 괜찮을 것'이라고 믿고, 담배를 피워도 자신의 건강에는 영향이 없을 것이라고 믿으며, 심지어 성관계를 해도 자신은 임신이 되지 않을 것이라고 믿는다.
>
> 답 ①

12 청소년기(13~19세)에 관한 설명으로 옳지 않은 것은? • 17회

① 구체적 조작기에 해당한다.
② 부모의 권위에 도전하며 잦은 갈등을 겪는 시기이다.
③ 동년배 집단에 참여하여 다양한 경험을 한다.
④ 심리적 이유기라고도 한다.
⑤ 애착대상이 부모에서 친구로 이동한다.

정답 및 해설

청소년기(13~19세)는 피아제의 형식적 조작기에 해당한다. 구체적 조작기는 아동기(7~12세)이다.

보충설명

② 청소년기는 부모로부터의 독립을 추구하는 과정에서 **부모의 권위에 도전하고 잦은 갈등을 일으키는 제2의 반항기**이다. 아동기 때처럼 계속해서 간섭하고 통제하려는 부모의 태도에 대해 반항하고 불복종하게 되는 것이다.
③ 청소년은 동년배와 만나 이야기를 나누거나 다양한 활동을 함께 하면서 그들과 함께 지내는 시간이 많아진다. 그리고 **청소년기의 동년배 집단은 그 집단의 구성원들의 사회적 활동, 공부방식, 이성교제, 취미활동 등 삶의 다양한 측면에서 서로 영향을** 미친다. 동년배 집단의 경험은 성인의 집단활동의 전초적 경험이라고 볼 수 있다.
④ 홀링워드(Hollingworth)는 청소년기에 나타나는 부모로부터 심리적으로 독립하고자 하는 욕구를 **심리적 이유**(psychological weaning)라고 했다. 아기가 한 단계 높은 신체적 성장을 위해 생리적 이유가 필요했던 것처럼, 청소년기에는 한 차원이 다른 심리적 사회적 성숙의 기초를 위하여 필요한 것이 심리적 이유이다.
⑤ **청소년기에는 애착대상이 부모에서 친구로 이동**한다. 즉, 자기 자신과 친구에게 의존하기 시작하면서 부모와 가족으로부터 점차 멀어지기 시작한다.

 ①

13 청소년기(13~19세)에 관한 설명으로 옳지 않은 것은? • 18회

① 신체적 성장이 급속히 이루어진다는 점에서 제2의 성장급등기라고 한다.
② 어린이도 성인도 아니라는 점에서 주변인이라고 불린다.
③ 상상적 청중과 개인적 우화는 청소년기에 타인을 배려하는 사고가 반영된 예이다.
④ 피아제(J. Piaget)의 인지발달과정 중 형식적 조작기에 해당된다.
⑤ 정서적 변화가 급격히 일어난다는 점에서 질풍노도의 시기라고 한다.

정답 및 해설

상상적 청중과 개인적 우화는 청소년기에 **자아중심적 사고**가 반영된 예이다. 데이비드 엘킨드(David Elkind, 1967)는 청소년의 사고 특징을 청소년기 자아중심성으로 정의하고, 이는 상상적 청중과 개인적 우화의 두 가지 문제로 나타난다고 제안하였다.

보충설명

② **주변인(marginal man)**은 레빈(Lewin)이 처음으로 사용한 용어로, "청소년은 아동도 아니고 성인도 아닌 자로서 구경만 하는 이른바 주변의 사람이다."라고 정의하였다. 주변인의 입장은 좌절과 불안이 잠재하며, 소속감이 결여되어 정서불안을 야기한다는 부정적 측면과 중심부에서 활동할 직접적 책임이 없기 때문에 자유롭게 탐색하고, 사색하고, 학습할 수 있는 특권이 부여된다는 긍정적 측면이 있다.

답 ③

14 청소년기(13-19세)에 관한 설명으로 옳지 않은 것은? • 21회

① 친밀감 형성이 주요 발달과업이다.
② 신체적 발달이 활발하여 제2의 성장 급등기로 불린다.
③ 특징적 발달 중 하나로 성적 성숙이 있다.
④ 정서의 변화가 심하며 극단적 정서를 경험하기도 한다.
⑤ 추상적 이론과 관념적 사상에 빠져 때로 부정적 정서를 경험한다.

정답 및 해설

친밀감 형성이 주요 발달과업인 것은 **청년기(19~39세)**에 해당한다.

보충설명

② 청소년기는 신체적 발달 측면에서 신체적 성장이 급격하게 이루어지는 제2의 성장급등기이다.
③ 청소년기의 성적 성숙은 생식기관이 발달하고 내분비선에서의 성호르몬 분비가 증가하는 데 기인한 것이다.
④ 청소년기에는 정서가 매우 강하고 변화가 심하며, 극단적 정서 경험을 한다.
⑤ 청소년기의 추상적 사고의 발달로 인해, 청소년들은 추상적 이론과 관념적 사상에 몰두하며, 불완전한 현실을 비판하거나 비관하기도 한다.

답 ①

15 청소년기(13~19세)에 관한 설명으로 옳지 않은 것은? • 22회

① 신체적 측면에서 제2의 급성장기이다.
② 심리적 이유기의 특징을 보인다.
③ 부모보다 또래집단의 영향력이 커진다.
④ 피아제(J. Piaget)에 의하면 비가역적 사고의 특징이 나타나는 시기이다.
⑤ 프로이트(S. Freud)의 심리성적발달단계에서 생식기에 해당한다.

> **정답 및 해설**
>
> 비가역적 사고의 특징이 나타나는 시기는 피아제(J. Piaget)의 **전조작기**이며, 전조작기는 유아기(3~6세, 학령전기)에 해당된다. 청소년기(13~19세)는 피아제(J. Piaget)의 형식적 조작기에 해당되므로 비가역적 사고의특징이 나타난다는 것은 옳지 않다.
>
> **보충설명**
> ① 청소년기는 신체적 발달 측면에서 신체적 성장이 급격하게 이루어지는 **제2의 급성장기**(second growth spurt, 성장급등기)이다.
> ② 청소년기는 심리적 측면에서 부모로부터 심리적으로 독립하고 자아정체감을 형성하는 **심리적 이유기**(psychological weaning)이다.
> ③ 청소년은 부모와 성인으로부터의 지지보다 **또래집단의 인정을 받고자 하는 욕구가 매우 강하다.**
> ⑤ 청소년기는 프로이트(S. Freud)의 심리성적발달단계 중에서 마지막 단계인 **생식기**(genital stage)에 해당한다.
>
> 답 ④

16. 청소년(13~19세) 대상 사회복지실천에 관한 설명으로 옳은 것을 모두 고른 것은?

• 10회

㉠ 정신건강 증진을 위한 교육 및 상담을 제공한다.
㉡ 자아 발견, 자아성장, 자기주장훈련 등의 프로그램을 실시한다.
㉢ 의료기관과 연계하여 신체 성장 이해, 식생활 관리, 교육프로그램 등을 지원한다.
㉣ 비행 문제의 해결을 위해 보호관찰, 교정교육, 갱생보호 등의 프로그램을 제공한다.

① ㉠, ㉡, ㉢
② ㉠, ㉢
③ ㉡, ㉣
④ ㉣
⑤ ㉠, ㉡, ㉢, ㉣

정답 및 해설

보충설명

㉠ 심리적 격동기의 청소년기에 정신장애를 일으킬 수 있으므로, 정신건강 증진을 위한 교육 및 상담을 제공하는 것은 청소년기에 적합하다.
㉡ 자아정체감은 청소년기에 본격적인 발달이 이루어지므로 이 시기 자아 발견, 자아성장, 자기주장프로그램 등도 적합하다.
㉢ 청소년기 신체적으로 급속한 성장이 이루어지고, 섭식장애 등이 여성청소년에게 많이 나타나기도 하므로 신체 성장 이해, 식생활 관리, 교육프로그램 등은 적합한 프로그램이다.
㉣ 청소년 비행은 사회 또는 집단에서 규정하는 규범이나 규칙을 위반하는 일체의 행위라 할 수 있겠고, 좁게는 청소년이 법을 어겨 소년법정에서 소송의 대상이 되는 행위를 의미한다. 청소년 비행과 관련하여 보호관찰, 교정교육, 갱생보호 등은 적합한 프로그램이다.

답 ⑤

MEMO

제05장

청년기 : 19~39세

제1영역 : 인간행동과 사회환경

제5장 회차별 출제빈도, 출제비중 및 출제논점 1, 2, 3순위

10회 2012	11회 2013	12회 2014	13회 2015	14회 2016	15회 2017	16회 2018	17회 2019	18회 2020	19회 2021	20회 2022	21회 2023	22회 2024
1	1	0	1	1	(1)	1	1(1)	0	1	1	(1)	1

출제비중	출제 논점		
	1순위 ☺	2순위 ※	3순위 ☆
0**1**1(1)	① 신체, 심리, 사회적 발달	① 친밀감의 형성과 발달	① 자율성 발달, 애정발달

---

01 하비거스트(R. Havighurst)의 청년기(20~35세) 발달과업으로 옳지 않은 것은? • 19회

① 배우자 선택
② 직장생활 시작
③ 경제적 수입 감소에 따른 적응
④ 사회적 집단 형성
⑤ 직업의 준비와 선택

정답 및 해설

경제적 수입 감소에 따른 적응은 하비거스트(R. Havighurst)의 **노년기 발달과업** 중 하나이다. 하비거스트는 생의 주기를 6단계로 구분하였으며, 마지막 6단계인 노년기의 발달과업을 다음의 6가지로 제시했다. ① 약화되는 신체적 힘과 건강에 적응하기, ② 퇴직과 **경제적 수입 감소에 적응**하기, ③ 배우자의 죽음에 적응하기, ④ 자기 동년배 집단과의 유대관계 강화하기, ⑤ 사회적 역할을 융통성 있게 수행하고 적응하기, ⑥ 생활에 적합한 물리적 생활환경을 조성하기

보충설명

하비거스트(R. Havighurst)는 청년기(20~35세) 발달과업

조흥식 외 공저(2010)	김선아 외 공저(2006)
㉠ **배우자를 선택**한다.(①)	㉠ 자기의 체격을 인정하고 자신의 성 역할을 수용한다.
㉡ 배우자와 함께 생활하는 방법을 학습한다.	㉡ 동성이나 이성의 친구와 새로운 관계를 형성한다.
㉢ 가정을 꾸민다.	㉢ 부모와 다른 성인들로부터 정서적으로 독립한다.
㉣ 자녀를 양육한다.	㉣ 경제적 독립의 필요성을 느낀다.
㉤ 가정을 관리한다.	㉤ **직업을 선택하고 준비**하며, 직업생활과 유지를 한다.(⑤)
㉥ **직장(직업)생활을 시작**한다.(②)	㉥ 유능한 시민이 갖추어야 할 지적 기능과 개념을 획득한다.
㉦ 시민의 의무를 완수한다.	㉦ 사회적으로 책임이 있는 행동을 원하고 이를 실천한다.
㉧ 마음이 맞는 사람과 **사회적 집단을 형성**한다.(④)	㉧ 결혼과 가정생활을 준비한다.
	㉨ 적절한 과학적 세계관에 맞추어 가치체계를 형성한다.

답 ③

02 청년기(20~35세)의 설명으로 옳은 것은?

① 제2성장 급등기이다.
② 또래집단의 영향력이 가장 큰 시기이다.
③ 질병으로 인한 사망률이 높아지는 시기이다.
④ 신체적 기능이 최고조에 달하며 이를 정점으로 쇠퇴하기 시작하는 시기이다.
⑤ 단기기억력은 약화되기 시작하지만 장기기억력은 변화하지 않는 시기이다.

> **정답 및 해설**
>
> 청년기는 전 생애에 있어서 체력이 절정에 달하고, 활기, 힘이 최고 수준을 유지하는 시기로, 골격의 발달은 17~21세경에 완성되며, 신체적 수행능력, 근육과 내부기관은 19~26세 사이에 정점에 도달한다.
>
> **오답풀이**
> ①, ② 청소년기에 해당한다.
> ③ 중·장년기부터 질병으로 인한 사망률이 높아진다.
> ⑤ 노년기에 해당하는 설명이다. 노년기에 단기기억과 최근 기억이 장기기억에 비해 더 약화된다.
>
> 답 ④

03 성인 초기(20~34세)에 관한 설명으로 옳지 않은 것은?

① 직업을 선택하고 경력을 쌓아야 한다.
② 타인과의 관계 속에서 친밀감을 형성한다.
③ 신체발달이 완성되며 매우 건강한 시기이다.
④ 자신의 과거에 대한 재평가를 통해 변화 가능성을 탐색해야 한다.
⑤ 삶과 직업에 관한 목표와 희망을 명확하게 정의해야 한다.

> **정답 및 해설**
>
> ④는 레빈슨이 제시한 중·장년기 발달과제에 해당한다.
>
> 답 ④

04 청년기(20~34세)에 관한 설명으로 옳지 않은 것은?   • 14회

① 신체적 기능이 최고조에 달하는 시기이다.
② 주요 발달과업은 진로 및 직업선택, 혼인준비 등이다.
③ 발달과업에서 신체적 요소보다는 사회문화적 요소를 중요시한다.
④ 아동기 이후 인생의 과도기로서 신체적·성적 성숙이 빠르게 진행된다.
⑤ 에릭슨(E. Erikson)의 발달단계에서 친밀감 대 고립감에 해당하는 시기이다.

> **정답 및 해설**
> 아동기 이후 성인기로 전환하는 **인생의 과도기**로서 신체적·성적 성숙이 빠르게 진행되는 것은 **청소년기**이다.
>
> 답 ④

05 청년기(20~35세)에 관한 설명으로 옳지 않은 것은?   • 17회

① 부모로부터의 독립에 대한 양가감정에서 해방된다.
② 직업의 준비와 선택은 주요한 발달과업이다.
③ 사랑하고 보살피는 능력이 심화되는 시기이다.
④ 사회적 성역할 정체감이 확립되는 시기이다.
⑤ 친밀감 형성과 성숙한 사회관계 성취가 중요하다.

> **정답 및 해설**
> 청년기에는 부모로부터 분리, 독립하여 자율성을 찾는 과정에서 대부분의 **청년들은 양가감정(ambivalence)을 갖는다.** 즉, 부모로부터의 독립에 대한 갈망과 함께 부모로부터 분리되는 것에 대한 불안감을 동시에 가진다. 청년기의 진정한 독립은 부모와 분리되는 것에 대한 불안의 극복, 경제적 불확실성 그리고 자율적 의사결정능력의 보유 등과 같은 신체, 심리, 사회적 영역 모두에서 분리가 가능할 때 이루어진다.
>
> **보충설명**
> ② 청년기 성취해야 할 가장 중요한 발달과업은 **직업을 선택하고 이에 따른 준비를 하는 것**이다. 직업선택에 따라 성인기의 삶의 방식이 결정될 것이라고 인식하고 있기 때문에, 직업선택에 신중을 기하고 자신이 원하는 직업을 갖기 위하여 노력한다.
> ③ 청년기는 심리사회적 측면에서 **다른 사람을 사랑하고 보살피는 능력이 심화되는 시기**이다. 즉, 이전 단계에서 자아정체감을 형성한 사람은 이제 타인과의 상호관계에 집중할 수 있다.
> ④ 청년기는 사회적 성역할 정체감이 확립되는 시기로, **성역할 정체감(sex-role identity)**이란 개인 정체감의 한 부분으로서 사회가 특정 성에 적절하다고 인정하는 특성, 태도, 흥미와 동일시하는 과정으로 성에 따른 사회의 역할기대를 내면화 하는 과정을 의미한다.
> ⑤ 청년기의 주요한 심리적 발달과업은 **가족과 그 외의 사람들과 친근한 관계를 형성하는 것**이다. 친밀감(intimacy)은 상대방과 가깝게 되는 과정에서 자신의 정체성을 잃지 않고 타인과 개방적이고 지지적이며 다정하고 조화로운 관계를 형성하는 능력
>
> 답 ①

06 청년기(20~35세)에 관한 설명으로 옳지 않은 것은? • 20회

① 자기 부양 능력을 갖추어야 하는 시기이다.
② 자아정체감 형성이 주요 발달 과제인 시기이다.
③ 부모로부터 심리적, 경제적으로 독립하여 자율성을 성취하는 시기이다.
④ 개인적 욕구와 사회적 욕구 사이에 균형을 찾아 직업을 선택하는 시기이다.
⑤ 타인과의 관계에서 친밀감을 형성하면서 결혼과 부모됨을 고려하는 시기이다.

정답 및 해설

자아정체감 형성이 주요 발달 과제인 시기는 **청소년기**(13~19세)이다.

보충설명

① 청년기에 부모로부터 독립하여 자립적 생활을 하기 위해서 **스스로 부양할 수 있는 능력**을 갖추어야 하는 **시기**이다.
③ 청년기는 부모로부터 심리적, 경제적으로 독립하여 **자율성을 성취하는 시기**로, 부모로부터 분리, 독립하여 자율성을 찾는 과정에서 대부분의 청년들은 양가감정을 갖게 된다.
④ 적성, 흥미, 관심, 등의 **개인적 욕구**와 부모의 기대, 임금수준, 사회적 지위 등의 **사회적 욕구 사이에 균형을 찾아 직업을 선택**하는 시기이다.
⑤ 청년기의 주된 과업으로 **친밀감의 형성, 이성에 대한 사랑과 그 결실로서의 결혼, 그리고 부모 되기**이다.

답 ②

07 청년기(20~39세)에 관한 설명으로 옳은 것은? •22회

① 에릭슨(E. Erikson)은 근면성의 발달을 중요한 과업으로 보았다.
② 다른 시기에 비하여 경제적으로 안정되어 있고 직업에서도 높은 지위와 책임을 갖게 된다.
③ 빈둥지 증후군을 경험하는 시기이다.
④ 또래와의 상호작용을 통하여 자아개념이 발달하기 시작한다.
⑤ 직업 준비와 직업선택에 대한 의사결정을 하는 시기이다.

> **정답 및 해설**
>
> 청년기는 **직업선택과 직업준비**, 그리고, **직업생활과 유지**를 하는 시기이다. 직업선택에 따라 성인기의 삶의 방식이 결정될 것이라고 인식하고 있기 때문에, 직업선택에 신중을 기하고 자신이 원하는 직업을 갖기 위하여 노력하는 시기이다.
>
> **오답풀이**
>
> ① 에릭슨(E. Erikson)이 근면성의 발달을 중요한 과업으로 본 것은 **아동기(7~12세)**이다. 에릭슨은 청년기(20~39세)의 중요한 발달과업을 **친밀감**으로 보았다.
> ② 다른 시기에 비하여 경제적으로 안정되어 있고 직업에서도 높은 지위와 책임을 갖게 되는 것은 **중년기(40~64세)**이다.
> ③ 빈둥지 증후군을 경험하는 시기는 **중년기(40~64세)**이다.
> ④ 또래와의 상호작용을 통하여 자아개념이 발달하기 시작하는 것은 **아동기(7~12세)**이다. 자아개념은 유아기(3~6세, 학령전기)에 형성되어 아동기(7~12세)에 발달한다.
>
> 답 ⑤

08 다음에서 공통으로 설명하는 요소로 옳은 것은? •16회

○ 에릭슨(E. Erikson)의 심리사회적 발달단계에서 성인초기의 주요 발달과업이다.
○ 스턴버그(R. Sternberg)의 애정발달이론에서 사랑의 세 가지 구성요소 중 하나이다.

① 친밀감　　　　　　　　　　② 열정
③ 헌신　　　　　　　　　　　④ 만족
⑤ 정체감

정답 및 해설

에릭슨(E. Erikson)의 심리사회적 발달단계에서 성인초기의 주요 발달과업은 **친밀감 대 소외(고립감)**이며, 스턴버그(R. Sternberg)의 애정발달이론에서 사랑의 세 가지 구성요소는 **친밀감**(intimacy), 열정(passion), 전념(commitment, 헌신)이다. 따라서 공통으로 설명하는 요소는 **친밀감**이다.

보충설명

친밀감 능력은 청년기에 있어서 보다 높은 수준의 사회화 기능과 이성에 대한 적응, 인격도야의 기능 그리고 오락의 기능, 배우자 선택의 기능에 가장 직접적으로 영향을 미치는 중요한 개인적 심리체계이며, 사회복지적 관점에서 개인의 심리체계인 **친밀감은 청년기 동안의 중요한 생활사건인 이성 간의 교제와 결혼이라는 환경체계에 영향**을 미친다.

답 ①

OIKOS UP 스턴버그(R. Sternberg)의 애정발달이론

① 사랑에는 **친밀감**(intimacy), **열정**(passion), **전념**(commitment, 헌신)의 세 가지 요소가 있으며, 초기에는 열정이 최고조에 달했다가 점차 감소되고 친밀감과 전념은 점차적으로 증가된다.
  ㉠ **친밀감** : 가깝고 편하게 느낌, 서로를 잘 이해함, 함께 공유함, 원활한 의사소통, 긍정적인지지 등을 의미
  ㉡ **열정** : 사랑의 뜨거운 측면으로, 연인들을 생리적으로 흥분시켜 들뜨게 하고 사랑하는 사람과 함께 있고 싶고 일체가 되고 싶은 강렬한 욕망을 불러일으킴
  ㉢ **전념** : 상대방을 사랑하겠다는 결정과 행동적 표현으로, 사랑하는 사람을 지키겠다는 선택이자 결정이며 책임의식이기도 함
② 세 요소 각각의 존재 여부에 따라 8가지 사랑 유형(비사랑, 우정, 짝사랑, 공허한 사랑, 낭만적 사랑, 허구적 사랑, 우애적 사랑, 완전한 사랑)으로 분류하였다.

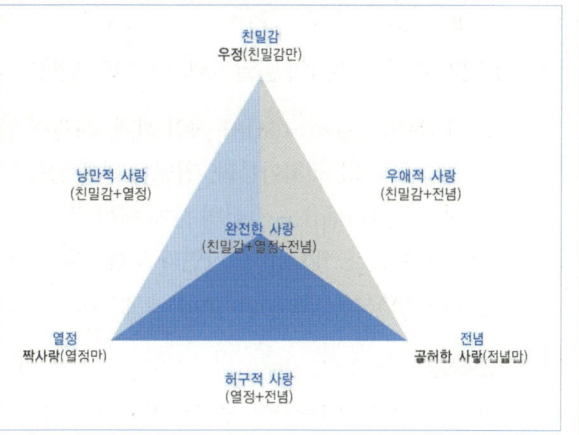

[그림] Sternberg의 사랑의 삼각형

제06장

중·장년기 : 40~64세

제1영역 : 인간행동과 사회환경

▶ 제6장 회차별 출제빈도, 출제비중 및 출제논점 1, 2, 3순위

10회 2012	11회 2013	12회 2014	13회 2015	14회 2016	15회 2017	16회 2018	17회 2019	18회 2020	19회 2021	20회 2022	21회 2023	22회 2024
2	1	1	2	1	1	1	1(1)	1	1	1	1	1(1)

출제 비중	출제 논점		
	1순위 ☺	2순위 ※	3순위 ☆
1~2	① 신체, 심리, 사회적 발달 ② 여성의 갱년기	① 신체적 변화 ② 빈 둥지 증후군	① 직업관리, 성취, 전환

01 청년기 혹은 장년기의 발달과제의 학자와 내용의 연결이 옳지 않은 것은?   • 15회

① 레빈슨(D. Levinson) – 직업 선택, 사회적 역할
② 펙(R. Peck) – 자아분화, 친밀한 관계 활동
③ 굴드(R. Gould) – 자신의 삶에 대한 책임 있는 행동
④ 에릭슨(E. Erikson) – 타인과 조화로운 관계 형성
⑤ 하비거스트(R. Havighurst) – 배우자 선택, 가정관리

정답 및 해설

자아분화는 펙(R. Peck)이 노년기의 발달과제로 제시한 것이며, **친밀한 관계 활동**은 레빈슨(D. Levinson)이 청년기의 발달과제로 제시한 것이다.

답 ②

OIKOS UP 펙(Peck)이 제시한 장년기를 성공적으로 적응하기 위한 4가지 조건

① 지혜를 중요시하기 대 육체적 힘을 중요시하기 : 육체적 힘이 쇠퇴해져도 평가의 기준과 문제해결의 수단이 되는 정신적 능력인 지혜를 통해 보완
② 대인관계를 사회화하기 대 성적 대상화하기 : 남성과 여성이 서로 간의 관계에 성적 대상으로 가치를 두기보다 개인, 친구, 동료로서 개인적인 인격에 가치를 둠
③ 정서적 융통성을 가지기 대 정서적 빈곤을 경험하기
  ㉠ 부모의 사망, 자녀의 독립 등에 의해 정서적 투자의 대상이 되었던 사람들이 사라지게 되어 관계의 단절을 경험 → 감정 재투자를 못하면 **정서적 빈곤**을 경험
  ㉡ **정서적 융통성**은 한 사람 또는 한 활동에 집중하던 것에서 다른 사람, 다른 활동으로 정서적 투자를 전환할 수 있는 능력을 말하는 것
④ 지적 융통성을 가지기 대 지적 경직성을 가지기 : 견해나 활동에 대해 융통성이 있어야 하고 새로운 사고에 대해 수용적이어야 함

02 중년기(40~64세)의 발달에 관한 설명으로 옳은 것은?   •9회

① 친밀감 대 고립의 심리 사회적 위기가 나타난다.
② 남성호르몬인 에스트로겐의 감소로 성적 기능이 저하된다.
③ 장기기억을 제대로 하지 못하며 성역할 정체감이 확립된다.
④ 생리적 변화와 함께 여성의 경우 홍조현상이 나타난다.
⑤ 결정할 일이 너무 많아 심리적 유예기간이 필요한 시기이다.

정답 및 해설

폐경으로 인해 다양한 신체적 증상과 심리적 증상을 경험하게 된다. 신체적 증상의 대표적 증상은 **번열증**(hot flashes, 몸 전체가 달아오르는 갑작스러운 열 반응)과 홍조현상(flushes, 얼굴이 붉게 달아오르는 현상)이다. 심리적 증상으로는 폐경을 부정적인 것으로 받아들이면 일시적인 정서불안, 분노감, 가벼운 우울증, 자신감의 저하 및 성취감의 상실과 같은 정서적 문제들을 경험하게 된다.

오답풀이

① 친밀감 대 고립의 심리 사회적 위기가 나타나는 것은 **청년기**에 해당한다.
② 폐경이 이루어지면 생식능력을 상실하게 되고, **에스트로겐(estrogen)이라는 여성호르몬**이 1/6 정도 줄어들며, 자궁과 유방의 퇴화가 이루어진다. 남성호르몬은 테스토스테론(Testosterone)이다.
③ 성 역할 정체감의 확립은 **청년기**에 해당한다.
⑤ 심리적 유예기간은 **청소년기**를 지칭한다.

 ④

03 중년기(40~64세)의 설명으로 옳지 않은 것은? • 10회

① 신진대사가 둔화되는 것을 느끼기 시작한다.
② 에릭슨의 친밀감 대 고립감 단계에 해당한다.
③ 기억의 감퇴현상이 나타나지만 문제해결능력은 높아질 수 있다.
④ 사회경제적 활동능력이 최고조에 달하며 높은 성취감을 맛보게 된다.
⑤ 신체적 능력과 건강이 감퇴하기 시작해서 건강에 문제가 나타나기도 한다.

> **정답 및 해설**
>
> 친밀감 대 고립감 단계는 중년기가 아닌 **청년기**에 해당한다. 에릭슨은 중년기의 심리 사회적 위기를 **생산성 대 침체**(generativity vs. self-stagnation)라고 하였다.
>
> **보충설명**
> ① 신장이 줄어들고 신진대사 활동이 둔화되면서, 허리둘레와 체중이 늘고 배가 나오기 시작하며 머리카락이 빠지기 시작한다.
> ③ 장년기의 풍부한 경험과 높은 수준의 문제해결능력으로 사회조직에서 지휘하는 세대(command generation)로서의 지위를 구가할 수 있다.
> ④ 직업분야에서는 오랜 경험을 통한 축적된 지식과 기술을 활용함으로써 사회경제적 활동능력이 최고조에 달하며 높은 성취감을 맛보게 된다.
> ⑤ 대부분의 장년기 성인들은 아직 양호한 건강과 에너지를 가지고 있으나, 이 시기부터 신체적 노화, 즉 신체적 능력과 건강이 감퇴되기 시작한다.
>
> ②

04 중년기(40~64세)의 설명으로 옳은 것은? • 11회

① 왕성한 직업활동을 수행하고 있으므로 직업전환에 필요한 기술습득을 위한 교육은 필요하지 않다.
② 폐경기 여성은 여성호르몬인 안드로겐의 감소로 인하여 관상동맥질환과 골다공증이 발생하는 경우가 많다.
③ 자아통합이 완성된 시기이므로 자신의 삶과 미래를 평가하려고 한다.
④ 어휘력과 언어능력이 저하되므로 학습과 경험을 통합하여 사고하는 능력이 저하된다.
⑤ 결정성 지능은 중년기에도 계속 발달한다.

정답 및 해설

사람들이 사용하는 지능을 결정성 지능과 유동성 지능으로 구분할 때, **결정성 지능은 장년기에도 증가**한다. 참고로 **결정성 지능**은 학교교육이나 일상생활에서 경험을 통해 얻게 되는 지능이며, 어휘력, 일반상식, 사회적 상황에 대한 반응 등이 속한다.

오답풀이
① 중년기에는 급속한 기술발전으로 기존 직종에 적응이 어려워지고, 이로 인해 사람들은 자발적 혹은 비자발적 실직 상태에 처하기도 한다. 따라서 **직업전환을 위해 새로운 기술을 배워야 한다.**
② **안드로겐(androgen)**은 남성호르몬의 작용을 나타내는 모든 물질을 말하는 것으로 남성의 고환에서 생성되는 테스토스테론이다.
③ 자아통합이 완성되는 시기는 노년기에 해당한다. 에릭슨은 생의 주기 8번째 단계인 노년기(60세~사망)를 **자아통합(integrity) 대 절망(despair)**의 시기라고 했다.
④ 중년기에는 **언어능력에 있어서도 어휘력을 발전**시킬 수 있으며, **자신의 학습과 경험을 통합하여 사고하는 실천적인 문제해결능력은 다른 시기와 비교되는 탁월성을** 나타낸다.

답 ⑤

---

05 중년기(40~64세)의 특징으로 옳지 않은 것은? • 12회

① 신체구조상 전반적인 신진대사의 둔화가 일어난다.
② 남녀의 성적 능력이 저하되며 갱년기를 경험하게 된다.
③ 이 시기에 직면하게 되는 심리 사회적 위기는 생산성 대 침체기이다.
④ 새로운 것의 학습능력은 저하되지만 문제해결능력은 오히려 높아진다.
⑤ 자아통합의 시기이며 사회관계망의 축소로 인해 사회적 역할 변화를 경험한다.

정답 및 해설

자아통합의 시기이며 사회관계망의 축소로 인해 사회적 역할 변화를 경험하는 것은 **노년기에 해당**한다.

오답풀이
① 신체구조상의 변화로 **신장이 줄어들고 신진대사 활동이 둔화**되면서, 허리둘레와 체중이 늘고 배가 나오기 시작하며 머리카락이 빠지기 시작한다.
② 중년기에 이르게 되면 남녀 간 차이가 있긴 하지만 남녀 모두 성적 능력의 저하가 이루어지는 **갱년기(climacteric)를 경험**하게 된다.
③ 중년기는 에릭슨의 생의 주기 7번째 단계인 성인기(34~60세), 즉 인생의 중반기에 해당하며, 그는 이를 **생산성(generativity, 생성) 대 정체(stagnation, 침체)**의 시기라고 한다.
④ 중년기에 새로운 것을 학습할 수 있는 능력은 저하되지만 오랜 경험을 통해 획득한 지혜가 있기 때문에 **문제해결능력은 오히려 높아진다.**

답 ⑤

06 중년기(40~64세)의 특징으로 옳은 것은? •13회

① 학습능력은 증가하나 문제해결능력은 감소한다.
② 남성이 여성보다 더 뚜렷한 갱년기를 경험한다.
③ 정서변화가 매우 심하여 전인습적 도덕기라고 부른다.
④ 시각, 청각, 미각, 후각 등의 감각기능이 가장 좋은 시기이다.
⑤ 사회적, 가정적으로 인생의 전성기이지만 갑작스러운 실직을 경험하기도 한다.

정답 및 해설

중년기는 경제적으로 상당히 안정되어 있고, 다양한 삶의 영역에서의 경험을 통하여 삶의 지혜를 터득한 상태이며, 직장이나 집안에서 높은 지위와 책임을 갖기 때문에 **인생의 전성기로 규정**한다. 하지만 **갑작스런 실직을 경험**하게 되며, 실직으로 인한 **부부갈등, 별거, 이혼, 가출, 폭력 등이 심각한 사회문제**가 되고 있다.

오답풀이

① 중년기에 새로운 것을 학습할 수 있는 능력은 저하되지만, 오랜 경험을 통해 획득한 지혜가 있기 때문에 **문제해결능력은 오히려 높아진다**.
② 남녀 간 차이가 있긴 하지만 남녀 모두 성적 능력의 저하가 이루어지는 갱년기(climacteric)를 경험하게 된다. 갱년기는 남성보다 여성이 좀 더 강렬하게 경험한다.
③ **정서변화가 매우 심한 것은 청소년기**이며, **전인습적 도덕기는** 자기중심적이고 이기적인 도덕적 판단을 특징으로 하는 4~10세까지를 말한다. 참고로 장년기에는 갱년기 장애 혹은 중년기 위기로 우울증, 불안감, 초조감 등의 정서적 장애를 경험하기도 하지만, 대부분은 그런 것은 아니다.
④ 시각, 청각, 미각, 후각 등의 감각기능이 가장 좋은 시기는 청년기이다. **청년기는 신체적, 지적 측면에서 가장 정점에 있는 시기**이다.

 ⑤

07 중년기(40~64세)의 발달 특성으로 옳지 않은 것은?

• 14회

① 성격이 성숙해지고 성정체성이 확립된다.
② 삶의 경험으로 인해 문제해결 능력이 높아질 수 있다.
③ 노화가 점차 진행되며 신체적 능력과 건강이 약해진다.
④ 에릭슨(E. Erikson)의 발달단계에서 생산성 대 침체성에 해당하는 시기이다.
⑤ 호르몬의 변화로 성적 능력이 저하되며 빈둥지증후군(empty nest syndrome)이 나타날 수 있다.

정답 및 해설

성격이 성숙해지고 성정체성이 확립되는 것은 **청년기에 해당**한다. 참고로 청년기에는 개인적인 성격의 성숙과 더불어 그가 속해 있는 직장, 지역사회, 국가, 문화 등을 이해하고 받아들여 **사회적으로 성숙해지는 시기**이다.

보충설명

⑤ 이 시기는 이혼, 결혼 외의 관계, 직업의 전환, 사고 등이 일어나기 쉬우며 자살시도의 위험까지도 존재한다. 특히 장년기 여성들의 경우 자녀가 모두 집을 떠나고 부부만 남게 되는 빈 둥지 시기(empty nest)에 인생의 무의미함을 느끼고, 자신이 더 이상 쓸모없게 되었다는 느낌을 갖기도 한다. **빈 둥지 증후군(empty nest syndrome)이란** 남성은 사회생활과 직장의 일로 바쁜 반면에 여성은 직업이 없으며 하루 종일 집에만 있게 되고 자신이 살아온 과거에 대한 삶의 회환과 후회를 느끼는 경우 소외감과 심리적 고통을 경험한다. 갱년기 우울증과 같은 심리적 상태가 이 시기에 많이 발생하는데 이러한 현상을 말한다.

답 ①

08 중년기에 경험하는 갱년기 증상에 관한 설명으로 옳지 않은 것은? • 16회

① 여성은 안면홍조와 수면장애 등의 증상을 경험하며, 폐경으로 가임기가 끝나게 된다.
② 신체적 변화뿐만 아니라 우울, 무기력감 등 심리적 증상을 동반하게 된다.
③ 남성은 성기능 저하 및 성욕감퇴를 경험하지만 생식능력은 있다.
④ 여성의 경우 에스트로겐의 분비가 감소되며 남성의 경우 테스토스테론의 분비가 감소된다.
⑤ 결정성(crystallized) 지능은 감소하고 유동성(fluid) 지능이 증가하는 인지변화를 경험한다.

정답 및 해설

유동성(fluid) 지능은 감소하고 결정성(crystallized) 지능이 증가하는 인지변화를 경험한다. 즉, 전형적으로 유동성 지능은 청년기에 가장 수준이 높은 반면, 결정성 지능은 중년기를 거쳐 거의 노년기까지도 계속 발달한다. 참고로, 유동성 지능은 도형의 연속된 패턴을 찾는 것과 같이 지금까지의 지식과는 관계없이 새로운 문제를 해결하는 능력으로 관계의 지각, 개념 형성, 추론 능력 등으로 신경상태에 의해 결정되는 능력이다. 반면 결정성 지능은 기억 및 정보 사용 능력으로 동의어를 찾는 것과 같은 능력으로, 주로 어휘검사, 일반적인 정보, 사회적 상황이나 딜레마에 대한 반응, 교육과 문화적 경험에 따른 지적 능력 등을 검사하여 측정한다. 유동성 지능은 유전적 요인에 의해 결정되고, 결정성 지능은 경험과 같은 환경적 요인에 의해 결정된다.

보충설명

① 폐경(menopause)은 여성이 배란과 월경을 멈추고 더 이상 아이를 임신할 수 없게 되는 것으로 마지막 월경 후 약 1년 정도 걸린다. 폐경기는 갱년기 과정 중에서 1년 이상 월경이 멈추는 과정이 지속되는 것을 의미한다.
② 갱년기 증상은 폐경을 전후하여 나타나는 것으로 폐경보다는 더 포괄적 의미를 내포하며, 안면홍조, 발한 증상, 질과 외음의 위축, 피부 거칠어짐, 관절통, 변비, 설사 등의 신체적 증상과 가슴 두근거림, 현기증, 요통, 피로, 두통, 불면증, 불안, 우울, 신경과민, 무기력감 등의 심리적 증상을 겪는다.
③ 여성들은 갱년기가 되면 폐경으로 인해 아이를 낳을 수 없게 되어 생식능력이 종료되지만, 남성은 성기능 저하 및 성욕감퇴를 경험하고 수정능력이 줄긴 해도 계속해서 생식능력을 유지한다.
④ 여성의 경우 여성 호르몬인 에스트로겐과 프로게스테론(progesterone)이 감소되며, 남성의 경우 남성 호르몬인 테스토스테론이 서서히 감소한다.

 ⑤

09 중장년기(36~64세)의 특성으로 옳은 것을 모두 고른 것은?

• 17회

㉠ 생산성 대 침체성 ㉡ 전인습적 도덕기
㉢ 빈둥지 증후군   ㉣ 개성화

① ㉠, ㉣
② ㉡, ㉢
③ ㉠, ㉢, ㉣
④ ㉡, ㉢, ㉣
⑤ ㉠, ㉡, ㉢, ㉣

정답 및 해설

㉠ 중장년기(36~64세)는 에릭슨의 생의 주기 7번째 단계인 성인기(34~60세), 즉 인생의 중반기에 해당하며, 그는 이를 **생산성(generativity, 생성) 대 정체(stagnation, 침체)의 시기**라고 한다.
㉢ **빈 둥지 증후군**(empty nest syndrome)은 남성은 사회생활과 직장의 일로 바쁜 반면에 여성은 직업이 없으며 하루 종일 집에만 있게 되고 자신이 살아온 과거에 대한 삶의 회환과 후회를 느끼는 경우로, **갱년기 우울증과 같은 심리적 상태가 나타나는 현상**을 말한다.
㉣ 융은 중년기에 자아를 외적, 물질적 차원으로부터 내적, 정신적 차원으로 전환시키는 것을 가리키기 위해 **개성화**(individualization, 개별화)라는 개념을 사용하였다.

오답풀이

㉡ 콜버그는 도덕발달 수준 중 전 인습적 수준(pre-conventional level)은 4~10세이다. **중장년기는 후 인습적 수준**(post-conventional level : 13세 이상)에 해당한다.

답 ③

10 중년기(성인중기, 40~64세)에 관한 설명으로 옳지 않은 것은?

• 18회

① 에릭슨(E. Erikson)의 생산성 대 침체성(generativity vs stagnation)의 단계에 해당된다.
② 아들러(A. Adler)는 외부에 쏟았던 에너지를 자기 내부로 돌리며 개성화과정을 경험한다고 본다.
③ 결정성 지능은 계속 증가하지만 유동성 지능은 감소한다고 본다.
④ 성인병 같은 다양한 신체적 질환이 많이 나타나고 갱년기를 경험한다.
⑤ 남성은 테스토스테론이, 여성은 에스트로겐의 분비가 감소되는 호르몬의 변화과정을 겪는다.

정답 및 해설

융(C. Jung)은 외부에 쏟았던 에너지를 자기 내부로 돌리며 개성화과정을 경험한다고 본다. 즉, 융은 중년기(성인중기, 40~64세)에 자아를 외적, 물질적 차원으로부터 내적, 정신적 차원으로 전환시키는 것을 가리키기 위해 **개별화**(individualization, 개성화)라는 개념을 사용하였다.

답 ②

11 중년기(40~64세)에 관한 설명으로 옳지 않은 것은? • 19회

① 혼(J. Horn)은 유동적 지능은 증가하는 반면, 결정적 지능은 감소한다고 하였다.
② 레빈슨(D. Levinson)은 성인 초기의 생애 구조에 대한 평가, 중년기에 대한 가능성 탐구, 새로운 생애 구조 설계를 위한 선택 등을 과업으로 제시하였다.
③ 굴드(R. Gould)는 46세 이후에 그릇된 가정을 모두 극복하고 진정한 자아를 찾는 시기라고 하였다.
④ 에릭슨(E. Erikson)은 생산성 대 침체성의 시기라고 하였다.
⑤ 융(C. Jung)은 중년기에 관한 구체적인 개념을 발전시킨 학자이다.

> **정답 및 해설**
>
> 혼(J. Horn)은 **유동적 지능은 감소**하는 반면, **결정적 지능은 증가**한다고 하였다. 혼(Horn)과 도날드선(Donaldson)에 의하면 유동성 지능은 10대 후반에 절정에 도달하고 성인 초기부터 점차 감소하는 반면 결정성 지능은 성인 초기의 교육경험의 결과로 중년기를 거쳐 노년기까지도 계속 증가한다.
>
> **보충설명**
>
> ② 레빈슨(D. Levinson)은 아동기와 청소년기(0~22세), 성인초기(17~45세), 성인중기(40~65세), 성인후기(60세 이후)의 네 시기로 구분(인생주기가 중첩되어 있음)하고, 중년의 성인들의 발달과업으로 성인 초기의 생애 구조에 대한 평가, 중년기에 대한 가능성 탐구, 새로운 생애 구조 설계를 위한 선택 등을 제시하였다.
> ③ 참고로 **굴드(R. Gould)는** 중년기에 극복해야 할 비합리적 가정으로 ① 안전이 영원히 지속될 것이라는 가정, ② 자신과 자기가 사랑하는 사람들에게 죽음이 일어나지 않을 것이라는 가정, ③ 배우자 없이 사는 것이 불가능하다는 가정, ④ 가족 밖에서는 어떠한 삶이나 변화도 존재할 수 없다는 가정, ⑤ 자신이 순수하다는 가정을 제시했다.
>
> 답 ①

12 중년기(40~64세)에 관한 설명으로 옳은 것은? • 20회

① 펙(R. Peck)은 신체 중시로부터 신체 초월을 중년기의 중요한 발달과제로 보았다.
② 결정성(crystallized) 지능은 감소하고 유동성(fluid) 지능은 증가한다.
③ 융(C. Jung)에 따르면, 외부세계에 쏟았던 에너지를 자신의 내부에 초점을 두며 개성화의 과정을 경험한다.
④ 여성은 에스트로겐의 분비가 감소되고 남성은 테스토스테론의 분비가 증가된다.
⑤ 갱년기는 여성만이 경험하는 것으로 신체적 변화와 동시에 우울, 무기력감 등 심리적 증상을 동반한다.

정답 및 해설

융(C. Jung)에 따르면, 중년기에 **자아를 외적·물질적 차원으로부터 내적·정신적 차원으로 전환시키는 개성화**(individualization, 개별화) 과정을 경험한다.

오답풀이

① 펙(R. Peck)은 신체 중시(신체 몰두)로부터 신체 초월을 **노년기**의 중요한 발달과제로 보았다.
② 결정성(crystallized) 지능은 **증가**하고 유동성(fluid) 지능은 **감소**한다.
④ 여성은 에스트로겐의 분비가 감소되고 남성은 테스토스테론의 분비가 **감소**된다.
⑤ 남녀 간 차이가 있긴 하지만 **남녀 모두 성적 능력의 저하가 이루어지는 갱년기**(climacteric)를 경험하게 된다. 즉, 갱년기는 여성만이 경험하는 것이 아니라 남성도 경험하는 것이다. 참고로 갱년기 여성의 경우 신체적 변화와 동시에 우울, 무기력감 등 심리적 증상을 동반한다.

답 ③

13 중년기(40~64세)에 관한 설명으로 옳은 것은? •21회

① 여성만이 우울, 무기력감 등 심리적 증상을 경험한다.
② 여성은 에스트로겐의 분비가 감소되고 남성은 테스토스테론의 분비가 증가된다.
③ 인지적 반응속도가 최고조에 달한다.
④ 외부세계에 쏟았던 에너지가 자신의 내부로 향한다.
⑤ 친밀감 형성이 주요 과업이며 사회관계망이 축소된다.

정답 및 해설

융(C. Jung)은 중년기(성인중기, 40~64세)에 외부세계에 쏟았던 에너지를 자기 내부로 돌리며 **개성화**(individualization, 개별화) 과정을 경험한다고 본다.

오답풀이

① 여성 뿐만 아니라 **남성의 경우도** 우울, 무기력감 등 심리적 증상을 경험한다. 약 5% 정도의 중년기 남성들이 우울증, 피로, 성적 무력감, 약한 번열증 등을 경험한다.
② 여성은 에스트로겐의 분비가 감소되고 남성은 테스토스테론의 분비가 **감소**된다.
③ 인지적 반응속도가 최고조에 달하는 것은 **청년기**이다. 참고로 중년기 인지적 반응속도가 늦어진다는 점에는 대부분 학자들이 동의하고 있으나, 일상생활에 지장을 초래할 정도로 늦어지지는 않는다.
⑤ 친밀감 형성이 주요 과업인 것은 **청년기**이며, 사회관계망이 축소되는 것은 **노년기**에 해당한다.

답 ④

14 중년기(40-64세)의 설명으로 옳은 것은?

• 22회

① 에릭슨(E. Erikson)에 의하면 "생산성 대 침체"라는 심리사회적 위기를 극복하게 되면 돌봄(care)의 덕목을 갖추게 된다.
② 유동성 지능(fluid intelligence)은 높아지며 문제해결능력도 향상될 수 있다.
③ 자아통합이 완성되는 시기로 자신의 삶에 대한 평가를 시도한다.
④ 갱년기 증상은 여성에게 나타나고 남성은 경험하지 않는다.
⑤ 융(C. Jung)에 의하면 남성에게는 아니무스가, 여성에게는 아니마가 드러나는 시기이다.

정답 및 해설

심리사회적 발달단계의 7단계(중장년기)인 **생산성 대 침체**를 성공적으로 극복하게 되면 **돌봄(care, 배려, 보호)**을 유지할 수 있는 능력이 형성된다.

오답풀이

② **결정성 지능**(crystallized intelligence)은 높아지며 문제해결능력도 향상될 수 있다. 중년기에 실제적인 문제해결능력은 절정에 달한다.
③ 자아통합이 완성되는 시기로 자신의 삶에 대한 평가를 시도하는 것은 **노년기**에 해당한다. 노년기에는 중년기까지 이룩한 축적된 많은 과업들의 결과를 통해 노인은 자신의 결혼생활, 직업, 자녀양육, 대인관계 등의 역할들에서 성취를 평가하게 된다.
④ 갱년기 증상은 **여성과 남성 모두에게 나타나고 남녀 모두 경험**한다. 남성의 갱년기는 여성에 비해 비교적 늦게 찾아오는 것이 일반적이다.
⑤ 융(C. Jung)에 의하면 **남성에게는 아니마가, 여성에게는 아니무스가** 드러나는 시기이다.

  ①

MEMO

제07장

노년기 : 65세 이상

제1영역 : 인간행동과 사회환경

▶ 제7장 회차별 출제빈도, 출제비중 및 출제논점 1, 2, 3순위

10회 2012	11회 2013	12회 2014	13회 2015	14회 2016	15회 2017	16회 2018	17회 2019	18회 2020	19회 2021	20회 2022	21회 2023	22회 2024
2	1	2	1	1	1	(1)	1	1	2(1)	(1)	1(1)	(1)

출제 비중	출제 논점		
	1순위 ☺	2순위 ※	3순위 ☆
(1)1 2(1)	① 신체, 심리, 사회적 발달 ② 큐블러-로스의 죽음 단계	① 노년기 정서 및 성격변화	① 조부모의 역할

---

01 노년기(65세 이상)에 관한 설명으로 옳지 않은 것은? • 19회

① 분리이론은 노년기를 노인 개인과 사회가 동시에 상호분리를 시작하는 시기로 보는 이론이다.
② 활동이론은 노년기를 잘 보내기 위해서는 은퇴와 같은 종결되는 역할들을 대치할 수 있는 활동을 발견하는 것이 중요하다는 이론이다.
③ 에릭슨(E. Erikson)은 노년기의 발달과제로 자아통합이 중요하다고 주장하였다.
④ 퀴블러 로스(E. Kübler-Ross)는 죽음과 상실에 대한 심리적 5단계를 제시하였다.
⑤ 펙(R. Peck)의 발달과업이론은 생애주기를 중년기와 노년기로 구분하여 설명하였다.

> **정답 및 해설**
>
> 펙(R. Peck)의 발달과업이론에서 펙은 에릭슨의 자아통합 대 절망을 노년기의 주요 발달과업으로 인정하면서 에릭슨의 7단계(생산성 대 침체, 중장년기)와 8단계(자아통합 대 절망, 노년기)를 통합하여 7단계 모델을 제시하였다. 따라서, 생애주기를 중년기와 노년기로 구분하여 설명하였다는 문장은 옳지 않다.
>
> ✓ **보충설명**
> ① **분리이론**은 노인의 감소된 사회적 상호작용은 사회와 노인이 서로 후퇴하는 일종의 상호적 과정으로 노인은 사회적 활동의 축소에 대해 수용적이고 나아가 그것을 소망하는 것으로 보는 이론이다.
> ② **활동이론**은 노인의 감소된 사회적 상호작용은 사회가 노인으로부터 후퇴하기 때문에 일어나며, 이것은 사회적 활동에 계속 참여하고 싶어하는 노인의 소망에 상반되게 진행되는 것으로 간주한다. 따라서, 노년기를 잘 보내기 위해서는 장년기에 하던 활동을 가능한 한 유지하고 그러한 활동을 그만 둘 수 밖에 없게 되면 그것에 대한 대체 활동을 발견하는 것이 중요하다는 이론이다.
> ③ 에릭슨(E. Erikson)은 노년기를 **자아통합**(integrity) **대 절망**(despair)**의 시기**라고 했다. 자아통합은 자신의 과거 및 현재의 인생을 바라던 대로 살았다고 받아들이고 만족스럽고 의미있게 생각하며 다가올 죽음을 인정하고 기다리는 태도를 갖는 것이다.
> ④ 퀴블러 로스(E. Kübler-Ross)는 불치병 환자들과 이야기를 나눈 후, 사람들이 임종하는 순간까지 경험하는 **죽음과 상실에 대한 심리적 5단계**(부정, 분노, 타협, 우울, 수용)를 제시하였다.
>
> 답 ⑤

02 노년기(65세 이상)의 설명으로 옳은 것을 모두 고른 것은? • 10회

㉠ 노년기의 과업은 자신의 삶을 수용하는 것이다.
㉡ 사회적 역할의 축소는 고독과 소외를 초래하기도 한다.
㉢ 전반적으로 반응속도가 저하되어 안전사고를 당할 가능성이 높다.
㉣ 기능손상과 만성질환의 위험으로 인한 스트레스를 경험하기 쉽다.

① ㉠, ㉡, ㉢
② ㉠, ㉢
③ ㉡, ㉣
④ ㉣
⑤ ㉠, ㉡, ㉢, ㉣

정답 및 해설

노년기는 인생의 마지막 시기로, 신체적 능력의 쇠퇴 및 질병이환, 사회적 관계의 축소, 사회경제적 지위의 하락 등과 같은 퇴행적 발달이 일어나는 시기이다. ㉠, ㉡, ㉢, ㉣ 모두 맞는 내용이다.

답 ⑤

03 노년기(65세 이상)에 관한 설명으로 옳지 않은 것은? • 11회

① 자아통합 대 절망의 심리 사회적 위기를 경험한다.
② 치매는 인지기능과 고등정신기능의 감퇴로 일상적 사회활동이나 대인관계에 지장을 준다.
③ 조심성, 경직성, 능동성, 외향성이 증가한다.
④ 남성노인은 생식기능이 저하되고 성교기능이 저하되긴 하지만 여성보다는 기능 저하가 덜하다.
⑤ 일반적으로 단기기억 능력이 감퇴한다.

정답 및 해설

조심성과 경직성이 증가하는 것은 맞다. 하지만, 능동성과 외향성이 증가하는 것이 아니라 **수동성, 내향성이 증가**한다.

✓ 보충설명

④ **남성의 경우 생식기능이 저하되며**, 발기능력과 음경크기의 감소, 음경 강직도의 저하, 발기각도의 변화 등과 같은 불완전한 발기문제로 인하여 **성교능력이 저하되긴 하지만 여성보다는 그 기능저하가 덜하며**, 70대 이상에서도 충분히 성적 관계를 유지할 수 있다는 연구들이 많이 있다. 60~91세 노인을 대상으로 한 조사(Starr & Weiner, 1981)에서 남성의 70%, 여성의 20%는 60세 이상에서도 성적으로 활동적임을 보여주었다.

답 ③

04 노년기(65세 이상)의 특징으로 옳은 것은?

• 12회

① 심리 사회적 위기는 친밀감 대 고립감이다.
② 결정할 일이 너무 많아 심리적 유예기간이 필요한 시기이다.
③ IQ 검사에서 젊은 사람과 점수 차이를 보이지 않는다.
④ 단기기억보다 장기기억의 감퇴 속도가 느리다.
⑤ 경제적으로 안정된 시기이므로 심리적 위기를 경험하지 않는다.

정답 및 해설

기억능력은 선행의 경험을 파악하는 능력으로, 노년기에 이르게 되면 일반적으로 서서히 감퇴된다. **단기기억과 최근 기억이 장기기억에 비해 더 약화**된다.

오답풀이
① **친밀감 대 고립감**은 **청년기**의 심리 사회적 위기에 해당한다.
② **심리적 유예기간**은 **청소년기**에 해당한다.
③ **노년기에 지능이 일반적으로 쇠퇴**한다고 보고 있으나, 최근에는 나이가 들수록 추리력이나 도형지각 능력은 떨어져도 이해력이나 언어능력은 오히려 향상되기 때문에 전체적으로 지능 점수에는 큰 변화가 없다. 그렇지만 **IQ 검사에서 젊은 사람과 점수 차이를 보이지 않는다**는 것은 올바르지 못하다.
⑤ 노년기에는 수입이 급격히 줄어들거나 상실되는 반면 지출은 지속적으로 이루어지기 때문에 **경제적 어려움을 경험할 가능성이 높아진다**.

답 ④

05 노년기(65세 이상)의 특징으로 옳은 것은?

• 13회

① 연령이 증가함에 따라 수면시간이 증가한다.
② 장기기억은 약화되지만 단기기억과 최근 기억은 강화된다.
③ 우리 사회는 노년기 연령규범에 대한 명확한 합의가 있다.
④ 제도적 지위와 역할은 늘어나며 비공식적 역할은 축소된다.
⑤ 중년기부터 나타나기 시작한 시각기능의 원시 현상이 더욱 뚜렷해진다.

정답 및 해설

노년기의 시각 변화로는 중년기부터 나타나기 시작한 **원시 현상이 더욱 현저하게 나타나며**, 노란색 안경을 쓰고 주위의 물체를 보는 것과 같은 **황화현상이 나타나기도 한다**.

오답풀이
① **연령이 증가함에 따라 일반적으로 수면시간이 감소**하는데, 20대에는 하루 평균 7~8시간의 수면을 취하지만 55세 이후에는 급격히 감소하여 65세 이상에서는 5~6시간 정도 수면을 취하게 된다.
② 기억능력은 노년기에 이르게 되면 일반적으로 서서히 감퇴된다. 특히 **단기기억과 최근 기억이 장기기억에 비해 더 약화**된다.
③ 급격한 변화를 경험한 우리 사회는 노년기에 적합한 **연령규범에 대한 합의가 이루어지지 않고 있다**.
④ **제도적 지위와 역할은 종류와 수 그리고 중요성이 줄어드는 반면, 비공식적 지위와 역할은 변화가 없지만 노년기 후기에 약간 줄어든다**.

답 ⑤

06 노년기(성인후기, 65세 이상)에 관한 설명으로 옳지 않은 것은? • 18회

① 시각, 청각, 미각 등의 감각기능이 약화되고, 생식기능 또한 점차 약화된다.
② 퀴블러 로스(E. Kübler-Ross)는 인간이 죽음에 적응하는 5단계 중 마지막 단계를 타협단계라고 하였다.
③ 신체변화에 대한 적응, 인생에 대한 평가, 역할 재조정, 죽음에 대한 대비 등이 주요 발달과업이다.
④ 에릭슨(E. Erikson)은 자아통합을 이루지 못하면 절망감을 느낀다고 보았다.
⑤ 신장기능이 저하되어 신장질환에 걸릴 가능성이 증가하고, 방광이나 요도기능의 저하로 야간에 소변보는 횟수가 증가한다.

> **정답 및 해설**
>
> 퀴블러 로스(E. Kübler-Ross)는 인간이 죽음에 적응하는 **5단계(부정 → 분노 → 타협 → 우울 → 수용)** 중 마지막 단계를 **수용단계**라고 하였다.
>
> **보충설명**
>
> ⑤ 연령증가에 따라 신장의 크기, 무게, 피질의 양 등이 감소되며 신장 혈관의 경화(硬化)현상이 나타남으로써, **신장기능이 저하**된다. 신장에서 노폐물이나 독소를 여과하는 비율이 80세에는 30세의 50% 정도 수준으로 감소함에 따라, **각종 신장질환에 이환될 가능성**이 높다. 그리고, **방광이나 요도기능의 저하로 인하여 야간에 소변을 보는 횟수가 증가**하게 된다.
>
> 답 ②

07 노년기(65세 이상)에 관한 설명으로 옳지 않은 것은?
• 21회

① 주요 과업은 이제까지의 자신의 삶을 수용하는 것이다.
② 생에 대한 회상이 증가하고 사고의 융통성이 증가한다.
③ 친근한 사물에 대한 애착이 많아진다.
④ 치매의 발병 가능성이 다른 연령대에 비해 높아진다.
⑤ 내향성이 증가한다.

정답 및 해설

생에 대한 회상이 증가하고 사고의 융통성이 **감소**한다. 노년기에는 과거의 인생을 회상하여 남은 시간에 지금까지 해결하지 못한 것을 찾아서 새로운 해결을 시도하고 새로운 인생의 의미를 발견하려고 한다. 또한, 일반적으로 자신에게 익숙한 습관적 태도와 방법을 고수하며, 이로 인해 학습능력과 문제해결능력이 저하된다.

보충설명

① 노인은 자신의 결혼생활, 직업, 자녀양육, 대인관계 등의 역할들에서 성취를 평가하게 되는데, 자신의 성취에 균형을 취하여 받아들일 수 있어야 자신에 대한 자부심을 유지할 수 있다.
③ 사용해 온 친숙한 물건에 대한 애착이 증가하며, 이를 통해 과거 인생을 회상하고 마음의 평온을 추구한다.
④ 노년기에 주로 일어나는 사고능력과 기억력의 심각한 장애인 치매 문제는 심각한 사회문제로 제기되고 있다.
⑤ 노화해 감에 따라 사회적 활동이 점차 감소되고 외부 사물이나 행동보다는 내적인 측면에 관심과 주의를 기울인다.

답 ②

08 노년기의 성격적 특성을 옳게 묶은 것은?
• 7회

㉠ 경직성의 증가
㉡ 우울증 성향의 증가
㉢ 내향성의 증가
㉣ 능동성의 증가

① ㉠, ㉡, ㉢
② ㉠, ㉢
③ ㉡, ㉣
④ ㉣
⑤ ㉠, ㉡, ㉢, ㉣

정답 및 해설

㉣ 능동성이 아닌 수동성이 증가한다. 즉 노화에 따라 모든 문제를 능동적으로 해결하려는 경향이 약해지고, 누군가의 도움을 받아 **수동적으로 해결**하거나 신비적으로 또는 우연히 잘 되도록 내맡겨버리는 경향이 증가한다.

답 ①

> **OIKOS UP 노년기 성격적 특징**
>
> ① 우울증 성향의 증가
> ② 내향성 및 수동성의 증가
> ③ 성역할 지각의 변화 : 양성화
> ④ 경직성의 증가
> ⑤ 조심성의 증가
> ⑥ 친근한 사물에 대한 애착심
> ⑦ 유산을 남기려는 마음
> ⑧ 생에 대한 회상의 경향
> ⑨ 시간 전망의 변화
> ⑩ 의존성의 증가

09 큐블러 – 로스(Kübler-Ross)의 죽음의 적응단계로 옳지 않은 것은? •12회

① 1단계 – 충격과 심한 불신감을 나타내며 강하게 부정한다.
② 2단계 – 주변 사람들한테 화를 내며 분노를 터뜨린다.
③ 3단계 – 타협으로 죽음을 연기하고 싶어한다.
④ 4단계 – 조건을 받아들이고 이겨내기 위해 노력한다.
⑤ 5단계 – 담담하게 생각하고 수용하게 된다.

> **정답 및 해설**
>
> 큐블러 – 로스는 불치병을 앓고 있는 환자 200명을 대상으로 심리상태를 살펴본 결과 사람들이 자신의 죽음에 대비하여 **5단계의 심리적 단계**를 거쳐 다가오는 죽음을 깨닫는다고 하였다. 사실을 받아들이지 않는 '**부인(denial)**', "왜 하필 나에게..?!"라고 생각하는 '**격노와 분노(rage and anger)**', 상실의 전부 혹은 일부를 다시 회복하기 위한 '**타협(bargaining, 협상)**', 그리고 '**우울(depression)**', 마지막으로 사실을 받아들이는 '**수용(acceptance)**'의 단계이다.
>
> **오답풀이**
> ④ 4단계는 우울(depression) 단계로 이 단계에서는 "아아 슬프도다."라는 **체념과 절망이 섞인 우울 상태**로 빠지는 단계이다.
>
> 답 ④

10 퀴블러 – 로스(Kübler-Ross)가 주장한 인간이 죽음에 이르는 심리적 변화과정은? • 14회

① 부정 → 분노 → 우울 → 타협 → 수용
② 부정 → 분노 → 타협 → 우울 → 수용
③ 부정 → 분노 → 타협 → 수용 → 상실
④ 분노 → 부정 → 상실 → 타협 → 수용
⑤ 분노 → 부정 → 우울 → 타협 → 수용

> **정답 및 해설**
> 퀴블러로스(Kübler-Ross)는 죽음의 과정에 대해 **부정 → 분노 → 타협 → 우울 → 수용**의 다섯 단계를 제시하였다. 인간의 죽음의 과정에는 개인차가 존재하며, 다섯 단계를 모두 경험하는 사람이 있는가 하면 그렇지 않은 경우도 있다.
>
> 답 ②

11 퀴블러 – 로스(Kübler-Ross)가 제시한 '죽음의 직면단계'에 포함되지 않는 것은? • 15회

① 부정　　　　② 자학
③ 타협　　　　④ 우울
⑤ 분노

> **정답 및 해설**
> 퀴블러 – 로스(Kübler-Ross)는 죽음의 과정에 대해 **부정 → 분노 → 타협 → 우울 → 수용**의 다섯 단계를 제시하였다. 자학은 해당되지 않는다.
>
> 답 ②

12 퀴블러 – 로스(E. Kübler-Ross)의 죽음에 이르는 5단계에 관한 설명으로 옳지 않은 것은? • 17회

① 1단계 : 죽음을 사실로 받아들이지 않고 부정한다.
② 2단계 : 주변 사람들에게 화를 내며 분노한다.
③ 3단계 : 죽음의 연기를 위해 특정 대상과 타협을 시도한다.
④ 4단계 : 의사의 오진이라고 생각하며 죽음을 회피한다.
⑤ 5단계 : 죽음을 수용하고 임종을 준비한다.

정답 및 해설

죽음에 임박한 사람들의 네 번째 심리적 반응은 **우울(depression)**이다. 이 시기에는 자신의 병세가 더 악화되기 때문에 자신의 죽음을 확신한다. 이 시기에는 말이 없어지고 지인들의 방문을 사절하며 대부분의 시간을 울고 슬퍼하며 보내게 되어 우울에 빠진다.

오답풀이

④ 의사의 오진이라고 생각하며 죽음을 회피하는 것은 1단계인 부정과 고립단계에 해당한다. 부정의 반응으로 "나는 아니야! 아마 검사 결과가 잘못 나왔을 거야. 나에게 이런 일은 있을 수 없는 일이야!"라는 반응을 보인다. 부정은 갑작스러운 충격을 완화시킬 수 있는 역할을 하게 되며 자신의 생각을 스스로 가다듬게 하는 일종의 일시적 수단이다. 또한 자신을 찾아온 가족 또는 친척들도 죽음이라는 문제에 대해 말하는 것을 기피하게 되고, 자신도 애써 부정을 하려고 하기 때문에 더 고립감에 빠지며 소외감을 심하게 느낀다.

답 ④

---

13 다음이 설명하는 퀴블러 – 로스(E. Kübler-Ross)의 죽음과 상실에 대한 심리적 단계는?

• 19회

> 요양병원에 입원하고 있는 A씨는 간암 말기 진단을 받았다. 그는 자신이 죽는다는 것을 인정하고, 가족들이 받게 될 충격을 최소화하기 위해 만남과 헤어짐, 죽음, 추억 등의 이야기를 나누며 시간을 보내고 있다.

① 부정(Denial)
② 분노(Rage and Anger)
③ 타협(Bargaining)
④ 우울(Depression)
⑤ 수용(Acceptance)

정답 및 해설

주어진 사례는 퀴블러 – 로스(E. Kübler-Ross)의 죽음과 상실에 대한 심리적 단계 중 자신이 죽는다는 사실을 알고 받아들이는 **수용(Acceptance)**단계에 해당한다. 수용단계는 체념의 상태는 아니지만 해야 할 것을 다했다는 느낌을 갖게 된다. 그래서 보통 "이제 다 됐다." "나는 더 이상 죽음과 싸울 수 없고 죽음에 대한 준비가 잘 되어 있다."라는 반응을 보인다.

답 ⑤

OIKOS UP 큐블러 – 로스(Kubler-Ross)의 죽음에 대한 적응(반응, 수용)단계

큐블러 – 로스는 불치병을 앓고 있는 환자 200명을 대상으로 심리상태를 살펴본 결과 사람들이 자신의 죽음에 대비하여 5단계의 심리적 단계를 거쳐 다가오는 죽음을 깨닫는다고 하였다.

단 계	죽음에 대한 반응 양상
부정과 고립 (denial and isolation) = 부인(denial)	죽음에 자신을 내맡기기를 거부하고 부정하여 스스로 고립상태에 빠지는 단계 ("내가 그럴 리가 없어.")
분노의 단계 = 격노와 분노 (rage and anger)	죽음의 위협이 닥쳤을 때 더 이상 자신의 죽음을 부정할 수 없게 되어 분노하고 절망하게 되는 단계("왜 하필 내가?", "왜 하필 나에게..?!")
타협 (bargaining, 협상)	"내가 죽어가고 있구나, 그러나…" 하고 말하는 시기, 죽음을 연장시키기 위한 신과 타협을 하는데 노력하는 단계
우울 (depression)	"아아 슬프도다."라는 체념과 절망이 섞인 우울 상태로 빠지는 단계
수용 (acceptance)	행복한 단계는 아니나 감정이 없는 단계. 환자 자신도 지치고 허약하게 되어 죽음을 수용하는 단계. "이제 떠날 시간이다."

14 노년기의 지위와 역할 변화 중 옳은 것은?

• 4회

① 모든 사회적 지위와 역할에서 제외된다.
② 모두 조부모의 역할을 한다.
③ 공적인 영역에서의 역할이 증가한다.
④ 새로운 역할은 생기지 않는다.
⑤ 사회적 지위와 역할이 감소된다.

정답 및 해설

노년기에는 중요하고 가치 있는 사회적 지위와 역할을 상실하는 경우(예 친구와 가족의 죽음, 직업적 지위와 수입의 상실, 신체적 건강, 아름다움의 저하, 전체적인 삶의 목적 상실 등)가 얻는 것보다 더 많은 시기이므로 **상실의 시기 또는 역할 없는 역할(roleless role)을 갖는 시기**라고도 한다.

오답풀이

① 모두가 사회적 지위와 역할에서 제외되는 것은 아니다.
② 모두 조부모의 역할을 하는 것은 아니다.
③ 공적인 영역에서의 역할은 줄어든다. 2차 집단에서의 지위와 역할의 종류는 줄어들지만 1차 집단 내에서의 지위와 역할은 큰 변화가 없으며, Rosow가 말한 제도적 지위와 역할은 종류와 수 그리고 중요성이 줄어드는 반면, 희박한 지위와 역할은 오히려 늘어나고, 비공식적 지위와 역할은 변화가 없지만 노년기 후기에 약간 줄어든다.
④ 노년기에 사회적 지위나 역할을 잃기만 하는 것이 아니며 **새로운 역할을 얻기도 하며**, 동일한 역할을 수행하더라도 그 수행 방법이 변화되고, 역할 자체의 중요성이 변화되는 등 다양한 역할전환을 경험한다.

답 ⑤

15 손자녀의 양육을 부모에게 맡기고 조부모의 역할에 충실하는 조부모 유형은?   •4회

① 공식형
② 재미추구형
③ 대리부모형
④ 가족지혜형
⑤ 거리두기형

> **정답 및 해설**
>
> 뉴가르텐과 웨인스타인(Neugarten & Weinstein)은 조부모와 손자녀 관계에서 적극성 여부에 따라 다섯 가지로 역할유형을 구분하였는데, 부모의 책임이나 권위를 침해하지 않기 위해 손자녀의 양육방법에는 관여하지 않고 주어진 조부모 역할만 수행하는 것은 **공식적 조부모형(공식형)**에 해당한다.
>
> 답 ①

OIKOS UP 조부모의 역할 : 뉴가르텐과 웨인스타인(Neugarten & Weinstein)의 분류

조부모와 손자녀 관계에서 적극성 여부에 따라 다섯 가지로 역할유형을 구분한다.

유 형	특 성
공식적 유형 (the formal, 공식형)	조부모의 1/3에 해당하는 가장 보편적인 유형으로, 이들은 손자녀에게 관심을 보이며 때때로 돌봐주고 부모도 도우나 간섭하지 않도록 조심하는 것으로, 부모의 책임이나 권위를 침해하지 않기 위해 손자녀의 양육방법에는 관여하지 않고 주어진 조부모 역할만 수행한다.
기쁨(재미)추구형 (the fun-seekers)	손자녀들과 유희적 관계를 맺고 여가시간을 손자녀들과 놀아 주는 것을 낙으로 삼는다. 즉 손자녀와 비공식적이고 재미있는 상호작용을 하는 조부모 유형으로 이들은 서로 즐기는 유형이다.
대리부모형 (the surrogate parents)	이 유형은 엄마가 집 밖의 직업을 가진 경우 아이의 양육을 책임지면서 부모와 같은 역할을 하는 유형으로 부모를 대신해서 육아와 교육을 담당해 준다.
가족 지혜의 원천 유형 (the reservoirs of family wisdom)	가족 내에서 최고의 권위를 유지하면서 젊은 세대에게 복종을 요구하고 지식과 기술을 전수한다. 지혜의 원천의 역할을 하며, 조부가 보통 지혜·기술·자원을 베풀고 부모 및 손자녀들은 이에 복종하는 다소 권위적 관계이다.
원거리 유형 (the distant figures)	공식적 가족 모임 이외에는 손자녀와 모임을 갖지 않는다. 이 유형은 주로 생일이나 명절 때에나 서로 방문하여 보통 손자녀와는 거의 접촉이 없는 유형이다.

16 노년기에 일어날 수 있는 것을 고르시오.
• 8회

㉠ 죽음을 수용하는 단계의 특징은 누구나 똑같이 일어나지 않는다.
㉡ 안락사는 노년기에만 일어날 수 있는 것이다.
㉢ '자기몰두'에서 '자기초월'이라는 심리적 조절이 필요하다.
㉣ 장기기억능력은 떨어지고 단기기억능력은 유지된다.

① ㉠, ㉡, ㉢
② ㉠, ㉢
③ ㉡, ㉣
④ ㉣
⑤ ㉠, ㉡, ㉢, ㉣

정답 및 해설

㉠ 큐블러 – 로스의 죽음에 대한 수용단계는 하나의 과정 후에 반드시 다음의 과정이 오는 연쇄적 발생이 아니며, **세상에는 전형적인 죽음의 과정이 없다.**
㉢ 성공적으로 노화하는 사람은 **자아를 초월**하여 인간의 문화를 영속화하고자 열심히 활동하는 사람이며, 또한 이렇게 함으로써 자신의 생활에서 의미 있고 적극적인 참여가 가능한 것이다.

오답풀이
㉡ 안락사는 노년기에만 일어날 수 있는 것이 아니다.
㉣ 노년기의 기억능력은 일반적으로 노화에 따라 서서히 감퇴된다. **장기기억보다 단기기억과 최근 기억이 더 약화**된다.

답 ②

OIKOS UP 펙(Peck)이 제시한 노년기 발달에 관한 3가지 이슈

① **자아 분화 대 직업역할의 몰두(전념)** : 은퇴(퇴직)의 영향에 관한 것으로 오랫동안 종사해 온 직업을 떠나 새롭게 하는 활동들에서 만족을 얻을 수 있도록 개인적 가치가 재평가되고 재정의 되어야 함
② **신체 초월 대 신체 몰두** : 쇠퇴하는 건강에도 불구하고 삶을 즐기는 사람들은, 이들의 가치체계에서 삶의 만족에 대한 사회적, 정신적 요소들이 신체적 요소를 초월하였다고 할 수 있음
③ **자아 초월 대 자아 몰두** : 자아를 초월하여 인간의 문화를 영속화하고자 열심히 활동함으로써 자신의 생활에서 의미 있고 적극적인 참여가 가능한 것임

17 성공적 노화의 조건으로 옳은 것을 모두 고른 것은? • 9회

㉠ 원숙한 성격	㉡ 신체적 건강
㉢ 경제적 안정	㉣ 사회적 지지

① ㉠, ㉡, ㉢
② ㉠, ㉢
③ ㉡, ㉣
④ ㉣
⑤ ㉠, ㉡, ㉢, ㉣

정답 및 해설

✓ **보충설명**
㉠ 사회적 역할을 융통성 있게 수행하고 적응하기 위해 **원숙한 성격**이어야 한다.
㉡ 약화되는 신체 힘과 건강에 따른 적응으로 **신체적 건강**이 성공적 노화의 조건이다.
㉢ 퇴직과 경제적 수입감소에 따른 적응으로 **경제적 안정**도 중요한 성공적 노화의 조건이다.
㉣ **사회적 지지**는 노인이 건강과 삶의 만족에 이바지한다.

답 ⑤

제08장 정신역동이론

제1영역 : 인간행동과 사회환경

▶ 제8장 회차별 출제빈도, 출제비중 및 출제논점 1, 2, 3순위

구 분	10회 2012	11회 2013	12회 2014	13회 2015	14회 2016	15회 2017	16회 2018	17회 2019	18회 2020	19회 2021	20회 2022	21회 2023	22회 2024
제8장 정신역동이론	11	4	6	4	3	5	6	5(3)	4(2)	4(2)	3(1)	3	4(4)
프로이트의 정신분석이론	4	1	1	1	-	1	2	2(1)	1(1)	1(1)	1(1)	1	1(1)
에릭슨의 심리사회이론	3	1	2	1	2	1	2	1(1)	1	1	-	1	1(1)
융의 분석심리이론	2	1	1	1	1	2	1	1	1(1)	1	1	1	1(1)
아들러의 개인심리이론	2	1	2	1	-	1	1	(1)	1	1(1)	1	-	1(1)

목차	출제비중	출제 논점		
		1순위 ☺	2순위 ※	3순위 ☆
제8장 정신역동이론	3 **5** 6			
프로이트의 정신분석이론	0~2(1)	① 자아방어기제 ② 연속적 체계 　: 심리성적 발달단계	① 구조적 체계 　: 원초아, 자아, 초자아	① 역동적 체계 : 정신에너지 리비도 ② 지형학적 모델 　: 의식, 전의식, 무의식
에릭슨의 심리사회이론	0 **1** 2	① 심리사회적 발달단계	① 점성원칙	① 심리사회이론의 개요
융의 분석심리이론	1~2	① 주요개념 　: 원형, 집단무의식, 페르소나...	① 중년기 : 개별화, 양성성	① 심리적 유형
아들러의 개인심리이론	0 **1** 2	① 주요개념 　: 우월에 대한 추구, 열등감...	① 성격의 발달 : 출생순위	① 성격의 유형 : 생활양식 태도

01 인간행동과 성격에 관한 설명으로 옳지 않은 것은?　　　　●17회

① 인간행동은 개인의 성격특성에 따라 다르게 표출된다.
② 성격을 이해하면 행동의 변화추이를 예측할 수 있다.
③ 인간행동의 이해와 개입을 위해서는 성격의 이해가 필요하다.
④ 성격이론은 인간행동의 수정 방법을 찾는 데 도움이 된다.
⑤ 성격은 심리역동적 특성이 있어 일관된 행동을 기대할 수 없다.

정답 및 해설

성격은 내적 역동성과 외적 역동성을 지니기 때문에, 성격은 심리역동적 특성이 있다는 것은 올바르다. 그리고, **성격은 일관성의 특징이 있어 일관된 행동을 기대할 수 있다.** 시간의 흐름에도 불구하고 변하지 않고 일관되게 안정성을 유지하는 성격의 핵심적 부분이 있다.

보충설명

① 성격은 모든 사람이 보편적으로 갖고 있는 심리과정이긴 하지만 **개인에 따라 성격은 각기 다르며, 이로 인한 각기 다른 행동을 표현**하게 된다.
② **인간의 성격에 대한 접근법은** 행동의 원인과 행동변화, **바람직한 행동으로 변화시킬 수 있는 방법을 예측할 수 있는 장점**이 있다.
③ **인간행동은 주로 개인의 성격(personality)에 의해 결정**된다. 따라서 인간의 행동을 이해하고 개입하기 위한 첩경은 그 사람의 성격을 이해하는 것이다.
④ 성격이론은 **인간행동을 변화 또는 수정할 수 있는 방법을 찾는 데 도움**을 준다.

답 ⑤

OIKOS UP 성격 이론에 관한 사회복지의 관심

① 인간행동을 이해하여, 체계적, 과학적으로 원조하기 위한 목적을 가진다고 볼 수 있다. 즉, 인간의 심리사회적 특성을 규명하는 성격 이론은 인간이 왜 그렇게 행동하는가에 관한 가설이나 통찰을 포함하고 있어 인간에 대한 이해와 원조계획 수립을 도울 수 있다.
② 사회복지전문직에서는 인간본성, 인간행동을 있는 그대로 묘사 또는 기술하고 그 원인을 설명하기 위해 성격 이론에 관심을 가지며, 인간행동이 앞으로 어떻게 변화해 갈 것인지를 예측하고, 그러한 행동을 수정할 수 있는 방법을 찾기 위해 성격 이론에 관심을 가진다.
③ 성격 이론은 인간의 본성과 관점, 인간행동에 대한 기본가정, 그리고 적응이나 부적응, 정상이나 병리에 대한 관점이 매우 상이하기 때문에, 어떤 성격 이론에 근거하느냐에 따라 실무원칙, 개입목적, 개입방법 등이 달라질 수 있다.

---

02 성격 이론과 학자와의 연결이 옳지 않은 것은? • 12회

① 분석심리이론 - 융(C. Jung)
② 인본주의이론 - 로저스(C. Rogers)
③ 사회학습이론 - 반두라(A. Bandura)
④ 개인심리이론 - 매슬로우(A. Maslow)
⑤ 행동주의이론 - 파블로프(I. Pavlov)

정답 및 해설

개인심리이론은 아들러(A. Adler)의 이론이다. 매슬로우(Maslow)의 이론은 인간 동기이론(욕구계층이론)이다.

답 ④

03 정신역동이론가에 해당하지 않는 학자는?
•13회

① 안나 프로이트(A. Freud)
② 반두라(A. Bandura)
③ 융(C. Jung)
④ 에릭슨(E. Erikson)
⑤ 아들러(A. Adler)

정답 및 해설

반두라는 행동주의 이론가에 해당한다. 반두라(Albert Bandura)의 **사회학습이론(social learning theory)**은 전통적 행동주의 관점에 인지적 접근을 추가하여 형성되었다.

답 ②

04 다음의 이론과 그 기본 가정의 연결이 옳은 것은?
•16회

① 피아제(J. Piaget)의 인지발달이론 – 정신결정론
② 프로이드(S. Freud)의 정신분석이론 – 상호결정론
③ 스키너(B. F. Skinner)의 행동주의이론 – 환경결정론
④ 반두라(A. Bandura)의 사회학습이론 – 정신결정론
⑤ 매슬로우(A. Maslow)의 인본주의이론 – 환경결정론

정답 및 해설

스키너(B. F. Skinner)의 행동주의이론에서는 환경적 요인에 의해 인간의 본성이 결정된다는 기계론적인 **환경결정론의 입장을** 강하게 취하고 있다. 즉, 인간의 행동은 환경적 자극에 의해 동기화되며, 행동에 따르는 강화에 의해 전적으로 결정된다고 보고 있다.

보충설명

② 프로이드(S. Freud)의 정신분석이론은 **정신결정론으로,** 인간의 모든 행동, 사고, 감정은 신체적 긴장상태에 의해 유발되는 무의식적인 성적 본능과 공격적 본능에 의해 결정된다고 본다.
④ 반두라(A. Bandura)의 사회학습이론은 **상호결정론으로,** 반두라는 환경결정론적인 스키너의 기본 가정과는 달리 인간행동은 외적 환경의 자극과 인간 내적 사건이 상호작용하여 결정된다고 보고 있다.

답 ③

05 다음 학자의 주요 이론과 개념의 연결이 옳지 않은 것은? • 17회

① 에릭슨(E. Erikson) – 분석심리이론 – 원형, 집단무의식
② 프로이드(S. Freud) – 정신분석이론 – 원초아, 자아, 초자아
③ 아들러(A. Adler) – 개인심리이론 – 열등감과 보상, 생활양식
④ 반두라(A. Bandura) – 사회학습이론 – 자기강화, 관찰학습
⑤ 로저스(C. Rogers) – 인본주의이론 – 완전히 기능하는 사람, 현상학적 장

> **정답 및 해설**
> 에릭슨(E. Erikson)은 심리사회이론(자아심리이론)으로, 주요 개념으로는 점성원칙, 자율적 자아(ego) 등이 있다. **분석심리이론은 융(C. Jung)의 이론으로 주요 개념에 원형, 집단무의식 등이 있다.**
> 답 ①

06 다음 학자의 주요이론과 기법의 연결이 옳은 것은? • 18회

① 스키너(B. Skinner) – 행동주의이론 – 강화계획
② 프로이드(S. Freud) – 정신분석이론 – 타임아웃기법
③ 피아제(J. Piaget) – 분석심리이론 – 합리정서치료
④ 매슬로우(A. Maslow) – 인본주의이론 – 자유연상
⑤ 융(C. Jung) – 개인심리이론 – 행동조성

> **정답 및 해설**
> 스키너는 행동주의이론이며, 강화계획(강화스케줄)은 행동주의이론의 기법에 해당한다.
> **오답풀이**
> ② 프로이드는 정신분석이론이지만, **타임아웃기법은 행동주의이론의 조작적 조건화 원리를 적용한 기법에** 해당된다.
> ③ 피아제의 이론은 인지이론이며, **분석심리이론은 융의 이론이다. 그리고, 합리정서치료는 엘리스의 인지 치료에** 해당된다.
> ④ 매슬로우의 인간동기이론은 인본주의이론에 해당되지만, **자유연상은 정신분석적 치료의 주된 기법 중 하나로 프로이드가 고안해 냈다.**
> ⑤ 융의 이론은 분석심리이론이며, 개인심리이론은 아들러의 이론이다. 행동조성은 스키너 행동주의이론의 기법이다.
> 답 ①

07 다음 학자와 그의 주요 기법이 옳게 연결된 것은? • 20회

① 반두라(A. Bandura) – 행동조성
② 로저스(C. Rogers) – 타임아웃
③ 스키너(B. Skinner) – 모델링
④ 피아제(J. Piaget) – 가족조각
⑤ 프로이트(S. Freud) – 자유연상

정답 및 해설

자유연상은 정신분석적 치료의 주된 기법 중 하나로 프로이트(S. Freud)가 고안해 냈다.

오답풀이
① 스키너(B. Skinner) – 행동조성. 행동조성은 스키너의 행동주의이론 기법이다.
② 스키너(B. Skinner) – 타임아웃. 타임아웃기법은 스키너의 행동주의이론 조작적 조건화 원리를 적용한 기법에 해당된다.
③ 반두라(A. Bandura) – 모델링. 모델링은 반두라의 사회학습이론 기법이다.
④ 가족조각기법은 행동주의이론에 기반한 행동주의모델 기법이다. 참고로 가족조각기법은 공간을 이용해서 가족성원들을 다양한 신체자세로 배열시켜 가족구조를 시각적으로 묘사하는 기법이다. 예 어머니와 아들이 지나치게 밀착되어 있고 아버지는 가족 모두에게 소외되어 있을 때, 사회복지사는 아버지와 어머니를 가까이에서 마주보게 하고 아들을 부모체계로부터 거리를 두도록 새롭게 조각함으로써 가족이 지향해야 되는 가족관계를 시각적으로 보여줌

답 ⑤

OIKOS UP 학자별 주요이론

구 분	학 자	주요이론
정신역동이론	프로이트(Freud)	심리성적이론, 정신분석이론
	에릭슨(Erikson)	심리사회이론(psychosocial theory), 자아심리이론
	융(Jung)	분석심리학(analytical psychology), 경험적 심리이론
	아들러(Adler)	개인심리학(individual psychology)
행동주의이론	초기행동주의학자	• 파블로프의 이론 : 고전적 조건형성 또는 고전적 조건화 • 왓슨과 레이너의 이론 : 고전적 조건형성 • 손다이크의 이론 : 도구적 조건화
	스키너(Skinner)	행동주의적 학습이론
	반두라(Bandura)	사회학습이론(social learning theory)
인지이론	피아제(Piaget)	인지이론
	콜버그(Kohlberg)	도덕성 발달이론(moral development theory)
	캐롤 길리건 (Carol Gilligan)	• 콜버그의 가설적 딜레마에 대한 문제점 지적 • 돌봄의 도덕
	인지치료이론	• 벡(Beck)의 인지치료이론 • 엘리스(Ellis)의 합리적-정서치료
인본주의이론	로저스(Rogers)	현상학 이론, 인간중심이론
	매슬로우(Maslow)	인간 동기이론, 욕구계층이론, 욕구위계이론

① 인간의 자유의지 부정 : 프로이트(정신결정론), 스키너(환경결정론)
② 여권주의자의 비판 : 프로이트(남근선망), 콜버그(남자 4단계, 여자 3단계)
③ 성격이 불변성 : 프로이트(5~6세경 성격결정), 아들러(4~5세경 생활양식)
④ 점성원칙 가정 : 에릭슨의 심리사회발달단계, 피아제의 인지발달단계, 콜버그의 도덕 발달단계
⑤ 성격 이론을 인간의 발달단계와 연관시켜 설명한 학자 : 프로이트, 에릭슨, 융, 피아제, 콜버그

01 프로이트(S. Freud, 프로이드)

01 다음 중 원초아에 대한 설명으로 옳지 않은 것은? • 7회

① 원초아는 원시적이고 본능적인 성격을 갖는다.
② 원초아는 쾌락의 원리에 따른다.
③ 원초아는 욕구를 충족시키기 위해 1차 과정 사고를 하기도 한다.
④ 원초아는 무의식의 영역에 속한다.
⑤ 원초아가 불안을 해결하지 못하면 신경증이 유발된다.

> **정답 및 해설**
>
> 자아가 불안을 해결하지 못하면 원초아의 충동이 의식될지도 모른다는 위협을 느낄 때 생기는 정서적 반응으로 신경증적 불안이 유발된다.
>
> **보충설명**
>
> ③ 원초아가 긴장을 해소시키는 기제로서 **일차적 사고과정**(primary process thinking, **일차과정 사고**)이란 욕구를 만족시키는 대상의 심상(image)을 기억 속에서 만들어내는 것으로, 예를 들면 배고픈 사람이 새우튀김이나 맛좋은 스테이크의 시각적 심상을 머리에 떠올림으로써 배고픈 충동을 조금이나마 만족시키는 것을 들 수 있다. **원초아의 1차적 사고과정**은 긴장감소와 본능적 충동의 만족에 필요한 대상의 표상(representation)을 만들어내는데 까지만 작동하며, 실제로 그 대상을 발견하는 데 작동하는 것은 **자아의 2차적 사고과정**이다.
>
> 답 ⑤

02 프로이트(S. Freud) 이론에 대한 설명으로 옳지 않은 것은? • 8회

① 원초아, 자아, 초자아는 출생 시부터 형성된다.
② 무의식이 인간행동을 결정하는 주된 원인이다.
③ 자아는 본능적 욕구가 현실적으로 만족될 것을 추구한다.
④ 인간의 정신에너지 체계는 폐쇄 체계이다.
⑤ 방어기제는 무의식적인 자아의 과정으로 건강한 사람에게도 나타날 수 있다.

정답 및 해설

원초아는 출생 시부터 타고난다. 하지만, 자아는 1세 말에서 2세에 이르는 동안 원초아의 일부로부터 발달한다. 초자아는 1세 전후에 자아로부터 생겨나서 5~6세에 최고의 발달을 보이고 잠복기를 지나면서 더욱 발달하여 9~11세가 되면 기틀이 잡힌다.

오답풀이
② 프로이트는 인간의 자유를 인정하지 않았으며, 인간의 모든 행동은 무의식적인 힘에 의해 결정되고, 인간은 이런 힘의 지배를 받는 수동적인 존재로 보았다.
③ 자아는 원초아의 욕구를 충족시키기 위해 현실적인 방법으로 현실적 여건이 마련될 때까지 욕구를 지연시키기 위해 작용한다.
④ 프로이트는 정신에너지가 폐쇄 체계이기 때문에 이용 가능한 에너지의 양은 고정되어 있다고 하였다.
⑤ 자아방어기제는 불안을 감소시킬 뿐만 아니라 긍정적인 사회적 결과를 가져오기도 하므로 정상인들도 자주 사용하게 되며, 자아방어기제의 사용이 사회 적응을 도모하고 정신건강을 향상시키기도 한다.

답 ①

03 프로이트(S. Freud) 이론에 관한 설명으로 옳은 것은? ●13회

① 거세불안과 남근선망은 주로 생식기에 나타난다.
② 치료의 주요 목표는 개성화(Individuation)를 완성하는 것이다.
③ 자아(ego)는 의식, 전의식, 무의식의 세 측면을 모두 가지고 있다.
④ 리비도는 인생 전반에 걸쳐 작동하는 일반적인 생활에너지를 말한다.
⑤ 초자아(super ego)는 방어기제를 작동하여 갈등과 불안에 대처한다.

정답 및 해설

원초아는 전적으로 무의식인 반면, 자아와 초자아는 무의식, 전의식, 의식의 세 측면을 모두 가지고 있다.

오답풀이
① 거세불안과 남근선망은 오이디푸스 콤플렉스(Oedipus Complex)를 경험하게 되는 남근기에 나타난다.
② 치료의 주요 목표가 개성화(Individuation, 개별화)를 완성하고자 하는 것은 융의 분석심리이론이다.
④ 프로이트 이론에서는 리비도(libido)를 인간의 성적 에너지라고 주장하지만, 융의 이론에서는 리비도를 성뿐만 아니라 다른 삶의 에너지를 포함한 일반적인 생활에너지(창의적인 생활력)라고 보았다.
⑤ 방어기제를 작동하여 갈등과 불안에 대처하는 것은 초자아(super ego)가 아니라 자아(ego)이다.

답 ③

04 프로이트(S. Freud)의 정신분석이론에 관한 설명으로 옳은 것은?

• 21회

① 인간이 가진 자유의지의 중요성을 강조하였다.
② 거세불안과 남근선망은 주로 생식기(genital stage)에 나타난다.
③ 성격구조를 원초아, 자아, 초자아로 구분하였다.
④ 초자아는 현실원리에 지배되며 성격의 실행자이다.
⑤ 성격의 구조나 발달단계를 제시하지 않았다.

정답 및 해설

성격구조를 **원초아(Id), 자아(Ego), 초자아(Superego)**로 구분하였다. 원초아는 출생 시 타고나며, 자아는 원초아로부터 초자아는 자아로부터 발달한다.

오답풀이

① 프로이트 이론은 정신결정론으로 **인간의 자유의지를 부정**하였다.
② 거세불안과 남근선망은 주로 **남근기**(phallic stage)에 나타난다.
④ **자아는** 현실원리에 지배되며 성격의 실행자이다. 반면에 초자아는 도덕원리에 지배되며 외부세계의 대변자, 성격의 도덕적 측면이며 심판자이다.
⑤ 성격의 구조나 발달단계를 **제시하였다.** 성격의 구조를 원초아, 자아, 초자아로, 성격의 발달단계(심리성적 발달단계)를 구강기(구순기) → 항문기 → 남근기 → 잠재기(잠복기) → 생식기로 제시하였다.

답 ③

OIKOS UP 프로이트의 의식수준 및 성격구조, 자아와 초자아의 형성

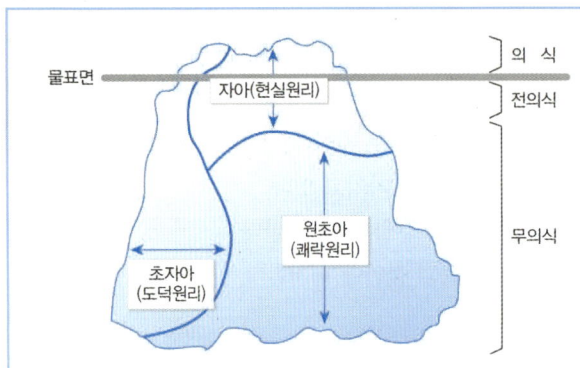

- 원초아는 전적으로 무의식이다.
- 자아와 초자아는 무의식, 전의식, 의식의 세 측면을 모두 가지고 있다.
- 원초아는 출생 시 타고나며, 자아는 원초아로부터, 초자아는 자아로부터 발달한다.

05 프로이트(S. Freud)의 심리성적 발달단계로 옳은 것은? • 5회

① 구강기 : 다른 대상자와 자기 구별 불가능　② 항문기 : 배변욕구를 스스로 해결 불가능
③ 남근기 : 이성 부모와 동일시함　④ 잠복기 : 동성 또래에 대한 관심 증대
⑤ 생식기 : 1차 성징이 이루어짐

정답 및 해설

잠복기(잠재기)는 6세부터 사춘기 이전의 12~13세까지로 아동기에 해당하며, **동성기**라고도 한다. 이 단계에서는 이성에 대한 관심이 매우 낮아지며, 심한 경우에는 이성의 또래와는 배타적 관계를 형성하고 동성의 또래와만 어울리는 경우도 있다.

오답풀이

① 구강기(0~1.5세) 때 **유아는** 보통 6개월이 되기 전까지는 **대상부재(objectless)의 상태로** 자신의 욕구를 만족시켜주는 사람이 자신과 분리된 다른 사람이라는 생각을 하지 못한다. 즉, 욕구가 만족되지 못하면 두려워 울지만 그러한 욕구를 만족시켜 주는 사람이 바로 자신이라고 생각한다. **6개월이 지나면 유아는 자신과 분리된 타인, 즉 어머니의 존재를 느끼고 자신의 욕구를 채워주는 대상(어머니)이 존재한다는 것을 알게 된다.**
② 항문기에는 **배변훈련(toilet training)이 시작**된다. 대소변 훈련은 개인의 자율성과 사회적 요구의 갈등이 최초로 일어나는 장(場)으로, 유아는 이를 통해 **자아통제능력을 획득**한다.
③ 남근기에 남아는 오이디푸스 콤플렉스(Oedipus Complex)를 그리고 여아는 엘렉트라 콤플렉스(Electra Complex)를 경험한다. 오이디푸스 콤플렉스와 엘렉트라 콤플렉스는 이성의 부모를 사랑해서 시작하지만, **동성의 부모와 동일시함으로써 해결**한다.
⑤ 생식기에는 호르몬과 **생리적 요인(2차 성징)**들로 인해 그동안 억압되었던 성적 감정들이 크게 강화되면서 잠복기 동안 억제되었던 성적, 공격적 충동이 자아와 자아의 방어를 압도할 정도로 강해진다.

답 ④

06 프로이트(S. Freud) 이론에 비추어 최초의 양가감정을 느끼는 발달단계는 언제인가? • 6회

① 거세불안과 남근선망의 심리가 나타난다.
② 리비도는 특히 동성의 친구에게로 향한다.
③ 음식을 빨고 삼키고, 깨물면서 쾌감을 느끼기 시작한다.
④ 쾌락추구에 몰두하거나 자아를 지나치게 내세우는 극단화의 경향이 있다.
⑤ 배변훈련이 시작되고 아이의 본능적 충동은 어머니에 의해 통제된다.

정답 및 해설

구강기 후반기에 어머니에게 애정과 우호적 태도를 갖는 동시에 적대적이며 파괴적인 태도를 갖게 된다. 이때 **유아는 최초의 양가감정을 경험**하게 된다. 구강기에는 입과 구강부위가 쾌락의 주된 원천으로, 입이 성적, 공격적 욕구 충족을 하는 신체부위가 된다. **구강기 전기에는** 유아의 성감대는 구순 영역에 집중되며, 빨기와 삼키기가 긴장을 감소시키고 쾌락을 성취하는 주된 전략이 된다. 생후 8개월 정도에 이빨이 나기 시작한 이후인 **구강기 후기에는** 좌절감을 경험할 때 깨물고 싶은 충동을 느끼게 된다.

오답풀이
① **남근기**(3~6세) 오이디푸스 콤플렉스에서 남아는 거세불안을 여아는 남근선망을 갖게 된다.
② 리비도가 동성의 친구에게로 향하는 시기는 아동기이다. 이 시기는 **잠재기**(6~12세)에 해당한다.
④ **생식기**의 사춘기 전기 청소년은 동물적인 쾌락추구에 몰두하거나 자아를 지나치게 표면에 내세우는 경향을 보인다.
⑤ **항문기**에는 대소변 훈련이 시작되며, 이를 통해 아이가 처음으로 사회의 기대에 순응하라는 요구에 직면하는 단계이다.

답 ③

07 프로이드(S. Freud)의 정신분석이론에 관한 설명으로 옳지 않은 것은?

• 16회

① 어린 시절에 겪었던 과거 경험의 중요성을 강조한다.
② 엄격한 배변훈련으로 항문보유적 성격이 형성될 수 있다.
③ 초자아는 성격의 실행자이자 마음의 이성적인 부분이다.
④ 생식기에는 이성에 대한 관심과 호기심이 높아진다.
⑤ 남자아이는 남근기에 오이디푸스 콤플렉스(Oedipus complex)로 인한 거세불안을 경험한다.

정답 및 해설

성격의 실행자이자 마음의 이성적인 부분은 **자아**(ego)다. 자아는 성격을 지배하고 통제하고 조절하는 실행자이며, 열정을 내포하고 있는 원초아와는 달리 **이성, 상식이라 불리는 것들을 내포**하고 있다.

보충설명

① 인간의 기본 성격구조는 **초기 아동기 특히 만 5세 이전 어떠한 경험**을 하였는가에 따라 결정되며, 성인기가 되어서도 변하지 않고 지속된다고 보고 있어 현재보다는 **과거를 중시**한다.
② 부모 혹은 일차적 양육자의 지나치게 엄격한 배변훈련으로 인해 **항문보유적**(anal retentive) **성격**이 될 수 있다. 이 경우 고집이 세고, 인색하며, 복종적이고, 시간을 엄수하며, 지나치게 청결한 특징을 가진다.
④ **생식기에는** 호르몬과 생리적 요인들로 인해 그 동안 억압되었던 성적 감정들이 크게 강화되면서 잠복기 동안 억제되었던 성적, 공격적 충동이 자아와 자아의 방어를 압도할 정도로 강해진다. 이로 인해 **이성에 대한 관심과 호기심이 높아진다.**
⑤ 남근기(phallic stage)에 **남아는 오이디푸스 콤플렉스**(Oedipus Complex)를 그리고 여아는 엘렉트라 콤플렉스(Electra Complex)를 경험한다. 남아는 어머니에 대한 성적 매력을 느끼고 어머니를 소유하고 싶어 하며, 이 근친상간적 충동과 함께 남자 아이는 아버지에 대한 증오와 질투를 경험하게 되어 이 경쟁자가 없어지기를 바란다. 그 결과 남자아이는 아버지가 성적 활동기관인 자기의 남근을 거세할 것을 두려워하는 **거세불안**(castration anxiety)이나 거세 공포(castration fear)를 경험하게 된다.

답 ③

08 프로이트(S. Freud)의 심리성적발달단계에 관한 설명으로 옳은 것은? • 19회

① 남근기 : 동성 부모에 대한 동일시의 기제가 나타나는 시기이다.
② 항문기 : 양육자와의 상호작용과정에서 최초로 갈등을 경험하는 시기이다.
③ 구강기 : 자율성과 수치심을 주로 경험하는 시기이다.
④ 생식기 : 오이디푸스·엘렉트라 콤플렉스가 강해지는 시기이다.
⑤ 잠복기 : 리비도(libido)가 항문부위로 집중되는 시기이다.

> **정답 및 해설**
>
> 남근기의 중요한 결과 중이 하나는 동성의 부모와 동일시하는 것으로, 그 과정에서 초자아의 분화가 이루어진다. 즉 동일시를 통해 유아는 부모의 이상과 가치를 받아들이게 되어, 부모의 도덕적 금지를 수용함으로써 자신의 나쁜 생각이나 행동에 대해 스스로 나무라기도 하고 죄의식을 갖기도 한다.
>
> **오답풀이**
> ② 양육자와의 상호작용과정에서 최초로 갈등을 경험하는 시기는 **구강기**이다. 구강기 후반기에 이유가 시작되면서 이유에 대한 욕구불만으로 인해 **어머니에 대한 애정과 우호적인 태도를 갖는 동시에 적대적이며 파괴적인 태도**를 갖게 된다. 이때 유아는 **최초의 양가감정(ambivalence)을 경험**한다.
> ③ 자율성과 수치심을 주로 경험하는 시기는 **항문기**이다. 자율성과 수치심은 에릭슨의 심리사회발달단계에서 초기아동기인 1세 반에서 3세까지 지속되는데, 이 시기는 프로이트의 심리성적발달단계 중 항문기에 해당한다.
> ④ 오이디푸스·엘렉트라 콤플렉스가 강해지는 시기는 **남근기**이다. 남근기에 남아는 오이디푸스 콤플렉스(Oedipus Complex)를 그리고 여아는 엘렉트라 콤플렉스(Electra Complex)를 경험한다. 참고로 프로이트는 남녀 모두 오이디푸스 콤플렉스라고 부른다.
> ⑤ 리비도(libido)가 항문부위로 집중되는 시기는 **항문기**이다. 프로이트는 리비도(libido)가 집중된 신체 부위(입, 항문, 성기 등)를 성감대(erogenous zone)라고 했으며, 리비도가 머무는 곳에 따라 발달단계를 나누었다. 항문기는 리비도(성감대)의 방향이 항문으로 이동하는 발달단계이다.
>
> 답 ①

09 프로이트(S. Freud)의 정신분석이론에 관한 설명으로 옳은 것을 모두 고른 것은?

• 20회

㉠ 자아(ego)는 일차적 사고과정과 현실원칙을 따른다.
㉡ 잠복기에 원초아(id)는 약해지고 초자아(superego)는 강해진다.
㉢ 신경증적 불안은 자아의 욕구를 초자아가 통제하지 못하고 압도될 때 나타난다.
㉣ 방어기제는 외부세계의 요구로부터 스스로를 보호하고자 하는 무의식적 시도이다.

① ㉢
② ㉠, ㉢
③ ㉡, ㉣
④ ㉠, ㉡, ㉣
⑤ ㉠, ㉡, ㉢, ㉣

정답 및 해설

㉡ 잠복기에는 원초아(id)는 약해지고 자아(ego)와 초자아(superego)는 강력해진다. 성격에서 이루어지는 주요 발달은 초자아의 기능이다.
㉣ 방어기제는 자아가 원초아와 초자아의 요구, 과거의 기억과 **외부세계의 요구** 따위로부터 **스스로를 보호하기 위해 무의식적으로 작동시키는 심리기제**로 갈등의 원천을 왜곡, 대체, 차단한다.

오답풀이

㉠ **자아(ego)는 2차적 사고과정과 현실원칙을 따른다.** 반면에 **원초아(id)는 1차적 사고과정과 쾌락원칙을** 따른다. 참고로 원초아(id)의 1차적 사고과정은 긴장감소와 본능적 충동의 만족에 필요한 대상의 표상(representation)을 만들어내는데 까지만 작동하며, 실제로 그 대상을 발견하는 데 작동하는 것은 자아(ego)의 2차적 사고과정이다.
㉢ **신경증적 불안(neurotic anxiety)은 원초아의 충동**이 의식될지도 모른다는 위협을 느낄 때 생기는 정서적 반응으로, **원초아의 욕구를 연약하고 불완전한 자아**가 통제하지 못하고 압도될 때 나타난다.

답 ③

OIKOS UP   심리성적 발달단계의 특징

① 구순기(oral stage, 구강기; 출생~1.5세) : 6개월이 되기 전까지는 대상부재(objectless)의 상태로 자신의 욕구를 만족시켜 주는 사람이 자신과 분리된 다른 사람이라는 생각을 하지 못하지만, 6개월이 지나면서 유아는 자신과 분리된 타인, 즉 어머니의 존재를 느끼고 욕구를 채워주는 대상(어머니)이 존재한다는 것을 알게 된다(애착형성).
② 항문기(anal stage; 1.5~3세) : 이 시기 유아는 신경계의 발달로 괄약근을 본인의 의지에 따라 조절할 수 있기 때문에, 자신이 원하는 바대로 배변이나 배뇨를 조절할 수 있게 된다(자기조절).
③ 남근기(phallic stage or 오이디푸스기, Oedipal period; 3~6세) : 이 시기에 오이디푸스 콤플렉스를 경험하면서 이성 부모에게 관심을 갖고 동성의 부모를 동일시하게 된다.
④ 잠복기(latency stage, 잠재기; 6~12세) : 이 시기에는 동성의 친구와 친하게 놀면서 집단을 이루어 몰려다니며 놀이나 게임을 통해 규칙을 알게 되고 사회규범에 대해서도 배우지만, 이성에 대해서는 아직 배타적이다. 이 시기를 동성기라고 부른다.
⑤ 생식기(genital stage, 성기기; 12세 이후~) : 이 시기는 사춘기부터 성적으로 성숙되는 성인기 이전까지의 시기로, 사춘기에는 생식기관이 발달하고 남성 또는 여성 호르몬의 분비가 많아짐에 따라 2차 성징이 발달하게 된다. 또래의 이성친구에게 관심을 갖는다.

10. 프로이드(S. Freud)의 정신분석이론에서 불안에 관한 설명으로 옳은 것을 모두 고른 것은?

• 17회

㉠ 불안 : 공포상태로서 위급한 상황에 적합한 방법으로 반응하지 못하는 것이다.
㉡ 현실적 불안 : 자아가 지각한 현실세계에 있는 위협 상황에 대한 두려움이다.
㉢ 신경증적 불안 : 원초아의 충동이 의식될지도 모른다는 위협을 느낄 때 생기는 두려움이다.
㉣ 도덕적 불안 : 원초아와 초자아 간의 갈등에서 느끼는 양심에 대한 두려움이다.

① ㉠, ㉢
② ㉡, ㉣
③ ㉠, ㉡, ㉢
④ ㉡, ㉢, ㉣
⑤ ㉠, ㉡, ㉢, ㉣

정답 및 해설

㉡ **현실적 불안(reality anxiety)** 은 위협에 대한 정서적 반응 또는 외적 환경에서 위협을 지각하는 것을 말하며, 두려움과 같은 현실세계의 어떤 위협이 있을 때 나타나게 된다. 사람이 위험한 것이라고 생각되는 외적 상황에 직면하게 되면, 불안은 어떤 행동을 함으로써 그 위험을 감소시켜야 한다는 것을 알려주는 자극의 역할을 한다. 예 차가 갑자기 인도로 돌진해오는 경우

㉢ **신경증적 불안(neurotic anxiety)** 은 원초아의 충동이 의식화될 것이라는 것으로 인하여 위협을 받고 이에 따라 생긴 정서반응을 말한다. 예 성적 본능이나 공격적 본능이 표출되는 것에 대해 걱정하는 경우

㉣ **도덕적 불안(moral anxiety)** 은 자아가 초자아로부터 벌의 위협을 받을 때 일어나는 정서적 반응을 말한다. 즉, 이것은 자아가 죄책감 또는 수치감을 경험하고 양심으로부터 의식함으로써 발생하는 불안이다. 예 아동이 부모의 지갑을 뒤져 돈을 꺼내 갈 때, 부모의 처벌을 두려워하는 경우

오답풀이

㉠ 방어기제와 관련된 불안의 개념은 프로이드에 의해 수립되었다. 프로이드는 불안이 각 개인에게 반격하거나 피해야 하는 절박한 위험을 알려주는 자아의 기능이라고 하였다. 따라서 **불안은 개인으로 하여금 위급한 상황에 적합한 방법으로 반응하도록 한다.** 불안은 원초아, 자아, 초자아 사이의 갈등이 정신에너지의 통제를 넘어설 때 생긴다.

답

11 방어기제에 대한 설명으로 옳은 것은?   • 2회

㉠ 한 번에 한 가지 이상의 기제를 사용하기도 한다.
㉡ 무의식적으로 사용한다.
㉢ 긍정적으로 사용될 때도 있다.
㉣ 발달전기에는 억압, 후기에는 퇴행이 나타난다.

① ㉠, ㉡, ㉢
② ㉠, ㉢
③ ㉡, ㉣
④ ㉣
⑤ ㉠, ㉡, ㉢, ㉣

정답 및 해설

방어기제는 **무의식적으로 채택**되며, 대부분 **한 번에 한 가지 이상의 방어기제가 동원**되며, **긍정적으로 사용될 때도 있다**.

오답풀이

㉣ 방어기제의 위계서열상으로 보면, **투사, 부정, 퇴행** 등은 초기 발달단계에서 사용되며, **합리화, 억압, 전치** 등은 후기에 사용된다.

답 ①

12 방어기제에 관한 설명으로 옳은 것은?   • 5회

① 방어기제 사용은 사회환경 변화에 영향을 준다.
② 방어기제의 과도한 사용은 정서적 문제를 발생시킬 수 있다.
③ 불안의 원천을 해결하기 위해 사용한다.
④ 사용횟수에 따라 정상적, 병리적 정서로 나눌 수 있다.
⑤ 자아가 강한 상태에서 사용한다.

> **정답 및 해설**
> 방어기제는 정신병리적 측면이 있어 **방어기제를 과다하게 사용하면 심각한 심리적 문제가 야기**되기도 한다.
> **오답풀이**
> ① 방어기제는 자아가 불안을 감소시키려고 **내적, 외적 현실에 대한 인식을 달리하려는 시도**이기에 사회환경의 변화에 영향을 주는 것은 아니다.
> ③ 방어기제는 자아가 불안과 갈등에 대응하고 대처함에 있어서 활용하는 심리적 책략으로, **불안이나 갈등의 원천을 해결하기 위한 것이라기보다는 갈등의 원천을 왜곡, 대체, 차단**하는 데 무의식적으로 사용되는 것이다.
> ④ 자아방어기제가 정상적인지 병리적인지를 판단하는 기준은 **균형, 방어의 강도, 사용된 방어의 연령 적절성, 철회 가능성**이다. 사용의 횟수는 아니다.
> ⑤ 방어기제는 자아가 불안과 갈등에 대응하기 위해 사용된다. **방어기제를 사용한다는 것은 자아가 약하다는 의미**이다.
>
> 답 ②

13 방어기제에 관한 설명으로 옳지 않은 것은?   • 9회

① 갈등과 불안에 대처하기 위해 초자아가 사용하는 심리적 기제이다.
② 정신내적 갈등의 원천을 왜곡, 대체, 차단하기 위해 활용한다.
③ 긍정적인 기능을 하는 경우도 있다.
④ 억압(repression)은 불안에 대한 1차적 방어기제로 대표적인 방어기제이다.
⑤ 두 가지 이상의 방어기제를 동시에 사용하는 경우도 있다.

> **정답 및 해설**
> 자아방어기제는 **자아가** 불안과 갈등에 대응하고 대처함에 있어서 활용하는 심리적 책략으로, 갈등의 원천을 왜곡, 대체, 차단하는데 이는 무의식적으로 채택되며, 대부분 한 번에 한 가지 이상의 방어기제가 동원된다.
>
> 답 ①

14 방어기제와 그 예의 연결이 옳은 것은?　　　　　　　　　　　• 10회

① 부정 – 부모에게 꾸중을 듣고 적대감으로 개를 발로 차는 아이
② 퇴행 – 불치병에 걸렸음을 알고도 미래의 계획을 화려하게 세우는 환자
③ 승화 – 효도를 다하지 못한 죄책감으로 독거노인을 극진히 부양하는 자식
④ 억압 – 입원 중 간호사에게 아기같은 행동을 하며 불안을 감소시키는 노인
⑤ 반동형성 – 남편이 바람피워 데려온 아이를 싫어함에도 오히려 과잉보호로 키우는 부인

> **정답 및 해설**
>
> **반동형성이란** 용납할 수 없는 감정이나 충동을 정반대의 감정이나 행동으로 대체시켜 표현하는 방어기제로, 겉으로 나타나는 태도나 언행이 마음 속의 욕구와 반대인 경우이다.
>
> **오답풀이**
> ① **전치(displacement)**는 실제로 있는 어떤 대상에 향했던 감정 그대로를 다른 대상에 표현하는 것이다.
> ② **부정(denial)**은 의식화되면 도저히 감당할 수 없는 어떤 생각, 욕구, 충동, 현실적 존재를 무의식적으로 부정하는 것을 말한다.
> ③ **보상(compensation)**은 실제적인 노력이든 상상으로 하는 노력이든 간에 자신의 성격, 지능, 외모 등과 같은 이미지의 결함을 메우려는 무의식적인 노력을 말한다.
> ④ **퇴행(regression)**은 잠재적 외상(trauma)이나 실패 가능성이 있는 상황에 처할 때 해결책으로 초기의 발달단계나 행동양식으로 후퇴하는 것이다.
>
> ⑤

15 방어기제와 그 예가 옳은 것을 모두 고른 것은? • 12회

ㄱ. 보상 – 운동을 잘 못하는 사람이 공부에 열중하는 행동
ㄴ. 억압 – 자신의 애인을 빼앗아 결혼한 친구의 얼굴을 의식하지 못하는 현상
ㄷ. 신체화 – 실적이 낮은 영업사원이 실적 보고를 회피하고 싶을 때 배가 아픈 현상
ㄹ. 반동형성 – 부모의 가장 싫은 점을 자신이 닮아가며 그대로 따라하는 행동

① ㄱ, ㄴ, ㄷ
② ㄱ, ㄷ
③ ㄴ, ㄹ
④ ㄹ
⑤ ㄱ, ㄴ, ㄷ, ㄹ

정답 및 해설

ㄱ. 보상(compensation)은 실제적인 노력이든 상상으로 하는 노력이든 간에 **자신의 성격, 지능, 외모 등과 같은 이미지의 결함을 메우려는 무의식적인 노력**을 말한다.
ㄴ. 억압(repression)은 의식에서 용납하기 힘든 생각, 욕망, 충동들을 무의식 속으로 눌러 넣어 버리는 것이다. 그 전형적인 예가 기억상실이다.
ㄷ. 신체화(somatization)는 심리적 갈등이 감각기관, 수의근계 외의 신체 증세로 표출되는 것이다.

오답풀이

ㄹ. 반동형성(reaction formation)은 용납할 수 없는 감정이나 충동을 정반대의 감정이나 행동으로 대체시켜 표현하는 방어기제이다. 즉, **겉으로 나타나는 태도나 언행이 마음 속의 욕구와 반대인 경우**이다. 부모의 가장 싫은 점을 자신이 닮아가며 그대로 따라하는 행동은 동일시(identification)이다. **동일시는 용납할 수 없는 충동 그 자체는 부정하고 그 충동을 갖고 있는 사람 또는 그 사람의 일면과 동일화하여 받아들이는 과정이다.**

답

16 방어기제에 관한 설명으로 옳은 것은? • 15회

① 억압(repression) : 고통스런 생각이나 기억을 감정상태와 분리시키는 것이다.
② 반동형성(reaction formation) : 불합리한 태도, 생각, 행동을 정당한 것으로 그럴 듯한 이유를 붙이는 것이다.
③ 투사(projection) : 자신의 부정적인 충동, 욕구, 감정 등을 타인에게 찾아 그 원인을 전가시키는 것이다.
④ 보상(compensation) : 죄의식을 느끼게 하는 일들을 의식으로부터 무의식으로 밀어내는 것이다.
⑤ 전치(displacement) : 심리적인 갈등이 신체적인 증상으로 나타나는 것이다.

정답 및 해설

투사(projection)는 받아들일 수 없는 충동이나 욕망 등을 타인의 탓으로 돌리거나 자신의 실패를 남의 탓으로 돌리는 것을 말한다. '잘못되면 조상 탓한다.'라는 속담이 바로 여기에 해당한다.

오답풀이

① 고통스런 생각이나 기억을 감정상태와 분리시키는 것은 **격리**(isolation, 분리)이다. 고통스러웠던 사실은 기억하지만, 감정, 정서는 억압함으로써 지각하지 못하게 된다. **억압**(repression)은 의식에서 용납하기 힘든 생각, 욕망, 충동들을 무의식 속으로 눌러 넣어 버리는 것이다.
② 불합리한 태도, 생각, 행동을 정당한 것으로 그럴 듯한 이유를 붙이는 것은 **합리화**(rationalization)이다. **반동형성**(reaction formation)은 용납할 수 없는 감정이나 충동을 정반대의 감정이나 행동으로 대체시켜 표현하는 방어기제이다.
④ 죄의식을 느끼게 하는 일들을 의식으로부터 무의식으로 밀어내는 것은 **억압**(repression)에 해당된다. **죄의식, 창피 또는 자존심의 손상을 일으키는 경험들**은 고통스러운 불안을 일으키므로 특히 억압의 대상이 된다. **보상**(compensation)은 실제적인 노력이든 상상으로 하는 노력이든 간에 자신의 성격, 지능, 외모 등과 같은 이미지의 결함을 메우려는 무의식적인 노력을 말한다.
⑤ 심리적인 갈등이 신체적인 증상으로 나타나는 것은 **신체화**(somatization)이다. **전치**(displacement)는 실제로 있는 어떤 대상에 향했던 감정 그대로를 다른 대상에 표현하는 것이다.

 ③

17 다음에서 설명하는 방어기제에 해당하는 것은? • 16회

> 어떤 대상이나 사물로 향했던 본능적이고 충동적인 감정을 덜 위험하거나 편안한 대상 혹은 사물로 향하게 하여 긴장을 완화시키는 방어기제이다. 아버지에게 혼이 난 아이가 마당의 개를 발로 차버림으로써 화를 푸는 것이 그 예이다.

① 부정(denial)
② 투사(projection)
③ 반동형성(reaction formation)
④ 해리(dissociation)
⑤ 전치(displacement)

정답 및 해설

전치(displacement)는 실제로 있는 어떤 대상에 향했던 감정 그대로를, 그 감정을 주어도 덜 위험한 다른 대상에게 표현하는 것이다.

예) 전라도 출신 정치인을 미워하는 남편이 전라도 출신인 아내에게 화를 내는 경우, 언니를 미워하는 여동생이 언니의 공책을 찢어버리는 것, 일본을 미워하는 젊은이가 일본 노래를 부르는 어른을 공격하는 행동 등

 ⑤

제8장 정신역동이론 **153**

18. 받아들일 수 없는 자신의 욕망이나 충동을 타인에게 돌리는 방어기제는?

① 전치(displacement)
② 억압(repression)
③ 투사(projection)
④ 합리화(rationalization)
⑤ 반동형성(reaction formation)

• 18회

정답 및 해설

투사(projection)는 받아들일 수 없는 충동이나 욕망 등을 타인의 탓으로 돌리거나 자신의 실패를 남의 탓으로 돌리는 것을 말한다. 그렇게 함으로써 그 자신은 불안이나 죄책감에서 벗어날 수 있다.

보충설명

① **전치(displacement)**는 어떤 대상이나 사물로 향했던 본능적이고 충동적인 감정을 덜 위험하거나 편안한 대상 혹은 사물로 향하게 하여 긴장을 완화시키는 방어기제이다.
② **억압(repression)**은 의식에서 용납하기 힘든 생각, 욕망, 충동들을 무의식 속으로 눌러 넣어 버리는 것으로, 죄의식을 느끼게 하는 일들을 의식으로부터 무의식으로 밀어내는 것이다.
④ **합리화(rationalization)**는 자신의 언행 속에 숨어있는 용납하기 힘든 충동이나 욕구에 대해 사회적으로 그럴듯한 설명이나 이유를 대는 것이다.
⑤ **반동형성(reaction formation)**은 용납할 수 없는 감정이나 충동을 정반대의 감정이나 행동으로 대체시켜 표현하는 방어기제이다.

답 ③

19. 방어기제와 그 예시로 옳지 않은 것은?

① 합리화(rationalization) : 지원한 회사에 불합격한 후 그냥 한번 지원해본 것이며 합격했어도 다니지 않았을 것이라 생각한다.
② 억압(repression) : 시험을 망친 후 성적발표 날짜를 아예 잊어버린다.
③ 투사(projection) : 자신이 싫어하는 직장 상사에 대해서 상사가 자기를 싫어하기 때문에 사이가 나쁘다고 여긴다.
④ 반동형성(reaction formation) : 관심이 가는 이성에게 오히려 짓궂은 말을 하게 된다.
⑤ 전치(displacement) : 낮은 성적을 받은 이유를 교수가 중요치 않은 문제만 출제한 탓이라 여긴다.

• 22회

정답 및 해설

낮은 성적을 받은 이유를 교수가 중요치 않은 문제만 출제한 탓이라 여기는 것은 **투사(projection)**이다. **전치(displacement)**는 어떤 대상이나 사물로 향했던 본능적이고 충동적인 감정을 덜 위험하거나 편안한 대상 혹은 사물로 향하게 하여 긴장을 완화시키는 방어기제이다.

보충설명

① 합리화(rationalization)는 자신의 언행 속에 숨어있는 용납하기 힘든 충동이나 욕구에 대해 사회적으로 그럴듯한 설명이나 이유를 대는 것이다.
② 억압(repression)은 의식에서 용납하기 힘든 생각, 욕망, 충동들을 무의식 속으로 눌러 넣어 버리는 것이다.
③ 투사(projection)는 받아들일 수 없는 충동이나 욕망 등을 타인의 탓으로 돌리거나 자신의 실패를 남의 탓으로 돌리는 것을 말한다.
④ 반동형성(reaction formation)은 용납할 수 없는 감정이나 충동을 정반대의 감정이나 행동으로 대체시켜 표현하는 것이다.

답 ⑤

20 프로이트(S. Freud) 이론에 대한 설명으로 맞는 것은? • 5회

① 오이디푸스 콤플렉스의 결과로 동성의 부모를 적대시한다.
② 인간의 성격 형성은 아동기 이후에 이루어진다.
③ 아동 초기 경험으로 성인기에 정신병리가 발생 가능하다.
④ 리비도는 신체적인 사랑과 성적 에너지만 국한된다.
⑤ 인간의 발달은 전 생애에 걸쳐 이루어진다.

정답 및 해설

프로이트는 모든 정신병리의 원인을 과거, 특히 5세 이전의 정신적 외상에 있다고 보고 원인의 발견을 통한 **치료를 강조**하고 있다.

오답풀이

① 남근기에 경험하는 오이디푸스 콤플렉스의 결과 아동은 **동성의 부모를 적대시하는 것이 아니라 동일시**하게 된다.
② 프로이트는 인간의 기본적 성격구조는 **초기 아동기 특히 만 5세 이전에 어떠한 경험을 하였는가에 따라 결정**되며, 이러한 기본적 성격구조는 성인기가 되어도 변하지 않고 지속된다고 보고 있다.
④ 리비도는 처음엔 협의의 성적 에너지로 생각하였지만, 점차 그 개념이 넓혀져 사랑과 쾌감의 모든 표현이 포함되는 것으로 보았다. **프로이트는 말년에 가서 생의 본능뿐만 아니라 죽음의 본능까지도 포함하는** 개념으로 보았다.
⑤ 프로이트는 성격의 발달이 유아기부터 청소년기까지 구강기, 항문기, 남근기, 잠재기, 생식기의 다섯 단계에 걸쳐 이루어지며, 앞의 세 단계가 성격 형성에 결정적 역할을 한다고 보고 있다. 즉, **성격 형성은 출생 후 5~6년 사이에 이루어지며 기본적인 성격구조는 변하지 않는 것으로 본다.**

답 ③

21 프로이트(S. Freud)의 이론이 사회복지실천에 미친 영향으로 옳지 않은 것은? • 11회

① 무의식적 동기의 중요성을 인식하는데 유용하다.
② 인간 자유의지의 중요성을 인식하는데 유용하다.
③ 유아기 경험의 중요성을 인식하는데 유용하다.
④ 방어기제의 중요성을 인식하는데 유용하다.
⑤ 본능의 중요성을 인식하는데 유용하다.

> **정답 및 해설**
>
> **프로이트 이론은 정신결정론**으로 인간은 무의식의 지배를 받는 수동적인 존재이다. 즉 프로이트의 인간관은 매우 비관적이어서 인간은 통제할 수 없는 무의식 속의 본능에 의해 지배당한다고 보면서 **인간의 자유의지를 부정**하였다.
>
> 답 ②

22 다음 중 자유연상에 대한 내용으로 틀린 것은? • 7회

① 사고의 흐름이 일정한 방향성이 없다.
② 미래에 대한 자유연상을 한다.
③ 무의식을 탐색하기 위한 방법이다.
④ 무의식적 갈등을 지적하는 단서를 제공한다.
⑤ 과거의 고통스러웠던 기억을 자발적으로 표현하도록 한다.

> **정답 및 해설**
>
> **자유연상은 미래지향적인 것이 아니라 과거의 갈등 또는 무의식적 욕구를 찾아내는 것이다.** 프로이트는 환자의 저항수준을 낮추기 위해 '자유연상'이라는 절차를 고안해 냈다. 자유연상은 검토하거나 순서대로 생각하지 않은 채 긴장을 풀고 마음 속의 모든 생각을 떠오르는 대로 말하게 하는 방법이다. 환자에게 그것이 아무리 사소하고 당혹스러운 것일지라도 상관하지 말고 마음에 떠오르는 모든 것을 말하게 하는 것이다. 이러한 언어 연상을 주의 깊게 경청함으로써 프로이트는 그가 무의식적 욕구와 공포의 표현이라 믿었던 일관된 주제를 간파하였다.
>
> 답 ②

02 에릭슨(E. Erikson)

01 에릭슨(E. Erikson) 이론 중 어떤 개념에 해당하는가? • 6회

> 성장하는 모든 것은 기본 도안을 가진다. 이러한 기본 도안부터 부분들이 발생하고, 이 부분들은 발달하다가 제각각 우세한 특정 시기를 겪는다. 이 모든 부분들이 기능하는 하나의 전체를 이룬다.

① 성숙 원리
② 성장 원리
③ 점성 원리
④ 최적의 시기
⑤ 기본도안이론

정답 및 해설

점성원칙(epigenetic principle, 점성적 원리 또는 후성설의 원리)은 성장하는 모든 것은 기초안을 가지고 있으며, 그 기초안에서 부분이 파생하고, 각 부분에는 특별한 상승기(우세해지는 시기)가 있으며, 궁극적으로 통합된 전체로 기능하게 된다는 것으로, 인간은 생물학적으로 수태되면서 이미 기본적 요소를 가지나 시간이 흐름에 따라 이 요소들이 결합·재결합하여 새로운 구조를 형성하듯이 심리 사회적 성장도 각 요소가 다른 모든 요소에 체계적으로 관련되면서 연속적으로 발달하는 원리를 따른다는 것이다.

답 ③

02 다음 설명과 관계 깊은 학자는? • 11회

> ○ 성격은 생물학적 요인과 개인의 심리·사회문화의 상호작용에 의해 결정된다.
> ○ 성장하는 모든 것은 기본 계획이 있다.
> ○ 인간의 행동은 사회적 관심에 대한 욕구, 유능성에 대한 욕구에서 비롯된다.

① 프로이트
② 에릭슨
③ 융
④ 스키너
⑤ 로저스

정답 및 해설

에릭슨의 심리사회이론에서 **인간의 행동은 생물학적 성숙뿐만 아니라 개인의 심리적 요인과 사회문화적 요인의 상호작용에 의해 결정**된다고 보았으며, 그 중에서도 사회문화적 요인(social forces)의 영향을 특히 중요시하였다. 또한 성장하는 모든 것은 기본 계획이 있다는 **점성원칙**을 전제로 한다. 에릭슨은 프로이트와 마찬가지로 기본적으로 인간의 행동이 생물학적 요인에 의해 동기화된다고 보지만, **인간의 행동이 사회적 관심에 대한 욕구, 환경을 지배하고자 하는 유능성에 대한 욕구, 사회적 사건의 구조와 질서에 관한 욕구**라는 세 가지 사회적 충동에 의해 시작된다고 보았다.

답 ②

03. 에릭슨(E. Erikson) 이론의 주요 개념과 그에 관한 설명으로 옳은 것은? • 14회

① 전이 – 치료자가 클라이언트의 문제를 자신에게 투사하는 것이다.
② 창조적 자기 – 개인이 인생의 목표를 직시하고 결정하는 능력이다.
③ 페르소나 – 자아의 가면으로 개인이 외부세계에 내보이는 이미지이다.
④ 집단무의식 – 모든 개인의 정신이 공통으로 가지고 있는 하부구조를 일컫는다.
⑤ 점성원칙 – 인간발달은 최적의 시기가 있고, 모든 단계는 예정된 계획대로 전개된다.

정답 및 해설

에릭슨의 심리사회적 자아발달(심리사회적 발달단계)은 **점성원칙**(epigenetic principle)에 따라 일어난다. 에릭슨에 따르면 인간발달은 정신적·생물학적·사회적인 준비과정을 밟아가며 **예정된 발달단계들을 통하여 변화하고 발달**한다고 하였다.

오답풀이
① 전이는 **프로이트 이론**의 방어기제 중 하나이다. **전이란** 클라이언트가 치료자를 과거의 인물과 동일시하는 것을 말한다.
② **창조적 자기**는 아들러 이론의 개념으로, **목표를 직시하고**, 결정하고, 선택하고, 개인의 목표와 가치관에 부합되는 모든 종류의 배려를 나타내는 능력이다.
③ **페르소나**는 융 이론의 개념으로, 개인이 사회적 요구들에 대한 반응으로서 밖으로 내놓은 공적 얼굴(사회적 모습)이다.
④ **집단무의식**은 융이 제안한 독창적 개념으로 분석심리학의 이론체계에서 가장 핵심적인 개념으로, 모든 개인의 정신이 공통으로 가지고 있는 하부구조이다.

 ⑤

04. 에릭슨(E. Erikson)의 심리 사회적 이론의 기본가정에 관한 설명으로 옳지 않은 것은? • 13회

① 발달은 점성원칙을 따른다.
② 인간의 공격성과 성적 충동의 영향력을 강조한다.
③ 인간을 합리적이고, 이성적이며, 창조적인 존재로 간주한다.
④ 인간행동은 의식 수준에서 통제 가능한 자아(ego)에 의해 동기화된다.
⑤ 발달단계에서 외부 환경에 대처하고 적응하는 과정을 중요하게 다룬다.

정답 및 해설

인간의 공격성과 성적 충동의 영향력을 강조하는 것은 **프로이트의 정신분석이론**이다. 정신분석이론에서 **행동은** 생물학적 기반을 갖고 있으며, 타고난 성적 충동 또는 공격적 충동에 의해 야기되는 긴장에 의해 추진된다고 가정한다.

오답풀이

① **심리 사회적 자아발달은 점성원칙을 토대로** 한다. 즉, 인간은 점성원칙이라 불리는 미리 짜여 진 계획안에 따라 발달한다.
③ 인간을 내적 통합성, 좋은 판단력 그리고 성공할 수 있는 능력을 지니고 있는 **합리적이고 이성적이며 창조적인 존재로 규정**하고 있다.
④ 자아가 원초아와 초자아의 두 세력을 어느 정도 무시하고 **자아가 자율적인 기능을 하는 것으로 간주**한다.
⑤ 에릭슨은 개인이 심리 사회적 각 발달단계의 위기에 적응방식과 부적응 방식으로 반응할 수 있다고 보았다.

답 ②

05 에릭슨(E. Erikson)의 이론에 관한 설명으로 옳은 것을 모두 고른 것은? • 16회

㉠ 각 단계의 발달은 이전 단계의 발달을 토대로 이루어진다.
㉡ 사회문화적 환경이 성격 발달에 영향을 미친다.
㉢ 청소년기의 주요 발달과업은 자아정체감 형성이다.
㉣ 인간의 발달은 전 생애에 걸쳐 일어난다.

① ㉠, ㉡
② ㉠, ㉢
③ ㉢, ㉣
④ ㉠, ㉡, ㉣
⑤ ㉠, ㉡, ㉢, ㉣

정답 및 해설

㉠ 에릭슨의 발달단계는 **점성원칙(epigenetic principle)**에 따라 일어난다. 즉, **각 단계의 발달은 이전 단계의 발달을 토대**로 이루어진다. 이것은 각 단계의 발달이 전 단계의 심리사회적 갈등 해결과 통합을 토대로 이루어진다는 것이다. 예 1단계에서 기본적 신뢰감이 발달하지 않으면 부모와 떨어져 독립적으로 자율성과 솔선성(주도성)을 발달시키기 어렵다는 것
㉡ 에릭슨은 **사회문화적 환경이 성격의 발달에 지대한 영향**을 미친다고 보았다. 그는 어떤 심리적 현상이라도 반드시 생물학적, 행동적, 경험적, 사회적 요인 간의 상호작용으로 이해해야 한다고 하였다.
㉢ 심리사회적 발달단계의 다섯 번째 단계는 **자아정체감 대 정체감 혼란으로 청소년기인 12~22세 사이에 해당**한다. 청소년기에는 신체적 성장과 성적 성숙을 통해 부모로부터 신체적·정신적으로 독립한 청소년은 자신의 내적 자아에 대해 관심을 가지게 된다. 즉 청소년은 자신이 누구이며, 어디로 향해 가고 있으며, 어떻게 자신의 목적에 도달할 것인지에 대해 탐색하면서 집중한다. 청소년이 자신의 역할을 정확히 인식하고 뚜렷한 목적의식을 가지며 자신에 대한 통찰력을 갖게 되면 **자아정체감이 확립**된다.
㉣ 프로이트는 인간의 성격발달을 5단계로 나누어 설명하며 그 중에서도 초기 아동의 경험의 중요성을 강조한데 반해, **에릭슨은 인간의 전 생애를 총망라(유아기부터 노년기까지 8단계로 설명)**하고 있을 뿐만 아니라 청소년기의 자아정체감 형성기의 중요성을 강조한다.

답 ⑤

06 에릭슨(E. Erikson)의 이론에 관한 설명으로 옳지 않은 것은? • 18회

① 사회적 관심, 창조적 자아, 가족형상 등을 강조한다.
② 청소년기의 자아정체감 발달을 강조한다.
③ 성격 발달에 있어서 환경과의 상호작용이 중요하다고 본다.
④ 각 단계의 발달은 이전 단계의 심리사회적 갈등해결과 통합을 토대로 이루어진다.
⑤ 발달은 점성의 원리에 기초한다.

> **정답 및 해설**
>
> 사회적 관심, 창조적 자아, 가족형상 등을 강조한 것은 **아들러의 개인심리이론**이다.
>
> **보충설명**
> ② 에릭슨은 인간의 전 생애를 총망라(유아기부터 노년기까지 8단계로 설명)하고 있을 뿐만 아니라 **청소년기의 자아정체감 형성기의 중요성**을 강조한다.
> ③ 인간의 행동은 생물학적 성숙뿐만 아니라 개인의 심리적 요인과 사회문화적 요인의 상호작용에 의해 결정된다고 보았으며, 그 중에서도 **사회문화적 요인(social forces)의 영향을 특히 중요시**하였다.
> ④ 에릭슨의 발달단계를 점성원칙으로 설명하기도 하는데, 이것은 **각 단계의 발달이 전 단계의 심리사회적 갈등 해결과 통합을 토대로 이루어진다는 것이다.** 예를 들면, 1단계에서 기본적 신뢰감이 발달하지 않으면 부모와 떨어져 독립적으로 자율성과 주도성을 발달시키기 어렵다는 것이다.
> ⑤ 에릭슨은 **인간이 점성의 원리에 발달**한다고 말한다. 점성의 원리란 성장하는 모든 것은 그것이 갖는 기본계획이 있으며, 그 기본계획으로부터 여러 부분들이 생겨나고 그 각 부분에는 하나의 기능적인 전체를 이룰 때까지 고유한 특별한 상승 시기가 있다는 것이다.
>
> 답 ①

07 에릭슨(E. Erikson)의 이론에 관한 설명으로 옳은 것은? • 19회

① 발달에 영향을 미치는 유전적·생물학적 요인을 배제하였다.
② 발달에 영향을 미치는 사회적·문화적 요인을 인정하지 않았다.
③ 성인기 이후의 발달을 고려하지 않았다.
④ 자아(ego)의 자율적, 창조적 기능을 고려하지 않았다.
⑤ 과학적 근거나 경험적 증거가 미흡하다.

> **정답 및 해설**
>
> 에릭슨은 자아발달의 여러 측면을 프로이트의 성적 신체 부위에 너무 무리하게 연결시키려고 한 점, **개념체계가 과학적 근거 없이 불명확하고 구체적인 설명이나 경험적 증거가 미흡하다는** 점에서 한계가 있다. 즉, 계획적이고 조직적인 실험과정을 거쳐 도출된 결과가 아니라, 광범위한 범위의 대상들에서 연구자의 통찰과 직관에 의해 도출된 결과라는 지적을 받는다.
>
> > **오답풀이**
> > ① 발달에 영향을 미치는 유전적·생물학적 요인을 **배제하지 않았다.**
> > ② 발달에 영향을 미치는 사회적·문화적 요인을 **인정하였다.**
> > ③ 성인기 이후의 발달을 **고려하였다.**
> > ④ 자아(ego)의 자율적, 창조적 기능을 **고려하였다.**
>
> 답 ⑤

08 에릭슨(E. Erikson)의 이론으로 옳지 않은 것은? ● 21회

① 개인의 성격은 전 생애를 통하여 발달한다.
② 청소년기의 주요 발달과업은 자아정체감 형성이다.
③ 각 단계의 발달은 이전 단계의 발달을 토대로 이루어진다.
④ 성격발달에 있어서 환경과의 상호작용이 중요하다고 본다.
⑤ 학령기(아동기)는 자율성 대 수치와 의심의 심리사회적 위기를 겪는다.

> **정답 및 해설**
>
> **초기아동기(2~4세)는** 자율성 대 수치와 의심의 심리사회적 위기를 겪는다. 반면에 학령기(아동기)는 **근면성 대 열등감**의 심리사회적 위기를 겪는다.
>
> > **보충설명**
> > ① 에릭슨의 이론은 프로이트의 정신분석이론에 바탕을 두고 있지만, 프로이트와 달리 개인의 성격이 전 생애를 통하여 발달한다고 가정한다.
> > ② 청소년기(12~22세)에는 자아정체감 형성을 위한 노력을 한다. 청소년이 자신의 역할을 정확히 인식하고 뚜렷한 목적의식을 가지며 자신에 대한 통찰력을 갖게 되면 자아정체감이 확립된다.
> > ③ 점성원칙(epigenetic principle)을 말하는 것으로, 각 단계의 발달이 전 단계의 심리사회적 갈등 해결과 통합을 토대로 이루어진다는 것이다.
> > ④ 에릭슨은 프로이트처럼 인간의 행동이 기본적으로 생물학적 요인에 의해 동기화된다고 보지만, 성격발달의 주요초점이 환경과의 상호작용에 있다고 본다.
>
> 답 ⑤

09 에릭슨(E. Erikson)의 이론에서 심리 사회적 위기와 이를 성공적으로 해결하여 얻게 되는 심리 사회적 능력의 연결이 옳은 것은? • 9회

① 자아통합 대 절망 – 배려
② 주도성 대 죄의식 – 의지
③ 근면성 대 열등감 – 능력
④ 생산성 대 침체 – 목적
⑤ 자율성 대 수치와 의심 – 희망

> **정답 및 해설**
>
> 학령기(6~12세)의 심리사회적 위기인 **근면성 대 열등감**의 위기가 긍정적으로 해결될 경우 **능력**(competency, 유능성)을 얻게 된다.
>
> 답 ③

10 에릭슨(E. Erikson)의 심리사회적 위기와 자아 강점의 연결이 옳지 않은 것은? • 16회

① 신뢰 대 불신 – 희망
② 근면성 대 열등감 – 유능성
③ 친밀감 대 고립감 – 사랑
④ 정체감 대 역할 혼미 – 목적
⑤ 자율성 대 수치심 – 의지

> **정답 및 해설**
>
> 심리사회적 발달단계의 다섯 번째 단계인 **정체감 대 역할 혼미**를 성공적으로 극복하게 되면 **성실성(충성심)**을 유지할 수 있는 능력이 형성된다. 세 번째 발달단계인 **솔선성(주도성) 대 죄의식**을 성공적으로 극복하게 되면 유아는 **목적의식**을 발전시킨다.
>
> 답 ④

11 에릭슨(E. Erikson)의 심리사회적 발달단계에서 긍정적 결과와 주요관계의 연결이 옳지 않은 것은?
• 17회

① 영아기(0-2세, 신뢰감 대 불신감) : 지혜 – 어머니
② 유아기(2-4세, 자율성 대 수치심과 의심) : 의지 – 부모
③ 학령전기(4-6세, 주도성 대 죄의식) : 목적 – 가족
④ 아동기(6-12세, 근면성 대 열등감) : 능력 – 이웃, 학교
⑤ 청소년기(12-19세, 자아정체감 대 정체감 혼란) : 성실 – 또래집단

> 📘 **정답 및 해설**
>
> **영아기(0-2세)의 심리사회적 발달단계는** 신뢰감 대 불신감으로, 주요관계 범위는 어머니가 맞다. 다만, 이 시기 심리사회적 위기를 해결하게 되면, 심리사회적 강점으로 **희망을** 성취할 수 있다고 하였다.
>
> ✅ **오답풀이**
>
> ① **지혜는** 심리사회적 발달단계의 마지막 단계인 **자아통합 대 절망인 노년기(60세 이상)에** 심리사회적 위기를 해결하게 되면 성취되는 심리사회적 강점이다.
>
> 답 ①

12 에릭슨(E. Erikson)의 심리사회적 발달단계 위기와 성취 덕목(virtue)이 옳게 연결된 것은?
• 22회

① 근면성 대 열등감 – 성실(fidelity)
② 주도성 대 죄의식 – 목적(purpose)
③ 신뢰 대 불신 – 의지(will)
④ 자율성 대 수치심과 의심 – 능력(competence)
⑤ 정체감 대 정체감 혼란 – 희망(hope)

> 📘 **정답 및 해설**
>
> 주도성 대 죄의식(initiative vs guilt, 솔선성 대 죄의식) 단계의 심리사회적 위기를 성공적으로 극복하게 되면, **목적(purpose)의식을** 발전시킨다.
>
> ✅ **오답풀이**
>
> ① 근면성 대 열등감 – **능력(competence, 유능성)**
> ③ 신뢰 대 불신 – **희망(hope)**
> ④ 자율성 대 수치심과 의심 – **의지(will)**
> ⑤ 정체감 대 정체감 혼란 – **성실(fidelity, 충성심)**
>
> 답 ②

OIKOS UP — 에릭슨의 심리 사회적 발달단계

에릭슨의 심리사회이론에서는 심리사회 위기와 이러한 위기를 성공적으로 해결한 뒤에 얻게 되는 기본적 강점 또는 자아특질(ego quality)이 형성된다고 보았다. 그는 각각의 위기해결은 긍정적 자아특질과 부정적 자아특질을 동시에 만들어낸다는 것을 인식하고 있다.

생활주기	심리 사회적 위기	기본적 강점	주요 병리
유아기	신뢰감 대 불신감	희 망	철퇴(고립)
초기 아동기	자율성 대 수치심	의지력	강박(강박증)
학령전기(유희기)	솔선성 대 죄의식	목 적	생각이나 표현의 억제
학령기	근면성 대 열등감	유능성(능력)	불활동, 타성(inertia)
청소년기	정체감 대 정체감 혼란	성실성(충성심)	거절(새로운 역할/가치 거절)
초기 성인기	친밀성 대 소외	사 랑	배타성
중장년기	생산성 대 침체	보호(배려)	거부(이기주의)
노년기	자아통합 대 절망	지 혜	경멸감(모욕감)

13 에릭슨(E. Erikson)의 심리 사회적 위기와 프로이트(S. Freud)의 심리성적 발달단계의 연결이 옳은 것은?

• 12회

① 자율성 대 수치심 – 생식기
② 근면성 대 열등감 – 남근기
③ 신뢰감 대 불신감 – 구강기
④ 친밀감 대 고립감 – 항문기
⑤ 정체감 대 정체감 혼란 – 잠재기

정답 및 해설

에릭슨의 심리 사회적 위기 중 **신뢰감 대 불신감**은 0~2세에 해당하며, 이 시기는 프로이트의 심리성적 발달단계 중 **구강기(구순기)에 해당**한다.

오답풀이
① **자율성 대 수치심**(2~4세)은 프로이트의 **항문기**에 해당한다.
② **근면성 대 열등감**(6~12세)은 프로이트의 **잠재기**에 해당한다.
④ **친밀감 대 고립감**(22~34세)은 프로이트의 심리성적 발달단계에서 해당사항이 없다.
⑤ **정체감 대 정체감 혼란**(12~22세)은 프로이트의 **생식기**에 해당한다.

답 ③

14 에릭슨(E. Erikson)과 프로이드(S. Freud)의 발달단계의 연결로 옳은 것은? • 14회

① 근면성 대 열등감 – 구강기(oral stage)
② 친밀감 대 고립감 – 잠복기(latency stage)
③ 주도성 대 죄의식 – 생식기(genital stage)
④ 자율성 대 수치와 의심 – 항문기(anal stage)
⑤ 정체감 대 정체감 혼란 – 남근기(phallic stage)

> **정답 및 해설**
>
> 에릭슨의 심리사회적 발달단계에서 **초기 아동기(2~4세) 자율성 대 수치와 의심은 프로이트의 심리성적 발달단계에서의 항문기에 해당한다.**
>
> | 구 분 | 에릭슨 | 프로이트 |
> |---|---|---|
> | 유아기 | 신뢰감 대 불신감 | 구강기 |
> | 초기 아동기 | 자율성 대 수치심 | 항문기 |
> | 학령 전기(유희기) | 솔선성 대 죄의식 | 남근기 |
> | 학령기 | 근면성 대 열등감 | 잠복기 |
> | 청소년기 | 정체감 대 정체감 혼란 | 생식기 |
>
> 답 ④

15 에릭슨(E. Erikson)의 발달과업과 중요한 사회관계가 옳게 연결된 것은? • 2회

① 근면성 대 열등감 – 가족
② 자아정체감 대 역할혼란 – 이성친구
③ 친밀감 대 고립 – 핵가족
④ 생산성 대 침체 – 직장동료
⑤ 자아통합 대 절망 – 학교

> **정답 및 해설**
>
> 생산성 대 침체는 **직장과 확대가족으로 확대된다.**
>
> **오답풀이**
> ① 근면성 대 열등감에서의 주요관계 범위는 **이웃, 학교**이다.
> ② 자아정체감 대 역할혼란에서의 주요관계 범위는 **또래집단**이다.
> ③ 친밀감 대 고립에서의 주요관계 범위는 **애정, 이성, 경쟁과 협동의 대상들**이다.
> ⑤ 자아통합 대 절망에서의 주요관계 범위는 **인류, 동족**이다.
>
> 답 ④

16 에릭슨(E. Erikson)의 심리사회적 위기와 주요관계가 바르게 연결된 것은? •15회

① 자율성 대 수치심 - 교사
② 근면성 대 열등감 - 부모
③ 통합성 대 절망감 - 동료
④ 친밀성 대 고립감 - 리더
⑤ 정체감 대 역할혼미 - 또래집단

> **정답 및 해설**
>
> 청소년기에 해당하는 **정체감 대 역할혼미(정체감 혼란)**에서 주요관계는 또래 집단, 교사, 지도자, 지도력의 모범을 보이는 사람이다.
>
> | 심리사회적 위기 | 주요관계 범위 |
> |---|---|
> | 신뢰감 대 불신감 | **어머니**, 양육자 |
> | 자율성 대 수치심 | 부모(**아버지**), 형제, 양육자 |
> | 솔선성 대 죄의식 | **가족**(조부모를 포함) |
> | 근면성 대 열등감 | **이웃, 학교**(친구, 교사) |
> | 정체감 대 정체감 혼란 | **또래 집단**, 클럽 및 조직, 종교집단, **교사, 지도자(리더)**, 지도력의 모범을 보이는 사람 |
> | 친밀성 대 소외 | **우정**, 애정, 성, 경쟁, 협동의 대상들 |
> | 생산성 대 침체 | **동료, 직장과 확대가족** |
> | 자아통합 대 절망 | 가까운 친척, **인류**, 동족 |
>
> **오답풀이**
> ① 교사는 근면성 대 열등감에 해당한다.
> ② 부모는 자율성 대 수치심에 해당한다.
> ③ 동료는 생산성 대 침체에 해당한다.
> ④ 리더는 정체감 대 역할혼미에 해당한다.
>
> 답 ⑤

17 에릭슨(E. Erikson)에 관한 설명으로 옳지 않은 것은? •10회

① 에릭슨은 자아심리이론가이다.
② 에릭슨의 이론을 심리 사회적 이론이라고 한다.
③ 개인의 발달은 사회를 풍요롭게 한다고 하였다.
④ 성격발달에서 유전적 요인의 영향력을 배제하였다.
⑤ 각 단계별 심리 사회적 위기를 극복하면 자아특질(ego quality)이 강화된다고 하였다.

> **정답 및 해설**
>
> 에릭슨은 인간행동이 기본적으로 **생물학적 요인에 의해 발생**하며, 이것들이 성격 형성에 기초가 된다고 보았다.
>
> 답 ④

18 다음 학자가 제시한 개념에 관한 설명으로 옳은 것은? • 10회

① 프로이트 – 원초아는 현실원칙에 지배받는다.
② 융 – 페르소나는 성격 전체의 일관성, 동일성을 관장하는 원형이다.
③ 에릭슨 – 점성원칙은 인간이 예정된 단계를 거치며 성장하고 발달함을 의미한다.
④ 피아제 – 동화는 새로운 경험에 맞추어 기존의 도식을 변화시키는 과정이다.
⑤ 아들러 – 생활양식은 자신의 약점을 극복하고 잠재력을 극대화하기 위한 노력이다.

> **정답 및 해설**
>
> 에릭슨의 심리 사회적 발달단계는 **점성적 원리**에 따라 일어난다.
>
> ✓ 오답풀이
> ① 프로이트 이론에서 원초아는 쾌락원칙에 지배를 받으며, **현실원칙에 지배를 받는 것은 자아**이다.
> ② 융 이론에서 성격 전체의 일관성, 동일성을 관장하는 원형은 **자기**이다.
> ④ 피아제 이론에서 새로운 경험에 맞추어 기존의 도식을 변화시키는 과정은 **조절**이다.
> ⑤ 아들러 이론에서 자신의 약점을 극복하고 잠재력을 극대화하기 위한 노력은 **보상**이다.
>
> ③

19 성격 이론이 사회복지실천에 미친 영향으로 옳지 않은 것은? • 12회

① 로저스(C. Rogers) 이론의 감정이입, 진실성 등의 원조관계에 매우 유용하다.
② 반두라(A. Bandura) 이론은 자아 규제와 자아효능감 증진 개입의 중요성을 강조한다.
③ 피아제(J. Piaget) 이론은 아동의 인지발달을 위한 프로그램 개발 및 적용을 가능하게 한다.
④ 아들러(A. Adler) 이론의 창조적 자아개념과 사회적 영향에 대한 인식은 집단치료의 원동력이 된다.
⑤ 에릭슨(E. Erikson) 이론은 과거의 정신적 외상이 현재 어떤 영향을 주는지에 대한 통찰력을 갖게 한다.

정답 및 해설

과거의 정신적 외상이 현재 어떤 영향을 주는지에 대한 통찰력을 갖게 하는 것은 **프로이트(S. Freud)의 정신분석이론**이다. 인간의 심리성욕 갈등의 양상과 그 해결방법에 대해 **프로이트**는 인간 정신생활의 무의식적 작용과 존재를 해명하고 초기 성장과정에서 경험한 외상(trauma)이 성인기에 어떻게 병리를 일으키는가를 설명하려고 한데 반해, **에릭슨**은 인간생활에서 오는 정신사회적 위험을 이겨낼 수 있는 인간의 능력, 즉 인간 발달단계에서 나타나는 자아자질에 관심을 가졌다.

오답풀이

① 로저스(C. Rogers)의 현상학 이론은 치료적 관계의 구성요소로서 **비위협적인 환경, 비심판적 태도, 감정이입(공감)과 진실성, 무조건적 긍정적 관심, 문제 해결자로서의 클라이언트에 중요성을 두고 있다**는 점이 장점이다.
② 반두라(A. Bandura)의 사회학습이론은 스키너와는 달리 관찰학습에서 행동에 영향을 줄 수 있는 **자기규제(self-regulation, 자기조정), 자기강화(self-reinforcement), 자기효능감(self-efficacy)** 등과 같은 인지적 요소의 중요성을 받아들였으며, 행동주의 학습이론을 한 단계 높은 수준으로 끌어올려 놓았다.
③ 피아제(J. Piaget)의 이론은 아동의 인지발달에 대한 폭넓은 관점은 아동에 대한 이해를 넓혀주었으며, **아동의 인지발달을 위한 프로그램 개발 및 적용을 가능하게 한다**.
④ 사회적, 정서적 문제의 근원인 잘못된 생활양식은 집단경험을 통해 변화가 가능하므로 아들러(A. Adler) 이론의 주요 개념은 **집단사회사업에서도 유용하게 활용**될 수 있다.

 ⑤

03   융(C. Jung)

01 인간행동이 의식에 의해 조절될 수 있지만 집단무의식의 영향을 받는다고 보는 이론은?   •14회

① 프로이드(S. Freud)의 정신분석이론
② 매슬로우(A. Maslow)의 자아실현이론
③ 융(C. Jung)의 분석심리이론
④ 피아제(J. Piaget)의 인지발달이론
⑤ 로저스(C. Rogers)의 현상학이론

> **정답 및 해설**
> 집단적 무의식(collective unconscious)은 융이 제안한 독창적 개념으로, 융의 분석심리이론에서는 인간 행동이 의식에 의해 조절될 수 있지만 집단무의식의 영향을 받는다고 본다.
>
> 답 ③

02 융(C. Jung)의 주요 개념 중 옳은 것은?   •6회

① 콤플렉스 : 무의식 속의 관념 덩어리
② 집단무의식 : 무의식적이고 선험적인 이미지
③ 원형 : 모든 개인의 정신에 공통적인 하부구조
④ 페르소나 : 의식의 이면으로 무시되고 도외시되는 마음의 측면
⑤ 음영 : 개인이 외부 세계에 내보내는 이미지

> **정답 및 해설**
> **콤플렉스(complex, 복합)**는 특수한 종류의 감정으로 이루어진 **무의식 속의 관념 덩어리**로, 감정, 기억, 사고, 지각 등의 유사한 내용이 모여 하나의 무리를 형성하고 있는 정서적 색채가 강한 심리적 내용을 말한다.
>
> **오답풀이**
> ② 무의식적이고 선험적인 이미지는 **원형**을 말하는 것이다.
> ③ 모든 개인의 정신에 공통적인 하부구조는 **집단무의식**을 말한다.
> ④ 의식의 이면으로 무시되고 도외시되는 마음의 측면은 **음영**을 말한다.
> ⑤ 개인이 외부 세계에 내보내는 이미지는 **페르소나**를 말한다.
>
> 답 ①

03 학자들의 이론에 대한 설명 중 옳은 것은?

• 8회

① 에릭슨은 인간의 병리적 측면을 강조하였다.
② 프로이트는 남녀평등에 기여하였다.
③ 스키너의 치료목표는 무의식을 의식화하도록 돕는 데 있다.
④ 매슬로우는 무조건적 긍정과 수용의 감소가 성격에 미치는 영향을 강조했다.
⑤ 융은 개성화의 과정을 통해 자기실현을 이룰 수 있다고 보았다.

정답 및 해설

융은 성격의 궁극적인 목표는 자기실현이다라고 하였으며, 자기실현을 하기 위해서는 자기가 충분히 발달하고 드러나야 하며, 자기가 어느 정도 완전히 드러나기 위해서는 성격이 개성화를 통해 충분히 발달되어 있어야 한다고 하였다.

오답풀이

① 에릭슨은 병리적인 것보다 **정상적이고 건강한 측면을 강조**하였다.
② 프로이트는 자신이 속한 사회의 여성에 대한 편견을 극복하지 못했다. 즉 여성이 남근선망을 가지고 있다는 것과 초자아의 발달이 남성보다 부족하다는 것은 남성 지배적 사회에서 동등한 권리가 부여되지 않은 탓이지, 여성의 문제가 아니라는 **여권주의자들의 강한 반론**을 받게 된다.
③ 무의식을 의식화하는 것을 '통찰'이라 하는데, 이를 치료 목표로 둔 것은 스키너의 행동주의이론이 아니라 정신역동이론들이다. **스키너의 행동주의이론에서는 관찰할 수 있고 측정 가능한 행동에 초점**을 둔다.
④ **무조건적 긍정과 수용을 강조한 학자는 로저스**다. 로저스는 진정한 관심, 수용 그리고 감정이입적 이해 등을 포함한 원조자의 긍정적 태도는 효과적 원조관계의 필수적 조건이라고 보았다. 로저스는 건강한 성격의 발달을 위한 중요한 요소가 무조건적인 긍정적 관심(unconditional positive regard)이라고 하였다. 이것은 어떤 개인에 대해 조건 없이 있는 그대로 그 사람을 수용하거나 존경하는 것을 의미하며, 어떤 경우에서든지 주어지는 완전하고 진실된 사랑과 존중을 의미한다.

 ⑤

04 학자와 그의 주장내용에 관한 설명으로 옳은 것은? • 9회

① 프로이트(S. Freud)는 전 생애를 통한 발달을 주장하였다.
② 스키너(B. F. Skinner)는 인간 내면에 대한 통찰력의 중요성을 과학적 실험으로 제시하였다.
③ 융(C. Jung)은 자기(self)를 실현할 수 있는 시기를 중년기 이후로 보았다.
④ 반두라(A. Bandura)는 강화와 처벌을 통하여 학습이 가능하다고 주장하였다.
⑤ 에릭슨(E. Erikson)은 가상적 목표(fictional finalism)의 중요성을 역설하였다.

> **정답 및 해설**
> 융은 자기가 어느 정도 완전히 드러나기 위해서는 성격이 개성화를 통해 충분히 발달되어 있어야 하기 때문에, **자기는 인생의 결정적인 변화의 시기인 중년기에 이르기까지 표면화되지 않는다**고 보았다.
>
> **오답풀이**
> ① 전 생애를 통한 발달을 주장하는 것은 에릭슨이다. **프로이트는 성격의 발달이 유아기부터 청소년기까지 다섯 단계에 걸쳐 이루어지며**, 이 단계들 중 특히 앞의 세 단계(남근기까지)가 성격 형성에 결정적 역할을 한다고 하였다.
> ② 행동주의학자인 스키너는 인간의 내면에 대한 통찰력의 중요성을 제시하지 않았다. **스키너는 인간의 행동은 환경적 자극에 의해 동기화되며, 행동에 따르는 강화에 의해 전적으로 결정된다**고 보고 있다.
> ③ **강화와 처벌을 통하여 학습이 가능하다고 주장한 것은 스키너**이다. 반두라는 일생동안 갖게 되는 습관의 대부분이 다른 사람을 관찰하고 모방함으로써 배우는 것이라고 생각하고, 사회학습의 경험이 성격을 형성한다고 보고 있다.
> ④ **가상적 목표(fictional finalism)의 중요성을 역설한 것은 아들러**이다. 아들러는 개인이 추구하는 궁극적 목적은 현실에서 결코 검증되거나 확인할 수 없는 가상적 목표라고 했다. 다시 말하면 인간의 궁극적 목적이 실현 불가능한 가상적인 생각에 의해 지배된다고 본다.
>
> ③

05 프로이트(S. Freud)의 정신분석이론과 구별되는 융(C. Jung)의 분석심리이론의 특징으로 옳지 않은 것은? • 10회

① 인간행동과 경험의 역동적이고 무의식적 영향을 연구하였다.
② 인간의 성격은 과거사건 및 미래에 대한 열망에 의해 형성된다고 보았다.
③ 성격발달은 전 생애에 걸쳐 이루어지며 후천적으로 변할 수 있다고 보았다.
④ 프로이트의 성적에너지인 리비도의 개념을 확장시켜 창의적인 생활력으로 보았다.
⑤ 성격의 여러 측면을 통합하여 자기실현을 할 수 있는 인생의 후반기를 강조하였다.

> **정답 및 해설**
> **인간행동과 경험의 역동적이고 무의식적 영향을 연구한 것은 구별되는 특징이 아니라 공통점에 해당**한다. 다만, 융의 분석심리학은 정신의 두 측면인 의식과 무의식 간의 관계를 확립하고 이해하는데 초점이 맞추어져 있다.
>
> ①

06 융(C. Jung)의 이론에 관한 설명으로 옳지 않은 것을 모두 고른 것은?

• 11회

㉠ 성격의 발달은 자기실현의 과정이다.
㉡ 자기(self)는 유아기에 발현되는 원형으로 성격의 조화와 통일을 관장한다.
㉢ 그림자(shadow)는 인간의 어둡거나 사악한 측면을 일컫는다.
㉣ 아니마(anima)는 여성 속의 남성적 원형, 아니무스(animus)는 남성 속의 여성적 원형을 의미한다.

① ㉠, ㉡, ㉢
② ㉠, ㉢
③ ㉡, ㉣
④ ㉣
⑤ ㉠, ㉡, ㉢, ㉣

정답 및 해설

㉡ **자기(self)는** 의식과 무의식을 포함한 전체 정신의 중심이고 **태어날 때부터 존재하는 원형으로**, 의식의 중심인 자아(ego)는 의식의 영역밖에 볼 수 없지만, 자기(self)는 모든 것을 볼 수 있고 통합시킬 수 있다.
㉣ 남성의 내부에 있는 여성성 즉, **남자의 여성적인 면을 아니마(anima)**, 여성 내부에 있는 남성성 즉, **여자의 남성적인 면은 아니무스(animus)**라고 명명했다.

답 ③

07 융(C. Jung) 이론의 주요 개념으로 옳지 않은 것은?

• 12회

① 페르소나는 자아의 가면으로 개인이 외부에 보이는 이미지이다.
② 음영은 인간의 정신에 존재하는 보편적이고 근원적인 핵이다.
③ 아니무스는 무의식 속에 존재하는 여성의 남성적 측면이다.
④ 자기(self)는 성격의 중심으로 통일성과 안정성을 제공한다.
⑤ 리비도는 인생 전반에 작동하는 생활에너지이다.

정답 및 해설

음영(shadow)은 자아나 자기상(self-image)과는 반대되는 개념으로, 우리 자신이 용납하기 힘든 특징과 감정으로 구성된다. 인간정신의 근저에 존재하는 보편적이고 근원적인 핵은 **원형(原型, Archetype)**이다.

오답풀이
① **페르소나(persona, 문화의 가면을 쓴 자아)는** 개인이 사회적 요구들에 대한 반응으로서 밖으로 내놓은 공적 얼굴(사회적 모습)이다. 즉, 사회가 개인에게 요구하는 규범, 사명이나 본분, 윤리를 의미하는 우리말의 체면, 얼굴과 낯에 해당하는 것이다.
③ 남성의 내부에 있는 여성성, 즉 남자의 여성적인 면을 **아니마(anima)**, 여성 내부에 있는 남성성, 즉 여자의 남성적인 면은 **아니무스(animus)**라고 명명했다.
④ **자기(self)는** 성격의 주인으로서, 의식과 무의식 사이의 균형을 유지하고 모든 부분을 통일하고 일체성을 부여한다.
⑤ 프로이트의 리비도 개념을 넓혀 리비도가 생물학적, 성적, 사회적, 문화적, 창조적인 모든 형태의 활동에 **에너지를 제공하는 전반적인 생명력**을 의미한다고 보았다.

답 ②

08 융(C. Jung)의 분석심리 이론에 관한 설명으로 옳지 않은 것은?   • 15회

① 자아(ego) : 의식과 무의식을 결합시키는 원형적인 심상이며, 의식은 자아에 의해 지배된다.
② 페르소나(persona) : '자아의 가면'이라고 하며 외부와의 적응에서 생긴 기능 콤플렉스이다.
③ 음영/그림자(shadow) : 자신이 모르는 무의식적 측면에 있는 부정적인 또 다른 나의 모습으로 모순된 행동을 하게 만든다.
④ 집단무의식(collective unconscious) : 인류역사를 통해 조상으로부터 물려받은 정서적 소인으로 개인마다 그 원형은 다르다.
⑤ 개성화(individuation) : 자기실현이라고도 하며 모든 콤플렉스의 원형을 끌어들여 성격을 조화하고 안정성을 유지하는 것이다.

> **정답 및 해설**
>
> **집단무의식(collective unconscious)**은 융이 제안한 독창적 개념으로 분석심리학의 이론체계에서 가장 핵심적인 개념으로, 모든 개인의 정신이 공통으로 가지고 있는 하부구조로 많은 원형으로 구성되어 있다.
>
> ✓ 오답풀이
> ④ 인류역사를 통해 조상으로부터 물려받은 정서적 소인은 **원형(archetype)**이다. 원형은 개인마다 다르지 않고 시간, 공간, 문화나 인종의 차이와 관계없이 **모든 인간에게 보편적으로 존재**하는 인류의 가장 원초적인 행동유형을 말한다.
>
> 답 ④

09 융(C. Jung)의 분석심리이론에 관한 설명으로 옳지 않은 것은?   • 16회

① 인간은 생물학적, 심리적, 사회문화적 존재이다.
② 인간은 자신의 일부로 받아들이기 꺼리는 그림자(shadow)를 가지고 있다.
③ 집단무의식을 '조상 대대로의 경험의 침전물'로 보았다.
④ 남자의 여성적인 면을 '아니무스(animus)', 여자의 남성적인 면은 '아니마(anima)'이다.
⑤ 페르소나(persona)는 개인이 외부에 표출하는 이미지 혹은 가면을 의미한다.

> **정답 및 해설**
>
> 융은 인간은 본질적으로 **양성동물**이라고 표현했다. 즉 인간이 남성호르몬과 여성호르몬을 모두 분비하므로 생물학적 의미로 양성의 성질을 가지며, 심리적으로도 인간이 양성적 특징을 갖고 있다고 보았다. 남성의 내부에 있는 여성성, 즉 남자의 여성적인 면을 **아니마(anima)**, 여성 내부에 있는 남성성, 즉 여자의 남성적인 면은 **아니무스(animus)**라고 명명했다.
>
> **보충설명**
> ② 그림자(shadow, 음영)는 개인의 의식적 자아와 상충되는 무의식적 측면으로, 자신이 용납하기 어려운 특질과 감정들로 구성되어 있다. 대체적으로 인간의 어둡거나 사악한 측면을 나타내는 원형으로, **자아가 자신의 일부로 받아들이기를 꺼리는 것들**이다.
> ③ 집단무의식은 사람들이 역사와 문화를 통해 공유해 온 모든 정신적 자료의 저장소로, '**조상 대대로의 경험의 침전물**'로 보았다. 집단무의식을 구성하는 것은 다양한 원형들이며, 인류가 사랑과 증오, 어린이, 부모, 노인, 신과 악마, 탄생과 죽음, 남성과 여성 등에 대해 느끼고, 생각하고, 행동해온 모든 것들이 침전된 것이 바로 원형이다.
>
> 답 ④

10 융(C. Jung)의 이론에 관한 설명으로 옳은 것은? • 18회

① 남성의 여성적인 면은 아니무스(animus), 여성의 남성적인 면은 아니마(anima)이다.
② 원초아(id), 자아(ego), 초자아(super-ego)의 중요성을 강조한다.
③ 음영(shadow)은 자기나 자아상과 같은 개념으로 인간의 어둡고 동물적인 측면이다.
④ 페르소나(persona)는 개인이 외부 세계에 보여주는 이미지이며, 사회적 요구에 대한 반응이다.
⑤ 집단무의식(collective unconscious)은 다양한 콤플렉스에 기초한다.

> **정답 및 해설**
>
> 페르소나(persona)는 개인의 **사회적 요구들에 대한 반응**으로서 밖으로 내놓은 공적 얼굴(사회적 모습)로, **개인이 외부세계에 내보이는 이미지**이다.
>
> **오답풀이**
> ① 남자의 여성적인 면을 **아니마(anima)**, 여자의 남성적인 면은 **아니무스(animus)**이다.
> ② 원초아(id), 자아(ego), 초자아(super-ego)의 중요성을 강조한 것은 **프로이드(S. Freud)의 이론**이다.
> ③ 음영(shadow)은 **자아나 자기상(self-image)과는 반대되는 개념**으로 인간성격의 어둡거나 사악한 동물적 본능으로 이루어져 자아가 자신의 일부로 받아들이기를 꺼리는 것들이다.
> ⑤ **개인무의식(personal unconsciousness)**은 정서적 색채가 강한 관념과 행동적 충동이라고 하는 콤플렉스를 중심으로 모여 있다.
>
> 답 ④

11 융(C. Jung)의 이론에 관한 설명으로 옳은 것을 모두 고른 것은?

• 19회

㉠ 자기(Self)는 중년기 이후에 나타나는 원형(archetype)이다.
㉡ 과거의 사건 및 미래에 대한 열망이 성격발달에 동시에 영향을 미친다.
㉢ 리비도(libido)는 전반적인 삶의 에너지를 말한다.
㉣ 성격발달은 개성화를 통한 자기실현의 과정이다.

① ㉡
② ㉠, ㉡
③ ㉢, ㉣
④ ㉠, ㉢, ㉣
⑤ ㉠, ㉡, ㉢, ㉣

정답 및 해설

㉠ 자기(Self)의 원형(archetype)은 중년기 이후에 나타나는데, 그 이유는 **자기가 드러나기 위해서는 퍼스낼리티가 중년기의 개성화를 통해 충분히 발달되어야 하기 때문**이다.
㉡ 프로이트는 성격이 과거 그것도 초기 유아기에 결정된다고 보았다. 반면에, 융은 성격발달이 과거의 사건에 의해 상당한 정도로 결정되지만 미래에 대한 목표나 욕구, 가능성에 의해 동시에 영향을 받는다고 보았다.
㉢ 융이 말하는 리비도(libido)는 프로이트가 말한 성적 에너지에 국한하지 않고, **인생 전반에 걸쳐 작동하는 전반적인 삶의 에너지**라고 보았다.
㉣ 성격의 궁극적인 목표는 **자기실현(self-actualization)**이며, 자기실현을 위해서는 자기가 충분히 발달하고 드러나야 한다. 자기가 어느 정도 완전히 드러나기 위해서는 **성격이 개성화를 통해 충분히 발달되어야 한다.**

 ⑤

12 융(C. Jung)의 분석심리이론에 관한 설명으로 옳은 것은?

• 20회

① 페르소나(persona)는 외부의 요구나 기대에 부응하는 과정에서 생긴 자아의 가면이라고 한다.
② 인간을 성(性)적 에너지인 리비도(libido)에 의해 지배되는 수동적 존재로 보았다.
③ 원형(archetype)이란 개인의 의식 속에 존재하는 유일한 정신기관이다.
④ 아니무스(animus)는 남성이 억압시킨 여성성이다.
⑤ 자아의 기능에서 감각(sensing)과 직관(intuiting)은 이성을 필요로 하는 합리적 기능이다.

> **정답 및 해설**
>
> **페르소나(persona)**는 자아의 가면으로 개인이 외부세계에 내보이는 이미지, 즉 **개인이 사회적 요구에 대한 반응으로 내보이는 사회적 모습**으로, 사회의 기대치에 부응하는 개인의 역할을 말한다.
>
> ✔ 오답풀이
>
> ② 인간을 성(性)적 에너지인 리비도(libido)에 의해 지배되는 수동적 존재로 보는 것은 **프로이트(S. Freud)의 정신분석이론**이다.
> ③ 집단무의식이 조직적으로 구성되어 있는 형태인 **원형(原型, Archetype)은 표상 불가능한 무의식적이고 선험적인 이미지를 의미**한다. 그 수가 무수히 많으며 언제 어디서 생겼는지 알 수 없으며 이미 형성되어 있는 것이다.
> ④ 남성이 억압시킨 여성성은 **아니마(anima)**이다. 참고로 융은 인간이 남성호르몬과 여성호르몬을 모두 분비하기 때문에 생물학적 의미로 양성의 성질을 가지며, 심리적으로도 인간이 양성적 특질을 갖고 있으나 유전적 성차와 사회화로 인해 **남성에게선 여성적 측면이 여성에게선 남성적 측면이 억압되고 약화**된다고 보았다.
> ⑤ 자아의 기능에서 지각의 두 형태인 **감각(sensing)과 직관(intuiting)은 이성을 필요로 하지 않는 비합리적 기능**이다. 반면에 평가 혹은 판단에 사용되는 기능인 **사고(thinking)와 감정(feeling)은 이성을 필요로 하는 합리적 기능**이라고 하는데 이 두 기능이 판단행위를 필요로 하기 때문이다.
>
> 답 ①

13. 융(C. Jung)의 이론으로 옳은 것을 모두 고른 것은?

● 21회

㉠ 무의식을 개인무의식과 집단무의식으로 구분하였다.
㉡ 그림자(shadow)는 인간에게 있는 동물적 본성을 포함하는 부정적인 측면이다.
㉢ 페르소나(persona)는 개인이 외부세계에 보여주는 이미지 혹은 가면이다.
㉣ 남성의 여성적 면은 아니무스(animus), 여성의 남성적 면은 아니마(anima)이다.

① ㉠, ㉡
② ㉢, ㉣
③ ㉠, ㉡, ㉢
④ ㉠, ㉡, ㉣
⑤ ㉠, ㉡, ㉢, ㉣

> **정답 및 해설**
>
> ㉠ **개인무의식**은 의식되었지만 그 내용이 중요하지 않거나 고통스러운 것이기 때문에 망각되었거나 억제된 자료의 저장소이며, **집단무의식**은 사람들이 역사와 문화를 통해 공유해 온 모든 정신적 자료의 저장소이다.
> ㉡ **그림자(shadow, 음영)**는 인간성격의 어둡거나 사악한 동물적 본능으로 이루어져 자아가 자신의 일부로 받아들이기를 꺼리는 것들이다.
> ㉢ **페르소나(persona)**는 자아의 가면으로 개인이 외부세계에 내보이는 이미지이다. 사회가 개인에게 요구하는 규범, 사명이나 본분, 윤리를 의미하는 우리말의 체면, 얼굴과 낯에 해당하는 것이다.
>
> ✔ 오답풀이
>
> ㉣ 남성의 여성적 면은 **아니마(anima)**, 여성의 남성적 면은 **아니무스(animus)**이다.
>
> 답 ③

14 융(C. Jung)의 이론에 관한 설명으로 옳은 것은?   • 22회

① 정신분석(psychoanalysis)이론이라 불린다.
② 사회적 관심과 활동수준을 기준으로 심리적 유형을 8가지로 구분하였다.
③ 발달단계에 관하여 언급하지 않았다는 특징을 지니고 있다.
④ 개성화(individuation)를 통한 자기실현과정을 중요시하였다.
⑤ 성격형성에 있어서 창조적 자기(creative self)의 역할을 강조하였다.

> **정답 및 해설**
>
> 융은 **성격의 궁극적인 목표는 자기실현(self-actualization)**이며, 자기실현을 위해서는 **성격이 개성화(individuation)를 통해 충분히 발달되어야** 한다고 보았다. 개성화란 중년기에 자아를 외적, 물질적 차원으로부터 내적, 정신적 차원으로 전환시키는 것을 말한다.
>
> **오답풀이**
> ① 프로이트(Freud)의 이론은 정신분석(psychoanalysis)이론이라 불리며, 융의 이론은 **분석심리학(analytical psychology)**이라 불린다.
> ② 융은 **자아의 태도**(외향성과 내향성)와 **자아의 심리적 기능**(사고, 감정, 직관, 감각)을 조합하여 심리적 유형을 8가지로 구분하였다. 사회적 관심과 활동수준을 기준으로 4가지 생활양식 유형으로 구분한 것은 **아들러(A. Adler)**이다.
> ③ 융은 생애주기를 아동기, 청소년기와 성인기, 중년기, 노년기로 구분하였다. 참고로 **아들러(A. Adler)**는 발달단계에 관하여 언급하지 않았다.
> ⑤ 성격형성에 있어서 창조적 자기(creative self)의 역할을 강조한 것은 **아들러(A. Adler)**이다.
>
>

제8장 정신역동이론

15 융(C. Jung) 이론에 관한 설명으로 옳은 것은? • 13회

① 개인의 성격 형성은 과거와 무관함을 주장하였다.
② 4가지 정신기능으로 사고, 감정, 판단, 인식을 주장하였다.
③ 자기(Self)는 개인무의식 내에 존재하는 핵심적인 원형이다.
④ 자기실현(self-actualization)은 인간 발달의 궁극적 목표이다.
⑤ 생애주기에서 중년기와 노년기보다 유년기와 청년기를 강조하였다.

정답 및 해설

융은 성격의 궁극적인 목표를 자기실현으로 보았다. 다만, 개인이 자신을 정확히 인식하지 못하고 자기를 실현한다는 것은 불가능하므로, 융은 자기실현을 달성하는 것보다 더 중요한 것은 정확한 자기인식이라고 했다.

오답풀이
① 융은 개인의 성격 형성이 과거와 무관하다고 하지 않았다. 다만, 프로이트의 정신분석이론이 인간의 성격이 주로 과거사건이나 과정들에 의해 결정된다고 보는 반면, 융의 분석심리이론에서는 인간은 과거의 사건들뿐만 아니라 미래에 무엇을 하기를 열망하는가에 의해 결정된다고 보았다.
② 융은 심리적 기능(정신기능)을 사고, 감정, 직관, 감각이라는 네 가지로 보았으며, 이 네 가지 기능 중 어떤 한 기능이 우세하면 그에 상응하는 유형이 된다. 즉, 자아기능은 사고형, 감정형, 감각형, 직관형으로 분류된다.
③ 자기(self)는 중심성, 전체성, 의미를 무의식적으로 추구하는 원형으로, 태양이 태양계의 중심인 것처럼, 자기는 집단무의식 내에 존재하는 타고난 핵심적 원형이다.
⑤ 융은 생애주기에서 중년기와 노년기를 아주 중요하게 다루고 있다. 참고로 융은 유년기부터 노년기까지 연령별로 발달단계를 명확하게 구분하여 제시하지는 않았으며, 성격발달을 아동기, 청년기, 중년기, 노년기의 4단계로 나누었다.

답 ④

16 융(C. Jung)이 제시한 장년기의 성격발달 특성으로 옳은 것을 모두 고른 것은? • 15회

㉠ 자아가 발달하고 외부세계에 대처하는 역량을 발휘한다.
㉡ 남성은 여성적 측면인 아니무스를 나타낸다.
㉢ 외부세계에 쏟았던 에너지를 자기내면에 돌려 자아정체감 대 혼란이 나타난다.
㉣ 여성은 독립적이고 공격적인 측면이 나타난다.

① ㉠, ㉡   ② ㉠, ㉣
③ ㉡, ㉢   ④ ㉡, ㉣
⑤ ㉢, ㉣

정답 및 해설

㉠ 장년기에는 인생전반기에 분리되었던 자아가 다시 자기에 통합되면서 개성화를 이루게 되며, 외양적으로 성숙하며 외부세계에 대처하는 능력이 발달한다. 참고로 '자아가 발달하고 외부세계에 대처하는 역량을 발휘한다.'는 문장은 정확하게는 성인초기인 청년기에 더 가깝지만, 융은 성인기가 30~40세에 끝나고 장년기가 35~40세에 시작되는 것으로 보기 때문에 장년기에도 해당되는 문장이 될 수 있어서 맞는 문장이 됩니다. 물론 융은 중년기에 외적 상황을 변화시킬 수 있는 자원은 남아 있다고 보며, 그렇기 때문에 그 동안 소홀히 했던 계획이나 흥미를 다시 갖게 되기도 하고 심지어는 직업의 변화를 꾀하기도 하는 것으로 설명한다.

㉣ 남자들은 아니마(anima)로 인해 공격적인 야망을 덜 갖고 그 동안 소홀했던 대인관계에 관심을 갖게 되지만, 여성들은 아니무스(animus)로 인해 보다 공격적이고 독립적이 된다.

오답풀이

㉡ 남자의 여성적인 면은 아니마(anima)이며, 여자의 남성적인 면은 아니무스(animus)이다. 장년기에 남자는 여성적인 측면인 아니마를, 여자는 남성적인 측면인 아니무스를 표현하게 된다.

㉢ 외부세계에 쏟았던 에너지를 자기내면에 돌려 개별화(individualization, 개성화)가 나타난다.

답 ②

---

17 융(C. Jung)의 심리유형에 대한 설명으로 맞는 것은? • 4회

㉠ 자아의 기본적 태도를 외향성과 내향성으로 구분했다.
㉡ 자아의 심리적 기능을 사고, 감정, 감각, 직관이라고 보았다.
㉢ 사고형과 감정형은 합리적이고, 감각형과 직관형은 비합리적이다.
㉣ 직관형은 나무는 보고 숲을 못 보고, 감각형은 숲은 보고 나무는 못 본다.

① ㉠, ㉡, ㉢ ② ㉠, ㉢
③ ㉡, ㉣   ④ ㉣
⑤ ㉠, ㉡, ㉢, ㉣

정답 및 해설

감각형은 사물의 현재 있는 그대로에 관심이 있으며, 나무를 보나 숲을 보지 못한다. 반면 직관형은 사물을 가능한 모습으로 바라보며, 숲을 보나 나무를 보지 못한다.

보충설명

㉠ 융은 자아의 기본적 태도를 외향성(extraversion)과 내향성(introversion)의 두 가지로 구분했으며, 태어날 때부터 결정되는 것으로 간주한다.

㉡ 융은 심리적 기능(정신기능)을 사고, 감정, 직관, 감각이라는 네 가지로 보았으며, 이 네 기능 중 어떤 한 기능이 우세하면 그에 상응하는 유형이 된다. 즉, 자아기능은 사고형, 감정형, 감각형, 직관형으로 분류된다.

㉢ 평가 혹은 판단에 사용되는 기능인 사고와 감정은 합리적 기능이라고 하는데 이 두 기능이 판단행위를 필요로 하기 때문이다. 반면에 지각의 두 형태인 감각과 직관은 이성을 필요로 하지 않으므로 비합리적 기능이다.

답 ①

18 융(C. Jung)이 제시한 성격특성에 관한 설명으로 옳은 것을 모두 고른 것은?

• 17회

㉠ 외향형 : 정신에너지(리비도)가 외부세계를 향하고 있다.
㉡ 감정형 : 구체적이고 사실적인 측면에 초점을 두고 매우 일관성 있는 현실수용을 중시한다.
㉢ 사고형 : 객관적인 진실과 원리원칙에 의해 판단하며 논리적, 분석적이고 규범과 기준을 중시한다.
㉣ 직관형 : 미래의 가능성과 육감에 초점을 두어 변화와 다양성을 중시하며 이성을 필요로 한다.

① ㉠, ㉢
② ㉡, ㉣
③ ㉠, ㉡, ㉢
④ ㉡, ㉢, ㉣
⑤ ㉠, ㉡, ㉢, ㉣

정답 및 해설

㉠ 융은 자아의 태도를 외향성과 내향성으로 구분했다. **외향성은 정신에너지(리비도)가 객관적인 외부 세계를 지향**하고 있으며, **내향성은 정신에너지(리비도)가 주관적 세계를 지향**하고 있다.
㉢ 사고 기능은 관념적이며 지적인 기능으로 이 기능에 의해 인간은 세계와 자신의 본질을 이해하려고 힘쓴다. 따라서 **사고형의 사람은 객관적인 진실과 원리원칙에 의해 판단하며 논리적, 분석적이고 규범과 기준을 중시**한다.

오답풀이

㉡ 구체적이고 사실적인 측면에 초점을 두고 매우 일관성 있는 현실수용을 중시하는 것은 **감각형**이다. **감각 기능은** 지각적 또는 현실적 기능으로 이것은 외계의 구체적 사실들이나 표상을 낳기 때문이다. **감정 기능은** 주체의 입장에서 사물의 가치를 평가하는 것으로 인간에게 유쾌, 고통, 분노, 공포, 비애, 즐거움, 그리고 사랑 따위의 주관적 경험을 준다. 따라서 **감정형의 사람은** 객관적 진실에 관심을 가지는 사고형과 달리 사람과의 관계, 보편적 선 따위에 관심을 가지며 원칙보다 상황적·우호적 판단을 한다.
㉣ 직관 기능은 무의식적 과정과 잠재적 내용들에 의한 지각기능이다. 따라서 **직관형의 사람은** 미래의 가능성과 육감에 초점을 두어 변화와 다양성을 중시한다. 감각과 직관은 **비합리적 기능으로 이성을 필요로 하지는 않는다.**

답 ①

04 아들러(A. Adler)

01 아들러(A. Adler)가 제시한 개념에 관한 설명으로 옳은 것을 모두 고른 것은? • 9회

> ㉠ 우월에 대한 추구는 개인적·사회적 수준에서 나타난다.
> ㉡ 사회적 관심과 열등감에 기반하여 네 가지 생활양식 유형을 제안하였다.
> ㉢ 열등감은 보편적인 감정이며 인간의 모든 행동을 동기화하는 근원이다.
> ㉣ 창조적 자아는 생의 목표에 도달하기 위하여 설계한 좌표를 의미한다.

① ㉠, ㉡, ㉢ ② ㉠, ㉢
③ ㉡, ㉣ ④ ㉣
⑤ ㉠, ㉡, ㉢, ㉣

정답 및 해설

㉠ 우월을 향한 추구는 개인과 사회 두 가지 수준 모두에서 일어나므로 개인적 차원에서 완성을 향한 노력함과 아울러 사회의 일원으로서 사회의 문화를 완성하기 위해서도 노력한다. 참고로 **아들러는 우월성(superiority)이란 개념을 자기완성 혹은 자아실현이란 의미로 사용**하였으며, 우월을 향한 노력은 열등감을 보상하려는 욕구에서 나오며 환경을 더욱 잘 통제할 수 있도록 권력 혹은 힘을 성취하려는 것이다.
㉢ 열등감은 결코 약점이나 비정상이 아니라고 하였으며, 이를 부정적으로 보지 않았다. **열등감은 모든 사람들에게 더 발전하고자 하는 노력을 하게 만드는 추진력**이 된다고 하였다.

오답풀이

㉡ 사회적 관심과 활동수준에 기반하여 네 가지 생활양식 유형을 제안하였다.
㉣ 인간이 스스로 자신의 성격을 만든다는 주장으로 인간에게는 유전과 경험이라는 원료를 사용하여 창조적 자기(창조적 자아)를 만들어 내는 능력이 있다는 것이다. **생의 목표에 도달하기 위하여 설계한 좌표는 생활양식**을 말한다.

 ②

02 아들러(A. Adler) 이론에 대한 설명으로 옳은 것은? • 8회

① 유전적 요인과 환경적 요인이 성격에 미치는 영향을 인정하지 않았다.
② 생활양식은 4~5세 경에 형성되며 이후에도 지속적으로 변화한다.
③ 열등감은 모든 사람들에게 존재하는 것은 아니다.
④ 창조적 자아는 개인이 스스로의 삶을 결정할 수 있음을 강조하는 개념이다.
⑤ 출생순위가 성격 형성에 미치는 영향은 형제자매의 수와는 무관하다.

> **정답 및 해설**
>
> 아들러는 각 개인의 생활양식은 창조적 힘에 의해 발달한다고 믿었다. 이 창조적 힘은 그의 꿈 혹은 인생목표와 그 목표를 추구하는 방법을 결정하며, 사회적 관심의 발달에 공헌한다.
>
> **오답풀이**
> ① 아들러는 유전적 요인과 환경적 요인이 성격 형성에 미치는 영향을 인정하고 있지만 각 개인이 지닌 창조적 힘이 인간의 본성을 결정하는 데 더욱 중요하다고 보고 있다.
> ② 발달은 5세경에 거의 형성되며 이후에는 근본적인 변화가 없다.
> ③ 인간은 누구나 현재보다 나은 상태인 완전성을 실현하기 위해 노력하는 존재이기 때문에, 누구나 어떤 측면에서 열등감을 느끼고 있다고 보았다.
> ⑤ 성격발달에 영향을 주는 요인들로서 부모와 자녀와의 관계, 식구 수, 형제들 간의 관계, 출생 순위 등 여러 변인을 강조하였다.
>
> 답 ④

03 아들러(A. Adler)의 창조적 자기(creative self)에 관한 설명으로 옳은 것은? • 10회

① 성격 형성에서 개인의 자유와 선택을 강조하는 개념이다.
② 성격 형성에서 자아(ego)의 중요성을 강조하는 개념이다.
③ 인간행동에서 초기 경험의 중요성을 강조하는 개념이다.
④ 인간행동에서 유전보다 환경의 영향력을 강조하는 개념이다.
⑤ 생의 목표에 도달하기 위해 설계한 독특한 좌표를 일컫는 개념이다.

정답 및 해설

아들러는 인간이 스스로 자신의 성격을 만든다는 주장으로 인간에게는 유전과 경험이라는 원료를 사용하여 **창조적 자기**(creative self)를 만들어 내는 능력이 있다고 보았다. 이는 유전에서 나온 능력과 환경과의 상호작용에서 나온 경험을 해석하여 자기 나름대로의 성격을 만든다는 주장이다. 즉 **개인은 자신의 생활양식을 스스로 창조할 자유**를 갖고 있기 때문에 그가 어떻게 행동할 것인가에 대한 것도 **자신의 자유와 책임**에 달려있다고 말했다.

보충설명

⑤ 생의 목표에 도달하기 위해 설계한 독특한 좌표를 일컫는 개념은 생활양식이다. 생활양식(life style)은 인생목표뿐만 아니라 자아개념, 타인에 대한 감정, 세상에 대한 태도를 포함한 한 개인의 독특한 특징을 포괄하는 개념으로, 개인의 특질, 행동, 그리고 습관의 독특한 형태를 말한다.

답 ①

04 아들러(A. Adler)의 이론에 관한 설명으로 옳은 것은? • 11회

① 우월의 목표에 긍정적 경향과 부정적 경향 모두가 포함될 수 있다.
② 개인은 환경을 객관적으로 파악하고 객관적 믿음에 따라 행동한다.
③ 치료목표는 증상의 경감이나 제거에 있다.
④ 기본적인 생활양식은 4~5세에 형성되며 그 이후 지속적으로 변화한다.
⑤ 인간은 자신의 삶을 스스로 만들어 나가기 어려운 의존적 존재이다.

정답 및 해설

우월의 목표는 파괴적 경향이나 건설적 경향을 모두 취할 수 있다. **긍정적 경향**은 사회적 관심이나 다른 사람의 행복을 지향하는 이타적 목표이고, **부정적인 경향**은 개인적인 우월성을 추구하는 자기 존중, 권력, 개인적 허세와 같은 이기적인 목표라고 보았다.

오답풀이

② 개인은 **환경을 주관적으로 파악**하고, 이러한 **주관적 신조나 믿음에 따라 행동**한다.
③ 증상이나 경감의 제거보다는 **기본적인 삶의 전제를 수정하고 왜곡된 삶의 동기를 수정**하는 데 초점을 둔다.
④ **생활양식은 4~5세경에 거의 형성**되며, 그 이후에는 커다란 변화가 일어나지 않고 어릴 때 정착된 기본구조의 개정이나 확대만 이루어진다고 보았다.
⑤ 유전, 문화적 압력이나 본능적 욕구는 발달에 영향을 미치는 요인이긴 하지만 대부분의 발달은 **개인의 능동적 선택**에 의하여 이루어진다.

답 ①

05 아들러(A. Adler) 이론에 관한 설명으로 옳지 않은 것은? •13회

① 인간행동의 객관성과 보편성을 강조한다.
② 인간을 하나의 통합된 유기체로 인식한다.
③ 출생순위는 생활양식 형성에 영향을 미친다.
④ 사회적 관심은 선천적이지만 의식적인 개발을 필요로 한다.
⑤ 개인의 성장과 발달은 열등감을 극복하려는 시도에서 나온다.

> **정답 및 해설**
>
> 아들러는 **인간을 현실에 대한 주관성을 지닌 존재**로 보았다. 즉 개인의 일상적 삶의 모습은 객관적 사실에 근거하여 이루어지는 것이 아니라 개인이 그 사실을 어떻게 지각하고 어떻게 반응하는가에 따라 달라질 수 있다고 보았다. 또한 **인간은 미래에 대한 자신만의 목표를 갖고 있고, 이 목표를 달성하기 위해 노력하는 존재**로 여겼다.
>
> **✓ 보충설명**
>
> ② 정신분석과 같이 원초아, 자아, 초자아와 같이 나누는 것이 아니라 **인간이 통일되고 자아 일치된 유기체**로 정신과 육체가 통합된 존재로 보았다. 참고로 개인심리학에서 '개인(individual)'이라는 말은 '나누어질 수 없다(indivisible)'에서 나온 것으로 **인간을 정신과 신체 혹은 각종 정신기능 따위로 분리하지 않고 하나의 통합된 유기체로 보는 것**이다.
> ③ 인간이 사회적 존재임을 강조하고, 특히 **가족 내에서의 출생순위에 따라 또는 출생순위에 따른 상황을 아동이 어떻게 바라보느냐에 따라 성격 형성에 중요한 영향을 미친다**고 보았다.
> ④ **사회적 관심은 선천적으로 타고나지만 계속 훈련되어야 한다**고 보았는데, 태어나서 1차적으로는 어머니에 의해 그리고 가족구성원, 학교에 의해 발달한다.
> ⑤ 우월을 향한 노력, 즉 개인의 성장과 발달은 열등감을 보상하려는 욕구에서 나온다. **열등감은 모든 사람들에게 더 발전하고자 하는 노력을 하게 만드는 추진력**이 된다고 하였다.
>
> 답 ①

06 아들러(A. Adler)의 개인심리이론에 관한 설명으로 옳지 않은 것은? •16회

① 열등감은 보다 나은 자기완성의 의지를 약화시키는 요소이다.
② 인간은 우월성을 추구하려는 동기를 가지고 있다.
③ 사회적 관심은 가족관계 및 아동기 경험의 맥락에서 발달한다.
④ 인간은 자신의 삶을 스스로 창조해갈 수 있는 능동적인 존재이다.
⑤ 출생순위, 가족의 크기 등은 개인의 성격발달과 생활양식에 영향을 미친다.

정답 및 해설

아들러는 **열등감이 근본적으로 모든 인간의 우월(자기완성 혹은 자아실현) 추구에 대한 동기유발의 근거**가 된다고 보았다. 즉 모든 개인의 성장과 발달은 상상에 의한 것이든, 사실에 입각한 것이든 열등감을 극복하려는 시도에서 나온다.

보충설명

② 아들러는 **우월성(superiority)**이란 개념을 자기완성 혹은 자아실현이란 의미로 사용하였다. 그는 **우월을 향한 노력이 인간에게 공통된 기본적인 동기**라고 보았으며, 우월이나 완성을 향한 추구의 동기는 선천적으로 타고난다고 보았다.
③ 일반적으로 **사회적 관심은 가족관계 및 아동기 경험의 맥락에서 발달**하는데, 특히 협동심, 연대의식, 동료의식 같은 사회적 관심의 발달에 가장 큰 영향을 주는 사람은 어머니이다. 아버지는 사회적 관심에 영향을 미치는 두 번째로 중요한 사람이며, 또한 부모의 부부관계가 자녀의 사회적 관심의 발달에 지대한 영향을 미친다고 했다.
④ 인간은 **자신의 삶을 스스로 창조해갈 수 있는 능동적인 존재**로서, 성격형성에 있어 개인의 자유와 선택을 강조한다.
⑤ **아들러는** 가족구성원의 성격특성, **출생순위(가족 내에서의 아동 순위)**, 가족구성원 간의 정서적 유대, 지배 혹은 복종관계, 연령 차이, 형제의 성별, **가족의 수(가족의 크기)**, 양친과 아동 간의 관계(부모와 자녀와의 관계) 등 가족이 개인의 성격발달과 생활양식에 미치는 영향을 강조했다.

답 ①

---

07 아들러(A. Adler)의 이론에 관한 설명으로 옳은 것을 모두 고른 것은? • 18회

㉠ 인간을 사회적 존재로 보았다.
㉡ 인간의 성격발달 단계를 제시하였다.
㉢ 출생순위, 가족과 형제관계에서의 경험은 생활양식에 영향을 준다.

① ㉠
② ㉡
③ ㉢
④ ㉠, ㉡
⑤ ㉠, ㉢

정답 및 해설

㉠ 아들러는 **인간을 사회적 동물이라 전제**하고 인간발달은 사회적 자극에 의해 동기화된다고 보았다.
㉢ 아들러는 출생순위(가족 내에서의 아동 순위), 가족과 형제관계에서의 경험, 양친과 아동 간의 관계(부모와 자녀와의 관계) 등 가족이 **개인의 성격발달과 생활양식에 미치는 영향**을 강조했다.

오답풀이

㉡ 아들러는 성격이론을 인간의 발달단계와 연관시켜 설명하지 않았다.

답 ⑤

08 아들러(A. Adler)의 이론에 관한 설명으로 옳지 않은 것은? • 19회

① 개인이 지닌 창조성과 주관성을 강조한다.
② 위기와 전념을 기준으로 생활양식을 4가지 유형으로 구분하였다.
③ 열등감은 모든 인간이 지닌 보편적인 감정이다.
④ 사회적 관심은 선천적으로 타고 나는 것이다.
⑤ 개인이 추구하는 목표는 현실에서 검증하기 어려운 가상적 목표이다.

> **정답 및 해설**
>
> 아들러는 **사회적 관심과 활동수준을 기준으로** 생활양식을 4가지 유형(지배형, 기행형, 도피형, 사회적 유용형)으로 구분하였다.
>
> **보충설명**
> ① 아들러는 심리이론에서 우연성이나 결정론은 있을 수 없는 것이라는 점을 강조하면서, **각 개인의 성격은 자신의 주관적 선택에 의해 창조**된다고 보았다.
> ③ **열등감**(inferiority feeling)은 모든 인간이 지닌 보편적인 감정으로, 누구나 어떤 측면에서 열등감을 느끼고 있다.
> ④ **사회적 관심**(social interest)은 선천적으로 타고 나는 것이지만 의식적인 개발을 필요로 한다고 보았다.
> ⑤ 개인이 추구하는 궁극적 목적은 현실에서 결코 검증되거나 확인할 수 없는 **가상적 목표**(fictional finalism)라고 했다.
>
> 답

09 아들러(A. Adler)의 개인심리이론에 관한 설명으로 옳지 않은 것은? • 20회

① 지배형 생활양식은 사회적 관심은 낮으나 활동수준이 높은 유형이다.
② 개인이 궁극적으로 추구하는 목적은 가상적 목표이다.
③ 인간은 목적론적 존재이다.
④ 아동에 대한 방임은 병적 열등감을 초래할 수 있다.
⑤ 사회적 관심은 선천적으로 타고나는 것이어서 의식적인 개발과 교육이 필요하지 않다.

정답 및 해설

아들러는 **인간이 본질적으로 사회적 동물이기 때문에 사회적 관심은 타고나는 것**이고, 사회의 이익을 위해 개인적 이익을 포기하는 선천적·사회적 본능을 가지고 있다고 믿었다. 다만 의식적인 개발과 교육이 필요하다고 보았다. 즉, 사회적 관심은 부모의 양육과 가정교육, 학교교육을 통해 지속적으로 개발될 수 있으므로 교육의 중요성 또한 강조하였다.

보충설명
① **지배형 생활양식은 독단적이고 공격적이며 활동적이지만, 사회적 관심이 부족한 사람들**이 해당된다. 이들은 다른 사람을 지배하고 상처를 주며 착취함으로써 자신의 우월성을 성취하려 한다.
② **가상적 목표**(fictional finalism, **가공적 목적**)는 **개인이 추구하는 궁극적 목적**으로, 개인의 가상적 목표는 자기 스스로 결정한 것이므로 자신의 창조력에 의해 형성되고 각 개인마다 독특한 것이라고 하였다.
③ 아들러는 **인간행동은 목적론적이고 목표지향적인 동기를 지닌다**는 점을 강조한다.
④ 아들러는 병적 열등감에 이르기 쉬운 세 가지 어릴 때 환경을 **기관열등**(organ inferiority, 기관의 결함, 신체적 열등감), **과잉보호**(spoiling, 응석받이로 키움), **양육태만**(neglect, 아동에 대한 방임)으로 서술한다.

답 ⑤

---

10 아들러(A. Adler)의 이론에 관한 설명으로 옳은 것은?   • 22회

① 성격은 점성원리에 따라 발달한다.
② 개인의 창조성을 부정한다.
③ 무의식적 결정론을 고수하고 있다.
④ 유전적·환경적 요인의 중요성을 배제한다.
⑤ 인간을 목표지향적 존재로 본다.

정답 및 해설

아들러(A. Adler)는 인간이 목표지향적 존재로서, **미래에 대한 자신만의 목표를 갖고 있으며** 이 목표를 달성하기 위해 노력하는 존재로 여겼다.

오답풀이
① 성격은 점성원리에 따라 발달한다고 본 것은 **에릭슨**(E. Erikson)이다.
② 개인의 창조성을 **부정하지 않았다.** 아들러(A. Adler)는 인간이 자신의 삶을 창조해 나갈 수 있는 능력을 가진 존재라는 점을 더욱 중시한다.
③ 무의식적 결정론을 고수하는 것은 **프로이드**(S.Freud)이다.
④ 유전적·환경적 요인의 중요성을 **배제하지 않았다.** 즉, 아들러(A. Adler)는 인간 행동을 형성하는 결정 요인으로 환경과 유전의 영향을 부인하지 않았다.

답 ⑤

11 아들러(A. Adler)의 생활양식 유형 중 '지배형'에 관한 설명으로 옳은 것은? • 15회

① 사회적 관심이 적고 활동수준이 높아 독단적이고 공격적이며 자신의 욕구를 충족시킨다.
② 사회적 관심과 활동수준이 높아 자신과 타인의 욕구를 동시에 충족시키며 인생과업을 완수한다.
③ 사회적 관심과 활동수준이 낮은 유형으로 성공보다 실패하는 것을 더 두려워한다.
④ 기생적인 방법으로 외부세계와 관계를 맺으며 다른 사람에게 의존하여 자신의 욕구를 충족시킨다.
⑤ 사회적 관심이 많고 활동수준이 낮으며 타인의 안녕에 관심이 많다.

> **정답 및 해설**
>
> **지배형**(the ruling type)은 부모가 지배하고 통제하는 독재형으로 자녀를 양육할 때 나타나는 생활양식으로, 사회적 관심이 낮고 활동수준이 높다. 타인에 대한 관심이 부족하여 독단적이고, 공격적이며, 다른 사람을 지배하고 상처를 주며 착취함으로써 자신의 우월성을 성취하려 한다.
>
> | 생활양식유형 | 사회적 관심 | 활동수준 |
> |---|---|---|
> | 지배형 | ↓ (낮음) | ↑ (높음) |
> | 기생형 | ↓ | (중간수준) |
> | 도피형 | ↓ | ↓ |
> | 사회유용형 | ↑ | ↑ |
>
> **오답풀이**
> ② 사회적 관심과 활동수준이 모두 높은 유형은 **사회유용형**(the socially useful type)으로, 가장 건강한 유형이다. 이들은 인생과업을 해결하기 위해 기꺼이 다른 사람과 협조하고 그들의 활동은 타인에게 도움이 되며 인류의 이익을 위해 협동할 준비가 되어 있다.
> ③ 사회적 관심과 활동수준이 모두 낮은 유형은 **도피형**(the avoiding type, 회피형)으로, 삶의 문제에 대하여 직면하여 해결하기보다는 실패의 가능성을 없애기 위해 실제생활에서 참여하지 않으며 회피한다.
> ④ **획득형**(the getting type, 기생형)은 다른 사람에게 의존하여 대부분의 욕구를 충족하는 유형으로, 할 수 있는 한 많은 것을 소유하려 하고 타인에게 모든 것을 요구하면서도 자신의 것을 양보하려 하지 않는다.
> ⑤ **사회유용형**은 사회적 관심이 많고 **활동수준이 높으며** 타인의 안녕에 관심이 많다. 즉 타인의 복지에 기여하려는 의지를 갖고 있다.
>
> 답 ①

MEMO

제09장 행동주의 이론

제1영역 : 인간행동과 사회환경

▶ 제9장 회차별 출제빈도, 출제비중 및 출제논점 1, 2, 3순위

구분	10회 2012	11회 2013	12회 2014	13회 2015	14회 2016	15회 2017	16회 2018	17회 2019	18회 2020	19회 2021	20회 2022	21회 2023	22회 2024
제9장 행동주의 이론	4	4	2	3	3	2	2	1(1)	2(1)	2(1)	2(2)	2	2(2)
초기 행동주의와 스키너의 학습이론	4	3	1	1	1	2	1	-	1(1)	1(1)	2(1)	1	1(1)
반두라의 사회학습이론	-	1	1	2	2	-	1	1(1)	1	1	(1)	1	1(1)

목차	출제 비중	출제 논점		
		1순위 ☺	2순위 ※	3순위 ☆
제9장 행동주의 이론	1 2 3			
초기 행동주의와 스키너의 학습이론	0 1 2(1)	① 주요개념 : 조작적 조건화, 소거, 자발 적 회복...	① 강화와 처벌 ② 강화계획	① 파블로프, 왓슨, 손다이크
반두라의 사회학습이론	0~2	① 주요개념 : 모델링, 자기강화, 자기효능 감..	① 관찰학습과정	① 자기규제, 대리학습

---

01 행동주의 이론이 사회복지실천에 미친 영향은? •9회

① 가족관계의 역동성을 이해할 수 있는 틀을 제시한다.
② 인간의 내면적인 문제를 정확히 사정할 수 있게 하였다.
③ 환경의 변화를 통해 문제를 해결할 수 있는 기반을 제공하였다.
④ 중년기의 위기와 문제를 정확히 사정할 수 있게 하였다.
⑤ 청소년의 정체감 확립과정을 이해할 수 있게 하였다.

> **정답 및 해설**
>
> 행동주의 이론에서는 **인간 행동과 환경적 사건이 상호 간에 영향을 미치는 방식에 초점**을 두고 있다. 즉 클라이언트가 지니고 있는 문제는 환경 속에 있는 사람들과의 상호작용의 결과이며, 변화과정은 문제행동을 유지하거나 새로운 행동의 학습을 방해하는 환경과 개인 간의 상호작용에 대한 사정으로부터 시작해야 한다고 본다.
>
> **보충설명**
> ① 체계이론, ② 프로이트의 정신분석이론, ④ 융의 분석심리이론, ⑤ 에릭슨의 심리사회이론에 해당한다.
>
> ✓정답 ③

02 행동주의 기법에 해당하지 않는 것은?

• 15회

① 이완훈련기법
② 토큰경제기법
③ 정보처리기법
④ 자기주장훈련
⑤ 타임아웃기법

정답 및 해설

정보처리기법은 인지적 접근 중 정보처리이론의 기법이다. 참고로 인지적 접근은 크게 피아제에 의해 발전된 인지발달이론과 컴퓨터 과학의 영향을 받은 정보처리이론으로 둘로 나눌 수 있다. 이중 **정보처리이론**이란 학습자의 인지과정에 초점을 둔 이론으로 단순히 학습이 행동주의 관점과 같이 자극-반응의 연합으로 이루어진다는 것보다, 더 복잡한 인지적 과정이 수반된다고 보고 이를 분석하는 것이다.

보충설명

① **이완훈련기법은** 전통적인 조건화기법을 활용한 불안대처기법으로 클라이언트가 겪을 수 있는 스트레스 상황에 적절히 대처할 수 있도록 돕는 기술로, 클라이언트에게 특정 근육을 수축, 이완하는 기술을 가르치고, 깊고 규칙적인 호흡법, 즐거운 사고나 심상방법 등을 훈련함으로써 스트레스에 대처할 수 있도록 가르친다.

② **토큰경제기법은** 스키너의 조작적 조건화의 원리를 활용한 기법으로, 특정 행동을 직접적 강화인자를 사용하여 강화하는 대신 토큰(token)으로 보상하였다가 후에 내담자가 원하는 다양한 물건이나 기회와 교환할 수 있도록 하는 기법이다.

④ **자기주장훈련은** 행동주의기법으로 내담자가 어떤 상황에서 자신의 의사를 정확히 표현할 수 있는 행동을 할 수 있도록 내담자의 행동목록을 증가시키고, 타인의 감정이나 권리에 대해 민감하게 반응하는 방식으로 자기표현을 할 수 있도록 가르치는 데 목적이 있다.

⑤ **타임아웃기법은** 행동주의기법으로 원하지 않는 행동을 강화시키는 환경으로부터 클라이언트를 일정기간 이동시킴으로써 문제행동을 감소하거나 제거시키는 것이다.

답 ③

01 초기 행동주의 이론

01 파블로프(I. Pavlov)의 실험에서 음식을 벨소리와 연합하여 여러 번 제시하자 개는 음식없이 벨소리만 듣고도 타액을 분비하였다. 고전적 조건화와 실험의 연결이 옳은 것을 모두 고른 것은? • 10회

㉠ 무조건 자극 – 음식 제시
㉡ 무조건 반응 – 음식 제시 후 타액 분비
㉢ 조건 자극 – 벨소리
㉣ 조건 반응 – 벨소리만으로도 타액 분비

① ㉠, ㉡, ㉢
② ㉠, ㉢
③ ㉡, ㉣
④ ㉣
⑤ ㉠, ㉡, ㉢, ㉣

> **정답 및 해설**
>
> 파블로프의 고전적 조건형성은 다음과 같다. 개에 대한 실험에서 개의 입에 **고기조각**(무조건적인 자극, unconditioned stimulus)을 넣으면 항상 **침**(무조건적 반응, unconditioned response ; 학습되지 않은 반응)을 분비하게 된다는 것을 발견한다. 고기를 주기 전에 매회 종을 울리면, 후에 **종소리**(조건적인 자극, conditioned stimulus)만 듣고도 **침을 흘린다**(조건화된 반응, conditioned response). 종소리는 원래 타액분비와는 관계가 없는 중성자극(neutral stimulus)이기 때문에 단지 종소리만으로는 개가 침을 흘리지 않으나, 중성자극을 1차적인 유발자극과 연결시켜서 개에게 투입함으로써 중성자극에도 타액을 분비하는 반응이 유발된다. 중성자극에 반응유발능력을 가지게 하여 조건자극으로 변화시키는 과정이 고전적 조건화이다.
>
> 답 ⑤

02 파블로프(I. Pavlov)의 이론에 관한 설명으로 옳은 것은? • 11회

① 환경적 자극에 능동적으로 반응하여 나타나는 행동에 관심을 가진다.
② 인간행동은 학습되거나 학습에 의해 수정된다고 가정한다.
③ 관찰학습의 중요성을 강조한다.
④ 개인의 사고와 인지적 역할을 강조한다.
⑤ 강화와 처벌을 중요시 한다.

> **정답 및 해설**
>
> 파블로프의 고전적 조건형성 또는 고전적 조건화는 초기 행동주의 이론으로, 행동주의 이론(behavioral theory)은 인간행동의 대부분은 학습되거나 학습에 의해 수정된다는 기본 전제에 근거를 두고 있기 때문에 **학습이론**(learning theory)이라고 불린다.
>
> **오답풀이**
> ① 파블로프의 고전적 조건화는 환경적 자극에 유기체가 **자동적으로 또는 수동적으로 반응**하여 나타나는 행동에 관심을 가진다.
> ③ 관찰학습의 중요성을 강조하는 것은 **반두라의 사회학습이론**이다.
> ④ **반두라의 사회학습이론**은 전통적 행동주의 관점에 인지적 접근을 추가하여 형성되었으며, 인간의 행동이 사회적 상황 속에서 **개인의 내적·인지적 과정과 환경적 영향력 간의 상호작용으로 결정된다는 성격이론**이다.
> ⑤ 강화와 처벌을 중요시하는 것은 **스키너의 학습이론**이다.
>
>   답 ②

03 고전적 조건형성의 학습 원리에 관한 설명으로 옳은 것을 모두 고른 것은? • 20회

㉠ 시간의 원리 : 무조건자극보다 조건자극이 늦게 제공되어야 조건형성이 이루어진다.
㉡ 강도의 원리 : 무조건자극에 대한 반응이 조건자극에 대한 반응보다 약해야 한다.
㉢ 일관성의 원리 : 무조건자극과 조건자극은 조건이 형성될 때까지 지속적으로 제시되어야 한다.
㉣ 계속성의 원리 : 자극과 반응 과정의 반복 횟수가 많을수록 조건형성이 잘 이루어진다.

① ㉠, ㉡
② ㉡, ㉣
③ ㉢, ㉣
④ ㉠, ㉡, ㉢
⑤ ㉠, ㉢, ㉣

정답 및 해설

㉢ **일관성의 원리**는 무조건자극과 조건자극은 조건이 형성될 때까지 지속적으로 제시되어야 한다는 것이다.
  예 파블로브 실험에서 종소리 음색, 음량 등이 일관성 있게 제시되어야 조건화가 더욱 쉽게 일어남
㉣ **계속성의 원리**는 조건화 과정에서는 자극과 반응의 관계가 반복되는 횟수가 많으면 많을수록 효과가 있다는 것이다.

오답풀이

㉠ **시간의 원리**는 무조건자극과 조건자극이 **동시에**, 또는 무조건자극보다 조건자극이 **조금 앞서서 제시되**어야 조건형성이 잘 이루어진다는 것이다.
㉡ **강도의 원리**는 후속되는 무조건 자극의 강도가 처음보다 강할수록 조건형성이 잘 이루어진다는 것이다.
  예 파블로브 실험에서 개가 더 좋아하는 먹이를 무조건 자극으로 사용하면 더욱 쉽게 조건화가 형성됨

답 ③

04 쥐를 전혀 두려워하지 않는 아동에게 쥐를 보여주는 동시에 큰 소리를 내어 공포를 갖게 하는 것을 반복하면, 이후 아동은 쥐만 보아도 공포심을 느끼게 된다. 이 실험은 어떤 원리에 의해 이루어진 것인가? • 9회

① 도구적 조건화
② 조작적 조건화
③ 고전적 조건화
④ 대리적 조건화
⑤ 강화적 조건화

정답 및 해설

파블로프가 동물을 대상으로 실시한 조건형성을 인간에게도 적용할 수 있음을 최초로 보여준 사람이 **왓슨**(John Watson)이다. 왓슨은 그의 연구 조교인 레이너와 '**앨버트에게 공포반응 조건형성하기**' 실험에서 인간의 정서도 조건형성될 수 있음을 입증하였다. 즉, 11개월 된 앨버트(Albert)의 정서적 공포반응을 조건화시켰다.

답 ③

02 스키너(B. F. Skinner)

01 다음 상황이 설명하는 개념은? •12회

> 스키너의 상자에서 흰쥐는 계속 움직이면서 환경탐색을 하다가 우연히 지렛대를 눌러 먹이가 먹이통에 떨어지는 것을 보고, 지렛대를 누르는 행동을 계속하게 된다. 이때 먹이로 인하여 지렛대를 누르는 행동이 증가된다.

① 조작적 조건화 ② 고전적 조건화
③ 모방 ④ 소거
⑤ 처벌

정답 및 해설

스키너는 이전의 고전 행동주의자(Pavlov와 Thorndike)의 조건화 이론을 고전적(또는 반응적) 조건화와 도구적(또는 조작적) 조건화로 분류한 뒤, 이 두 이론을 체계화시켜 행동주의 심리학의 입장을 확고하게 만든 학자이다. **조작적 조건화는 인간이 환경적 자극에 능동적으로 반응하여 나타내는 행동인 조작적 행동을 설명하는 것으로**, 즉, 모든 다른 조건이 동일하다면 강화된 행동은 반복되는 반면 비강화되거나 처벌받은 행동은 반복되지 않거나 소거되는 경향을 말한다.

  답 ①

02 행동주의이론의 주요개념에 관한 설명으로 옳은 것을 모두 고른 것은? • 18회

㉠ 인간의 행동은 환경적 자극에 의해 동기화된다.
㉡ 변별자극은 어떤 반응이 보상될 것이라는 단서 혹은 신호로 작용하는 자극이다.
㉢ 강화에는 즐거운 결과를 의미하는 정적 강화와 혐오적 결과를 제거하는 부적 강화가 있고 이 두 가지는 모두 행동의 빈도를 증가시킨다.

① ㉠
② ㉡
③ ㉠, ㉡
④ ㉡, ㉢
⑤ ㉠, ㉡, ㉢

> **정답 및 해설**
> ㉠ 스키너는 **인간의 행동은 환경적 자극에 의해 동기화**되며, 행동에 따르는 강화에 의해 전적으로 결정된다고 보고 있다.
> ㉡ **변별자극은** 어떤 반응이 보상되거나 보상되지 않을 것이라는 단서 혹은 신호로 작용하는 자극을 말하는 것으로, 바람직한 결과를 얻기 위해 어떤 행동을 선택해야 할지를 암시해 준다.
> ㉢ **강화는** 행동 재현의 가능성(빈도수)을 높이는 것으로 정적 강화와 부적 강화가 있다. **정적 강화는** 유쾌한 자극을 제공함으로써 반응의 빈도를 높이는 것이며, **부적 강화는** 뒤따르는 혐오자극을 제거함으로써 반응의 빈도를 높이는 것이다.
>
> **답** ⑤

03 스키너(B. F. Skinner)의 행동주의 이론으로 맞는 것은? • 5회

① 인간의 행동은 내적 충동에 의해 동기화된다.
② 행동형성은 행동목록에 있지 않은 것이 나타나는 것이다.
③ 변별자극은 외부 세계를 통제할 수 없게 한다.
④ 관찰학습은 행동을 기계적으로 모방하는 것이다.
⑤ 반응적 행동은 구체적 자극을 통해 나타나는 구체적 행동이다.

> 정답 및 해설

반응적 행동은 인간 유기체가 특정 자극에 대해 자동적으로 반응을 보이는 것을 의미하며, 타액분비, 눈물, 재채기 등과 같은 반사행동과 수업시간에 교수가 질문을 하면 초조해하는 행동, 타인의 칭찬을 받았을 때 수줍은 미소를 짓는 것 등이 그 예이다.

✅ 오답풀이
① 인간의 행동은 내적 충동이 아닌 환경적 자극, 즉 **외적 자극에 의해 동기화**된다.
② 행동형성은 기존이 행동목록에 포함되어 있지 않은 행동을 강화시킬 수 없기 때문에, 최종 목표인 바람직한 행동을 정형화하기 위해 조금씩 강화를 주는 것이다. **행동형성은 이미 일어나고 있는 행동 중** 목표로 삼고 있는 바람직한 행동에 가까운 것을 찾는 데서부터 시작한다.
③ 변별자극은 어떤 반응이 보상되거나 보상되지 않을 것이라는 단서 혹은 신호로 작용하는 자극을 말하는 것으로, 바람직한 결과를 얻기 위해 어떤 행동을 선택해야 할지를 암시해 준다. 따라서 **변별자극을 통해 인간은 외부 세계를 예측하고 통제하는 것이 가능**하다.
④ 관찰학습은 반두라의 사회학습이론의 개념으로 **관찰을 통해 이루어지는 학습**을 말한다. 관찰학습에서는 서로 상이한 모델 및 사례들로부터 선택하여 그것을 종합해서 새로운 행동을 만들어내기도 한다.

답 ⑤

04 스키너(B. F. Skinner)의 행동주의 이론에 대한 설명으로 옳은 것은? •6회

① 아동은 벌을 받은 모델을 거의 모방하지 않는다.
② 공격적이거나 불쾌한 행동이 관찰을 통해 학습된다.
③ 인간행동의 초점은 자극과 고전적 소선화보다는 행동의 결괴와 조작적 조건화에 있다.
④ 아동은 이성의 모델의 행동을 더 잘 모방한다.
⑤ 아동은 위대하다고 생각하는 사람의 행동을 더 잘 모방한다.

> 정답 및 해설

스키너는 반응적 행동보다 조작적 행동을 중요시한다. 즉 인간이 성장하면서 고전적 조건반응보다 조작적 조건반응인 행동을 주로 하는 것을 주목하였다. ③번 문항을 제외한 문항들은 모두 **반두라의 사회학습이론에서 모델링에 대한 내용**을 설명한 것이다.

✅ 오답풀이
① 반두라의 실험적 연구에 의할 때 아동은 **벌을 받은 모델을 거의 모방하지 않는다.**
② 반두라는 일생동안 갖게 되는 습관의 대부분이 다른 사람을 관찰하고 모방함으로써 배우는 것이라고 생각하였다. **아동들의 공격성은** 공격적인 모델을 관찰하고 그 모델이 언제 강화를 받는지를 주시함으로써 학습된다.
④ 반두라의 실험적 연구에 의할 때 **아동은 자기와 동성인 모델의 행동을 이성인 모델의 행동보다 더 잘 모방**한다.
⑤ 반두라의 실험적 연구에 의할 때 **아동은 위대하다고 생각하는 사람의 행동을 위대하다고 생각하지 않는 사람의 행동보다 더 잘 모방**한다.

답 ③

05 스키너(B. F. Skinner)의 행동주의 이론에 대한 설명으로 옳지 않은 것은? • 8회

① 연속적 강화는 정해진 시간에 따라 강화물을 제공하는 것이다.
② 인간의 행동을 반응적 행동과 조건적 행동으로 구분한다.
③ 강화물에는 음식, 돈, 애정, 칭찬, 인정 등이 있다.
④ 인간은 무의식에 끌려 다니는 존재가 아니다.
⑤ 인간 행동의 요인은 환경적 자극에 있다.

정답 및 해설

연속적(지속적) 강화계획은 행동이 일어날 때마다 강화물을 제시하는 것이다. 이같이 매번 반응이 있을 때마다 강화를 주는 것은 일상생활에서 매우 드문 일이며, 일반적으로 지속적인 강화 스케줄은 처음에 반응을 유발하기 위해 많이 사용된다.

보충설명

② 인간의 행동을 **반응적 행동과 조작적 행동으로 구분**하였다. 반응적 행동은 구체적 자극에 의해 유발되는 구체적 행동을 일컫는다. 조작적 행동은 환경을 조작해서 어떤 결과를 낳게 되는 행동으로, 조작적 조건화에 의해 습득된 행동을 일컫는다.
③ 강화물에는 생리적 만족을 줄 수 있는 강화물(배고픈 사람에 주는 음식 등)인 **1차적 강화물**과 1차적 강화물과 연결됨으로써 강화력을 가지게 되는 자극(미소, 칭찬, 인정 등)인 **2차적 강화물**이 있다.
④ 행동주의자들은 관찰하고 실험하여 얻은 결과가 아닌 것을 인정하지 않는 철저한 실증주의자들의 입장을 고수하였으며, 이 관점은 특히 그들이 **프로이트의 인간연구방법(꿈의 해석)을 비난하게 하는 계기를 마련**하였다.
⑤ 스키너와 반두라는 모두 인간의 행동을 불러일으키는 요인은 **환경적 자극이라는 점을 동의**하고 있다.

답 ①

06 스키너(B. F. Skinner) 이론에 관한 설명으로 옳지 않은 것을 모두 고른 것은? • 13회

㉠ 인간의 자유의지를 강조한다.
㉡ 인간행동은 예측과 통제가 불가능하다고 보았다.
㉢ 부적 강화는 특정 행동을 제거하는 데 목적이 있다.
㉣ 고정간격 스케줄은 특정한 반응이 나타날 때마다 강화를 주는 것이다.

① ㉠, ㉡, ㉢
② ㉠, ㉢
③ ㉡, ㉣
④ ㉣
⑤ ㉠, ㉡, ㉢, ㉣

정답 및 해설

- ㉠ 스키너는 인간이 자신의 행동을 통제할 수 있는 힘이 없다고 본다. 즉 **자율적 인간이란 존재할 수 없다고 주장**하면서 인간의 자기결정과 자유의 가능성을 완전히 배제한다.
- ㉡ **인간행동**은 원인이 되는 자극(stimulus)을 조정함으로써 결과인 반응(response), 즉 **행동에 대한 예측과 통제가 가능**하다고 보았다.
- ㉢ **부적 강화**(negative reinforcement)는 뒤따르는 혐오자극을 제거함으로써 반응의 빈도를 높이는 것이다. 특정 행동을 제거하는 데 목적이 있는 것은 처벌이다.
- ㉣ 특정한 반응이 나타날 때마다 강화를 주는 것은 **고정비율 스케줄**이다. **고정간격 스케줄**은 특별히 정해진 시간간격에 따라 강화를 주는 것이다.

답 ⑤

---

07 스키너(B. F. Skinner)의 이론에 관한 설명으로 옳은 것은?   • 14회

① 인간행동은 내적인 동기에 의해 강화된다.
② 조작적 행동보다 반응적 행동을 중요시한다.
③ 인간행동에 대한 환경의 결정력을 강조한다.
④ 자기효율성을 성취하기 위해 행동을 규제한다.
⑤ 인간은 자신의 행동을 통제할 수 있는 힘을 가지고 있다.

정답 및 해설

스키너의 이론은 **인간의 행동에 대한 환경의 결정론을 지나치게 강조**한다. 즉 **인간의 행동은 환경적 자극에 의해 동기화**되며, 그것에 따르는 강화에 의해 전적으로 행동의 빈도와 강도가 결정된다.

오답풀이
① 인간행동에 영향을 미치는 **인간의 내적인 동기를 부정**한다.
② **반응적 행동보다 조작적 행동을 중요시**한다. 즉 인간이 성장하면서 고전적 조건반응보다 조작적 조건반응인 행동을 주로 하는 것을 주목하였다. 참고로 **반응적 행동**은 구체적 자극에 의해 유발되는 구체적 행동으로 고전적 조건화에 의해 수동적 반응으로 형성된 것이다. 반면 조작적 조건화에 의해 인간이 환경적 자극에 능동적으로 반응하여 나타나는 행동이 **조작적 행동**이다. 이는 환경을 조작해서 어떤 결과를 가져오도록 하는 행동이다.
④ 인간행동에 대한 기본가정으로 '인간은 자기효율성을 성취하기 위해 행동을 규제할 수 있다.'고 보는 것은 **반두라의 사회학습이론**이다.
⑤ 스키너는 '인간은 자신의 행동을 통제할 수 있는 힘이 없다.'고 가정한다.

답 ③

08 스키너(B. Skinner)의 이론에 관한 설명으로 옳은 것은? • 19회

① 행동조성(shaping)은 복잡한 행동의 점진적 습득을 설명하는 개념이다.
② 조작적 행동보다 반응적 행동을 강조한다.
③ 변동간격계획은 평균적으로 일정한 수의 반응이 일어난 후에 강화물을 제공하는 것을 말한다.
④ 인간행동은 인간이 지닌 자유의지의 결과이다.
⑤ 부적 강화는 특정 행동의 빈도를 감소시키는 효과를 지닌다.

정답 및 해설

행동조성(shaping)은 복잡한 행동이나 기술을 학습시키는 데 매우 유용한 방법으로, 기대하는 반응이나 행동을 학습할 수 있도록 기대에 부응하는 행동에 대해서 강화를 함으로써 행동을 점진적으로 만들어가는 것이다.

오답풀이
② 스키너는 인간의 행동을 반응적 행동과 조작적 행동으로 구분하였으며, 반응적 행동보다 **조작적 행동을 강조**한다. 즉 인간이 성장하면서 고전적 조건반응보다 조작적 조건반응인 행동을 주로 하는 것을 주목하였다.
③ 평균적으로 일정한 수의 반응이 일어난 후에 강화물을 제공하는 것은 **고정비율계획**이다. 변동간격계획(가변간격계획)은 일정한 시간의 한도 내에서 강화를 주는 시간 조정을 다양하게 하는 것이다.
④ 스키너는 자율적인 인간이란 존재할 수 없다고 주장하면서 **인간의 자기결정과 자유의 가능성을 완전히 배제**하고 있다. 즉 인간행동에 대한 환경결정론적 가정으로 인간은 자신의 행동을 통제할 수 있는 힘이 없다고 보았다.
⑤ 부적 강화는 강화에 해당되기 때문에 특정 행동의 빈도를 **증가**시키는 효과를 지닌다. 즉 **부적 강화**는 뒤따르는 혐오자극을 제거함으로써 반응의 빈도를 높이는 것이다.

답 ①

09 행동주의 이론에 관한 설명으로 옳은 것을 모두 고른 것은? • 21회

㉠ 인간행동에 대한 환경의 결정력을 강조한다.
㉡ 강화계획은 행동의 반응 가능성을 증가시키고 유지시키기 위한 방법이다.
㉢ 행동조성(shaping)은 복잡한 행동의 점진적 습득을 설명하는 개념이다.
㉣ 고정간격 강화계획은 정해진 수의 반응이 일어난 후 강화를 주는 것이다.

① ㉠, ㉡   ② ㉠, ㉣
③ ㉡, ㉣   ④ ㉢, ㉣
⑤ ㉠, ㉡, ㉢

정답 및 해설

㉠ 환경적 요인에 의해 인간의 본성이 결정된다는 기계론적인 **환경결정론의 입장**을 강하게 취하고 있다.
㉡ **강화계획**은 행동증기를 목적으로 사용하는 강화물을 제시하는 빈도로, 강화계획에 따라 반응속도나 강화물이 제시되지 않는 상황에서도 동일한 반응이 유지되는 정도가 달라진다.
㉢ **행동조성(shaping)**은 기대하는 반응이나 행동을 학습할 수 있도록 기대에 부응하는 행동에 대해서 강화를 함으로써 행동을 점진적으로 만들어가는 것이다.

오답풀이

㉣ 고정비율 강화계획은 정해진 수의 반응이 일어난 후 강화를 주는 것이다.

답 ⑤

10 스키너(B. Skinner)의 이론에 관한 설명으로 옳지 않은 것은? • 22회

① 강화계획 중 반응율이 가장 높은 것은 가변비율(variable-ratio)계획이다.
② 정적 강화물의 예시로 음식, 돈, 칭찬 등을 들 수 있다.
③ 인간행동은 예측가능하며 통제될 수 있다고 본다.
④ 인간의 창조성과 자아실현을 강조한다.
⑤ 부적 강화는 바람직한 행동의 빈도를 증가시키는데 초점을 둔다.

정답 및 해설

인간의 창조성과 자아실현을 강조하는 것은 무의식적 결정론에 근거한 정신분석이론이나 환경결정론에 근거한 행동주의이론의 입장에 반대한 **인본주의 이론**이다. 스키너(B. Skinner)는 환경적 요인에 의해 인간본성이 결정된다는 환경결정론의 입장을 강하게 취하기 때문에 인간의 내면세계에 대한 논의 자체를 거부한다.

보충설명

① 강화계획 중 가장 높은 비율의 반응을 발생시키는 강화계획의 순서는 **가변비율 강화계획, 고정비율 강화계획, 가변간격 강화계획, 고정간격 강화계획 순**이다.
② **정적 강화물은 행동의 반응빈도를 높여주는 유쾌한 자극**으로, 음식, 돈, 칭찬, 고기덩어리, 상, 안아주기 등이다.
③ 행동을 일으키는 선행조건에 어떤 반응이 뒤따르는가를 기능적 분석을 통해 발견하고, 원인이 되는 자극(stimulus)을 조정함으로써 결과인 반응(response), 즉 **행동에 대한 예측과 통제가 가능**하다고 보았다.
⑤ **강화(정적 강화나 부적 강화 모두)는** 바람직한 행동의 빈도를 증가시키는데 초점을 둔다.

답 ④

11 다음 중 아동처벌을 극대화하는 것으로 맞는 것은?   • 2회

㉠ 행동 직후에 즉시 처벌한다.
㉡ 벌을 주는 동안 냉정한 자세를 유지한다.
㉢ 같은 상황에서 일관성 있게 처벌한다.
㉣ 아동을 처벌하면서 대안을 제시한다.

① ㉠, ㉡, ㉢
② ㉠, ㉢
③ ㉡, ㉣
④ ㉣
⑤ ㉠, ㉡, ㉢, ㉣

> **정답 및 해설**
>
> **처벌(punishment)** 은 반응의 결과가 뒤따르는 반응의 빈도를 감소시키는 것을 말하며, 체벌, 전기쇼크, 큰 소리 등과 같이 반응을 감소시키는 자극을 처벌물(punisher)이라 한다. 벌을 사용하기로 결정한 경우, 그 효과를 극대화하기 위해서는, ㉠ 초기 개입해야 하며, ㉡ 그 행동이 있을 때마다 벌을 주고, ㉢ 벌을 주는 동안 냉정한 태도를 지니며, ㉣ 벌을 주는 것과 동시에 다른 적절한 행동을 강화하기 위해 보조프로그램을 사용해야 한다는 것이다.
>
> 답 ⑤

12 선생님이 학생들의 자원봉사활동을 높이기 위해 "자원봉사를 하면 청소 면제해주겠다."라고 약속하였다. 이는 다음 중 어떤 개념을 활용한 것인가?   • 7회

① 정적 강화
② 정적 처벌
③ 부적 처벌
④ 부적 강화
⑤ 자기 규제

> **정답 및 해설**
>
> 우선 자원봉사활동을 높이는 것 즉 빈도수를 높이는 것은 강화이다. 그런데 청소 면제라는 불쾌한 자극을 철회시키는 것이 있기 때문에 **부적 강화**에 속하는 것이다.
>
> 답 ④

13 숙제하지 않는 행위를 감소시키기 위해, 숙제를 하지 않은 학생의 핸드폰을 압수하는 방법으로 행동을 수정하려고 한다. 이에 해당하는 기법은?
• 9회

① 부적 강화
② 부적 처벌
③ 대리학습
④ 행동조성
⑤ 모델링

> **정답 및 해설**
> 반응 혹은 행동을 감소(숙제를 하지 않는 행위를 감소)시키는 것은 처벌로서, 과정상 기쁨이나 만족을 주는 것을 제거(핸드폰을 압수하는 방법)하는 것이므로 **부적 처벌**에 해당한다.
> 답 ②

OIKOS UP 강화와 처벌의 차이

과정	결과	강화(reinforcement) 반응 혹은 행동의 증가	처벌(punishment) 반응 혹은 행동의 감소
정적 (positive)	제공	• 정적 강화물 : 음식, 고기덩어리, 칭찬, 상, 안아주기 등	• 정적 처벌물 : 전기쇼크, 신체적 고통, 야단치기 등
부적 (negative)	제거	• 부적 강화물 : 고통스러운 결과를 줄 수 있는 것을 없애줌	• 부적 처벌물 : 기쁨이나 만족을 주는 것을 제거시킴.

14 다음에서 설명하는 행동주의의 기법은?
• 8회

선생님은 교실에서 떠드는 아동에게 관심을 보이다가 어느 순간에 아동이 떠들어도 아무런 반응을 보이지 않고 계속 수업을 진행하였다. 처음에는 아동이 더 심하게 떠들어 수업을 방해했지만 결국에는 스스로 떠드는 행위를 중단하게 되었다.

① 강화
② 보상
③ 소거
④ 처벌
⑤ 무관심

> **정답 및 해설**
> 소거(extinction)는 이전에 강화되었던 행동이 더 이상 이전과 같은 결과를 가져오지 않는 것이다. 어떤 반응에 대한 강화를 중지하는 것으로 강화만 없어지는 것이지(중지하는 것이지) 그 외에 어떤 것도 없어지지 않는다. 즉, 보상받지 못하는 행동은 발생의 기본적인 수준으로 감소하며 그 행동은 결국 소거되는 것이다.
> ③

15 스키너(B. F. Skinner)의 강화계획에서 가장 높은 반응의 빈도를 지속적으로 유발하는 것은?

• 9회

① 반응강화계획(response-reinforcement schedule)
② 고정비율계획(fixed-ratio schedule)
③ 변수비율계획(variable-ratio schedule)
④ 고정간격계획(fixed-interval schedule)
⑤ 변수간격계획(variable-interval schedule)

> **정답 및 해설**
>
> 강화스케줄은 반응을 나타내는 비율에 영향을 주는데, 최고 높은 비율의 반응을 발생시키는 강화스케줄의 순서는 **변수비율(VR) 스케줄, 고정비율(FR) 스케줄, 변수간격(VI) 스케줄, 그리고 고정간격(FI) 스케줄**의 순이다.
>
> 답 ③

16 스키너(B. F. Skinner)의 강화에 관한 설명으로 옳은 것은?

• 10회

① 부적 강화의 예로 처벌을 들 수 있다.
② 1차적 강화물은 미소, 칭찬, 점수 등이다.
③ 가변비율 강화계획의 예로 월급을 들 수 있다.
④ 고정간격 강화계획은 반응에 대해 일정한 시간이 지난 후 강화를 주는 것이다.
⑤ 반응율이 높은 강화계획 순서는 가변간격, 고정간격, 가변비율, 고정비율 순이다.

정답 및 해설

고정간격 강화계획은 특별히 정해진 시간 간격에 따라 강화를 주는 것으로, 예를 들어 10분 안에 다섯 번의 강화를 준다면 매 2분마다 강화를 제공하는 형태이다.

오답풀이
① 강화에는 긍정적 보상에 의해 뒤따르는 반응의 빈도를 높이는 '**정적 강화**(positive reinforcement)'와 뒤따르는 혐오자극을 제거함으로써 반응의 빈도를 높이는 '**부적 강화**(negative reinforcement)'가 있다.
② **1차적 강화물**은 그 자체로 생리적 만족을 줄 수 있는 강화물로, 예를 들어 배고픈 사람에게 음식을 주는 것에서 음식은 그 자체로 충분한 강화물이 될 수 있다. 반면에 **2차적 강화물(조건적 강화물)**은 1차적 강화물과 연결됨으로써 강화력을 가지게 된 자극을 말하는 것으로, 예를 들어 배고픈 아이에게 음식을 주면서 보여주는 엄마의 웃음 또는 지원의 표시이다.
③ **월급은 고정간격 강화계획에 해당한다.** 가변비율 강화계획은 특정한 반응이 나타날 때마다 강화를 주지만 반응의 빈도를 고정적으로 하지 않고 빈도를 다양하게 정하여 그 빈도에 따라 강화를 주는 것으로 **도박**을 들 수 있다.
⑤ 강화계획은 반응을 나타내는 비율에 영향을 주는데, 최고 높은 비율의 반응을 발생시키는 강화계획의 순서는 **변수비율 강화계획, 고정비율 강화계획, 변수간격 강화계획, 그리고 고정간격 강화계획**의 순이다.

 ④

---

17 고정비율(fixed-ratio) 강화스케줄의 사례로 옳은 것은? • 11회

① 공부하는 자녀에게 1시간 간격으로 간식을 제공한다.
② 공부하는 자녀에게 처음에는 2과목 문제풀이를 끝낸 후, 두 번째는 5과목을 끝낸 후에 간식을 제공한다.
③ 공부하는 자녀에게 매주 정기적으로 용돈을 준다.
④ 공부하는 자녀에게 한 과목 문제풀이를 끝낼 때마다 한 번의 간식을 제공한다.
⑤ 공부하는 자녀에게 하루 중 세 번의 간식을 주기로 하고 아무 때나 간식을 제공한다.

정답 및 해설

고정비율(fixed-ratio) 강화스케줄은 특정한 반응빈도를 보일 때마다 강화를 주는 것으로, 예를 들면 전체 열 번의 반응을 나타내는 동안 다섯 번의 강화를 제공한다면 두 번의 반응이 나타날 때마다 강화를 주는 것이다.

오답풀이
① 고정간격 강화스케줄에 해당한다.
② 변수비율 강화스케줄에 해당한다.
③ 고정간격 강화스케줄에 해당한다.
⑤ 변수간격 강화스케줄에 해당한다.

 ④

18 스키너(B. Skinner)의 조작적 조건형성을 위한 강화 계획 중 '가변(변동)간격 강화'에 해당하는 사례는?

• 20회

① 정시 출근한 아르바이트생에게 매주 추가수당을 지급하여 정시 출근을 유도한다.
② 어린이집에서 어린이가 규칙을 지킬 때마다 바로 칭찬해서 규칙을 지키는 행동이 늘어나도록 한다.
③ 수강생이 평균 10회 출석할 경우 상품을 1개 지급하되, 출석 5회 이상 15회 이내에서 무작위로 지급하여 성실한 출석을 유도한다.
④ 영업사원이 판매 목표를 10%씩 초과 달성할 때마다 초과 달성분의 3%를 성과급으로 지급하여 의욕을 고취한다.
⑤ 1년에 6회 자체 소방안전 점검을 하되, 불시에 실시하여 소방안전 관리를 철저히 하도록 장려한다.

> **정답 및 해설**
>
> **가변(변동)간격 강화**는 일정한 시간의 한도 내에서 강화를 주는 시간 조정을 다양하게 하는 것이다. 1년이란 시간의 한도 내에서 6회 자체 소방안전 점검을 하되, 불시에 실시한다는 것은 다양하게 시간 조정을 하는 것이므로 가변(변동)간격 강화에 해당된다.
>
> **오답풀이**
> ① 매주마다 추가수당을 지급하는 것은 정해진 시간 간격에 따라 강화를 주는 것이므로, **고정간격 강화**에 해당한다. 이와 같이 고정간격 강화를 실시하면, 강화를 제공하는 시간이 임박하면 강화받는 행동이 극대화된다.
> ② 어린이집에서 어린이가 규칙을 지킬 때마다 바로 칭찬한 것은 반응이 있을 때마다 강화를 주는 **연속적(지속적) 강화**에 해당한다.
> ③ 수강생이 출석하는 반응이 나타날 때 상품을 지급하는 것을 통해 간격이 아닌 비율임을 알 수 있다. 평균 10회 출석할 경우 상품을 1개 지급하되, 출석 5회 이상 15회 이내에서 무작위로 지급하였으므로 **가변(변동)비율 강화**에 해당한다.
> ④ 영업사원이 판매 목표를 10%씩 초과 달성하는 반응빈도를 보일 때마다 초과 달성분의 3%를 성과급으로 지급는 것이므로 **고정비율 강화**에 해당한다.
>
> ⑤

19 형이 동생을 때리면 장난감과 책이 없는 장소로 이동시키는 것은? • 2회

① 토큰경제
② 타임아웃
③ 반응대가
④ 혐오기법
⑤ 용암법

> **정답 및 해설**
>
> **타임아웃**(time out, 격리)은 부적응적 행동을 했을 때 긍정적 강화를 받을 수 있는 기회를 박탈함으로써 부적응적 행동을 소거하려는 기법이다. 즉, 강화를 일시적으로 중지하는 것으로, 특정 행동의 발생빈도를 줄일 목적으로 이전의 강화를 철회하는 것과 같으며, 소거의 한 형태이다.
>
> **오답풀이**
> ① **토큰경제**(token economy)는 개인이 적절한 행동을 할 때 상징적 강화인자로서 토큰을 주고 토큰이 일정하게 모였을 때 개인이 원하는 것과 교환하는 방법으로 행동을 수정하는 방법
> ③ **반응대가**(response cost)는 부적응적 행동을 했을 때 자신에게 이익이 되는 물건이나 권리를 내놓게 하여 대가를 치르게 하는 방법
> ④ **혐오기법**(aversive techniques)은 부적응적 행동이 나타날 때마다 고통스러운 혐오자극을 가하여 문제행동을 소거시키는 방법
> ⑤ **용암법**(fading)은 한 행동이 다른 상황에서도 발생할 수 있도록 그 상황을 점차적으로 변경하여 가는 방법을 말하는 것으로, 예를 들어 대인관계에 미숙한 클라이언트에게 대화법을 학습시키고자 할 때 먼저 사회복지사의 관계에서 대화법을 익힌 후 점차 다른 상황에서도 대인관계를 잘 할 수 있도록 확대시켜 나가는 방법
>
> ②

20 학자와 인간관의 연결이 옳지 않은 것은? • 11회

① 에릭슨 – 인간은 합리적이고 창조적인 존재이다.
② 아들러 – 개인이 지닌 창조적 힘이 인간의 본성을 결정한다.
③ 피아제 – 인간은 환경과의 상호작용을 통하여 변화하고 발달하는 능동적 존재이다.
④ 스키너 – 인간은 환경적 자극이 없어도 동기화가 가능한 자율적 존재이다.
⑤ 엘리스 – 인간은 자기보존적이며 성장 및 변화하는 존재이다.

> **정답 및 해설**
>
> 스키너는 인간의 행동은 **환경적 자극에 의해 동기화**되며, 그것에 따르는 강화에 의해 행동의 빈도와 강도가 결정된다고 보았다.
>
> **보충설명**
> ① 에릭슨은 인간을 내적 통합성, 좋은 판단력 그리고 성공할 수 있는 능력을 지니고 있는 **합리적이고 이성적이며 창조적인 존재로 규정**하고 있다.
> ② 아들러는 유전적 요인과 환경적 요인이 성격형성에 미치는 영향을 인정하고 있지만 각 개인이 지닌 **창조적 힘이 인간의 본성을 결정하는 데 더욱 중요**하다고 보고 있다.
> ③ 피아제는 인간이 환경적 영향을 받기는 하지만 이러한 **환경적 자극을 능동적으로 중재하고 재구성할 수 있는 능력**이 있으며, 지속적으로 성장·발달할 수 있는 잠재력을 지니고 있다고 본다.
> ⑤ 엘리스는 **인간을 자기보존적이며, 스스로 사고와 정서, 행동을 변화시킬 능력이 있는 성장지향적인 존재**로 보면서 인간의 사고, 행동, 감정이 매우 밀접하게 상호작용한다고 보았다.
>
> 답 ④

21 인간발달 이론이 사회복지실천에 미친 영향으로 옳지 않은 것은? • 15회

① 피아제(J. Piaget)의 이론은 아동의 과학적, 수리적 추리과정의 발달과정을 이해할 수 있도록 준거틀을 제시하였다.
② 프로이드(S. Freud)의 이론은 클라이언트의 심리내적 갈등이 무의식의 동기에서 비롯된다는 것을 인식하도록 하였다.
③ 에릭슨(E. Erikson)의 이론은 클라이언트의 생애주기에 따른 실천개입의 지표를 제시해 주었다.
④ 스키너(B. Skinner)의 이론은 클라이언트의 모방학습의 중요성을 인식하도록 하였다.
⑤ 매슬로우(A. Maslow)의 이론은 클라이언트의 욕구를 파악하고 평가하는데 유용하다.

> **정답 및 해설**
> 클라이언트의 모방학습의 중요성을 인식하도록 한 것은 반두라의 이론이다. 즉 **반두라(A. Bandura)의 사회학습이론은 모방학습의 중요성에 대해 우리의 자각을 증진시켰으며**, 사회적 환경이 인간에게 얼마나 많은 영향을 미치는가에 대해 다시 한 번 인식하도록 하였다.
>
> ✓ 보충설명
> ④ 스키너(B.Skinner)의 이론은 행동주의 학습이론의 범위를 넓혔으며, 과학적 실험연구를 통해 인간행동의 발달과 구체적이고 유용한 지식을 제공하였다. 특히 **정적 강화, 강화계획, 행동형성 등과 같은 연구는 사회생활에서 실용적 가치와 효과성이 입증**되고 있다.
>
> 답 ④

22 인간발달이론이 사회복지실천에 미친 영향으로 옳지 않은 것은?   •22회

① 스키너(B.Skinner)이론은 행동결정요인으로 인지와 정서의 중요성을 이해하는 계기를 제공하였다.
② 융(C. Jung)이론은 중년기 이후의 발달을 이해하는데 도움을 제공하였다.
③ 에릭슨(E. Enkson)이론은 생애주기별 실천개입의 기반을 제공하였다.
④ 프로이트(S. Freud)이론은 인간행동의 무의식적 측면을 심층적으로 분석할 수 있는 기반을 제공하였다.
⑤ 매슬로우(A. Maslow)이론은 인간의 욕구를 파악할 수 있는 근거를 마련하였다.

> **정답 및 해설**
> 스키너(B.Skinner)이론은 인간의 행동에 대한 환경의 결정력을 너무 강조하여 행동에 영향을 미치는 **인간의 인지와 정서의 중요성을 배제**하고 있다.
>
> ✓ 보충설명
> ② 융(C. Jung)이론은 현대 심리학뿐만 아니라 정신의학, 철학, 예술 등 다양한 학문 분야의 발전에 기여하였는데, 특히 **중년기 이후의 발달, 인간본성의 양면성, 심리적 유형 등은 일반대중에게도 많은 영향**을 미쳤다.
> ③ 에릭슨(E. Enkson)이론은 생애주기를 8단계로 구분하고, **각 단계별 심리사회적 위기와 전 생애의 발달변화**를 강조하였다. 이는 사회복지실천에서 생애주기별 실천개입을 하는데 폭넓게 사용되고 있다.
> ④ 프로이트(S. Freud)이론은 인간의 심리성욕 갈등의 양상과 그 해결방법에 대해 **인간 정신생활의 무의식적 측면을 심층적으로 분석**한다.
> ⑤ 매슬로우(A. Maslow)이론은 **인간욕구에 관한 준거틀을 제공**함으로써 인간욕구를 파악할 수 있는 근거를 제공하고 있다.
>
> 답 ①

03 반두라(A. Bandura)

01 반두라(A. Bandura)가 주장한 개념으로 옳지 않은 것은? • 9회

① 모방(modeling)
② 관찰학습(observational learning)
③ 자기효능감(self-efficacy)
④ 행동조성(shaping)
⑤ 자기강화(self-reinforcement)

정답 및 해설

행동조성(shaping, 행동형성)은 스키너의 개념이다. 행동조성은 **복잡한 행동이나 기술을 학습시키는 데 매우 유용한 방법**으로, 기대하는 반응이나 행동을 학습할 수 있도록 기대에 부응하는 행동에 대해서 강화를 함으로써 행동을 점진적으로 만들어 가는 것이다.

답 ④

02 반두라(A. Bandura) 이론을 설명하는 개념으로 옳은 것은? • 13회

① 고전적 조건형성(classical conditioning)
② 소거(extinction)
③ 자발적 회복(spontaneous recovery)
④ 모방(imitation)
⑤ 중립 자극(neutral stimulus)

정답 및 해설

모방(imitation)은 관찰을 통한 학습으로 다른 사람이 행동하는 것을 보고 들으면서 그 행동을 따라 하는 것으로, 반두라 이론에서 설명하는 개념이다.

오답풀이

① **고전적 조건형성(classical conditioning)**은 일정한 자극에 의해 선천적으로 유발되는 반응을 그것과 아무런 관계가 없는 중성자극(neutral stimulus)과 연합시킴으로써 그 중성자극이 조건자극으로 변화되어 조건반응을 일으키게 하는 것을 말한다. 이는 **파블로프(Pavlov)의 동물실험을 통해 확립되었으며, 왓슨(Watson)이 인간에게 적용**하여 행동주의 학습이론의 기초가 되었다.
② **소거(extinction)**는 이전에 강화되었던 행동이 더 이상 이전과 같은 결과를 가져오지 않는 것으로, 스키너의 이론을 설명하는 개념이다.
③ **자발적 회복(spontaneous recovery)**은 소거를 통해 완전히 감소된 어떤 행동이 다음에 발생할 기회가 주어졌을 때 다시 나타나는 것을 말하는 것으로, 스키너의 이론을 설명하는 개념이다.
⑤ **중립 자극(neutral stimulus, 중성 자극)**은 파블로프 개 실험에서 종소리를 말한다. 종소리는 음식물(고기조각, 무조건적 자극)과는 다르게, 개의 타액분비와 무관한, 즉 타액분비를 촉진시키거나 억제시키는 작용을 하지 못하는 자극이다.

답 ④

03 반두라(A. Bandura)의 사회학습이론의 주요 개념으로 옳은 것은? • 14회

① 도식(scheme)
② 음영(shadow)
③ 평형(equilibrium)
④ 행동조성(shaping)
⑤ 관찰학습(observational learning)

> **정답 및 해설**
>
> 관찰학습은 반두라의 사회학습이론의 주요 개념으로, 인간이 타인들의 행동을 관찰함으로써 학습한다는 것을 의미한다.
>
> **오답풀이**
> ① 도식은 피아제의 인지이론의 주요개념이다.
> ② 음영은 융의 분석심리이론의 주요개념이다.
> ③ 평형은 피아제의 인지이론의 주요개념이다.
> ④ 행동조성은 스키너의 학습이론의 주요개념이다.
>
> ⑤

04 반두라(A. Bandura)의 사회학습이론의 주요 개념으로 옳지 않은 것은? • 16회

① 모델링
② 관찰학습
③ 자기강화
④ 자기효능감
⑤ 논박

> **정답 및 해설**
>
> 논박(Dispute)은 엘리스(Albert Ellis)의 합리적 정서치료 개입과정에 해당한다. 합리적 정서치료 개입과정인 ABCDE모델에서 D는 **논박(Dispute)**으로 클라이언트가 가지고 있는 비합리적인 신념이나 사고에 도전하고 그것이 사리에 맞는지를 검토하는 것이다.
>
> ⑤

05 반두라(A. Bandura) 이론으로 옳은 것은? • 6회

① 대부분의 학습은 다른 사람의 행동을 관찰하고 모방한 결과로 일어난다.
② 외부 자극이 대부분의 인간 행동을 통제한다.
③ 강화된 행동이 습관이 되고 이 습관이 성격을 이룬다.
④ 아동은 벌을 받은 모델의 행동을 잘 모방한다.
⑤ 아동은 이성인 모델에게서 더 많은 강화가 일어난다.

> **정답 및 해설**
>
> 반두라의 사회학습이론은 관찰을 통해 이루어지는 학습이라 하여 관찰학습이라고 하는데, **관찰학습(observational learning)은 모방학습, 사회학습, 대리학습(vicarious learning), 모델링 등으로도 불리기도 한다.** 관찰학습은 인간이 단순한 환경적 자극에 대한 반응을 통해 행동을 학습하는 것이 아니라 **타인들의 행동을 관찰함으로써 학습한다는 것을** 의미한다. 인간은 단순히 타인의 행동을 기계적으로 모방만 하지 않는다. 즉 서로 상이한 모델 및 사례들로부터 선택하여 그것을 종합해서 새로운 행동을 만들어내기도 한다.
>
> **오답풀이**
> ②, ③ **스키너의 행동주의 이론**에 해당된다.
> ④ 반두라의 실험적 연구에 의할 때 아동은 **벌을 받은 모델의 행동은 거의 모방하지 않는다.**
> ⑤ 반두라의 실험적 연구에 의할 때 아동은 자기와 동성인 모델의 행동을 **이성인 모델의 행동보다 더 잘 모방한다.**
>
> 답 ①

06 다음 중 반두라(A. Bandura)의 사회학습이론에 대한 설명으로 옳은 것은? • 8회

① 인간의 발달과 관련해 발달단계의 중요성을 강조하였다.
② 인간의 주관이나 의지를 인정하지 않는다.
③ 스스로 통제할 수 없는 보상과 처벌을 통해 스스로의 행동을 개선하는 자기강화 과정을 소개하였다.
④ 인간의 행동은 타인의 행동을 모방하는 간접 경험에 의해서만 학습된다고 본다.
⑤ 인간의 행동이 사회적 요인에 의해서만 결정되는 것이 아니라고 보았다.

정답 및 해설

직접 경험에 의한 학습에 전적으로 관심을 둔 행동주의와는 달리 자극과 반응을 연결하는 인지적 기능을 강조하여 직접 경험에 의한 학습 또는 대리경험, 즉 관찰을 통해 행동을 할 수 있다고 본다. 즉, **인간행동이 내적 과정과 환경 영향 간의 복잡한 상호작용의 결과로서 일어난다고 보았다.**

오답풀이
① 반두라와 같은 사회학습이론가들은 행동의 선행요인과 행동에 따르는 강화와 벌의 효과성은 개인의 목표, 계획, 자아효능감 등에 따라 차이가 있기 때문에, **생활주기에 따른 단계별로 행동발달의 공통적 특성을 설명한다는 것은 무의미**하다고 본다(김동배 외, 2006).
② 인간의 행동은 환경적 자극에 의해 동기화되며, 개인의 인지적 요인과 다른 내적 사건들에 의해 중재되어 최종적으로 표현되는 행동이 결정된다고 가정한다. 즉, **인간 내면의 주관적인 인지적 요소가 관여한다**고 보고 있다.
③ **자기강화**란 각 개인이 수행 또는 성취의 기준을 설정하고 자신의 기대를 달성하거나 초과하거나 또는 그 수준에 못 미치는 경우 자신에게 보상 또는 벌을 내린다는 개념이다.
④ 인간은 단순히 타인의 행동을 기계적으로 모방만 하지 않는다. 즉 서로 상이한 모델 및 사례들로부터 선택하여 그것을 종합해서 새로운 행동을 만들어내기도 한다. **반두라가 말하는 관찰학습은 기계적인 모방이라기보다는 능동적으로 판단하고 구성하는 과정**이다.

답 ⑤

07 학자가 주장한 이론의 설명으로 옳은 것은? • 12회

① 에릭슨(E. Erikson) - 의사결정 과정에서 의식적인 사고과정을 중요시 한다.
② 반두라(A. Bandura) - 인간행동은 관찰학습을 통해 습득될 수 있다.
③ 피아제(J. Piaget) - 인간은 환경적 자극이 없어도 동기화가 가능한 사율적인 존재이다.
④ 스키너(B. F. Skinner) - 인간행동의 결정인자는 개인이 현실을 보는 방식에 기초한다.
⑤ 엘리스(A. Ellis) - 인간 발달은 여러 단계로 구분되며 점성원칙에 의해 지배된다.

정답 및 해설

반두라의 사회학습이론은 **관찰을 통해 이루어지는 학습이라 하여 관찰학습**이라고 하며, 관찰학습은 인간이 단순한 환경적 자극에 대한 반응을 통해 행동을 학습하는 것이 아니라 **타인들의 행동을 관찰함으로써 학습한다는 것을 의미**한다.

오답풀이
① 에릭슨의 심리사회이론에서는 인간의 행동이 개인의 심리적 요인과 사회문화적 요인의 상호작용에 의해 결정된다고 보았으며, 그 중에서도 사회문화적 요인(social forces)의 영향을 특히 중요시하였다. **의사결정과정에서 의식적인 사고과정은 인지이론에 해당**되는 것이다.
③ 피아제는 **인간의 의지는 환경과 상호작용하면서 변하고 발달**하며, 이 과정에서 인간의 능동적 역할이 중요하다고 보았다.
④ 스키너는 인간행동의 결정요인을 **환경적 요인에 의해 인간의 본성이 결정**된다는 기계론적인 환경결정론의 입장을 강하게 취하고 있다.
⑤ 인간 발달은 여러 단계로 구분되며 점성원칙에 의해 지배된다고 보는 것은 **에릭슨의 이론**이다.

답 ②

08 반두라(A. Bandura)의 사회학습이론으로 옳지 않은 것은?

• 18회

① 자기강화란 자기 스스로 목표한 일을 달성하고 자신에게 강화물을 주어서 행동을 유지하고 변화해 나가는 과정이다.
② 자기효능감은 자신이 바라는 목적을 이루기 위해 특정 행동을 성공적으로 수행할 수 있다는 신념이다.
③ 관찰학습은 단순한 환경적 자극에 대한 반응을 통하여 행동을 학습하는 것이 아니라 타인의 행동을 관찰함으로써 행동을 습득하는 것이다.
④ 관찰학습의 마지막 단계는 운동재생단계이다.
⑤ 인간의 성격은 개인적, 행동적, 환경적 요소들 간의 지속적인 상호작용에 의하여 발달한다.

> **정답 및 해설**
> 관찰학습의 과정은 주의집중단계 → 기억유지과정 → 운동재생단계 → 동기화 단계로, 관찰학습의 마지막 단계는 **동기화** 단계이다.
>
> ✔ 보충설명
> ⑤ 반두라는 이를 **상호결정론**이라고 하였다. 환경이 아동의 성격과 행동을 조성한다는 스키너의 연구와 달리, 반두라는 개인, 행동, 환경 간 관계가 양방향적이라고 주장한다.
>
> 답 ④

09 반두라(A. Bandura)의 이론에 관한 설명으로 옳지 않은 것은?

• 19회

① 학습은 사람, 환경 및 행동의 상호작용에 의해 이루어짐을 강조한다.
② 특정행동을 성공적으로 수행할 수 있다는 신념을 강조한다.
③ 개인이 지닌 인지적 요인의 영향력을 강조한다.
④ 관찰학습의 첫 번째 단계는 동기유발과정이며, 학습한 내용의 행동적 전환을 강조한다.
⑤ 인간은 스스로 자신의 행동을 강화할 수 있음을 강조한다.

정답 및 해설

관찰학습의 **첫 번째 단계는 주의과정**(attention process, 주의 집중 단계)이며, 동기유발과정은 마지막 단계이다. 학습한 내용의 행동적 전환을 강조하는 것은 **행동적 재현과정**(motor reproduction process, 운동재생 단계)이다.

보충설명
① 학습은 사람(Person), 환경(Environment) 및 행동(Behavior)의 상호작용에 의해 이루어진다고 보았으며 이를 **상호결정론**이라고 하였다. **사람(P)**은 인지와 지각을 통하여 그 상황을 분석하여 어떤 행동을 선택할 것인지 결정하며, **환경(E)**은 사람이 행동하는 상황을 제공하고, **행동(B)**은 사람의 상황분석과 관련된 정보를 제공하고 그 환경을 수정한다.
② 특정행동을 성공적으로 수행할 수 있다는 신념인 **자기효능감**(self-efficacy)을 강조한다.
③ 전통적 행동주의 관점에 **인지적 접근**을 추가하여, 개인이 지닌 인지적 요인의 영향력을 강조한다.
⑤ 인간은 스스로 자신의 행동을 강화할 수 있다는 개념인 **자기 강화**(self-reinforcement)를 강조한다.

 ④

---

10 반두라(A. Bandura)의 사회학습이론의 주요 개념으로 옳지 않은 것은?   •21회

① 모델이 관찰자와 유사할 때 관찰자는 모델을 더욱 모방하는 경향이 있다.
② 자신이 통제할 수 있는 보상을 자신에게 줌으로써 자기 행동을 유지시키거나 개선시킬 수 있다.
③ 학습은 사람, 환경 및 행동의 상호작용에 의해 이루어짐을 강조한다.
④ 조작적 조건화에 의해 행동은 습득된다.
⑤ 관찰학습은 주의집중과정→보존과정(기억과정)→운동재생과정→동기화과정을 통해 이루어진다.

정답 및 해설

조작적 조건화에 의해 행동은 습득된다고 보는 것은 **스키너(B. Skinner)의 이론**이다. 반두라(A. Bandura)는 인지적 기능을 강조하여 관찰을 통해 행동이 습득된다고 보았다.

보충설명
① 자기와 동성인 모델의 행동을 이성인 모델의 행동보다 더 잘 모방하며, 연령이나 지위에서 자기와 비슷한 모델을 상이한 모델보다 더 잘 모방하는 경향이 있다.
② 자기 강화(self-reinforcement)에 대한 설명이다. 자기강화란 자기 스스로 목표한 일을 달성하고 자신에게 강화물을 주어서 행동을 유지하고 변화해 나가는 과정이다.
③ 학습은 사람(Person), 환경(Environment) 및 행동(Behavior)의 상호작용에 의해 이루어진다고 보았으며 이를 상호결정론이라고 하였다.
⑤ 관찰학습은 네 가지 과정 즉, 주의집중과정 → 보존과정(기억과정, 파지단계) → 운동재생과정(행동적 재현과정, 생산과정) → 동기화과정(자기강화의 과정)으로 이루어진다고 하였다.

 ④

11 반두라(A. Bandura)의 이론에 관한 설명으로 옳은 것을 모두 고른 것은? •22회

㉠ 개인의 신념, 기대와 같은 인지적 요인을 중요시하였다.
㉡ 대리적 강화(vicarious reinforcement)의 중요성을 강조하였다.
㉢ 자기효능감을 높이는 가장 효과적인 방법으로 대리적 경험을 제시하였다.
㉣ 외부로부터 주어지는 강화의 중요성을 강조하는 자기강화(self reinforcement)의 개념을 제시하였다.

① ㉠
② ㉡
③ ㉠, ㉡
④ ㉡, ㉢, ㉣
⑤ ㉠, ㉡, ㉢, ㉣

> **정답 및 해설**
>
> ㉠ 스키너와 달리 반두라는 환경자극이 인간행동에 영향을 주지만, **개인의 신념, 기대 같은 인지적 요인**이 더 많이 행동방식에 영향을 준다고 보았다.
> ㉡ 반두라는 **대리학습과 대리적 강화**(vicarious reinforcement)**의 중요성을 강조**하였다. 모델을 관찰함으로써 이미 알고 있는 행동들이 강화되는 경우를 **대리학습**이라고 하였으며, 이 같이 모델이 하는 행동을 보고 학습 강화를 받는 것을 **대리적 강화**라고 한다.
>
> **오답풀이**
>
> ㉢ 자기효능감을 높이는 가장 효과적인 방법으로 **성취경험**을 제시하였다. 목표를 달성하기 위한 시도에서 비롯된 성공·실패에 대한 과거 경험을 자기효능감의 가장 중요한 결정요인으로 보았다.
> ㉣ 반두라가 자기강화(self reinforcement)의 개념을 제시한 것은 맞다. 하지만, **자기강화는** 외부로부터 주어지는 강화가 아니라, **자신이 통제할 수 있는 보상 또는 벌을 자기 스스로에게 주어서 자신의 행동을 유지하거나 변화시키는 과정**을 의미한다.
>
> 답 ③

12 영화나 드라마의 공격성이 청소년에게 미치는 영향은 어느 이론에 준거한 것인가? • 3회

① 정신역동이론 ② 인지이론
③ 인본주의 이론 ④ 사회학습이론
⑤ 현상학 이론

> **정답 및 해설**
> 반두라(Bandura)의 사회학습이론은 관찰을 통해 이루어지는 학습이라 하여 관찰학습이라고 한다. 관찰학습에서 우리의 행동은 살아 있는 모델에 의해서만 영향을 받는 것이 아니라, **대중매체에서 제시되는 모델에 의해서도 영향을 받을 수 있는데**, 특히 사춘기에 처한 청소년들에게 이러한 현상이 두드러진다. 특히, 드라마나 영화 속의 모델의 매력적이고 강력한 인상은 청소년들의 행동에 그대로 반영되는 것을 흔히 볼 수 있다.
> 답 ④

13 유명 연예인이 피아노를 치며 사랑을 고백하는 드라마가 유행한 뒤, 피아노 학원에 등록하는 청소년들이 많아졌다. 이 현상을 설명할 수 있는 이론은? • 9회

① 현상학 이론 ② 인지발달이론
③ 분석심리이론 ④ 조작적 조건화 이론
⑤ 사회학습이론

> **정답 및 해설**
> 반두라의 사회학습이론은 관찰학습으로, 관찰학습(observational learning)은 모방학습, 사회학습, 대리학습(vicarious learning), 모델링 등으로도 불리기도 한다. **모델링(modeling, 모방)**은 관찰을 통한 학습 또는 대리경험에 의한 학습으로 다른 사람이 행동하는 것을 보고 들으면서 그 행동을 따라 하는 것이다.
> 답 ⑤

14 부모가 자녀에게 "너는 할 수 있다." 확신을 주게 되면 자녀는 스스로 그 과업을 잘 해결해 나갈 수 있다는 신념을 가지면서 과업수행에 더 많은 노력을 기울이게 된다. 이는 다음 중 어떤 개념에 해당하는가?
• 7회

① 동일시
② 자기효능감
③ 자기언어
④ 자기규제
⑤ 행동형성

정답 및 해설

자기효능감(self-efficacy, 자기효율성)이란 바람직한 효과를 산출하는 행동을 성공적으로 수행할 수 있다는 개인의 신념, 즉 자신이 바라는 목적을 이루기 위해 어떤 특정 행동을 성공적으로 수행할 수 있다는 신념이다. 자기효능감에 대한 지각이 개인이 추구하거나 피하려고 선택하는 활동에 영향을 미쳐서 결과적으로 그가 누구인지, 그가 무엇이 될 것인지를 결정한다.

보충설명

④ **자기규제**(self-regulation, 자기조정)는 자신의 행동을 감독하고 스스로 자부심을 가지는 것으로서, 주로 인간의 행동은 자기강화에 의하여 규제된다.

답 ②

15 반두라(A. Bandura)의 자기효능감 지표가 아닌 것은?
• 8회

① 대리경험
② 성공경험
③ 자기보상
④ 언어적 설득
⑤ 정서적 각성

정답 및 해설

자아효능감의 네 가지 주요한 원천은 다음과 같다.
㉠ **성취경험** : 목표를 달성하기 위한 시도에서 비롯된 성공/실패에 대한 과거 경험은 자기효능감의 가장 중요한 결정요인이다.
㉡ **대리경험** : 타인의 성공/실패를 목격하는 것은 유사한 상황에서 개인의 유능감을 평가하기 위한 비교 근거를 제공한다. 즉, 개인의 관찰경험이 자아효능감의 중요한 결정요인이 된다는 것이다.
㉢ **언어적 설득** : 타인으로부터 어떤 과제를 숙달할 수 있는지 혹은 숙달할 수 없는지에 관해 듣는 것은 역시 자아효능감을 증가 혹은 감소시킬 수 있음. 비록 그러한 언어적 설득의 효과가 약하지만 자기효능감의 결정인으로서 작용한다.
㉣ **정서적 각성** : 개인의 자아효능감은 어떤 주어진 수행상황에서 개인이 느끼는 정서적 각성의 정도와 질에 의해 영향을 받는다. 개인이 느끼는 불안의 정도는 어려움, 스트레스, 그리고 어떤 과제가 나타내는 지속성의 지각된 정도에 대한 중요한 정보를 제공한다. 매우 높은 불안 수준은 개인이 매우 잘 한다고 느끼지 못하는 것을 그에게 알려준다.

답 ③

16 반두라(A. Bandura)가 설명한 자기효능감의 형성요인이 아닌 것은? • 17회

① 대리경험 ② 언어적 설득
③ 정서적 각성 ④ 행동조성
⑤ 성취경험

> **정답 및 해설**
>
> 반두라의 사회학습이론에서의 주요개념인 **자기효능감**(self-efficacy, 자기효율성)의 형성요인(4가지 주요 원천)에는 대리경험, 언어적 설득, 정서적 각성, 성취경험이 있다.
>
> **오답풀이**
>
> ④ 행동조성(shaping, = 행동형성)은 스키너의 행동주의적 학습이론의 개념이다. 행동조성은 복잡한 행동이나 기술을 학습시키는 데 매우 유용한 방법으로, 기대하는 반응이나 행동을 학습할 수 있도록 기대에 부응하는 행동에 대해서 강화를 함으로써 행동을 점진적으로 만들어 가는 것이다.
>
> 답 ④

17 중간고사에서 나쁜 성적을 받은 학생이 기말고사를 치를 때까지 스스로 인터넷 게임을 중단하고 학업에 매진하기로 결심하였다. 이러한 행동을 설명하는 개념은? • 10회

① 행동조성(shaping)
② 자기강화(self-reinforcement)
③ 처벌(punishment)
④ 정적 강화(positive reinforcement)
⑤ 소거(extinction)

> **정답 및 해설**
>
> 자기강화는 자신의 행동을 모니터링 하는 과정으로, 각 개인이 수행 또는 성취와 관련된 내적 기준을 설정하고 자신의 기대를 달성하거나 초과하거나 또는 그 수준에 못 미치는 경우에 자신에게 보상 또는 벌을 내린다는 개념이다.
>
> 답 ②

18 반두라(A. Bandura)의 사회학습이론 중 모델행동의 상징적 표상을 적절한 행동으로 전환하는 과정은?

• 5회

① 주의집중과정
② 보유과정
③ 동기화 과정
④ 자기강화의 과정
⑤ 운동재생과정

> **정답 및 해설**
>
> 운동재생과정(motor reproduction process, 행동적 재현과정, 생산과정)은 모델을 모방하기 위해, 심상(imagery) 및 언어로 저장된 상징표상을 적절한 행동으로 전환해야 하는데 이러한 전환과정을 재현과정이라고 한다. 즉, 기호화된 표상을 외현적 행동으로 전환시키는 단계이다.
>
> **✓ 보충설명**
>
> 반두라의 사회학습이론은 관찰을 통해 이루어지는 학습이라고 하여 관찰학습이라고 하는데, 관찰학습은 환경적 자극에 대한 반응을 통하여 행동을 학습하는 것이 아니라 타인의 행동을 관찰함으로써 학습하는 과정이다. 반두라는 관찰학습에 의한 학습과정에 영향을 끼치는 인지적·사회적 요소에 관해 말하면서, **관찰학습은 네 가지 과정 즉, 주의집중과정 → 기억과정(기억유지과정, 보존과정, 파지단계) → 운동재생과정(행동적 재현과정, 생산과정) → 동기과정(자기강화의 과정)으로 이루어진다고 하였다.**
>
> 답 ⑤

19 반두라(A. Bandura)의 관찰학습의 과정에 해당되지 않는 것은?

• 11회

① 주의집중
② 자기효능평가
③ 운동재생
④ 동기유발
⑤ 기억

> **정답 및 해설**
>
> 관찰학습과정은 **주의집중 → 기억 → 운동재생 → 동기유발**이다.
>
> 답 ②

OIKOS UP 관찰학습의 과정(모델로부터 학습하는 과정)

모델이 되는 사상	주의집중단계	파지단계	운동재생단계	동기화단계	본 뜨 기 수 행
	모델의 행동에 집중하고, 정확하게 지각함.	이전에 관찰된 모델의 행동을 기억함. (장기간 보유)	모델의 행동을 상징적으로 부호화해서 기억한 것을 새로운 반응 유형으로 번역함.	만약 정적 강화(외적·대리적 자기강화)가 주어지게 되면 모델의 행동을 수행함.	
	모델링자극 독특성 감정가 복잡성 우세성 기능적 가치 **관찰자 특징** 감각능력 흥분수준 지각적 자세 과거 강화	기호적 부호화 인지적 조직 기호적 연습 운동적 연습	신체적 능력 요소반응의 가용성 재생에 대한 자기관찰 피드백의 정확성	외적 강화 대리적 강화 자기강화	

20 반두라(A. Bandura)의 모방(modeling)에 관한 설명으로 옳지 않은 것은?   • 14회

① 대리경험에 의한 학습을 말한다.
② 조작적 조건화에 의해 습득된다.
③ 시연을 통해 행동을 습득할 수 있다.
④ 각 단계마다 칭찬을 해주면 효과적이다.
⑤ 쉽고 간단한 것부터 습득하며 점차 어렵고 복잡한 것으로 진전된다.

정답 및 해설

모방(modeling)은 **대리경험에 의한 학습**으로, 다른 사람이 행동하는 것을 보고 들으면서 그 행동을 따라하는 것이다. ①, ③, ④, ⑤는 모두 모방에 해당되는 설명으로 올바르다.

오답풀이

② 조작적 조건화에 의해 습득되는 것은 조작적 행동으로, 이는 **스키너의 학습이론에 해당**된다. **조작적 조건화는** 자극이나 특수한 조건에 의해, 어떤 반응이 유발되는가에 대해 기능적 분석을 실시하여, 행동의 원인과 결과를 발견하고, 원인인 자극을 조정함으로써 그 결과인 반응을 통제할 수 있다는 원리이다.

답 ②

21 다음 사례와 관계있는 개념은?   • 13회

철수는 친구가 학교규칙을 위반해 벌을 서는 것을 목격하고, 학교규칙을 준수하게 되었다.

① 소거
② 대리 학습
③ 자기 강화
④ 조작적 조건화
⑤ 고전적 조건화

정답 및 해설

주어진 사례는 **대리학습**과 관련된 개념이다. 관찰학습은 이전에 하지 않았던 행동을 학습하는 과정을 말하지만, **반두라에 의하면 대리학습도 가능**하다. 즉, 어떤 경우에는 모델을 관찰함으로써 이미 알고 있는 행동들이 강화되는 경우도 있다.

답 ②

MEMO

제10장 인지이론

제1영역 : 인간행동과 사회환경

▶ 제10장 회차별 출제빈도, 출제비중 및 출제논점 1, 2, 3순위

구분	10회 2012	11회 2013	12회 2014	13회 2015	14회 2016	15회 2017	16회 2018	17회 2019	18회 2020	19회 2021	20회 2022	21회 2023	22회 2024
제10장 인지이론	7	4	2	4	2	3	2	1	1(3)	1(2)	2(1)	1	1(1)
피아제의 인지이론	4	1	1	3	2	3	2	–	1(1)	1(1)	1(1)	1	1
콜버그의 도덕발달이론과 인지치료	3	1	1	1	–	–	(1)	1	(2)	(1)	1	–	(1)

목차	출제 비중	출제 논점		
		1순위 ☺	2순위 ※	3순위 ☆
제10장 인지이론	1 2 4			
피아제의 인지이론	0 1 3	① 인지발달단계와 단계별 특징	① 피아제 이론의 평가	① 주요개념 : 도식, 동화, 조절, 평형화
콜버그의 도덕발달이론과 인지치료	0~1	① 콜버그 도덕발달단계	① 콜버그 이론의 한계점 (vs 길리건 이론)	① 인지치료 : 엘리스의 합리정서치료, 벡의 인지치료

01 피아제(J. Piaget)

01 다음에서 설명하고 있는 개념은?
●1회

과거에 사회복지사에게 부정적 감정을 가지고 있던 클라이언트의 어머니가 이전의 사회복지사와 다르다는 것을 느끼고 인식이 변하였다.

① 도식
② 동화
③ 조정(조절)
④ 평형
⑤ 협응

> **정답 및 해설**
>
> 조절(accommodation)은 정보에 적응하기 위한 구조 자체의 능동적 변경을 일컫는다. 즉, **대상의 새로운 차원 또는 감추어진 사건을 설명하기 위해 기존의 도식을 수정하는 과정**이다. 예를 들어, 사립학교에 자녀를 보내는 학부모는 모두 속물이라고 생각하던, K는 사립학교에 자녀를 보낸 A라는 사람과 만날 때 그 사람이 속물일 것을 기대하고 실제로 이야기한 후 그 사람을 속물이라고 결론을 내리는 것은 동화(assimilation)지만, 그 A라는 사람이 사실상 사립학교에 보낸 것이 기독교 교육 때문에 보낸 사실을 이야기를 통해 알게 된 후, 사립학교에 자녀를 보내는 모든 학부모가 속물은 아니라는 사실을 깨닫게 된다. K가 입수한 새로운 정보를 통합하기 위해서는 사립학교에 자녀를 보내는 학부모에 관한 그의 기존 도식을 수정해야 했는데 이것이 조절이다.
>
> 답 ③

02 인지이론의 주요 개념에 관한 설명으로 옳은 것을 모두 고른 것은? •13회

> ㉠ 동화 – 새로운 정보를 접했을 때 기존의 도식을 변경하는 것
> ㉡ 도식 – 사물이나 사건에 대한 전체적인 윤곽이나 개념
> ㉢ 조절 – 기존의 도식을 활용하여 새로운 자극을 이해하는 것
> ㉣ 평형화 – 동화와 조절을 통해 균형 상태를 이루는 것

① ㉠, ㉡, ㉢　　② ㉠, ㉢
③ ㉡, ㉣　　④ ㉣
⑤ ㉠, ㉡, ㉢, ㉣

> **정답 및 해설**
>
> ㉡ **도식(schema)**은 어원으로는 형태라는 의미이며, 일반적으로 사물이나 사건 또는 사실에 대한 전체적인 윤곽이나 개념을 말한다.
> ㉣ **평형화(equilibration)**는 동화와 조절이라는 반대성질을 지닌 것의 결과물로, 동화와 조절의 상호작용을 통한 조화를 통해서 유기체가 자신과 환경 간의 균형 상태를 이루는 것을 의미한다.
>
> ✓ 오답풀이
> ㉠ 동화(assimilation)는 **새로운 경험을 기존의 도식 또는 구조에 통합시키는 과정**으로 기존 도식의 관점에서 새로운 경험을 해석하는 경향을 말한다. 새로운 정보를 접했을 때 기존의 도식을 변경하는 것은 조절이다.
> ㉢ 조절(accommodation)은 대상의 새로운 차원 또는 감추어진 사건을 설명하기 위해 **기존의 도식을 수정하는 과정**이다. 기존의 도식을 활용하여 새로운 자극을 이해하는 것은 동화를 설명한 것이다.
>
> 답 ③

03 피아제(J. Piaget)가 제시한 인지발달의 촉진요인이 아닌 것은? • 19회

① 성숙
② 애착 형성
③ 평형화
④ 물리적 경험
⑤ 사회적 상호작용

정답 및 해설

피아제는 인지발달의 단계를 결정하는 인지발달의 촉진요인을 **내적 성숙(유전적 요인), 물리적 경험(신체적 경험), 사회적 상호작용(사회적 전달 또는 교육), 평형화(평형상태)**라고 보았다.

인지발달 촉진요인	내 용
내적 성숙(유전적 요인)	신생아가 외부세계의 문제에 적응하는 최초의 상태를 결정할 뿐 아니라 성장, 발달의 각 시점에서 어떤 새로운 발달 가능성을 전개할 것인지 결정
물리적 경험(신체적 경험)	유전 혹은 내적 성숙이 발달을 촉진하는 데 필요하지만 그것만으로는 충분하지 않으며, 직접적 경험으로부터 논리나 지능이 발달함
사회적 상호작용 (사회적 전달 또는 교육)	신체적 경험이 정신발달에 본질적이지만 그것만으로는 지적 발달에 불충분하며, 사회적 상호작용이 인지발달의 심리사회적 측면에 기여함
평형화(평형상태)	내적 성숙, 물리적 경험, 사회적 상호작용은 서로 잘 조화되어야 하고 평형상태가 유지되어야 함

답 ②

04 다음 중 피아제(J. Piaget)의 감각운동기의 발달단계 순서를 옳게 배열한 것은? • 7회

① 반사활동기 → 1차 순환반응의 성립 → 1차 순환도식의 협응 → 2차 순환반응의 성립 → 3차 순환반응의 성립 → 상징적 표상
② 반사활동기 → 1차 순환반응의 성립 → 2차 순환반응의 성립 → 2차 도식의 협응 → 3차 순환반응의 성립 → 통찰기
③ 반사활동기 → 1차 순환반응의 성립 → 2차 순환반응의 성립 → 2차 도식의 협응 → 정서적 표상 → 3차 순환반응의 성립
④ 1차 순환반응의 성립 → 2차 도식의 협응 → 3차 순환반응의 성립 → 상징적 표상 → 반사활동기 → 통찰기
⑤ 1차 순환반응의 성립 → 2차 순환반응의 성립 → 3차 순환반응의 성립 → 상징적 표상 → 반사활동기 → 3차 도식의 협응

> **정답 및 해설**
>
> 출생부터 약 2세까지 지속되는 이 단계의 유아는 외부 세계에 대해 빨기, 쥐기, 때리기와 같은 신체적 행동 양식을 조직화하므로 **감각운동기**라 한다. 감각운동기 발달단계와 연령은 다음과 같다.
>
> | 세부단계 | 연 령 |
> |---|---|
> | 반사기(반사활동기) | 출생~1개월 |
> | 1차 순환반응의 성립 | 1~4개월 |
> | 2차 순환반응의 성립 | 4~8개월 |
> | 2차 도식의 협응 | 8~12개월 |
> | 3차 순환반응의 성립 | 12~18개월 |
> | 통찰기(상징적 표상) | 18~24개월 |
>
> 답 ②

05 피아제(J. Piaget)의 인지발달단계 중 감각운동기의 세부 단계와 그 설명으로 옳지 않은 것은?

• 16회

① 반사기(출생~1개월) : 반사행동을 통하여 환경 내 자극들을 동화시키며 성장한다.
② 1차 순환반응기(1~4개월) : 손가락 빨기와 같이 우연한 신체적 경험을 하여 흥미있는 결과를 얻었을 때 이를 반복한다.
③ 2차 순환반응기(4~8개월) : 딸랑이 흔들기와 같이 환경 변화에 흥미를 가지고 그 행동을 반복한다.
④ 2차 도식협응기(8~12개월) : 장애물을 치우고 원하는 물건을 잡는 등 의도적 행동을 할 수 있다.
⑤ 3차 순환반응기(12~18개월) : 행동하기 전에 생각을 반복한다.

> **정답 및 해설**
>
> 문제해결을 위해 시행착오적 시도를 하기보다 **행동하기 전에 머릿속에서 먼저 생각을 한 이후 행동**을 하는 것은 **통찰기(18~24개월)에 해당**한다.
>
> ✓ **보충설명**
>
> ③ 3차 순환반응기(12~18개월)는 목적을 성취하기 위해 행위를 수정할 수 있게 된다. 이 시기 영아는 단순한 목적을 지닌 반복이 아니라 다양한 시도를 하게 되며, 의도적으로 새로운 가능성을 탐색해 봄으로써 자신의 행동이 어떤 결과를 가져올지를 알아보기 위한 실험을 한다. 예 다양한 소리를 듣기 위해 숟가락, 연필, 막대기 등 여러 물체를 이용해 두드리는 것을 시도해보고, 여러 위치에서 물건을 떨어뜨려 그 상황을 관찰하기도 한다.
>
> 답 ⑤

06. 다음 중 피아제(J. Piaget)의 인지발달단계에서 대상 영속성을 획득하는 시기는? • 4회

① 감각운동기
② 전조작기
③ 구체적 조작기
④ 형식적 조작기
⑤ 모든 단계에서 가능

정답 및 해설

대상이 보이지 않을 때도 대상이 계속해서 존재한다는 사실을 인식하는 것을 의미하는 대상 영속성을 획득하는 시기는 **감각운동기**이다.

답 ①

07. 피아제(J. Piaget)의 감각운동기의 발달특성에 관한 설명으로 옳은 것은? • 15회

① 대상을 특징에 따라 분류(classification)한다.
② 대상을 연속(seriation)적인 순서에 따라 배열한다.
③ 대상의 질량 혹은 무게가 형태 및 위치에 따라 변하여도 보존(conservation)될 수 있다고 생각한다.
④ 대상영속성(object permanence)을 획득한다.
⑤ 조합기술(combination skill)을 획득한다.

정답 및 해설

대상영속성(object permanence)은 사물이 우리의 바람이나 생각과는 상관없이 독립적으로 존재하고 있음을 이해하는 능력으로, 만 24개월이 되면 형성(확립)된다.

오답풀이

① **분류(classification, 유목화)**는 대상을 구분하고, 동시에 2개 이상의 계층을 고려할 수 있는 능력으로 구체적 조작기의 특징이다.
② **연속성(seriation, 서열화)**은 크기가 증가하고 감소함에 따라 요소들을 정신적으로 배열할 수 있는 능력으로 구체적 조작기의 특징이다.
③ **보존(conservation)**은 형태와 위치가 변화하더라도 물질의 양은 동일하게 유지된다는 개념으로 구체적 조작기의 특징이다.
⑤ **조합기술(combination skill)**은 수(數)를 조작하는 능력으로써 일정한 수의 사물이 있으면 그걸 펼치든지 모으든지 또는 형태를 바꾸든지 수가 같다는 것을 이해할 수 있는 능력을 의미하며, 구체적 조작기의 특징이다.

답 ④

08 피아제(J. Piaget)의 전조작기에 해당하는 것은? • 6회

① 걸음을 걷기 시작한다.
② 현재의 지각적 경험뿐만 아니라 과거와 미래의 경험을 사용한다.
③ 어떤 말을 반복해서 들으면 그 말의 의미를 알 수 있다.
④ 자기 자신과 사실 간의 불일치가 주로 발생한다.
⑤ 추상적 사고가 가능해진다.

> **정답 및 해설**
>
> 전조작기는 2~7세의 시기이다. 이 시기의 유아는 언어의 습득을 통하여 상징적 표상능력을 지닐 수 있게 되고, **개념적 사고**를 하기 시작하며, 지능은 지각에 의해 지배되는 경향이 있으며, 유아 자신의 관점과 사고가 옳다고 보는 자기중심적 관점을 갖게 된다. 이 시기의 특성은 자기중심성, 물활론, 상징적 기능, 타율적 도덕성, 꿈의 실재론, 집중성, 일방성 등이다.
>
> **오답풀이**
> ① 걸음을 걷기 시작하는 것은 **감각운동기**인 생후 12개월에 가능하다.
> ② **형식적 조작기**의 아동은 새로운 상황에 직면했을 때 현재의 지각적 뿐만 아니라 과거와 미래의 경험을 사용한다.
> ④ 전조작기의 아동의 주된 불일치는 자기와 타인 간에 발생하지만, **구체적 조작기**의 아동에게서는 자기와 사실 간의 불일치가 주로 발생한다.
> ⑤ 추상적 사고는 **형식적 조작기**의 특성이다.
>
> 답 ③

09 피아제(J. Piaget)가 주장한 전조작기의 특징으로 옳지 않은 것은? • 9회

① 언어발달이 왕성한 시기이다.
② 대상 영속성이 발달되는 시기이다.
③ 자기중심적 사고가 나타나는 시기이다.
④ 상위개념과 하위개념의 구분이 완전하지 못한 시기이다.
⑤ 상징개념을 획득하는 시기이다.

> **정답 및 해설**
>
> 대상영속성이 발달되어 획득되는 것은 감각운동기이며, 전조작기에는 대상영속성이 이미 완전히 획득되어 있는 시기이다.
>
> **보충설명**
> ④ 상위개념과 하위개념의 구분은 분류(classification, 유목화)를 말하는 것으로, 전조작기에는 분류에서 전체와 부분의 관계, 즉 상위개념과 하위개념의 관계를 이해하지 못한다.
>
> 답 ②

10 피아제(J. Piaget)의 인지발달이론에서 전조작기에 관한 설명으로 옳지 않은 것은? • 14회

① 자율적 도덕성이 나타난다.
② 보존개념을 획득하지 못한다.
③ 꿈이 현실로 존재한다는 것을 믿는다.
④ 상징적으로 사고하는 능력이 발달한다.
⑤ 자신의 관점과 상이한 다른 사람의 관점이 존재한다는 사실을 알지 못한다.

> **정답 및 해설**
>
> 전조작기에는 **타율적 도덕성**이 나타나며, **구체적 조작기에 자율적 도덕성**이 나타난다. **타율적 도덕성**은 성인들에 의해 부여된 규칙에 맹목적으로 복종하는 것을 말하며, **자율적 도덕성**은 규칙이 상호 합의에 의해 제정되고 서로가 동의하면 언제든지 자율적으로 변화될 수 있다는 것을 의미한다.
>
> **✓ 보충설명**
> ② **보존개념은 구체적 조작기**에 획득한다. **보존개념**은 어떤 대상의 외적 형태가 변화되어도 그 양적 속성이나 실체가 바뀌지 않는다는 사실을 이해하는 것을 의미한다.
> ③ **전조작기는 꿈의 실재론**, 즉 자신이 꿈꾸는 것이 실제라고 생각한다.
> ④ **전조작기에는** 눈에 보이지 않는 사물이나 행동을 표상하기 위해 상징기호를 사용하는 **상징적 사고 능력이 발달**한다.
> ⑤ **전조작기의 자아중심성**에 대한 설명으로, 이 시기 아동은 자신 이외 다른 사람들의 관점을 추측할 수 없으므로, 전조작기 아동은 다른 사람과 연결된 대화를 할 수 없다.
>
> 답 ①

11 피아제(J. Piaget)의 인지발달이론에서 '전조작기'의 발달 특성으로 옳지 않은 것은? • 20회

① 상징놀이를 한다.
② 비가역적 사고를 한다.
③ 물활론적 사고를 한다.
④ 직관에 의존해 판단한다.
⑤ 다중 유목화의 논리를 이해한다.

정답 및 해설

전조작기 유아가 단순 유목화만 가능하였다면, **구체적 조작기의 아동은 다중 유목화가 가능하다.** 단순 유목화는 어떤 대상을 한 가지 속성에 따라 단순하게 분류하는 것이며, 다중 유목화는 일정한 대상을 두 개 이상의 속성에 따라 분류하는 것이다. 예) 구체적 조작기 아동은 식물이라는 상위범주를 꽃과 나무라는 하위범주로 단순 분류할 수 있을 뿐만 아니라, 꽃이라는 범주를 다시 다양한 하위범주의 꽃(장미, 백합, 팬지 등)으로 재분류할 수 있음

보충설명

① **상징놀이**란 가상적인 사물이나 상황을 실제 사물이나 상황으로 상징화하는 놀이를 말한다.
② **비가역적 사고**란 일련의 논리나 사건을 원래 상태로 역전시킬 수 없다고 생각하는 것이다.
③ **물활론적 사고**란 사물은 모두 살아 있고 각자의 의지에 따라 움직인다고 생각하는 것이다.
④ **직관적 사고**란 사물의 여러 측면에 주의를 기울일 줄 모르고 현재 지각되는 어느 한 사실에만 주의를 기울임으로써 그 대상을 규정짓는 사고 특성이다.

답 ⑤

12 피아제(J. Piaget)의 인지발달이론 중 다음에서 설명하는 개념은? • 12회

○ 보존의 개념을 획득하게 되어 역조작성의 논리를 사용할 수 있다.
○ 유목화가 가능하여 동물과 식물이 생물보다 하위개념임을 안다.
○ 탈중심화로 인해 또래들과의 관계 속에서 의사소통이 활발하게 이루어지는 시기이다.

① 반사기
② 전조작기
③ 구체적 조작기
④ 형식적 조작기
⑤ 감각운동기

정답 및 해설

구체적 조작기(concrete operational stage)는 7세부터 11세까지 지속되며, 비논리적 사고에서 (체계적인) 논리적 사고로 전환된다. 구체적 조작기 특징으로 보존 개념의 획득, 유목화(분류), 탈중심화, 자율적 도덕성, 가역성, 조합기술, 서열화 등이 있다.

답 ③

13 피아제(J. Piaget)의 인지발달에 관한 설명으로 옳지 않은 것은?
• 13회

① 2차 도식의 협응은 감각운동기에 나타난다.
② 대상 영속성 개념은 감각운동기에 나타난다.
③ 보존 개념의 획득은 전조작기의 특징이다.
④ 서열화와 유목화 개념의 획득은 구체적 조작기의 특징이다.
⑤ 추상적 사고의 확립은 형식적 조작기의 특징이다.

> **정답 및 해설**
>
> 보존 개념은 구체적 조작기의 특징으로, 형태와 위치가 변화하더라도 물질의 양은 동일하게 유지된다는 개념이다. 이는 한꺼번에 습득되는 것이 아니라 수와 길이 및 양에 대한 보존 개념이 먼저 습득되고, 다음으로 무게·부피에 대한 보존 개념의 순으로 획득한다고 보았다.
>
> 답 ③

14 피아제(J. Piaget)의 인지발달이론에서 구체적 조작기에 관한 설명으로 옳은 것을 모두 고른 것은?
• 15회

㉠ 인지적 능력이 급속도로 발전하는 단계이다.
㉡ 비논리적 사고에서 논리적 사고로 전환된다.
㉢ 분류화, 서열화, 탈중심화, 언어기술을 획득한다.
㉣ 대상의 형태와 위치가 변화하면 그 양적 속성도 바뀐다.

① ㉠, ㉡   ② ㉠, ㉢
③ ㉡, ㉢   ④ ㉡, ㉣
⑤ ㉢, ㉣

> **정답 및 해설**
>
> ㉠ 구체적 조작기에는 사고가 안정되고 일관성이 있으며, **논리적 사고가 현저하게 발달**한다. 전조작기 아동들이 할 수 없는 **다양한 지적 과업을 수행**한다.
> ㉡ 구체적 조작기 아동의 사고능력은 비논리적 사고에서 구체적인 수준의 가역적인 **논리적 사고로 발달**한다.
>
> **오답풀이**
> ㉢ 구체적 조작기에 분류화, 서열화, 탈중심화를 획득하는 것은 맞지만, **언어기술이 아니라 조합기술을 획득**한다. 언어기술을 획득하는 것은 전조작기에 해당된다.
> ㉣ 대상의 형태와 위치가 변화하면 그 양적 속성도 바뀐다고 생각하는 것은 아직 보존개념이 형성되지 않는 **전조작기 아동의 특징**이다. 구체적 조작기에는 보존의 개념을 획득하여 사물을 몇몇 부분에서 변화시킨다고 해도 그것이 결국 같은 사물임을 이해하는 능력이 생겨난다.
>
> 답 ①

15 아동이 경험하지 않은 미래의 사건을 예측할 수 있는 시기는?   •2회

① 감각운동기　　　　　　　　② 전조작기
③ 구체적 조작기　　　　　　　④ 형식적 조작기
⑤ 모든 시기

> **정답 및 해설**
>
> **형식적 조작기**에 아동들은 직접적으로 경험하지 않아도 추상적으로 사고하고 추론을 통해 가설을 세워 검증할 수 있게 됨으로써, **가설설정과 미래예측이 가능**하다.
>
> 답 ④

OIKOS UP 피아제의 인지발달단계와 특징

단계		연령범위	특징
감각운동기		출생~2세	• 지능은 감각적 경험에 기초 • 대상불변성(대상 영속성) • 원인과 결과 사이 관계에 대한 인식 표현 시작 • 목적지향적 행동의 출현에 동반되는 의도성의 획득이 포함
전조작기	전개념적 사고단계	2~4세	• 자기중심성(egocentrism) • 물활론(animism), 인공론적 사고 • 상징적 기능(symbolic function)
	직관적 사고단계	5~7세	• 타율성 도덕성(heteronomous morality) • 꿈의 실재론(realism) • 집중성(concentration) • 일방성(irreversibility)
구체적 조작기		7~12세	• 보존 개념, 가역성(reversibility) • 조망수용능력(perspective taking) • 분류(유목화)(classification) • 서열화(연속성)(seriation) • 탈중심화 • 자율적 도덕성(autonomous morality) • 조합기술(combination skill)
형식적 조작기		12~15세	• 형식화와 가설검증, 추상적 사고, 연역적 추론, 가설적·연역적 추론, 더 이상 지각에 한정되지 않는 사고 • 추상적 상징의 사용으로 실제적 가설적 문제와 체계적 해설 • 사물에 존재하는 방식과 기능하는 방식에 대해 추상적 사고 • 다양한 관점에서 가설-연역적인 추론 가능 • 조합적 분석능력 : 구체적 조작기의 아동처럼 시행착오적 접근방법이 아닌 체계적으로 가능한 조합을 차례로 시도하는 것

16. 피아제(J. Piaget)가 제시한 자기중심성에 관한 설명으로 옳지 않은 것은? • 10회

① 2차 순환반응기에는 자신과 외부대상의 구별이 가능하다.
② 구체적 조작기에는 놀이와 언어에서 외부의 관점을 고려하기 시작한다.
③ 전조작기에는 자신만의 규칙을 가지고 있어서 타인을 고려하지 않는다.
④ 형식적 조작기에 자기중심성이 다시 나타나지만 추상적·합리적 사고가 가능하다.
⑤ 구체적 조작기에는 자기중심적 사고가 시작되며 사물을 분류하는 것이 가능하다.

정답 및 해설

구체적 조작기에 사물을 분류하는 것이 가능하지만, 자기중심적 사고는 감각운동기에 시작된다. **자기중심성은 자신과 대상을 서로 구분하지 못하는 것으로 정의되며, 단계별로 이러한 분화의 결핍 상태가 각기 다르다.** 참고로 **구체적 조작기의 자기중심성은** 가정과 사실을 구별하지 못하므로 아동은 상황에 대한 그들의 가정을 바꾸기보다는 상황의 사실들을 바꾸는 경향이 있다.

보충설명

① **감각운동기의 2차 순환반응기에** 유아는 외부의 사건과 대상에 열중한다. 이 시기에 대상 영속성의 개념이 나타나기 시작하며, 이로 인해 **자신과 대상의 구별이 가능**하다.
② 자신 이외의 다른 사람들의 관점을 추측할 수 없었던 전조작기의 자아중심성을 구체적 조작기에는 극복한다. 따라서, **구체적 조작기에는 놀이와 언어에서 외부의 관점을 고려하기 시작한다.**
③ 전조작기에는 다른 사람의 관점이나 관심사를 고려하는 객관성이 획득되지 않기 때문에 아동은 자신의 지각적 경험이나 자신의 관심사에만 집중하는 것이다. 따라서 **자신만의 규칙을 가지고 있어서 타인을 고려하지 않는다.**
④ 형식적 조작기에 나타나는 자기중심성은 자신의 사고와 다른 사람의 사고를 구별하지 못하는 것을 말한다. 형식적 조작기의 특징으로 가설설정 혹은 상상적 추론과 같은 **추상적 사고가 가능하며 합리적 사고가 가능**하다.

답 ⑤

OIKOS UP — 인지발달단계에 따른 자아중심성의 발달 과정

단계	목표	성취	자아중심성
감각운동기	대상의 획득	대상영속성	자신이 직면하는 **외부의 대상과 자신을 구별하지 못함**
전조작기	상징의 획득	언어	자기와 외부대상을 구분할 수 있으나 **다른 사람의 관점을 추측할 수 없음**, 다른 사람과 연결된 대화를 할 수 없음
구체적 조작기	현실의 획득	원인과 결과	**가정과 사실을 구분하지 못하므로 자기와 사실 간의 불일치가 주로 발생**함, 현실의 획득을 통해 가정과 사실을 구분하는 능력을 획득해야 함
형식적 조작기	사고의 획득	현실과 환상의 구별	**자신의 사고와 다른 사람의 사고를 구별하지 못함**

17 피아제(J. Piaget)의 인지발달에 관한 설명으로 옳은 것을 모두 고른 것은?

• 10회

㉠ 발달단계는 노인기를 포함하여 4단계로 구분된다.
㉡ 감각운동기에서 목적지향적인 행동이 나타나기도 한다.
㉢ 전조작기에서 보존, 분류화, 서열화 등의 개념을 획득한다.
㉣ 피아제의 이론은 아동대상 프로그램 실행 시 이론적 토대가 될 수 있다.

① ㉠, ㉡, ㉢
② ㉠, ㉢
③ ㉡, ㉣
④ ㉣
⑤ ㉠, ㉡, ㉢, ㉣

정답 및 해설

㉡ 감각운동기에 목적지향적 행동의 출현에 동반되는 의도성의 획득이 포함된다.
㉣ 피아제의 이론은 아동의 인지발달에 대한 폭넓은 관점은 아동에 대한 이해를 넓혀주었으며, 아동대상 프로그램 실행 시 이론적 토대가 될 수 있다.

오답풀이

㉠ 피아제의 인지발달은 마지막 단계인 형식적 조작 사고 단계가 12세에서 15세까지 지속되는 단계로 노인기는 포함하지 못하고 있다.
㉢ 보존, 분류화, 서열화 등은 구체적 조작기의 특성이다.

답 ③

18 피아제(J. Piaget)의 이론에 관한 설명으로 옳은 것은? • 11회

① 발달에 순서가 있지만 단계를 뛰어 넘을 수 있다.
② 단계별 성취연령에는 개인차가 존재하지 않는다.
③ 발달이 완성되면 낮은 단계의 사고로 전환하지 않는다.
④ 발달단계는 감각운동기, 전조작기, 형식적 조작기, 구체적 조작기의 순으로 진행된다.
⑤ 성인기 이후의 발달을 다루고 있지 않다.

> **정답 및 해설**
>
> 피아제의 이론에서는 성인기 이후 발달을 다루고 있지 않다. 피아제는 최종적인 인지발달이 청소년기가 되면 이루어진다고 보았는데 일부 학자들은 성인기에도 인지발달은 계속된다고 주장하였다. 즉 **성인기 이후의 인지발달을 간과하였다.**
>
> **오답풀이**
> ① 피아제의 인지발달단계에서 사고의 형식은 각 단계별로 질적인 차이가 있으며, 개인은 진보적이고 불변하는 방법 속에서 단계를 통하여 발달하며 **단계는 건너뛰지 않는다.** 즉 모든 아동은 단계를 순서대로 통과하여 발달하며 절대로 단계를 뛰어넘을 수 없다.
> ② **단계별 성취 연령은 개인차가 있기 때문에 제시된 연령이 반드시 들어맞지 않는다.**
> ③ 형식적 조작기에 도달한 아동이나 고도로 인지발달이 된 **성인도 때로 낮은 단계의 사고를 한다.**
> ④ 발달단계는 **감각운동기, 전조작기, 구체적 조작기, 형식적 조작기의 순으로 진행된다.**
>
> 답 ⑤

19 피아제(J. Piaget)의 인지발달이론에 관한 설명으로 옳지 않은 것은? • 16회

① 인지발달은 동화기제와 조절기제를 활용하여 환경에 적응하는 것이다.
② 인지발달을 감각운동기, 전조작기, 구체적 조작기, 형식적 조작기로 구분한다.
③ 구체적 조작기에는 추상적 사고가 가능하다.
④ 인지발달은 개인과 환경의 상호작용에서 이루어지는 적응과정이다.
⑤ 상위단계는 이전 하위단계를 기초로 형성되며 하위단계를 통합한다.

정답 및 해설

추상적 사고는 구체적 조작기가 아니라 **형식적 조작기에 가능**하다. 피아제(J. Piaget)는 청소년의 추상적 논리 사고 능력을 검증하기 위하여 10개의 속담과 각 속담이 내포하는 의미를 찾는 문제를 제시하였다. 예를 들어 형식적 조작기의 청소년은 "소 잃고 외양간 고친다"라는 속담에 대해 그 속에 담긴 추상적 의미까지 이해하였다.

보충설명
① **적응(adaptation)은** 유기체가 자신의 주위 환경조건을 조정하는 능력을 말하는 것으로, 유기체의 환경에 대한 적응은 **동화와 조절의 상호작용**에 의해서 일어난다.
② 피아제는 인지발달단계를 **감각운동기, 전조작기, 구체적 조작기, 형식적 조작기로 구분**하였으며, 각 단계에 도달하는 연령은 약간의 차이가 있지만 이 단계를 거치는 순서는 누구나 일정불변하다고 주장한다.
④ 인지발달은 어른으로부터의 학습이나 유전적 요인에 의해 결정되는 것이 아니라 **개인과 환경과의 상호작용**에서 이루어지는 적응과정으로 **아동 스스로가 구성**한다고 보았다.
⑤ **이전의 하위단계를 기초로** 각각 더 높은 단계가 만들어지고, **상위단계는 계층적인 방식으로 다음 더 낮은 단계를 통합**한다.

답 ③

---

20 피아제(J. Piaget)의 인지이론에 관한 설명으로 옳은 것은? • 18회

① 구체적 조작기에는 추상적으로 사고하고 추론을 통해 가설을 검증할 수 있다.
② 인지능력의 발달은 아동과 환경 간의 상호작용에 의해 단계적으로 성취되며 발달단계의 순서는 변하지 않는다.
③ 인간의 무의식에 초점을 둔다.
④ 도덕발달단계를 1단계에서 6단계로 제시한다.
⑤ 보존개념은 전조작기에 획득된다.

정답 및 해설

인지능력의 발달은 아동과 그를 둘러싼 환경 간의 상호작용에 의해 단계적으로 성취되며 발달단계의 순서는 **불변한다**고 하였다. 그러나 순서는 불변하여도 각 단계를 지나가는 속도에는 차이가 있을 수 있다고 보았고 이러한 발달은 환경과의 상호작용으로 아동 스스로가 구성한다고 보았다.

오답풀이
① 추상적으로 사고하고 추론을 통해 가설을 검증할 수 있는 것은 **형식적 조작기**이다.
③ 인간의 무의식에 초점을 두는 것은 **프로이드의 정신분석이론**이다.
④ 도덕발달단계를 1단계에서 6단계로 제시한 것은 **콜버그**이다.
⑤ 보존개념은 **구체적 조작기에 획득**된다.

답 ②

21 피아제(J. Piaget)의 인지발달이론에 관한 설명으로 옳은 것은? •21회

① 전 생애의 인지발달을 다루고 있다.
② 문화적·사회경제적·인종적 차이를 고려하였다.
③ 추상적 사고의 확립은 구체적 조작기의 특징이다.
④ 인지는 동화와 조절의 과정을 통하여 발달한다.
⑤ 전조작적 사고 단계에서 보존개념이 획득된다.

> **정답 및 해설**
>
> 인지발달은 **동화와 조절기제를 활용**하여 환경에 적응하는 것이다. **동화**(assimilation)는 새로운 경험을 기존의 도식 또는 구조에 통합시키는 과정으로 기존 도식의 관점에서 새로운 경험을 해석하는 경향을 말하며, **조절**(accommodation)은 대상의 새로운 차원 또는 감추어진 사건을 설명하기 위해 **기존의 도식을 수정하는 과정**이다.
>
> **오답풀이**
> ① 전 생애의 인지발달을 **다루지 않고 있다**. 피아제는 최종적인 인지발달이 청소년기가 되면 이루어진다고 보았는데 일부학자들은 성인기에도 인지발달은 계속된다고 주장하였다.
> ② 문화적, 사회경제적, 인종적 차이를 **충분히 고려하지 않았다**.
> ③ 추상적 사고의 확립은 **형식적 조작기**의 특징이다.
> ⑤ **구체적 사고 단계**에서 보존개념이 획득된다.
>
> 답 ④

22 피아제(J. Piaget)의 이론에 관한 설명으로 옳지 않은 것은? •22회

① 인간은 자신과 환경 사이에 조화로운 관계인 평형화(equilibration)를 이루고자 하는 경향성이 있다.
② 감각운동기에 대상영속성(object permanence)을 획득한다.
③ 조절(accommodation)은 새로운 정보를 접했을 때 기존의 도식을 변경하는 것을 말한다.
④ 구체적 조작기에는 추상적 사고가 가능해진다.
⑤ 보존(conservation) 개념 획득을 위해서는 동일성, 가역성, 보상성의 원리를 이해해야 한다.

정답 및 해설

형식적 조작기에는 추상적 사고가 가능해진다. 즉, 형식적 조작기의 청소년들은 구체적 조작기의 아동과 달리 좀 더 원대한 문제, 즉 미래, 사회의 본질 등에 대해 생각하면서 추상적 사고가 가능해진다.

보충설명

① 인간의 인지는 환경과의 상호작용을 통하여 변화하고 발달한다고 보고 있는데, 환경에서의 변화가 기본적 구조의 변경을 요구할 때면 유기체들은 불균형에 휩쓸리게 되면서 평형화를 재성취하려고 노력한다.

답 ④

23 피아제(J. Piaget)의 인지발달에 관한 설명으로 옳은 것은? • 14회

① 전 생애의 발달을 다루고 있다.
② 발달과정에서 자기대화의 중요성을 강조하였다.
③ 성인대상 프로그램의 이론적 토대가 될 수 있다.
④ 문화적·사회경제적·인종적 차이를 충분히 고려하였다.
⑤ 아동은 성인의 직접적인 가르침 없이도 인지구조가 발달된다.

정답 및 해설

피아제의 인지이론에서 아동은 **스스로 지식을 구성하는 능동적 존재로 성인의 직접적인 가르침 없이도 인지구조가 발달**된다고 본다. 이 같은 내용에 대해 많은 이론가들은 훈련이나 연습의 효과를 무시한 것이라고 피아제의 이론을 비판한다.

오답풀이

① 피아제의 인지발달이론에서는 청소년기까지의 인지발달만을 소개하고 있으며, **성인기 이후의 인지발달을 간과**하였다.
② **자기대화(self-talk)**는 스스로에게 주는 메시지를 말하며, 이렇게 스스로에게 말하는 것은 경험한 것에 대한 자신의 독특한 해석을 반영하고 있다. 자기대화의 중요성을 강조하는 것은 **엘리스의 합리정서치료**이다.
③ 피아제의 인지발달이론은 아동의 인지발달에 대한 폭넓은 관점을 제시하였으므로, **아동대상 프로그램의 이론적 토대**가 될 수 있다.
④ 피아제의 모든 개인의 사회적 및 정서적 성장과 발달이 고정된 과정을 거친다는 인지발달모델에 대해, **문화적 차이를 고려하지 못하고 있으며 과도하게 결정론적**이라 비판을 받고 있다.

답 ⑤

24. 피아제(J. Piaget)의 인지발달이론에 관한 설명으로 옳지 않은 것은?

• 15회

① 발달단계의 순서는 문화와 개인에 따라 다르게 나타난다.
② 인지구조는 각 단계마다 사고의 방식이 질적으로 다르다.
③ 인지발달은 동화기제와 조절기제를 활용하여 환경에 적응하는 것이다.
④ 상위단계는 바로 하위단계를 기초로 형성되고 하위단계를 통합한다.
⑤ 각 단계는 내부적으로 일관된 체계를 갖추고 있는 하나의 완전체이다.

정답 및 해설

모든 개인의 사회적 및 정서적 성장과 발달이 **고정된 과정을 거친다**는 인지발달모델은 문화적 차이를 고려하지 못하고 있으며, **과도하게 결정론적**이다.

보충설명

② 사고의 형식은 각 단계별로 질적인 차이가 있다.
③ 적응은 유기체가 주위환경과 조화를 이루면서 생존을 위해 변화하는 과정으로, **유기체의 환경에 대한 적응은 동화와 조절의 상호작용**에 의해 일어난다.
④ **하위단계를 기초로 상위단계가 만들어지고, 계층적인 방식으로 상위단계가 하위단계를 통합**한다. 단계는 수평적으로 통합할 뿐만 아니라 수직적으로도 통합한다.
⑤ 각 단계는 내부적으로 일관된 체계로 조직화되며 그것은 스스로 전체적이다.

답 ①

02 콜버그(L. Kohlberg)

01 콜버그(L. Kohlberg)의 도덕 발달단계 중 남을 기쁘게 하고 인정받고자 하는 욕구에 기초해 사회적 기대에 복종하는 방식으로 도덕적 행위를 결정하는 단계는?   • 7회

① 1단계 수준 도덕 발달 ② 2단계 수준 도덕 발달
③ 3단계 수준 도덕 발달 ④ 4단계 수준 도덕 발달
⑤ 5단계 수준 도덕 발달

> **정답 및 해설**
> 3단계는 착한 아이(소년/소녀) 지향의 도덕성(착한 소녀·소년지향)으로, 권위적 인물의 기대를 충족시키고, 인정받는 정도에 따라 행동을 판단하며, 관심사는 승인으로, 부모, 선생님, 신과 같은 권위로부터의 승인이 중요하다. 다른 사람의 인정(승인)과 좋은 관계를 유지하는 것에 초점이 맞추어져 있으며(대인관계의 조화로서의 도덕성), 이 단계에서 사회적 규제를 수용하며, 의도에 의해 행위의 옳고 그름을 판단하기 시작한다.
> 답 ③

02 콜버그(L. Kohlberg)의 이론에 관한 설명으로 옳지 않은 것은?   • 11회

① 도덕 발달은 개인의 인지구조와 환경 간 상호작용의 결과이다.
② 도덕적 판단에 위계적 단계가 있음을 강조한다.
③ 남성은 권리와 규칙, 여성은 책임감을 중시하는 형태로 도덕 발달이 이루어진다.
④ 개인이 도달하는 최종 도덕 발달단계는 다를 수 있다.
⑤ 아동은 동일한 발달단계 순서를 거친다.

> **정답 및 해설**
> 콜버그의 도덕 발달에 관한 프로젝트에 참여했던 길리건의 주장이다. 즉 남성들이 개인적 권리나 사회적 정의의 실현과 관련된 추론을 하는 것과는 달리 여성은 관계와 책임을 강조하는 돌봄의 도덕을 받아들인다고 보았다.
> 답 ③

> **OIKOS UP** 캐롤 길리건(Carol Gilligan, 1936~)의 이론
>
> 콜버그의 제자로서 콜버그의 도덕성 발달에 관한 여러 프로젝트에 함께 참여한 길리건은 콜버그의 도덕 발달단계 이론이 소수 특권층의 백인 남성들을 중심으로 이루어졌다는 점과 남성연구 대상자만을 연구함으로써 도덕성 발달에 존재하는 남녀의 성차를 고려하지 않은 점에 의문을 제기하기 시작하였다(이효선 외, 2006).
> ① 여성들은 남성들과는 상이한 도덕적 추론을 한다고 주장하였다. 즉, 남성들이 개인적 권리나 사회적 정의의 실현과 관련된 추론을 하는 것과는 대조적으로, 여성들은 보살핌이나 동정과 같은 대인관계와 관련된 추론 원리를 사용한다고 하였다.
> ② 평균적으로 남자들은 규칙과 권리를 강조하는 정의의 도덕을 받아들이는 경향이 강한 것에 비해 여성들은 관계와 책임을 강조하는 '돌봄의 도덕'을 받아들인다고 하였다.
> ③ 남성들이 개인적 권리나 사회적 정의의 실현과 관련된 추론을 하는 것과는 대조적으로, 여성들은 보살핌이나 동정과 같은 대인관계와 관련된 추론 원리를 사용한다고 하였다.

03 콜버그(L. Kohlberg) 이론의 평가로 옳지 않은 것은? •12회

① 모든 문화권에 보편적으로 적용하기에는 한계가 있다.
② 여성이 남성보다 도덕수준이 낮다는 성차별적 관점을 지닌다.
③ 인간의 자유의지를 부정하고 환경의 자극에 반응하는 존재로 본다.
④ 도덕적 행동에 영향을 미치는 여러 상황적 요인을 고려하지 않는다.
⑤ 도덕적 사고를 지나치게 강조하고 도덕적 행동이나 감정을 무시한다.

> **정답 및 해설**
>
> 인간의 자유의지를 부정하고 환경의 자극에 반응하는 존재로 보는 것은 **스키너의 행동주의 이론**이다. 콜버그는 **도덕 발달**이 인간적 성장과정과 연관이 있을지라도 **아동이 사회적 맥락 속에서 도덕적 문제를 어떻게 생각하고 경험하는가에 의해 좌우**된다고 보았다.
>
> ▼ 보충설명
> ① **개인의 가치와 권리를 높이 평가하는 서구사회의 문화적 편향성**을 보인다. 실제 사회적 조화와 집단적 가치를 우선시하는 문화에서는 후 인습적 수준을 발견할 수 없고 그들은 대부분 인습적 수준에 있지만 그것이 결코 낮은 개념의 도덕이라고 할 수 없다는 것이다.
> ② 여자는 3단계 정도, 남자는 4단계 정도에 도달하는 것으로 봄으로써, **여성이 남성보다 도덕적 수준이 낮다는 성차별적 관점을 지니고 있다.** 그러나 실제로는 성적 차이가 없다는 결과가 많다.
> ④ 콜버그는 높은 단계의 도덕적 추리를 하는 사람이 낮은 단계의 도덕적 추리를 하는 사람보다 더 높은 도덕적 행동을 한다고 주장하였으나 **도덕적 사고와 행동 간의 관계에 대한 연구가 부족**하여 도덕적 추리단계가 어느 정도 도덕적 행동을 예측할 수 있는지 알기 어렵다(**도덕적 판단과 도덕적 행위 간에 불일치**).
> ⑤ 도덕적 사고만 강조하고 **도덕적 행동과 감정을 무시**하였으며, **인간관계 속에서 타인을 배려하고 타인과의 관련성을 중시하는 관계적 측면을 등한시**하고 있다는 비판을 받고 있다.
>
> 답 ③

04 콜버그(L. Kohlberg) 이론에 관한 설명으로 옳은 것은? •13회

① 도덕성 발달은 아동기에 완성된다.
② 도덕성 발달단계의 순서는 가변적이다.
③ 남성만을 연구의 대상으로 삼은 한계가 있다.
④ 모든 사람이 도달하는 최종적 도덕단계는 동일하다.
⑤ 하위단계에 있는 사람도 상위단계의 도덕적 추론을 능동적으로 표현할 수 있다.

> **정답 및 해설**
>
> 길리건(Gilligan)은 콜버그가 남성만을 대상으로 하였다는 점을 비판하였다.
>
> **오답풀이**
> ① 아동기 이후(13세 이상)에는 후인습적 수준으로 도덕 발달이 이루어진다고 보았다. 참고로 전인습적 수준의 1단계는 대략 4세, 2단계는 대략 유치원 시기, 인습적 수준의 3단계는 초등학교 전반부, 4단계는 초등학교 후반부에서 10대 중반, 후인습적 수준의 5단계는 고등학교 시기, 6단계는 성인 초기로 구분하고 있다.
> ② 피아제의 인지발달단계처럼 **콜버그의 도덕 발달 역시 불변의 순서를 따른다**고 보았다.
> ④ **사람마다 도달하는 최종적 도덕단계는 상이**하다고 보았다. 특히 **여자는 3단계 정도, 남자는 4단계 정도에 도달하는 것으로 봄으로써**, 여성이 남성보다 도덕적 수준이 낮다는 성차별적 관점을 지니고 있다.
> ⑤ 콜버그는 도덕성 발달단계가 어느 한 단계를 거치지 않거나 단계가 생략될 수 없다고 보고 있다. 따라서 **하위단계에 있는 사람은 상위단계의 도덕적 추론을 능동적으로 표현할 수 없다.**
>
> 답 ③

05 콜버그(L. Kohlberg)의 후인습적 수준의 도덕성에 관한 설명으로 옳은 것은? • 17회

① 일반윤리에 의해 자신의 이익에 따라 행동을 판단한다.
② 개인 상호간 대인관계의 조화를 바탕으로 행동한다.
③ 인간의 존엄성과 양심에 따라 자율적이고 독립적 판단이 가능하다.
④ 타인 중심에서 벗어나 개인의 욕구충족을 위해 행동한다.
⑤ 도덕적으로 옳고 법적으로도 타당할 때 충족된다.

> **정답 및 해설**
>
> 인간의 존엄성과 양심에 따라 자율적이고 독립적 판단이 가능한 것은 **후인습적 수준의 도덕성 중 6단계인 보편적 원리 지향의 도덕성에 해당**한다. 6단계는 옳고 그름을 개인의 양심에 비추어 판단하여야 한다는 것으로, 이 양심의 원리는 구체적 규칙이 아니고 법을 초월하는 인간의 존엄성이나 정당성과 같은 보편적 정의의 원리이다.
>
> **오답풀이**
> ① 일반윤리에 의해 자신의 이익에 따라 행동을 판단하는 것은 전인습적 수준의 도덕성 중 2단계인 상대적 쾌락주의에 해당한다.
> ② 개인 상호간 대인관계의 조화를 바탕으로 행동하는 것은 **인습적 수준의 도덕성 중 3단계인 착한 아이(소년/소녀) 지향의 도덕성(착한 소녀·소년지향)에 해당**한다.
> ④ 타인 중심에서 벗어나 개인의 욕구충족을 위해 행동을 하는 것은 전인습적 수준의 도덕성 중 2단계인 상대적 쾌락주의에 해당한다.
> ⑤ 도덕적으로 옳고 법적으로도 타당할 때 충족되는 것은 **인습적 수준의 도덕성 중 4단계인 법과 질서 지향의 도덕성에 해당**한다.
>
> ③

06 콜버그(L. Kohlberg)의 도덕성 발달 이론에 관한 설명으로 옳지 않은 것은?

• 20회

① 법과 질서 지향 단계는 인습적 수준에 해당한다.
② 피아제(J. Piaget)의 도덕성 발달 이론에 기초를 제공하였다.
③ 전인습적 수준에서는 행동의 원인보다 결과에 따라 옳고 그름을 판단한다.
④ 보편적 윤리 지향 단계에서는 정의, 평등 등 인권적 가치와 양심적 행위를 지향한다.
⑤ 도덕적 딜레마가 포함된 이야기를 아동, 청소년 등에게 들려주고, 이야기 속 주인공의 행동에 대한 도덕적 판단과 그 근거를 질문한 후 그 응답에 따라 도덕성 발달 단계를 파악하였다.

정답 및 해설

피아제(J. Piaget)의 도덕성 발달 이론이 콜버그의 도덕성 발달 이론에 **기초를 제공**하였다. 즉, 콜버그(L. Kohlberg)는 피아제(J. Piaget)의 도덕성 발달 이론을 보다 세분화하고 체계적으로 발전시켜 자신의 독자적인 이론을 구축하였다.

보충설명

① 법과 질서 지향 단계는 **4단계**로 인습적 수준(3단계, 4단계)에 해당한다.
③ 전인습적 수준에서 **아동**은 행동의 원인보다 행위의 결과가 가져다주는 보상이나 처벌에 따라 옳고 그름을 판단한다.
④ 보편적 윤리 지향 단계는 **6단계**로 정의, 평등 등 인권적 가치와 양심적 행위를 지향한다.
⑤ '하인츠(Heinz)의 딜레마' 같은 가상적인 도덕적 딜레마를 연령별로 개인이 그러한 상황에 부닥쳤을 때 어떻게 행동할 것인지, 왜 그러한 판단을 하게 되었는지 질문한 후 그 응답에 따라 도덕성 발달 단계를 파악하였다.

 ②

03 인지치료

01 Self-talk를 사용하여 정서적으로 클라이언트를 치료한 학자는?   • 2회

① 펙(Peck)
② 융(Jung)
③ 엘리스(Ellis)
④ 왓슨(Watson)
⑤ 매슬로우(Maslow)

> **정답 및 해설**
> 합리적 정서치료에서는 성격을 형성하는 기본적인 요소가 일상적인 일련의 **자기언어(self-talk, 자기독백)** 에 달려 있다고 전제하며, 자기언어에 따라 감정과 행동이 달라지므로 자기언어가 변화되면 감정과 행동도 변화될 것이라고 본다.
>
> 답 ③

02 엘리스(A. Ellis) 이론에서 개입을 실시하는 단계는?   • 10회

① A(activating event) : 선행사건
② B(belief) : 신념
③ C(consequence) : 결과
④ D(dispute) : 논박
⑤ E(effect) : 효과

> **정답 및 해설**
> 엘리스의 합리적 정서치료에서 **개입을 실시하는 단계는 D, 즉 논박(Dispute)**이다. 논박은 클라이언트가 가지고 있는 비합리적인 신념이나 사고에 도전하고 그것이 사리에 맞는지를 검토하는 것이다.
>
> 답 ④

03 엘리스(A. Ellis)의 비합리적 신념의 예로 옳지 않은 것은? • 11회

① 나는 모든 일에 완벽해야 한다.
② 나는 모든 사람들로부터 인정받고 사랑받아야 한다.
③ 어떤 문제든지 완전한 해결책은 없다.
④ 인간은 자신에게 일어나는 나쁜 일의 외부 원인에 관해서는 통제할 수 없다.
⑤ 삶의 어려움은 직면하기보다는 피해야만 한다.

> **정답 및 해설**
> 완벽주의(완전 무결주의)가 비합리적 신념이다. 즉 인간 문제에는 옳고 정확하며 완벽한 해결책이 있으며 이런 해결책을 찾지 못하면 이는 파멸적인 것이다.
>
> 답 ③

04 학자와 주요 개념 간의 연결이 옳지 않은 것은? • 13회

① 벡(A. Beck) - 비합리적인 신념
② 에릭슨(E. Erikson) - 자율적 자아(ego)
③ 아들러(A. Adler) - 창조적 자기(self)
④ 파블로프(I. Pavlov) - 반응적 행동
⑤ 로저스(C. Rogers) - 완전히 기능하는 인간

> **정답 및 해설**
> 비합리적 신념은 엘리스(Ellis)의 합리적 정서치료(Rational-Emotion Therapy : RET)에 해당하는 개념이다. 참고로 벡(Beck)의 인지치료이론에서의 주요 개념에는 자동적 사고(automatic thinking), 도식(schema, 스키마), 잘못된 정보처리(인지적 왜곡)가 있다.
>
> 답 ①

05 벡(A. Beck)의 이론을 설명하는 개념으로 옳지 않은 것은? • 11회

① 윤리적 판단
② 인지적 왜곡
③ 자동적 사고
④ 도식(schema)
⑤ 핵심신념(믿음)

> **정답 및 해설**
> 윤리적 판단은 해당되지 않는다. 아론 벡(Aron Beck)은 정신장애(우울, 자살, 불안, 공황장애, 물질남용 등)는 생활사건에 대한 왜곡된 사고 및 비현실적인 인지평가의 결과로 보고, 왜곡된 인지와 역기능적 도식을 파악하고 현실을 검증하며 수정하는 것을 개입의 목표로 하는 인지치료를 개발하였다.
>
> 답 ①

제11장 인본주의 이론

제1영역 : 인간행동과 사회환경

▶ 제11장 회차별 출제빈도, 출제비중 및 출제논점 1, 2, 3순위

구분	10회 2012	11회 2013	12회 2014	13회 2015	14회 2016	15회 2017	16회 2018	17회 2019	18회 2020	19회 2021	20회 2022	21회 2023	22회 2024
제11장 인본주의 이론	3	2	2	1	3	2	1	(1)	3(1)	2(1)	2(1)	2	1(2)
로저스의 현상학 이론	2	1	1	-	1	1	1	(1)	2	1(1)	1(1)	1	1(1)
매슬로우의 인간동기이론	1	1	1	1	2	1	-	-	1(1)	1	1	1	(1)

목차	출제 비중	출제 논점 1순위 ☺	출제 논점 2순위 ※	출제 논점 3순위 ☆
제11장 인본주의 이론	1 2 3			
로저스의 현상학 이론	0~1	① 주요개념 : 현상학적 장, 무조건적 긍정적 존중..	① 완전하게 기능하는 사람 특징	① 로저스 이론의 평가
매슬로우의 인간동기이론	0 1 2	① 욕구단계이론	① 자아실현인의 특징	① 매슬로우 이론의 평가

01 인본주의에 관한 설명으로 옳지 않은 것은? •8회

① 인간의 잠재력에 대한 신뢰와 장점, 긍정적 측면에 초점을 둔다.
② 클라이언트 중심치료나 실존주의 치료 등에 활용된다.
③ 인본주의 학자로는 로저스(C. Rogers), 번(E. Berne), 저메인(C. Germain) 등이 있다.
④ 인간행동은 능력에 대한 열망, 자아실현의 욕구로부터 나온다.
⑤ 사회적 압력에 저항하고 특정문화에 휩쓸리지 않는다.

정답 및 해설

인본주의적 관점에 속하는 성격 이론으로 로저스의 현상학 이론(인간중심 이론)과 매슬로우의 자아실현 접근(욕구위계이론)이 있다. 인본주의 이론의 대표적 학자들로서는 Carl Rogers, Cordon Allport(올포트), Abraham Maslow, Charlotte Buhler(불러)를 들 수 있다.

오답풀이
① 인본주의 이론에서는 **사랑, 선택, 창조성, 의미, 가치, 자아실현**과 같은 인간의 자아실현 경향과 긍정적 측면에 초점을 둔다.
② 인본주의 이론에 기초한 대표적인 개입은 **클라이언트 중심치료와 실존주의 치료**이다.
④ 매슬로우는 모든 인간은 **자기실현 경향**이 있다고 보았으며, 자아실현의 욕구 외에 인간의 본능적 욕구는 인간을 성장하게 하고 발달하게 하며 인간 자신을 실현시키고 성숙하게 하는 원동력이 된다고 하였다.
⑤ 매슬로우는 자아실현인의 특징 중 자아실현인은 **자신의 문화를 대부분 인정하지만 무조건 동의하지는 않는다**.

 ③

02 인본주의 이론이 사회복지실천에 미친 영향으로 옳은 것을 모두 고른 것은? • 9회

㉠ 클라이언트 자기결정권의 중요성을 인식하게 하였다.
㉡ 다양한 체계와의 긍정적 상호작용을 이해하는 틀을 제시하였다.
㉢ 치료적 관계에서 일치성과 진실성의 중요성을 일깨워 주었다.
㉣ 인간 발달에서 조건적 자극의 중요성을 부각시켰다.

① ㉠, ㉡, ㉢   ② ㉠, ㉢
③ ㉡, ㉣   ④ ㉣
⑤ ㉠, ㉡, ㉢, ㉣

정답 및 해설

㉡ **사회체계이론**, ㉣ **행동주의 이론**에 해당하는 내용이다.

오답풀이
㉠ 로저스가 강조한 개인의 존엄성과 가치, 자기결정권, 사회적 책임과 상호성에 대한 소신은 사회복지실천 **철학과 조화를 이루는 원칙**이라 할 수 있다.
㉢ 로저스의 현상학 이론은 이론보다는 치료기법에 관하여 영향을 많이 끼쳤으며, **치료적 관계의 구성요소**로서 비위협적인 환경, 비심판적 태도, 공감과 진실성, 무조건적 긍정적 관심, 문제 해결자로서의 클라이언트에 중요성을 두고 있다는 점이 장점이다.

 ②

제11장 인본주의 이론

김진원 OIKOS 사회복지사 1급 역대기출문제집 1교시

01 로저스(C. Rogers)

01 학자와 인간관의 연결이 옳은 것을 모두 고른 것은? • 9회

㉠ 프로이트(S. Freud) – 인간은 통제할 수 없는 무의식의 지배를 받는 존재이다.
㉡ 스키너(B. F. Skinner) – 인간의 행동은 철저히 통제되고 예측될 수 있다.
㉢ 로저스(C. Rogers) – 인간 스스로가 행동과 경험의 결정인자이다.
㉣ 피아제(J. Piaget) – 인간은 환경에 능동적으로 적응하는 존재이다.

① ㉠, ㉡, ㉢　　② ㉠, ㉢
③ ㉡, ㉣　　④ ㉣
⑤ ㉠, ㉡, ㉢, ㉣

정답 및 해설

㉠, ㉡, ㉢, ㉣ 모두 옳은 설명이다.

오답풀이

㉠ 프로이트는 인간을 의식의 영역 밖에 존재하는 **비합리적이고 통제할 수 없는 무의식적 본능의 지배를 받는 존재**로 보고 있다.
㉡ 스키너에 따르면 인간행동은 결과, 즉 보상과 처벌에 의해서 유지되며, **인간의 행동은 법칙적으로 결정되고 예측이 가능하며 통제될 수 있다고** 보았다.
㉢ **인본주의자들은 각 개인이 자신의 행동과 경험의 중요한 결정자임을 강조**한다. 즉, 인간은 경험하고 스스로 결정하며 자신의 행동을 자유롭게 선택하는 의지를 지닌 사람이라는 것이다.
㉣ 피아제는 인간이 환경적 영향을 받기는 하지만 이러한 **환경적 자극을 능동적으로 중재하고 재구성할 수 있는 능력**이 있으며, 지속적으로 성장·발달할 수 있는 잠재력을 지니고 있다고 본다.

답 ⑤

02 로저스(C. Rogers)의 인간관에 관한 설명으로 옳지 않은 것은? • 10회

① 성격발달은 주로 자아(ego)를 중심으로 이루어진다.
② 로저스가 주장한 원조관계의 본질은 상담치료의 기본이 된다.
③ 인간은 통합적 유기체이므로 전체론적 관점에서 접근해야 한다.
④ 인간행동은 인간이 세계를 어떻게 지각하느냐에 따라 달라진다.
⑤ 개인의 존엄과 가치, 사회적 책임에 대한 소신은 사회복지실천 철학과 조화를 이룬다.

정답 및 해설

성격발달이 주로 자아(ego)를 중심으로 이루어진다고 보는 것은 에릭슨이다. **에릭슨은 자아의 사회와의 상호작용을 강조**하였는데, 인간의 성격발달에 있어서 자아의 환경 또는 사회와의 관계를 성격형성에 있어서 중요한 요소로 고려하고 있다.

오답풀이

② **심리치료와 상담영역에서 상당한 공헌**을 하였다. 특히 **클라이언트 중심의 비지시적 치료방법을 개발**하여 정서적 장애를 가진 사람들의 치료에 적용되어 왔다.
③ **인간을 통합적 존재로 규정**하고 있으며, 인간에 대한 **전체주의적 관점**을 지니고 있다.
④ **인간은 자신이 사건에 대해 어떤 인상을 갖느냐에 따라 행동**한다고 하였다. 이는 인간의 행위를 지배하는 것은 자극 상황에 대한 주관적인 해석과 그것에 대한 개인적 의미이다.
⑤ 로저스가 강조한 개인의 존엄성과 가치, 자기결정권, 사회적 책임과 상호성에 대한 소신은 사회복지실천 철학과 조화를 이루는 원칙이라 할 수 있다.

답 ①

03 로저스(C. Rogers)의 인간관에 관한 설명으로 옳은 것은? • 12회

① 인간의 병리적 관점을 강조한다.
② 인간의 주관적 경험을 강조한다.
③ 인간을 비합리적 존재로 규정한다.
④ 인간을 무의식적 결정론의 존재로 규정한다.
⑤ 인간의 욕구단계를 강조한다.

정답 및 해설

로저스(C. Rogers)의 현상학 이론은 **주관적 경험론(subjective experience)에 입각**하고 있으며, 로저스의 인간관은 **자유**(개인의 자유로운 능동적 선택), **합리성**, 그리고 **자아실현의 경향**이 서로 연결되어 있다.

오답풀이

①, ③, ④ 프로이트의 정신분석이론, ⑤ 매슬로우의 인본주의이론에 해당한다.

답 ②

04 다음에 제시된 용어와 관련된 이론은?

● 8회

- 현상학적 장
- 자아실현 경향
- 완전히 기능하는 사람
- 감정이입적 이해와 경청

① 정신분석이론
② 심리사회이론
③ 인본주의이론
④ 행동주의이론
⑤ 분석심리이론

정답 및 해설

지문에 나온 용어는 모두 **로저스의 인간중심적 접근방법**의 개념들이다.

보충설명

- **현상학적 장**이란 경험적 세계 또는 주관적 경험이라고 불려지는 개념으로 특정 순간에 개인이 지각하고 경험하는 모든 것을 의미한다.
- 사람에게는 누구나 밖으로 표현하려는 성장잠재력이 있으며 각자는 독특한 잠재력을 실현하려는 경향, 즉 **자아실현 경향**이 있다고 보았다.
- **완전하게 기능한다**는 것은 자신의 잠재력을 인식하고 능력과 재질을 발휘하여 자신에 대한 완벽한 이해와 경험을 풍부히 하는 방향으로 이동해 나가는 개인을 지칭하기 위해 로저스가 사용한 용어이다.
- 인간중심적 접근방법의 중요한 치료적 조건인 **감정이입**은 내담자와 감정을 인식하고 자신이 경험한 것을 표현하는 것이다. 감정이입은 치료자가 내담자와 같이 느끼고, 이러한 이해의 감정을 의사소통할 수 있는 능력이다.

 ③

05 심리 사회적 문제는 자기개념(self-concept)과 주관적 경험의 불일치에 비롯된다고 주장한 이론가와 그 이론은 무엇인가?

● 7회

① 피아제 - 인지발달 이론
② 스키너 - 인지 행동이론
③ 융 - 분석 심리이론
④ 로저스 - 인본주의 이론
⑤ 아들러 - 개인 심리이론

정답 및 해설

로저스는 자아 또는 자아개념(self-concept)을 개인의 현상학적 장이 분화된 부분이며, 'I'나 'me'에 대한 의식적 지각과 가치를 포함하는 것으로 보았다. 현재 경험이 이러한 자아구조와 불일치할 때 개인은 불안을 경험한다고 보았다.

 ④

06 학자와 주요 개념의 연결이 옳은 것을 모두 고른 것은?

• 10회

㉠ 융 – 원형
㉡ 로저스 – 무조건적 긍정적 관심
㉢ 스키너 – 조작적 조건화
㉣ 엘리스 – 자동적 사고

① ㉠, ㉡, ㉢
② ㉠, ㉢
③ ㉡, ㉣
④ ㉣
⑤ ㉠, ㉡, ㉢, ㉣

정답 및 해설

자동적 사고는 벡(Beck)의 인지치료 이론의 개념이다. 자동적 사고란 한 개인이 어떤 상호에 대해 내리는 즉각적이고 자발적인 평가를 의미한다. 이것은 합리적으로 판단하거나 심사숙고한 것이 아닌 자동적으로 튀어나오는 스쳐가는 생각이다.

오답풀이

㉠ **융의 원형(archetype)**은 집단무의식을 구성하고 있는 인류역사를 통해 물려받은 정신적 소인으로, 표상 불가능한 무의식적이고 선험적인 이미지를 의미한다.
㉡ **로저스의 무조건적 긍정적 관심(unconditional positive regard)**은 어떤 개인에 대해 조건 없이 있는 그대로 그 사람을 수용하거나 존경하는 것을 의미한다.
㉢ **스키너의 조작적 조건화(operant conditioning)**는 모든 다른 조건이 동일하다면 강화된 행동은 반복되는 반면 비강화되거나 처벌받은 행동은 반복되지 않거나 소거되는 경향을 말한다.

답 ①

07 다음 중 칼 로저스(C. Rogers)의 현상학적 이론의 특성에 대한 설명으로 옳지 않은 것은? • 7회

① 창조성이 인간의 잠재적 본성이다.
② 인간의 사고과정은 합리적이다.
③ 클라이언트의 자기결정권을 존중한다.
④ 미리 정해진 성격발달 패턴은 없으며, 삶의 경험에 따라 각 개인의 성격은 달라진다.
⑤ 클라이언트의 사회적 권리와 책임을 강조한다.

> **정답 및 해설**
>
> 로저스는 인간은 **합목적적이며 건설적이고 현실적인 존재**로서 어떤 힘에 의해 이끌려 가는 피동적인 존재가 아니라 미래의 목적과 자기지시적인 목적의 방향으로 에너지를 지향시킬 수 있는 **활동적인 존재**로 보았다. 로저스가 강조한 **개인의 존엄성과 가치, 자기결정권, 사회적 책임과 상호성에 대한 소신은 사회복지실천 철학과 조화를 이루는 원칙**이라 할 수 있다.
>
> **오답풀이**
> ⑤ 로저스는 **클라이언트의 사회적 책임은 강조하지만, 사회적 권리는 부인**하고 있다. 즉 로저스는 인간은 자신이 사건에 대해 어떤 인상을 갖느냐에 따라 행동한다고 하였다. 이는 인간의 행위를 지배하는 것은 자극 상황에 대한 주관적인 해석과 그것에 대한 개인적 의미이다. 따라서, 어느 누구도 자기의 현실을 타인에게 강요할 권리를 가지고 있지 않는다.
>
> 답 ⑤

08 로저스(C. Rogers)의 이론에 관한 설명으로 옳은 것을 모두 고른 것은? • 11회

㉠ 주관적 경험을 존중하고 존경과 긍정적 관심을 통해 성장을 고양할 수 있다.
㉡ 원조관계에서 클라이언트가 자신의 세계를 다룰 수 있도록 지지한다.
㉢ 인간은 능력이 있고 자기이해와 자아실현을 위한 잠재력을 지니고 있다.
㉣ 치료과정은 지시적이고 치료자는 능동적 참여자이다.

① ㉠, ㉡, ㉢ ② ㉠, ㉢
③ ㉡, ㉣ ④ ㉣
⑤ ㉠, ㉡, ㉢, ㉣

> **정답 및 해설**
>
> ㉣ 로저스는 **클라이언트 중심의 비지시적 치료방법을 개발**하였다. 클라이언트 중심의 비지시적 치료에서 치료자가 수행해야 할 역할은 '역할 없는 상태가 되는 것'으로, 이것은 내담자에게 무엇을 하라고 요구하는 기법을 사용하지 않는다는 것이다.
>
> 답 ①

09 로저스(C. Rogers)의 인본주의 이론에 관한 설명으로 옳지 않은 것은? • 16회

① 인간의 주관적 경험을 강조한다.
② 인간의 성격발달단계를 제시한다.
③ 인간을 통합적 존재로 규정한다.
④ 인간을 합리적이고 미래지향적 존재로 규정한다.
⑤ 인간 본성의 긍정적인 측면과 자아개념의 중요성을 강조한다.

> **정답 및 해설**
>
> 로저스(Rogers)는 인간의 성격발달단계를 제시하지는 않았다.
>
> **보충설명**
> ① 로저스의 인간행동에 대한 기본가정은 **주관적 경험론**(subjective experience)에 입각하고 있다. 즉 모든 인간은 **자신의 사적 경험체계 또는 내적 준거체계와 일치하는 방향으로 객관적 현실을 재구성하며**, 이러한 주관적 현실에 근거하여 행동한다고 본다.
> ③ 로저스는 인간을 **통합성과 전체성을 향하여 발전해가는 존재**로 보고 있다. 즉 인간은 통합된 유기체로서 행동하기 때문에 전체론적 관점에서 접근해야 한다고 보았다.
> ④ 인간은 기본적으로 자유로우며 자신의 행동에 책임을 지고, 유목적적이며, **합리적이고** 건설적인 방향으로 지속적으로 성장해 나가는 **미래지향적 존재**로 본다.
> ⑤ 로저스의 이론에서 인간 본성의 긍정적인 측면과 자아개념의 중요성을 강조한 것은 많은 공감을 받고 있다. 즉, 로저스는 **인간 본성이 근본적으로 선하며 긍정적으로 지향하는 경향**이 있다고 보았다. 그리고 로저스 이론의 가장 중요한 구성개념인 **자아 또는 자아개념**(self-concept)은 개인의 현상학적 장이 분화된 부분으로, 현실자아(real self)와 이상적 자아(ideal self)로 구성되어 있다고 보았다.
>
> **답** ②

제11장 **인본주의 이론**

10 로저스(C. Rogers)의 이론에 관한 설명으로 옳은 것을 모두 고른 것은? • 18회

㉠ 인간은 합목적적이며 건설적인 존재이다.
㉡ 모든 인간에게는 객관적 현실만 존재한다.
㉢ 완전히 기능하는 사람은 자신의 경험에 대해 개방적이다.
㉣ 무조건적인 긍정적 관심이 건강한 성격 발달을 위한 중요한 요소이다.

① ㉠, ㉡
② ㉡, ㉢
③ ㉠, ㉡, ㉢
④ ㉠, ㉢, ㉣
⑤ ㉠, ㉡, ㉢, ㉣

정답 및 해설

㉠ 로저스는 인간이 기본적으로 유목적이며, 합리적이고, 건설적인 방향으로 지속적으로 성장해 나가는 **미래지향적 존재**라고 보고 있다.
㉢ 완전히 기능하는 사람이 공통적으로 갖는 다섯 개의 성격 특질을 보면 먼저, **경험에 대해 개방적이고**, 실존적인 삶을 영위하며, 유기체적 신뢰가 있고, 경험적 자유가 있으며, 창조성을 지니고 있다.
㉣ 로저스는 **건강한 성격의 발달을 위한 중요한 요소가 무조건적인 긍정적 관심**이라고 하였다. 이는 어떤 개인에 대해 조건 없이 있는 그대로 그 사람을 수용하거나 존경하는 것을 의미하며, 어떤 경우에서든지 주어지는 완전하고 진실된 사랑과 존중을 의미한다.

오답풀이

㉡ 로저스는 **주관적 경험론(subjective experience)에 입각**하고 있다. 즉 모든 인간은 자신의 사적 경험체계 혹은 내적 준거체계(internal frame of reference)와 일치하는 방향으로 객관적 현실을 재구성하며, 이러한 **주관적 현실에 근거하여 행동하는** 것이다.

답 ④

11 로저스(C. Rogers)의 이론에 관한 설명으로 옳지 않은 것은? • 19회

① 개입 과정에서 상담가의 진실성 및 일치성을 강조하였다.
② 자아실현을 하는 사람을 완전히 기능하는 인간(fully functioning person)이라는 용어로 정리하였다.
③ 인간이 지닌 보편적·객관적 경험을 강조하였다.
④ 무조건적 긍정적 관심과 수용을 강조하였다.
⑤ 인간 본성이 지닌 낙관적이고 긍정적인 측면을 강조하였다.

정답 및 해설

로저스의 현상학 이론에서 **현상학적 장이란 주관적 경험으로 불려지는** 개념으로 특정 순간에 개인이 지각하고 경험하는 모든 것을 의미한다. 로저스는 모든 인간에게 객관적 현실세계란 존재하지 않으며 주관적 현실세계만이 존재한다고 보고 있다.

보충설명

① **일치성은 치료자가 진실하다는 의미**로, 치료기간 동안에 치료자는 거짓된 태도를 보여서는 안 되며, 자신의 내적 경험과 외적 표현이 일치하여야 하며, 내담자와의 관계에서 일어나는 감정을 솔직하게 표현하여야 한다.
② **완전히 기능하는 인간**(fully functioning person)이란 이상적인 개념으로 자신의 잠재력을 인식하고 능력과 재질을 발휘하여 자신에 대한 완벽한 이해와 경험을 풍부히 하는 방향으로 이동해 나가는 개인을 지칭한다. 현실 속에서 이 경지에 이르는 사람은 없으며 상대적인 의미에서만 완전하게 기능하는 것이다.
④ **무조건적 긍정적 관심**(unconditional positive regard)은 건강한 성격 발달을 위한 중요한 요소로, 이것은 어떤 개인에 대하여 조건 없이 있는 그대로 그 사람을 수용하거나 존경하는 것을 의미한다.
⑤ 로저스는 **인간 본성과 행동에 대해** 인간은 믿을 수 있고, 능력이 있으며, 자기이해와 자아실현을 위한 잠재력을 지니고 있다는 **낙관적이고 긍정적인 측면을 강조**하였다.

답 ③

---

12 로저스(C. Rogers)의 이론에 관한 설명으로 옳은 것을 모두 고른 것은?   • 20회

㉠ 인간의 주관적 경험을 강조하였다.
㉡ 공감과 지시적인 상담을 강조하였다.
㉢ 인간을 통합적 존재로 규정하였다.
㉣ 인간의 욕구발달단계를 제시하였다.

① ㉠
② ㉠, ㉢
③ ㉡, ㉣
④ ㉡, ㉢, ㉣
⑤ ㉠, ㉡, ㉢, ㉣

정답 및 해설

㉠ 로저스의 현상학 이론은 **주관적 경험론**(subjective experience)**에 입각**하고 있다. 즉 모든 인간은 자신의 사적 경험체계와 일치하는 방향으로 객관적 현실을 재구성하며 이러한 주관적 현실에 근거하여 행동한다.
㉢ 로저스의 현상학 이론은 **인간을 항상 전체성과 통합성을 향하여 발전해가는 존재**로 보고 있다.

오답풀이

㉡ 공감과 **비지시적인 상담**을 강조하였다. 클라이언트 중심의 비지시적 치료에서 치료자가 수행해야 할 역할은 역할 없는 상태가 되는 것이다.
㉣ 인간의 욕구발달단계를 제시한 것은 **매슬로우(A. Maslow)의 이론**이다.

답 ②

13 로저스(C. Rogers)의 인본주의 이론에 관한 설명으로 옳은 것을 모두 고른 것은? • 21회

㉠ 인간의 주관적 경험을 강조한다.
㉡ 인간은 자아실현경향을 가지고 있다.
㉢ 인간의 욕구발달단계를 제시했다.
㉣ 완전히 기능하는 사람은 자신의 경험에 개방적이다.

① ㉠, ㉣
② ㉡, ㉢
③ ㉠, ㉡, ㉣
④ ㉡, ㉢, ㉣
⑤ ㉠, ㉡, ㉢, ㉣

> **정답 및 해설**
> ㉠ 로저스의 현상학 이론에서 **현상학적 장이란 주관적 경험으로 불려지는 개념**으로, 로저스는 모든 인간에게 객관적 현실세계란 존재하지 않으며 주관적 현실세계만이 존재한다고 보고 있다.
> ㉡ 모든 인간은 성장과 자아 증진을 위해 끊임없이 노력하며, 고통이나 성장 방해 요인에 직면하여 극복할 수 있는 **성장 지향적 유기체**라고 보고 있다.
> ㉣ 완전히 기능하는 사람은 **자신의 경험에 대해 개방적**(openness to experience)이다. 경험을 완전하게 개방하는 사람은 그 자신을 들을 수 있으며 그 자신 내부에서 무엇이 일어나고 있는가를 경험할 수 있다.
> **오답풀이**
> ㉢ 인간의 욕구발달단계를 제시한 것은 **매슬로우(A. Maslow)의 이론**이다.
>
> 답 ③

14 로저스(C. Rogers) 이론에 관한 설명으로 옳지 않은 것은? • 22회

① 개인의 잠재력 실현을 위하여 조건적 긍정적 관심의 제공이 중요함을 강조하였다.
② 자기실현을 완성하는 사람의 특성을 완전히 기능하는 사람(fully functioning person)이라는 용어로 제시하였다.
③ 클라이언트에 대한 공감적 이해의 중요성을 강조하였다.
④ 주관적이고 사적인 경험 세계를 강조하였다.
⑤ 인간을 긍정적이며 창조적인 존재로 보았다.

정답 및 해설

로저스(C. Rogers)이론에서는 개인의 잠재력 실현을 위하여 **무조건적 긍정적 관심**의 제공이 중요함을 강조하였다. 무조건적 긍정적 관심을 받을 때 그 사람은 자신을 가치있는 존재로 판단하며, 유기체로서 자신의 욕구와 자기 개념에 따라 행동하게 되므로 최대한 성장하게 된다.

보충설명

② 자신의 잠재력을 인식하고 능력과 재질을 발휘하여 자신에 대한 완벽한 이해와 경험을 풍부히 하는 방향으로 이동해 나가는 개인을 **완전히 기능하는 사람**(fully functioning person)이라는 용어로 제시하였다.
③ 진실성, 수용성, **공감적 이해를 포함한 원조자의 긍정적 태도**는 효과적인 원조관계를 위한 필수 조건이라고 본다.
④ 모든 인간은 자신의 **주관적이고 사적인 경험체계**와 일치하는 방향으로 객관적 현실을 재구성하며, 이러한 주관적 현실에 근거하여 행동한다고 본다.
⑤ 인간은 믿을 수 있고 능력이 있으며, **항상 발전하고 성장할 수 있는 창조성**이 있다고 보았다.

답 ①

15 로저스(C. Rogers)의 현상학적 이론(인본주의 이론)에서 완전한 기능을 하는 사람의 특징은?

● 5회

  ㉠ 선택과 행동의 자유의지
  ㉡ 경험에 대한 개방성
  ㉢ 자신의 유기체가 선택한 방향에 대한 신뢰
  ㉣ 창조적인 삶

① ㉠, ㉡, ㉢   ② ㉠, ㉢
③ ㉡, ㉣   ④ ㉣
⑤ ㉠, ㉡, ㉢, ㉣

정답 및 해설

지문은 모두 완전하게 기능하는 사람의 특징에 해당한다.

답 ⑤

16. 로저스(C. Rogers)의 현상학 이론에서 완전히 기능하는 사람의 성격 특성을 모두 고른 것은?

• 14회

㉠ 창조성
㉡ 경험에 대한 개방성
㉢ 실존적인 삶
㉣ 선택과 행동의 자유의식

① ㉠, ㉡, ㉢
② ㉠, ㉢
③ ㉡, ㉣
④ ㉣
⑤ ㉠, ㉡, ㉢, ㉣

정답 및 해설

㉠ 훌륭한 삶을 사는 인간은 그에게서 **창조적 산물과 창조적 삶**이 나타나는 그러한 유형의 사람이다.
㉡ **경험을 완전하게 개방하는 사람**은 그 자신을 들을 수 있으며 그 자신 내부에서 무엇이 일어나고 있는가를 경험할 수 있다.
㉢ **실존적인 삶**이란 인간의 존재의 매 순간을 충분히 만끽하며 사는 것을 뜻한다.
㉣ **자발적인 존재**로서 인간은 어떤 행위가 자신에게 의미 있는가를 스스로 결정하며, 진정한 자신이 되기 위한 자유는 상당한 책임을 수반한다는 것을 아는 존재이다.

답 ⑤

OIKOS UP | 완전히 기능하는 사람이 공통적으로 갖는 다섯 개의 중요한 성격 특질

① 경험에 대해 개방적(openness to experience)이다. 경험을 개방한다는 것은 방어성의 반대로, 경험을 완전하게 개방하는 사람은 그 자신을 들을 수 있으며 그 자신 내부에서 무엇이 일어나고 있는가를 경험할 수 있다.
② 실존적인 삶(existential living), 즉 매순간에 충실한 삶을 영위한다. 실존적인 삶이란 인간의 존재의 매 순간을 충분히 만끽하며 사는 것을 뜻한다. 실존적인 삶을 살아가는 과정에서 자신의 경험구조를 발견하며, 유동적이고 적응적이며 관용적이고 자발적이다.
③ 유기체적 신뢰(organismic trusting)가 있다. 대부분의 사람들은 일부 집단이나 기관이 지켜 온 사회적 규범에 의존하며 타인의 판단이나 과거에 자기가 유사한 상황에서 행동했던 방법에 의존하지만, 완전히 기능하는 사람은 자신의 유기체적 경험을 통해 자신이 해야 할 것과 하지 말아야 할 것을 결정한다.
④ 제약 혹은 억제 없이 경험적 자유(experiential freedom)를 지니고 있다. 주관적인 경험적 자유란 인간이 자기의 세계를 형성하는 데 중요한 역할을 담당할 수 있다는 자신의 의지를 나타내는 감정이다. 경험적 자유는 인간이 자신의 행동과 그 결과에 책임을 지는 것은 자신뿐이라는 의미를 내포하고 있다.
⑤ 창조성(creativity)을 지니고 있다. 훌륭한 삶을 사는 인간은 그에게서 창조적 산물과 창조적 삶이 나타나는 그러한 유형의 사람이며, 그들은 문화 내에서 건설적으로 살아가는 경향이 있다.

17 로저스(C. Rogers)의 이론이 사회복지실천에 미친 영향으로 옳은 것을 모두 고른 것은? •15회

> ㉠ 클라이언트의 자기결정권의 중요성을 인식하는데 유용하다.
> ㉡ 클라이언트에 대한 비심판적인 태도의 중요성을 인식하는데 유용하다.
> ㉢ 상담사의 지시적인 상담의 중요성을 인식하는데 유용하다.

① ㉠
② ㉡
③ ㉠, ㉡
④ ㉡, ㉢
⑤ ㉠, ㉡, ㉢

정답 및 해설

㉠ 로저스가 강조한 개인의 존엄성과 가치, **자기결정권**, 사회적 책임과 상호성에 대한 소신은 사회복지실천 철학과 조화를 이루는 원칙이라 할 수 있다.
㉡ 로저스의 이론은 이론보다는 치료기법에 많은 영향을 끼쳤으며, 치료적 관계의 구성요소로서 비위협적 환경, **비심판적 태도**, 공감과 진실성, 무조건적 긍정적 관심, 문제해결자로서의 클라이언트에 중요성을 두고 있다는 점이 장점이다.

오답풀이

㉢ 로저스의 이론은 치료자 중심보다는 내담자 중심을 강조했고, **지시적 접근보다 비지시적 접근의 입장**을 가졌다. 특히 클라이언트 중심의 비지시적 치료방법을 개발하여 정서적 장애를 가진 사람들의 치료에 적용되어 왔다. 다만, 실제 사회복지실천 현장에서 어떤 경우에는 비지시적이고 공감적 상담이 원조 대상자에게 부적절할 수도 있다.

답 ③

18 로저스(C. Rogers)의 이론이 사회복지실천에 미친 영향으로 옳지 않은 것은? •18회

① 비지시적인 상담의 중요성을 강조한다.
② 공감적 상담의 중요성을 강조한다.
③ 비심판적 태도는 원조관계에 유용하다.
④ 클라이언트 자기결정권의 중요성을 강조한다.
⑤ 클라이언트의 과거 정신적 외상의 중요성을 강조한다.

정답 및 해설

로저스의 이론은 인간을 이해하는 데 있어 **문제의 역사보다 '지금 여기에'(here and now)를** 강조한다. 클라이언트의 과거 정신적 외상의 중요성을 강조하는 것은 프로이트의 이론이다. 즉, 프로이트는 모든 정신병리의 원인을 과거, 특히 5세 이전의 정신적 외상에 있다고 보고 원인의 발견을 통한 치료를 강조하고 있다.

보충설명

① 로저스는 다른 사람들의 강요적 영향으로부터 자유롭다면 개인의 자아실현의 동기가 개인을 사회적이고, 협력적이며, 창조적인 개인이 되도록 이끌 것이라고 믿었다. 자아실현 동기가 개인을 가장 잘 안내할 것이기에 그는 치료자가 클라이언트에게 지시나 제안을 하지 말아야 한다고 믿었다. 그래서 그의 상담기법을 **비지시적 기법**이라 부른다.

답 ⑤

19 인간발달 이론이 사회복지실천에 미친 영향으로 옳은 것은? •19회

① 아들러(A. Adler)의 이론은 인간을 하나의 통합된 유기체로 인식하는데 공헌하였다.
② 피아제(J. Piaget)의 이론은 발달단계의 순서가 개인과 문화에 따라 다르게 나타날 수 있음을 인식하는데 공헌하였다.
③ 프로이트(S. Freud)의 이론은 모방학습의 중요성을 인식하는데 공헌하였다.
④ 스키너(B. Skinner)의 이론은 인간행동이 내적 동기에 의해 강화됨을 이해하는데 공헌하였다.
⑤ 로저스(C. Rogers)의 이론은 클라이언트의 생애발달 단계를 파악하고 평가하는데 공헌하였다.

정답 및 해설

아들러는 개인(individual)이라는 단어의 어원적 의미처럼 **인간을 정신과 신체 혹은 각종 정신 기능 따위로 분리하지 않고 하나의 통합된 유기체**로 보았다. 개인을 통합된 완전한 존재로서 이해해야 한다는 의미에서 성격의 통일성을 강조하고 사회적 맥락에서의 개인을 강조한다. 이는 인간을 전체로 보고 환경 속의 인간을 강조하는 사회복지실천에 시사하는 바가 크다.

오답풀이
② 피아제(J. Piaget)의 이론은 **발달단계의 순서가 개인과 문화에 따라 다르게 나타날 수 없다고 본다**. 모든 개인의 사회적 및 정서적 발달이 고정된 과정을 거친다고 본다.
③ 반두라(A. Bandura)의 이론은 모방학습의 중요성을 인식하는데 공헌하였다.
④ 스키너(B. Skinner)의 이론은 **인간행동이 내적 동기가 아니라 환경적 자극에 의해 강화됨을 이해하는데** 공헌하였다.
⑤ 에릭슨(E. Erikson)의 이론은 클라이언트의 생애발달 단계를 파악하고 평가하는데 공헌하였다.

답 ①

---

20 학자와 주요개념의 연결로 옳은 것을 모두 고른 것은? • 22회

㉠ 로저스(C. Rogers) – 자기실현 경향성
㉡ 벡(A. Beck) – 비합리적인 신념
㉢ 반두라(A. Bandura) – 행동조성
㉣ 아들러(A. Adler) – 집단무의식

① ㉠
② ㉠, ㉡
③ ㉡, ㉢
④ ㉠, ㉡, ㉢
⑤ ㉡, ㉢, ㉣

정답 및 해설

㉠ **로저스(C. Rogers)**는 현상학이론에서 사람에게는 누구나 밖으로 표현하려는 성장잠재력이 있으며 각자는 독특한 잠재력을 실현하려는 경향, 즉 **자아실현 경향성**이 있다고 보았다.

오답풀이
㉡ 비합리적인 신념은 엘리스(Albert Ellis)이다. 즉, 엘리스의 합리적 정서치료(Rational Emotive Therapy)에서의 주요개념이다.
㉢ 행동조성은 스키너(B. Skinner)의 이론에서 주요개념이다.
㉣ 집단무의식은 융(C. Jung)의 이론에서 주요개념이다.

답 ①

02 매슬로우(A. Maslow)

01 인본주의 이론의 주요 개념으로 옳은 것을 모두 고른 것은? • 12회

㉠ 자아실현의 욕구
㉡ 무조건적인 긍정적 관심
㉢ 소속과 애정의 욕구
㉣ 열등감과 보상

① ㉠, ㉡, ㉢
② ㉠, ㉢
③ ㉡, ㉣
④ ㉣
⑤ ㉠, ㉡, ㉢, ㉣

> **정답 및 해설**
> 인본주의적 관점에 속하는 성격 이론으로 **로저스의 현상학 이론(인간중심이론)**과 매슬로우의 **자아실현 접근(욕구위계이론)**이 있다. ㉠과 ㉢은 매슬로우의 이론, ㉡은 로저스의 이론에 해당하는 주요 개념이다.
> **오답풀이**
> ㉣ 열등감과 보상은 아들러(A. Adler)의 개인 심리이론에 해당되는 개념이다.
> 답 ①

02 성격이론과 학자 및 주요 개념의 연결이 옳은 것은? • 14회

① 분석심리이론 – 융(C. Jung) – 도식
② 인본주의이론 – 매슬로우(A. Maslow) – 결핍동기
③ 개인심리이론 – 아들러(A. Adler) – 페르소나
④ 정신분석이론 – 프로이드(S. Freud) – 아니마
⑤ 인지발달이론 – 피아제(J. Piaget) – 열등감

정답 및 해설

매슬로우(Maslow)의 인간 동기이론(욕구계층이론)은 인본주의이론에 해당된다. 매슬로우는 삶을 유지하기 위한 호흡, 배설, 수면, 식욕, 성욕, 음식, 물, 쾌적한 온도, 신체의 안전, 애정, 존경의 욕구를 말하며, 이러한 욕구로 인해 생기는 동기를 **결핍동기**라고 하였다.

오답풀이
① 도식은 피아제의 인지이론에 해당한다.
③ 페르소나는 융의 분석심리이론에 해당한다.
④ 아니마는 융의 분석심리이론에 해당한다.
⑤ 열등감은 아들러의 개인심리이론에 해당한다.

답 ②

03 매슬로우(A. Maslow)의 이론에 관한 설명으로 옳은 것은? • 9회

① 정신분석이론과 행동주의 이론으로부터 긍정적인 영향을 받았다.
② 유전적 요소가 성격발달에 미치는 영향을 부정하였다.
③ 인간의 본성은 본질적으로 악하다고 보았다.
④ 상위욕구는 하위욕구가 일정부분 충족되었을 때 나타날 수 있다.
⑤ 자아실현의 욕구는 인간의 모든 동기 가운데 가장 강력한 동기이다.

정답 및 해설

인간의 욕구는 그 중요성과 강도에 따라 위계적으로 배열되어 있으며, 개인에 따라 차이가 있고 특정 시기에 강하게 나타나는 욕구가 있긴 하지만 모든 욕구가 동시에 존재한다고 보고 있다. 이런 위계구조는 절대적인 것은 아니지만, **보편적으로 하위단계 욕구가 어느 정도 충족된 후 상위단계의 욕구를 충족시키기 위한 노력을 경주한다고 보고 있다.**

답 ④

04 매슬로우(A. Maslow)의 이론에 관한 설명으로 옳지 않은 것은? • 11회

① 인간의 본성은 본질적으로 선하다고 전제한다.
② 다섯 가지 욕구는 동시에 일어날 수 없다고 전제한다.
③ 위계서열이 낮은 욕구일수록 강도와 우선순위가 높다.
④ 연령에 따른 욕구발달단계를 구체적으로 제시하였다.
⑤ 창조성이란 누구에게나 잠재해 있기 때문에 특별한 자질이나 능력을 요구하지 않는다.

> **정답 및 해설**
> 매슬로우는 연령에 따른 접근을 하지는 않았다. 예를 들어 자아실현에 대한 갈망은 거의 모든 연령대에서 발견할 수 있는 보편적인 과정으로 보았다. 다만, 각 연령 집단 사이에 약간씩 상향조정되는 점은 인식했다.
>
> **오답풀이**
> ② 모든 욕구가 동시에 존재한다고 보고 있지만, 5가지 욕구가 동시에 일어나는 것은 아니므로 맞는 문장이다.
>
> 답 ④

05 매슬로우(A. Maslow)의 이론에 관한 설명으로 옳지 않은 것은? • 18회

① 인간의 창조성은 잠재적 본성이다.
② 각 개인은 통합된 전체로 간주된다.
③ 안전의 욕구는 소속과 사랑의 욕구보다 상위단계의 욕구이다.
④ 인간의 욕구는 자신을 성장하도록 동기부여 한다.
⑤ 인간본성에 대해서 낙관적인 태도를 보이고 있다.

> **정답 및 해설**
> 매슬로우의 인간욕구단계는 생리적 욕구 - 안전욕구 - 소속과 애정의 욕구 - 자존감의 욕구 - 자기실현의 욕구 순으로 나타나 있으므로 **소속과 사랑의 욕구가 안전의 욕구보다 상위단계의 욕구**이다.
>
> **보충설명**
> ① 매슬로우는 인간의 가장 보편적인 특질은 창조성이라는 사실에 최초로 관심을 가진 사람으로, **창조성은 인간이 태어날 때부터 잠재적으로 가지게 되는 인간본성의 공통적 특질**이라고 하였다.
> ② 인본주의이론의 가장 중요한 관점 중 하나는 각 개인은 유일하면서도 통합된 전체로서 연구되어야 한다는 것이다. 매슬로우의 연구방법론에 있어 기본적 전제는 **각 개인이 통합된 전체로 간주되어야 한다는** 것이다.
> ④ 인간의 욕구는 다섯 단계로 구성되어 있으며 낮은 단계에 있는 욕구가 어느 정도 만족되어야 더 높은 단계의 욕구를 의식하거나 동기가 부여된다고 가정하였다. 즉, 자아실현의 욕구 외에 인간은 본능적 요구를 가지고 태어나며, 이러한 본능적 욕구들은 **인간을 성장하게 하고 발달하게 하며 인간 자신을 실현시키고 성숙하게 하는 원동력**이 된다.
> ⑤ **인간의 본성은 선하다는 낙관적인 태도를 보인다.** 즉, 인간의 악하고 파괴적인 요소는 나쁜 환경으로부터 비롯된 것이라는 신념을 가지고 있다.
>
> 답 ③

06 매슬로우(A. Maslow)의 욕구이론에 관한 설명으로 옳지 않은 것은? •19회

① 생리적 욕구는 가장 하위 단계에 있는 욕구이다.
② 극소수의 사람들만이 자아실현을 달성할 수 있다.
③ 자아실현의 욕구는 가장 상위단계에 있는 욕구이다.
④ 상위단계의 욕구는 하위단계의 욕구가 완전히 충족된 이후에 나타난다.
⑤ 인간의 욕구는 강도와 중요도에 따라 위계적으로 구성되어 있다.

정답 및 해설

보편적으로 하위단계 욕구가 **완전히 충족된 이후가 아니라 어느 정도 충족된 후** 상위단계의 욕구를 충족시키기 위한 노력을 경주한다. 즉, 생리적 욕구가 85% 정도 충족되면, 안전욕구는 70% 정도, 소속과 애정의 욕구는 50%, 자존의 욕구는 40%, 그리고 자아실현의 욕구는 10%가 충족된다.

보충설명

① **인간의 욕구는 생리적 욕구, 안전의 욕구, 소속과 애정의 욕구(사회적 욕구), 자기존중의 욕구(자존감의 욕구), 자아실현의 욕구의 순서로 나타난다.** 생리적 욕구는 가장 하위 단계에 있는 욕구로 인간의 욕구 중에서 가장 기본적이고 가장 강렬하며 분명한 욕구이다.
② 자아실현을 위한 움직임은 자동적으로 발생하거나 쉽게 이루어지는 것이 아니기 때문에, 매슬로우에 따르면 **인구의 1% 정도가 자아실현에 근접**한다고 하였다.
③ **자아실현의 욕구는 다섯 가지 욕구단계 중 제일 가장 상위단계에 있는 욕구**이다.
⑤ **인간의 욕구는 그 중요성과 강도에 따라 위계적으로 배열**되어 있어 일반적으로 위계서열이 낮은 욕구일수록 강도와 우선순위가 높다.

답 ④

07 매슬로우(A. Maslow)의 이론에 관한 설명으로 옳은 것은? •20회

① 대부분의 사람들이 자아실현의 욕구를 달성한다.
② 자존감의 욕구는 소속과 사랑의 욕구보다 상위단계의 욕구이다.
③ 인간본성에 대해 비관적인 태도를 갖고 있다.
④ 인간의 성격은 환경에 의해 수동적으로 결정된다.
⑤ 무조건적인 긍정적 관심을 강조하였다.

> **정답 및 해설**
>
> 인간의 욕구는 생리적 욕구 보다 안전의 욕구가, 안전의 욕구보다 소속과 사랑의 욕구가, **소속과 사랑의 욕구보다 자존감의 욕구가**, 자존감의 욕구보다 자아실현의 욕구가 **상위단계의 욕구**이다.
>
> **오답풀이**
> ① **소수의 사람만이** 자아실현의 욕구를 달성한다.
> ③ 인간본성은 본질적으로 선하다는 **낙관적인 태도**를 갖고 있다.
> ④ 인간의 성격은 환경에 의해 수동적으로 결정된다고 보는 것은 **스키너의 행동주의 이론**이다. 매슬로우의 이론은 건전하고 창조적인 인간을 너무 강조한 나머지 인간행동에서 내적인 측면과 환경에 의한 영향을 무시하고 있다.
> ⑤ 무조건적인 긍정적 관심을 강조한 것은 **로저스의 현상학 이론**이다.
>
> 답 ②

08 매슬로우(A. Maslow)의 이론으로 옳지 않은 것은? •21회

① 인간에 대해 희망적이고 낙관적인 관점을 갖는다.
② 자아존중감의 욕구는 욕구 위계에서 가장 높은 단계이다.
③ 일반적으로 욕구 위계서열이 높을수록 욕구의 강도가 낮다.
④ 인간은 삶을 유지하려는 동기와 삶을 창조하려는 동기를 가진다.
⑤ 인간은 자아실현을 이루려고 노력하는 존재이다.

정답 및 해설

자기실현의 욕구는 욕구 위계에서 가장 높은 단계이다. 매슬로우의 인간욕구단계는 생리적 욕구 – 안전욕구 – 소속과 애정의 욕구 – 자아존중감의 욕구 – 자기실현의 욕구 순으로 나타난다.

보충설명
① 행동주의 이론이 인간의 삶에 풍요로움과 존엄성을 주는 요인을 지나치게 간과하고 있다고 비판하고, 정신분석학의 염세적 비관론과 절망에 대해서도 반대하면서 인간에 대해 보다 희망적이고 낙관적인 이론을 제시하였다.
③ 인간의 욕구는 그 중요성과 강도에 따라 위계적으로 배열되어 있으며, 일반적으로 욕구 위계서열이 높은 욕구일수록 강도와 우선순위가 낮다.
④ 인간은 삶을 유지하기 위해 호흡, 식욕, 성욕, 안전, 애정, 자기존중 등의 욕구를 충족시키려 하는데, 이러한 것은 기본적 욕구 또는 결핍동기라고 한다. 한편 삶을 창조하고자 하는 동기는 자신의 잠재력을 실현하고 자기를 완성하고자 하는 동기로서 메타동기 또는 성장동기라고 한다.
⑤ 모든 인간은 선천적으로 자기실현을 이루고자 하는 노력 혹은 경향이 있다.

 ②

---

09 매슬로우(A. Maslow) 이론 중 배우자를 만나 결혼하여 가정을 이루고자 하는 욕구는?　•6회

① 생리적 욕구　　　　　　　　② 안전 욕구
③ 소속감과 애정의 욕구　　　　④ 자기존중감의 욕구
⑤ 자기실현 욕구

정답 및 해설

소속감과 애정의 욕구는 특정한 사람들과 친밀한 관계를 맺고, 어떤 집단에 소속되고자 하는 욕망으로 표현된다. 즉, 사랑, 애정, 가족이나 집단에 대한 소속감, 우정, 사람들과 시간을 함께 보내는 것 등이 있다.

 ③

10 매슬로우(A. Maslow)의 욕구단계에 관한 설명으로 옳지 않은 것은? •15회

① 생리적 욕구 – 음식, 수면, 성의 욕구
② 안전의 욕구 – 보호, 의존, 질서, 구조의 욕구
③ 소속감과 사랑의 욕구 – 친분, 우정, 존경의 욕구
④ 자존감의 욕구 – 능력, 신뢰감, 성취, 독립의 욕구
⑤ 자아실현의 욕구 – 자발성, 포부실현, 창조성의 욕구

> **정답 및 해설**
>
> **소속감과 사랑의 욕구는** 특정한 사람들과 친밀한 관계를 맺고 어떤 집단에 소속되고자 하는 욕망이다. 친분, 우정은 해당되지만, **존경의 욕구는 자존감의 욕구에 해당**한다.
>
> ✓ 보충설명
>
> ④ 자존감의 욕구는 2가지 유형이 있는데, 자기에 대한 존중과 타인으로부터의 존경이다. **자기에 대한 존중이란** 개인 스스로가 가치 있다고 생각하며 능력, 신뢰감, 개인적인 힘, 적합성, 성취, 독립, 자유 등의 개념을 가지는 것이다. **타인으로부터의 존경이란** 수용, 주목, 평판, 인정을 포함하며, 타인들로부터 좋게 인식되고 평가받음으로써 자신이 가치 있는 사람이라고 느끼는 것이다.
>
> 답 ③

11 매슬로우(A. Maslow)의 욕구 단계에 대한 설명으로 옳은 것은? •5회

① 인간의 본성은 악하다.
② 단계 순서는 절대적이다.
③ 단계가 높을수록 더 쉽게 충족된다.
④ 욕구는 강도와 중요성에 따라서 서열화된다.
⑤ 자기실현 욕구를 충족하지 못하면 신경증이 생긴다.

> **정답 및 해설**
>
> 인간의 욕구는 그 중요성과 강도에 따라 위계적으로 배열되어 있다.
>
> ✓ 오답풀이
>
> ① 매슬로우의 인간 동기이론에서는 **인간의 본성은 선하다**고 가정한다.
> ② 매슬로우의 **인간 욕구 단계의 위계구조는 절대적인 것은 아니며, 욕구의 단계 서열에 예외가 있는 것을 인정**하였다. 예 단식을 해가며 자신의 이상을 주장하는 사람, 나라를 위해 목숨을 걸고 참전하는 군인, 구도를 위해 사랑하는 가족을 떠나는 사람 등
> ③ 보편적으로 하위단계 욕구가 어느 정도 충족된 후 상위단계의 욕구를 충족시키기 위한 노력을 경주한다고 보고 있다. 따라서 단계가 낮을수록 더 쉽게 충족된다는 말이 맞다.
> ⑤ 매슬로우는 신경증이 결핍성 질환이라고 보았다. 즉, **기본적 욕구의 만족이 결핍되는데서 신경증이 생긴다**고 하였다. 대부분의 신경증은 안전, 소속과 동일시, 친밀한 애정관계, 존경과 위신에 대한 욕구가 충족되지 못한 것과 관련이 있다.
>
> 답 ④

12 매슬로우(A. Maslow)의 자아실현을 한 사람의 태도로 맞는 것은? • 2회

㉠ 대인관계가 깊고 풍부하다.
㉡ 자기 자신에 대하여 수용적 태도를 보인다.
㉢ 자기 자신 이외의 문제에 대한 몰두한다.
㉣ 목적과 수단을 구분하지 않는다.

① ㉠, ㉡, ㉢
② ㉠, ㉢
③ ㉡, ㉣
④ ㉣
⑤ ㉠, ㉡, ㉢, ㉣

정답 및 해설

㉠ 자아실현인은 대인관계가 피상적이지 않고 깊고 풍부하지만, 가까이 지내는 사람들의 범위는 넓지 않다.
㉡ 자아실현인은 자기의 약점과 장점, 각종 성향을 부끄럽게 생각하거나 죄책감을 가지지 않고 자신의 본성 그대로를 받아들인다.
㉢ 자기중심이 아닌 자신 밖에 있는 문제나 일에 초점을 맞추는 것을 말하며, 그 문제는 자신만을 위한 것이 아니라 인류 전체와 단체적 삶에 대한 사명감 내지 책임감에서 나온 것이다.

오답풀이

㉣ 자아실현인은 옳고 그름과 선악, 목적과 수단을 구별할 줄 알아 이에 대해서 보통 사람이 겪는 혼란, 불일치, 갈등이 적다. 자아실현인들은 아무리 좋은 목적이라도 수단이 도덕적으로 옳지 않으면 추구하지 않는다.

답 ①

13 매슬로우(A. Maslow)의 자아실현 욕구를 충족한 사람의 특징이 아닌 것은? • 3회

① 독창적이고 창조적이다.
② 유머감각이 있다.
③ 자기 밖의 문제들에 대해 집중하는 경향이 있다.
④ 문화와 유행에 민감하다.
⑤ 신비의 체험, 즉 절정의 경험을 한다.

정답 및 해설

자아실현인은 자신의 문화를 대부분 인정하지만 무조건 동의하지는 않는다. 그들은 만족을 위하여 실제 세계나 다른 사람, 문화 등에 깊이 의존하지 않고 자신의 발전과 성장을 위하여 자신의 잠재력과 잠재된 자원에 의존한다.

  답 ④

14 매슬로우(A. Maslow)의 자아실현자의 특성에 관한 설명으로 옳은 것을 모두 고른 것은? •13회

㉠ 관대하고 타인을 수용한다.
㉡ 개방적이고 솔직하며 자연스럽다.
㉢ 자율적이고 실수를 두려워하지 않는다.
㉣ 사람과 주변환경을 객관적이고 명확하게 지각한다.

① ㉠, ㉡, ㉢
② ㉠, ㉢
③ ㉡, ㉣
④ ㉣
⑤ ㉠, ㉡, ㉢, ㉣

> **정답 및 해설**
> ㉠ 자아실현인은 **자신은 물론 그들이 알고 있는 사람들의 결점 및 모든 인류의 결점에 대해서도 관대**하다 (**타인 및 자신에 대한 수용**).
> ㉡ 자아실현인은 삶의 모든 측면에서 **가식이 없고, 솔직**하며, **자연스럽고 자발적**이다.
> ㉢ 자아실현인은 **자율적인 성향**을 띠고 있을 뿐 아니라 물질적·사회적 환경으로부터 비교적 독립적인 태도를 보이고 있다. 이 같은 **독립심**은 어려운 시기나 좌절 상황에 직면하더라도 비교적 안정감을 갖게 한다.
> ㉣ 자아실현인은 **사람과 사물을 객관적으로 지각**한다.
>
> **답** ⑤

15 매슬로우(A. Maslow)의 인본주의에 관한 비판으로 옳지 않은 것은? •10회

① 연령에 따른 욕구의 발달단계를 구체적으로 설명하지 않았다.
② 지나친 획일성으로 인해 개인차이나 상황을 고려하지 않았다.
③ 사회의 가치에 따라 욕구계층의 순서가 바뀔 수도 있음을 간과하였다.
④ 건전하고 창조적인 인간을 지나치게 강조함으로써 내적인 측면의 영향을 무시하였다.
⑤ 유기체적 평가과정, 완전히 기능하는 인간 등의 개념이 추상적이고 모호하다는 비판을 받았다.

> **정답 및 해설**
> ⑤는 매슬로우가 아닌 **로저스의 이론에 대한 비판** 내용이다.
>
> **답** ⑤

16 매슬로우(A. Maslow)의 욕구단계이론이 사회복지실천에 미친 영향으로 옳은 것은? • 14회

① 클라이언트의 문제행동 수정에 유용하다.
② 클라이언트의 욕구를 사정하는데 유용하다.
③ 중년기 이후에 발생하는 노화현상을 이해하는데 유용하다.
④ 클라이언트에게 무조건적인 긍정적 관심을 갖는데 유용하다.
⑤ 클라이언트의 생애발달 단계를 사정하고 개입의 유형을 결정하는데 유용하다.

> **정답 및 해설**
> 매슬로우(A. Maslow)의 욕구단계이론은 사회복지사가 **클라이언트의 욕구평가(욕구사정)를** 하는데 유용하게 활용하고 있다.
> **✓ 오답풀이**
> ① **스키너의 학습이론**에 해당한다.
> ③ **융의 분석심리이론**에 해당한다.
> ④ **로저스의 현상학 이론**에 해당한다.
> ⑤ **에릭슨의 심리사회이론**에 해당한다.
>
> 답 ②

제12장 사회체계이론

제1영역 : 인간행동과 사회환경

▶ 제12장 회차별 출제빈도, 출제비중 및 출제논점 1, 2, 3순위

10회 2012	11회 2013	12회 2014	13회 2015	14회 2016	15회 2017	16회 2018	17회 2019	18회 2020	19회 2021	20회 2022	21회 2023	22회 2024
1	2	1	–	1	2	3	4	2	4	4	3	4

출제 비중	출제 논점		
	1순위 ☺	2순위 ※	3순위 ☆
02④	① 주요개념 : 체계, 경계, 홀론, (넥)엔트로피, 환류…	① 생태적 체계의 구성	① 사회복지실천에의 유용성

01 일반체계이론(general system theory)

01 체계이론에서 다음에 해당하는 개념으로 옳은 것은?　　• 16회

> 외부환경과 에너지의 상호교환이 이루어지지 않은 채 고립되어, 다른 체계로부터 투입도 없고 다른 체계로 산출도 전하지 못하는 체계이다.

① 경계
② 폐쇄체계
③ 홀론
④ 다중종결성
⑤ 개방체계

정답 및 해설

폐쇄체계(closed system)에 대한 설명이다. 체계가 폐쇄적이면 시간이 지나면서 모든 요소들이 비슷해지기 시작하여 조직과 효과적인 기능의 상실이 초래되는 **엔트로피(entropy) 속성**이 나타나게 된다.

보충설명

③ 홀론(holon)이란 특정 체계는 그 체계를 구성하고 있는 보다 작은 체계의 입장에서 보면 전체 체계인 동시에 그보다 큰 체계의 입장에서 보면, 그 체계의 부분 또는 구성분자가 되는 현상을 말한다.
　예) 인간은 주변환경과의 관계에서는 환경체계의 부분이지만, 인간을 구성하고 있는 신체, 생물학적 체계, 인식체계, 감정체계, 정서체계 등의 하위체계들을 통합하는 전체인 것이다.

답 ②

02 동일한 집단 프로그램에 참여한 청소년들이라 해도 부모나 교사와의 상호작용 과정에 따라 프로그램의 효과가 다르게 나타나게 된다. 이를 설명하는 체계이론의 개념은? • 9회

① 홀론(holon)
② 시너지(synergy)
③ 엔트로피(entropy)
④ 다중종결성(multifinality)
⑤ 안정상태(steady state)

> **정답 및 해설**
>
> **다중종결성(multifinality)**은 처음의 조건과 수단이 비슷하다고 할지라도 다른 결과가 야기된다는 것이다. "똑같은 출발에서 다양한 결과에 이른다"는 뜻으로, 유사한 상황에 있는 체계라 할지라도 체계 내의 구성요소들 간의 상호작용 양상, 또는 **체계들과의 상호작용 양상과 특성이 다르면 최종상태도 서로 달라질 수 있음**을 나타낸다.
>
> 답 ④

03 다음에 해당하는 개념으로 옳은 것은? • 22회

> ○ 한 체계에서 일부가 변화하면 그 변화가 체계의 나머지 부분들의 변화를 초래하게 되는 개념을 말한다.
> ○ 예시로는 회사에서 간부 직원이 바뀌었을 때, 파생적으로 나타나는 조직의 변화 및 직원 역할의 변화 등을 들 수 있다.

① 균형(equilibrium)
② 호혜성(reciprocity)
③ 안정상태(steady state)
④ 항상성(homeostasis)
⑤ 적합성(goodness of fit)

> **정답 및 해설**
>
> **호혜성(reciprocity)**은 체계 내 일부 구성요소들 간의 상호작용은 나머지 구성요소들 간의 상호작용에 영향을 미치고, 그런 변화된 상호작용을 통해 결과적으로 처음의 일부 구성요소들 간의 상호작용에도 영향을 미친다는 것이다. 이러한 호혜성의 원리는 어떤 문제나 현상에 대해 부분요소들 간의 쌍방적 교류과정에서 원인과 결과를 해석하려는 순환적 인과성을 의미하기도 한다.
>
> **보충설명**
> ① **균형(equilibrium)**은 외부로부터 새로운 에너지를 투입하지 않으며 현상을 유지하는 속성으로, 주로 **폐쇄체계**에서 나타난다.
> ③ 항상성이 체계가 생존을 위해 환경과 성공적으로 타협할 수 있는 능력을 말한다면, **안정상태(steady state)**는 부분들 간의 관계를 유지시키고, 쇠퇴해서 붕괴되지 않도록 **에너지가 계속적으로 사용되는 상태**를 의미한다.
> ④ **항상성(homeostasis)**은 위협을 받았을 때 균형을 회복하려는 경향이다.
> ⑤ **적합성(goodness of fit)**이란 인간의 욕구와 환경자원이 부합되는 정도를 말한다.
>
> 답 ②

04 일반체계이론 개념 중 옳은 것은?   •5회

① 항상성 : 체계를 안정적·지속적 균형상태로 유지하기 위한 경향
② 안정상태 : 위협을 받았을 때 균형을 회복하려는 경향
③ 엔트로피 : 체계가 성장하고 발달하는 방향으로 진행하는 과정
④ 경계 : 둘 또는 그 이상의 사람이나 체계 사이의 상호 정서적 교류 및 역동적 상호작용
⑤ 시너지 : 인간과 환경 사이에 적극적으로 개입하는 자연발생적 힘

> **정답 및 해설**
>
> **항상성**은 환경과 지속적으로 상호작용하면서 정적인 균형보다 역동적인 균형을 유지하려는 것을 의미한다.
>
> **오답풀이**
> ② **안정상태**는 전체체계가 균형을 이루고 있고, 부분들 간의 관계를 유지시키고 쇠퇴하여 붕괴하지 않게 하기 위해 환경과의 융통성 있는 에너지 교환관계를 유지하고 있는 상태를 말한다. 위협을 받았을 때 균형을 회복하려는 경향은 항상성이다.
> ③ **엔트로피**는 체계구성요소들 간의 상호작용이 감소함에 따라 유용한 에너지가 감소하는 상태를 말한다. 즉, 체계가 해체하는 방향으로 진행하는 경향이다.
> ④ **경계**는 체계의 외부와 내부 또는 한 체계와 다른 체계를 구분해 주는 일종의 구획, 선, 혹은 침투성을 지닌 테두리이다.
> ⑤ **시너지**는 체계 내의 유용한 에너지가 증가하는 것이다. 인간과 환경 사이에 적극적으로 개입하는 자연발생적인 힘은 에너지이다.
>
> **답** ①

05 다음 제시된 사례와 관련있는 개념은?   •11회

이혼 위기에 처한 부부가 상담을 받아 관계가 회복되는 계기를 맞게 되고, 외부 전문가의 도움으로 부부 간의 불화가 개선되고 긴장이 감소되었다.

① 엔트로피(entropy)　　　　　② 넥엔트로피(negentropy)
③ 시너지(synergy)　　　　　　④ 균형(equilibrium)
⑤ 항상성(homeostasis)

> **정답 및 해설**
>
> '이혼 위기 부부가 상담으로 회복, 긴장 감소' 유용하지 않은 에너지의 감소를 설명하는 것으로 네겐트로피에 대한 설명이다. **네겐트로피**(negentropy, negative entropy; **역엔트로피, 부적 엔트로피**)는 체계 외부로부터 에너지를 유입함으로써 **체계 내부에 유용하지 않은 에너지가 감소**되는 것으로, 체계가 성장·발달하는 방향으로 진행하며 **개방체계의 특징**이다.
>
> ②

06 사회체계의 주요 개념으로 옳지 않은 것은?
•12회

① 시너지는 체계 내에 유용한 에너지가 증가하는 것이다.
② 경계는 모든 사회체계에서 볼 수 있는 사회적 구조를 말한다.
③ 엔트로피는 체계 내에 질서, 형태, 분화가 있는 상태를 의미한다.
④ 항상성은 시스템이 지속적으로 안정적 균형을 유지하려는 경향이다.
⑤ 균형은 외부환경으로부터 새로운 에너지의 투입없이 현상을 유지하려는 속성이다.

> **정답 및 해설**
> 엔트로피(entropy)는 체계 구성요소들 간의 상호작용이 감소함에 따라 유용한 에너지가 감소하는 상태를 말한다. 즉 체계가 해체하는 방향으로 진행하는 경향으로, 체계 내의 질서, 형태, 분화가 없는 무질서한 상태로서 폐쇄 체계의 특징과 관련이 있다. 이것은 본래 열역학 제2의 법칙에서 유래한 것이며, 자연에서 사건의 일반적인 경향이 극도의 무질서 상태로 향하는 것을 말한다. 즉 **엔트로피는 질서가 상실되는 과정이며, 체계가 붕괴하는 과정**이다.
>
> 답 ③

07 체계가 환경과 교류할 뿐 아니라 외부 여건에 응하기 위해 체계의 구조를 변형시키고자 노력하는 상태를 무엇이라고 하는가?
8회

① 적응
② 항상성
③ 경계
④ 평형상태
⑤ 안정상태

> **정답 및 해설**
> 전체 체계가 균형을 이루고 있고, 부분들 간의 관계를 유지시키고 쇠퇴하여 붕괴하지 않게 하기 위해 환경과의 융통성 있는 에너지 교환관계를 유지하고 있는 상태를 말한다. 따라서 **안정상태는 균형이나 항상성보다는 더욱 개방적이며 역동적**이다.
>
> 답 ⑤

08 다음에 제시된 내용과 관계있는 용어는? •11회

> ○ 고정된 구조를 지닌다.
> ○ 환경과 수직적 상호작용보다는 수평적 상호작용을 선호한다.
> ○ 외부로부터 새로운 에너지의 투입 없이 현상을 유지하는 속성을 지닌다.

① 피드백(feedback) ② 호혜성(reciprocity)
③ 항상성(homeostasis) ④ 안정상태(steady state)
⑤ 균형(equilibrium)

정답 및 해설

균형, 항상성, 안정상태 구분이 논점사항인 문제로, **폐쇄 체계에서는 균형**이 맞다. 참고로, **수평적 상호작용**은 체계 내에서 이루어지는 상호작용을 말하며, **수직적 상호작용**은 경계를 넘어 두 체계 간에 발생하는 상호작용을 말한다.

답 ⑤

09 사회체계이론의 주요 개념에 관한 설명으로 옳은 것은? •15회

① 시너지(synergy)는 폐쇄체계의 특징과 관련이 있다.
② 안정상태(steady state)는 환경과의 상호작용에서 부분들 간의 관계를 유지하기 위하여 에너지를 계속적으로 사용하는 상태를 의미한다.
③ 항상성(homeostasis)은 시스템에서 위기가 왔을 때 불균형을 유지하려는 경향을 말한다.
④ 균형(equilibrium)은 주로 개방체계에서 나타나며 외부로부터 새로운 에너지를 투입하여 변화시키려 노력하는 속성이다.
⑤ 피드백(feedback)은 체계 구성 간의 상호작용이 증가함에 따라 유용한 에너지가 감소하는 상태를 의미한다.

정답 및 해설

안정상태(steady state)는 부분들 간의 관계를 유지시키고, 쇠퇴해서 붕괴되지 않도록 **에너지가 계속적으로 사용되는 상태**를 의미한다. 항상성이 체계의 일관성을 유지하기 위해 일정한 범위 내에서만 변화하려고 하는데 비해서, 안정상태는 체계 자체를 변화시키는 노력을 통해 외부자극을 받아들인다.

오답풀이
① **시너지(synergy)**는 체계 내에 유용한 에너지가 증가하는 것을 말하며, 체계 구성요소들 사이에 상호작용이 증가하면서 나타난다. 개방체계는 에너지를 고갈시키지 않고 구성요소들의 상호작용을 촉진함으로써 계속해서 에너지를 만들어 내기 때문에, **시너지는 개방적이고 살아 있는 체계에 적합**하다.
③ **항상성(homeostasis)**은 위협을 받았을 때 균형을 회복하려는 경향이다. 즉 시스템에서 위기가 왔을 때 **균형을 유지**하려는 경향을 말한다.
④ **균형(equilibrium)**은 주로 **폐쇄체계**에서 나타나며 외부로부터 새로운 에너지를 투입하지 않으며 현상을 유지하는 속성이다.
⑤ 체계 구성 간의 상호작용이 증가함에 따라 유용하지 않은 에너지가 감소하는 상태는 **넥엔트로피**이며, 체계 구성 간의 상호작용이 감소함에 따라 유용한 에너지가 감소하는 상태는 **엔트로피**이다. **피드백(feedback)**은 체계의 작동을 점검하고, 적응적 행동이 필요한지를 판단하여 이를 수정하는 능력을 말한다.

답 ②

OIKOS UP 균형, 항상성, 안정상태

균형, 항상성, 안정상태는 경계의 개방성에서 상이한 정도를 반영하는 개념이다.
① 균형(equilibrium) : 체계가 고정된 구조를 가지고 외부환경과 상호작용하지 않고 새로운 에너지를 투입하지 않으며 현상을 유지하고자 거의 교류를 하지 않는 것을 말한다. → 폐쇄체계에서 나타남
② 항상성(homeostasis) : 위협을 받았을 때 균형을 회복하려는 경향으로, 이는 환경과 지속적으로 상호작용하면서 정적인 균형보다 역동적인 균형을 이루고 있는 상태이다. → 일정한 수준의 개방체계를 전제
③ 안정상태(steady state) : 전체체계가 균형을 이루고 있고, 부분들 간의 관계를 유지시키고 쇠퇴하여 붕괴하지 않게 하기 위해 환경과의 융통성 있는 에너지 교환관계를 유지하고 있는 상태(에너지를 계속해서 사용하고 있는 상태) → 균형이나 항상성보다는 더욱 개방적이며 역동적(가장 개방체계)

10 사회체계이론의 주요 개념에 관한 설명으로 옳은 것을 모두 고른 것은?　•17회

㉠ 폐쇄체계가 지속되면 엔트로피 속성이 나타난다.
㉡ 환류(feedback)는 정보의 투입에 대한 반응으로 일종의 적응기제이다.
㉢ 항상성은 외부체계로부터 투입이 없어 체계의 구조변화가 고정된 평형상태를 말한다.
㉣ 체계는 부분성과 전체성을 동시에 가지며 위계질서가 존재하는 경우가 많다.

① ㉠, ㉡
② ㉢, ㉣
③ ㉠, ㉡, ㉣
④ ㉠, ㉢, ㉣
⑤ ㉠, ㉡, ㉢, ㉣

정답 및 해설

㉠ 엔트로피(entropy)는 체계 구성요소들 간의 상호작용이 감소함에 따라 유용한 에너지가 감소하는 상태로, 폐쇄체계의 특징과 관련이 있다.
㉡ 환류(feedback)는 정보의 투입에 반응하는 행동을 가져오며, 새로운 정보에 자신의 행동 결과를 포함시켜 그것에 의하여 다음의 행동을 수정하는 의사소통의 조직망을 의미한다. 환류는 일종의 적응기제로서, 효과적인 환류와 의사소통 양식을 수립하는 것은 그 체계의 적응능력에 관련된다.
㉣ 특정 체계는 그 체계를 구성하고 있는 보다 작은 체계의 입장에서 보면 **전체 체계인 동시에** 그보다 큰 체계의 입장에서 보면, **그 체계의 부분 또는 구성분자**가 된다. 또한, 체계 내에는 일련의 하위체계가 있고, 이런 하위체계는 그 상위체계에 의존하며, 그 역할과 권력·통제의 양에 따라서 등급이 정해지는데 이것을 **위계질서**라고 한다.

✓ 오답풀이
㉢ 외부체계로부터 투입이 없어 체계의 구조변화가 고정된 평형상태를 말하는 것은 **균형**(equilibrium)이다. 균형은 주로 폐쇄체계에서 나타나는데, 이는 체계가 고정된 구조를 가지고 주위환경과 수직적인 상호작용을 하기보다 수평적인 상호작용을 하면서 거의 교류를 하지 않는 상태이다.

답 ③

---

11 사회체계이론의 개념 중 체계 내부 간 또는 체계 외부와의 상호작용이 증가함으로써 체계 내의 에너지양이 증가하는 것을 의미하는 것은?　•18회

① 엔트로피(entropy)
② 시너지(synergy)
③ 항상성(homeostasis)
④ 넥엔트로피(negentropy)
⑤ 홀론(holon)

정답 및 해설

체계 내부 간 또는 체계 외부와의 상호작용이 증가함으로써 체계 내의 에너지양이 증가하는 것은 **시너지**(synergy)이다. 시너지는 체계 내 유용한 에너지 증가하는 것을 말하는 것으로, 이는 체계구성요소들 사이에 상호작용 증가하면서 나타난다.

> **보충설명**
> ① **엔트로피(entropy)**는 체계 구성요소들 간의 상호작용이 감소함에 따라 유용한 에너지가 감소하는 상태를 말하는 것으로, 체계 내의 질서, 형태, 분화가 없는 무질서한 상태로서 폐쇄체계의 특징과 관련이 있다.
> ③ **항상성(homeostasis)**은 위협을 받았을 때 균형을 회복하려는 경향으로, 이는 환경과 지속적으로 상호작용하면서 정적인 균형보다 역동적인 균형을 이루고 있는 상태이다.
> ④ **넥엔트로피(negentropy)**는 체계 외부로부터 에너지를 유입함으로써 체계 내부에 유용하지 않은 에너지가 감소되는 것으로, 체계 내에서 질서, 형태, 분화가 있는 상태로서 개방체계의 특징과 관련이 있다.
> ⑤ **홀론(holon)**은 특정 체계가 그 체계를 구성하고 있는 보다 작은 체계의 입장에서 보면 전체 체계인 동시에 그보다 큰 체계의 입장에서 보면, 그 체계의 부분 또는 구성분자가 되는 현상을 말한다.
>
> 답 ②

12 체계이론의 개념에 관한 설명으로 옳은 것을 모두 고른 것은? • 19회

> ㉠ 균형(equilibrium) : 환경과 상호작용하기 위하여 체계의 구조를 변화시키는 과정 또는 상태
> ㉡ 넥엔트로피(negentropy) : 체계내부의 유용하지 않은 에너지가 감소되는 상태
> ㉢ 공유영역(interface) : 두 개 이상의 체계가 공존하는 부분으로 체계 간의 교류가 일어나는 장소
> ㉣ 홀론(holon) : 외부와의 상호작용으로 체계 내의 에너지가 증가하는 현상 또는 상태

① ㉠
② ㉠, ㉣
③ ㉡, ㉢
④ ㉡, ㉢, ㉣
⑤ ㉠, ㉡, ㉢, ㉣

> **정답 및 해설**
> ㉡ **넥엔트로피(negentropy)**는 체계 내에서 질서, 형태, 분화가 있는 상태를 말하는 것으로, 체계 외부로부터 에너지를 유입함으로써 체계 내부의 유용하지 않은 에너지가 감소되는 상태를 말한다.
> ㉢ **공유영역(interface)**은 두 개 이상의 체계가 공존하는 부분으로 체계 간의 교류가 일어나는 장소로, 어떤 대상체계가 상위체계나 하위체계와 교류하면서 만들어지는 독특한 상호작용의 유형 혹은 공유된 경계이기도 하다.
>
> **오답풀이**
> ㉠ 환경과 상호작용하기 위하여 체계의 구조를 변화시키는 과정 또는 상태는 **안정상태(steady state)**이다. 즉 안정상태는 환경과의 교류뿐만 아니라 환경에 적응하기 위해 체계의 구조를 변화시키는 과정 또는 상태다. **균형(equilibrium)**은 외부환경으로부터 새로운 에너지의 투입없이 현상을 유지하려는 체계의 속성이다.
> ㉣ 외부와의 상호작용으로 체계 내의 에너지가 증가하는 현상 또는 상태는 **시너지(synergy)**이다. **홀론(holon)**은 중간 수준의 체계가 가지고 있는 이중적인 성격(부분이면서 전체인 총체)을 나타내 주는 말이다.
>
> 답 ③

13 사회체계이론의 주요개념에 관한 설명으로 옳지 않은 것은? • 20회

① 넥엔트로피(negentropy)는 폐쇄체계가 지속되면 나타나는 현상이다.
② 항상성(homeostasis)은 비교적 안정적이며 지속적인 균형상태를 유지하기 위한 체계의 경향을 말한다.
③ 시너지(synergy)는 체계 내부 간 혹은 외부와의 상호작용이 증가함으로써 체계 내에서 유용한 에너지양이 증가하는 현상이다.
④ 경계(boundary)란 체계와 환경 혹은 체계와 체계 간을 구분하는 일종의 테두리를 의미한다.
⑤ 균형(equilibrium)은 외부체계로부터의 투입이 없어 체계의 구조변화가 거의 없이 고정된 평형상태를 의미한다.

정답 및 해설

넥엔트로피(negentropy)는 **개방체계**가 지속되면 나타나는 현상이며, **엔트로피**(entropy)는 폐쇄체계가 지속되면 나타나는 현상이다.

보충설명

② 항상성(homeostasis)은 체계가 갖는 변화와 유지라는 두 가지 기능 중에서 **체계의 일관성을 유지하려는 기능**으로, 변화보다는 유지의 속성이 먼저 나타나는 것이다. 항상성의 기능은 체계에 안정을 줄 뿐만 아니라 외부 정보를 통제함으로써 체계를 혼란이나 무질서로부터 보호하며, 미래에 대한 예측을 가능하게 함으로써 체계의 구성원들에게 안정과 편안함을 준다.

답 ①

14 체계이론에 관한 설명으로 옳지 않은 것은? • 22회

① 넥엔트로피(negentropy)란 체계를 유지하고, 발전을 도모하고, 생존하는 것을 의미한다.
② 항상성(homeostasis)은 비교적 안정적으로 균형 상태를 유지하기 위한 체계의 경향을 말한다.
③ 경계(boundary)는 체계를 외부 환경과 구분 짓는 둘레를 말한다.
④ 다중종결성(multifinality)은 서로 다른 경로와 방법을 통해 같은 결과에 도달할 수 있음을 말한다.
⑤ 부적 환류(negative feedback)는 체계가 목적 달성이 어려운 방식으로 움직이고 있다는 정보를 제공하여 체계의 변화를 도모한다.

정답 및 해설

동등종결성(equifinality)은 서로 다른 경로와 방법을 통해 같은 결과에 도달할 수 있음을 말한다. 반면에 **다중종결성(multifinality)**은 같은 경로와 방법을 통해 서로 다른 결과에 도달할 수 있음을 말하는 것이다.

보충설명

① 넥엔트로피(negentropy)는 체계 내에 질서, 형태, 분화가 있는 상태로, 체계 외부로부터 에너지를 유입함으로써 체계 내부에 유용하지 않은 에너지가 감소되는 것을 말한다.
② 항상성(homeostasis)은 균형보다 일정한 수준의 개방체계를 전제로 하며, 체계의 일관성을 유지하기 위해 일정한 범위 안에서만 변화한다.
③ 경계(boundary)는 외부환경으로부터 체계를 구분해주는 일종의 테두리이다.
⑤ 부적 환류(negative feedback)는 어떤 상태나 변화, 새로운 행동이 부적절하므로 원래의 행동을 감소시키거나 혹은 지속하지 못하도록 상호작용의 형태를 바꾸거나 목표를 수정하는 것이다.

답 ④

02 생태체계이론(ecological theory, 생태학적 이론)

01 생태학적 이론에 관한 설명으로 옳지 않은 것은? • 18회

① 개인을 환경과 상황 속에서 이해한다.
② 성격은 개인과 환경 사이의 상호작용의 산물이다.
③ 적합성은 인간의 욕구와 환경자원이 부합되는 정도를 말한다.
④ 생활상의 문제는 전체적 생활공간 내에서 이해한다.
⑤ 환경과의 상호작용에서 인간을 수동적인 존재로 본다.

정답 및 해설

생태학적 이론에서는 인간에 대해 **낙관론적 관점**을 지니고 있다. 인간이 환경적 자원과 사회적 지지를 **자율적으로 이용**할 수 있으며, 환경 속에서 효과적으로 기능할 수 있는 능력을 지니고 있다고 본다.

보충설명

생태학적 이론의 기본가정(김동배 외, 2006)
- 환경과 상호작용하고 타인과 관계를 맺는 능력은 타고난 것이다.
- 유전적 및 다른 생물학적 요인은 환경과 상호작용하는 과정에서 다양한 방식으로 표현된다.
- 개인과 환경은 상호영향을 미치는 단일체계를 형성한다.
- 적합성이란 적응적 개인과 양육적 환경 사이의 상호작용을 통하여 형성되는 상호적 인간-환경 과정이다.
- 인간은 목적지향적이고 유목적적이다. 인간은 유능성을 획득하기 위하여 노력한다. 개인의 환경에 대한 주관적 의미는 발달에 매우 중요하다.
- **개인을 자연적 환경과 상황 속에서 이해할 필요가 있다.**
- **성격은 개인과 환경 사이의 상호작용의 산물이다.**
- 생활경험에 따라 긍정적 변화가 일어난다.
- **생활상의 문제는 전체 생활공간 내에서 이해하여야 한다.**
- 내담자를 원조하기 위하여 사회복지사는 내담자의 생활공간에 개입할 준비가 되어 있어야 한다.

답 ⑤

02 생태학 이론에 관한 설명으로 옳지 않은 것을 모두 고른 것은?

• 19회

㉠ 인간과 환경을 서로 영향을 주고받는 단일체계로 간주한다.
㉡ 인간본성에 대한 정신적·환경적 결정론을 이론적 바탕으로 한다.
㉢ 성격을 개인과 환경 사이의 상호교류의 산물로 이해한다.
㉣ 타인과 관계를 맺는 인간의 능력은 환경과의 상호작용을 통하여 후천적으로 습득된다고 전제한다.

① ㉢
② ㉠, ㉢
③ ㉡, ㉣
④ ㉠, ㉡, ㉣
⑤ ㉠, ㉡, ㉢, ㉣

정답 및 해설

㉡ 생태학 이론은 인간본성에 대한 **유전적 결정론, 정신적 결정론, 환경적 결정론 모두를 배격**하고, 인간을 환경적 요구에 적응하고 때로는 환경을 자신의 요구에 맞게 수정 또는 변화시킴으로써 발달해가고 만족스러운 삶을 영위하는 존재라고 보고 있다.
㉣ **타인과 관계를 맺는 인간의 능력**은 환경과의 상호작용을 통하여 후천적으로 습득되는 것이 아니라 **타고난다고 전제**한다.

보충설명

㉠ 생태학적 이론은 **인간과 환경이 서로를 형성하는 단일체계를 구성**하고, 인간과 환경이 **상호간에 영향을 미친다고** 가정한다.
㉢ **성격을 개인과 환경 사이의 상호작용 또는 상호교류의 산물로 이해**한다. 참고로 상호작용은 개인과 환경이라는 두 가지 요인이 상호간에 영향을 미치지만, 독립적인 정체감을 각각 유지하는 것이다. 반면에 상호교류는 개인과 환경이 상호영향을 미치며, 개인과 환경이 하나의 단위, 관계 그리고 체계로 융합되는 것이다. 예 상호작용을 한 장의 사진에 비유한다면 상호교류는 실제 생활의 기록영화에 비유할 수 있다.

답 ③

03 생태체계이론에 관한 설명으로 옳지 않은 것은? • 20회

① 인간은 목적 지향적이다.
② 적합성은 개인이 환경과 효과적으로 상호작용을 할 수 있는 능력이다.
③ 생활상의 문제는 전체 생활공간 내에서 이해해야 한다.
④ 스트레스는 개인과 환경 간 상호교류에서의 불균형이 야기하는 현상이다.
⑤ 환경 속의 인간을 강조한다.

> **정답 및 해설**
>
> 개인이 환경과 효과적으로 상호작용을 할 수 있는 능력은 **유능성(competence, 역량)**이다. **적합성(goodness of fit)**이란 인간의 욕구와 환경자원이 부합되는 정도를 말한다.
>
> **보충설명**
> ① **인간은 목적지향적이고 유목적적**이다. 인간은 유능성을 획득하기 위하여 노력한다. 개인의 환경에 대한 주관적 의미는 발달에 매우 중요하다.
> ④ **스트레스(stress)는** 개인이 지각된 요구와 이러한 요구를 충족시킬 수 있는 자원을 활용할 수 있는 능력 사이에 불균형이 일어난 것이라 할 수 있다. 즉, **개인과 환경 사이의 상호교류에서 나타나는 불균형에 의해 야기되는 생리, 심리, 사회적 상태**이다.
>
> 답 ②

04 사회체계의 주요 개념에 대한 설명으로 옳은 것은? •6회

① 긴장에 긍정적이거나 부정적인 가치를 부여한다.
② 개방적인 체계는 엔트로피 속성을 지닌다.
③ 경계는 체계의 정체성을 유지하기 위해 필요하다.
④ 적소(niche)는 부분인 동시에 전체적 총체이다.
⑤ 피드백은 서로 다른 체계들이 접촉하여 의사소통하는 과정이다.

정답 및 해설

경계는 체계의 외부와 내부 또는 한 체계와 다른 체계를 구분해 주는 일종의 구획, 선, 혹은 침투성을 지닌 테두리로서 체계의 독특성 혹은 정체성을 유지하는 기능을 하며, 체계 내부의 에너지, 정보, 자원의 흐름(투입)과 외부로의 에너지, 정보, 자원의 유출(산출)을 규제한다.

오답풀이
① **긴장에는** 긍정적이거나 부정적 가치를 부여하지 않는다.
② **엔트로피는** 질서가 상실되는 과정이며, 체계가 붕괴하는 과정으로 폐쇄 체계의 특징이다.
④ **적소는** 특정의 집단이 지역공동체의 사회적 구조에서 차지하는 사회적 지위 혹은 직접적 환경을 일컫는다. 부분인 동시에 전체적 총체를 이르는 개념은 홀론이다.
⑤ 모든 사회체계는 순환적 성격을 띠고 있는데, 이러한 순환적 성격을 가장 잘 나타내주는 개념이 피드백이다. **피드백이란** 체계의 작동을 점검하고, 적응적 행동이 필요한지를 판단하여 이를 수정하는 능력을 말한다.

 ③

05 인간의 적응요구로 환경자원과 부합되는 정도를 의미하는 것은? •2회

① 엔트로피   ② 적합성
③ 유능성   ④ 피드백
⑤ 스트레스

정답 및 해설

개인의 적응적 욕구와 환경의 속성 간의 조화를 이루는 정도를 **적합성**이라고 한다.

오답풀이
① **엔트로피는** 체계 구성요소들 간의 상호작용이 감소함에 따라 유용한 에너지가 감소하는 상태를 말하며,
③ **유능성은** 사람들의 생활문제를 완화시키는 또 다른 적응 전략이며, 개인이 환경과 효과적인 상호작용을 하는 능력을 말한다.
④ **피드백이란** 체계의 작동을 점검하고, 적응적 행동이 필요한지를 판단하여 이를 수정하는 능력을 말하며,
⑤ **스트레스란** 개인과 환경 사이의 상호교류에서 나타나는 불균형에 의해 야기되는 생리, 심리, 사회적 상태라고 할 수 있다.

 ②

06 생태학의 주요 개념에 해당하는 것은? •17회

① 무의식 결정론
② 자아실현 경향성
③ 단선적 인과론
④ 개인의 창조적 힘
⑤ 개인-환경 간의 적합성

정답 및 해설

생태학은 조직과 환경 간의 상호관계를 이해하고자 하는 것으로, 생태학 이론을 인간발달에 적용한 대표적인 학자는 브론펜브레너(Urie Bronfenbrenner)다. 그는 인간발달 과정을 분석하는 가운데 체계론적 관점을 확대하여 '생태적 체계'라는 용어를 사용하였다. **개인-환경 간의 적합성(goodness of fit)이란** 개인의 적응적 욕구와 환경의 속성 간의 조화를 이루는 정도를 의미한다. 즉, 인간의 욕구와 환경자원이 부합되는 정도를 말한다.

오답풀이

① **무의식 결정론은 프로이드의 정신분석이론에서의 주요 개념**이다.
② **자아실현 경향성은 로저스의 현상학이론과 매슬로우의 욕구계층이론에서의 주요 개념**이다.
③ **생태학 이론에서는** 인간행동을 이해할 때 원인과 결과의 관계를 중시하는 단선적 인과론이 아니라, 원인이 결과이며 결과가 원인이 될 수 있다는 **순환론적 인과론을 전제**한다.
④ **개인의 창조적 힘은 아들러의 개인심리이론에서의 주요 개념**이다. 아들러는 유전적 요인과 환경적 요인이 성격형성에 미치는 영향을 인정하고 있지만 각 개인이 지닌 창조적 힘이 인간의 본성을 결정하는 데 더욱 중요하다고 보고 있다.

답 ⑤

07 생태체계이론의 주요 개념에 관한 설명으로 옳은 것은? •21회

① 시너지는 폐쇄체계 내에서 체계 구성요소들 간 유용한 에너지의 증가를 의미한다.
② 엔트로피는 체계 내 질서, 형태, 분화 등이 정돈된 상태이다.
③ 항상성은 모든 사회체계의 기본 속성으로 체계의 목표와 정체성을 유지하려는 의도적 노력에 의해 수정된다.
④ 피드백은 체계의 순환적 성격을 반영하는 개념으로 안정 상태를 유지하는데 필요하다.
⑤ 적합성은 인간의 적응욕구와 환경자원의 부합정도로서 특정 발달단계에서 성취된다.

정답 및 해설

피드백(feedback, 환류)은 체계의 순환적 성격을 가장 잘 나타내 주는 개념으로, **체계가 안정상태를 유지하는 데 필요**하다.

오답풀이
① 시너지(synergy)는 **개방체계** 내에서 체계 구성요소들 간 유용한 에너지의 증가를 의미한다.
② **넥엔트로피(negentropy)**는 체계 내 질서, 형태, 분화 등이 정돈된 상태이다. 엔트로피(entropy)는 체계 내의 질서, 형태, 분화가 없는 무질서한 상태이다.
③ **안정상태(steady state)**는 모든 사회체계의 기본 속성으로 체계의 목표와 정체성을 유지하려는 의도적 노력에 의해 수정된다.
⑤ 적합성(goodness of fit)은 인간의 적응욕구와 환경자원의 부합정도로서 **전 생애에 걸쳐 성취**된다.

답 ④

---

08 브론펜브레너(U. Bronfenbrenner)의 미시체계(micro system)에 관한 설명으로 옳은 것은? • 20회

① 개인의 생활에 직접적으로 개입하지 않는다.
② 조직수준에서 영향을 미칠 수 있는 체계이다.
③ 개인의 성장 시기에 따라 달라지며 상호호혜성에 기반을 두는 체계이다.
④ 개인의 발달에 영향을 미치는 부모의 직업, 자녀의 학교 등을 중시한다.
⑤ 개인이 사회관습과 유행을 통해 자신의 가치관을 표현한다.

정답 및 해설

미시체계는 **개인의 특성과 성장시기에 따라 달라지며**, 건강한 미시체계는 **상호 호혜성에 기반**을 두고 있다.

오답풀이
① 미시체계는 개인에게 가장 인접한 수준의 환경으로 정의되며, 개인의 생활에 **직접적으로 개입**한다.
② 대부분의 사람들이 성장과정에서 경험하는 미시체계는 **부모, 가족, 집, 학교, 또래 친구, 교회(종교단체)나 다른 사회집단에서 만나는 사람들, 이웃사람** 등이다.
④ 자녀의 학교는 개인(자녀)의 발달에 직접적으로 영향을 미치는 미시체계이지만, **자녀에게 있어서 부모의 직업(직장)**은 개인과 직접 상호작용하지는 않지만 **외(부)체계**이다.
⑤ **거시체계**는 사회관습과 유행을 통해 자신의 가치관을 만들어 낸다.

답 ③

09 학교생활에 문제가 있는 아이가 있다. 아동의 문제를 해결하기 위해 부모와 학교가 상호 간에 정보를 교류하는 체계는?
• 7회

① 미시체계
② 중간체계
③ 거시체계
④ 외부체계
⑤ 대상체계

정답 및 해설

중간체계(mezzo system)는 소속체계 간의 연결망에 해당하는 것으로, 상호작용 중에 있는 여러 미시체계를 말한다. 즉 가정과 학교 간의 관계, 학교와 직장 간의 관계와 같이 개인을 둘러싸고 있는 두 가지 이상의 환경에서 일어나는 과정과 연결성을 말한다.

답 ②

10 브론펜브레너(U. Bronfenbrenner)의 중간체계(meso-system)에 관한 설명으로 옳지 않은 것은?
• 17회

① 미시체계 간의 상호작용으로 구성된다.
② 개인이 새로운 환경으로 이동할 때마다 형성되거나 변화된다.
③ 개인이 다양한 역할을 동시에 수행한다는 의미가 내포된다.
④ 신념, 태도, 문화를 통해 인간에게 간접적으로 강력한 영향력을 행사한다.
⑤ 여러 미시체계가 각기 다른 가치관을 표방할 때 잠재적 갈등의 위험이 따른다.

정답 및 해설

신념, 태도, 문화를 통해 인간에게 간접적으로 강력한 영향력을 행사하는 것은 **거시체계(macro system)**이다. 거시체계는 개인의 생활에 직접적으로 개입하지는 않지만 간접적으로도 강한 영향력을 발휘하며, 하위체계에 대한 지지기반과 가치 준거를 제공한다.

보충설명
① 중간체계는 **두 가지 이상의 미시체계 간의 관계 혹은 특정한 시점에서의 미시체계 간 상호작용을** 의미한다.
② 사람들이 서로 다른 환경에서 다른 역할을 수행한다는 것, 즉 **시간에 따라 그리고 어떤 환경에서 다른 환경으로 옮겨 감에 따라 역할이 바뀐다는 것**이 포함된 개념이다.
③ 중간체계의 상호작용은 개인이 자녀, 학생, 회원으로서 동시에 다중적 역할에 참여하는 것을 의미한다.
⑤ **여러 다른 미시체계가 제각기 다른 가치관을 표방할 때에는 잠재적인 위험이 따른다.** 예를 들면, 또래집단은 음주, 흡연, 비행행동을 영웅시하고 격려하지만 부모와 교사는 이러한 행동을 부정적으로 보며 처벌한다.

답 ④

11 브론펜브레너(U. Bronfenbrenner)의 생태체계이론에 관한 설명이다. (　)의 내용으로 옳은 것은?
• 19회

○ (㉠)는 개인이 참여하는 둘 이상의 미시체계 간의 상호작용으로서, 미시체계 간의 연결망을 의미한다.
○ (㉡)는 개인이 직접 참여하고 있지는 않지만, 그 개인의 발달에 영향을 주는 사회적 환경을 의미한다.

① ㉠ : 외체계, ㉡ : 중간체계
② ㉠ : 미시체계, ㉡ : 외체계
③ ㉠ : 중간체계, ㉡ : 외체계
④ ㉠ : 미시체계, ㉡ : 중간체계
⑤ ㉠ : 중간체계, ㉡ : 미시체계

> **정답 및 해설**
>
> ㉠ **중간체계(meso system)**는 상호작용 중에 있는 여러 개의 미시체계를 말하는 것으로, 사람들이 서로 다른 환경에서 서로 다른 역할(예 가정에서 딸 또는 아들, 또래집단에서는 친구, 운동장에서 운동선수, 직장에서는 근로자, 친밀한 관계에서 사랑하는 연인 등)을 수행한다는 견해가 중간체계 개념에 포함되어 있다.
> ㉡ **외체계(exo system, 외부체계)**은 두 가지 이상의 환경 사이에서 일어나는 과정과 연결성으로서 이 중에 최소한 한 가지 체계는 마치 자녀에게 부모의 직장과 같이 그 개인을 직접 둘러싸고 있지 않은 체계이다.
>
> 답 ③

12 생태체계 이론의 중간체계(meso system)에 관한 설명으로 옳은 것은?
• 22회

① 미시체계 간의 상호작용에 초점을 둔다.
② 개인이 직접적으로 대면하는 체계를 의미한다.
③ 신념, 태도, 전통 등을 통해 영향력을 행사한다.
④ 대표적인 중간체계로 가족과 집단을 들 수 있다.
⑤ 문화, 정치, 사회, 법, 종교 등이 해당된다.

> **정답 및 해설**
>
> **중간체계(meso system)**는 두 가지 이상의 미시체계 간의 관계 혹은 특정한 시점에서의 **미시체계 간의 상호작용을** 의미한다.
>
> **✓ 오답풀이**
> ② 개인이 직접적으로 대면하는 체계는 **미시체계(micro system)**이다. 미시체계는 인간과 직접적이고 대면적인 상호작용을 함으로써 인간에게 영향력을 미친다.
> ③ 신념, 태도, 전통 등을 통해 개인에게 영향력을 행사하는 것은 **거시체계(macro system)**이다.
> ④ 대표적인 **미시체계**로 가족과 집단을 들 수 있다. 미시체계인 가족과 집단 간의 관계는 중간체계이다.
> ⑤ 문화, 정치, 사회, 법, 종교 등은 **거시체계(macro system)**에 해당된다.
>
> 답 ①

13 거시체계에 관한 설명으로 옳은 것은?　　　　　　　　　　　　　　　　　　　　•16회

① 개인을 의미한다.
② 가족, 소집단, 이웃이 포함된다.
③ 국가, 사회제도가 포함된다.
④ 미시체계 간의 연결망을 의미한다.
⑤ 인간의 삶과 행동에 일방적인 영향을 미친다.

> **정답 및 해설**
>
> **국가, 사회제도는 거시체계**에 포함된다. 거시체계(macro system)는 개인이 소속한 문화나 하위문화로 개인에게 간접적 영향을 미치는 것으로, 특정 문화나 하위문화에서 구조적 특징을 갖춘 미시체계, 중간체계, 외체계들로 구성되어 있다.
>
> 예) 일반적인 문화, 정치, 사회, 법, 종교, 경제, 교육에 대한 중심 가치관, 그리고 가장 중요한 것으로 공공정책을 포함
>
> **오답풀이**
> ① **개인은 미시체계(micro system)**에 해당된다.
> ② **가족, 소집단, 이웃은 미시체계나 중간체계**가 될 수 있다. 가족, 학급, 친구들과 같이 개인에게 직접적인 영향을 미치는 환경은 **미시체계(micro system)**이다, 미시체계인 아동과 가족, 소집단(또래집단), 이웃 간의 관계는 **중간체계(mezzo system)**이다.
> ④ **중간체계(mezzo system)는 미시체계 간의 연결망에 해당**하는 것으로, 상호작용 중에 있는 여러 미시체계를 말한다.
> ⑤ 인간의 삶과 행동에 일방적 영향을 미치는 것이 아니라, 모든 체계는 사회환경 내에서 **서로 상호작용**한다.
>
> 답 ③

14 브론펜브레너(U. Bronfenbrenner)의 거시체계(macro system)에 관한 설명으로 옳은 것은?
　　　　　　　　　　　　　　　　　　　　　　　　　　　　　　　　　　　　•19회

① 가족 체계를 구성하는 요소는 개인이다.
② 역사적·사회적·문화적 요인에 의해서 형성되고 수정되는 특성이 있다.
③ 개인이 가장 밀접하게 상호작용하는 사회적·물리적 환경을 말한다.
④ 개인, 가족, 이웃, 소집단, 문화를 의미한다.
⑤ 인간의 삶과 행동에 일방적인 영향을 미친다.

정답 및 해설

거시체계(macro system)는 문화, 정치, 사회, 법, 종교, 경제, 교육정책과 같은 광범위한 사회적 맥락을 의미하는 것으로, 일반적으로 다른 체계보다 더 안정적이지만 때로는 사회적 변화에 따라 변화할 수 있다. 즉, 역사적·사회적·문화적 세력(예 전쟁, 조약, 선거, 입법 따위)에 의해서 형성되고 수정되는 특징이 있다.

오답풀이
① 가족체계를 구성하는 요소인 개인은 **미시체계**에 해당된다. 미시체계는 가족과 같은 직접적 환경 내에서 이루어지는 활동, 역할, 대면적인 대인관계의 유형을 말한다.
③ 개인이 가장 밀접하게 상호작용하는 사회적·물리적 환경은 **미시체계**이다.
④ **문화는 거시체계에 해당**되지만, 개인, 가족, 이웃, 소집단은 해당되지 않는다.
⑤ 거시체계는 인간의 삶과 행동에 직접적으로 개입하지는 않지만 간접적으로 강력한 영향력을 발휘하며, 일방적으로 영향을 미치는 것이 아니라 **모든 체계는 사회환경 내에서 상호작용하는 것**이다.

답 ②

15 브론펜브레너(U. Bronfenbrenner)의 거시체계(macro system) 수준에서 학교폭력 피해 청소년에게 개입한 사례는?   • 20회

① 피해 청소년과 개별 상담을 실시한다.
② 피해 청소년이 성장사와 가족력 등을 파악한다.
③ 피해 청소년 부모의 근무 환경, 소득 등을 살펴본다.
④ 피해 청소년이 다시 피해를 입지 않도록 학교폭력에 대한 처벌을 강화하는 특별법을 제정한다.
⑤ 피해 청소년의 부모, 교사, 사회복지사가 함께 피해 청소년 보호를 위한 구체적 방법을 정기적으로 의논한다.

정답 및 해설

거시체계(macro system)는 개인에게 간접적 영향을 미치는 문화, 정치, 사회, 법, 종교, 경제, 교육정책과 같은 광범위한 사회적 맥락을 의미한다. 따라서, 법적 체계에 개입한 '학교폭력에 대한 처벌을 강화하는 특별법 제정'은 거시체계 수준에서 개입한 사례이다.

오답풀이
① 피해 청소년과 개별상담을 실시하는 것은 **미시체계 수준에서 개입**한 사례이다.
② 피해 청소년의 성장사와 가족력 등을 파악하는 것은 **미시체계 수준에서 개입**한 사례이다.
③ 피해 청소년 부모의 근무 환경, 소득 등을 살펴본 것은 **외부체계 수준에서 개입**한 사례이다.
⑤ 피해 청소년의 부모, 교사, 사회복지사가 함께 피해 청소년 보호를 위한 구체적 방법을 정기적으로 의논한 것은 **중간체계 수준에서 개입**한 사례이다.

답 ④

16. 브론펜브레너(U. Bronfenbrenner)의 사회환경체계에 관한 설명으로 옳은 것은? • 21회

① 문화, 정치, 교육정책 등 거시체계는 개인의 삶에 직접적이고 강력한 영향을 미친다.
② 인간을 둘러싼 사회환경을 미시체계, 중간체계, 내부체계, 거시체계로 구분했다.
③ 중간체계는 상호작용하는 둘 이상의 미시체계 간의 관계로 구성된다.
④ 내부체계는 개인이 직접 참여하거나 관여하지는 않으나 개인에게 영향을 미치는 체계로 부모의 직장 등이 포함된다.
⑤ 미시체계는 개인이 새로운 환경으로 이동할 때마다 형성되거나 확대된다.

> **정답 및 해설**
>
> 중간체계(mezzo system)는 상호작용 중에 있는 여러 미시체계를 말하는 것으로, 가정과 학교 간의 관계, 학교와 직장 간의 관계와 같이 개인을 둘러싸고 있는 **두 가지 이상의 환경에서 일어나는 과정과 연결성**을 말한다.
>
> **오답풀이**
> ① 문화, 정치, 교육정책 등 거시체계는 **개인의 삶에 직접적으로 개입하지는 않으며, 비록 간접적이긴 하지만 강력한 영향을 미친다.**
> ② 인간을 둘러싼 사회환경을 미시체계, 중간체계, **외체계**(exo system, **외부체계**), 거시체계로 구분했다.
> ④ **외체계**(exo system, **외부체계**)는 개인이 직접 참여하거나 관여하지는 않으나 개인에게 영향을 미치는 체계로 부모의 직장 등이 포함된다. 참고로 내부체계는 브론펜브레너(U. Bronfenbrenner)의 사회환경체계에 없는 것이다.
> ⑤ **중간체계는** 개인이 새로운 환경으로 이동할 때마다 형성되거나 확대된다. 참고로 미시체계는 개인의 특성과 성장시기에 따라 달라진다.
>
> 답 ③

17 브론펜브레너(U. Bronfenbrenner)의 생태체계이론에서 다음에 해당하는 개념으로 옳은 것은?

• 22회

○ 전 생애에 걸쳐 발생하는 변화와 사회역사적인 환경을 포함한다.
○ 인간의 생에 단일 사건 뿐 아니라 시간의 경과와 함께 연속적으로 일어나는 사건들이 누적되어 영향을 미친다는 것을 보여주고 있다.

① 미시체계(micro)
② 외체계(exo system)
③ 거시체계(macro system)
④ 환류체계(feedback system)
⑤ 시간체계(chrono system)

정답 및 해설

○ 개인의 전 생애에 걸쳐 발생하는 변화와 사회역사적인 환경을 포함하는 체계는 **시간체계**이다. 상술하면 개인은 어떤 시대에 출생하여 성장하였는지에 따라 발달과 삶에 큰 영향을 받는다. 또한, 부모, 가족, 친구, 학교 등 개인을 둘러싼 미시체계에서부터 문화, 관습, 이념 등의 거시체계에 이르기까지 모든 생태체계는 개인에게 영향을 미치며, 이러한 생태환경은 과거, 현재, 미래의 시간체계의 변화 속에서 작용한다. 예 개인이 경험하는 생활사건은 특정 시점에 국한된 것이 아니라, 사전, 진행기간, 사후기간이라는 서로 연결된 시간 속에서 발생한다.
○ 개인은 단일 생활사건으로부터 영향을 받기도 하지만, 이러한 사건들이 누적되거나 여러 가지 생활사건들이 복합적으로 작용하여 개인에게 영향을 미친다. 예 부모의 이혼이 미치는 영향은 이혼 첫해에 가장 강하지만, 이혼 후 2년 정도가 지나면 가족 간의 상호작용은 안정을 되찾는 경우가 많다.

보충설명

브론펜브레너(U. Bronfenbrenner)는 인간을 둘러싼 사회환경을 미시체계, 중간체계, 외체계(exo system, 외부체계), 거시체계로 구분했다. **시간체계(chrono system)는** 브론펜브레너가 처음 발표한 생태학적 모델에는 포함되어 있지 않았으나 추후에 새롭게 포함된 것이다.

답 ⑤

OIKOS UP   사회체계(환경체계)에 대한 이해(생태적 체계의 구성)

환경체계란 개인을 둘러싸고 있는 네 가지 수준의 체계들과 그 체계들 사이의 위계를 말하는 것으로, 미시체계, 중간체계, 외체계, 거시체계가 있다.
① 미시체계 : 소속체계라고도 하며, 가족이나 학급 친구들과 같이 개인에게 직접적으로 영향을 미치며, 성장함에 따라 변화하는 생태학적 환경을 의미하는 것이다.
② 중간체계 : 소속체계 간의 연결망에 해당하는 것으로, 중간체계는 소속체계들로 구성된 체계이다. 학교와 가족과 같은 개인을 둘러싼 두 가지 이상의 환경에서 일어나는 과정과 연결성을 말한다.
③ 외체계 : 어린 아동의 경우 부모의 직장, 형제가 속한 학급, 부모의 친구들, 교육청 등이 된다.
④ 거시체계 : 개인이 소속한 문화나 하위문화로 개인에게 간접적 영향을 미치는 교육적, 사회적, 경제적, 법적, 종교적 체계이다.
⑤ 시간체계 : 개인의 전 생애에 걸쳐 일어나는 변화와 역사적인 환경을 포함하는 체계로서, 개인의 발달에 결정적인 영향을 미친다.

18 생태체계적 관점에 관한 설명으로 옳지 않은 것은? • 9회

① 문제의 원인을 단선적인 인과관계로 파악하는 데 유용한 틀을 제공한다.
② 문제해결을 위한 적절한 모델을 선택할 수 있게 한다.
③ 인간과 사회환경 사이의 관계를 이해하는 준거틀을 제시하고 있다.
④ 구체적인 인간 발달단계를 제시하지 않는다.
⑤ 개인, 집단, 지역사회 등 다양한 체계에 적용이 가능하다.

> **정답 및 해설**
>
> 생태체계적 관점은 문제의 원인을 순환적인 인과관계로 파악하는 데 유용한 틀을 제공한다. 순환적 인과관계(circular causality, 순환적 인과성 원칙)는 결과로 나타난 한 현상은 그 앞의 원인변수에 의해 한 방향으로 영향을 받아서 나타난 것이 아니라 상호영향을 주고받는 순환과정에서 나타난 현상(A ⇆ B)이라는 것을 의미한다.
>
> ①

19 사회체계이론에 관한 설명으로 옳은 것은? • 14회

① 인간행동은 단일체계에 의해 결정된다.
② 인간행동을 원인과 결과라는 단선적 관점으로 이해한다.
③ 인간행동은 체계 간에 에너지를 주고받으면서 변화한다.
④ 체계의 한 부분의 변화는 다른 부분에 영향을 미치지 않는다.
⑤ 거시체계는 인간이 가장 밀접하게 상호작용하는 가족, 친구, 학교 등을 포함한다.

> **정답 및 해설**
>
> **인간행동은 체계 간에 에너지를 주고받으면서 변화**한다. 행동하고, 유지하고, 변화를 일으킬 수 있는 체계의 능력을 의미하는 에너지는 체계가 유지·변화될 수 있도록 하는 일종의 정보나 자원이다.
>
> **오답풀이**
> ① 인간행동은 **단일체계가 아닌 여러 가지 체계에 의해 결정**된다. 생물학적 체계, 자아 체계, 사회적 체계 등에 의해 결정된다.
> ② 인간행동을 단선적 관점이 아닌 **순환적 인과관계**로 이해한다. 순환적 인과관계(circular causality, 순환적 인과성 원칙)는 단선적 또는 직선적 인과관계(linear causality)와 대립되는 개념으로, 결과로 나타난 한 현상은 그 앞의 원인변수에 의해 한 방향으로 영향을 받아서 나타난 것이 아니라 상호영향을 주고받는 순환과정에서 나타난 현상(A ⇆ B)이다.
> ④ 체계는 호혜성이 있다. **호혜성(reciprocity)이란** 한 체계에서 일부가 변화하면, 그 변화가 모든 다른 부분들과 상호작용하여 나머지 부분들도 변화한다는 개념이다. 또한 체계는 **파문효과(ripple effect)가** 있다. 파문효과는 상호작용의 고리를 형성하고 있는 체계의 한 구성요소에 변화를 주면 그 효과는 다른 구성요소에 영향을 주고 결국 전체체계에 영향을 주게 된다는 것이다.
> ⑤ 인간이 가장 밀접하게 상호작용하는 가족, 친구, 학교 등을 포함하는 것은 **미시체계(micro system)이다. 거시체계(macro system)란** 개인이 소속한 문화나 하위문화로 개인에게 간접적 영향을 미치는 것으로, 특정 문화나 하위문화에서 구조적 특징을 갖춘 미시체계, 중간체계, 외체계들로 구성되어 있다.
>   예) 일반적인 문화, 정치, 사회, 법, 종교, 경제, 교육에 대한 중심가치관, 그리고 가장 중요한 것으로 공공정책을 포함
>
> ③

20 생태학적 이론에 관한 설명으로 옳지 않은 것은? • 15회

① 인간과 환경의 지속적인 상호작용을 강조한다.
② 인간의 병리적인 관점을 강조한다.
③ 적합성이란 인간의 욕구와 환경자원이 부합되는 정도를 말한다.
④ 인간은 자신의 요구에 맞게 환경을 만들어내기도 한다.
⑤ 인간의 생활상의 문제는 전체 생활공간 내에서 이해한다.

> **정답 및 해설**
> 생태학적 이론(ecological theory)은 **인간에 대한 낙관론적 관점**으로, 인간은 환경적 자원과 사회적 지지를 자율적으로 이용할 수 있으며 환경 속에서 효과적으로 기능할 수 있는 능력을 지니고 있다고 본다.
> 답 ②

21 생태체계이론에 관한 설명으로 옳은 것을 모두 고른 것은? • 16회

> ㉠ 체계이론과 생태학적 관점을 통합한다.
> ㉡ 인간과 환경은 분리할 수 없으며 동시에 고려해야 한다.
> ㉢ 적합성(goodness-of-fit)이란 체계가 균형을 위협받았을 때 이를 회복하려는 경향을 말한다.
> ㉣ 실천과정의 사정(assessment) 단계에 유용하게 활용된다.

① ㉠, ㉢   ② ㉡, ㉢
③ ㉢, ㉣   ④ ㉠, ㉡, ㉣
⑤ ㉠, ㉡, ㉢, ㉣

> **정답 및 해설**
> ㉠ 생태체계이론은 생태학(ecology)에 기초한 **생태적 관점(ecological perspective)과 일반체계 이론(general system theory)이 결합**되어 만들어진 이론이다.
> ㉡ **인간과 환경은 분리될 수 없으며**, 지속적인 상호작용과 상호교환을 통하여 서로에게 영향을 미치고 서로를 형성하며 상호적응하는 **호혜적 관계(reciprocal relationship)를 유지**하고 있다고 본다.
> ㉣ **사정(assessment)의 도구로도 직접적인 유용성**이 있어 실천과정의 사정(assessment) 단계에 유용하게 활용된다. 생태도와 사회적 관계망 지도는 사회복지실천에서 체계적 관점을 대표하는 사정도구이다.
>
> **오답풀이**
> ㉢ 체계가 균형을 위협받았을 때 이를 회복하려는 경향은 **항상성(homeostasis)**이다. **적합성(goodness-of-fit)이란 개인의 적응적 욕구와 환경의 속성 간의 조화를 이루는 정도**를 의미한다.
> 답 ④

22. 생태체계이론이 사회복지실천에 유용한 점으로 옳지 않은 것은? • 17회

① 전체 체계를 고려하여 문제를 이해한다.
② 클라이언트와 사회복지사 간의 상호교류를 중시한다.
③ 각 체계들로부터 풍부한 정보의 획득이 가능하다.
④ 환경적 수준에 개입하는 근거를 제시한다.
⑤ 개인의 심리역동적 변화의지 향상에 초점을 둔다.

정답 및 해설

생태체계이론에서는 **개인이나 환경의 어느 한 요소에만 초점을 둘 경우 효과적인 원조가 이루어지기 어렵**다고 보며, 개인과 환경간의 적합성을 증진시킬 수 있는 개입방안을 모색하고자 한다.

보충설명

① 문제를 총체성(wholeness) 속에서 이해하도록 하기 때문에 개입을 할 때에도 어느 한 부분에 치중하지 않고 전체 체계를 변화시키는 전략을 세우도록 해준다.
② 생태체계이론에서는 클라이언트를 수동적 수혜자로 간주하고 사회복지사를 지배적 전문가를 보지 않으며, **사회복지사와 클라이언트의 상호교류과정에서 보다 큰 상호성을 조장할 수 있는 역할을 수행하는 동반자적 관계로 규정**한다.
③ 문제를 사정할 때 문제와 관련된 많은 체계들을 접촉하여 정보를 얻어내므로 개인으로부터 나오는 정보에만 의지하던 과거의 방법보다 훨씬 다양하고 객관적인 정보를 획득할 수 있다.
④ 개인의 행동에 초점을 맞추던 방식에서 벗어나 환경적 수준에 개입하는 근거를 제시한다. 즉, **인간과 환경 간의 상호작용**을 살펴보고 그것을 이해할 수 있는 **구조를 제공**해 주었다.

답 ⑤

23 생태체계이론의 유용성에 관한 설명으로 옳지 않은 것은? • 21회

① 문제에 대한 총체적 이해와 조망을 제공한다.
② 각 체계들로부터 다양하고 객관적인 정보획득이 용이하다.
③ 각 환경 수준별 개입의 근거를 제시한다.
④ 구체적인 방법과 기술 제시에는 한계가 있다.
⑤ 개인보다 가족, 집단, 공동체 등의 문제에 적용하는데 유용하다.

> **정답 및 해설**
>
> **개인, 집단, 공동체를 포함**한 다양한 크기의 사회체계에 적용(다체계적 접근)되는 이론으로서 특정 대상에 국한하지 않는다.
>
> **보충설명**
> ① 과거 어떤 실천 모델보다 넓은 관점과 관심 영역을 포괄하며 문제에 대한 총체적 이해와 조망을 가능하게 해 준다.
> ② 문제 사정 시 문제와 관련한 많은 체계들을 접촉하여 정보를 얻어 내기 때문에 개인으로부터 나오는 정보에만 의지하던 과거의 방법보다 훨씬 다양하고 객관적인 정보획득이 용이하다.
> ③ 각 환경 수준별 개입의 근거를 제시함으로써 사회복지사들이 클라이언트를 돕기 위해 다양한 수준의 사람 혹은 체계와 일할 수 있도록 해준다.
> ④ 특정 개입방법이나 기술을 제시해주는 실천 모델이 아니라 문제 현상을 사정하고 평가하는 이론적 준거 틀로 인식되고 있다는 한계가 있다.
>
> ⑤

제13장 사회체계로서의 가족과 집단

제1영역 : 인간행동과 사회환경

▶▶ 제13장 회차별 출제빈도, 출제비중 및 출제논점 1, 2, 3순위

10회 2012	11회 2013	12회 2014	13회 2015	14회 2016	15회 2017	16회 2018	17회 2019	18회 2020	19회 2021	20회 2022	21회 2023	22회 2024
1	–	–	–	1	2	1	(2)	2	–	–	1	–

출제 비중	출제 논점		
	1순위 ☺	2순위 ※	3순위 ☆
012	① 가족체계이론의 기본개념 ② 집단의 유형, 목적에 따른 집단분류	① 사회체계로서의 가족 ② 집단의 유형	① 가족에 대한 기본적 이해 ② 집단의 개념과 특성, 역동성

01 가족체계

01 다음 중 가족의 특성으로 옳은 것은? • 8회

　㉠ 가족은 폐쇄 체계이다.
　㉡ 가족 내에 하위체계가 존재한다.
　㉢ 상호배타적 성격이 다른 사회체계보다 강하다.
　㉣ 가족만의 독특한 규칙이 있다.

① ㉠, ㉡, ㉢　　　　　　　　　　② ㉠, ㉢
③ ㉡, ㉣　　　　　　　　　　　　④ ㉣
⑤ ㉠, ㉡, ㉢, ㉣

> **정답 및 해설**
>
> ⓒ 가족 내 하위체계로 **부부하위체계, 부모하위체계, 부모-자녀하위체계, 형제-자매하위체계**가 있다.
> ⓔ **가족만의 독특한 규칙**이 있다. 가족은 일련의 명시적이거나 암시적인 규칙을 만들어 낸다. 이 규칙을 통해 가족생활의 응집력이나 안정성 등이 유지되며, 가족의례나 기념식 등은 가족의 응집력과 지속감은 물론이고 개인의 정체성 형성에도 중요한 역할을 한다.
>
> **오답풀이**
>
> ㉠ 폐쇄 체계인지 개방체계인지는 외부체계와 구분하는 경계의 엄격함과 침투성에 의해 다른 것이다. **가족 자체가 폐쇄 체계인 것은 아니다.**
> ㉢ 각 가족원은 여러 하위체계에 동시에 속하기 때문에 다른 가족과 다른 상호보완적 관계를 가진다. **가족 체계는 다른 사회체계보다 상호배타적이지 않다.**
>
> 답 ③

02 가족체계에 관한 설명으로 옳지 않은 것은?

• 8회

① 전체로서의 가족은 각 부분의 합 이상이다.
② 단선적(직선적) 접근에 기반한다.
③ 가족 내 하위체계의 구성은 시간의 흐름에 따라 변한다.
④ 가족규칙은 가족원의 지위, 역할, 가족의식을 규정한다.
⑤ 유리된 가족은 가족관계가 소원하여 상호작용이 어렵다.

> **정답 및 해설**
>
> 가족 내에서의 개인의 행동은 어떤 원인이 곧 결과가 된다는 직선적(linear) 인과관계보다는 원인이 결과이며, 결과가 원인이 될 수 있다는 **순환적(circular) 인과관계**로 보는 것이 이해하기 쉽다.
>
> 답 ②

OIKOS UP 사회체계론적 관점(가족체계이론)에서 가족

① 가족은 각 부분의 특성을 합한 것 이상의 특성을 지닌 체계이다. 즉 전체로서의 가족은 가족구성원들의 개인적 특성의 합보다 크다. → **비총합성**(nonsummativity)
② 체계의 움직임은 어떤 일반적 **규칙**(family rule, 가족규칙)에 의해 **지배**되고 있다.
③ 모든 체계는 **경계**(boundary)를 가지고 있으며, 이와 같은 경계의 특성은 체계가 어떻게 기능하는가를 이해하는 데 중요하다.
④ 체계 한 부분의 변화는 가족체계 전체의 변화를 초래할 수 있다.
⑤ 가족체계는 완전하지 않으므로 항상 비교적 안정된 상태를 유지하려는 경향이 있다. 즉 가족은 변화와 안정성의 균형을 맞추려고 노력한다.
⑥ 체계 간의 **의사소통**(communication)이나 **피드백**(feedback) 기능이 중요하다.
⑦ 가족 내에서의 개인의 행동은 직선적(linear) 인과관계보다는 원인이 결과이며, 결과가 원인이 될 수 있다는 **순환적**(circular) 인과관계로 보는 것이 이해하기 쉽다.
⑧ 다른 개방체계와 마찬가지로 가족체계는 목적을 추구한다.
⑨ 체계는 하위체계에 의해 성립되며, 그 체계는 지역사회와 같은 보다 큰 상위체계의 일부분이다. 즉 **가족은 보다 큰 사회체계에 속하며 많은 하위체계를 포함한다.**
⑩ 가족 내의 구조가 변하면 가족구성원들의 위치, 역할, 기능이 변하게 되므로 결과적으로 가족구성원 개인의 행동도 변한다.
⑪ 이 관점에서 보는 가족의 중요한 과업은 가족구성원의 사회화와 사회통제가 된다.
⑫ 가족은 시간이 지나면서 반복되는 상호작용 패턴, 즉 적응과 균형을 추구한다.
⑬ 한번 구성원은 영원한 구성원으로 남아 있다.

03 가족에 관한 설명으로 옳지 않은 것은? •9회

① 물리적 또는 지리적 특성에 근거한 하나의 사회체계이다.
② 사회통제와 사회화의 기능을 가진다.
③ 상호의존성이 강한 구조적 특성을 지니고 있다.
④ 아동의 성격발달에 1차적인 영향력을 지닌다.
⑤ 경계선의 침투성 정도가 구성원의 성격과 행동에 영향을 미친다.

> **정답 및 해설**
> 물리적 또는 지리적 특성에 근거한 하나의 사회체계는 가족이 아니라 **지역사회**이다.
>
> 답 ①

04 폐쇄형 가족체계의 설명으로 옳은 것을 모두 고른 것은? • 10회

㉠ 외부체계의 간섭을 허용한다.   ㉡ 경계가 자유롭고 유동적이다.
㉢ 지역사회와의 교류가 확대된다. ㉣ 외부와의 상호작용을 제한한다.

① ㉠, ㉡, ㉢
② ㉠, ㉢
③ ㉡, ㉣
④ ㉣
⑤ ㉠, ㉡, ㉢, ㉣

> **정답 및 해설**
>
> **폐쇄 체계**는 다른 외부체계들과 상호교류가 없거나 혹은 교류할 수 없는 체계를 말한다.
>
> ✓ 오답풀이
> ㉠, ㉡, ㉢ 개방형 가족체계에 해당되는 설명이다.
>
> 답 ④

05 개방형 가족체계에 관한 설명으로 옳은 것을 모두 고른 것은? • 15회

㉠ 가족 체계 내 엔트로피 상태가 지속된다.
㉡ 외부로부터 정보를 통해 체계의 기능을 발전시킨다.
㉢ 지역사회와의 교류가 활발하다.
㉣ 투입과 산출이 거의 없는 상태이다.

① ㉠, ㉡
② ㉠, ㉢
③ ㉡, ㉢
④ ㉠, ㉢, ㉣
⑤ ㉡, ㉢, ㉣

> **정답 및 해설**
>
> **개방체계(open system)**는 다른 체계와 에너지, 정보, 자원 따위를 상호교류하는 체계로, 체계 내 사람들이 환경 또는 다른 체계들과 빈번한 상호작용을 하는 경우를 말한다. 환경과의 상호작용 속에서 투입, 전환, 산출, 환류의 역동적 작용을 한다.
>
> ✓ 오답풀이
> ㉠ **엔트로피(entropy)**는 체계 내에 질서, 형태, 분화가 없는 무질서한 상태로서 **폐쇄체계의 특징**과 관련이 있다.
> ㉣ **폐쇄체계(closed system)**는 다른 외부체계들과 상호 교류가 없거나 혹은 교류할 수 없는 체계로, 다른 체계로부터 투입도 없고 다른 체계에 산출을 전하지도 않는다.
>
> 답 ③

06 개방형 가족체계에 관한 설명으로 옳은 것은? • 18회

① 외부체계와의 상호작용을 하지 않는다.
② 체계 내의 가족기능은 쇠퇴하게 된다.
③ 에너지, 정보, 자원을 다른 체계들과 교환한다.
④ 주변 환경으로부터 고립되어 있다.
⑤ 지역사회와의 교류가 제한된다.

> **정답 및 해설**
>
> **개방형 가족체계**는 가족 외부와의 경계가 분명하면서도 침투력이 있는 가족으로, **다른 체계와 에너지, 정보, 자원 따위를 상호교류**한다.
>
> **오답풀이**
> ①, ②, ④, ⑤는 **폐쇄형 가족체계의 특징**이다. **폐쇄형 가족체계**는 외부환경과 교환이 없고 가족체계 경계 안에서만 작용하는 가족으로서 침투력이 없는 가족이다.
>
> 답 ③

02 집단체계

01 청소년기 자아성장 집단에서 성취할 수 있는 목표가 아닌 것은? • 2회

① 인생의 목표를 설계한다.
② 자신의 약점을 찾아낸다.
③ 친구와 잘 지내는 법을 익힌다.
④ 학습방법을 향상시킨다.
⑤ 있는 그대로의 나를 개방하는 능력을 기른다.

> **정답 및 해설**
> 성장집단(growth group)은 집단생활을 통해 사회화와 퍼스낼리티 성숙에 목적을 두는 집단으로, 성원들의 자기인식을 증진시키고, 자신의 사고를 변화시키는 것이다. ④ 학습방법을 향상시키는 것은 교육집단에서의 목표이다.
>
> 답

OIKOS UP 교육집단(education group)

① 목 적
  ㉠ 지지나 치료가 목적이 아니라 성원들이 필요로 하는 또는 필요한 지식이나 정보를 제공하거나 기술을 습득하게 하는 것에 초점을 두는 것이다.
  ㉡ 몰랐던 것을 새로 알기 위한 교육이 목적이기 때문에 참여자들 간의 대화 기회는 그리 많지 않고 주로 전문가의 강의 형태로 많이 진행된다.
  ㉢ 경우에 따라 토론도 활용하지만 이것은 어디까지나 정보 습득이 목적이지 상호 지지가 초점은 아니다.
② 사회복지사의 역할 : 성원의 지식, 기술, 경험 등을 고려하여 모든 성원이 최상의 학습효과를 얻을 수 있도록 해야 한다. 사회복지사는 특정 분야의 전문가이거나 훈련을 받은 전문가인 경우가 많다.
③ 특징 : 자기 개방 정도가 지지집단에 비해 떨어질 수밖에 없다. 참여 숫자가 적을 경우 의사소통의 기회가 많아질 수는 있다.

  예) 암결혼을 앞둔 사람들을 위한 예비부모교육, 부모역할훈련집단, 부모교육을 위한 학부모 모임, 참부모교육실천 교육집단, 암환자 가족들을 위한 정보제공집단, 부모교육강연회에 소그룹이 형성된 집단, 위탁가정의 부모가 되려는 부모집단, 청소년 성교육집단 등이 해당될 수 있다.

02 삶의 위기에 대처하는 집단으로 옳은 것은?
• 4회

① 교육 집단
② 지지 집단
③ 성장 집단
④ 과업 집단
⑤ 사회화 집단

정답 및 해설

지지 집단(support group)은 지지를 이끌어내는 망 중심의 전략을 대표하는 집단개입방법으로 지지의 표현을 극대화하기 위해 유대를 구조화하는 방법에 초점을 둔다. 지지 집단은 성원들 간의 상호작용을 통해 성원 간의 정서적 지지를 극대화하고 스트레스 사건에 적응케 하는 것을 목적으로 하므로, 성원 간의 상호작용을 중시한다.

답 ②

OIKOS UP 지지 집단(support group)

① 목적 : 다양한 문제들에 대처할 수 있는 힘을 향상시키기 위해 집단 성원들로부터 지지를 받기 위한 집단으로, 집단 성원끼리 상호 지지를 통해서 생활상의 문제나 위기를 극복하고 희망과 위로를 얻고자 하는 것이 목적이다.
② 사회복지사의 역할 : 자조 및 상호원조를 통해 대처기술을 향상시키도록 동기화시키며 미래에 대한 희망을 촉진시키는 것이다.
③ 특 징
   ㉠ 지지 집단은 대개 유사한 문제를 경험하고 있는 사람들이 참여하는 집단이므로 다른 사람들로부터의 낙인이나 편견의 두려움 없이 참여할 수 있어서 동질감과 유대감을 느끼기 쉬운 장점이 있다.
   ㉡ 자기 개방 정도가 매우 높은 편이다.
   ㉢ 집단개입의 치료적 효과 중 이타심을 이끌어 냄으로써 자신도 누군가에게 도움을 줄 수 있다는 것을 통해 자존감을 향상시키고 도움 받는 성원 입장에서는 누군가로부터 도움을 받을 수 있다는 안정감을 줄 수 있다.
      예 암과 같은 불치병을 앓고 있는 사람들의 가족들 모임이나 불치병은 아니지만 질병으로 고통 받는 환자의 가족모임, 자녀양육에 어려움을 겪는 한부모 모임이나 외국인 며느리 집단, 이혼한 부모의 자녀로 구성된 집단, 장애아동을 가진 부모친목 모임, 정신병원에서 퇴원하여 지역사회에서의 적응을 다루는 집단, 정신장애인 사회복귀집단 등이 해당될 수 있다.

03 다음 중 알맞은 집단 유형으로 옳은 것은?
• 5회

㉠ 치유(치료)집단 – 비행청소년들의 모임
㉡ 지지집단 – 주민공청회
㉢ 교육집단 – 이혼남녀 모임
㉣ 자조집단 – 자폐아를 둔 부모들의 모임

① ㉠, ㉡, ㉢
② ㉠, ㉢
③ ㉡, ㉣
④ ㉣
⑤ ㉠, ㉡, ㉢, ㉣

> **정답 및 해설**
>
> 자조집단(self-help group)은 글자 그대로 스스로 돕는 집단, 즉 정신건강 전문가의 도움을 필요로 하지 않거나 전문가들이 돕기에 한계가 있는 문제를 지닌 사람들을 위한 집단이다.
>
> ✅ **오답풀이**
> ㉠ 비행청소년들의 모임은 **자연집단**이다.
> ㉡ 주민공청회는 **과업집단**이다.
> ㉢ 이혼남녀 모임은 **지지집단**이다.
>
> 답 ④

04 알코올, 마약, 도박 등의 중독 문제를 해결할 수 있도록 구성원 상호 간의 원조와 정보제공을 하는 집단을 무엇이라 하는가? •7회

① 성장 집단
② 교육 집단
③ 자조 집단
④ 사회화 집단
⑤ 과업 집단

> **정답 및 해설**
>
> **자조 집단**은 공통된 쟁점에 대해 개인 또는 환경에 바람직한 변화를 가져오기 위해 같은 뜻을 가진 사람들로 구성된 집단으로 집단구성원들은 공통의 문제를 갖고 있거나 문제를 함께 해결하거나 공동의 이익을 추구하는 사람들이다. 자조 집단에는 알코올중독자 모임인 AA(Alcoholics Anonymous)이며, 단도박집단, 장애인가족집단, 치매가족모임 등이 있다.
>
> 답 ③

05 자조 집단으로 기능할 수 있는 것을 모두 고른 것은? •9회

㉠ 치매노인가족집단
㉡ 단도박모임
㉢ 자폐아동부모집단
㉣ 지역사회위원회

① ㉠, ㉡, ㉢
② ㉠, ㉢
③ ㉡, ㉣
④ ㉣
⑤ ㉠, ㉡, ㉢, ㉣

> **정답 및 해설**
>
> ㉠, ㉡, ㉢ 모두 **자조집단**으로 기능할 수 있는 내용에 해당한다.
>
> ✅ **오답풀이**
> ㉣ 지역사회위원회는 **과업집단**에 해당한다.
>
> 답 ①

06 조직문제에 대한 해결책 모색이나 성과물 산출을 목적으로 하는 집단은? •15회

① 성장집단 ② 치료집단
③ 사회화집단 ④ 과업집단
⑤ 교육집단

> **정답 및 해설**
>
> **과업집단(task group)**은 조직·기관의 문제해결책 모색, 새로운 아이디어 개발, 효과적인 원조전략 수립 등의 과업수행을 목적으로 하는 집단이다.
>
> 답 ④

07 집단의 구성동기에 따른 유형과 그 예가 올바르게 연결된 것을 모두 고른 것은? •16회

㉠ 자연 집단(natural group) – 또래집단
㉡ 1차 집단(primary group) – 과업집단
㉢ 형성 집단(formed group) – 치료집단
㉣ 2차 집단(secondary group) – 이웃

① ㉠, ㉣ ② ㉠, ㉢
③ ㉡, ㉣ ④ ㉡, ㉢, ㉣
⑤ ㉠, ㉡, ㉢, ㉣

> **정답 및 해설**
>
> ㉠ **자연 집단(natural group)**은 자연발생적으로 일어난 사건, 대인관계상의 매력 또는 구성원의 욕구 등에 근거하여 자연발생적으로 만들어진 집단으로, **가족, 또래집단, 갱집단 등이 포함**된다. 이 집단은 쿨리(Cooley)의 1차 집단과 비슷하다.
> ㉢ **형성 집단(formed group)**은 어떠한 외부의 영향력이나 전문가의 개입을 통하여 의도적으로 구성된 집단으로 후원이나 외부의 협력없이는 구성될 수 없는 집단이다. 이 집단은 특별한 목적을 위하여 구성되며 **치료집단, 위원회, 클럽, 팀 등이 포함**된다. 이 집단은 쿨리(Cooley)의 2차 집단과 유사한 성격을 지닌다.
>
> **오답풀이**
>
> 쿨리(Cooley)는 성원 간의 상호작용과 정서적 결속정도에 따라 1차 집단(primary group)과 2차 집단으로 분류하였다.
> ㉡ **1차 집단(primary group)**은 성원들이 직접적인 상호작용을 하면서 관계를 맺고 있는 소규모의 집단을 말한다. 이 집단에 속하는 대표적인 집단으로는 가족, 친구, 또래집단 등이 있다. **과업집단은 2차 집단에 속한다.**
> ㉣ **2차 집단(secondary group)**은 정서적 결속이 미약하고, 특별한 목적 성취를 위하여 상호작용하는 집단을 말한다. 이 집단에서는 개인 자체보다는 집단 내에서 수행하는 개인의 기능과 역할을 중시함으로써 집단성원간의 관계는 단지 작업이나 노동활동에 근거를 두고 이루어진다. **이웃은 1차 집단에 속한다.**
>
> 답 ②

08 집단에 관한 설명으로 옳은 것은?
• 18회

① 일차집단(primary group)은 목적 달성을 위해 인위적으로 만들어진 집단이다.
② 이차집단(secondary group)은 혈연이나 지연을 바탕으로 자연발생적으로 이루어진 집단이다.
③ 자연집단(natural group)은 특정위원회나 팀처럼 일정한 목적을 갖는 것이 특징이다.
④ 자조집단(self-help group)은 유사한 어려움과 관심사를 가진 구성원들의 경험을 나누며 바람직한 변화를 추구한다.
⑤ 개방집단(open-end group)은 집단이 진행되는 동안 새로운 구성원의 입회가 불가능하다.

정답 및 해설

자조집단(self-help group)은 공통된 쟁점(issue)에 대해 개인 또는 환경에 바람직한 변화를 가져오기 위해 뜻을 함께 하는 사람들로 구성된다. 이들은 비슷한 환경에 있으면서 공통의 이익을 도모하기 위해 서로 돕거나 공통의 문제를 함께 해결하려는 사람들이다.

오답풀이
① **이차집단**(secondary group)은 목적 달성을 위해 인위적으로 만들어진 집단이다.
② **일차집단**(primary group)은 혈연이나 지연을 바탕으로 자연발생적으로 이루어진 집단이다.
③ **형성집단**(formed group)은 특정위원회나 팀처럼 일정한 목적을 갖는 것이 특징이다.
⑤ 개방집단(open-end group)은 집단이 진행되는 동안 **새로운 구성원의 입회가 가능**하다.

답 ④

OIKOS UP 집단의 유형

① 치료 집단
  ㉠ 지지 집단 : 집단성원들의 삶의 위기에 대처할 수 있도록 대처기술을 발전시키는 집단
  ㉡ 교육 집단 : 집단성원 자신과 사회에 대해 배우는 것을 목적으로 하는 집단
  ㉢ 치료 집단 : 집단성원 스스로 자신의 문제를 완화하거나 대처하고 원상복귀시킬 수 있도록 돕는 집단
  ㉣ 사회화 집단 : 대인관계나 사회화 기술을 통해 사회화를 촉진하기 위한 집단
  ㉤ 성장 집단 : 자기인식 또는 자아성찰, 잠재력 개발 등과 같은 인간의 내적 개발을 목적
② 과업 집단 : 과업달성을 위해 결성, 조직적인 문제에 대해 해결책을 찾는 것을 목적으로 하는 집단
③ 자조 집단 : 같은 어려움을 경험한 당사자 또는 가족들이 자신들의 공통된 문제를 서로 이야기하고, 서로 격려하며 도움을 주고 받는 집단으로, 자조 집단에서 사회복지사는 지지와 상담만을 제공하고 주도적 역할을 하지는 않는다는 점에서 지지 집단과 구별된다.

09 집단지도자의 역할로 맞는 것은? •8회

① 구성원 개인의 신념과 가치가 집단 내에서 표현되지 않도록 한다.
② 구성원들의 의도와 행동이 조화를 이루는지 살펴본다.
③ 정해진 규칙은 혼란방지를 위해 바꾸어서는 안 된다.
④ 하위집단이 형성되지 않도록 구성원을 독려한다.
⑤ 소수의견을 수용하거나 활용하지 않는다.

> **정답 및 해설**
>
> 집단 내 커뮤니케이션을 통해 의견이나 사실뿐 아니라 감정의 긍정적, 부정적 표현이 전달된다. 언어적, 비언어적으로 구성원들은 서로 느낌을 전달하는데, **집단지도자는 집단성원의 의도와 행동이 조화를 이루는지 살펴보아야 한다.** 즉 집단성원이 하는 말이나 행동의 의미를 연결하고, 숨겨진 의제를 표면화하고, 분명하지 않은 생각이나 느낌을 명확히 할 수 있도록 해야 한다.
>
> **오답풀이**
> ① 개인이 집단에 참여할 때 각자의 규범을 가지고 온다. **커뮤니케이션 과정을 통해 이들 가치와 규범은 상호영향을 주고받게 되며,** 시간이 흐름에 따라 집단의 욕구에 적절한 규범이 선택되어지며 또한 집단의 목적달성에 필요한 규범이 새롭게 형성되기도 한다.
> ③ **정해진 규칙은 변경될 수 있다.** 즉 규칙이나 절차를 결정하고 이를 적용해 나가는 형식에 지나치게 집착하게 되면 집단이 면하고 있는 진정한 문제를 해결하는 일에는 소홀해 지기가 쉽다.
> ④ 집단성원들이 그들 간에 공통점을 발견하게 되면 다양한 하위집단이 형성되기 시작한다. 하위집단은 전체 집단에 부정적인 영향을 주기도 하지만, 반대로 하위집단 간의 갈등이 쟁점을 명백히 하고 이에 대한 새로운 인식을 가지는 계기를 제공하게 되어 결국 문제해결을 하게 되는 경우도 있다. **하위집단의 형성은 자연현상으로 받아들이고 이것이 전체 집단에 유리하게 작용하도록 도움을 주는 것이 중요함을** 인식해야 한다.
> ⑤ **소수의 의견이라도 수용**하여 집단성원 모두가 집단과정에 참여할 수 있도록 함으로써 모든 집단성원의 참여를 촉진해야 한다.
>
> 답 ②

10 집단의 외적 역동성과 관련된 것은? •2회

① 집단 문화
② 집단 규범
③ 집단 크기
④ 집단 상호작용
⑤ 외부 집단과의 경쟁

정답 및 해설

집단의 역동성에는 집단성원의 내적 역동성과 집단의 외적 역동성이 있으며, 집단의 외적 역동성은 집단에 영향을 주는 외적인 힘을 말한다. 즉, 집단을 둘러싸고 있는 지역사회의 가치관, 지역사회의 기대, 기관의 목적, 집단들 간의 경쟁 등을 들 수 있다.

답 ⑤

11 집단에 관한 설명으로 옳지 않은 것은? •14회

① 역할분화가 이루어진다.
② 사회화의 기능을 수행한다.
③ 구성원들이 감정을 공유하며 규범과 목표를 수립한다.
④ 구성원들 간의 관계를 형성하며 상호작용을 통해 성장한다.
⑤ 구성원들을 지지하고 자극시키는 힘을 가지기 때문에 긍정적 기능만을 수행한다.

정답 및 해설

집단은 구성원들의 상호작용을 바탕으로 한 사회체계로서 개인의 다양한 욕구를 충족시키고 문제를 해결하며, 구성원들의 활동에 따라 **구성원 각자와 사회에 유익하기도 하지만, 부정적인 영향력을 미치기도 한다.**

보충설명

① 집단의 **역할은 집단 내에서 개인의 위치에 맞는 행동유형을 말하는 것**으로, 집단 내에서 개인의 행동을 이해하고 예측할 수 있게 한다. 기대된 역할, 지각된 역할 및 실행된 역할로 구분할 수 있다.
② 집단은 구성원들에게 **사회화와 사회통제의 기능**을 수행한다.
③ **규범은** 집단구성원들이 지켜야 할 규칙이나 기준을 말하는 것으로, 집단의 주요한 통제수단이 된다. 또한 모든 집단은 **목표를** 가지고 있으며, 이는 집단의 활동, 의사소통의 양상, 구성원의 태도 등에 영향을 미친다.
④ 집단은 하나의 사회체계로서 **구성원들의 상호작용을 바탕으로 개인의 사회적 관계를 증진시키며,** 다양한 욕구를 충족시키고 문제를 해결한다.

답 ⑤

12. 집단에 관한 설명으로 옳은 것은?

• 21회

① 2차집단은 인간의 성격형성을 목적으로 한다.
② 개방집단은 구성원의 개별화와 일정 수준 이상의 심도 깊은 목적 달성에 적합하다.
③ 구성원의 상호작용이 중요하므로 최소 단위는 4인 이상이다.
④ 형성집단은 특정 목적 없이 만들 수 있다.
⑤ 집단활동을 통해 집단에 관한 정체성인 '우리의식'이 형성된다.

> **정답 및 해설**
>
> 집단의 구성원들은 전체로서의 **집단에 대한 정체성**을 갖는데, 이는 다양한 집단활동을 통해 형성되는 '우리의식'이라 할 수 있다.
>
> **오답풀이**
> ① **1차집단**은 인간의 성격형성을 목적으로 한다. 쿨리(Cooley)에 따르면 1차집단은 인간의 성격이나 개성을 형성하는 기본적인 매개고리가 된다.
> ② **폐쇄집단**은 구성원의 개별화와 일정 수준 이상의 심도 깊은 목적 달성에 적합하다. 개방집단에서는 일정 수준 이상의 심도 깊은 목적을 달성하거나 구성원에 대한 개별화를 이루기에는 한계가 있다.
> ③ 구성원의 상호작용이 중요하므로 최소 단위는 **2인 이상**이다.
> ④ 형성집단은 특정 목적 없이 만들 수 **없다**. 형성집단은 특정 위원회나 팀(team)처럼 일정한 목적을 갖는 것이 특징이다.
>
> **답** ⑤

MEMO

제14장

사회체계로서의 조직·지역사회·문화

제1영역 : 인간행동과 사회환경

▶▶ 제14장 회차별 출제빈도, 출제비중 및 출제논점 1, 2, 3순위

10회 2012	11회 2013	12회 2014	13회 2015	14회 2016	15회 2017	16회 2018	17회 2019	18회 2020	19회 2021	20회 2022	21회 2023	**22회 2024**
1	2	1	2	1	1	1	1(3)	–	–	1	2	**2**

출제 비중	출제 논점		
	1순위 ☺	2순위 ※	3순위 ☆
0**1**2	① 문화체계 : 구성요소, 개념, 특성, 기능…	① 조직체계 : 집단과 유사점·차이점	① 지역사회체계

01 조직체계

01 집단과 조직의 차이점으로 맞는 것을 모두 고르시오. ● 5회

    ㉠ 집단이 조직보다 대면적 상호작용을 한다.
    ㉡ 조직이 집단보다 더욱 목표지향적이고 관료적이다.
    ㉢ 집단 성원이 조직 성원보다 한층 자율적이다.
    ㉣ 조직이 집단보다 공식적 상하관계가 뚜렷하다.

① ㉠, ㉡, ㉢　　　　　　　　　　② ㉠, ㉢
③ ㉡, ㉣　　　　　　　　　　　　④ ㉣
⑤ ㉠, ㉡, ㉢, ㉣

> **정답 및 해설**
> ㉠ 집단은 공동목표를 위해 성원 간 상호의존과 성원에 대해 서로 잘 알면서 대면에 의해 상호작용하는 두 명 이상의 개인들이기에 **조직보다 대면적 상호작용**을 한다.
> ㉡ 조직은 집단보다 더 **목표지향적이며 관료적** 성격이 강하다.
> ㉢ 집단의 성원은 조직의 성원에 비해 한층 자율적으로 활동한다는 점에서 차이가 있다.
> ㉣ 조직이 집단에 비해 공식적 지위, 역할과 노동의 배분 및 위계적 구조 등과 같은 특성이 **더욱 강하다**.
>
> **답** ⑤

02 집단과 조직의 차이에 관한 일반 설명으로 옳은 것은? • 7회

① 조직은 특정한 기능을 효율적으로 수행할 수 있도록 분화되어 있다.
② 조직이 집단보다 통제하기 힘들다.
③ 조직이 개인적 성장에 더 관심을 갖는다.
④ 조직의 위계질서는 집단의 위계질서에 비해 뚜렷하지 못하다.
⑤ 집단의 구성원보다 조직의 구성원이 더 자율적이다.

> **정답 및 해설**
>
> 조직은 목적이나 임무를 완수하기 위해 특화되고 상호의존적인 행동에 관여하는 사람들의 집합체로 정의된다. 즉 **조직은 목적을 효율적으로 달성할 수 있도록 분화되어 있다.**
>
> **오답풀이**
>
> ②, ⑤ 집단의 성원은 조직의 성원에 비해 한층 자율적으로 활동하기 때문에 **집단이 조직보다 통제하기 힘들다.**
> ③ 집단의 목적은 개인적으로 성취할 수 없는 목적을 달성하기 위해 집단에 가담한다. 따라서 **집단이 개인적 성장에 더 관심을 갖는다.**
> ④ 조직은 단순한 인간 집합체에서 볼 수 없는 조직에서 강조하는 공식적 상위관계, 노동의 정교한 분배, 투명하게 형성된 구조 등과 같은 특성을 지니며, 뿐만 아니라 조직의 형성은 일단의 사람들이 특정한 계기를 거쳐 특정한 목표를 중심으로 위계적으로 결합한다. 따라서 **조직의 위계질서는 집단의 위계질서에 비해 뚜렷하다.**
>
> ①

02 지역사회체계

01 인간행동에 영향을 미치는 사회체계에 관한 설명으로 옳지 않은 것은? • 10회

① 가족 내의 구조적 변화는 개인의 행동에 영향을 미친다.
② 인간의 성격은 조직생활을 하면서 변화될 가능성이 있다.
③ 집단은 집단역동성을 통하여 개개인의 사회화에 영향을 미친다.
④ 지역사회의 특성은 인간의 성격 형성에 긍정적 또는 부정적 영향을 미친다.
⑤ 동일문화권에 속하는 사람들 간에는 일반적으로 동일한 성격을 지니게 된다.

정답 및 해설

동일문화권에 속하는 사람들이라고 동일한 성격을 지니는 것은 아니다. **문화는 다양성을 특징으로 하는데**, 문화의 차이를 의미하는 이 특성은 국가, 지역, 개인별로 지니는 다양한 문화로부터 짐작할 수 있다.

답 ⑤

02 다양한 사회체계에 관한 설명으로 옳은 것은? • 17회

① 조직의 경계 속성은 조직의 유지 및 변화와 관련이 없다.
② 가족체계 내 반복적 상호작용은 구성원들의 행동에 영향을 미치지 않는다.
③ 집단체계의 전체는 하위체계인 개개인의 고유한 특성의 총합과 동일하다.
④ 지역사회는 완전개방체계의 속성을 유지한다.
⑤ 가상공간은 시공을 초월하여 새로운 공동체 형성을 가능하게 한다.

정답 및 해설

가상공간(cyberspace)이란 인간의 오감(五感)을 컴퓨터라고 하는 수단을 이용하여 인공적으로 만들어 낸 환경이다. 그동안 우리 사회는 지연, 학연, 혈연을 중심으로 강하게 응집되어 왔는데, **인터넷의 등장으로 가상공간에서의 가상공동체(virtual community)가 시간과 공간을 뛰어넘어 자리 잡으면서** 기존의 공동체와는 근본적으로 다른 방식으로 새로운 공동체의 형성이 가능해졌다.

오답풀이
① 조직의 경계 속성은 조직의 유지 및 변화와 관련이 **있다**.
② 가족체계 내 반복적 상호작용은 구성원들의 행동에 영향을 **미친다**.
③ 집단체계의 전체는 하위체계인 개개인의 고유한 특성의 총합과 **동일하지 않다. 즉, 총합한 것보다 크다(비총합성, 비합산성)**.
④ 지역사회는 완전개방체계의 속성을 유지하는 것이 **아니다**.

답 ⑤

03 체계로서의 지역사회에 관한 설명으로 옳은 것을 모두 고른 것은? • 22회

㉠ 지역을 중심으로 형성된 공동체적 특징을 지닌다.
㉡ 구성원에게 사회규범에 순응하도록 규제하는 사회통제의 기능을 지닌다.
㉢ 사회가 향유하는 지식, 가치 등을 구성원에게 전달하는 기능을 지닌다.
㉣ 외부와 상호작용을 통하여 엔트로피(entropy) 상태를 유지하는 것이 필요하다.

① ㉠
② ㉠, ㉡
③ ㉠, ㉡, ㉢
④ ㉡, ㉢, ㉣
⑤ ㉠, ㉡, ㉢, ㉣

정답 및 해설

㉠ **지역사회**는 일정한 지리적 공간인 생활권 안에서 사회적 상호작용을 통해 같은 전통, 관습, 규범, 가치 등을 공유하는 공동체라고 정의할 수 있다.
㉡ 길버트(Neil Gilbert)와 스펙트(Harry Specht)는 지역사회의 기능을 생산·분배·소비의 기능, 사회화의 기능, 사회통제 기능, 사회통합 기능, 상부상조 기능을 제시하였다. 이 중 **사회통제 기능**은 구성원에게 사회의 규범(norms)에 순응하도록 하는 것으로, 사회의 구성단위인 개인이나 집단의 동조와 복종을 확보하는 수단 및 과정을 말한다.
㉢ 사회가 향유하는 지식, 가치 등을 구성원에게 전달하는 기능은 길버트(Neil Gilbert)와 스펙트(Harry Specht)가 제시한 지역사회의 기능 중 **사회화 기능**에 해당한다.

오답풀이

㉣ 외부와 상호작용을 통하여 **넥엔트로피(negentropy) 상태**를 유지하는 것이 필요하다. **네엔트로피는 개방체계의 특징**으로 체계 외부로부터 에너지를 유입함으로써 체계 내부에 유용하지 않은 에너지가 감소되는 것이다.

답 ③

03 문화체계

01 둘 이상의 사회가 장기간 직접적인 접촉에 의해 한쪽이나 양쪽의 문화체계에 변화가 일어나는 현상을 설명하는 개념은?
• 8회

① 문화지체
② 문화변용
③ 문화접촉
④ 문화상대주의
⑤ 문화마찰

정답 및 해설

서로 상이한 문화를 가진 두 개 이상의 집단(사회)이 지속적인 접촉에 의해 어느 한편 또는 쌍방의 문화에 변화를 일으키는 현상을 **문화변용(acculturation, 문화접변)**이라고 한다. 문화접변에는 문화접촉, 문화전파, 문화해체, 반동현상, 문화동화, 문화수용, 문화변형이 있다.

오답풀이

① **문화지체** : 베블렌(T. Veblen)의 기술결정론적 사회변동이론에서 출발하여 **오그번(W. F. Ogburn)**에 의해 발전되었음. 오그번은 문화지체론(theory of culture lag)을 제기하였다. 문화의 제 측면의 변화속도의 차이에서 일어나는 문화의 부조화 현상의 하나로 물질적 문화의 급격한 변화속도에 규범적·관념적 문화가 적응하지 못하는 경우를 말하는 것이다.
③ **문화접촉** : 문화변용(문화접변)은 우선 상이한 두 문화의 접촉을 통해 시작된다. 문화 중에서 가장 용이하게 접촉이 이루어지는 것은 물질문화이다.
④ **문화상대주의** : 어떤 특정 사회의 문화는 그 사회의 특수한 환경과 상황 및 역사적 맥락에서 이해되고 평가되어야 한다는 신념으로, 문화의 다양성을 인정하고, 각 문화는 그 문화의 독특한 맥락에서 이해되어야 하며, 각 문화의 가치를 인정하고 존중해야 한다는 태도를 말한다.
⑤ **문화마찰** : 서로 다른 문화가 접촉하면서 역사나 전통 따위의 문화적인 차이에 의하여 사고(思考)나 행동 양식에 갈등이 생기는 것이다. 이는 저마다 자신의 문화의 규준으로 상대문화를 헤아리는 데서 오는 것이다.

답 ②

02 문화의 기능에 관한 설명으로 옳은 것을 모두 고른 것은?

• 11회

㉠ 개인의 생리적·심리적 욕구 충족에 기여한다.
㉡ 인간의 행동과 사고에 직·간접적으로 영향을 미치며 세대 간 전승된다.
㉢ 다양한 생활양식을 내면화시켜 개인이 사회에 적응하며 살아갈 수 있게 한다.
㉣ 사회의 안정과 질서에 악영향을 미치는 문제들을 제거·조절하는 기능을 수행한다.

① ㉠, ㉡, ㉢
② ㉠, ㉢
③ ㉡, ㉣
④ ㉣
⑤ ㉠, ㉡, ㉢, ㉣

정답 및 해설

문화의 기능 중 ㉠ **욕구충족 기능**, ㉡ **사회존속 기능**, ㉢ **사회화 기능**, ㉣ **사회통제 기능**에 해당한다.

답 ⑤

03 문화에 관한 설명으로 옳지 않은 것은?

• 11회

① 자연환경적 요인보다 인간의 정신활동을 중시한다.
② 시대적 상황에 따라 변화하지만 사회마다 공통적인 문화형태가 존재한다.
③ 개별 클라이언트에게 영향을 주는 거시체계이다.
④ 동화(assimilation)는 원문화에 관한 정체성을 유지함과 동시에 이주민의 사회참여를 추구하는 유형이다.
⑤ 문화변용(acculturation)은 둘 이상의 문화가 지속적으로 접촉하여 한쪽이나 양쪽에 변화가 일어나는 현상이다.

정답 및 해설

④ 문화수용에 대한 설명이다. **문화수용**은 두 개의 이질적인 문화가 접촉을 하면서도 각각 자체의 문화의 가치관과 특성을 유지하면서 한 사회 내에서 공존하는 문화현상을 말한다.

✓ 오답풀이

문화동화(assimilation)는 여러 가지의 독특한 하위문화를 가진 집단이 그 사회의 지배문화로 통합되는 문화현상을 말한다. 즉 한 사회 내의 세력이 약한 문화가 세력이 강한 지배문화와 유사해지거나 지배문화권 속으로 흡수되는 현상을 말한다.

답 ④

04 문화에 관한 설명으로 옳지 않은 것은? • 12회

① 다른 사회구성원들과 구별되는 어떤 공통적인 경향이다.
② 사회의 안정과 질서를 위해 문제들을 제거, 조절하는 기능을 수행한다.
③ 자연환경보다 인간의 정신활동을 중요시한다.
④ 상호 긴밀한 관계를 유지하면서 하나의 전체를 이루는 통합체이다.
⑤ 문화통합은 둘 이상의 사회가 장기간의 접촉에 의해 한쪽이나 양쪽의 문화체계에 변화가 일어나는 현상이다.

> **정답 및 해설**
> 서로 상이한 문화를 가진 두 개 이상의 집단(사회)이 지속적인 접촉에 의해 어느 한편 또는 쌍방의 문화에 변화를 일으키는 현상을 **문화변용**(acculturation, 문화접변)이라고 한다.
> 답 ⑤

05 베리(J. Berry)의 문화적응모형 가운데 동화(assimilation)의 개념에 관한 설명으로 옳은 것은?
• 13회

① 주류사회와의 관계는 유지하지만 모국의 문화적 가치는 유지하지 않는 상태를 말한다.
② 주류사회와의 관계를 유지하면서 동시에 모국의 문화적 가치를 유지하는 상태를 말한다.
③ 모국과는 강한 유대관계를 지니지만 주류사회와의 관계는 유지하지 않는 상태를 말한다.
④ 두 개 이상의 문화가 지속적 접촉을 통해 한쪽이나 양쪽에 변화가 나타나는 상태를 말한다.
⑤ 주류사회와는 관계를 유지하지 않으면서 동시에 모국의 문화적 가치도 유지하지 않는 상태를 말한다.

> **정답 및 해설**
> 주류사회와의 관계는 유지하지만 모국의 문화적 가치는 유지하지 않는 상태는 **동화**이다.
> **오답풀이**
> 베리(J. Berry)의 문화적응모형 중 ② 통합, ③ 분리, ⑤ 주변화에 해당한다. ④ 문화변용에 대한 설명이다.
> 답 ①

OIKOS UP 베리(J. Berry)의 문화적응모형

① 통합(integration)-동화(assimilation)의 개념 틀에 입각해 이주민들이 주류 문화에 어떤 태도를 취하는가에 초점을 맞춘 분석틀
  ㉠ 통합과 동화 개념을 기본적인 분석틀로 삼고 있는 베리의 모형은 기존의 주류 집단이 다문화 상황에서 어떻게 반응하는지를 분석하는 데에도 활용되는 장점
  ㉡ 그러나 이주민들이 기존의 정치 문화는 수용하되, 결혼과 같은 가족 문화에서는 이를 거부할 수도 있는 등 분야별로 각기 다른 전략을 선택할 수 있다는 점에서 실제 적용에는 더 많은 고려가 필요
② 이주민들이 자신의 고유문화를 유지하는가와 새로운 주류 문화를 수용하는가의 여부에 기초해 네 가지 문화적응 형태를 제시
  ㉠ 통합(Integration) : 이주민이 고유의 문화를 유지하면서 주류 사회의 새로운 문화를 수용하는 형태
  ㉡ 동화(Assimilation) : 이주민들이 자신 고유의 문화를 포기하고 새로운 문화를 수용하는 형태
  ㉢ 분리(Segregation) : 이주민이 새로운 문화를 거부하고 자신들의 고유문화를 유지하는 형태
  ㉣ 주변화(Marginalization) : 새로운 문화도 거부하지만, 고유문화를 유지하는 데에도 성공하지 못하는 가장 나쁜 상황

구 분	고유문화 유지	고유문화 포기
주류문화의 수용	통합(Integration)	동화(Assimilation)
주류문화의 거부	분리(Segregation)	주변화(Marginalization)

06 문화에 관한 설명으로 옳지 않은 것은?

• 14회

① 인간의 생활양식은 세대 간에 전승된다.
② 삶의 모든 영역에 영향을 미치며 지속적으로 변화한다.
③ 생득적이기보다는 사회 속에서 성장하며 학습을 통해 습득된다.
④ 개인의 행동에 대한 규제와 사회통제의 기능을 수행하지 않는다.
⑤ 문화변용(acculturation)은 둘 이상의 이질적인 문화가 접촉한 결과 한 쪽 또는 쌍방의 원래 문화형태에 변화를 일으키는 현상이다.

> **정답 및 해설**
> **문화의 기능**에는 **사회화, 욕구충족, 사회통제, 사회존속**이 있다. 이 중 **사회통제의 기능**은 문화가 개인의 행동양식을 규정하기 때문에 개인들이 대인관계와 사회생활에서 자기의 행동이 상대방에게 어떤 영향을 주고 상대방이 어떤 반응을 보일 것인가를 알고 적절히 행동할 수 있게 하는 것을 말한다.
>
> 답 ④

07 문화에 관한 설명으로 옳은 것은? • 15회

① 동화(assimilation)는 원문화의 가치를 유지하면서 주류사회의 문화에 소극적으로 참여하는 유형이다.
② 인간행동에 영향을 주는 미시체계이다.
③ 개인의 생리적 욕구와 심리적 욕구 충족에 영향을 준다.
④ 예술, 도덕, 제도 등이 각기 독립적으로 존재하며, 서로 영향을 주지 않는다.
⑤ 지속적으로 누적되기 때문에 항상 같은 형태를 지닌다.

> **정답 및 해설**
>
> 문화는 **욕구충족의 기능**이 있다. 즉 다양한 생활양식을 통해서 의식주와 같은 개인의 기본적인 욕구를 충족시켜 주며, 개인이 다양한 문화와 접하면서 사회적으로 안정감을 가지고 살아갈 수 있게 한다.
>
> **오답풀이**
>
> ① 원문화의 가치를 유지하면서 주류사회의 문화에 소극적으로 참여하는 유형은 **통합**(Integration)이다. **동화**(assimilation)는 이주민들이 자신 고유의 문화(원문화)를 포기하고 주류 사회의 새로운 문화(주류문화)를 수용하는 형태이다.
> ② 인간행동에 영향을 주는 **거시체계**이다. 참고로 **거시체계(macro system)**는 개인이 소속한 문화나 하위문화로 개인에게 간접적 영향을 미치는 것으로, 특정 문화나 하위문화에서 구조적 특징을 갖춘 미시체계, 중간체계, 외체계들로 구성되어 있다.
>   예 일반적인 문화, 정치, 사회, 법, 종교, 경제, 교육에 대한 중심가치관, 공공정책 등
> ④ 문화는 특정 사회나 특정 역사적 시점의 **정치, 사회, 종교, 지식, 예술, 제도, 관습, 도덕 등이 복합적으로 상호작용하여 형성된 것**이며, 사회의 특정 부분의 변화는 문화 전반에 영향을 미치게 된다.
> ⑤ 문화는 한 세대에서 다음 세대로 전승되는 축적성을 지니므로 지속적으로 누적된다는 것은 맞지만, 항상 같은 형태를 지닌다는 것은 올바르지 않다. **문화는 역동적**이다. 즉 문화는 안정성을 유지하려는 성향이 없는 것은 아니지만 고정되어 있는 것이 아니라, **문화마찰, 문화변용, 문화접촉 등을 통하여 끊임없이 변화**한다.
>
> **답** ③

08 문화와 관련된 내용으로 옳은 것은? • 16회

① 관념문화에는 법과 관습이 포함된다.
② 물질문화에는 신화와 전설이 포함된다.
③ 문화는 중간체계로서 개인에게 영향을 미친다.
④ 비물질문화에는 관념문화와 규범문화가 포함된다.
⑤ 규범문화에는 종교적 신념과 과학적 진리가 포함된다.

정답 및 해설

문화는 전통적으로 물질문화와 비물질문화로 구별한다. **비물질문화**는 가치, 규범, 지식, 언어 등을 말하며, **비물질문화에는 관념문화와 규범문화가 포함**된다.

오답풀이
① **법과 관습은 규범문화**에 해당된다. **규범문화는** 법률, 명령, 규범, 관습, 민습, 원규, 금기, 유행, 의식, 예절, 인습, 의례 등이다.
② **신화와 전설은 관념문화**에 해당되므로, **비물질문화에 해당**된다. **비물질문화는** 가치, 규범, 지식, 언어 등을 말하며, **관념문화와 규범문화**가 있다.
③ 문화는 개별 클라이언트에게 영향을 주는 **거시체계로**, 사회구성원들의 내면세계에 영향을 주어 인간행동에 영향을 미친다.
⑤ **종교적 신념과 과학적 진리는 관념문화**에 해당한다. **관념문화는** 과학적 진리, 종교적 신념, 신화, 전설, 문학, 미신, 격언, 속담, 민화 등이다.

 ④

09 사회체계로서 문화에 관한 설명으로 옳은 것은? • 17회

① 미시체계에 해당된다.
② 후천적으로 습득되기보다는 타고 나는 것이다.
③ 구성원 간 공유되는 생활양식으로 다른 사회 구성원과 구별된다.
④ 규범적 문화는 종교적 신념, 신화, 사상 등으로 구성된다.
⑤ 문화는 외부의 요구와 무관하게 고정되어 있다.

정답 및 해설

문화는 특정한 인간집단이나 지역에서 특징적으로 나타나는 생활양식으로서, 공유성, 학습성, 누적성 등의 특징을 지니고 있다. 구성원 간 공유되는 생활양식으로 다른 사회 구성원과 구별된다는 것은 **문화의 공유성**을 설명하는 것이다. 공유성은 한 사회의 구성원들 개개인의 독특한 취향이나 버릇이 아니라 다른 사회의 구성원들과 구별되는 어떤 공통적인 경향이다. 문화의 이러한 속성은 집단의 구성원들에게 사회생활을 원활하게 할 수 있는 공동의 광장을 만들어 주며, 언어와 같이 공유하는 문화를 통하여 상대방의 행동과 기대를 예측할 수 있게 함으로써 사회생활을 가능하게 한다.

오답풀이
① 문화는 전체 사회 속에 존재하는 개인, 집단, 조직 및 지역사회에 영향을 미치는 **거시체계에 해당**된다.
② 문화는 인간의 출생과 함께 선천적으로 타고난 것이 아닌 **후천적으로 학습에 의해 획득**된다.
④ **종교적 신념, 신화, 사상 등은 관념적 문화에 해당**한다. **규범적 문화는** 법률, 명령, 규범, 관습, 민습, 원규, 금기, 유행, 의식, 예절, 인습, 의례 등이다.
⑤ 문화가 고정되어 존재하는 것이 아니라, **역동성**을 지니고 특정 문화 내에서뿐만 아니라 문화 간 움직임이 매우 강하게 이루어지고 있다.

 ③

10 문화에 관한 설명으로 옳지 않은 것은? •20회

① 사회체계로서 중간체계에 해당된다.
② 사회구성원들 간에 공유된다.
③ 문화변용은 둘 이상의 문화가 지속적으로 접촉하여 한쪽이나 양쪽에 변화가 일어나는 현상이다.
④ 세대 간에 전승되며 축적된다.
⑤ 사회화에 대한 지침을 제공한다.

> **정답 및 해설**
>
> 문화는 전체 사회 속에 존재하는 개인, 집단, 조직 및 지역사회에 영향을 미치는 **거시체계**에 해당된다.
>
> ✓ 보충설명
> ② 문화의 특성 중 **공유성**이란 한 사회의 구성원들 개개인의 독특한 취향이나 버릇이 아니라 **다른 사회의 구성원들과 구별되는 어떤 공통적인 경향**을 말한다.
> ③ **문화변용(acculturation, 문화접변)**은 독립된 문화를 지닌 둘 이상의 사회가 장기간 직접적인 접촉에 의해 한쪽 또는 양쪽의 문화체계에 변화가 일어나는 현상이다.
> ④ 문화의 특성 중 **역사성(전승성과 축적성)**이란 문화가 상징적 수단인 언어를 통해서 세대 간 전승되며 축적되어 나가는 것을 말한다.
> ⑤ 문화의 기능 중 **사회화**를 말한다. 즉, 문화는 개인이 사회에서 어떻게 행동하고 어떻게 말하며 어떻게 세상을 인식할 것인가를 가르쳐 주는 지침이 된다.
>
> 답 ①

11 문화에 관한 설명으로 옳은 것은? •21회

① 선천적으로 습득된다.
② 개인행동에 대한 규제와 사회통제의 기능은 없다.
③ 고정적이며 구체적이다.
④ 다른 사회의 구성원과 구별되는 공통적 속성이 있다.
⑤ 다양성은 차별을 의미한다.

정답 및 해설

동일 사회에 속한 사회성원들은 사회의 문화를 공유하므로 이들의 행동은 **다른 사회 구성원들의 행동과는 구별되는 공통된 특성**을 지니게 된다.

오답풀이
① 문화는 선천적으로 타고난 것이 아니라 **후천적으로 학습에 의해 획득**된다.
② 개인행동에 대한 규제와 사회통제의 기능은 **있다**.
③ **역동적**이며 **상징적**이다. 문화의 역동성은 문화가 고정되어 존재하는 것이 아니라 특정 문화 내에서뿐만 아니라 문화 간 움직임이 매우 강하게 이루어지고 있음을 의미하며, 문화의 상징성은 모든 문화가 외형으로 드러난 것 외에 속으로 품고 있는 의미가 따로 있음을 뜻한다.
⑤ 다양성은 인간사회의 문화형태가 매우 상이함을 일컫는 것으로, 차별이 아니라 **문화의 차이를 의미**한다.

답 ④

12 문화와 관련된 설명으로 옳지 않은 것은?

① 문화는 인간집단의 생활양식의 총체로 정의할 수 있다.
② 다문화주의는 다양한 문화나 언어를 공유하고 상호 존중하여 적극 수용하려는 입장을 취한다.
③ 베리(J. Berry)의 이론에서 동화(assimilation)는 자신의 고유문화와 새로운 문화를 모두 존중하는 상태를 의미한다.
④ 문화는 학습되고 전승되는 특징이 있다.
⑤ 주류와 비주류 문화 사이의 권력 차이로 차별이 발생할 수 있다.

정답 및 해설

베리(J. Berry)의 이론에서 자신의 고유문화와 새로운 문화를 모두 존중하는 상태는 **통합(Integration)**이다. **동화(assimilation)**는 자신의 고유문화는 포기하고 새로운 문화만 존중하는 상태이다.

보충설명
① 문화는 인간집단을 포함하여 제도, 언어, 종교적 이념, 사고의 습관, 예술적 표현, 사회적 개인 간 관계 안에서 **세대를 거치며 이어받은 생활양식의 총체**로 정의할 수 있다.
② **다문화주의(multi-culturalism)**는 서로 다른 문화를 지닌 민족이나 문화집단이 하나의 공동체 속에서 공존하는 형태를 의미하는 것으로, 다양한 문화나 언어를 공유하고 상호 존중하여 적극 수용하려는 입장을 취한다.
④ 문화는 출생과 함께 갖고 태어나는 것이 아니라 **출생 후 후천적 학습을 통해** 그 사회의 문화를 획득한다. 그리고 일시적 현상이 아니라 선조들의 생활양식이 누적되어 **언어와 같은 상징적 수단을 통해 전승**되어 온 사회적 유산이다.
⑤ 주류문화는 한 사회의 성원 대부분이 공유하는 문화를 말하며, 비주류 문화는 특정한 집단의 성원들만이 공유하고 있는 문화이다. 다문화 사회에서 **이민국가의 문화가 주류문화**라면 **이주민들의 출신국가 문화는 비주류 문화**가 되며, 이들 사이 권력 차이로 차별이 발생할 수 있다.

답 ③

13 다문화에 관한 설명으로 옳지 않은 것은? • 13회

① 관심대상은 결혼이주민, 이주노동자, 새터민 등을 포함한다.
② 최근 한국사회에서 사회복지의 중요한 관심영역으로 부상하고 있다.
③ 이주노동자들은 직장, 건강, 자녀교육 등에 걸쳐 다양한 어려움을 겪고 있다.
④ 다문화주의는 인간 사회의 인종적·문화적 동일성과 보편성을 설명하는 용어이다.
⑤ 결혼이주민들은 의사소통, 문화의 이질성, 사회적 편견과 차별 등으로 인한 어려움을 겪는다.

> **정답 및 해설**
> **다문화주의(multi-culturalism)는** 한 국가나 민족이 하나의 문화를 갖는다는 단문화주의(Mono-culturalism)에 대비되는 개념으로, '서로 다른 문화를 지닌 민족이나 문화집단이 하나의 공동체 속에서 공존하는 형태'를 의미한다. 따라서 인간 사회의 인종적·문화적 동일성과 보편성이 아니라, **문화적 다양성**을 의미한다.
>
> 답 ④

14 다문화에 관한 설명으로 옳지 않은 것은? • 21회

① 대표적인 사회문제로 인종차별이 있다.
② 다양한 문화를 수용하고 문화의 단일화를 지향한다.
③ 서구화, 근대화, 세계화는 다문화의 중요성을 표면으로 부상시켰다.
④ 동화주의는 이민을 받는 사회의 문화적 우월성을 전제로 한다.
⑤ 용광로 개념은 동화주의와 관련이 있다.

> **정답 및 해설**
> 다양한 문화를 수용하고 문화의 단일화를 **지양**한다. 참고로 **다문화는** 하나 이상의 복수의 문화를 말하는 것으로, 한 나라 안에 몇 가지 문화가 공존하는 것을 말한다. 즉, 기존의 단일문화에 대비되는 개념으로서 동일한 혈통과 문화를 추구하던 단일문화에 다른 문화들이 통합되어 여러 문화가 공존하는 상태를 말한다.
>
> **보충설명**
> ① **다문화 사회란** 민족이나 인종, 문화적으로 다원화되어 있는 사회로, 다문화 사회를 향한 사회변동 과정에서 나타나는 대표적인 사회문제는 사회적 편견과 차별의 문제이다.
> ③ 서구화, 근대화, 개방화, 세계화의 흐름에 따라 **국경을 초월한 단일 규모의 시장이 형성**되면서 한국사회도 다문화사회로 변해가고 있으며 다문화가족이 늘어가고 있다.
> ④ **동화주의는** 한 문화의 소수민족이나 이민자나 정복당한 민족, 그 외 (자민족 포함) 사회적 소수자들이 지배 문화나 사회 주류 문화로 동화하는 것을 장려하는 사회 구조를 말한다. 이는 이민을 받는 사회의 문화적 우월성을 전제로, 문화적인 다양성과 개성을 존중하지 않고 주류 문화로 편입시키려고 한다.
> ⑤ **인종의 용광로는** 다양한 문화를 가진 사람들이 섞여 하나의 동질한 문화를 만들어가는 것을 의미하는 것으로 동화주의와 관련되어 있다. 반면에 **인종의 샐러드는** 서로 다양한 문화를 가진 사회 구성원들이 각자의 문화 정체성을 유지하며 사회 내에서 조화로운 통합을 이루어나가게 하는 것으로 다문화주의와 관련이 있다.
>
> 답 ②

15 이상행동과 사회복지실천에 관한 설명으로 옳지 않은 것은? • 21회

① 사회문화적 규범에서 벗어나거나 개인과 타인에게 불편과 고통을 유발하는 행동이다.
② 유일한 진단분류체계로 '정신질환 진단 및 통계편람(DSM)'이 있다.
③ 이상행동의 개념은 사회문화, 역사진행과정의 영향을 받는다.
④ 정신건강사회복지사가 전문실천가로 활동한다.
⑤ 이상행동은 클라이언트들이 겪는 문제의 원인이나 결과가 되기도 한다.

> **정답 및 해설**
>
> 미국정신의학협회가 출판하는 「정신질환 진단 및 통계편람(DSM)」은 정신질환 진단지침서로 널리 활용되고 있지만, **유일한 진단분류체계인 것은 아니다.** 비슷한 목적으로 많이 사용되는 책으로는 세계보건기구(WHO)의 「국제질병분류(ICD)」가 있다. 현재 사용하고 있는 정신장애 분류체계가 DSM과 ICD인 것이지, 앞으로 10년, 20년, 50년 후에는 다른 정신장애 분류체계를 사용하고 있을 것이다.
>
> **보충설명**
>
> ① 이상행동은 ㉠ **사회문화적 규범에서 벗어나는 행동**, ㉡ 이상적 인간행동 유형에서 벗어나는 행동, ㉢ 통계적으로 보통 사람의 평균적 특성에 벗어나는 행동, ㉣ 환경의 요구에 순응하거나 환경을 변화시키는 환경과의 적응능력을 저하시키는 행동, ㉤ **개인에게 불편감, 고통 또는 심리적 갈등을 유발하는 행동** 등을 말한다.
>
> 답 ②

1교시 / 사회복지조사론

제2영역

사회복지조사론
Research Methods in Social Welfare

교과목 개요

본 과목은 사회복지 실천현장에서 사용되는 다양한 양적, 질적 조사방법론을 학습한다. 조사방법의 기초지식으로 조사방법의 기본개념, 형태와 절차 등을 다루고, 양적조사방법으로 척도구성, 질문지 작성, 신뢰도 및 타당도 검증, 표본추출 등 사회조사의 설계와 설문지조사, 면접조사, 관찰, 실험, 내용분석, 욕구조사, 평가조사 등 자료수집방법을 다루며, 질적조사방법으로 조사설계, 자료수집 및 분석방법을 다룬다. 한편 실무에 도움이 될 수 있도록 직접 조사 설계를 하여 자료를 수집하고 분석하는 방법을 다룬다.

교과목 목표

1. 과학적 방법 및 사회복지 조사방법에 관한 기본개념과 기초이론을 학습한다.
2. 양적조사방법론의 설계와 자료수집 방법을 학습한다.
3. 질적조사방법론의 설계, 자료수집 및 분석방법을 학습한다.
4. 조사연구의 설계와 실행을 통해 사회복지조사의 실제 수행능력을 학습한다.

2영역 | 사회복지조사론

이해 틀	목차 (교과목 지침서에 준함)	10회 2012	11회 2013	12회 2014	13회 2015	14회 2016	15회 2017	16회 2018	17회 2019	18회 2020	19회 2021	20회 2022	21회 2023	22회 2024
사회조사 방법의 기초	제1장 과학과 조사연구방법	4	4	3	2	3	3	4	–	2	2	1(3)	2	3
	제2장 사회조사방법의 기본 개념	3	3	3	3	5	3	2(1)	4(1)	3	2	2(3)	2	2
	제3장 사회조사방법의 형태와 절차	1	2	2	2	(2)	3	1	1	3	1	2(1)	2	2
사회조사 방법의 설계	제4장 질문지 작성	–	1	–	1	–	–	1	–	1	1	(3)	–	–
	제5장 측정과 척도	1	2	2	1	1	1	3	2(1)	2	3	3	3	3
	제6장 신뢰도와 타당도	1	2	2	2	3	3	2	2(2)	3	2(1)	3(1)	3	2
	제7장 표본추출(표집)	3	4	4	4	2	2	3	4	2	2	3(2)	3	2
자료수집	제8장 자료수집과 질문지법	4	–	3	1	1	1	1	(2)	1(1)	2	(1)	–	–
	제9장 면접법과 관찰법	–	1	–	1	–	(1)	1	(3)	(2)	(1)	(1)	2	1
	제10장 비반응성 자료 수집과 내용분석	2	1	2	1	3	1	1	(2)	1(2)	1	–	–	1
	제11장 실험설계 (집단설계)	5	4	3	4	5	3	2	4(1)	2	4	3	3	4
	제12장 단일사례연구	1	–	1	1	(1)	1	1	1	1	1	1	2	1
	제13장 질적 연구방법론	2	5	1	1	1	2	2	4	3	4	3	2	3
	제14장 욕구조사와 평가조사	3	1	–	1	1(1)	2	1	(1)	–	1	1	1	–
자료 처리/ 보고서 작성	제15장 자료처리 및 연구보고서 작성	–	–	–	–	–	–	–	–	–	–	–	–	–

※ 표 안에 ( ) 안의 숫자는 단독 출제되지는 않았으나 문제의 지문상에 해당 부분의 내용이 출제된 것을 의미합니다.
※ 제12회 시험부터 영역별 30문제에서 25문제 출제로 변경되었으므로 출제빈도는 12회시험부터 눈여겨보시기 바랍니다.

제01장 과학과 조사연구방법

제2영역 : 사회복지조사론

▶▶ 제1장 회차별 출제빈도, 출제비중 및 출제논점 1, 2, 3순위

10회 2012	11회 2013	12회 2014	13회 2015	14회 2016	15회 2017	16회 2018	17회 2019	18회 2020	19회 2021	20회 2022	21회 2023	22회 2024
4	4	3	2	3	3	4	–	2	2	1(3)	2	3

출제비중	출제 논점		
	1순위 ☺	2순위 ※	3순위 ☆
02₄	① 과학적 연구의 특징 ② 사회복지조사의 윤리성	① 과학적 조사 논리 : 연역법, 귀납법 ② 과학철학 : 과학혁명 ③ 사회복지조사의 유용성과 필요성	① 현상을 탐구할 때 일반인이 범하는 오류 ② 사회복지조사의 특징 ③ 사회과학의 특성

01 과학이란 무엇인가

01 과학적 조사에 관한 설명으로 옳지 않은 것은? • 9회

① 연구결과에 대해 잠정적이다.
② 인과관계의 규명을 추구한다.
③ 조사자의 규범적 판단에 의거한다.
④ 관찰에 의한 증거에 바탕을 두고 있다.
⑤ 일정한 규칙과 절차를 통해 이루어진다.

> **정답 및 해설**
>
> **과학은 비규범적**이다. 과학은 무엇이 옳은가에 대한 규범적 문제는 상관하지 않는다. 현재의 어떤 현상이 왜 일어나는지에 관심이 있다.
>
>   ③

02 다음 ( ) 안에 알맞은 것은? • 10회

과학에서 (㉠)은(는) 과학자 공동체에 속한 모든 사람의 동의가 아니라 그 문제에 대하여 관심을 가지고 이해할 수 있는 사람들 간의 동의를 말한다. 즉, 일부가 자기들끼리 동의한 것이라는 의미에서 (㉡)(이)라고 부른다.

① ㉠ 패러다임   ㉡ 외적 타당성
② ㉠ 일상적 지식   ㉡ 내적 타당성
③ ㉠ 이론   ㉡ 결정주의
④ ㉠ 객관성   ㉡ 간(間)주관성
⑤ ㉠ 일반화   ㉡ 내적 한계

정답 및 해설
㉠ 객관성(objectivity)이란 모든 사람이 어떤 사실을 동일하게 느껴야 한다는 의미 이상의 의미를 지니는 것으로, 과학적 연구에서는 증거를 중요시하기 때문에 모든 명제들은 경험적으로 검증되어야 한다.
㉡ 간주관성(inter-subjectivity : 間主觀性)이란 말은 연구자나 시기가 달라도 조작적 연구과정이 같으면 연구자가 서로 다른 주관적 동기가 있더라도 결과가 같게 나타나야 한다는 것을 의미한다.

답 ④

03 과학적 방법에 관한 설명으로 옳지 않은 것은? • 11회

① 잠정적이지 않은 지식을 추구한다.
② 경험적 증거에 기반하여 지식을 탐구한다.
③ 체계적이고 포괄적인 방법에 의존한다.
④ 객관성의 추구를 강조한다.
⑤ 재현과 반복의 가능성이 높다.

정답 및 해설
과학적 연구는 수정가능(open to modification)하다. 즉, **과학적 결론은 일시적, 잠정적**이다. 지속적인 검증과 수정을 통해 정교화되어 간다.

답 ①

04 과학적 방법에 관한 설명으로 옳은 것은? • 12회

① 연역법적 논리의 상대적 우월성을 지지한다.
② 윤리적 실천을 수행할 수 있게 한다.
③ 모든 지식은 잠정적이라는 태도에 기반한다.
④ 연구의 반복을 요구하지 않는다.
⑤ 선별적 관찰에 근거한다.

정답 및 해설

과학적 연구는 **수정 가능**(open to modification)하다. 즉, **과학적 결론은 일시적, 잠정적**(provisional)이다. "변하지 않는 진리는, 변하지 않는 것은 없다라는 사실이다."라는 표현처럼 영원불변의 진리를 찾는 것은 불가능하다.

오답풀이

① **연역법적 논리와 귀납법적 논리는 상호보완적인 것**으로, 어느 하나의 상대적 우월성을 지지하지 않는다. 과학적 논리에 근거한 지식체계는 연역적 추론과 귀납적 추론과정을 상호보완적으로 끊임없이 되풀이 하는 가운데 형성·발전된다.
② **과학적 연구가 비인간화를 재촉하는 폐단을 낳을 수 있다**. 또한 인간과 관련된 사회현상을 연구하는 사회과학은 많은 윤리적 문제가 발생될 수 있다.
④ 과학적 연구는 **재생 가능성**(reproducibility, 재현 가능성 replication)이 있다. 재생가능성이란 같은 방법을 사용했을 때 누구나 같은 결과를 얻을 수 있는 가능성을 말한다.
⑤ **선별적 관찰**(selective observation)은 자신의 결론이나 주장에 대해 들어맞는 사건이나 상황에만 관심을 기울이고 관찰하는 경향으로, 비과학적인 **지식탐구에서 일반인이 범하는 오류**에 해당한다.

답 ③

05 과학적 방법에 관한 설명으로 옳지 않은 것은? • 15회

① 잠정적이지 않은 지식을 추구한다.
② 철학이나 신념보다 이론에 기반한다.
③ 경험적인 증거에 기반하여 지식을 탐구한다.
④ 현상의 규칙성에 대한 관심이 높다.
⑤ 허위화(falsification)의 가능성에 대해 개방적이어야 한다.

정답 및 해설

과학의 역사를 보면 수많은 과거의 이론들이 부정되거나 다른 이론으로 대체되어 오고 있다. 이와 같이 **과학적 결론은 일시적, 잠정적(provisional)**이다. 즉 과학은 진리를 추구하기보다 효용(utility)을 탐색하는 것으로, 당시의 상황에 맞게 수정된다.

보충설명

② '~해야 한다'거나 '~이 옳다' 등과 같은 철학이나 신념 또는 가치나 규범의 표명이 아니라, '**무엇이, 어떻게, 왜 존재한다**'라는 사실에 대한 설명이 주가 된다.
③ **경험가능성(empiricism, 경험성)**을 갖고 있다. 즉 우리의 감각기관에 의해 지각될 수 있는 것이어야 한다는 의미로, 경험적으로 자료를 모아 분석·검증함으로써 이론이나 법칙을 도출할 수 있다.
④ 과학은 **사회생활의 규칙적인 유형을 찾으려는 노력**으로, 과학적 이론은 자연 및 사회현상 속에 존재하는 논리적이고 지속적인 패턴을 알리는 데 그 목적이 있다.
⑤ 포퍼(Popper)의 반증주의에서는 문제해결을 위해 제시된 이론을 경험적으로 검증한다. 검증의 목적으로 가설의 논박에 있으며, **이론에 의해 예측이 반박되는 경우에 이론은 기각되어 허위화(falsification, 반증)**되고 이러한 반증에도 견디어 남게 되는 이론이 채택되게 된다.

 ①

---

06 과학적 지식의 특성에 관한 설명으로 옳은 것을 모두 고른 것은? • 22회

㉠ 경험적으로 검증 가능하여야 한다.
㉡ 연구결과는 잠정적이며 수정될 수 있다.
㉢ 연구자의 주관적 가치 판단이 연구과정이나 결론에 작용하지 않도록 객관성을 추구한다.
㉣ 같은 절차를 다른 대상에 반복적으로 적용하여 같은 결과가 나오는지 검토할 수 있다.

① ㉠, ㉢
② ㉡, ㉣
③ ㉠, ㉡, ㉢
④ ㉡, ㉢, ㉣
⑤ ㉠, ㉡, ㉢, ㉣

정답 및 해설

㉠ 경험적으로 검증 가능다는 것은 **우리의 감각기관에 의해 지각될 수 있는 것이어야 한다**는 의미로, 경험적으로 자료를 모아 분석·검증함으로써 이론이나 법칙을 도출할 수 있다.
㉡ 연구결과(과학적 결론)은 **일시적, 잠정적(provisional)**이다. 따라서, 수정 가능(open to modification)하다.
㉢ **객관성의 추구를 강조**한다. 객관성이란 건전한 감각기관을 가진 여러 사람들이 같은 대상을 인식하여 얻은 인상의 일치를 말하는 것으로, 이를 위해 질문지, 조사표, 채점표, 척도와 같은 객관성을 확보하기 위한 도구들이 개발된다.
㉣ **재생 가능성(reproducibility, 재현 가능성 replication)**이 있다. 즉, 같은 방법을 사용했을 때 누구나 같은 결과를 얻을 수 있는 가능성을 의미하는 것으로, 표준화된 방법에 의해 동일한 결과나 결론을 얻을 수 있는 가능성을 말한다.

 ⑤

> **OIKOS UP**　과학적 연구의 특징
>
> ① 과학적 연구는 체계적(systematic)이고 논리적(logical)이다.
> ② 과학적 연구는 결정론적(deterministic)이다.
> ③ 과학적 연구는 일반적(general)인 것을 추구한다.
> ④ 과학적 연구는 간결한(parsimonious) 것을 추구한다.
> ⑤ 과학적 연구는 구체적(specific)이다.
> ⑥ 과학적 연구는 경험적으로 검증 가능(empirically verifiable)하다.
> ⑦ 과학적 연구는 연구과정이 같으면 같은 결론(inter-subjectivity, 간주관성)을 얻어야 한다.
> ⑧ 과학적 연구는 수정 가능(open to modification)하다.
> ⑨ 과학적 연구는 설명적이다.
> ⑩ 과학적 연구는 재생 가능성(reproducibility)이 있다.
> ⑪ 과학은 객관성(objectivity)을 가져야 한다.
> ⑫ 과학은 비규범적이다.

07 지식을 습득하는 과정에서 발생하는 오류에 관한 설명으로 옳은 것은?　●15회

① 부정확한 관찰은 규칙성을 전제로 이와 부합되는 특수한 사례만을 관찰하는 것이다.
② 과도한 일반화는 관찰된 소수의 사건이나 경험을 근거로 현상의 규칙성을 일반화시키는 것이다.
③ 선별적 관찰은 관찰자의 자아특성이 현상을 이해하는 데 영향을 미치는 것이다.
④ 꾸며진 지식은 의식적 활동의 부재로 현상에 대한 정확한 관찰이 이루어지지 않는 것이다.
⑤ 자아개입은 일반화된 관점을 유지하기 위해 스스로 사실이 아닌 정보를 만들어 내는 것이다.

> **정답 및 해설**
>
> 일반화란 소수의 사실을 다수에게 확대 적용하는 것으로, 이것이 지나칠 때 **과도한 일반화**가 된다. 즉 개인이 우연히 관찰한 몇 가지의 예외적 현상을 마치 전체 현상 속에 내재하는 규칙적 특성으로 일반화해 버리는 오류를 말한다.
>
> **오답풀이**
> ① 규칙성을 전제로 이와 부합되는 특수한 사례만을 관찰하는 것은 **선별적 관찰**이다. **부정확한 관찰은** 일상생활에서 하는 관찰은 자신의 관점에서 무의식적으로 받아들이기 때문에 부정확한 관찰이 되기 쉬움을 말한다.
> ③ 관찰자의 자아특성이 현상을 이해하는 데 영향을 미치는 것은 **자아개입**이다. **선별적 관찰은** 자신의 결론이나 주장에 대해 들어맞는 사건이나 상황에만 관심을 기울이고 관찰하는 경향이다.
> ④ 의식적 활동의 부재로 현상에 대한 정확한 관찰이 이루어지지 않는 것은 **부정확한 관찰**이다. **꾸며진 지식은** 자신의 편견을 가진 대상이 자신이 기대하는 방향으로 나타나지 않을 때 이를 부정하기 위한 정보를 스스로 조작하는 경우를 말한다.
> ⑤ 일반화된 관점을 유지하기 위해 스스로 사실이 아닌 정보를 만들어 내는 것은 **꾸며진 지식**이다. **자아개입은** 개인적 경험이나 직관에 의한 지식탐구는 현상을 이해하는 데 있어서 자기중심적인 해석을 하게 하는 경향을 말한다.
>
> ②

02 과학적 조사(scientific research)

01 귀납적 방법과 연역적 방법을 설명한 것으로 옳은 것은? • 4회

① 연역적 방법은 가설 → 조작화 → 관찰 → 검증의 절차를 거친다.
② 연역적 방법과 귀납적 방법은 상호 배타적이다.
③ 연역적 방법은 특수한 사실로부터 일반적인 원리를 끌어낸다.
④ 연역적 방법은 관찰로부터 시작하여 이론을 확정하거나 수정한다.
⑤ 귀납적 방법은 이론에 의해 가설을 세우고 이를 경험적으로 검증한다.

> **정답 및 해설**
>
> **연역법(deduction)**은 보편적이거나 일반적인 원리나 법칙으로부터 구체적이고 특수한 현상에 대한 지식을 이끌어내는 접근방법, 즉 일반적인 것으로부터 특수한 것을 추론해 내는 접근방법을 말한다. **연역적 방법은 가설 → 조작화 → 관찰 → 검증(가설 채택 또는 기각)의 절차를 거친다.**
>
> **오답풀이**
> ② 연역적 방법과 귀납적 방법은 상호배타적인 관계가 아니라 **상호보완적인 관계**이다.
> ③ 연역적 방법은 **보편적이거나 일반적인 원리나 법칙으로부터 구체적이고 특수한 현상에 대한 지식을 이끌어내는 접근방법**이다.
> ④ 관찰로부터 시작하여 이론을 확정하거나 수정하는 것은 **귀납적 방법**이다. **귀납법(induction)**은 관찰에서 시작하여 일반적인 원리나 이론으로 전개해 나가는 논리적 과정, 즉 특수한(specific) 사실을 전제로 하여 일반적(general) 진리 또는 원리로서의 결론을 내리는 방법을 말한다.
> ⑤ 이론에 의해 가설을 세우고 이를 경험적으로 검증하는 것은 **연역적 방법**이다.
>
>   ①

02 다음 중 귀납법의 순서로 옳은 것은? • 7회

① 관찰 → 임시결론 → 주제선정 → 유형발견
② 주제선정 → 유형발견 → 임시결론 → 관찰
③ 관찰 → 임시결론 → 유형발견 → 주제선정
④ 관찰 → 유형발견 → 주제선정 → 임시결론
⑤ 주제선정 → 관찰 → 유형발견 → 임시결론

정답 및 해설

귀납법의 과정은 첫째, **연구주제를 선정**하지만 가설이나 이론 등을 가정하지 않고 그 대신 관심 있는 분야 또는 문제를 인식하는 차원에서 출발한다. 둘째, 조사자가 연구대상이 된 경험세계의 환경이나 현상을 객관적으로 **관찰하고 관찰결과를 기록**한다. 셋째, 기록된 관찰결과가 **어떤 규칙에 따라 또는 일정한 유형으로 전개되는 것을 발견**한다. 마지막으로 왜 일정한 유형(pattern)이나 규칙성(regularity)이 존재하는지를 객관적인 수준에서 설명하고 **임시적 결론**을 내린다.

답 ⑤

OIKOS UP 귀납법(induction)

① 관찰에서 시작하여 일반적인 원리나 이론으로 전개해 나가는 논리적 과정. 즉, 특수한(specific) 사실을 전제로 하여 일반적(general) 진리 또는 원리로서의 결론을 내리는 방법을 말한다(개별사실에서 이론을 유추해 가는 과정).
② 경험의 세계에서 관찰된 많은 사실들이 모두 공통적인 유형으로 전개되는 것을 발견하고 이들의 유형을 증명하는 것이다. 얼마나 관찰해야 이론이 되는지는 알 수 없다.
③ 기본적인 귀납법의 유형 : 주제선정 → 관찰 → 유형발전 → 임시결론

03 연구질문에 대한 연역적 탐구방법의 과정으로 옳은 것은? • 10회

① 이론적 이해 → 가설 → 조작화 → 측정 → 가설검증
② 이론적 이해 → 조작화 → 측정 → 가설 → 가설검증
③ 관찰 → 잠정적 결론 → 일반화
④ 관찰 → 유형의 발견 → 잠정적 결론
⑤ 관찰 → 잠정적 결론 → 유형의 발견

정답 및 해설

연역적 탐구방법의 과정은 **이론에 의해 가설을 세우고 이를 경험적으로 검증**한다.

답 ①

04 귀납법과 연역법에 관한 설명으로 옳은 것은? • 11회

① 귀납법과 연역법은 상호배타적이다.
② 귀납법은 이론에서 조작화와 관찰로 이어진다.
③ '모든 사람은 죽는다'와 같은 명제에서 시작하는 것은 귀납법이다.
④ 연역법은 개별 사례의 관찰에서 출발한다.
⑤ 경험적 관찰에서 보편적 유형을 찾는 것은 귀납법이다.

정답 및 해설

귀납법은 경험의 세계에서 관찰된 많은 사람들이 모두 공통적인 유형으로 전개되는 것을 발견하고 이들의 유형을 증명하는 것이다.

오답풀이
① 귀납법과 연역법은 **상호보완적**이다.
② **연역법**은 이론에서 조작화와 관찰로 이어진다.
③ '모든 사람은 죽는다'와 같은 명제에서 시작하는 것은 **연역법**이다.
④ **귀납법**은 개별 사례의 관찰에서 출발한다.

답 ⑤

OIKOS UP 연역법(deduction)

① 보편적이거나 일반적인 원리나 법칙으로부터 구체적이고 특수한 현상에 대한 지식을 이끌어내는 접근방법, 즉 일반적인(general) 것으로부터 특수한(specific) 것을 추론해 내는 접근방법이다(일반화된 이론을 통해 개별적 사실을 확인).
② 이론에 의해 가설을 세우고 이를 경험적으로 검증한다. 즉, 일정한 연구주제를 연구가설의 형태로 만든 후 이 연구가설을 현실적 경험사회에서 실증적으로 증명할 수 있을 것이라는 가정 하에 출발하는 이론의 형성방법(주로 실증주의자들이 사용하는 방법)이다.
③ 기본적인 연역법의 유형 기본적인 연역변의 유형
 가설 → 조작화 → 관찰 → 검증 : 가설 채택 또는 기각

03 과학철학

01 과학철학에 관한 설명으로 옳은 것은? •20회

① 논리적 실증주의에 가장 큰 영향을 미친 사람은 영국의 철학자 흄(D. Hume)이다.
② 상대론적인 입장에서는 경험에 의한 지식의 객관성을 추구한다.
③ 쿤(T. Kuhn)에 의하면 과학은 기존의 이론과 상충되는 현상을 관찰하는 데서 출발하여 기존의 이론에 엄격한 검증을 행한다.
④ 반증주의는 누적적인 진보를 부정하면서 역사적 사실들과 더 잘 부합하는 새로운 패러다임을 제시하였다.
⑤ 논리적 경험주의는 과학의 이론들이 확률적으로 검증되는 관찰에 의해서만 정당화될 수 있다고 주장한다.

정답 및 해설

논리적 경험주의는 관찰을 과학의 출발점으로 간주하고, 과학의 이론들이 확률적으로 검증하는 관찰에 의해서만 정당화될 수 있으며 연속적인 경험적 검증과정을 거쳐 진리로 발전되어 간다고 주장한다.

오답풀이

① **논리적 실증주의**는 스펜서(Herbert Spencer) 등의 고전적 실증주의와 베이컨(Francis Bacon) 등의 경험주의를 결합한 과학철학이다. 참고로 흄(D. Hume, 1711~1776)은 귀납법만으로는 법칙으로 일반화시킬 수 없다는 것을 강조(귀납법의 한계점을 지적)하면서, 사물의 이치를 경험적으로 검증하여 그 한계를 극복할 수 있다고 주장하였다.
② 상대론적인 입장에서는 지식을 탐구함에 있어 **연구자 주관의 개입은 필연적이라는 입장**을 취한다. 반면에 실증주의, 경험주의 및 반증주의는 경험적 관찰을 중시하며 지식의 객관성을 추구하는 **절대론적인 입장**이다.
③ **칼 포퍼(Karl Popper)의 반증주의**에 의하면 과학은 기존의 이론과 상충되는 현상을 관찰하는 데서 출발하여 기존의 이론에 엄격한 검증을 행한다.
④ **반증주의**는 과학지식의 누적적 진보를 주장하지만, **쿤(T. Kuhn)**은 누적적인 진보를 부정하면서 역사적 사실들과 더 잘 부합하는 새로운 패러다임을 제시하였다.

답 ⑤

02 과학철학에 관한 설명으로 옳지 않은 것은?
• 22회

① 쿤(T. Kuhn)은 과학적 혁명에서 패러다임 전환을 제시하였다.
② 쿤(T. Kuhn)은 당대의 지배적 패러다임에서 벗어나지 않는 것을 정상과학이라고 지칭하였다.
③ 포퍼(K. Popper)는 쿤의 과학적 인식에 내재된 문제점을 극복하기 위하여 반증주의를 제시하였다.
④ 포퍼(K. Popper)의 반증주의는 연역법에 의존한다.
⑤ 포퍼(K. Popper)는 이론이란 증명되는 것이 아니라 반증되는 것이라고 하였다.

정답 및 해설

포퍼(K. Popper)는 **논리적 경험주의에 내재되어 있는 문제점들을 극복**하기 위하여 반증주의를 제시하였다.

보충설명

① 쿤(T. Kuhn)이 제시한 **패러다임 전환(paradigm shift)이란** 기존의 패러다임을 부정하고 이를 대체하는 새로운 패러다임이 출현하는 패러다임의 이동을 의미한다.
② 쿤(T. Kuhn)이 지칭한 **정상과학(normal science)이란** 과학자 사회가 하나의 패러다임을 타당한 것으로 받아들여 그 패러다임이 확고한 위치를 차지하게 되는 것으로, 당대의 지배적 패러다임에서 벗어나지 않는 것이다.
④ 논리경험주의는 점증적으로 확정을 증가시키는 귀납법에 의존하고 있는 반면, **포퍼(K. Popper)의 반증주의는 연역법에 의존**한다.
⑤ 반증주의에서는 기존의 이론과 상충되는 현상을 관찰하는데에서 출발하며, **기존 이론의 모순에 대한 계속적인 반증과정을 통해** 과학적 발전이 이루어진다고 본다.

  ③

03 쿤(T. Kuhn)의 과학철학에 관한 설명으로 옳지 않은 것은? • 11회

① 과학은 일정한 방향으로 누적적 진보를 하지 않는다.
② 과학적 진리는 과학공동체의 패러다임에 의존한다.
③ 과학적 진리는 사회의 성격에 영향을 받는다.
④ 패러다임의 우열을 비교할 수 있는 객관적 기준은 존재하지 않는다.
⑤ 과학의 진보에는 특정한 패턴이나 구조가 존재하지 않는다.

> **정답 및 해설**
>
> 쿤이 주장하는 과학적 진보는 [전과학 - 정상과학 - 위기 - 혁명 - 새로운 정상과학 - 새로운 위기 - 혁명 …]과 같은 패턴으로 끝없이 진행한다.
>
> **오답풀이**
> ① **과학적 진보는 일정한 방향으로 누적적이고 점진적으로 진보하지 않으며, 혁명적으로 이루어진다.**
> ② **과학자 사회가 하나의 패러다임을 타당한 것으로 받아들여, 그 패러다임이 확고한 위치를 차지하게 되는 시기를 정상과학이라 한다.**
> ③ **과학적 진리(과학적 이론의 선택)는 과학자 공동체의 사회적 성격** 즉, 과학자 집단의 공동체 의식에 의해 결정된다.
> ④ 한 시기에 여러 개의 패러다임이 공존할 수 있으며, **일반적으로 패러다임의 우열을 가릴 수 있는 객관적 기준이 존재하지 않는다.**
>
> 답 ⑤

04 사회과학 패러다임에 관한 설명으로 옳은 것을 모두 고른 것은? • 14회

㉠ 사회과학의 패러다임이 폐기되는 경우는 자연과학의 패러다임에 비해 흔하지 않다.
㉡ 한 시기에 여러 개의 패러다임이 공존할 수 있다.
㉢ 쿤(T. Kuhn)은 패러다임의 변화를 점진적인 것이 아니라 혁신적인 것으로 봤다.
㉣ 일반적으로 패러다임의 우열을 가릴 수 있는 객관적 기준이 존재한다.

① ㉠, ㉡, ㉢ ② ㉠, ㉢
③ ㉡, ㉣ ④ ㉣
⑤ ㉠, ㉡, ㉢, ㉣

> **정답 및 해설**
>
> ㉠ 자연과학의 패러다임은 발견과 발명을 통해 점차 발달(천동설과 같이 자연스럽게 받아들여진 관점은 천문학자들로 하여금 그들이 실제로 관찰한 천체의 운동을 보다 정교하게 설명할 수 있는 방법을 마련하도록 강요하였고, 결국 천동설 패러다임은 태양을 중심으로 지구와 달이 돌고 있다는 관점으로 대체되었다.)하였다. 자연과학자들은 일반적으로 한 패러다임에서 다른 패러다임으로의 계승을 거짓된 관점에서 진실된 관점으로의 진보로 믿고 있다. 한편, **사회과학에 있어서 이론적 패러다임은** 인기를 얻거나 잃을 수도 있으나, **이들이 한꺼번에 폐기되는 일은 거의 없다.** 사회과학의 패러다임은 다양한 관점을 제시한다. 각각의 관점은 한쪽에서 무시한 사회생활의 관점을 다른 한쪽에서 밝혀내는 한편, 다른 쪽에서 결여된 통찰력을 제시하기도 한다.

ⓒ 패러다임(paradigm)이란 세상을 바라보는 방식으로, 개별 이론들이 도출되기 위해 필요한 일종의 거시적인 관점을 말한다. 패러다임의 예로는 자연과학에서의 다윈의 진화론, 뉴턴의 양자역학, 아인슈타인의 상대성원리 등이 있으며, 사회과학에서 행동주의 심리학, 프로이트의 정신분석학, 마르크스의 과학적 사회주의 등이 있다. 이와 같이 **한 시기에 여러 개의 패러다임이 공존할 수 있다.**
ⓒ 쿤(T. Kuhn)은 과학이 진리를 향해 누적적으로 진보한다고 주장하는 논리경험주의와 반증주의를 반박하였다. 즉 **하나의 패러다임에서 다른 패러다임으로의 대체는 누적적이고 점진적인 것이 아니라 혁명적**이라고 보았다.

◇ 오답풀이
ⓔ 패러다임의 선택은 객관적 기준에 의해 이루어지는 것이 아니라, **과학자 개인 또는 과학자 집단의 공동체 의식에 의해 결정**된다. 즉, 패러다임 간에 사용하는 용어나 개념이 달라 비교가 불가능하며, 패러다임을 평가하는 중립적인 평가기준이 존재하지 않는다.

답 ①

05 쿤(T. Kuhn)의 과학적 패러다임에 관한 설명으로 옳지 않은 것은? • 16회

① 현상에 대한 우리의 관점을 조직하는 근본적인 도식을 패러다임이라 한다.
② 과학은 지식의 누적에 의해 점진적으로 진보한다고 본다.
③ 학문 공동체의 사회적 성격이 과학이론 선택에 중요한 역할을 한다.
④ 상이한 과학적 패러다임은 실재의 본질에 대한 다른 입장을 반영한다.
⑤ 기존 패러다임의 위기가 명백해지면 새로운 패러다임으로 전환된다.

◆ 정답 및 해설
쿤(T. Kuhn)에 의하면 과학의 진보는 누적에 의해 점진적으로 이루어지는 것이 아니라 **변칙적으로 어느 한 순간의 급격한 변화에 의해 혁명적**으로 이루어진다. 과학진보의 계기가 되는 혁명은 하나의 이론구조의 포기와 그 자리를 양립 불가능한 다른 이론이 대신하는 것으로 이루어진다는 것이다.

◇ 보충설명
① 패러다임(paradigm)이란 관찰과 추론을 조직하기 위해 사용하는 근본적인 모델 혹은 준거틀로, 한 연구 분야에 대한 과학적 연구를 가능케 하는 일정한 지배적 이론 또는 접근방법이 일관성 있게 정립되어 그 분야의 연구문제 해결을 위해 조직화하고 방향을 제시해 주는 준거 또는 모형이다.
③ **과학자 공동체의 사회적 성격이 과학적 이론 선택에서 중요한 역할을 수행**한다. 즉 과학적 이론 선택은 과학자 집단의 공동체 의식에 의해 결정된다.
④ 패러다임은 인간의 사회생활을 바라보는 다양한 방법을 제시한다. 각각의 패러다임은 사회적 실체의 본질에 대한 특정한 가정을 하며, **상이한 과학적 패러다임은 실재의 본질에 대한 다른 입장을 반영**한다.
⑤ 기존 패러다임에 근본적인 오류가 내재되어 있음을 발견하게 되면서 과학은 위기에 봉착하게 되므로 그러한 관점에서 완전히 벗어난 새로운 패러다임을 창출하게 되는데 이것이 바로 **과학혁명**이다.

답 ②

06 사회과학의 패러다임에 관한 설명으로 옳지 않은 것은? • 16회

① 비판사회과학적 패러다임은 억압받는 집단의 권한을 강화하는 데에 관심을 둔다.
② 포스트모더니즘적 패러다임은 객관적 실재라는 개념을 신뢰한다.
③ 해석주의적 패러다임은 삶에 대한 주관적 의미에 관해 깊이 있게 탐구한다.
④ 실증주의적 패러다임은 경험적 관찰의 중요성을 강조한다.
⑤ 후기실증주의적 패러다임은 인간의 비합리적 행위도 합리적으로 설명할 수 있다고 본다.

정답 및 해설

객관적 실재라는 개념을 신뢰하는 것은 **실증주의적 패러다임**이다. **포스트모더니즘적 패러다임**은 인간의 합리성과 논리적 추론, 과학과 기술에 대한 신뢰, 인류의 미래와 진보에 대한 낙관 등을 거부한다.

보충설명

① **비판사회과학적 패러다임**은 권한 부여(empowerment) 패러다임 또는 옹호 패러다임으로 부르기도 한다. 억압에 대한 초점과 사실추구보다 억압된 집단에게 권한을 부여하기 위해 연구를 사용한다.
③ **해석주의적 패러다임**은 내적, 주관적 토대에서 사람들이 어떻게 세상을 인지하고 경험하는지 발견하고 이해하는데 관심을 갖는다.
④ **실증주의적 패러다임**은 사회현상에 대한 경험적 관찰을 토대로 시대와 사회에 관계없이 존재하는 불변의 진리와 법칙 및 모델을 찾아내고, 이를 다시 경험적 관찰을 통해서 재검증하는 것을 연구목적으로 한다.
⑤ **후기실증주의적 패러다임**은 "비합리적" 인간행동 조차도 합리적으로 이해할 수 있다고 주장한다.

답 ②

07 후기실증주의 과학철학에 관한 설명으로 옳은 것은? • 18회

① 실증주의가 주장하는 연역주의에 대한 대안이다.
② 관찰대상이 인간과 무관하게 존재할 수 있다고 본다.
③ 지식의 본질을 잠정적, 확률적으로 본다.
④ 관찰의 이론의존성을 부인한다.
⑤ 과학은 혁명적으로 변화한다고 본다.

정답 및 해설

실증주의와 후기실증주의 연구자는 연구를 다른 연구자에 의한 연구결과 반복을 포함하는 **지식에 대한 끝없는 자기-교정적 추구**로 여긴다. 즉, 지식의 본질을 잠정적, 확률적으로 본다. 후기실증주의자들은 과학을 확실한 것이 아니라 **확률적인 관점**에서 바라보고 사회적 현상을 좀 더 잘 이해하기 위해 탐구하였다.

✅ 보충설명
① 17세기 데카르트(Descartes)로 대표되는 연역주의는 과학에서 연역법의 사용을 중시하는 입장으로, **후기실증주의도 실증주의가 주장하는 연역법을 사용**한다.
② 관찰대상이 인간과 무관하게 존재할 수 있다고 보지 않는다. 즉 **관찰과 측정이 순수하게 객관적일 수 없다**고 본다.
④ 후기실증주의는 **관찰의 이론의존성을 부인하지 않는다**.
⑤ 과학은 혁명적으로 변화한다고 보는 것은 **쿤의 과학혁명**이다. 쿤은 과학적 진보가 일정한 방향으로 누적이고 점진적으로 진보하지 않으며, 혁명적으로 이루어진다.

답 ③

08 사회과학의 패러다임에 관한 설명으로 옳지 않은 것은? • 21회

① 실증주의는 연구결과를 해석할 때 정치적 가치나 이데올로기의 영향을 적극적으로 고려한다.
② 해석주의는 삶에 관한 심층적이고 주관적인 이해를 얻고자 한다.
③ 비판주의는 사회변화를 목적으로 사회의 본질적이고 구조적 측면의 파악에 주목한다.
④ 후기실증주의는 객관적인 지식에 대한 직접적 확증은 불가능하다고 본다.
⑤ 포스트모더니즘은 객관적 실재와 진리의 보편적 기준을 거부한다.

📘 정답 및 해설
비판주의는 연구결과를 해석할 때 정치적 가치나 이데올로기의 영향을 적극적으로 고려한다. **실증주의는** 연구결과를 해석할 때 정치적 가치나 이데올로기의 영향을 **최소화하고 중립적 사실에 입각한 방식으로 해석**하고자 한다.

✅ 보충설명
② 해석주의 연구자는 사람이 살고 있는 그들의 환경 속에서 그들과 어울리며 그들에 대한 관찰을 하기 쉬운데 그곳에서 연구자는 그들 삶에 대한 심도깊은 주관적 이해를 만들어가려 한다.
③ 비판주의는 사회의 본질적이고 구조적 측면의 왜곡된 모순구조를 파악하여 사회변동을 촉진시키려는 의도를 갖는다.
④ 후기실증주의는 보편적 법칙을 직접적으로 입증하려는 시도 대신, 그것들이 어떤 조건 하에서 특정 개념과 가설이 거짓으로 입증되는지 입증되지 않는지를 조사한다.
⑤ 포스트모더니즘은 상대적 인식론으로 객관적 실재와 진리의 보편적 기준을 거부한다. 즉, 인간의 인식을 통해 형성되는 지식이 보편적이고 객관적인 것이 아니라 상대적이고 주관적이며 항상 변화하는 것이라는 점을 강조한다.

답 ①

OIKOS UP 사회과학의 패러다임(성숙진 외, 2001 ; 최성재, 2005)

(1) 실증주의
  ① 실증주의(초기실증주의)
    ㉠ 사회현상은 우연히 일어나는 것이 아니라 일정한 질서와 규칙에 의해 일어나며, 이러한 질서와 규칙성은 인간이 과학을 통해 발견하기 이전에 이미 객관적으로 존재하고 있고 시대와 사회에 따라 달라지는 것은 아니라고 본다.
    ㉡ 사회과학의 목적은 이미 존재하는 사회적 실재를 객관적 방법으로 밝혀내는 것이 된다. 즉 사회현상에 대한 경험적 관찰을 토대로 시대와 사회에 관계없이 존재하는 불변의 진리와 법칙 및 모델을 찾아내고, 이를 다시 경험적 관찰을 통해서 재검증하는 것을 연구목적으로 한다.
  ② 후기실증주의
    ㉠ "비합리적" 인간행동 조차도 합리적으로 이해할 수 있다고 주장한다. 즉 비합리적 행동을 합리적으로 연구하는 것이 가능하다고 본다.
    ㉡ 실증주의와 후기실증주의는 동일하게 취급되기도 하며, 둘 다 탐구에서 객관성, 합리성, 일반 법칙화를 강조한다.
    ㉢ 실증주의와 후기실증주의의 차이
      ⓐ 실증주의에서처럼 후기실증주의에서도 객관적 외적 실제가 존재한다고 믿지만 그것이 파악하기 힘든 본질이라는 것을 알고 있다. 보편적 법칙을 입증하려는 시도 대신, 그것들이 어떤 조건 하에서 특정 개념과 가설이 거짓으로 입증되는지 입증되지 않는지를 조사한다.
      ⓑ 실증주의와 후기실증주의 모두 매우 구조화된 양적 연구방법을 사용하지만, 후기실증주의에서는 양적 방법의 한계를 인정하면서 질적 방법을 사용하기도 한다. 후기실증주의자가 질적 방법을 사용할 때, 더 많은 검증을 위한 새로운 개념을 만들어내는 임시적이고 탐색적인 것으로 여기는 경향이 있다.

(2) 해석주의
  ① 인간행동은 객관적으로 관찰될 수 없고 관찰자와 관찰대상자가 서로 상호작용을 통해 구성되는 것으로 간주한다.
  ② 내적, 주관적 토대에서 사람들이 어떻게 세상을 인지하고 경험하는지 발견하고 이해하는데 관심을 갖는다.

(3) 비판적 사회과학(비판주의)
  ① 권한 부여(empowerment) 패러다임 또는 옹호 패러다임으로 부르기도 한다. 억압에 대한 초점과 사실추구보다 억압된 집단에게 권한을 부여하기 위해 연구를 사용한다는 방침이다.
  ② 이 패러다임에 전념하는 연구자는 양적 또는 질적 절차, 개별사례적 또는 보편법칙적 접근법 또는 다른 패러다임에서 선택된 요소를 사용할 수 있다.
  ③ 연구결과를 해석할 때 정치적 가치나 이데올로기의 영향을 적극적으로 고려한다.

(4) 포스트 모더니즘 사회과학
  ① 계몽운동 시기에 출발한 근대적 관점(modernism)의 기본적 전제와 믿음, 즉 인간의 합리성과 논리적 추론, 과학과 기술에 대한 신뢰, 인류의 미래와 진보에 대한 낙관 등을 거부한다.
  ② 인간의 직관, 감정, 상상력, 그리고 개인의 경험들을 매우 중요한 것으로 간주하고 있다.

04 과학으로서의 사회과학

01 다음 중 사회과학의 특징에 대한 설명으로 틀린 것은? • 7회

① 사회과학은 사회문화적 특성의 영향을 받는다.
② 연구대상의 윤리적인 문제가 일어날 수 있다.
③ 자연과학에 비해 연구대상의 통제와 조사가 어렵다.
④ 연구자의 관점은 배제된다.
⑤ 명확한 결론을 내리기 어렵다.

> **정답 및 해설**
>
> 사회과학은 가치중립을 전제하고 있지만 **가치개입문제와 가치개입의 불가분성이란 문제점**을 갖는다. 과학적 활동의 세계는 경험적 합리성뿐만 아니라 선험적 비합리성이 공존하는 세계인 것이다. 사회과학에서 가치판단의 개입이 발생하는 이유는 ㉠ 연구를 위한 문제를 선정할 경우 가치가 개입되며, ㉡ 수집된 자료와 이들의 관계를 형성하는 명제나 이론의 전개와 관련 있는 개념 및 그 구성과정에서 가치가 개입한다. ㉢ 또한 **연구자 자신의 가치관과 그 연구자가 준거하고 있는 개별과학 내지는 학문세계의 지배적인 가치**가 은연 중에 작용한다.
>
>

OIKOS UP 사회과학의 한계

① 연구대상 : 연구대상인 인간의 행태는 복잡하고 가변적이어서 예측이 어렵고, 규범적인 연구대상을 과학이란 이름으로 분석하고 기술하는 것이 어렵다. 그리고 인간을 수단으로 사용할 경우 비인간화 윤리성 문제가 발생할 수 있다.
② 불완전한 방법적 절차 : 인간에게는 예측을 전복시킬 수 있는 능력이 존재하기 때문에 객관적 예측이 항상 들어맞는 것은 아니다.
③ 가치중립의 문제와 가치개입의 불가분성이란 문제점을 갖는다.

02 사회과학의 특성에 관한 설명으로 옳지 않은 것은? • 19회

① 자연과학에 비해 인과관계에 대한 명확한 결론을 내리기 어렵다.
② 끊임없이 변화하는 사회현상을 규명한다.
③ 관찰대상물과 관찰자가 분명히 구분된다.
④ 인간의 행위를 연구대상으로 한다.
⑤ 사회문화적 특성의 영향을 받는다.

정답 및 해설

자연과학에서는 관찰대상물과 관찰자가 분명히 구분될 수 있지만, 사회과학에서는 관찰대상물과 관찰자가 대부분 혼연일체되는 경우가 많다. 이를 **피란델로 효과**(pirandello effect)라고 한다. 이처럼 사회과학에서는 관찰의 대상이 관찰자 자신이 되기도 하므로, 주관이 개입됨으로써 사회현상을 분석하는 과정에서 객관성이 침해될 가능성이 그만큼 크다.

보충설명
사회과학과 자연과학 방법론 차이

사회과학	자연과학
연구대상 : 인간행위와 사회현상(②, ④)	연구대상 : 자연현상
연구자가 연구대상인 사회의 일부(③)	연구대상이 연구자 외부에 존재
가치개입적	가치중립적
사회문화적 특성에 영향을 받는다.(⑤)	사회문화적인 특성에 영향을 받지 않는다.
명확한 결론을 내리기 어렵다.(①) (하나의 정답이 존재하지 않음)	명확한 결론을 내릴 수 있다. (하나의 정답이 존재)
예측력이 낮다.	예측력이 높다.
제한적 확률적 법칙 존재	보편적, 결정론적 법칙 존재

 ③

05 사회복지조사방법

01 사회과학과 사회복지학에 관한 설명으로 옳은 것을 모두 고른 것은?   • 19회

㉠ 사회복지학은 사회문제에 대처하기 위한 학문이다.
㉡ 사회과학은 사회복지의 실천적 지식의 제공 및 이론적 발전에 기여할 수 있다.
㉢ 사회복지학은 응용 과학이 아닌 순수 과학에 속한다.
㉣ 사회복지학은 사회과학에 의해 발전된 개념들을 활용할 수 있다.

① ㉡, ㉢
② ㉢, ㉣
③ ㉠, ㉡, ㉢
④ ㉠, ㉡, ㉣
⑤ ㉠, ㉢, ㉣

> **정답 및 해설**
>
> 사회과학은 과학적 방법을 통해 사회현상에 대한 체계적인 지식을 구축해 나가는 과정으로 **사회복지학은 사회과학의 한 분야**이다. 따라서, 사회문제의 현상과 본질을 객관적이고도 냉철하게 다루는 사회과학은 사회복지의 실천적 지식의 제공 및 이론적 발전에 기여할 수 있으며(㉡), 사회복지학은 사회과학에 의해 발전된 개념들을 활용할 수 있다(㉣). 사회복지학은 **인간의 욕구충족과 그에 따른 사회문제를 대처**하기 위한 학문이다(㉠).
>
> **✓ 오답풀이**
>
> ㉢ 사회복지학은 **경험과학이자 응용과학**으로 사회과학의 한 분야에 속한다. **순수과학**은 자연현상이나 사회현상 그 자체를 이론적, 체계적으로 연구하는 것을 주된 목적으로 하지만, **응용과학은** 순수과학의 이론이나 지식을 이용하여 인간사회에 유용하게 사용할 수 있는 지식, 기술 등을 연구하는 것을 주된 목적으로 한다. 각 학문 분야가 순수과학과 응용과학으로 엄격히 구분되는 것은 아니며, 양자의 특성을 약간씩은 가지고 있다.
>
> 답 ④

02 사회복지조사의 특징 중 옳은 것은?

• 5회

㉠ 양적 연구와 질적 연구의 방법을 사용한다.
㉡ 기초조사와 응용조사로 활용된다.
㉢ 과학적 방법을 지향한다.
㉣ 사회개량적 특성을 지닌다.

① ㉠, ㉡, ㉢
② ㉠, ㉢
③ ㉡, ㉣
④ ㉣
⑤ ㉠, ㉡, ㉢, ㉣

정답 및 해설

㉠ **양적 연구와 질적 연구의 방법을 모두 사용**한다.
㉡ **순수조사(=기초조사)와 응용조사의 양면성**을 지니고 있다. 순수조사는 사회현상에 대한 지적 이해와 지식 자체만을 순수하게 획득하려는 조사를 말하며, 응용조사는 조사결과를 사회현상에 응용함으로써 문제해결과 개선을 위해 사용하려는 조사를 말한다.
㉢ **과학적 연구를 지향**한다.
㉣ **사회개량적 특징**을 지니고 있다. 이 외에도 계획적 특징을 지니고 있으며, 평가적 특징, 시험적 특징을 지니고 있다.

답 ⑤

03 사회복지조사의 필요성에 관한 설명으로 옳은 것을 모두 고른 것은?

• 9회

㉠ 개입의 효과성을 높이기 위해
㉡ 실천과정에서 적용한 이론 검증을 위해
㉢ 서비스 이용자에 대한 책임성을 높이기 위해
㉣ 실천지식과 기술을 과학적으로 발전시키기 위해

① ㉠, ㉡, ㉢
② ㉠, ㉢
③ ㉡, ㉣
④ ㉣
⑤ ㉠, ㉡, ㉢, ㉣

정답 및 해설

㉠, ㉡, ㉢, ㉣ 모두 **사회복지조사의 필요성**에 해당한다. 사회복지조사는 사회복지의 과학적 기초를 구성하는데 도움을 주며, 과학적 실천을 가능하게 하고, 사회복지이론과 기술체계를 구축하는데 유용하다. 개입결과를 평가함으로써 서비스 이용자에 대한 책임성을 높인다.

답 ⑤

04 사회복지실무자에게 사회복지조사방법론 지식이 필요한 이유로 옳지 않은 것은?   • 10회

① 지역주민의 복지욕구 분석
② 클라이언트에 관한 임상적 자료의 체계적 수집
③ 조사대상에 대한 비윤리적 행위의 예방
④ 서비스 프로그램의 효과성 평가실행
⑤ 사회복지실무자의 정치적 민감도 제고

> 정답 및 해설
>
> 사회복지실무자의 정치적 민감도를 제고하기 위한 것이 아니라, 과학적이고 합리적 증거에 기초한 사회복지조사연구방법론에 대한 이해는 **사회복지실천과 정책수립에 중요한 지식을 제공**한다.
>
> 답 ⑤

05 과학적 조사가 필요한 사례에 해당하지 않는 것은?   • 12회

① 사회복지사의 윤리적 갈등을 해소할 필요가 있을 때
② 결혼이주민 조사 시 연구자의 문화적 편견을 검토하고 싶을 때
③ 주민대표자의 응답이 전체 주민의 의견을 대표하는지 알고 싶을 때
④ 정량평가 외에 정성평가를 체계화하고 싶을 때
⑤ 선임사회복지사의 경험적 지식이 타당한지 알고 싶을 때

> 정답 및 해설
>
> 윤리(ethics)는 어떤 행동에 대한 옳고 그름을 나타내는 판단기준으로서 인간이 마땅히 행하거나 지켜야 할 도리이다. **과학은 비규범적이다. 과학은 무엇이 옳은가에 대한 규범적 문제는 상관하지 않는다.** 현재의 어떤 현상이 왜 일어나는지에 관심이 있다. 참고로 윤리적 갈등해소를 위해서는 타당한 윤리강령, 적용되는 법과 규정 등을 검토하거나 슈퍼바이저나 법률전문가에게 자문을 구하는 등의 조치를 취하는 것이 있다.
>
> 답 ①

06 사회복지사에게 과학적 조사방법론이 필요한 이유를 모두 고른 것은? • 14회

㉠ 실천현장에서 수행하는 업무에 조사 관련 지식이 필요하다.
㉡ 서비스의 질을 높일 수 있는 실천기술 개발을 위해 필요하다.
㉢ 지역주민의 욕구조사를 위해 필요하다.
㉣ 사회복지사가 제공하는 서비스에 대한 평가를 위해 필요하다.

① ㉠, ㉡, ㉢
② ㉠, ㉢
③ ㉡, ㉣
④ ㉣
⑤ ㉠, ㉡, ㉢, ㉣

> **정답 및 해설**
> 과학적 조사방법론은 업무에 필요한 조사관련 지식을 제공하고, 사회복지 개입의 유효성과 타당성을 객관적으로 평가·검증하게 하여 더 나은 정책과 개입 프로그램, 실천기술 개발에 기여한다. ㉠, ㉡, ㉢, ㉣ **모두 필요한 이유** 해당한다.
>
> 답 ⑤

07 사회복지사가 과학적 조사연구방법을 활용하는 일반적 상황이 아닌 것은? • 16회

① 사회복지 전문가로서 실제 조사를 수행할 때
② 지역주민의 복지적 욕구를 파악할 때
③ 새로운 통계적 분석기법을 개발할 때
④ 학술논문에 있는 실천방법들의 효과성을 비교할 때
⑤ 새로운 프로그램의 만족도를 평가할 때

> **정답 및 해설**
> 새로운 통계적 분석기법들에 대한 개발은 통계학에서 하는 것으로, 사회복지사가 과학적 조사연구방법을 활용하는 일반적 상황은 아니다.
>
> 답 ③

08 사회복지조사에 관한 설명으로 옳은 것을 모두 고른 것은? •20회

㉠ 사회복지관련 이론 개발에 사용된다.
㉡ 여론조사나 인구센서스 조사는 전형적인 탐색 목적의 조사연구이다.
㉢ 연구의 전 과정에서 결정주의적 성향을 지양해야 한다.
㉣ 조사범위에 따라 횡단연구와 종단연구로 나뉘어진다.

① ㉠, ㉢
② ㉡, ㉣
③ ㉠, ㉡, ㉢
④ ㉡, ㉢, ㉣
⑤ ㉠, ㉡, ㉢, ㉣

정답 및 해설

㉠ 사회복지조사는 **사회복지관련 이론개발과 기술체계를 구축**하는데 유용하다.
㉢ **결정주의란** 인간과 사회에 대한 수많은 현상을 소수의 결정적인 요인들로 축약해 설명할 수 있다는 것이다. 학문연구나 실천 활동 모두에서 어느 정도 결정주의적 속성을 가질 수 밖에 없지만, 그로 인한 위험성에 대해서는 항상 경계 의식을 가지는 것이 필요하다.

오답풀이

㉡ 여론조사나 인구센서스 조사는 **기술 목적의 조사연구**이다. 탐색 목적의 조사연구 방법에는 문헌조사, 경험자조사 내지 전문가 의견조사, 특례조사 등이 있다.
㉣ **시간적 차원**에 따라 횡단연구와 종단연구로 나뉘어진다.

답 ①

09 사회복지조사를 수행할 때 준수하여야 할 원칙이 아닌 것은? •6회

① 부정확한 조사결과 은폐
② 조사대상자의 사생활 보호
③ 동료조사원에 대한 정보개방
④ 조사대상자의 익명성
⑤ 조사대상자의 참여에 대한 자기결정

정답 및 해설

부정확한 조사결과도 공개해야 한다. 즉 조사자는 조사결과가 일반인에게 잘못 해석되어 전달될 때 그것을 바로 잡기 위하여 필요한 모든 관련 자료를 공개해야 하고, 조사정보제공의 의무가 있다.

답 ①

10 조사연구의 윤리에 관한 설명으로 옳지 않은 것은? • 9회

① 조사대상자의 익명성을 보장한다.
② 수집된 정보에 대하여 비밀을 유지한다.
③ 동료집단 조언을 통해 편견을 방지한다.
④ 조사대상자로부터 고지된 동의를 얻는다.
⑤ 긍정적인 연구결과를 유도하는 질문 문항으로 구성한다.

> **정답 및 해설**
> 조사연구에서 연구대상을 수단으로 이용해서는 안 된다. 즉 어떤 연구결과를 얻기 위해 인간을 실험의 대상으로 사용해서는 안 된다. 같은 맥락에서 **긍정적인 연구결과를 연구자가 유도하는 것은 옳지 않다.**
>
> 답 ⑤

11 조사과정에서 연구윤리상 문제가 없는 것은? • 10회

① 프로그램 신청자의 자발적 동의 없이 실험설계 참여자로 선정한다.
② 교수가 보는 앞에서 학생들이 수업내용에 대한 평가를 하게 한다.
③ 정신장애인의 인권침해 조사를 위해 연구자가 연구윤리위원회 허가 없이 정신병원에 위장입원한다.
④ 차량통행량을 측정하고자 할 때, 운전자에게 고지에 입각한 동의를 구할 필요는 없다.
⑤ 설문응답자의 선정과정은 응답자들에게 비밀로 한다.

> **정답 및 해설**
> **차량통행량을 측정하는 것은 운전자가 연구대상자가 되는 것은 아니기 때문에 고지에 입각한 동의를 구할 필요는 없다.**
>
> 답 ④

12 조사연구와 관련해 윤리적으로 문제가 되는 것은? • 11회

① 판단능력이 현저히 상실된 조사대상자의 경우 후견인의 동의를 얻었다.
② 누구인지 식별할 수 있는 항목을 제거한 후 자료를 공개했다.
③ 조사 참여에 대한 개별 동의서를 사전에 받았다.
④ 조사에 참여하면 얻게 되는 이익을 조사대상자에게 미리 알리지 않았다.
⑤ 조사 과정 중 언제라도 참여를 중단할 수 있음을 사전에 알렸다.

> **정답 및 해설**
> 연구 참여에 따른 위험과 더불어 혜택도 사전에 고지되어야 한다.
>
> 답 ④

13 사회조사의 윤리적 원칙으로 옳지 않은 것은? • 12회

① 윤리적 원칙은 연구결과의 보고에도 적용된다.
② 고지된 동의는 조사자를 보호하기 위해 활용될 수 있다.
③ 연구 참여에 따른 위험과 더불어 혜택도 고지되어야 한다.
④ 조사대상자의 익명성이 유지되어야만 조사내용의 비밀유지가 가능하다.
⑤ 아동 대상 연구에서는 부모 등 후견인에게 고지된 동의를 받아야 한다.

> **정답 및 해설**
> 조사자는 조사대상자의 익명성을 보호해야 하는 것은 맞지만, 이를 통해 조사내용의 비밀유지를 하기 위함은 아니다. 자료의 분석과 보고과정에서 연구의 단점을 독자들에게 알려야 할 의무가 있으며 부정적인 결과도 보고해 주어야 한다.
>
> 답 ④

OIKOS UP 고지된 동의(informed consent)
① 자발적 참여 그리고 참여자에 대한 무해라는 윤리적 규범은 고지된 동의라는 개념으로 점차 공식화되었다.
② 대상자들이 조사 프로젝트에 따를 수 있는 위험에 대해 충분히 이해하여 자발적으로 참여해야 한다는 점을 의미한다.

14 조사윤리를 준수하기 위한 일반적 활동으로 볼 수 없는 것은? •13회

① 조사 참여자의 익명성을 보장하였다.
② 조사 참여를 통해 받을 혜택을 조사 후에 알려주었다.
③ 정신장애인을 대상으로 한 연구에서 연구대상과 보호자로부터 동의를 구했다.
④ 조사 과정 중 본인이 원하면 언제라도 중단할 수 있음을 알려주었다.
⑤ 연구결과의 활용계획에 대해 알려주었다.

> **정답 및 해설**
> 조사연구 참여에 따른 **위험과 더불어 혜택도 사전에 고지되어야** 한다.
>
> 답 ②

15 연구윤리에 관한 설명으로 옳지 않은 것은? •14회

① 아동 대상 연구에서 보호자에게 연구 참여 동의를 얻어야 한다.
② 연구결과의 분석과 보고단계에서도 연구윤리가 준수되어야 한다.
③ 기관생명윤리위원회의 심사를 통과한 경우 사전에 연구참여자에게 연구목적을 밝히지 않을 수 있다.
④ 사회복지사인 연구자가 연구참여자의 아동학대행위를 알게 되었더라도 비밀보장의 원칙을 준수해야 한다.
⑤ 설문조사 참여자에게 자발적 참여를 보장하는 것은 연구윤리의 기본원칙이다.

> **정답 및 해설**
> 사회복지사인 연구자가 연구참여자의 아동학대행위를 알게 되었다면, 이는 **법적인 문제와 관련되므로 비밀보장이 어려운 경우**이다.
>
> 답 ④

16. 사회복지조사의 연구윤리에 관한 설명으로 옳은 것을 모두 고른 것은?

• 15회

㉠ 연구대상을 관찰하기에 앞서 그들의 동의를 구해야 한다.
㉡ 연구로부터 얻을 수 있는 사회적 이익이 비용을 초과해야만 한다.
㉢ 조사과정에서 드러난 문제점과 실패도 모두 보고해야 한다.
㉣ 비밀성이 보장되면 익명성도 보장된다.

① ㉠
② ㉡
③ ㉠, ㉢
④ ㉠, ㉢, ㉣
⑤ ㉠, ㉡, ㉢, ㉣

정답 및 해설

㉠ 사회복지조사는 **연구대상자의 승낙**을 얻어야 한다. 즉 연구대상자에게 조사연구에 대한 정보를 제공한 다음 조사대상자가 아무런 강요도 받지 않고 조사연구에 참여하기로 동의해야 한다.
㉢ 조사과정에서 드러난 **기술적 문제점이나 실패**에 대해서도 그 내용의 부정적 측면과 관계없이 정직하게 **보고**해야 하며, 긍정적인 결과뿐 아니라 부정적인 결과도 정직하게 보고해야 한다.

오답풀이

㉡ 연구로부터 얻을 수 있는 사회적 이익이 비용을 초과해야만 하는 것은 아니다. 다만, **조사를 통해 조사대상자가 얻을 수 있는 혜택 또는 사회적 이익이 조사로 말미암아 생길 불이익보다 작지 않아야 하며**, 연구자는 연구로부터 발생할 수 있는 모든 형태의 피해를 인지하고 최소화하도록 노력해야 한다.
㉣ 비밀성이 보장된다고 익명성이 보장되는 것은 아니다. 그러나, 익명성이 보장되면 비밀성이 보장된다. 다만, 익명성이 보장되어야만 비밀성이 보장되는 것은 아니며, 익명성이 보장되지 않더라도 비밀성은 보장될 수 있다. **익명성(anonymity)**은 응답자들이 신원을 밝히지 않고 응답할 수 있도록 하는 것으로, 연구자나 연구결과를 읽는 독자가 특정 응답에 대한 특정 응답자를 확인할 수 없을 때 보장된다. **비밀성(confidentiality)**은 조사자가 응답자에 대해 알고는 있지만 이를 공개하지 않고 지킨다는 것으로, 연구자가 특정인의 응답을 밝힐 수 있지만 그렇게 하지 않겠다고 공개적으로 약속할 때 비밀이 보장된다.

 ③

OIKOS UP 익명성과 비밀성(성숙진 외, 2001; 김영종, 2009)

연구대상자의 이익과 안녕 보호에서 가장 분명한 목적은 연구대상자의 신원을 보호하는 것으로, 조사연구자는 일차적으로 익명성과 비밀성을 지켜야 한다.

① 익명성(anonymity) : 응답자들이 신원을 밝히지 않고 응답할 수 있도록 하는 것으로, 연구자나 연구결과를 읽는 독자가 특정 응답에 대한 특정 응답자를 확인할 수 없을 때 보장된다.
   - 예) 설문조사에서 설문지가 연구실에 되돌아오기까지 설문지에 아무런 신원파악 번호가 붙어 있지 않는 것

② 비밀성(confidentiality) : 조사자가 응답자에 대해 알고는 있지만 이를 공개하지 않고 지킨다는 것으로, 연구자가 특정인의 응답을 밝힐 수 있지만 그렇게 하지 않겠다고 공개적으로 약속할 때 비밀이 보장된다.
   - 예) 면접조사에서 연구자는 특정 응답자가 대답한 소득을 공개할 수 있는 위치에 있어도 그렇게 하지 않을 것이라는 점이 응답자에게 보장되어야 하는 것

③ 익명성과 비밀성에 대한 보장은 응답자들은 자신들의 신원이 밝혀지지 않을 것이라는 기대로, 응답자들의 참여가 늘어나며 조사연구의 응답률을 높이는데 기여한다.
   - ㉠ 익명성의 단점 : 설문조사에서 익명성의 보장은 누가 설문지에 답했는지? 답하지 않았는지?에 대한 추적을 어렵게 만든다. 즉 응답자와 비응답자들의 성격을 구분해서 파악하기 어렵다.
   - ㉡ 비밀성의 단점 : 자료의 신뢰성 여부를 둘러싼 공방을 불러일으킬 수 있다.

④ 연구조사가 익명성이라기보다 비밀성일 때, 조사자는 그 점을 응답자에게 명확히 밝힐 책임이 있으며, 조사자는 비밀성을 목적으로 익명성이라는 용어를 사용해서는 안 된다.

17 사회과학의 연구윤리에 관한 설명으로 옳지 않은 것은? • 16회

① 수업시간에 조사하는 설문지도 응답자의 동의와 자발적 참여가 필요하다.
② 연구자는 연구대상자에게 피해를 줘서는 안 된다.
③ 응답자의 익명성과 비밀을 보장해야 한다.
④ 연구의 공익적 가치는 일반적으로 연구윤리보다 우선해야 한다.
⑤ 타인의 연구결과를 인용 없이 사용하는 경우를 표절이라 한다.

> **정답 및 해설**
>
> **연구윤리가 연구의 공익적 가치보다 우선**해야 한다. 연구자는 가능한 가장 윤리적이기 위해 그들이 계획하는 연구의 윤리성에 대해 동료의 조언을 받을 수 있고, 인간 연구대상자 검토 위원회로부터 승인을 얻을 수 있도록 노력해야 한다.
>
> **보충설명**
> ① **연구 참여자들의 동의(연구대상자의 승낙)와 자발적 참여를 보장**하는 것은 연구윤리의 기본원칙이며, 이는 수업시간에 조사하는 설문지도 마찬가지이다.
> ② 연구참여자들이 자발적으로 참여했더라도 연구자는 **연구대상자들에게 신체적, 심리적, 물질적, 법적, 피해를 끼쳐서는 안 된다.**
> ③ 연구대상자의 이익과 안녕 보호에서 가장 분명한 목적은 연구대상자의 신원을 보호하는 것으로, 조사연구자는 일차적으로 **응답자의 익명성과 비밀성을 지켜야 한다.** 다만, 윤리적 고려가 비밀보장을 지키지 못하게 만드는 상황을 발생시킬 수 있다(예 면접실시 중 아동이 학대받고 있거나 아니면 응답자가 자신 또는 다른 사람을 심각하게 해칠 절박한 위험에 놓여 있음을 알게 되었을 경우).
> ⑤ 연구자가 아닌 다른 사람이 **타인의 연구결과를 사용할 때에는 반드시 인용근거를 제시하여야 하며**, 타인의 연구결과를 인용해서 사용하는 경우더라도 연구결과의 대부분을 수정 없이 그대로 사용해야 하는 경우에는 연구자의 사전허가를 얻어야 한다.
>
> 답 ④

18 연구윤리에 부합하는 사회복지조사로 옳은 것은? • 18회

① 연구참여자가 평소와 다른 행동을 하지 않도록 연구자의 신분을 숨기고 자료를 수집하였다.
② 연구결과의 확산을 위해 연구참여자의 신분을 다른 연구기관에 동의 없이 공개하였다.
③ 연구결과에 영향을 미치지 않도록 연구참여자에게 일어날 수 있는 이익을 미리 알리지 않았다.
④ 연구 참여여부를 성적평가와 연계하여 연구참여자의 참여동기를 높였다.
⑤ 연구참여자에게 연구과정에서 발생할 수 있는 고통을 미리 알리고 사전 동의를 구하였다.

> **정답 및 해설**
>
> 조사연구는 연구참여자에게 **연구과정에서 예상되는 위험, 손실, 고통이나 이득을 사전에 미리 알려야** 하며, **반드시 연구참여자의 동의하에 진행되어야 한다.**
>
> **오답풀이**
> ① 연구자의 신분을 숨기고 자료를 수집하는 것은 **연구대상자를 속이는 것이므로 윤리적 문제가 발생**한다.
> ② 연구참여자의 신분은 익명성과 비밀성이 보장되어야 하는데, **다른 연구기관에 동의 없이 공개한 것은 윤리적 문제가 발생**한다.
> ③ 연구참여자에게 연구참여에 따른 위험뿐만 아니라 일어날 수 있는 **이익도 미리 알려야 한다.**
> ④ 연구 참여여부를 성적평가와 연계하여 연구참여자의 참여동기를 높이는 것은 연구 참여자로 하여금 참여를 강요하는 것이 되며, 이는 **자발적 참여를 보장하지 못하므로 윤리적 문제가 있다.**
>
> 답 ⑤

19 사회조사과정에서 준수해야 할 연구윤리로 옳지 않은 것은? • 21회

① 참여자의 익명성과 비밀을 보장한다.
② 참여자가 원할 경우 언제든지 참여를 중단할 수 있음을 사전에 고지한다.
③ 일반적으로 연구의 공익적 가치가 연구윤리보다 우선해야 한다.
④ 참여자가 연구에 참여하여 얻을 수 있는 혜택은 사전에 고지한다.
⑤ 참여자의 연구 참여는 자발적이어야 한다.

> **정답 및 해설**
>
> 일반적으로 **연구윤리가** 연구의 공익적 가치보다 **우선해야** 한다.
>
> > **보충설명**
> > ① 연구대상자의 이익과 안녕 보호에서 가장 분명한 목적은 연구대상자의 신원을 보호하는 것으로, 조사연구자는 일차적으로 참여자의 익명성과 비밀을 보장해야 한다.
> > ② 조사 과정 중 참여자가 원하면 언제라도 참여를 중단할 수 있음을 사전에 알려주어야 한다.
> > ④ 참여자가 조사연구 참여에 따른 위험이나 혜택은 모두 조사 후가 아닌 조사 전에 고지하여야 한다.
> > ⑤ 연구 참여자들의 동의와 자발적 참여를 보장하는 것은 연구윤리의 기본원칙이다.
>
> 답 ③

20 과학적 탐구에서 제기되는 윤리적 문제에 관한 설명으로 옳지 않은 것은? • 22회

① 어떤 경우라도 연구참여자 속이기는 허용되지 않는다.
② 고지된 동의는 조사대상자의 판단능력을 고려하여야 한다.
③ 연구자는 기대했던 연구결과와 다르더라도 그 결과를 사실대로 보고해야 한다.
④ 사회복지조사에서는 비밀유지가 엄격히 지켜질 수 없는 상황이 발생할 수 있다.
⑤ 연구자는 개인정보 유출 등으로 인해 연구참여자에게 피해를 주지 않도록 신중을 기해야 한다.

> **정답 및 해설**
>
> 연구참여자 속이기는 **허용될 수 있다**. 가령 관찰법 경우 호손효과(hawthorne effect)로 인한 부자연스러운 반응을 보일 수 있는 경우 연구목적이나 방법을 숨기거나 달리 말하는 것이 보다 효과적일 수 있기 때문이다. 다만, 연구대상자가 조금이라도 피해를 입을 여지가 있는 경우 허용될 수 없고, **불가피하게 연구대상을 속여야 한다면 연구가 끝난 후에라도 그 이유를 충분히 설명해야 한다.**
>
> > **보충설명**
> > ② 고지된 동의는 동의를 하는 연구참여자에게 스스로 결정할 수 있을 만큼의 능력(판단능력)이 있어야 한다.
> > ③ 연구자는 기대했던 것과 다른 연구결과나 부정적 결과, 조사과정에서 드러난 기술적 문제점이나 실패에 대해서도 정직하게 보고해야한다.
> > ④ 연구자는 비밀을 지킬 의무가 있지만, 연구결과가 법적인 문제와 관련될 때 법적으로 그 자료원을 밝히도록 의무화된 경우에는 자료원에 대한 비밀보장이 어렵다.
> > ⑤ 연구참여자에게 피해를 주지 않아야 한다. 즉 연구자로서 개인의 신상이나 사생활을 보호하는 것은 의무이며 사생활 보호는 기본적인 인권의 하나이다.
>
> 답 ①

21 조사 원리로써 자발적 동의에 입각하여 대상자를 모집한 결과, 대상자의 편향치가 발생하였다. 이에 대한 해결책은?

• 8회

① 단기간에 종결한다.
② 대상자에게 피험자임을 인식시킨다.
③ 사전검사와 사후검사의 간격을 줄여야 한다.
④ 실험집단 규모를 줄인다.
⑤ 결과를 일반화시키는 것을 신중히 고려한다.

> **정답 및 해설**
>
> 자발적 동의에 입각해 대상자를 모집하는 경우에는 **조사결과를 일반화시키는데 어려움**이 있다. 응답자의 시간과 프라이버시를 침해하지 않기 위해, 조사연구의 자료 수집은 응답자의 자발적인 참여를 원칙으로 한다. 그러나, 자발적 참여를 강조하면, 연구의 일반화 가능성이 저하될 우려도 있다. 한다. 그 이유는 자발적 참여자들은 비자발적 참여자들과는 다른 특성을 가질 수 있기 때문이다. 조사문제에 관심이 많거나, 사람들에게 쉽게 동조하는 성향이 높다. 따라서 이러한 사람들로 구성된 표본은 전체 모집단을 일반적으로 대표하지 못할 수 있다(김영종, 2009).
>
> 답 ⑤

MEMO

제02장 사회조사방법의 기본 개념

제2영역 : 사회복지조사론

▶ 제2장 회차별 출제빈도, 출제비중 및 출제논점 1, 2, 3순위

10회 2012	11회 2013	12회 2014	13회 2015	14회 2016	15회 2017	16회 2018	17회 2019	18회 2020	19회 2021	20회 2022	21회 2023	22회 2024
3	3	3	3	5	3	2(1)	4(1)	3	2	2(3)	2	2

출제 비중	출제 논점		
	1순위 ☺	2순위 ※	3순위 ☆
2**3**5	① 가설 : 형식, 종류, 통계적 가설 검정 ② 변수(기능에 따른 분류) : 매개, 조절...	① 개념적 정의, 명목적 정의, 조작적 정의	① 연구문제의 서술요령

01 연구문제(research question)

01 연구문제(research question)의 서술에 관한 설명으로 옳은 것은? • 14회

① 주로 평서문 형태로 서술되어야 한다.
② 다루는 범위가 넓게 서술되어야 한다.
③ 연구결과의 함의에 맞추어 서술되어야 한다.
④ 연구의 관심이나 의문의 대상이 서술되어야 한다.
⑤ 정(+)의 관계로 서술되어야 한다.

> **정답 및 해설**
>
> **연구문제**는 과학적 탐구의 방법으로 답을 구할 수 있으며 지적으로 자극을 유발하는 문제로, **논문에서 다루어질 주요한 문제나 중심이 되는 내용**을 말한다. 연구의 관심이나 의문의 대상이 서술되어야 한다.
>
> ✓ **오답풀이**
> ① 연구문제들은 평서문의 형태가 아닌 **의문의 형태로 서술**되어야 한다.
> ② 너무 광범위한 문제를 설정하지 말고 **구체적이고 깊이 있는 문제에 초점을 맞추어 서술**되어야 한다.
> ③ **연구문제의 설정은 연구의 첫 번째 단계**이므로, 연구결과의 함의에 맞추어 서술한다는 것은 올바르지 않다.
> ⑤ 변수 간의 관계는 **정(+)의 관계나 부의 관계(-)** 모두 쓰일 수 있다. 변수 간의 관계는 **정적관계**(positive relationship, 두 변수가 같은 방향으로 변하는 비례적 관계)나 **부적관계**(negative relationship, 두 변수가 각기 다른 방향으로 변하는 반비례적 관계) 모두 쓰일 수 있다.
>
> 답 ④

02 사회복지 조사의 연구문제에 관한 설명으로 옳은 것을 모두 고른 것은?   • 16회

㉠ 연구문제는 연구자의 관심이나 의문의 대상을 포함한다.
㉡ 잠정적 결과를 예측하는 연구문제를 제시할 수 있다.
㉢ 모든 사회복지 조사는 연구문제가 있다.
㉣ 문제형성 과정에 다른 연구자의 참여가 가능하다.
㉤ 연구문제가 변수 간의 관계를 예측할 필요는 없다.

① ㉠, ㉤
② ㉡, ㉣
③ ㉠, ㉣, ㉤
④ ㉠, ㉡, ㉢, ㉤
⑤ ㉠, ㉡, ㉢, ㉣, ㉤

> **정답 및 해설**
>
> ㉠ **연구문제(research problem)**는 과학적인 탐구의 방법으로 답을 구할 수 있는 그리고 지적으로 자극을 유발시키는 문제로, 연구문제는 **일종의 의문**이다(예 사회복지가 확대되면 경제성장이 둔화되는가?, 교육수준이 낮은 사람들이 빈곤할 가능성이 높은가?). 무엇이, 어떻게, 왜 그런지에 대한 질문을 던지고, 그 질문에 대한 답을 찾는 것으로, **연구자의 관심이나 의문의 대상이 포함**된다. 참고로 연구목적은 연구의 계기와 결과를 둘러싼 함의에 초점이 맞추어져 있지만, **연구문제는 보다 직접적으로 연구의 관심이나 의문의 대상을 제시하는 것**이다.
> ㉡ 연구문제는 개념이나 변수들의 특성 혹은 그들 간의 관계에 대해 묻는다. 변수 A는 어떻게 분포되어 있을까? B에 따라 A는 어떻게 달라질까? 등의 방식으로 질문을 던진다. 즉 **잠정적 결과를 예측하는 연구문제를 제시할 수 있다.**
> ㉢ **모든 조사는 연구문제의 설정에서 시작**하므로, 모든 사회복지 조사는 연구문제가 있다.
> ㉣ 문제를 형성한다는 것은 문제를 상세하게, 정확하게 그리고 체계적으로 표현하는 것으로, **문제형성 과정에 다른 연구자의 참여가 가능**하다.
> ㉤ 탐색 혹은 기술 목적의 조사연구들에서는 'A는 어떠할까?' 'A는 어떻게 분포되어 있을까?'의 경우처럼 연구 문제가 **변수들 간의 관계에 대한 의문까지를 굳이 포함하지는 않는다.**
>
> 답 ⑤

OIKOS UP — 연구문제의 서술요령

① 문제들은 의문의 형태로 서술되어야 한다.
② 단순 명료하게 문제를 지적하는 것이 가장 좋은 방법이다.
③ 변수들 간의 관계에 대해 서술한다.
④ 문제들은 경험적 검증의 가능성이 있어야 한다.
⑤ 적어도 두 가지 이상 답이 나올 가능성이 있어야 한다. 연구문제가 하나의 해답만을 가지고 있다면 연구할 가치가 없게 된다.

02 개념의 정의

01 개념의 조작화에 관한 설명으로 옳지 않은 것은? • 10회

① 표준화된 척도는 조작화의 산물이다.
② 추상적 세계와 경험적 세계를 연결하는 작업이다.
③ 명목적 정의(nominal definition)로서 충분히 조작화가 가능하다.
④ 개념적으로 정의된 내용이 실제로 관찰되게 정의하는 것이다.
⑤ 양적 조사에서 매우 중요한 과정이다.

> **정답 및 해설**
>
> **명목적 정의(nominal definition)**는 한 용어에 배정된 정의로, 명목적 정의의 구체화는 관찰할 수 있도록 해주지는 않는다. 다음 단계로 무엇을 관찰하게 될 것인지, 어떻게 관찰할 것인지, 다양한 관찰에 어떤 해석을 부여할 것인지 정확하게 구체화해야 한다. 이런 더 구체화하는 모든 일이 개념의 조작적 정의이다.
>
> 답 ③

02 개념의 조작화 과정에 관한 설명으로 옳은 것은? • 11회

① 조작적 정의, 명목적 정의, 측정의 순서로 이루어진다.
② 조작적 정의는 개념에 대한 사전적 정의이다.
③ 변수를 조작적으로 정의하는 방법은 한정되어 있다.
④ 조작화 과정의 최종 산물은 수량화이다.
⑤ 질적 조사에서 중요한 과정이다.

> **정답 및 해설**
>
> 조작적 정의를 통해 실제 세계를 측정한다.
>
> **오답풀이**
> ① 개념화 → 명목적 정의 → 조작적 정의 → 실제 세계의 측정의 순서로 이루어진다.
> ② 개념에 대한 사전적 정의는 **개념적 정의**이다.
> ③ 변수를 조작적으로 정의하는 방법은 **한정되어 있지 않다**.
> ⑤ **양적 조사에서 중요한 과정**이다.
>
> 답 ④

| OIKOS UP | 과학적 연구의 구체적 측면으로 측정단계의 발달을 보여주는 도식 |

개념화(개념적 정의) ➡ 명목적 정의 ➡ 조작적 정의 ➡ 실제 세계의 측정
　　　　　　　　　　　　　　　　↳ 개념의 구체화(specification, 특정화)

① 개념적 정의 : 연구에서 사용되는 주요 용어들을 개념적으로 정의하는 것이다. 개념에 대한 구체적인 묘사이기는 하지만, 그것은 여전히 추상적이다. 개념적 정의는 다음에 설명하는 조작적 정의를 위한 전 단계이며, 개념적 정의를 통해 내려진 개념에 대한 대략적 윤곽이나 틀 없이는, 조작적 정의는 실현되기 어렵다.
② 명목적 정의 : 한 용어에 배정된 정의로, 한 용어가 실제로 무엇을 의미하는지에 대해 일치하지 않고 혼란스러운 가운데서 과학자들은 탐구의 목적을 위해 작업정의를 구체화한다.
③ 조작적 정의 : 조사하고자 하는 개념들(또는 변수들)이 너무나 추상적이어서 직접 조사하기 어려운 경우, 추상적인 개념들을 잘 대변하면서 경험적으로 측정 가능한 대체개념 또는 지수(indicator)를 정립하는 것을 말한다. 개념들에 대한 경험적인 지표로 활용될 특정한 조작 작업을 구체화하는 것이다(경험적 구체화).

03 노인의 우울에 관하여 연구할 때 조작적 정의(operational definition) 단계에 해당하는 것은?
• 12회

① 사전(dictionary)을 참고하여 우울을 명확히 정의한다.
② 노인의 우울에 대한 기존 연구 결과를 정리한다.
③ 우울관련 척도를 탐색 후 선정한다.
④ 우울한 노인과 그렇지 않은 노인의 차이에 대해 조사한다.
⑤ 우울한 노인의 현황을 파악한다.

정답 및 해설

조작적 정의는 개념들을 잘 대변할 수 있으면서 측정 가능한 대체 개념(indicator)을 찾는 것으로, 우울을 측정할 수 있는 척도를 탐색하여 선정하는 것은 조작적 정의 단계에 해당한다.

오답풀이
① 사전(dictionary)을 참고하여 우울을 명확히 정의하는 것은 **개념적 정의**에 해당한다.
② 기존 연구 결과를 정리하는 것은 **문제제기단계로 연구주제를 선정하는 과정**에서 고려해야 할 사항이다.
④ 우울한 노인과 그렇지 않은 노인의 차이에 대한 조사는 **자료수집단계**에 해당한다.
⑤ 우울한 노인의 현황을 파악하는 것은 **자료수집단계**에 해당한다.

답 ③

04 양적조사의 일반적 과정에 관한 설명으로 옳지 않은 것은? •14회

① 개념화 후에 조작화가 가능하다.
② 관찰은 변수의 의미를 구체적으로 정의하는 작업이다.
③ 구체적 조사방법의 선택은 연구목적에 의해 영향을 받는다.
④ 이론적 명제로부터 가설이 도출된다.
⑤ 자료해석 후에 결론을 도출할 수 있다.

> **정답 및 해설**
>
> 변수의 의미를 구체적으로 정의하는 작업은 관찰이 아니라 **조작적 정의**이다. **조작적 정의**란 개념을 경험적으로 그리고 가시적으로 측정하기 위한 구체적 정의로서, **조사에 사용되는 변수를 '관찰하고 측정'할 수 있도록 돕는 구체적 정의**라고 할 수 있다.
>
> 답 ②

05 다음 조합된 단어들과 동일한 논리적 구성을 가진 것은? •15회

개념화 : 개념 : 명제

① 이론화 : 개념 : 가설
② 이론화 : 가설 : 개념
③ 조작화 : 변수 : 가설
④ 조작화 : 가설 : 변수
⑤ 조작화 : 개념 : 가설

> **정답 및 해설**
>
> **개념화된 것을 측정가능하도록 구체화하는 것이 조작화**이다. 개념은 개념화와 조작화의 과정을 통해 **변수로 상세하게 구체화**된다. 한편으로 개념에는 변수와 상수가 있으며, **명제에는 가설, 경험적 일반화, 공리, 공준, 정리가 있다.**
>
> ✓ **보충설명**
> - **개념화**는 연구에서 사용되는 주요 용어들을 정확하게 구체화하기 위해 개념적으로 정의하는 것이며, **조작화**는 추상적인 개념들을 잘 대변하면서 경험적으로 측정 가능한 대체개념 또는 지수(indicator)를 정립하는 것이다.
> - **개념(concepts)**은 단어 또는 용어를 사용해서 어떤 현상이나 사물의 의미를 추상적인 용어를 사용하여 관념적으로 구성한 것으로, **변수와 상수로 구성된다. 변수(variable)는** 속성이 2가지 이상의 가치(value)를 가질 때이며, **상수(constant)는** 범주가 한 가지 뿐이거나 결코 변하지 않는 속성을 지닌 것을 말한다.
> - **명제(propositions)는** 단순히 한두 개의 개념이나 변수에 관해서 참-거짓(true or false)을 분명하게 구분하고 있는 진술이나 문장을 말하는 것으로, 세부적인 형태로 가설, 경험적 일반화, 공리, 공준, 정리가 있다.
>
> 답 ③

06 측정에 관한 설명으로 옳지 않은 것은? • 16회

① 개념의 구체화 과정에서 포괄성의 원칙을 지켜야 한다.
② 개념의 경험화 과정에서 변수를 구성하는 속성들 간의 구분이 분명해야 한다.
③ 신뢰도가 높은 측정을 위해서는 문항 간 내적 일관성을 가져야 한다.
④ 측정은 개념의 현상적 구조와 경험적 측정값들이 일치될수록 정확해진다.
⑤ 개념화가 조작화에 비해 경험적 차원에서의 구체화 정도가 높다.

정답 및 해설

조작화가 개념화에 비해 **경험적 차원에서의 구체화 정도가 높다.** 개념화(conceptualization, 개념적 정의)는 우리가 연구에서 특정한 용어를 사용할 때 무엇을 의미하는지 정확하게 구체화하는 과정이며, 조작화 (**operationalization, 조작적 정의**)는 한 개념이 어떻게 측정되어야 하는지를 정확하게 구체화하는 것이다.

보충설명

① 개념의 구체화 과정은 변수와 그것을 이루는 속성들에 대해 상세히 구체화하는 과정이다. 변수를 구성하는 속성은 **포괄성의 원칙**을 지켜야 하는데, 이는 모든 관찰내용이 변수를 구성하는 속성 중 어느 하나에 속해질 수 있어야 한다는 것이다.
② 변수를 구성하는 속성들은 **상호배타성의 원칙**을 지켜야 하는데, 이는 모든 관찰은 한 가지 그리고 단지 하나의 속성만 분류되어야 한다는 것이다. 즉 각기 다른 속성들은 서로가 엄격히 구분될 수 있어야 한다는 뜻이다.
③ 측정도구의 신뢰도를 검사하는 방법으로 가장 실용적이고 가장 흔한 것이 내적 일관성을 분석하는 것으로, 반분법과 크론바 알파(Cronbach's Alpha)가 있다. **문항 간 서로 내적 일관성(internal constancy)을 가지고 있어야 신뢰도가 높다.**
④ 측정은 개념의 현상적 구조와 측정도구의 경험적 측정값들이 일치될수록 **타당도**가 높아진다. 타당도란 측정의 정확성을 말하는 것으로, 경험적 측정이 연구하는 개념에 대한 실질적 의미를 충분히 반영하는 정도를 의미한다.

답 ⑤

07 양적 조사방법에 관한 설명으로 옳은 것은? • 20회

① 자료수집을 완료한 후 가설을 설정해야 한다.
② 자료수집 방법은 조사 설계에 포함할 수 없다.
③ 연구가설은 독립변수와 종속변수는 관계가 없다고 설정한다.
④ 개념적 정의는 측정가능성을 전제로 하지 않는다.
⑤ 사회과학에서 이론은 직접검증을 원칙으로 한다.

정답 및 해설

조작적 정의는 측정가능성을 전제로 하지만, 개념적 정의는 측정가능성을 전제로 하지 않는다. 참고로 **개념적 정의**(conceptual definition)는 연구 대상이 되는 사람이나 사물의 행태나 속성, 사회적 현상을 개념적으로 정의하는 것으로, 추상적이고 일반적이고 사전적이고 주관적일 수 있다. 반면 **조작적 정의**(operational definition)는 연구에 사용되는 개념을 그 의미를 손상시키지 않으면서 경험적으로 관찰할 수 있는 용어나 변수로 바꾸어 주는 것이다.

오답풀이

① **자료수집을 하기 전 가설을 설정**한다. 사회조사방법의 절차는 문제설정(문제제기) → 가설설정 → 조사설계 → **자료수집** → 자료처리 → 자료분석 → 자료해석 → 연구보고서작성 순이다.
② 자료수집 방법은 조사 설계에 포함할 수 **있다**. **조사 설계**(research design)란 필요한 자료를 수집·분석하기 위해 작성하는 설계로, 이 단계에서 연구자는 자료수집 방법(질문지조사, 면접, 실험, 관찰, 내용분석, 2차 자료분석 등)을 결정한다.
③ **영가설은** 독립변수와 종속변수는 **관계가 없다**고 설정하며, **연구가설은** 독립변수와 종속변수는 **관계가 있다**고 설정한다.
⑤ 사회과학에서 이론은 **간접검증을** 원칙으로 한다. 연구문제는 폭넓은 의문의 형태를 띠므로 가설의 형태로 축소되지 않으면 직접적으로 검증될 수 없다. 가령 빈곤문화가 계층 간 소득차이에 기여하는가? 이런 질문이나 문제는 직접 확인할 방법이 없기 때문에, 명제나 가설들을 도출하여 간접검증을 시도한다.

답 ④

08 변수의 조작적 정의에 관한 설명으로 옳은 것을 모두 고른 것은? • 21회

㉠ 개념적 정의를 실제로 관찰할 수 있는 수준으로 전환시키는 것이다.
㉡ 조작적 정의를 하면 개념의 의미가 다양하고 풍부해진다.
㉢ 조작적 정의를 통해 개념이 더욱 추상화된다.
㉣ 조작적 정의가 없이도 가설 검증이 가능하다.

① ㉠
② ㉠, ㉡
③ ㉡, ㉢
④ ㉠, ㉡, ㉢
⑤ ㉠, ㉢, ㉣

정답 및 해설

㉠ 조작적 정의는 추상적인 개념을 실증적이고 측정가능하도록 구체화한 정의로, 개념적 정의를 실제로 관찰할 수 있는 수준으로 전환시키는 것이다.

오답풀이

㉡ 조작적 정의는 **추상적이고 다의적인 개념이 구체적으로 조작되는 것**으로, 조작적 정의 과정에서 본래의 의미를 모두 반영하지 못하기 때문에 의미가 손실될 가능성이 있다.
㉢ 조작적 정의는 개념을 경험적으로 그리고 가시적으로 측정하기 위한 구체적 정의로서, 조작적 정의를 통해 개념이 더욱 **구체화**된다.
㉣ 조작적 정의가 없이는 가설 검증이 **불가능**하다. 가설 검증을 위해 가설을 경험적으로 조사하기 위해서는 가설에 포함된 모든 변수들에 대해 조작적으로 정의를 내려야 한다.

답 ①

03 가설(hypothesis)과 이론(theory)

01 경험적으로 검증할 수 있는 가설의 예로 옳은 것은?   • 17회

① 불평등은 모든 사회에서 나타날 것이다.
② 대한민국에서 65세 이상인 노인이 전체 인구의 14 % 이상이다.
③ 다양성이 존중되는 사회가 그렇지 않은 사회보다 더 바람직하다.
④ 여성의 노동참여율이 높을수록 출산율은 낮을 것이다.
⑤ 모든 행위는 비용과 보상에 의해 결정된다.

> **정답 및 해설**
>
> **가설(hypothesis)**은 검증되지 않은 두 개 이상의 변수 간의 관계를 검증 가능한 형태로 서술해 놓은 문장으로 변수 간의 관계를 가정하는 문장이다. 가설의 형식은 'If A, then B'로 표현되거나, '~할수록, ~하다'는 비교형식을 취하기도 한다. **좋은 가설을 서술하려면 2가지 기준을 갖추어야 한다.** 첫째, 변수들 간의 관계가 명확히 서술되어야 한다. 'A가 변하면, B도 변한다.' 혹은 'A가 증가할 때, B는 감소한다.'와 같이 방향까지도 제시한다. 둘째, 변수들 간 관계는 경험적으로 검증이 필요하므로, 가설에 포함된 변수들은 실제로든 혹은 잠재적으로든 측정 가능한 것으로 서술되어야 한다. **④번은 비교형식을 취하고 있으며, 두 개의 변수(여성의 노동참여율, 출산율)가 모두 측정 가능한 것이다.**
>
> **오답풀이**
>
> ①, ②, ⑤번은 가설의 형식을 취하고 있지 못하며, ③번은 가설의 형식은 취하고 있으나, "~바람직하다."는 규범적인 것으로 과학적 연구 대상이 아니다.
>
> 답 ④

02 가설에 관한 설명으로 옳지 않은 것은?   • 9회

① 검증을 통해 문제해결에 도움을 준다.
② 추상적이기보다는 구체적이어야 한다.
③ 2개 이상의 변수들 간의 관계를 서술한 것이다.
④ 이론이나 선행연구에 기초해서 도출될 수 있다.
⑤ 사용되는 변수의 수에 따라 영가설과 대립가설로 구분된다.

> **정답 및 해설**
>
> 영가설과 대립가설은 사용되는 변수의 수에 따라 구분되는 것이 아니다. **영가설**은 주어진 연구가설에서 명시된 것을 부정하거나 기각하기 위해 설정하는 가설이며, **대립가설(연구가설)**은 이론으로부터 도출된 가설로서 검증될 때까지는 연구문제에 대한 잠정적인 해답으로 간주된다.
>
> 답 ⑤

03 바람직한 가설에 관한 설명으로 옳지 않은 것은?
• 11회

① 경험적으로 검증할 수 있어야 한다.
② 정(+)의 관계로 기술되어야 한다.
③ 표현이 간단명료하여야 한다.
④ 이론과 연관되어야 한다.
⑤ 변수 간의 관계를 기술하여야 한다.

> **정답 및 해설**
>
> 가설에서 변수 간의 관계는 **정적관계나 부적관계 모두 쓰일 수 있다**. **정적관계**(positive relationship)란 두 변수가 같은 방향으로 변하는 비례적 관계를 말한다. 즉, 한 변수가 증가(감소)하면 다른 변수도 증가(감소)하는 관계이다. **부적관계**(negative relationship)는 두 변수가 각기 다른 방향으로 변하는 반비례적 관계를 말한다.
>
> **보충설명**
> ① 관계에 동원된 변수들은 **경험적인 측정이 가능**해야 한다.
> ③ 변수들 간의 관계가 **명확하고 간단명료하게 서술**되어야 한다.
> ④ 가설은 연구 분야의 **다른 가설이나 이론과 연관**이 있어야 한다.
> ⑤ 가설은 **구체적으로 측정 가능한 변수들 간의 관계**를 나타내기 때문에 추상적이기 보다는 구체적으로 나타낸다.
>
> 답 ②

04 양적 연구의 가설에 관한 설명으로 옳지 않은 것은?
• 13회

① 변수 간 관계를 검증 가능한 형태로 서술한 문장이다.
② 가설은 연구문제 해결에 도움을 줄 수 있다.
③ 영(null)가설은 독립변수가 종속변수에 영향을 미치지 않는다고 설정한다.
④ 하나의 가설에 변수가 많을수록 가설 검증에 유리하다.
⑤ 탐색적 조사는 가설을 설정할 필요가 없다.

> **정답 및 해설**
>
> **가설은 가능한 한 2개의 변수 간의 관계로 기술하는 게 좋다.** 즉 쌍열(雙列, double-barreled)로 된 또는 두 개의 가설을 하나의 가설 속에 포함시키는 경우, 가설 가운데 하나는 수용되거나 기각될 수 있을지 모르지만 다른 하나는 수용되거나 기각될 수 없는 경우가 발생한다.
>
> **보충설명**
> ⑤ 탐색적 조사는 연구문제를 형성하거나 **가설을 개발하려고 할 때 사용**하는 조사연구 형태로, 가설을 설정할 필요가 없다.
>
> 답 ④

05 가설에 관한 설명으로 옳지 않은 것은?

• 15회

① 가설이란 둘 이상의 변수들 간의 관계를 예측하는 진술이다.
② 영가설은 독립변수가 종속변수에 영향을 미치지 않는다고 가정한다.
③ 연구가설은 이론으로부터 도출된다.
④ 가설은 경험적으로 검증할 수 있어야 한다.
⑤ 가설은 방향성을 가져야 한다.

정답 및 해설

가설에는 **방향을 나타내는 것과 차이의 유무만을 나타내는 것**이 있다. **방향을 나타내는 가설**은 '무엇이 증가하면 무엇은 감소한다.'와 같이 변화에 대한 + 혹은 – 의 방향을 가지고 있다. 반면 **차이의 유무를 나타내는 가설**은 '무엇은 무엇과 다르다.' 혹은 '무엇이 변화하면 다른 무엇도 변화한다.'와 같이 단지 차이가 있음을 나타내는 것으로 방향성은 제시되지 않는다.

답 ⑤

06 가설에 관한 설명으로 옳은 것을 모두 고른 것은?

• 18회

㉠ 이론적 배경을 가져야 한다.
㉡ 변수 간 관계를 가정한 문장이다.
㉢ 가설구성을 통해 연구문제가 도출된다.
㉣ 창의적 해석이 가능하도록 개방적으로 구성되어야 한다.

① ㉠, ㉡
② ㉠, ㉢
③ ㉠, ㉡, ㉣
④ ㉡, ㉢, ㉣
⑤ ㉠, ㉡, ㉢, ㉣

정답 및 해설

㉠ 가설은 **연구분야의 다른 가설이나 이론과 연관**이 있어야 한다. 가설은 이론을 활용하고, 검증된 가설은 이론을 발전시킨다.
㉡ 가설은 **검증되지 않은 변수 간의 관계를 검증 가능한 형태로 서술**해 놓은 문장이다. 가설은 가능한 한 1개의 독립변수와 종속변수 간의 관계로 기술하는 것이 좋다.

오답풀이

㉢ 가설은 연구문제를 해결해 줄 수 있어야 한다. 가설은 연구를 통해 얻고자 하는 것을 잘 해결할 수 있도록 구성되어야 한다. 따라서, **연구문제로부터 가설구성이 도출**된다.
㉣ 가설은 반드시 명확하게 검증 가능해야 하며, **애매하지 않게 서술**되어야 한다. 가설의 명확성은 개념적이고 조작적인 정의를 얼마나 잘 내리느냐에 달려 있다.

답 ①

OIKOS UP 가설설정 시 고려사항

① 가설은 가능한 한 2개의 변수 간의 관계로 기술하는 게 좋다.
② 개념 간의 관계에 대한 진술이 분명해야 한다.
③ 가설에서의 개념은 조작적으로 규정되어 있고, 이들은 측정 가능해야 한다.
④ 가설은 경험적으로 검증 가능해야 한다.
⑤ 가설은 연구 분야의 다른 가설이나 이론과 연관이 있어야 한다.
⑥ 가설은 간단명료해야 하며, 연구문제를 해결해 줄 수 있어야 한다.
⑦ 가능한 한 광범위한 적용범위를 가지고 있어야 한다.

07 다음 중 가설설정에 대한 설명으로 옳지 않은 것은? •7회

① 가설을 설정할 때에는 쌍열가설을 피하여 검증 가능하게 작성되어야 한다.
② 영가설은 연구가설을 반증할 목적으로 활용된다.
③ 대립가설이란 영가설이 거짓일 때 채택하기 위해 설정하는 가설이다.
④ 영가설(귀무가설)은 독립변수와 종속변수는 관계가 있다는 것을 증명한다.
⑤ 가설은 둘 이상의 변수들 간의 관계를 명확히 서술해야 한다.

정답 및 해설

영가설은 독립변수와 종속변수는 관계가 없다고 가정한다.

보충설명

① **쌍열가설은** 만일 장애인시설에 자원봉사자를 증가시킨다면, 장애인에 대한 봉사자의 거부감 정도가 감소되거나 봉사자의 자아만족도가 증가될 것이다. 와 같이 두 개의 가설을 하나의 가설 속에 포함시켜서 만드는 가설을 말한다. 쌍열가설이 좋지 않은 이유는 검증가능성인데, 하나의 가설이 채택 또는 기각될 수 있지만, 다른 하나의 가설이 채택 또는 기각될 수 없는 경우가 발생하기 때문이다.

답 ④

08 영가설(null hypothesis)에 관한 설명으로 옳은 것은? • 10회

① 가설검증과정에 불필요한 가설이다.
② 일반적으로 연구가설을 말한다.
③ 조작화되기 이전의 가설형태를 말한다.
④ 연구가설을 반증하는 과정에서 활용된다.
⑤ 가설검증을 통하여 거짓으로 판명난 가설이다.

> **정답 및 해설**
> 영가설은 보통 연구가설에 대한 반증의 목적으로 활용되며, 통계학적인 분석들에서는 가설을 직접적으로 증명하기보다는 영가설을 부인함으로써 가설이 현재로서 건재함을 나타내는 방식을 취한다.
>
> 답 ④

OIKOS UP 가설의 평가기준

① 가설은 서술된 관계를 경험적으로 검증할 수 있어야 한다.
② 가설은 이론적 근거가 있어야 한다(관련문헌검토).
③ 가설의 표현은 간단명료하여야 한다.
④ 조사문제를 해결할 수 있어야 한다.
⑤ 가설은 계량적인 형태를 취하든가 계량화할 수 있어야 한다.
⑥ 가설검증의 결과는 가능한 광범위하게 적용될 수 있어야 한다.
⑦ 너무나 당연한 관계를 가설로 세울 수 없다.
⑧ 가설은 동의반복적(tautological)이어서는 안 된다.
⑨ 가설은 개념적으로 명백하여야 한다.
⑩ 가설의 내용은 변수관계와 그 방향이 명백히 나타나야 한다(변수 간 명확한 관계 정의).
⑪ 가설은 검증에 필요한 일체의 조사기술과 분석방법을 적절히 선택할 수 있도록 진술되어야 한다.
⑫ 가설을 통해 수집되는 정보의 양이 많아야 된다.
⑬ 연구자의 편견을 배제한 가치중립적이어야 한다.
⑭ 확률적 속성을 지녀야 한다.

09 개입의 효과를 평가하는 연구에서 '두 개 모집단의 평균 간에 차이가 없을 것이다'라는 영가설에 관한 설명으로 옳지 않은 것은? • 14회

① 위의 가설을 기호로 표시하면 $\mu_1 = \mu_2$이다.
② 가설검증에서 반드시 필요한 가설이다.
③ 연구자가 참으로 증명되기를 기대하는 가설이다.
④ 개입의 효과가 우연(표본추출오차)에 의해서 발생하였다고 진술하는 가설이다.
⑤ 연구가설을 반증하기 위해 사용되는 가설이다.

정답 및 해설

영가설은 **연구가설의 역(逆)**으로, 주어진 연구가설에서 명시된 것을 **부정하거나 기각하기 위해 설정하는 가설**이다. 즉 연구가설이 '차이가 있음'을 예측했다면, 영가설은 '차이가 없음'으로 예측하는 것으로 연구자가 거짓으로 증명되기를 기대하는 가설이다.

보충설명
① 영가설은 두개 이상의 모집단 또는 변수 간에 차이가 없다. 즉 기호로 표시하면 $H_0 : \mu_1 = \mu_2$ (H_0 : 영가설, μ_1 : 첫 번째 모집단의 평균, μ_2 : 두 번째 모집단의 평균)이다.

답 ③

---

10 영가설(null hypothesis)에 관한 설명으로 옳은 것은? • 18회

① 변수 간의 관계가 존재한다는 가설이다.
② 변수 간 관계없음이 검증된 가설이다.
③ 조사자가 검증하고자 하는 가설이다.
④ 영가설에 대한 반증가설이 연구가설이다.
⑤ 변수 간 관계가 우연임을 말하는 가설이다.

정답 및 해설

영가설(null hypothesis)은 **개입의 효과가 우연(표본추출오차)에 의해서 발생하였다고 진술**하는 가설이다. 즉, 영가설이란 연구자가 통계적으로 검증하고자 하는 관계가 비록 자신의 연구에서 발견한 바와 상당히 관련이 있어 보일지라도 실제로는 어떤 특정 모집단에 대해서 적용할 수 있거나 혹은 이론적으로 실존하는 관계가 아니라 단순히 '우연'으로 설명될 수 있는 관계라는 것을 의미한다.

오답풀이
① 영가설은 변수 간의 관계가 **존재하지 않는다**고 가정하는 가설이다.
② 영가설은 변수 간 관계없다고 진술되는 가설로서 **아직은 검증되지는 않았다**.
③ 조사자가 검증하고자 하는 가설, 즉 조사자가 참으로 증명되기를 기대하는 가설은 **연구가설**이다.
④ **연구가설에 대한 반증가설이 영가설**이다. 참고로 반증(falsification)이란 관찰과 실험의 결과를 가지고 이론을 반박하는 것으로, 어떠한 법칙이나 이론이 참이 아닌 것을 증명하는 특수명제를 찾아 보여주는 작업이다. 대부분의 실험연구에서 실험처치의 효과를 보여주고자 할 때, 연구가설을 보편법칙에 따라 참인 것을 검증하기란 불가능하다. 따라서, 영가설이 거짓임을 증명함으로써 이론을 검증하는 것이다.

답 ⑤

11 영가설에 관한 설명으로 옳은 것을 모두 고른 것은? •21회

㉠ 연구가설에 대한 반증가설이 영가설이다.
㉡ 영가설은 변수 간에 관계가 없음을 뜻한다.
㉢ 대안가설을 검증하여 채택하는 가설이다.
㉣ 변수 간의 관계가 우연이 아님을 증명한다.

① ㉠, ㉡
② ㉠, ㉣
③ ㉡, ㉢
④ ㉠, ㉢, ㉣
⑤ ㉡, ㉢, ㉣

> **정답 및 해설**
> ㉠ 영가설은 주어진 연구가설에서 명시된 것을 부정하거나 기각하기위해 설정하는 연구가설에 대한 반증 가설이다.
> ㉡ 영가설은 연구가설의 역(逆)으로, 주로 'X는 Y와 관계가 없다'고 진술된다.
>
> **오답풀이**
> ㉢ 대안가설(alternative hypothesis)은 **연구가설**로서, 영가설이 거짓일 때 채택하는 가설이다.
> ㉣ 영가설은 개입의 효과가 우연에 의해서 발생하였다고 진술하는 가설로서, 변수간의 관계가 **우연임을 증명**한다.
>
> 답 ①

12 영가설(null hypothesis)과 연구가설(research hypothesis)에 관한 설명으로 옳은 것은? •22회

① 연구가설은 연구의 개념적 틀 혹은 연구모형으로부터 도출될 수 있다.
② 연구가설은 그 자체를 직접 검정할 수 있다.
③ 영가설은 연구가설의 검정 결과에 따라 채택되거나 기각된다.
④ 연구가설은 수집된 자료에서 나타난 차이나 관계가 표본추출에서 오는 우연에 의한 것으로 진술된다.
⑤ 연구가설은 영가설에 대한 반증의 목적으로 설정된다.

> **정답 및 해설**
>
> 연구가설은 **연구자의 이론, 연구의 개념적 틀 혹은 연구모형으로부터 도출된 가설**로서 검증될 때까지는 연구문제에 대한 잠정적인 해답으로 간주된다.
>
> > **오답풀이**
> > ② 연구가설은 **영가설을 통해 간접적으로 검증**된다.
> > ③ **연구가설**은 **영가설**의 검정 결과에 따라 채택되거나 기각된다.
> > ④ **영가설**은 수집된 자료에서 나타난 차이나 관계가 표본추출에서 오는 우연에 의한 것으로 진술된다.
> > ⑤ **영가설**은 **연구가설**에 대한 반증의 목적으로 설정된다.
>
> 답 ①

13 통계적 가설 검정에 관한 설명으로 옳지 않은 것은? • 15회

① 신뢰수준을 높이면 1종 오류를 줄일 수 있다.
② 유의수준을 낮추면 1종 오류가 늘어난다.
③ 유의확률이 유의수준보다 낮으면 영가설이 기각된다.
④ 2종 오류가 증가하면 통계적 검정력은 감소한다.
⑤ 2종 오류는 실제로는 참이 아닌 영가설을 기각하지 못하는 것을 말한다.

> **정답 및 해설**
>
> **제1종 오류**란 영가설이 진인데 그 영가설을 기각하고 연구가설을 채택하는 판단의 오류로 α 로 표기하며 **유의수준**(significant level)이라 한다. 따라서 유의수준을 낮추면 1종 오류는 줄어든다.
>
> > **보충설명**
> > ① 신뢰수준을 높이면 유의수준이 낮아지므로 1종 오류는 줄어들게 된다. **신뢰수준**(confidence levels)은 우리가 추정한 신뢰구간이 옳다고 확신하는 정도로, 표본의 결과를 통해 추정하려는 모수가 어느 정도 신뢰성을 갖는지 말하는 것이다. 즉, 95%의 신뢰수준이라고 할 경우 장기적으로 100번 조사를 할 경우 95번은 우리가 설정한 신뢰구간에 실제 모수가 포함된다는 의미이다.
> > ③ 통계분석 프로그램은 가설 검증에 필요한 검증통계인 p값(영가설 하에서 검증통계치가 나타날 가능성을 측정하는 확률인 probability의 약자)을 유의확률 하에 제시하고 있다. 검증과정에서 p값이 α 보다 작으면 영가설은 기각되고, 크면 영가설 하에 검증통계치가 나타날 가능성이 크다고 판단되므로 영가설은 채택된다. **유의확률이 유의수준보다 낮으면 영가설이 기각된다.**
> > ④ **검정력**은 영가설이 진이 아닐 때 영가설을 기각하는 확률을 말하며 $1-\beta$ 로 표기한다. 즉 연구가설이 진일 때 연구가설을 채택하는 확률이다. 따라서 2종 오류인 β 가 증가하면 검정력은 낮아진다.
> > ⑤ **제2종 오류**란 영가설이 진이 아닐 때, 즉 연구가설이 진일 때 영가설을 기각하지 않고 채택하는 오판을 말하며 β 로 표기한다.
>
> 답 ②

14 통계적 가설검증에 관한 설명으로 옳지 않은 것은? • 20회

① 영가설을 기각하면 연구가설이 잠정적으로 채택된다.
② 영가설은 연구가설과 대조되는 가설이다.
③ 통계치에 대한 확률(p)이 유의수준(α)보다 낮으면 영가설이 기각된다.
④ 연구가설은 표본의 통계치에 대한 가정이다.
⑤ 연구가설은 경험적으로 검증이 가능하여야 한다.

> **정답 및 해설**
>
> 추리통계는 알지 못하는 모집단의 속성을 추정하기 위하여 모집단을 대표하는 표본을 추출하여 표본의 속성을 통해 모집단의 속성을 추정하여 확률적으로 의사를 결정하는 방법이다. 따라서, **가설은 모수치에 대한 서술**이어야 하며, **연구가설은 모집단의 모수치에 대한 가정**이다.
>
> ✓ **보충설명**
>
> ① **영가설을 기각하면 연구가설이 채택되고, 영가설이 채택되면 연구가설이 기각**된다. 즉, 연구가설은 직접적으로 긍정되거나 혹은 부인되지 않으며, 연구 가설은 영가설을 통해 간접적으로 검증된다.
> ② **영가설은 연구가설에 대한 반증가설**이므로, 영가설은 연구가설과 대조되는 가설이다.
> ③ 통계치에 대한 확률(p)이 유의수준(α)보다 **낮으면 영가설이 기각**되며 **높으면 영가설이 채택**된다.
> ⑤ 가설은 우리가 실제로 현상을 관찰하여 얻은 자료를 이용하여 경험적으로 검증할 수 있어야 한다. 따라서, **연구가설은 경험적으로 검증이 가능**하여야 한다.
>
> 답

OIKOS UP 통계적 가설 검정 : 제1종 오류, 제2종 오류, 검정력

① 제1종 오류(type I error) : 영가설이 진인데 그 영가설을 기각하는, 즉 연구가설을 채택하는 판단의 오류로 α 로 표기하며 유의수준(significant level)이라 한다.
② 제2종 오류(type II error) : 영가설이 진이 아닐 때, 즉 연구가설이 진일 때 영가설을 기각하지 않고 채택하는 오판을 말하며 β 로 표기한다.
③ 검정력 : 영가설이 진이 아닐 때 영가설을 기각하는 확률을 말하며, $1 - \beta$ 라 표기한다. 즉, 연구가설이 진일 때 연구가설을 채택하는 확률이다.

의사결정 \ 영가설 진위	영가설이 맞을 경우	영가설이 틀릴 경우
영가설 채택	$1 - \alpha$ (옳은 결정) 새로운 연구결과를 얻지 못함 = 신뢰수준 ⇩	β 오류(제2종 오류) ⇩ ⬆
영가설 기각	α 오류(제1종 오류) = 유의수준 ⇧	$1 - \beta$ (옳은 결정) = 검정력 ⇧ ⬇ 새로운 연구결과를 얻을 수 있음

15 변수와 가설에 관한 설명으로 옳은 것을 모두 고른 것은?

• 16회

㉠ 가설은 검증이 가능해야 한다.
㉡ 가설은 변수 간의 관계를 가정하는 문장이다.
㉢ 모든 변수는 개념이 아니지만 모든 개념은 변수다.
㉣ 영가설은 독립변수가 종속변수에 영향을 미치지 않는다고 가정한다.

① ㉠, ㉡
② ㉠, ㉣
③ ㉠, ㉡, ㉣
④ ㉡, ㉢, ㉣
⑤ ㉠, ㉡, ㉢, ㉣

정답 및 해설

㉠ 가설은 진술된 관계를 **실증적으로 검증할 수 있어야** 한다.
㉡ 가설은 검증되지 않은 두 개 이상의 변수 간의 관계를 검증 가능한 형태로 서술해 놓은 문장으로 **변수 간의 관계를 가정하는 문장**이다.
㉣ 영가설은 두 개 이상의 모집단 또는 변수 간에 차이가 없다. 또는 **독립변수가 종속변수에 영향을 미치지 않는다고 가정**하는 것을 의미한다.

오답풀이

㉢ 개념(concepts)은 경험적으로 인지할 수 있는 어떤 대상이나 현상을 대변하는 것으로, **변수와 상수로 구성**되어 있다. 즉 개념은 추상적인 것이며, 변수는 그것에 대한 일종의 조작화인 셈이다. 따라서, **모든 개념이 변수가 되는 것은 아니지만 모든 변수는 개념이 된다**. 변수는 개념의 한 특수한 형태를 지칭하는 것이라고 보아도 무방하다.

개 념	변 수	상 수
성(gender)	성별	남성, 여성
지역사회복지관	지역사회복지관의 유형	가형, 나형, 다형

답 ③

16 이론에 대한 설명 중 옳지 않은 것은?

• 8회

① 이론은 연구방향을 설정하는 지침이 된다.
② 이론은 절대 수정되지 않는다.
③ 이론은 사실을 논리적으로 설명한다.
④ 이론은 개념들 간의 관계를 설명한다.
⑤ 이론은 일반화된 규칙성을 내포하고 있다.

정답 및 해설

이론은 가설에 대한 잠정적 결론으로, 지속적인 검증과 수정을 통해 정교화되어 가는 것이다.

답 ②

04 개념과 변수

01 변수에 관한 설명으로 옳지 않은 것은? • 17회

① 직접 관찰할 수 있는 것들만 측정한 것이다.
② 경험적으로 측정할 수 있는 개념이다.
③ 조작적 정의의 결과물이다.
④ 두 개 이상의 속성을 가져야만 한다.
⑤ 연속형 또는 비연속형으로 측정될 수 있다.

정답 및 해설

개념(concept)은 단순히 정신적 이미지 또는 인식으로, 단어 또는 용어를 사용해서 어떤 현상이나 사물의 의미를 추상적인 용어를 사용하여 관념적으로 구성한 것이다. 개념은 사회정의나 사랑과 같이 직접 관찰할 수 없거나 또는 지체장애나 나무와 같이 쉽게 관찰될 수 있는 대상물을 가지고 있을 수도 있다. 개념은 변수와 상수로 이루어져 있는데, **변수(variables)는 연구를 하는 구체적인 개념 또는 이론적인 개념구성**으로, 성별, 주거의 위치, 민족, 연령과 같이 상대적으로 관찰하기 쉬운 것들도 측정하지만, 자존심의 수준, 사회복지사의 소진, 성차별 등과 같이 직접 관찰하기 어려운 추상적인 것들도 측정한다.

보충설명

② 변수란 연구대상이 경험적 속성에 계량적인 수치를 부여하여 **경험적으로 측정 가능하게 한 개념**이다.
③ **조작적 정의(operational definition)**란 추상적인 개념을 실증적이고 경험적으로 측정가능하도록 구체화한 정의를 말하는 것으로, **변수는 조작적 정의의 결과물**이다.
④ 변수는 둘 이상으로 구분되는 **변수값(value)** 혹은 속성을 갖는다. 예를 들어, 성별이라는 변수는 남성과 여성, 소득수준은 상, 중, 하라는 변수값을 갖는다. 반면, 상수(constant)는 단지 하나의 결코 변하지 않는 값을 가지는 것을 말한다.
⑤ **변수는 연속성의 유무에 따라서 비연속적 변수와 연속적 변수로 구분할 수 있다.** 비연속적 변수(이산변수)는 명목척도와 서열척도로 측정되는 변수들이며, 연속적 변수는 등간척도와 비율척도로 측정된 변수들이다.

 ①

02 변수의 측정수준에 관한 설명으로 옳은 것은?
• 15회

① 성별은 이산적 특성을 가진 서열척도이다.
② 인종과 종교는 등간척도이다.
③ 석차로 평가된 성적은 등간척도이다.
④ 5점 척도로 측정된 서비스만족도는 비율척도이다.
⑤ IQ와 온도는 등간척도이다.

정답 및 해설

등간척도는 서열척도까지의 측정 규칙(포괄성, 상호배타성, 분류·범주, 순위)에다 속성들 간의 간격이 일정함을 드러내는 등간성의 규칙을 더한 것으로, **온도, 지능지수(IQ),** 대학 학년(1학년, 2학년, 3학년, 4학년) 등이 있다.

오답풀이
① 성별은 이산적 특성을 가진 **명목척도**이다.
② 인종과 종교는 **명목척도**이다.
③ 석차로 평가된 성적은 **서열척도**이다.
④ 5점 척도로 측정된 서비스만족도는 **등간척도**이다.

답 ⑤

OIKOS UP 속성에 따른 변수의 분류

① 명목변수(Nominal Variable) : 성별, 직업, 종교, 기초생활수급대상자의 수급형태, 사회복지학과 학생 ABC.. 등
② 서열변수(Ordinal Variable) : 지체장애등급 : 1~6등급, 석차 : 1~30등, 소득수준 : 상, 중, 하
③ 등간변수(Interval Variable) : 도덕지수(MQ), 지능지수(IQ), 섭씨온도, 화씨온도, 학년, 물가지수, 생산성지수, 사회지표 등
④ 비율변수(Ratio Variable) : TV시청률, 투표율, 신문구독률, 가격, 저축금액, 생산원가, 연령, 무게, 신장 등

03 다음 ( )에 알맞은 내용으로 옳은 것은?   •19회

○ 독립변수 앞에서 독립변수에 영향을 주는 변수를 (㉠)라고 한다.
○ 독립변수의 결과인 동시에 종속변수의 원인이 되는 변수를 (㉡)라고 한다.
○ 다른 변수에 의존하지만 다른 변수에 영향을 미칠 수 없는 변수를 (㉢)라고 한다.
○ 독립변수와 종속변수 모두에 영향을 미치는 제3의 변수를 (㉣)라고 한다.

① ㉠ : 외생변수, ㉡ : 더미변수, ㉢ : 종속변수, ㉣ : 조절변수
② ㉠ : 외생변수, ㉡ : 매개변수, ㉢ : 종속변수, ㉣ : 더미변수
③ ㉠ : 선행변수, ㉡ : 조절변수, ㉢ : 종속변수, ㉣ : 외생변수
④ ㉠ : 선행변수, ㉡ : 매개변수, ㉢ : 외생변수, ㉣ : 조절변수
⑤ ㉠ : 선행변수, ㉡ : 매개변수, ㉢ : 종속변수, ㉣ : 외생변수

정답 및 해설

㉠ **선행변수**란 독립변수보다 먼저 발생된 변수로 독립변수와 종속변수에 직간접적으로 관련된 변수를 말한다.
㉡ **매개변수**는 독립변수가 매개변수를 통해 종속변수에 간접적으로 영향을 미치게 한다.
㉢ **종속변수**는 그의 값이 다른 변수에 의존하지만 다른 변수에 영향을 미칠 수 없는 변수를 말한다.
㉣ **외생변수**는 독립변수와 종속변수 모두에 영향을 미쳐 독립변수가 종속변수에 영향을 미치는 것처럼 보이게 하는 제3의 변수를 말한다. 외생변수를 통제하게 되면 독립변수는 종속변수에 영향을 미치지 못한다는 사실을 발견하게 된다.

답 ⑤

04 변수에 관한 설명으로 옳지 않은 것은?   •22회

① 매개변수(mediating variable)는 독립변수의 영향을 받아 종속변수에 영향을 미치는 변수이다.
② 통제변수(control variable)는 독립변수와 종속변수의 관계에 영향을 줄 수 있기 때문에 통제 대상이 되는 변수이다.
③ 독립변수는 결과변수이고 종속변수는 설명변수이다.
④ 조절변수(moderating variable)는 독립변수와 종속변수 간의 관계의 강도에 영향을 미칠 수 있다.
⑤ 변수들 간의 관계는 그 속성에 따라 직선이 아닌 곡선의 형태로도 나타날 수 있다.

정답 및 해설

독립변수는 **원인변수**이고 종속변수는 **피설명변수**이다. 독립변수는 다른 변수를 변화시키는 원인이 되는 변수로, 원인변수, 설명변수, 예측변수라고도 부른다. 반면에 종속변수는 영향을 받아 변화되는 결과가 되는 변수로, 결과변수, 피설명변수, 피예측변수라고도 부른다.

보충설명

① **매개변수**(mediating variable)는 독립변수와 종속변수 간의 관계를 설명하는데 개입되는 변수로, 독립변수의 영향을 받아 종속변수에 영향을 주는 변수이다.
② **통제변수**(control variable)는 두 변수 간의 관계를 좀 더 정확히 파악하기 위해 두 변수 간의 관계에 영향을 미칠 수 있는 제3의 변수를 통제할 경우 이 제3의 변수를 통제변수라 한다.
④ **조절변수**(moderating variable)는 독립변수와 종속변수 간의 관계를 강화시키거나 약화시키는 등 관계의 크기를 조절하는 제3의 변수를 말한다.
⑤ 변수들 간의 관계는 그 속성에 따라 직선(정적 관계, 부적 관계)이 아닌 **곡선**(curvilinear, 비선형)의 형태로도 나타날 수 있다.

답 ③

05 매개변수에 관한 설명으로 옳지 않은 것은? •14회

① 독립변수에 선행한다.
② 종속변수와 관련성이 있어야 한다.
③ 독립변수와 종속변수 간 관계를 분석할 때 유용하다.
④ 매개변수가 2개 이상인 연구모형이 가능하다.
⑤ 모든 측정수준(명목, 서열, 등간, 비율)의 변수가 매개변수로 사용될 수 있다.

정답 및 해설

매개변수(Intervening Variable)는 독립변수의 영향을 받아 종속변수에 영향을 주는 변수이며, 독립변수보다 선행하여 먼저 발생된 변수는 **선행변수**(antecedent variable)이다.

답 ①

06 "사회복지사의 전문성은 실천관계를 향상시켜 궁극적으로는 클라이언트의 만족도에 영향을 미칠 것이다"라는 가설에서 독립변수, 매개변수, 종속변수에 해당하는 것을 고르시오. •8회

	독립변수	매개변수	종속변수
①	전문성	만족도	실천관계
②	전문성	실천관계	만족도
③	만족도	실천관계	전문성
④	실천관계	만족도	전문성
⑤	실천관계	전문성	만족도

정답 및 해설

사회복지사의 전문성(**독립변수**)은 실천관계(**매개변수**)를 향상시키고, 이로 인해 클라이언트의 만족도(**종속변수**)에 영향을 미칠 것이다.

답 ②

OIKOS UP 기능에 따른 변수의 분류

① **독립변수** : 다른 변수를 변화시키는 변수로 영향을 주는 쪽이다. 즉 종속변수를 변화 또는 발생시킨다. 'X는 Y에 영향을 미친다 또는 X의 변화는 Y의 변화를 초래한다'라는 진술에서 X는 독립변수, Y는 종속변수를 의미한다. 즉 인과관계에서 원인(cause)은 독립변수이고 결과(effect)는 종속변수이다.
② **종속변수** : 영향을 받아 변화되는 결과가 되는 변수이다. 독립변수에 의해 설명된다. 그의 값이 다른 변수에 의존하지만 다른 변수에 영향을 미칠 수 없는 변수를 말한다. 독립변수의 영향을 받아 일정한 결과를 나타내는 변수이다.
③ **매개변수** : 독립변수와 종속변수 간의 관계를 설명하는 데 개입된 변수이다. 매개변수는 독립변수의 영향을 받아 종속변수에 영향을 주는 변수이다. 즉 매개변수는 독립변수와 종속변수 사이에서 독립변수의 결과인 동시에 종속변수의 원인이 되는 변수이다.

07 다음 가설에서 사용된 변수의 종류를 옳게 나타낸 것은? •9회

㉠교사의 지지가 높으면 ㉡집단따돌림이 ㉢아동의 자아존중감에 미치는 영향을 감소시킬 것이다.

	㉠	㉡	㉢
①	선행변수	종속변수	독립변수
②	독립변수	매개변수	종속변수
③	통제변수	독립변수	종속변수
④	조절변수	독립변수	종속변수
⑤	독립변수	종속변수	매개변수

> **정답 및 해설**
>
> A(독립변수)와 B(종속변수)의 관계가 제3의 변수의 범주에 따라 다르게 된다면 이러한 관계는 상호작용이 있다고 말하면서, 제3의 변수가 A와 B의 관계를 조건화시킨다고 한다. A, B의 관계가 제3의 변수 C의 한 범주하에서는 관계가 좋게 나타났으나, 다른 범주하에서는 그렇지 않을 경우 또는 A, B의 관계가 C의 한 범주에서는 긍정적이었으나 C의 다른 범주에서는 부정적일 경우가 **조절변수에 해당**한다.
>
> 답 ④

08 조절변수를 활용한 가설에 해당하는 것은? ●12회

① 소득은 삶의 만족도에 영향을 미친다.
② 소득이 삶의 만족도에 미치는 영향은 성별에 따라 다르다.
③ 소득과 삶의 만족도는 밀접한 관계가 있다.
④ 소득은 의료접근성을 통하여 삶의 만족도에 영향을 미친다.
⑤ 비슷한 소득일 때 거주지역에 따라 삶의 만족도는 차이가 난다.

> **정답 및 해설**
>
> A(독립변수)와 B(종속변수)의 관계가 제3의 변수(Z)의 범주에 따라 다르게 된다면 이러한 관계는 상호작용이 있다고 말하면서, 제3의 변수(Z)가 A와 B의 관계를 조건화시킨다고 한다. 이때 A와 B를 조건화시키는 제3의 변수(Z)를 **조절변수**(moderator, 조건변수)라고 한다. 소득(독립변수)과 삶의 만족도(종속변수)의 관계가 '성별'에 따라 달라지므로, 이때 성별은 조절변수이다.
>
> ✓ **보충설명**
>
> ⑤ '비슷한 소득일 때'라는 것을 통해 **소득은 통제변수**임을 알 수 있다. 소득을 통제하였을 때, **거주지역(독립변수)**이 **삶의 만족도(종속변수)**에 영향을 미치고 있다. 따라서, 통제변수인 **소득은 억압변수**였음을 알 수 있다. **억압변수(= 억제변수)**란 하나의 변수와는 긍정적으로 상관되어 있고 다른 하나의 변수와는 부정적으로 상관되어 있어 독립변수와 종속변수 간의 관계가 없는 것처럼 둘 간의 관계를 누르는 변수를 말한다.
>
> 답 ②

09 변수에 관한 설명으로 옳은 것은? • 9회

① 종속변수는 예측변수이다.
② 매개변수는 독립변수의 원인변수이다.
③ 연속변수의 대표적인 예는 더미변수이다.
④ 선행변수를 통제해도 독립변수와 종속변수 간의 관계는 유지된다.
⑤ 결과변수는 독립변수와 종속변수 간의 인과관계에 영향을 미치는 제3의 변수이다.

정답 및 해설

선행변수(antecedent variable) 란 독립변수보다 먼저 발생된 변수로서 독립변수와 종속변수에 직간접적으로 관련된 변수이다. 선행변수가 통제되더라도 독립변수와 종속변수 간의 관계는 계속 유지가 되지만, 만일 독립변수가 통제되면 선행변수는 종속변수와 아무런 관계를 갖지 못하게 된다.

오답풀이
① 종속변수는 **피예측변수**이다.
② 매개변수는 독립변수의 **결과변수**이다.
③ 연속변수는 변수가 연속성을 가지고 있는 것으로 등간변수, 비율변수가 이에 속한다. **이산변수의 대표적인 예는 더미변수이다.** 더미변수(dummy variables)는 명목변수를 주어진 변수가 지니고 있는 속성에 따라 0이나 1을 부여하여 등간변수로 변환시킨 변수를 말한다.
⑤ 결과변수는 **종속변수**를 말한다.

답 ④

10 변수에 관한 설명으로 옳지 않은 것은? • 10회

① 외생(extraneous)변수는 독립변수와 종속변수 간의 관계를 대안적으로 설명할 수 있다.
② 통제변수는 독립변수와 종속변수 간의 허위적 관계를 밝히는데 활용된다.
③ 매개변수와 통제변수는 같은 의미이다.
④ 종속변수는 결과변수로서 독립변수에 의해 변이값을 가진다.
⑤ 변수는 최소한 둘 이상의 변수 값으로 구성된 변량이 있어야 한다.

정답 및 해설

매개변수가 곧 통제변수를 의미하는 것은 아니다. 통제변수는 독립변수가 종속변수에 미치는 영향의 정도를 보다 정확하게 알기 위하여 분석에 포함되는 변수이다. 통제변수에는 여러 가지 종류가 있는데 외생변수, 매개변수, 조절변수, 억압변수 내지 왜곡변수 등이 있다.

답 ③

11 변수 간의 관계에 대한 설명으로 옳지 않은 것은? • 11회

① 복지정책이 소득수준 향상에 원인일 때 복지정책은 독립변수이다.
② 소득수준 향상이 경제발전의 결과라면 소득수준은 종속변수이다.
③ 경제수준이 비슷한 국가를 대상으로 복지정책의 빈곤감소효과를 조사할 때 경제수준은 통제변수이다.
④ 경제발전으로 복지정책의 재원이 늘어 생활수준이 향상되었다면 경제발전은 매개변수이다.
⑤ 경제여건에 따라 복지정책의 빈곤감소효과가 달라진다면 경제여건은 조절변수이다.

> **정답 및 해설**
> 경제발전 → 복지정책의 재원 증가 → 생활수준 향상 여기서 매개변수는 [복지정책의 재원 증가]이다. **경제발전은 독립변수에 해당**한다.
>
>   ④

12 변수에 관한 설명으로 옳은 것은? • 12회

① 독립변수는 모든 형태의 척도(명목, 서열, 등간, 비율)가 활용될 수 있다.
② 매개변수는 독립변수와 종속변수에게 영향을 미친다.
③ 통제변수는 종속변수와 관련성이 없어야 한다.
④ 조절변수는 독립변수에게 영향을 미친다.
⑤ 종속변수의 수는 외생변수의 수에 따라 결정된다.

> **정답 및 해설**
> **독립변수**(Independent Variable)는 다른 변수를 변화시키는 원인이 되는 변수로, 모든 형태의 척도가 활용될 수 있다.
>
> **오답풀이**
> ② **매개변수**는 독립변수의 영향을 받아 종속변수에 영향을 주는 변수이다.
> ③ **통제변수**는 독립변수와 종속변수 간의 관계를 좀 더 정확히 파악하기 위해 **두 변수 간의 관계에 영향을 미칠 수 있는 제3의 변수를 통제할 경우 이 제3의 변수**를 말한다. 종속변수와 관련성이 없다는 것은 올바르지 않다.
> ④ 매개변수와 조절변수가 다른 것은 매개변수는 독립변수와 상관관계가 있어야 하지만, **조절변수는 독립변수와 조절변수가 상관관계가 있을 필요가 없다.**
> ⑤ **외생변수**는 독립변수(X)와 종속변수(Y)가 각각 제3의 변수(Z)와 밀접한 관계를 갖고 있어 독립변수가 종속변수에 영향을 미치는 것처럼 보이는 경우 이때 제3의 변수(Z)를 말한다. 종속변수의 수가 외생변수의 수에 따라 결정되는 것은 아니다.
>
> ①

13 다음 가설에서 ㉠~㉢이 의미하는 것을 바르게 짝지은 것은? •13회

> 연령(㉠)의 많고 적음에 따라서 지역사회응집력(㉡)에 거주기간(㉢)이 미치는 영향력은 다를 것이다.

① ㉠ : 조절변수 ㉡ : 독립변수 ㉢ : 종속변수
② ㉠ : 독립변수 ㉡ : 종속변수 ㉢ : 매개변수
③ ㉠ : 조절변수 ㉡ : 종속변수 ㉢ : 독립변수
④ ㉠ : 독립변수 ㉡ : 매개변수 ㉢ : 종속변수
⑤ ㉠ : 매개변수 ㉡ : 종속변수 ㉢ : 독립변수

정답 및 해설

㉠ **조절변수(moderation variable)**는 독립변수에 영향을 받지는 않지만, 독립변수와 종속변수 간의 관계의 정도와 방향에 영향을 미치는 변수로, **연령은 조절변수에 해당**한다.
㉡ **지역사회응집력**은 독립변수인 거주기간에 영향을 받는 변수로 **종속변수에 해당**한다.
㉢ **거주기간**은 종속변수인 지역사회응집력에 영향을 주는 변수로 **독립변수에 해당**한다.

답 ③

14 다음 가설에서 ㉠~㉢이 의미하는 변수의 종류를 바르게 짝지은 것은? •14회

> 청소년이 제공받은 전문가 지지(㉠)는 외상경험(㉡)이 정신건강(㉢)에 미치는 부정적 영향을 완화시켜 줄 것이다.

① ㉠ : 독립변수, ㉡ : 매개변수, ㉢ : 조절변수
② ㉠ : 조절변수, ㉡ : 독립변수, ㉢ : 종속변수
③ ㉠ : 독립변수, ㉡ : 종속변수, ㉢ : 통제변수
④ ㉠ : 통제변수, ㉡ : 종속변수, ㉢ : 매개변수
⑤ ㉠ : 매개변수, ㉡ : 독립변수, ㉢ : 종속변수

정답 및 해설

제공받는 '전문가의 지지'에 따라 **독립변수**인 '외상경험'이 **종속변수**인 '정신건강'에 영향을 주는 것이 달라지게 되므로, 이때 '전문가의 지지'는 **조절변수**이다.

답 ②

15 다음 사례에서 부모의 재산은 어떤 변수인가?

•20회

> 한 연구에서 부모의 학력이 자녀의 대학 진학률에 영향을 미치는 것으로 나타났다. 그러나 부모의 재산이 비슷한 조사 대상에 한정하여 다시 분석해 본 결과, 부모의 학력과 자녀의 대학 진학률 사이에는 통계적으로 유의미한 관계가 없는 것으로 나타났다.

① 독립변수
② 종속변수
③ 조절변수
④ 억제변수
⑤ 통제변수

정답 및 해설

부모의 학력이 자녀의 대학 진학률에 영향을 미치는 것이므로, 영향을 미치는 **부모의 학력이 독립변수**이며 영향을 받는 **자녀의 대학 진학률이 종속변수**이다. 부모의 재산이 비슷한 조사 대상에 한정하여 다시 분석했다는 것은 부모의 재산을 통제한 것으로, **부모의 재산은 통제변수**에 해당한다. 부모의 재산을 통제한 결과 부모의 학력과 자녀의 대학 진학률 사이에는 통계적으로 유의미한 관계가 없는 것으로 나타났다는 것은, 부모의 재산이라는 변수가 없으면 부모의 학력과 자녀의 대학 진학률 사이에 아무런 관계가 없다는 것을 의미한다.

답 ⑤

16 독립변수와 종속변수의 관계를 명확히 밝히기 위해 실제 자료의 통계분석에서 사용하는 변수를 모두 고른 것은?

•13회

㉠ 조절(moderating)변수
㉡ 통제(control)변수
㉢ 매개(mediating)변수
㉣ 외생(extraneous)변수

① ㉠, ㉡, ㉢
② ㉠, ㉢
③ ㉡, ㉣
④ ㉣
⑤ ㉠, ㉡, ㉢, ㉣

정답 및 해설

독립변수와 종속변수의 관계를 명확히 밝히기 위해, **독립변수와 종속변수에 영향을 미칠 수 있을 것으로 예측되는 외생변수들을 모두 통제한 후 독립변수의 작용을 관찰**해야 종속변수에 대한 독립변수의 영향력을 좀 더 명확히 알 수 있다. 다만, 실제 연구에서는 종속변수에 영향을 미치는 모든 요인을 조사하는 것은 아니다. 즉 조사에 포함되지는 않았지만, 종속변수에 영향을 미치는 변수를 외생변수라고 한다. 외생변수가 조사에 포함되면 통제변수가 되는 것이다. 마찬가지로 억제변수나 왜곡변수의 경우에도 조사에 포함되면 통제변수가 된다.

답 ①

17 가정폭력이 피해 여성의 우울증에 미치는 영향은 여성이 맺고 있는 사회적 네트워크의 수준에 따라 달라진다는 연구 결과가 발표되었다. 이 연구에서 존재하지 않는 변수는? • 18회

① 독립변수
② 매개변수
③ 종속변수
④ 조절변수
⑤ 내생변수

정답 및 해설

'가정폭력이 피해 여성의 우울증에 미치는 영향은 여성이 맺고 있는 사회적 네트워크의 수준에 따라 달라진다.'에서 가정폭력은 **독립변수**, 피해 여성의 우울증은 **종속변수**, 사회적 네트워크의 수준은 **조절변수**이다. 종속변수인 피해 여성의 우울증은 **내생변수**이다.

보충설명

④ 독립변수와 종속변수의 관계가 제3의 변수의 범주에 따라 다르게 된다면, 이 때 제3의 변수를 **조절변수**라고 한다. 즉, 조절변수는 독립변수와 종속변수 사이에서 제2의 독립변수로, 독립변수와 종속변수의 관계를 강화시키거나 약화시킨다.
⑤ **내생변수**는 최소한 한 번은 모델 내의 다른 변수의 결과가 되는 변수로, 변수가 다른 변수로부터 인과적으로 규정되므로 '모델 내부에서 생성된 변수'라는 의미에서 내생변수라 부른다.

답 ②

MEMO

제03장 사회조사방법의 형태와 절차

제2영역 : 사회복지조사론

▶ 제3장 회차별 출제빈도, 출제비중 및 출제논점 1, 2, 3순위

10회 2012	11회 2013	12회 2014	13회 2015	14회 2016	15회 2017	16회 2018	17회 2019	18회 2020	19회 2021	20회 2022	21회 2023	22회 2024
1	2	2	2	(2)	3	1	1	3	1	2(1)	2	2

출제 비중	출제 논점		
	1순위 ☺	2순위 ※	3순위 ☆
1②3	① 종단조사(패널, 동년배, 경향), 횡단조사	① 탐색적, 기술적, 설명적 조사 ② 조사연구 시 고려사항: 분석단위, 해석상 오류	① 사회조사방법의 절차

01 사회조사방법의 형태

01 설명적 조사(explanatory research)에 관한 설명으로 옳지 않은 것은? ●9회

① 가설을 검증하려는 조사
② 특정 현상을 사실적으로 묘사하려는 조사
③ 변수 간의 인과관계를 규명하려는 조사
④ 실험조사설계 형태로 이루어지는 조사
⑤ 특정 변수에 영향을 미치는 요인에 대한 조사

> **정답 및 해설**
>
> 특정 현상을 사실적으로 묘사하려는 조사는 **기술적 조사**이다. **기술적 조사**는 어떠한 사건이나 현상의 모양이나 분포, 크기나 비율 등 단순통계적(simple statistics)인 것에 대한 해답을 구하기 위해 실시되는 조사를 말한다.
>
> 답 ②

OIKOS UP 설명적 조사

① 연구자가 어떤 상황에 대해 이미 알고 있거나 그 상황에 대해 기술하고 있는 자료를 충분히 가지고 있을 때, 어째서 그런 상황들이 존재하며, 그렇게 작용하고 있는가 등을 밝혀내기 위한 조사이다.
② 설명적 조사는 기술적 조사 결과의 축적을 토대로 해서 사실과의 인과관계를 규명하고자 할 때 주로 사용되기 때문에 이를 가설검증조사(research of testing casual hypothesis)라고 부르기도 한다.
③ 설명이란 왜(why) 이러한 결과가 발생 하였나 라는 문제의 원인을 묻는 질문에 대해 문제를 어떻게 해결할 것인지에 대한 해답을 제공하는 것이다(설명은 인과관계를 밝히는 과정임).
④ 기술적 조사는 요인들의 특성이 어떠하고, 이들 요인들이 어떻게 상호 관련되어 있는가를 보여주는 데 반해, 설명적 조사는 이 단계를 넘어서 이들 요인들이 어떠한 인과관계를 갖고 있으며 어떻게 미래를 예측하고 있는지를 설명해 준다. [기술적 조사 : X ↔ Y(상관관계), 설명적 조사 : X → Y(인과관계)]

02 다음 연구 상황에 유용한 조사유형은?   • 18회

일본 후쿠시마 원전 유출이 지역주민들의 삶에 초래한 변화를 연구하고자 하였으나 관련 연구나 선행 자료가 상당히 부족함을 발견하였다.

① 평가적 연구
② 기술적 연구
③ 설명적 연구
④ 탐색적 연구
⑤ 척도개발 연구

정답 및 해설

관련 연구나 선행 자료가 상당히 부족한 상황에서 유용한 조사는 **탐색적 연구**이다. **탐색적 연구**는 연구하고자 하는 주제가 새로운 것이거나 그 주제에 대한 자료가 별로 없을 경우나 앞으로 진행할 조사에 앞서 실시하는 조사를 말한다. **탐색적 연구의 목적은** 연구자가 새로운 관심사에 대해서 연구하거나, 연구주제가 비교적 잘 알려지지 않은 새로운 것이나, 연구자 보다 중요한 연구의 실행 가능성을 알아보고자 하거나 혹은 보다 중요한 연구에서 사용할 방법을 개발하고자 하는 경우에 주로 볼 수 있다.

답 ④

OIKOS UP 탐색적 조사

① 연구문제를 형성하거나 가설을 개발하려고 할 때 사용하는 조사연구
② 탐색적 조사의 주된 목적은 문제의 규명이다.
③ 연구대상에 대한 지식이 아주 적기 때문에 연구자는 연구해야 할 속성이 무엇인지를 개념화하고, 이들 개념을 조작화하여 자료수집을 위한 변수로 전환시키는 것이 중요하다.
④ 연구자가 만약 연구대상에 대해 충분한 지식과 정보가 있으면 기술적, 설명적 조사연구에 바로 들어가도 되기 때문에 탐색적 조사연구를 이들의 예비조사(pilot study)로 보는 경우도 많다.
⑤ 탐색조사의 질문지는 주로 무엇(what)을 이라는 질문을 많이 사용한다.
⑥ 탐색조사를 하는 방법 : 문헌조사, 경험자 조사 또는 전문가 의견조사, 특례분석 또는 특례조사

03 사회조사의 목적에 관한 설명으로 옳지 않은 것은? • 21회

① 지난 해 발생한 데이트폭력사건의 빈도와 유형을 자세히 보고하는 것은 기술적 연구이다.
② 외상후스트레스로 퇴역한 군인을 위한 서비스개발의 가능성을 파악하기 위한 초기면접은 설명적 연구이다.
③ 사회복지협의회가 매년 실시하는 사회복지기관 통계조사는 기술적 연구이다.
④ 지방도시에 비해 대도시의 아동학대비율이 높은 이유를 보고하는 것은 설명적 연구이다.
⑤ 지역사회대상 설문조사를 통해 사회복지서비스의 만족도를 조사하는 것은 기술적 연구이다.

정답 및 해설

외상후스트레스로 퇴역한 군인을 위한 서비스개발의 가능성을 파악하기 위한 초기면접은 **탐색적 연구**로서, 탐색적 연구방법 중 **경험자 조사**이다. 참고로 탐색적 조사를 하는 방법에는 문헌조사, 경험자조사 내지 전문가 의견조사, 특례조사 등이 있다. 경험자조사는 관련된 조사문제에 대해 전문적인 지식이나 경험을 소유하고 그런 경험이나 지식을 과학적으로 전달해 줄 수 있는 사람들로부터 필요한 정보를 얻는 방법이다.

보충설명

① 기술적 연구는 발생빈도나 비율을 파악하거나 유형이나 행태를 파악하려고 할 때 활용된다.
③ 기술적 연구는 관련 변수간의 상호관계성을 파악한다. 즉 어떤 특성이나 비율을 기술하는 정도를 넘어 둘 이상의 변수간 관계를 통계적으로 파악하는 것이다.
④ 대도시의 아동학대비율이 높은 이유, 즉 문제의 원인을 파악하는 것을 인과관계를 규명하는 설명적 연구이다.
⑤ 기술적 연구는 사회복지 실천분야에서 수혜자의 욕구와 문제 서비스 전달과정에서 사회복지사의 태도, 제공된 서비스 등에 대해 수혜자 만족도를 파악하려할 때 활용된다.

답 ②

04 다음 중 패널조사에 대한 설명으로 옳지 않은 것은? • 8회

① 검사효과가 개입될 수 있다.
② 시간과 비용이 많이 소모되는 조사다.
③ 행동과 태도 등의 변화과정을 분석하기 용이하다.
④ 동일한 조사대상에 대해 동일한 질문을 반복 실시하여 조사하는 방법이다.
⑤ 반복 조사할 때마다 표본을 유지하기가 용이하다.

> **정답 및 해설**
>
> **패널조사는** 종단조사에 속한다. 동일한 주제에 대해 동일한 대상을 장기간 반복 조사하는 것으로, 시간이 경과하면서 조사대상인 **패널이 중도에 탈락**하게 됨으로써 표본을 유지하기가 어렵다는 것이 단점이다.
>
> **오답풀이**
>
> ① 패널조사는 동일한 사람들을 표집대상으로 고정시켜 일정 기간 동안 매번 반복 조사를 실시하기 때문에 **검사효과가 개입**될 수 있다.
> ② 서로 다른 시점에 여러 차례에 걸쳐 조사가 이루어져야 하기 때문에 상대적으로 **시간과 비용이 많이 든다**.
> ③ 장기간에 걸쳐 조사대상자의 상황의 변화 또는 특정한 경향을 조사할 수 있기 때문에 **행동과 태도 등의 변화과정을 분석하기 용이**하다.
> ④ 패널조사는 **동일한 사람을 표집대상으로 고정시킨다**는 것에서 동년배 조사나 경향조사와 구별된다.
>
> **답** ⑤

05 종단적 조사에 관한 설명으로 옳지 않은 것은? • 10회

① 조사대상을 일정한 시간간격을 두고 2회 이상 관찰하는 조사를 말한다.
② 패널조사는 매 조사시점마다 동일인이 조사대상이 되도록 계획된다.
③ 개인의 노동시장활동과 같은 장기적 추이를 분석하는데 활용된다.
④ 경향분석(trend analysis)은 매 조사시점에서 조사대상이 동일인이 아니다.
⑤ 1990년대와 2000년대 10대들의 직업선호도 비교는 동류집단(cohort)조사이다.

> **정답 및 해설**
>
> 1990년대 10대들의 직업선호도, 2000년대 10대들의 직업선호도 조사는 각각 횡단조사에 의해 이루어진 것이다. 이를 비교하는 것이므로 동류집단조사가 아니라 **경향분석(추이연구)**이다. 경향분석은 **횡단연구를 여러 차례 시행하여 경향을 알아보는 연구**이다.
>
> **답** ⑤

06 다음 ( )에 알맞은 조사유형을 모두 나열한 것은?　　　　　　　　　　• 19회

> 일정한 시간간격을 두고 연구대상을 표본추출하여 반복적으로 조사하는 방법에는 ( ), ( ), 동년배 조사 등이 있다.

① 패널조사, 경향조사　　　　　　② 패널조사, 문헌조사
③ 전수조사, 경향조사　　　　　　④ 전수조사, 표본조사
⑤ 문헌조사, 전문가조사

정답 및 해설

일정한 시간간격을 두고 연구대상을 표본추출하여 반복적으로 조사하는 방법은 **종단조사**(longitudinal research)를 말한다. 종단조사에는 **패널조사**(panel study), **동년배조사**(cohort study, 코호트조사), **경향조사**(trend study, 추세연구)가 있다.

답 ①

---

07 종단연구(longitudinal study)에 관한 설명으로 옳은 것은?　　　　　　　　　　• 21회

① 베이비붐세대를 시간변화에 따라 연구하는 것은 추이연구(trend study)이다.
② 일정기간 센서스 자료를 비교하여 전국 인구의 성장을 추적하는 것은 동류집단연구(cohort study)이다.
③ 매번 동일한 집단을 관찰하는 연구는 패널연구(panel study)이다.
④ 시간에 따른 변화를 가장 정확하게 알려주는 것은 동류집단연구(cohort study)이다.
⑤ 일반 모집단의 변화를 시간변화에 따라 연구하는 것은 동류집단연구(cohort study)이다.

정답 및 해설

종단연구 중 패널연구(panel study)만이 **동일한 대상을 반복적으로 관찰**하기 때문에, 종단연구들 가운데 가장 정확하고 신뢰할 만한 연구이다.

오답풀이
① 베이비붐세대를 시간변화에 따라 연구하는 것은 **동류집단연구**(cohort study)이다.
② 일정기간 센서스 자료를 비교하여 전국 인구의 성장을 추적하는 것은 **추이연구**(trend study)이다.
④ 시간에 따른 변화를 가장 정확하게 알려주는 것은 **패널연구**(panel study)이다.
⑤ 일반 모집단의 변화를 시간변화에 따라 연구하는 것은 **추이연구**(trend study)이다.

답 ③

08 다음에서 설명하는 조사유형을 바르게 짝지은 것은?

• 22회

> ㉠ 동일한 표본을 대상으로 시간을 달리하여 추적 관찰하는 연구
> ㉡ 일정연령이나 일정연령 범위 내 사람들의 집단이 조사대상인 종단연구

① ㉠ : 경향조사, ㉡ : 코호트(cohort)조사
② ㉠ : 경향조사, ㉡ : 패널조사
③ ㉠ : 코호트(cohort)조사, ㉡ : 경향조사
④ ㉠ : 패널조사, ㉡ : 경향조사
⑤ ㉠ : 패널조사, ㉡ : 코호트(cohort)조사

정답 및 해설

㉠ **패널조사(panel study)**는 동일한 표본을 대상으로 동일한 주제에 대해 시간을 달리하여 추적 관찰하는 연구로서, 동일대상 반복측정을 원칙으로 한다.
㉡ **코호트(cohort)조사**는 일정연령이나 일정연령 범위 내 사람들의 집단이 조사대상인 종단연구로, 보다 좁고 구체적인 범위에 속한 인구집단의 변화를 연구하기 위한 조사이다.

답 ⑤

OIKOS UP 종단적 조사연구

① 둘 이상의 시점에서 동일한 분석단위를 연구하는 것이다.
② 종단연구의 세 가지 종류
　㉠ 추이(trend) 연구(=경향조사)
　㉡ 동류집단(cohort) 연구(=동년배 조사, 코호트 조사)
　㉢ 패널(panel)연구
③ 패널조사, 동년배 조사, 경향조사 비교

종단조사의 유형	비 교	
패널조사(panel study)	동일주제 반복조사	동일한 응답자(응답자고정)
동년배 조사(동류집단조사, cohort study)		특정한 조건 가진 사람들
경향조사(추이조사, 추세연구, trend study)		동일하지 않은 응답자

제3장 사회조사방법의 형태와 절차

09 횡단연구와 종단연구에 관한 설명으로 옳은 것은?

• 11회

① 일정기간에 걸쳐 발생하는 변화에 관한 연구는 종단연구이다.
② 횡단연구는 상대적으로 비용이 많이 든다.
③ 종단연구는 한 시점에서 대상을 관찰한다.
④ 동일대상을 반복 관찰하는 것은 횡단연구이다.
⑤ 특정 집단의 변화에 대한 횡단연구는 경향연구(trend study)이다.

> **정답 및 해설**
>
> 시간의 흐름에 따라 수주일, 수개월, 수년간 동안 장기간에 걸쳐 연구하는 것은 **종단조사**이다.
>
> **오답풀이**
> ② 횡단연구는 상대적으로 **비용이 적게** 든다.
> ③ **횡단연구는** 한 시점에서 대상을 관찰한다.
> ④ 동일대상을 반복 관찰하는 것은 **종단연구 중 패널연구**이다.
> ⑤ 특정 집단의 변화에 대한 횡단연구는 **코호트** 연구이다. 변화를 횡단연구로 여러 차례 실시한 것이므로 종단연구이지만, 특정 집단이므로 종단연구 중 코호트 연구이다.
>
> 답 ①

OIKOS UP 동년배 조사(동류집단조사, cohort study)(최성재, 2005)

① 코호트(cohort)라 함은 나이가 비슷한 사람들의 집단이나 나이와는 상관없는 동료 또는 지지자 집단을 의미하는데, 가장 많은 경우 동년배 집단(age cohort)을 말한다.
② 동년배 집단은 "어떤 역사적 기간에 태어나서 역사적 사건을 비슷한 방법으로 경험한 연령집단"으로서 1960년생 집단, 1960년대 출생집단 등이 이에 해당된다.
  ㉠ 사회과학적 연구에서는 5년 간격 또는 10년 간격의 출생시차를 가진 인구집단을 한데 묶어 동년배집단으로 취급하는 것이 일반적이다.
  ㉡ 베이비붐 세대(baby boomer generation : 1945~1964년 사이 출생한 사람들) 등과 같이 연령의 범위를 더 넓히는 경우도 있다.
③ 코호트는 연령을 중심으로 하는 외에 특별한 사건이나 현상을 경험한 사람을 연령에 관계없이 동년배로 보는 경우도 있다. 즉, 탈시설화 이후 처음 발생한 정신장애인 집단, 국민기초생활보장제도 시행 이후 1년간의 조건부 수급자 등도 코호트에 해당된다.

10 사회조사의 유형에 관한 설명으로 옳은 것을 모두 고른 것은? • 12회

> ㉠ 탐색, 기술, 설명적 조사는 조사의 목적에 따른 구분이다.
> ㉡ 패널조사와 동년배 집단(cohort)조사는 동일 대상인에 대한 반복측정을 원칙으로 한다.
> ㉢ 2차 자료 분석연구는 비관여적 연구방법에 해당한다.
> ㉣ 탐색적 조사의 경우에도 명확한 연구가설과 구체적 조사계획이 사전에 수립되어야 한다.

① ㉠, ㉡, ㉢　　　　　　　　　② ㉠, ㉢
③ ㉡, ㉣　　　　　　　　　　　④ ㉣
⑤ ㉠, ㉡, ㉢, ㉣

정답 및 해설

㉠ 탐색, 기술, 설명적 조사는 **조사의 목적(연구 이유)에 의한 분류**이다.
㉢ 비관여적 자료수집(nonobtrusive research, 비개입적 연구) 또는 비반응성(nonreactive research) 자료수집 방법은 **연구 대상자들의 반응성(reactivity)으로 야기되는 오류들을 제거하기 위한 방법**으로, 2차 자료 분석연구는 비반응성 자료수집에 해당한다.

오답풀이

㉡ 패널조사는 동일 대상인에 대한 반복측정이지만, 동년배 집단(cohort)조사는 특정한 조건을 가진 사람들이 시간이 변함에 따라 어떠한 변화를 보이는지를 오랜 시간에 걸쳐 연구하는 것이다.
㉣ 탐색적 조사는 앞으로 좀 더 정확한 조사를 위한 **연구문제를 형성하거나 가설을 개발하려고 할 때** 사용하는 조사연구 형태이다.

답 ②

11 사회조사의 유형에 관한 설명으로 옳은 것은? • 13회

① 횡단연구는 탐색, 기술, 설명의 목적을 갖는다.
② 동년배(cohort) 조사는 특정 하위모집단의 변화를 관찰하기 위해 매번 동일대상을 선정한다.
③ 종단연구는 장기간에 걸쳐 조사하는 연구로 질적 연구로는 이루어지지 않는다.
④ 패널(panel)연구는 새로운 경향을 확인하기 위해 해마다 다른 표본을 선정한다.
⑤ 추이(trend)조사는 패널연구보다 개인의 변화에 대해 더 명확한 자료를 제공한다.

> **정답 및 해설**
>
> 횡단조사에는 **탐색적 조사, 기술적 조사, 설명적 조사가 다 사용**될 수 있으며, 일반적으로는 기술적 조사가 많이 사용된다.
>
> **오답풀이**
> ② **매번 동일대상을 선정하는 것은 패널연구**로, 이는 특정 조사대상들을 선정해 놓고 이들에 대해 일정 기간 동안 매번 반복적으로 실시하는 조사방법이다.
> ③ **종단연구는** 장기간에 걸쳐 조사하는 연구는 맞지만, **질적연구로도 이루어진다.**
> ④ 새로운 경향을 확인하기 위해 해마다 다른 표본을 선정하는 것은 **추이조사(경향조사)**이다.
> ⑤ 추이조사보다 **패널연구가 동일 대상을 반복적으로 조사하기 때문에 개인의 변화에 더 명확한 자료를 제공**한다.
>
> 답 ①

12 조사의 유형에 관한 설명으로 옳은 것은? • 14회

① 질적조사는 평가연구에 활용될 수 없다.
② 시계열설계 유형은 평가연구에 활용될 수 없다.
③ 내용분석은 인간의 의사소통기록을 분석한다.
④ 코호트(cohort)조사는 구축된 패널을 매회 반복 조사한다.
⑤ 종단연구로는 특정 현상의 추이를 분석할 수 없다.

정답 및 해설

내용분석(content analysis)은 비반응적 자료수집방법을 활용한 가장 대표적인 조사방법 중의 하나로, 사람들의 의사소통 내용 기록에 대한 분석이다.

오답풀이

① **평가연구(evaluation research)**는 사회적 개입이 의도했던 결과를 만들어내는지를 판단하는 과정으로, 질적조사는 평가연구에 활용될 수 있다. **가장 효과적인 평가연구는 양적, 질적 요소를 통합한 것**이다.
② 평가연구자들은 전형적으로 실험 또는 유사실험 설계를 사용한다. 유사실험설계의 예로 시계열 설계와 비동일통제집단의 사용을 들 수 있다.
④ **패널조사**는 장기간에 걸쳐 동일한 주제에 대해 동일한 응답자에 대해 반복해서 면접이나 관찰을 행하는 조사로, **구축된 패널을 매회 반복 조사**하는 것이다.
⑤ **종단연구**는 시간의 흐름에 따라 조사대상이나 상황의 변화를 측정하는 것으로, **특정 현상의 추이를 분석할 수 있다.** 즉 시간의 흐름에 따라 변화하는 과정을 일목요연하게 파악할 수 있다.

답 ③

13 다음에서 설명하는 조사는?

• 15회

기초연금의 노인 빈곤 감소효과를 알아보기 위해 동일한 노인을 표본으로 10년간 매년 조사한다.

① 전수조사
② 추세조사
③ 패널조사
④ 탐색적 조사
⑤ 횡단적 조사

정답 및 해설

'동일한 노인을 표본으로 10년간 매년 조사한 것'은 패널조사에 해당한다. 사회조사방법은 시간적 차원에 따라 횡단조사와 종단조사로 구분되는 데, 종단조사 중 **패널조사(panel study)**는 장기간에 걸쳐 동일한 주제에 대해, **동일한 응답자에게 반복해서 면접이나 관찰을 행하는 조사**를 말한다.

답 ③

14 패널조사에 관한 설명으로 옳지 않은 것은? • 16회

① 동일 대상을 반복 조사하는 것이다.
② 패널조건화(panel conditioning) 현상으로 연구결과의 정확성이 높아질 수 있다.
③ 조사대상자의 추적과 관리에 비용이 많이 든다.
④ 독립변수의 시간적 우선성을 확보할 수 있어 내적 타당도를 높일 수 있다.
⑤ 조사대상자의 상실로 변화를 확인하기 어려울 수 있다.

> **정답 및 해설**
>
> 패널조건화 현상으로 연구결과의 **정확성이 낮아질 수 있다**. 패널 조건화(Panel Conditioning)는 응답자 및 면접원의 패널조사에서 나타나는 특수한 형태의 비표집오차로, 응답자가 이전 조사를 한번 이상 해보았기 때문에 발생하는 응답상의 변화(편의)를 말한다. 전검사를 기억하고 의식적으로 일관성을 유지하려고 하여 전검사와 같이 응답하려고 할 수도 있고, 또한 의식적으로 변화를 보이는 방향으로 응답할 수 있어 실질적 변화를 명확히 알 수 없게 될 가능성이 있다.
>
> **보충설명**
> ① 경향조사와 코호트조사에서는 동일한 모집단에서 각기 다른 표본을 조사하는 데 반해, **패널조사는 동일한 표본을 계속적으로 조사하는 것**이다. 즉, 어떤 일정한 표본을 선정하여 같은 표본에 대해서 일정한 시간간격을 두고 계속 관찰하는 조사이다.
> ③ 동일한 조사대상자를 반복조사하기 위해 **추적과 관리에 비용이 많이 소요**된다.
> ④ 패널조사는 같은 표본을 계속적으로 관찰하기 때문에 변화요인이 되는 독립변수에의 노출 전과 후의 상태를 관찰하는 것이 되므로 **독립변수와 종속변수의 시간차이 순서를 확립**(독립변수의 시간적 우선성을 확보)할 수 있고 전반적 변화 정도를 알 수 있는 장점이 있다.
> ⑤ 같은 사람을 대상으로 여러 번 조사를 해야 하기 때문에 조사에 자발적으로 응하는 사람들로 표본이 구성되기 때문에 조사대상자 선택의 편의가 작용하여 내적 타당도를 저해할 수 있으며, **연구기간이 길어지면 조사대상자의 상실현상이 나타나게 되고 이로 인해 내적 타당도를 저해**할 수 있다.
>
> 답 ②

15 종단연구(longitudinal study)에 관한 설명으로 옳지 않은 것은? •18회

① 시간흐름에 따른 조사 대상의 변화를 측정하는 연구이다.
② 일정기간의 변화에 대해 가장 포괄적 자료를 제공하는 것은 동년배집단연구(cohort study)이다.
③ 조사대상의 추적과 관리 때문에 가장 많은 비용이 드는 것은 패널연구(panel study)이다.
④ 일정 주기별 인구변화에 대한 조사는 경향연구(trend study)이다.
⑤ 동년배집단연구는 언제나 동일한 대상을 조사하는 것은 아니다.

정답 및 해설

패널연구(panel study)의 경우 동일한 대상을 반복적으로 관찰하기 때문에 일정 기간에 걸쳐 나타나는 변화에 대한 **가장 포괄적인 자료를 제공**할 수 있고, 따라서 세 종류의 종단연구들 가운데 **가장 정확하고 신뢰할 만한 연구**이다.

보충설명

① **시간흐름에 따른 조사 대상이나 상황의 변화를 측정하는 연구**로, 일반적으로 수주일, 수개월, 수년간 동안 장기간에 걸쳐 일정한 시간간격을 두고 반복적으로 여러 차례 측정한다.
③ 패널연구는 **조사대상의 추적과 관리 때문에 가장 많은 비용이 많이 들** 뿐만 아니라 상당 기간에 걸쳐 표본의 거처에 대한 지속적인 파악이 필수적이기 때문에 종단연구들 가운데 가장 하기 어려운 연구이다.
④ 경향연구(trend study)는 시간의 흐름에 따라 나타나는 일반적인 대상집단의 변화를 관찰하는 연구로, **일정 주기별 인구변화에 대한 조사는 경향연구**이다.
⑤ 동년배집단연구는 시간의 변화에 따른 특정 동년배(cohort)의 변화를 관찰하는 연구로, **조사대상자는 특정 동년배에 속하기만 하면 되므로 언제나 동일한 대상은 아니다.**

답 ②

16 다음에서 설명하는 조사 유형에 해당하는 것은? •20회

○ 둘 이상의 시점에서 조사가 이루어진다.
○ 동일대상 반복측정을 원칙으로 하지 않는다.

① 추세연구, 횡단연구
② 패널연구, 추세연구
③ 횡단연구, 동년배(cohort)연구
④ 추세연구, 동년배연구
⑤ 패널연구, 동년배연구

정답 및 해설

• 둘 이상의 시점에서 조사가 이루어진다는 것은 횡단연구가 아니라 **종단연구(패널연구, 동년배연구, 추세연구)**라는 것을 알 수 있다.
• 동일대상 반복측정을 원칙으로 하는 것은 패널연구이다. 따라서, 종단연구에서 패널연구를 제외하면 **동년배 연구와 추세연구**이다.

답 ④

02 사회조사방법의 절차

01 다음 내용에 해당하는 조사연구의 단계는? • 9회

조사대상 변수들 사이의 논리적 구조를 설정하고 가설설정에서 일반화에 이르기까지 필요한 제반활동에 대하여 계획을 세우는 단계

① 조사문제선정단계
② 자료분석단계
③ 측정도구개발단계
④ 자료수집단계
⑤ 조사설계단계

정답 및 해설

조사설계(research design)란 필요한 자료를 수집하기 위해 작성하는 설계라 할 수 있다. 즉 연구문제가 결정된 뒤 이에 대한 논리를 어떻게 전개할 것이며, 자료를 어떻게 수집할 것인지에 대한 여러 가지 대안들을 생각해 보는 것이다.

답 ⑤

02 조사과정 단계를 순서대로 연결한 것은? • 11회

㉠ 가설구성
㉡ 자료수집방법 결정
㉢ 자료수집
㉣ 설문지 문항 검토
㉤ 연구주제 선정

① ㉠ → ㉡ → ㉤ → ㉣ → ㉢
② ㉠ → ㉤ → ㉡ → ㉣ → ㉢
③ ㉤ → ㉠ → ㉡ → ㉢ → ㉣
④ ㉤ → ㉠ → ㉡ → ㉣ → ㉢
⑤ ㉤ → ㉠ → ㉣ → ㉡ → ㉢

정답 및 해설

연구주제 선정 → 가설구성 → 자료수집방법 결정 → 설문지 문항 검토 → 자료수집 순이다. 여기서 [설문지 문항 검토]는 본조사에 들어가기 전에 사전검사(pre-test)를 말하는 것으로 자료수집 전에 실시된다.

답 ④

03 조사연구의 과정에 관한 설명으로 옳지 않은 것은? • 12회

① 연구 문제의 발견 및 설정은 조사에서 핵심적인 부분이다.
② 가설은 연구 문제와 그 이론에 따라 구성되는 것이 바람직하다.
③ 연구 문제 설정은 가설설정과 조사설계의 전 단계이다.
④ 연구 문제 설정에서 비용, 시간, 윤리성 등이 고려되어야 한다.
⑤ 조사연구과정은 자료의 분석으로 마무리된다.

> **정답 및 해설**
>
> 조사연구과정은 **문제설정(문제제기) → 연구설계(조사설계) → 자료수집 → 자료처리 → 자료분석 → 자료해석 → 연구 보고서 작성**의 단계를 거친다. 자료의 분석으로 마무리되는 것이 아니라 조사보고서의 작성으로 마무리된다.
>
> 답 ⑤

04 조사연구과정의 일부이다. 이를 순서대로 나열한 것은? • 13회

㉠ '아동학대는 청소년 비행을 유발할 것이다'로 가설 설정
㉡ 할당표집으로 대상자를 선정하여 자료수집
㉢ 아동학대로 관심주제 선정
㉣ 구조화된 설문지 작성

① ㉠ - ㉡ - ㉢ - ㉣
② ㉠ - ㉢ - ㉡ - ㉣
③ ㉠ - ㉢ - ㉣ - ㉡
④ ㉢ - ㉠ - ㉣ - ㉡
⑤ ㉢ - ㉣ - ㉠ - ㉡

> **정답 및 해설**
>
> ㉢ 과학적 조사방법의 첫 번째 단계는 **연구주제의 선정**이다. - ㉠ 연구주제에 대해 어떤 결론을 이끌어 내기 위해 가설을 구성한다. 즉 조사가 가능한 구체적인 변수 간의 관계로 나타낸다. - ㉣ 가설을 설정한 이후 가설의 독립변수와 종속변수를 조사하기 위해 **조작화**를 하여, 조작화를 통해 정립된 대체 개념으로 **질문지를 작성**한다. - ㉡ 조사설계에 따라 **표본을 추출**하고, 선정된 자료수집 방법에 의해 자료를 수집한다.
>
> 답 ④

05 조사연구 과정의 일부분이다. 이를 올바르게 나열한 것은? • 17회

㉠ '대학생들의 전공에 따라 다문화수용성이 다를 것이다' 라는 가설설정
㉡ 표본을 추출하여 자료수집
㉢ 대학생들의 다문화수용성에 관한 선행연구 고찰
㉣ 구조화된 설문지 작성

① ㉠ → ㉡ → ㉢ → ㉣
② ㉠ → ㉢ → ㉡ → ㉣
③ ㉠ → ㉢ → ㉣ → ㉡
④ ㉢ → ㉠ → ㉡ → ㉣
⑤ ㉢ → ㉠ → ㉣ → ㉡

정답 및 해설

㉢ 대학생들의 다문화수용성에 관한 선행연구 고찰 → ㉠ '대학생들의 전공에 따라 다문화수용성이 다를 것이다' 라는 가설설정 → ㉣ 구조화된 설문지 작성 → ㉡ 표본을 추출하여 자료수집 순이다.

보충설명

㉢ 연구문제는 의문으로부터 시작하며 이 의문이 기존의 지식(**선행연구와 같은 문헌연구**, 전문가로부터 의견 개진, 동료들과의 토론 등)을 통해서 검토했을 때 해결되지 못한다면, 의문이 조사연구를 필요로 하는 문제로 바뀌게 된다. 즉, 기존의 연구나 문헌, 전문가나 동료들로부터 의문에 대한 충분한 해답을 찾을 수 없는 경우, 새로운 지식을 직접 개발할 필요성을 갖게 된다. 이런 경우 연구문제가 설정되고, 그에 대한 본격적인 조사연구가 착수된다.

답 ⑤

06 조사설계(research design)에 반드시 포함되어야 할 내용이 아닌 것은? • 18회

① 구체적인 자료수집 방법
② 모집단 및 표집방법
③ 자료분석 절차와 방법
④ 연구문제의 의의와 조사의 필요성
⑤ 주요변수의 개념정의와 측정방법

정답 및 해설

이 문제에서의 조사설계는 **좁은 의미에서의 조사설계**를 말하는 것으로, 연구문제가 선택(연구문제 형성)되고 가설이 선정(가설의 형성)된 후에 필요한 절차를 계획하는 것이다.

오답풀이
④ 연구문제의 의의와 조사의 필요성은 **연구문제 형성에 해당**된다. 연구문제를 형성할 때 연구문제의 중요성, 적용 및 해결 가능성, 연구의 이론적 관련성 등을 고려해야 한다.

보충설명
조사설계(research design)

조사설계(research design)에 관한 정의는 좁은 의미에서 넓은 의미에 이르기까지 폭 넓게 내려지고 있다.
1. **광의의 조사설계** : 연구의 주제를 선정하고, 연구문제를 설정한 후, 구체적인 조사설계를 행하고, 이에 따라 자료를 수집, 분석, 보고하고, 또한 분석 결과를 환류함으로써 보다 향상된 조사를 위해 활용하는 전반적인 전략이나 계획을 의미한다.
2. **협의의 조사설계** : 조사자가 연구문제를 선정하고 가설을 설정한 이후에 필요한 절차를 계획하는 것이다. 즉 설정된 가설을 검증하기 위하여 자료를 수집하고, 수집된 자료를 분석, 해석하는 전반적인 과정을 계획하고 통제하기 위한 구조이자 전략을 말한다.

답 ④

---

07 사회복지조사를 위한 수행단계로 옳은 것은? • 19회

① 문제설정 → 가설설정 → 조사설계 → 자료수집 → 자료분석 → 보고서작성
② 문제설정 → 가설설정 → 자료수집 → 자료분석 → 조사설계 → 보고서작성
③ 가설설정 → 문제설정 → 자료수집 → 조사설계 → 자료분석 → 보고서작성
④ 가설설정 → 문제설정 → 자료수집 → 자료분석 → 조사설계 → 보고서작성
⑤ 가설설정 → 문제설정 → 조사설계 → 자료수집 → 자료분석 → 보고서작성

정답 및 해설

사회복지조사방법의 절차는 일반적으로 문제설정(문제제기, 문제형성단계) → 연구설계(조사설계) → 자료수집 → 자료처리 → 자료분석 → 자료해석 → 연구보고서작성의 단계를 거친다. 문제설정(문제제기, 문제형성단계)에서 **연구문제를 설정**한 후 관련된 이론과 문제들로부터 **가설을 설정**하고, 가설설정 이후에 가설의 독립변수와 종속변수를 조사하기 위해 **조작화**를 통해 조사가능한 대체개념을 찾는다.

답 ①

08 다음에서 설문조사 결과를 해석할 때 유의해야 할 사항을 모두 고른 것은? • 20회

㉠ 표집방법이 확률표집인가 비확률표집인가?
㉡ 표본의 크기는 모집단을 대표하기에 적절한가?
㉢ 설문조사는 언제 이루어졌는가?
㉣ 측정도구가 신뢰할 만한 것인가?

① ㉠, ㉡
② ㉢, ㉣
③ ㉠, ㉡, ㉢
④ ㉠, ㉡, ㉣
⑤ ㉠, ㉡, ㉢, ㉣

> **정답 및 해설**
>
> ㉠ **확률표집일 경우** 표본의 값이 통계치로 모집단의 모수치를 가능한 정확하게 추정할 수 있지만, **비확률 표집인 경우**에는 확률표집보다 정밀성이 낮고 표본오차를 구하기 어렵다.
> ㉡ **표본의 크기는** 모집단으로부터 추출한 표집단위의 총수로, 타당한 표본설계에 따라 선정된 표본이라면 그 규모가 반드시 크지 않더라도 모집단을 효율적으로 대표할 수 있을 정도는 되어야 한다.
> ㉢ 설문조사가 언제 이루어졌는지를 고려함으로써 **조사결과에 영향을 미친 우연한 사건(역사요인)이 있는 지를 검토**할 수 있다.
> ㉣ 사회과학에서는 측정 환경에 대한 통제가 적절히 이루어지기 힘든 경우가 많기 때문에 **측정의 일관성이 있는 신뢰할만한 측정도구로 측정했는지도 중요**하다.
>
> ⑤

03 조사연구를 할 때 고려사항

01 연구주제와 분석단위가 바르게 연결되지 않은 것은?
• 8회

① 사회복지사 직무만족도에 영향을 미치는 요인 – 개인
② 직원 구성에 있어서 사회복지기관 간 유형 비교 – 개인
③ 지역 간 재정자립도 비교 – 지역
④ 발달장애인 가족구성원의 대처전략 – 개인
⑤ 사회복지비 지출에 있어서의 국가 간 비교 – 국가

정답 및 해설

직원 구성에 있어서 사회복지기관 간 유형 비교의 분석단위는 개인이 아니라 **기관**이다.

보충설명

분석단위는 '누구 혹은 무엇을 연구할 것인가'와 관련된 개념으로, 여기서의 '누구 혹은 무엇'은 연구주제를 말하는 것이 아니라 연구의 대상을 말한다. 사회복지사에게 **개인, 집단, 가족, 지역사회**는 모두가 **연구대상**이 된다.

 ②

02 '사회복지사의 근무지역에 따른 직업만족도 차이의 연구'라는 논문의 제목에서 알 수 없는 것은?
• 17회

① 독립변수　　　　　　　　② 종속변수
③ 통제변수　　　　　　　　④ 분석단위
⑤ 독립변수의 측정수준

정답 및 해설

통제변수(Control Variable)란 독립변수와 종속변수의 관계를 좀 더 정확히 파악하기 위해 두 변수 간의 관계에 영향을 미치지 못하게 통제되는 변수를 말한다. 주어진 논문의 제목만으로는 통제변수를 알 수 없다.

보충설명

① 독립변수는 **근무지역**이다.
② 종속변수는 **직업만족도**이다.
④ 분석단위는 **개인**이다.
⑤ 독립변수인 근무지역의 측정수준은 **명목적 측정**이다

 ③

03 다음 연구에 관한 설명으로 옳지 않은 것은?
• 15회

17개 시·도에서 2010년부터 2015년까지 매년 수집한 자료를 이용하여 '청년실업률이 범죄율에 미치는 영향과 추세'를 분석하였다.

① 독립변수는 청년실업률이다.
② 종속변수는 비율척도이다.
③ 분석단위는 개인이다.
④ 양적인 자료를 분석한 연구이다.
⑤ 종단연구이다.

정답 및 해설

분석단위(analysis unit)는 연구결과를 분석할 때 활용된 단위로, 개인, 집단, 공식적 사회조직, 사회적 가공물 등이 있다. '17개 시·도의 청년들'에 대한 자료를 수집하는 것이므로 **분석단위는 '시·도'이다.** 집단을 분석단위로 하는 경우는 부부, 또래집단, 동아리, 읍·면·동, 시·도, 국가 등이 있다. 다만, 주의할 점은 집단 구성원 개개인을 대상으로 하는 경우는 분석단위가 개인이며, **집단 그 자체를 대상으로 할 때 분석단위가 집단**이다. 주어진 연구에서 청년 개개인이 아니라 '17개 시·도의 청년들'의 실업률이므로 분석단위는 집단이다.

보충설명
① 독립변수는 '**청년실업률**'이며 종속변수는 '**범죄율**'이다.
② 종속변수인 '**범죄율**'은 비율척도이다.
④ **연구자가 가설 상에 설정한 변수들의 관계를 확률적으로 규명**하기 위해 양적인 자료를 분석하는 양적 연구에 해당한다.
⑤ 2010년부터 2015년까지 **매년 자료를 수집하여 추세를 분석하였으므로** 종단연구이다.

 ③

04 다음에서 설명하는 오류는?
• 15회

17개 시·도를 조사하여 대학 졸업 이상의 인구비율이 높은 지역이 낮은 지역에 비해 중위 소득이 더 높음을 알게 되었다. 이를 통해 학력수준이 높은 사람이 낮은 사람에 비해 소득수준이 높다는 결론에 도달했다.

① 무작위 오류
② 체계적 오류
③ 환원주의적 오류
④ 생태학적 오류
⑤ 개체주의적 오류

정답 및 해설

주어진 사례에서 지역(17개 시·도)을 조사하여 얻은 결과를 개인에게 적용하고 있으므로 생태학적 오류이다. **생태학적 오류(ecological fallacy)는 집합단위의 자료를 바탕으로 개인의 특성을 추리할 때 범할 수 있는 오류**로, 실제 분석 단위는 개인이 아니라 집단 또는 그 밖의 집합체임에도 불구하고 개인에 대해 어떤 주장을 하는 것이다.

 ④

05 다음 중 환원주의 오류에 해당하는 것은? •3회

① 집단을 대상으로 한 조사결과를 개인에 대해 적용시키는 오류
② 체계적으로 발생하는 오류
③ 표본조사과정에서 발생하는 오류
④ 넓은 범위의 인간의 사회적 행위를 지나치게 한정된 변수로 귀착시키려는 오류
⑤ 개인을 대상으로 한 조사결과를 집단에 대해 적용시키는 오류

> **정답 및 해설**
>
> 환원주의적 오류는 어떤 현상의 원인이라고 생각되는 개념이나 변수를 지나치게 제한하거나 한 가지로 환원시키려는 경우로, 어떤 특정한 분석 단위나 변수가 다른 것에 비해 높은 관련성을 갖는다고 생각하는 오류이다. 지나친 단순화라고 할 수 있다.
>
> 답 ④

06 분석단위에 관한 설명으로 옳은 것을 모두 고른 것은? •22회

> ㉠ 이혼, 폭력, 범죄 등과 같은 분석단위는 사회적 가공물(social artifacts)에 해당한다.
> ㉡ 생태학적 오류는 집단에 대한 조사를 기초로 하여 개인을 분석단위로 주장하는 오류이다.
> ㉢ 환원주의는 특정 분석단위 또는 변수가 다른 분석단위 또는 변수에 비해 관련성이 높다고 설명하는 경향이 있다.

① ㉡
② ㉠, ㉡
③ ㉠, ㉢
④ ㉡, ㉢
⑤ ㉠, ㉡, ㉢

> **정답 및 해설**
>
> ㉠ **사회적 가공물(social artifacts)**은 인간의 행위로 만들어진 산물이나 사건, 행동으로 분석단위에 해당한다. 즉 사회적 가공물에는 책, 그림, 시, 자동차, 건물, 노래, 농담, 주택 등 주로 문화적 항목으로 불리는 여러 형태의 사회적 대상을 비롯해서 이혼, 비윤리적 행동, 결혼, 교통사고, 비행기 납치, 청문회 등과 같은 사회적 상호작용이 포함되며 이러한 것들 자체도 하나의 분석단위가 될 수 있다.
> ㉡ **생태학적 오류(ecological fallacy)**는 실제 분석 단위는 개인이 아니라 집단 또는 그 밖의 집합체임에도 개인에 대해 어떤 주장을 하는 것이다.
> ㉢ **환원주의적 오류(축소주의, reductionism)**는 어떤 특정한 분석 단위나 변수가 다른 분석단위 또는 변수에 비해 높은 관련성이 높다고 설명하는 경향으로 모든 학문에는 환원주의적 경향이 있다. 즉, 자기 분야의 요인(또는 분석단위, 변수)이 다른 분야의 요인보다 더 우월하다고 믿고 다른 분야를 무시하는 태도를 환원주의라고 한다.
>
> 답 ⑤

제04장 질문지 작성

제2영역 : 사회복지조사론

▶▶ 제4장 회차별 출제빈도, 출제비중 및 출제논점 1, 2, 3순위

10회 2012	11회 2013	12회 2014	13회 2015	14회 2016	15회 2017	16회 2018	17회 2019	18회 2020	19회 2021	20회 2022	21회 2023	22회 2024
–	1	–	1	–	–	1	–	1	1	(3)	–	–

출제 비중	출제 논점		
	1순위 ☺	2순위 ※	3순위 ☆
0~1		① 질문의 문항작성 ② 설문 항목들의 배치	① 사전검사(Pre-test, 사전조사) ② 질문의 형태 선정

01 질문지 작성방법으로 옳지 않은 것은? •8회

① 응답항목이 많은 질문은 행렬식으로 배치하지 않는다.
② 응답률을 높이기 위해 민감한 질문을 앞에 배치한다.
③ 이중질문을 하지 않는다.
④ 주제와 관련 없는 항목을 되풀이 하지 않는다.
⑤ 응답의 고정반응을 피하기 위해 질문을 다양화한다.

정답 및 해설

민감한 질문이나 개방형 질문은 뒷부분에 배치하는 것이 바람직하다. 가령, 응답자의 자존심을 건드린다거나 사사로운 내용을 캐어묻는 듯한 질문들은 되도록 뒷부분에 배치하여야 한다. 즉 응답자를 분류하기 위한 개인 신상의 인구통계학적 변수나 사회경제적 변수들을 앞부분에서 질문할 경우 협조를 구하기 어려워진다.

✓ 보충설명

① **행렬식 질문**은 동일한 응답 항목들을 가진 질문들을 체계적으로 묶어서 하나의 질문세트를 만드는 것으로, 같은 응답항목을 공유하고 있는 여러 문항들을 나타내는 데 효율적인 형태이다. 응답항목이 많은 질문은 문항들을 행렬식 질문에 맞게 억지로 구성할 수 있기 때문에 행렬식으로 배치하지 않는다.

답 ②

OIKOS UP 행렬식 질문(matrix question)

동일한 응답 항목들을 가진 질문들을 체계적으로 묶어서 하나의 질문세트를 만드는 것으로, 같은 응답항목을 공유하고 있는 여러 문항들을 나타내는 데 효율적인 형태이다. 리커트 척도가 사용될 때 자주 사용된다.
예를 들어, 생활만족도에 관한 질문이라면 다음과 같다.

문 항	매우 그렇지 않다	그렇지 않았다	그저 그렇다	그렇다	매우 그렇다
1. 지난 삶을 되돌아보면 전반적으로 만족한 삶을 살아 온 것 같다.	①	②	③	④	⑤
2. 지금이 내 인생의 가장 좋은 날이다.	①	②	③	④	⑤
3. 내 인생은 지금보다 더 나아질 수 있다.	①	②	③	④	⑤

① 장점
  ㉠ 중복되는 공간을 최소화하여 질문지를 효율적으로 사용한다.
  ㉡ 일련의 독립된 문항보다 응답하기 쉬워 응답자가 응답하는 데 걸리는 시간을 줄여준다.
  ㉢ 응답들의 비교성을 증가시킨다.
② 단점
  ㉠ 응답항목이 많은 문항들의 경우 행렬식 질문에 맞게 억지로 구성할 수 있다.
  ㉡ 유사한 질문들이 인접배치되기 때문에 한 질문에 대한 응답이 다른 질문의 응답에 영향을 미치는 반응효과가 발생할 수 있다.

02 질문지 작성에 관한 설명으로 옳지 않은 것은?   • 9회

① 질문 문항은 가치중립적인 용어를 사용해야 한다.
② 질문지의 구성은 적용대상의 특성을 반영해야 한다.
③ 개방형 질문형태는 응답해석에 편견이 개입될 수 있다.
④ 가설은 질문지 조사항목과 세부사항을 결정하는 기준이 된다.
⑤ 사전검사(pre-test)는 연구문제의 핵심요소를 알지 못할 때 실시하는 조사이다.

정답 및 해설

사전검사는 본조사에 들어가기 전에 초안 질문지를 본조사에서 실시하는 것과 똑같은 절차와 방법으로 시험해 봄으로써 질문의 내용, 질문형태, 문항작성, 질문순서 등에 있을 수 있는 여러 가지 오류를 찾아내는 과정이다. 연구문제의 핵심요소를 알지 못할 때 실시하는 조사는 탐색적 조사(예비조사)이다.

보충설명

④ 질문지에 포함될 내용을 큰 범주로 나눈 것을 **조사항목**(research item)이라하고, 조사항목별로 포함될 내용을 세부적으로 작성하는 것을 **세부사항**이라 한다. 필요한 조사항목과 세부사항을 찾아내면 사항들 간의 관계를 규명해 볼 필요가 있으며, 이들 사항들 간의 관계를 규명하는 데 도움을 주는 것이 **가표**(mock table)다. 가표를 만들려면 먼저 가설을 세워야 하고, 가설의 독립변수와 종속변수를 측정할 수 있는 조사항목과 세부사항을 만들면 된다.

답 ⑤

03 설문지의 작성에 관한 설명으로 옳지 않은 것은? •12회

① 폐쇄형 질문의 응답범주는 포괄적(exhaustive)이어야 한다.
② 응답자의 이해능력을 고려하여 설문문항이 작성되어야 한다.
③ 폐쇄형 질문의 응답범주는 상호배타적(mutually exclusive)이지 않아도 된다.
④ 심층적이고 질적인 면접은 대부분 개방형 질문으로 구성된다.
⑤ 이중질문(double-barreled question)은 배제되어야 한다.

> **정답 및 해설**
>
> 폐쇄형 질문은 2가지 구조적 조건을 따라야 한다. 첫째, **제공된 응답의 범주가 포괄적**(exhaustive)이어야 한다. 둘째, **응답범주는 상호배타적**(mutually exclusive)이어야 한다.
>
>   ③

04 설문지 문항의 작성방법에 관한 설명으로 옳지 않은 것은? •13회

① 이중(double-barreled)질문과 유도질문은 피하는 것이 좋다.
② 신뢰도 측정을 위해 짝(pair)으로 된 문항들은 함께 배치하는 것이 좋다.
③ 응답하기 쉬운 문항일수록 설문지의 앞에 배치하는 것이 좋다.
④ 일반적인 것을 먼저 묻고 특수한 것을 뒤에 묻는 것이 좋다.
⑤ 객관식 문항의 응답 항목은 상호배타적이어야 한다.

> **정답 및 해설**
>
> 신뢰도를 측정하기 위해 도입되는 문제 짝(pair)들은 **분리하여 배치**한다.
>
> ②

05 설문지 작성에 관한 설명으로 옳은 것은?

• 16회

① 개방형 질문은 응답률을 높이기 위해 주로 설문지의 앞부분에 배치한다.
② 수반형(contingency) 질문이 많아질수록 응답률은 높아진다.
③ 명확한 응답을 얻기 위해 이중(double-barreled)질문을 사용한다.
④ 문항은 응답자의 특성과 무관하게 작성되어야 한다.
⑤ 신뢰도 측정을 위해 짝(pair)으로 된 문항들은 가급적 떨어지게 배치한다.

정답 및 해설

신뢰도를 측정하기 위한 목적으로 한 설문지 내에 표현은 각기 다르지만 동일한 질문 목적을 가진 문항 짝(pair)들을 배치하는 경우가 있는데, 이런 문항들은 될 수 있는 **한 서로 멀리 떨어져 있게 하는 것이 좋다**.

오답풀이

① **개방형 질문**은 응답률을 높이기 위해 주로 설문지의 **뒷부분에 배치하는 것이 바람직**하다.
② **수반형(contingency) 질문이 많아질수록** 응답자들은 피곤해지게 되고 **응답률은 낮아진다**. 따라서 어쩔 수 없이 연속적인 개연성 질문을 하더라도, 응답자가 쉽게 확인하고 이동할 수 있도록 문항들을 시각적으로 적절히 배치하는 등의 노력이 필요하다. 참고로 **수반형(contingency) 질문**은 〈문제 1〉에 대해 '예' 혹은 '아니요'로 응답하게 하고, '예'라고 응답한 사람은 〈문제 1-1〉에 답하고 '아니요'로 응답한 사람은 〈문제 1-2〉로 가서 답하도록 하는 것이다.
③ 명확한 응답을 얻기 위해 한 개의 질문이 둘 이상의 내용을 포함하고 있는 **이중(double-barreled)질문을 피하는 것이 좋다**. 이중적인 질문은 그에 따른 응답에 대한 해석과 활용이 어렵기 때문에, 단일 차원의 질문을 해야 한다.
④ 문항은 **응답자의 특성을 반영하여 작성**하여야 한다. 즉, 질문은 가급적 응답자의 지적 능력에 맞추어 이해하기 쉬운 단어나 표현을 사용하도록 한다. 특히 조사자들에게는 익숙한 전문용어들의 사용을 피하는 것이 바람직하다.

답 ⑤

06 설문지 작성에 관한 내용으로 옳지 않은 것은?
• 18회

① 개연성 질문(contingency questions)은 사고의 흐름에 따라 배치한다.
② 고정반응(response set)을 예방하기 위해 유사질문들은 분리하여 배치한다.
③ 민감한 주제나 주관식 질문은 설문지의 뒷부분에 배치한다.
④ 명목측정을 위한 질문은 단일차원성의 원칙을 지켜 내용을 구성한다.
⑤ 신뢰도 측정을 위한 질문들은 가능한 서로 가깝게 배치한다.

> **정답 및 해설**
>
> 신뢰도를 측정하기 위한 목적으로 사용되는 질문들은 될 수 있는 한 **서로 멀리 떨어져 있게 하는 것이 좋다.**
>
> **오답풀이**
> ① 개연성 질문(contingency questions)이 많아질수록 응답자들은 피곤해지므로, **가능한 한 연속되는 질문들이 복잡해지지 않도록 적합한 순서대로 사고의 흐름에 따라 배치**한다.
> ② **고정반응(response set)이란** 응답자가 일으키는 경향성으로, 많은 수의 문항들에 대해 응답자가 질문 내용이나 정확한 응답 유형들을 깊이 고려하지 않은 채 특정한 응답 반응을 무작정 채택해 버리는 경향을 말한다. **고정반응을 막기 위해서는 유사한 질문들은 떼어 놓는 등, 변화가 있게 배치하는 것이 필요하다.**
> ③ 응답자들이 이제까지의 응답에 따른 노력을 생각하여 쉽게 응답을 포기해버리지 못하기 때문에, **응답하기 쉬운 문제들을 앞에 배치하고 응답하기에 까다로운 민감한 주제나 주관식 질문을 설문지의 뒷부분에 배치**하는 것이 좋다.
> ④ **단일차원성의 원칙이란** 척도의 구성 항목은 단일한 차원을 반영해야 한다는 원칙으로, 척도의 모든 항목들은 하나의 동일 차원적 연속선상에 배열되어야 함을 뜻한다. **대부분의 척도는 단일차원성의 원칙에 근거하여 만들어지며,** 다차원으로 구성된 개념을 측정하는 복합지표 척도의 경우도 각 차원의 하위개념들은 각기 단일차원성의 원칙에 따라 척도구성이 되어야 한다.
>
> 답 ⑤

07 설문지 작성 방법에 관한 설명으로 옳은 것은?
• 19회

① 개방형 질문은 미리 유형화된 응답범주들을 제시해놓은 질문 유형이다.
② 행렬식(matrix) 질문은 한 주제의 응답에 따라 부가질문을 연결해서 사용하는 질문이다.
③ 많은 정보가 필요할 경우 이중질문을 사용한다.
④ 신뢰도 측정을 위해 짝(pair)으로 된 문항들은 이어서 배치한다.
⑤ 다항선택식(multiple choice) 질문은 응답범주들 중에서 하나 또는 그 이상을 선택하도록 하는 질문이다.

정답 및 해설

다항선택식(multiple choice) 질문은 여러 개의 응답범주들을 나열해 놓고 그 중에서 몇 개를 선택하도록 하는 방법이다.

오답풀이
① 미리 유형화된 응답범주들을 제시해놓은 질문 유형은 **폐쇄형(closed-ended) 질문**이다. **개방형(open-ended) 질문**은 응답자가 자신의 응답을 자유롭게 기록할 수 있는 질문 형태로써 미리 정해진 응답의 범주를 제공하기보다는 응답자의 생각, 느낌 혹은 의견 등을 자유롭게 표현하도록 하는 질문이다.
② **행렬식(matrix) 질문**은 동일한 응답 항목들을 가진 질문들을 체계적으로 묶어서 하나의 질문세트를 만드는 것이다. 한 주제의 응답에 따라 부가질문을 연결해서 사용하는 질문은 **부수적 질문(Contingency Question, 개연성 질문, 수반형 질문)**이다.
③ **이중질문(double-barreled question, 쌍열질문)**은 한 개의 질문이 둘 이상의 내용을 포함하고 있는 질문으로, 어느 한편만 찬성하거나 반대하는 경우 답변하기 애매하게 되므로 사용하지 않아야 한다.
④ 신뢰도 측정을 위해 짝(pair)으로 된 문항들은 **분리해서(서로 멀리 떨어져 있게)** 배치한다.

답 ⑤

08 자료수집방법에 관한 설명으로 옳은 것은? •20회

① 질문의 유형과 형태를 결정할 때 조사대상자의 응답능력을 고려할 필요가 있다.
② 설문문항 작성 시 이중질문(double-barreled question)을 넣어야 한다.
③ 비참여관찰법은 연구자가 관찰대상과 상호작용을 유지하는 것이 중요하다.
④ 설문지에서 질문 순서는 무작위 배치를 원칙으로 한다.
⑤ 우편조사는 프로빙(probing) 기술이 중요하다.

정답 및 해설

질문의 유형과 형태를 결정할 때 질문자의 의도에만 충실해서는 안 되고, **조사대상자의 응답능력과 수준을 적절히 파악해서 그에 맞게 질문해야 한다.**

오답풀이
② 설문문항 작성 시 한 개의 질문이 둘 이상의 내용을 포함하고 있는 **이중질문(double-barreled question)**은 피해야 한다.
③ **참여관찰법**은 연구자가 관찰대상인 집단의 일부가 되어 사회적 과정에 완전히 참여하면서 동시에 관찰하는 방법으로, 관찰대상과 상호작용을 유지하는 것이 중요하다. 반면 **비참여관찰**은 관찰대상을 가능한 한 방치해 두고 제3자의 입장에서 관찰대상의 자연스럽고 정상적인 행동을 관찰하는 방법이므로, 관찰대상과 상호작용을 유지하지 않는다.
④ 설문지에서 질문 순서는 무작위 배치를 원칙으로 **하지 않는다**. 개별문항들이 설문지에 어떻게 배치되는지에 따라 설문 조사의 효율성이나 응답률이 달라지기 때문에 문항들을 배치하는 것은 신중하게 다루어져야 한다.
⑤ **면접법에서** 프로빙(probing, 심층면접) 기술이 중요하다. **프로빙(probing, 심층면접)**은 면접조사 요원이 의견교환을 활성화하고 보다 많은 정보를 획득하기 위해 사용하는 기법으로, 응답자의 대답이 불충분 또는 부정확할 때 추가질문을 통해 충분하고 정확한 대답을 얻을 수 있도록 캐묻는 질문을 말한다.

답 ①

OIKOS UP 질문 문항 작성 시 유념할 사항

① 보편적이고 상용적인 용어를 사용하여 그 질문의 내용을 응답자가 정확하게 파악할 수 있도록 하여야 한다.
② 질문은 객관적이어야 하며 긍정적이거나 부정적이어서 어느 한 방향으로 치우쳐서는 안 된다. 다만 가능한 한 긍정적인 형태로 질문해야 한다.
③ 질문 용어는 가치중립적인 것을 사용해야 한다. 질문이나 응답 항목들에 편견을 내포하는 용어나 서술 등은 지양해야 한다.
④ 위험한 용어, 인기용어(catchy word) 등을 피해야 한다. 빨갱이, 급진주의, 파시즘, 우방 등의 용어는 감정적 표현을 자아내게 한다.
⑤ 질문의 카테고리 구성에서 찬반의 응답 선택의 수가 균형이 잡히도록 해야 한다.
⑥ 질문이나 응답 카테고리(response category)에 애매하거나 막연한 내용이 포함되지 않도록 하는 것이 좋다.
⑦ 설문지의 문장은 논문이나 전공서의 문장과는 달리 구어체 문장을 사용한다.
⑧ 문항의 수는 필요한 범위 내에서 최소로 한다. 너무 많은 내용을 장황하게 묻게 되면 응답자들이 부담을 느껴서 처음부터 응답하는 것을 기피하거나 무성의하게 반응할 우려가 있기 때문이다.
⑨ 하나의 항목에 두 가지 내용이 포함되어서는 안 된다. 즉 이중의미를 갖는 질문(이중질문, double-barreled questions, 한 개의 질문이 둘 이상의 내용을 포함하고 있는 질문)이 되지 않게 하여야 한다.
⑩ 이중부정의 표현은 응답자가 잘못 읽기 쉽기 때문에 가급적 사용하지 않는 것이 좋으며, 불가피하게 사용해야 할 경우 밑줄이나 강조표시를 통해 오류를 줄일 수 있다.
⑪ 질문은 명시적이고 직접적으로 한다. 질문은 추상적이지 않고 직접적이며 명시적인 것이 좋다. 막연한 질문을 하면 응답자마다 그것을 해석하는 데 차이가 있을 수 있다.

09 다음과 같은 유형의 질문은?

• 11회

귀하는 대통령 선거에서 투표한 적이 있습니까?
□ 예   (1~3번 질문에 답해 주십시오)
□ 아니오 (1~3번 질문을 건너뛰고 4번 질문으로 바로 가십시오)

① 복수응답 유발형 질문
② 행렬식 질문
③ 동일유형 질문
④ 수반형 질문
⑤ 개방형 질문

정답 및 해설

수반형 질문(contingency question, 개연성 질문)은 응답자가 한 문항에 응답하면 그에 따라 각기 다른 질문을 해야 할 경우에 사용되는 것이다. 즉 일정한 사람에게만 해당되는 사항인 경우에, 각 질문에 응답해야 하는 사람을 구분하는 질문을 먼저 하고, 응답결과에 따라 각각 다른 질문을 하는 형태의 질문이다.

답 ④

10 다음 사전조사에 대한 설명으로 적절하지 않은 것은? • 7회

① 본 조사에 들어가기 전에 시범 적용하는 것이다.
② 본 조사를 수행하는데 필요한 정보를 수집할 수 있다.
③ 질문지의 언어구성상 문제를 수정하는데 도움이 된다.
④ 본 조사의 핵심문항으로 구성된 약식 질문지로 수행한다.
⑤ 사전조사의 대상자는 본 조사의 표본이 될 수 없다.

> **정답 및 해설**
> 사전조사는 본조사 이전에 질문지의 오류를 찾아내기 위한 것으로 약식이 아닌 **본래의 질문지를 가지고 소수의 표본을 대상으로 실시하는 조사**이다.
> 답 ④

11 설문지 작성과정 중 사전검사(pre-test)를 실시하는 이유로 옳지 않은 것은? • 10회

① 연구하려는 문제의 핵심적인 요소가 무엇인지 확인
② 응답내용 간에 모순 또는 합치되지 않는지 확인
③ 응답이 한쪽으로 치우치지 않는지 확인
④ 질문 순서가 바뀌었을 때 응답에 실질적 변화가 일어나는지 확인
⑤ 무응답, 기타응답이 많은 경우를 확인

> **정답 및 해설**
> 본 조사에 들어가기 전에 초안 질문지를 본 조사에서 실시하는 것과 똑같은 절차와 방법으로 시험해 봄으로써 질문의 내용, 질문형태, 문항작성, 질문순서 등에 있을 수 있는 여러 가지 오류를 찾아내는 과정으로, **연구하려는 문제의 핵심적인 요소를 확인하려는 것은 탐색적 조사(예비조사)**이다.
> 답 ①

OIKOS UP   사전조사(pre-test, 사전검사)

① 본 조사에 들어가기 전에 초안 질문지를 본 조사에서 실시하는 것과 똑같은 절차와 방법으로 시험해 봄으로써 질문의 내용, 질문형태, 문항작성, 질문순서 등에 있을 수 있는 여러 가지 오류를 찾아내는 과정이다.
② 사전검사는 질문지 시정과 본조사 집행에 필요한 정보를 수집한다는 2가지 목적을 가지고 있다.
③ 사전검사는 반드시 한 번 이상하는 것이 좋다.
　㉠ 사전검사의 대상은 일반적으로 20~50명 정도가 적당하다고 보는데, 본 조사에서 연구할 표집 대상은 제외하고 다른 사람들을 표본으로 하여 실시하되 표본과 비슷한 대상을 골라야 한다.
　㉡ 되도록 면접을 통해 사전검사를 실시하는 것이 응답자의 다양한 의견을 참고할 수 있기 때문에 나은데, 자기기입식 사전검사를 할 경우에는 자신의 의견을 개진할 능력이 있는 사람을 대상으로 하는 것이 좋다.
④ 사전검사에서 가장 먼저 분석해 볼 것은 응답자의 특별한 반응 및 의견이다.
⑤ 아울러 사전검사를 통해 조사의 용이성, 조사 소요시간 등도 파악하여 본조사에 대비하는 것이 좋다.

제05장 측정과 척도

제2영역 : 사회복지조사론

제5장 회차별 출제빈도, 출제비중 및 출제논점 1, 2, 3순위

10회 2012	11회 2013	12회 2014	13회 2015	14회 2016	15회 2017	16회 2018	17회 2019	18회 2020	19회 2021	20회 2022	21회 2023	22회 2024
1	2	2	1	1	1	3	2(1)	2	3	3	3	3

출제비중	출제 논점		
	1순위 ☺	2순위 ※	3순위 ☆
1**2**3	① 측정수준(속성에 따른 변수)	① 척도 기본요건 : 척도 구성 시 고려할 사항 ② 리커트 척도(총합척도)	① 누적척도(보가더스 척도, 거트만 척도) ② 써스톤의 척도(유사동간법) ③ 의미분화척도

01 측정(measurement)

01 측정에 관한 설명으로 옳지 않은 것은?   • 19회

① 일정한 규칙에 따라 측정대상에 값을 부여하는 과정이다.
② 이론적 모델과 사건이나 현상을 연결하는 방법이다.
③ 사건이나 현상을 세분화하고 통계적 분석에 활용할 수 있는 정보를 제공한다.
④ 측정도구의 신뢰도를 높이기 위해서는 설문문항 수가 적을수록 좋다.
⑤ 측정의 수준에 따라 명목, 서열, 등간, 비율의 4가지 유형으로 분류한다.

> **정답 및 해설**
>
> 측정도구의 신뢰도를 높이기 위해서는 설문문항 수가 **많을수록** 좋다. 설문문항 수가 많을수록 크론바 알파 값이 커지므로 신뢰도가 증가된다.
>
> **보충설명**
> ① 측정은 **일정한 규칙에 따라 측정대상의 특성이나 속성에 대하여 숫자나 기호를 부여**하는 체계적이고 과학적인 과정이다.
> ② 측정은 추상적인 개념들을 경험적으로 관찰 가능하도록 바꾸어줌으로서 **이론적 세계(개념적·추상적 세계)와 경험적 세계(경험적·실증적 세계)를 연결**시켜주는 수단적인 역할을 한다.
> ③ 측정은 수(number)가 가지고 있는 속성에 따라 다양한 수준에서 이루어지고 **다양한 사건이나 현상에 대해 구체적이고 정확한 정보를 제공**해 준다. 또한, 숫자는 통계적 조작에 활용될 수 있는 정보를 제공한다.
> ⑤ 심리학자 스티븐스(S.S. Stevens)는 측정의 수준을 명목적 측정, 서열적 측정, 등간적 측정, 비율적 측정의 4가지 유형으로 분류하였다.
>
> 답 ④

OIKOS UP 측정(測定, measurement)

① 측정 : 일정한 규칙에 따라 대상의 특성이나 속성에 대하여 숫자나 기호를 부여하는 체계적이고 과학적인 과정으로, 특정 분석단위에 대해 질적, 양적 값이나 수준을 결정하고 이를 규칙화하여 숫자를 부여하는 과정이다.
② 측정은 추상적인 개념들을 경험적으로 관찰 가능하도록 바꾸어줌으로서 이론적 세계(개념적·추상적 세계)와 경험적 세계(경험적·실증적 세계)를 연결시켜주는 수단적인 역할을 한다.
③ 측정에 대한 정의가 다양하겠으나 그 초점은 수량화의 범위이다.
④ 측정의 의의
  ㉠ 가설검증에 중요한 역할을 한다.
  ㉡ 자료수집을 위한 기본단위가 된다.
  ㉢ 숫자가 부여되기 때문에 자료처리 시 통계적 기법 적용이 가능하다.

02 척도에 관한 설명으로 옳은 것을 모두 고른 것은?

• 19회

㉠ 명목척도는 응답범주의 서열이 없는 척도이다.
㉡ 비율척도의 대표적인 유형은 리커트 척도이다.
㉢ 비율척도는 절대 0점이 존재하는 척도이다.
㉣ 서열척도는 변수의 속성에 따라 일정한 범주로 분류한다.

① ㉠, ㉡
② ㉡, ㉣
③ ㉢, ㉣
④ ㉠, ㉡, ㉢
⑤ ㉠, ㉢, ㉣

정답 및 해설

㉠ **명목척도**는 측정대상의 특성을 분류하거나 확인할 목적으로 숫자를 부여하는 척도로, 범주에 부여된 숫자는 수치적 의미가 없는 숫자이다. 분류된 응답범주가 크기나 양을 가지지 않기 때문에 서열이 없다.
㉢ 등간척도는 임의적인(가상적인) 0점인 반면, 비율척도는 **절대적 혹은 자연적 0점**이 존재하는 척도이다.
㉣ 서열척도는 명목척도처럼 **변수의 속성에 따라 일정한 범주로 분류**한다. 다만, 명목척도와 다르게 분류된 범주들을 고저, 대소, 전후, 상하 등에 따라 여러 개의 범주로 서열화할 수 있다.

오답풀이
㉡ 리커트 척도는 서열척도의 대표적인 유형이다.

답 ⑤

03 척도가 바르게 연결된 것은?
•7회

① 지능 지수 - 비율척도 | 월수입 - 명목척도
② 섭씨온도 -비율척도 | 장애등급 - 서열척도
③ 상중하로 구분한 성적 - 명목척도 | 장기요양보험 1, 2, 3, 4, 5등급 - 서열척도
④ 1~10점으로 나눈 사회복지시설 이용자의 만족도 - 등간척도 | 화씨온도 - 등간척도
⑤ 종교유무 - 등간척도 | 장애등급 - 등간척도

> **정답 및 해설**
> ① 지능지수는 **등간척도**, 월수입은 **비율척도**에 해당한다.
> ② 섭씨온도는 **등간척도**, 장애등급은 **서열척도**에 해당한다.
> ③ 상중하로 구분한 성적은 **서열척도**, 장기요양보험의 등급은 **서열척도**에 해당한다.
> ⑤ 종교유무는 **명목척도**, 장애등급은 **서열척도**에 해당한다.
>
> 답 ④

04 측정수준과 변수가 바르게 연결된 것은?
•8회

① 복지비 지출의 국가 간 순위 - 명목변수   ② 직업분류 - 등간변수
③ 생계급여액 - 서열변수   ④ 사회복지관 근무연수 - 명목변수
⑤ 사회복지학과 졸업생 수 - 비율변수

> **정답 및 해설**
> 학생 수는 **비율변수**에 해당한다.
> **오답풀이**
> ① 서열변수, ② 명목변수, ③ 비율변수, ④ 비율변수에 해당한다.
>
> 답 ⑤

05 측정수준에 관한 설명으로 옳지 않은 것은? • 11회

① 대학수학능력시험 점수는 비율변수이다.
② 명목변수의 수치에는 서열이나 양적 의미가 없다.
③ 온도 1℃와 2℃의 차이는 10℃와 11℃의 차이와 동일하다.
④ 비율변수 0은 경험세계에서 속성이 존재하지 않는다.
⑤ 100Kg은 50Kg보다 두 배 무겁다.

> **정답 및 해설**
> 시험에서 0점을 받았다고 그 과목에 대한 지식이 전혀 없다는 것을 의미하지 않는다. 또한 100점 맞은 사람이 50점 맞은 사람보다 2배로 지식이 많다는 것을 뜻하지도 않는다. 따라서 **시험점수는 등간변수**이다.
> **보충설명**
> ② 명목변수의 수치에는 서열이나 양적인 의미를 갖지 않으며, 단지 카테고리의 표식이다.
> ④ 비율변수의 0은 절대영점으로 경험세계에서 속성이 존재하지 않는다.
>
> 답

06 척도의 종류가 각각 바르게 짝지어진 것은? • 12회

㉠ 교육수준 - 중졸 이하, 고졸, 대졸 이상
㉡ 교육연수 - 정규교육을 받은 기간(년)
㉢ 출신 고등학교 지역

① ㉠ : 명목척도, ㉡ : 서열척도, ㉢ : 등간척도
② ㉠ : 등간척도, ㉡ : 서열척도, ㉢ : 비율척도
③ ㉠ : 등간척도, ㉡ : 비율척도, ㉢ : 명목척도
④ ㉠ : 서열척도, ㉡ : 등간척도, ㉢ : 명목척도
⑤ ㉠ : 서열척도, ㉡ : 비율척도, ㉢ : 명목척도

> **정답 및 해설**
> ㉠ '교육수준 - 중졸 이하, 고졸, 대졸 이상'은 각 범주들 간의 상대적 순서관계를 밝히는 **서열척도에 해당**한다.
> ㉡ '교육연수 - 정규교육을 받은 기간(년)'은 절대적인 영을 가진 척도를 가지고 수치를 부여하는 **비율척도에 해당**한다.
> ㉢ '출신 고등학교 지역'은 측정대상의 특성을 분류하거나 확인할 목적으로 숫자를 부여하는 **명목척도에 해당**한다.
>
> 답

07 한 연구에서 사용된 '소득(단위 : 원)' 변수에 관한 설명으로 옳지 않은 것은?   •13회

① 1만원과 2만원의 차이는 400만원과 401만원의 차이와 동일하다.
② 0원은 실제적 의미가 있는 절대영점이다.
③ 표준편차를 계산할 수 없다.
④ 사칙연산이 가능하다.
⑤ 명목척도로 변환할 수 있다.

> **정답 및 해설**
>
> '소득(단위 : 원)' 변수는 비율변수에 해당한다. **비율변수는 사칙연산이 가능해 높은 수준의 통계적 분석이 가능**하다. 즉 수학의 모든 연산식과 통계학의 모든 절차들을 무제한적으로 사용할 수 있다.
>
> **보충설명**
> ⑤ 높은 수준의 척도는 낮은 수준으로 변경이 가능하지만 낮은 수준의 척도는 높은 수준으로 전환할 수 없다. 즉 비율척도는 명목척도로 변환이 가능하다.
>
> **답** ③

08 변수의 측정 종류가 바르게 짝지어진 것은?   •16회

㉠ 사회복지사의 근무지역 동(洞)
㉡ 사회복지사가 이수한 보수교육 시간(분)
㉢ 사회복지사의 근무기관 평가등급 점수(A, B, C, D)

① ㉠ : 명목측정, ㉡ : 서열측정, ㉢ : 비율측정
② ㉠ : 비율측정, ㉡ : 서열측정, ㉢ : 명목측정
③ ㉠ : 서열측정, ㉡ : 비율측정, ㉢ : 서열측정
④ ㉠ : 명목측정, ㉡ : 비율측정, ㉢ : 서열측정
⑤ ㉠ : 서열측정, ㉡ : 명목측정, ㉢ : 비율측정

> **정답 및 해설**
>
> ㉠ 사회복지사의 근무지역 동(洞)은 한 변수에 포함되는 속성 값들을 단순히 분류해 내는 **명목측정**에 해당한다.
> ㉡ 사회복지사가 이수한 보수교육 시간(분)은 절대 영점의 정보가 있는 **비율측정**에 해당한다.
> ㉢ 사회복지사의 근무기관 평가등급 점수(A, B, C, D)는 구분된 속성들에 서열을 매길 수 있는 수준의 측정인 **서열측정**에 해당한다.
>
> **답** ④

09 척도 수준(level of measurement)에 관한 설명으로 옳은 것은? • 16회

① 연령은 모든 척도 수준으로 분석이 가능하다.
② 표준화된 지능검사점수는 비율척도다.
③ 소득을 비율척도로 질문하면 다른 척도 수준으로 질문 할 때보다 응답률이 높은 편이다.
④ 등간척도는 절대영점이 있다.
⑤ 서열척도는 비율척도로 변환이 가능하다.

> **정답 및 해설**
>
> **연령은 비율척도**로 가장 높은 수준의 척도이다. 즉 비율측정이 측정의 가장 높은 수준이고, 그 다음으로 등간측정, 서열측정, 마지막으로 명목측정이 가장 낮은 수준이다. **높은 수준의 척도인 비율척도는 낮은 수준으로 변경이 가능하므로 모든 척도 수준으로 분석이 가능**하다.
>
> **오답풀이**
>
> ② 표준화된 지능검사점수는 **등간척도**다. 그 이유는 지능지수 점수 100과 110점을 분리하는 간격은 지능지수 점수 110점과 120점을 분리하는 간격과 같은 것으로 등간격성은 있지만, 지능검사에서 0점을 받은 사람은 엄격하게 말해 지능이 전혀 없다고 말 할 수 없으므로 절대영점이 아닌 임의적 영점이기 때문이다.
> ③ 소득을 비율척도로 질문하면 다른 척도 수준으로 질문 할 때보다 **응답률이 낮은 편이다.** 즉 **낮은 수준의 척도일수록 응답이 간편하므로 응답률이 높은 편**이다.
> ④ 등간척도는 영점은 **임의적 영점(arbitrary zero point)**이 있다. 절대영점(경험세계에서 속성이 존재하지 않음)은 **비율척도**에 있다.
> ⑤ 서열척도는 비율척도보다 낮은 수준의 척도이기 때문에, **낮은 수준의 서열척도를 높은 수준의 척도인 비율척도로 변환하는 것은 불가능**하다.
>
> 답 ①

10 측정의 4등급 – 사례 – 가능한 통계분석의 연결이 옳지 않은 것은? •17회

① 명목등급 – 베이비붐세대여부 – 백분율
② 서열등급 – 학점(A, B, C....) – 최빈치
③ 등간등급 – 온도(℃) – 중위수
④ 비율등급 – 시험점수(0~100점) – 산술평균
⑤ 명목등급 – 성별, 현재흡연여부 – 교차분석

> **정답 및 해설**
>
> 비율등급의 가능한 통계분석에 산출평균은 맞지만, **시험점수(0~100점)**는 비율등급이 아니라 **등간등급에 해당**한다. 측정의 4등급과 가능한 통계분석은 아래의 표와 같이 정리할 수 있다.
>
> | 구 분 | 명목등급 | 서열등급 | 등간등급 | 비율등급 |
> |---|---|---|---|---|
> | 수학연산 | = | = 〉〈 | = 〉〈 ± | = 〉〈 ± × ÷ |
> | 통계분석 방법 | 빈도분석, 최빈치, 백분율, 교차분석 | 중앙값(중위수) | 산술평균, 대부분통계 | 기하평균, 모든 통계 |
>
> 답 ④

11 다음 변수의 측정수준을 고려하여 변수의 유형을 순서대로 나열한 것은? •18회

○ 장애 유형 – 정신장애, 지체장애 등
○ 장애 등록 후 기간 – 개월 수
○ 장애 등록 연령 – 나이
○ 장애인의 건강 정도 – 상, 중, 하

① 비율변수, 비율변수, 서열변수, 명목변수
② 명목변수, 비율변수, 비율변수, 서열변수
③ 명목변수, 등간변수, 명목변수, 서열변수
④ 등간변수, 비율변수, 서열변수, 비율변수
⑤ 명목변수, 비율변수, 비율변수, 명목변수

> **정답 및 해설**
>
> 장애 유형(정신장애, 지체장애 등)은 **명목변수**, 장애 등록 후 기간(개월 수)은 **비율변수**, 장애 등록 연령(나이)은 **비율변수**, 장애인의 건강 정도(상, 중, 하)는 **서열변수**이다.
>
> ②

12 다음 연구주제를 검증하기 위하여 변수를 구성할 때 변수명(측정 방법), 해당 변수의 종류와 분석가능한 통계수치의 연결이 옳은 것은?
• 18회

> 학업중단 청소년의 아르바이트 경험이 삶의 만족에 미치는 영향은 또래집단의 지지정도에 따라 차이가 있을 것이다.

① 아르바이트 경험(유무) – 독립변수, 산술평균
② 아르바이트 경험(종류) – 독립변수, 최빈값
③ 아르바이트 경험(개월 수) – 조절변수, 중간값
④ 또래집단의 지지(5점 척도) – 독립변수, 산술평균
⑤ 삶의 만족(5점 척도) – 매개변수, 산술평균

정답 및 해설

아르바이트 경험은 **독립변수**, 삶의 만족은 **종속변수**, 또래집단의 지지는 **조절변수**이다. 독립변수인 아르바이트 경험 종류는 **명목변수**이므로 분석가능한 통계수치에 최빈값이 해당된다.

오답풀이
① 아르바이트 경험은 독립변수는 맞지만, **아르바이트 경험의 유무는 명목변수이므로 산술평균는 분석가능한 통계수치가 아니다.**
③ **아르바이트 경험은 독립변수**이다. 아르바이트 경험 개월 수는 **비율변수**이므로, 분석가능한 통계수치에 중간값도 해당된다.
④ **또래집단의 지지는 조절변수**이다. 또래집단의 지지 5점 척도는 **등간변수**이므로, 분석가능한 통계수치에 산술평균이 해당된다.
⑤ **삶의 만족은 종속변수**이다. 삶의 만족 5점 척도는 **등간변수**이므로, 분석가능한 통계수치에 산술평균이 해당된다.

답 ②

13 측정수준이 서로 다른 변수로 묶인 것은?
• 20회

① 연령, 백신 접종률
② 학년, 이수과목의 수
③ 섭씨(℃), 화씨(℉)
④ 강우량, 산불발생 건 수
⑤ 거주지역, 혈액형

정답 및 해설

학년은 등간변수이며, **이수과목의 수는 비율변수**이다.

오답풀이
① 연령, 백신 접종률은 모두 **비율변수**이다.
③ 섭씨(℃), 화씨(℉)는 모두 **등간변수**이다.
④ 강우량, 산불발생 건 수는 모두 **비율변수**이다.
⑤ 거주지역, 혈액형은 모두 **명목변수**이다.

답 ②

14 다음 연구과제의 변수들을 측정할 때 ㉠~㉣의 척도유형을 바르게 짝지은 것은? • 21회

> 장애인의 성별(㉠)과 임금수준의 관계를 정확하게 파악하기 위해서는 장애유형(㉡), 거주지역(㉢), 직업종류(㉣)와 같은 변수들의 영향력을 적절히 통제해야 한다.

① ㉠ : 명목, ㉡ : 명목, ㉢ : 명목, ㉣ : 명목
② ㉠ : 명목, ㉡ : 서열, ㉢ : 서열, ㉣ : 명목
③ ㉠ : 명목, ㉡ : 서열, ㉢ : 명목, ㉣ : 비율
④ ㉠ : 명목, ㉡ : 등간, ㉢ : 명목, ㉣ : 명목
⑤ ㉠ : 명목, ㉡ : 등간, ㉢ : 서열, ㉣ : 비율

> **정답 및 해설**
> ㉠ 장애인의 성별, ㉡ 장애유형, ㉢ 거주지역, ㉣ 직업종류는 모두 **명목변수**에 해당하는 것으로, 명목변수를 측정(명목적 측정)하기 위한 도구가 **명목척도**이다. 명목적 측정이란 측정 대상의 특성을 분류하거나 확인할 목적으로 숫자를 부여하는 것이다.
>
> **답** ①

15 다음 변수의 측정 수준에 따른 분석 방법이 옳지 않은 것은? • 21회

> ㉠ 출신지역 : 도시, 도농복합, 농어촌, 기타
> ㉡ 교육수준 : 무학, 초등학교 졸업, 중학교 졸업, 고등학교 졸업, 대졸 이상
> ㉢ 가출경험 : 유, 무
> ㉣ 연간기부금액 : (   )만원
> ㉤ 연령 : 10대, 20대, 30대, 40대, 50대, 60대 이상

① ㉠ : 최빈값
② ㉡ : 중위수
③ ㉢ : 백분율
④ ㉣ : 범위
⑤ ㉤ : 산술평균

정답 및 해설

ⓜ 연령은 비율변수지만, 연령을 10대, 20대, 30대, 40대, 50대, 60대 이상으로 구분하여 질문하는 것은 **서열변수**이다. **산술평균**은 등간적 측정과 비율적 측정 수준으로 가능한 통계분석이며, **서열적 측정 수준으로는 가능한 통계분석이 아니다.**

보충설명

ⓛ 출신지역(도시, 도농복합, 농어촌, 기타)은 **명목변수**로, 명목적 측정은 최빈값 분석이 가능하다.
ⓒ 교육수준(무학, 초등학교 졸업, 중학교 졸업, 고등학교 졸업, 대졸 이상)은 **서열변수**로, 서열적 측정은 중위수 분석이 가능하다.
ⓒ 가출경험(유, 무)은 **명목변수**로, 명목적 측정은 백분율 분석이 가능하다.
ⓔ 연간기부금액[( )만원]은 **비율변수**로, 비율적 측정은 범위 분석이 가능하다. 참고로 범위(range)는 자료집단 중에서 가장 큰 수치와 가장 작은 수치의 차이(최고값 상한계에서 최저값 하한계를 뺀 값)이다.

답 ⑤

16 측정의 수준이 서로 다른 변수로 묶인 것은? •22회

① 대학 전공, 아르바이트 경험 유무
② 복지비 지출 증가율, 월평균 소득(만원)
③ 온도(℃), 지능지수(IQ)
④ 생활수준(상, 중, 하), 혈액형
⑤ 성별, 현재 흡연여부

정답 및 해설

생활수준(상, 중, 하)은 **서열변수**이며, 혈액형은 **명목변수**이다.

오답풀이

① 대학 전공, 아르바이트 경험 유무는 **명목변수**이다.
② 복지비 지출 증가율, 월평균 소득(만원)은 **비율변수**이다.
③ 온도(℃), 지능지수(IQ)는 **등간변수**이다.
⑤ 성별, 현재 흡연여부는 **명목변수**이다.

 ④

17 척도의 종류가 올바르게 짝지어진 것은?   •22회

㉠ 종교 – 기독교, 불교, 천주교, 기타
㉡ 교육연수 – 정규 학교 교육을 받은 기간(년)
㉢ 학점 – A, B, C, D, F

① ㉠ : 명목척도, ㉡ : 서열척도, ㉢ : 비율척도
② ㉠ : 명목척도, ㉡ : 비율척도, ㉢ : 서열척도
③ ㉠ : 비율척도, ㉡ : 등간척도, ㉢ : 서열척도
④ ㉠ : 서열척도, ㉡ : 등간척도, ㉢ : 비율척도
⑤ ㉠ : 서열척도, ㉡ : 비율척도, ㉢ : 명목척도

정답 및 해설

㉠ 종교(기독교, 불교, 천주교, 기타)는 **명목척도**이다. 명목척도로 도출되는 속성들은 숫자의 의미를 갖지 않고 단지 분류 기호로만 취급된다.
㉡ 교육연수[정규 학교 교육을 받은 기간(년)]는 **비율척도**이다. 비율척도는 등간척도의 모든 특질들에 절대영점의 정보가 추가된 척도이다.
㉢ 학점(A, B, C, D, F)은 **서열척도**이다. 서열척도는 명목척도에 서열성이라는 정보가 더 추가된 것으로, 구분된 속성들에다 서열을 매길 수 있는 수준의 척도이다.

답 ②

OIKOS UP 측정 수준

① **명목척도** : 가장 낮은 수준의 측정으로서 대상 자체나 대상의 특성이 이 과정을 통해 범주화되거나 분류되며 글자 그대로 이름을 부여하는 명목적인 것을 뜻한다.
   - 예) 재가봉사센터 정신병원의 병동, 성별, 장애유형지역, 인종, 지하철노선, 계절, 종교유형(분류), 결혼 여부, 직업종류(분류), 대학분류, 학번, 주민등록번호, 치료형태, 가족구성, 운동선수의 등번호, 선호하는 색상 등
② **서열척도** : 측정대상을 그 특징이나 속성에 따라 일정한 범주로 분류하고, 각 범주들 간의 상대적 순서관계를 밝히는 것이다. 순위형(ranking) 척도라고도 한다.
   - 예) 지체장애등급, 복지의식의 진보성향, 역대 보건복지부장관 선호도, 소득수준 or 생활수준, 직장만족도, 석차, 만족도, 제품선호도, 사회복지사 자격급수, 사회계층 등
③ **등간척도** : 측정대상을 특징이나 속성에 따라 서열화하는 것은 물론, 서열 간의 간격(interval)이 동일하도록 연속선상에 수치를 부여하는 것을 말한다.
   - 예) 도덕지수(MQ), IQ, EQ, 섭씨온도, 화씨온도, 학년(1학년, 2학년, 3학년, 4학년), 물가지수, 주가지수, 생산성 지수, 사회지표, 복지지표, 시험성적, 10점 만점의 만족도, 성격검사, 적성검사 등
④ **비율척도** : 측정대상의 특징이나 속성에 현실과 일치하는 절재적인 영을 가진 척도를 가지고 수치를 부여하는 것이다.
   - 예) 장애인 고용률, 자영업자의 국민연금가입률, 의료보험납부율, 학교중퇴율, 복지관 사례수, 서비스수혜기간, 독거노인수, 서비스대기인수, 연령, 무게, 신장, 수입, 출생률, 사망률, 이혼율, 취학률, 자녀수, 거주기간, TV시청률, 투표율, 신문구독률, 가격, 저축금액, 생산원가, 응시율, 범죄율, 근무연수, 결혼기간, 자산금액, 상담횟수, 사회복지서비스 횟수 등

02 척도(scale)

01 다음 지문은 설문지의 예이다. 이 설문지의 질문이 가지고 있는 문제점은? • 3회

> 질문) 당신의 직업군은?
> ㉠ 전문직 ㉡ 서비스직
> ㉢ 사무직 ㉣ 정규직
> ㉤ 주부 ㉥ 기타

① 규칙성
② 일반화
③ 포괄성
④ 상호규제
⑤ 상호배타성

정답 및 해설
정규직은 전문직, 서비스직, 사무직과 모두 중복될 수 있다. 따라서 상호배타성의 문제가 있다. **상호배타성의 원칙이란** 조사대상이 한 가지 속성만을 지녀야 하지 두 가지 속성을 동시에 지닐 수 없다는 의미이다.

답 ⑤

02 다음에 제시된 질문의 응답범주에 관한 설명으로 옳은 것은? • 14회

> 사회복지사 1급 국가시험 영역 중 당신이 가장 좋아하는 영역은 무엇입니까?
> ㉠ 인간행동과 사회환경 ㉡ 사회복지조사론
> ㉢ 사회복지실천론 ㉣ 지역사회복지론
> ㉤ 사회복지정책론

① 상호배타적이지 않다.
② 양적 의미를 갖는다.
③ 내적 일관성이 부족하다.
④ 범주들 사이에 서열이 있다.
⑤ 총망라적이지 않다.

정답 및 해설

제시된 질문의 **응답범주들이** 응답 가능한 상황들을 모두 포함하고 있지 못하므로, 총망라적이지 않다.

오답풀이
① 응답범주들은 서로 다른 범주와의 관계 속에서 **상호배타적**(mutually exclusive)이다.
② '1급 국가시험 영역 중 가장 좋아하는 영역에 대한 질문'은 **명목적 측정**으로 범주화되거나 분류되는 것으로 양적 의미를 갖지 않는다.
③ 응답범주들 간에는 1급 국가시험 영역으로서 서로 **내적 일관성**(internal constancy)을 가지고 있다.
④ 좋아하는 영역을 분류하거나 확인할 목적의 **명목적 측정**으로 범주들 사이에 서열은 없다.

답 ⑤

03 척도구성의 기본 요건을 모두 고르시오.   •8회

㉠ 응답범주 간 상호배타성
㉡ 응답범주 간 내적 일관성
㉢ 응답범주의 포괄성
㉣ 응답범주 간 중복성

① ㉠, ㉡, ㉢ ② ㉠, ㉢
③ ㉡, ㉣   ④ ㉣
⑤ ㉠, ㉡, ㉢, ㉣

정답 및 해설

㉣ 응답범주 간의 중복성은 옳지 않다. **응답범주 간에 중복되지 않고 상호배타적이어야** 한다.

답 ①

OIKOS UP 척도의 기본요건 : 척도를 구성할 때 고려해야 할 사항

① 척도에서 분류된 범주는 다른 범주와의 관계 속에서 상호배타적(mutually exclusive)이어야 하며, 같은 범주 안에서 포괄적(inclusive)이어야 한다.
② 응답범주들이 응답 가능한 상황들을 모두 포함하고 있어야 한다.
③ 응답범주들이 논리적 연관성을 가지고 있어야 한다.
④ 척도가 여러 개의 문항들로 구성된 경우, 문항들 간에는 서로 내적 일관성(internal constancy)을 가지고 있어야 한다.
⑤ 평정척도(rating scale)의 경우 찬반의 응답범주 수가 균형을 이루어야 한다.

04 다음 설명 중 맞는 것은?

• 6회

㉠ 측정 : 일정한 규칙에 따라 대상에 값을 부여하는 과정
㉡ 지수 : 변수의 속성을 나타내는 요소
㉢ 척도 : 측정을 위한 도구
㉣ 지표 : 지수의 합

① ㉠, ㉡, ㉢
② ㉠, ㉢
③ ㉡, ㉣
④ ㉣
⑤ ㉠, ㉡, ㉢, ㉣

정답 및 해설

㉡ 지수는 지표의 합이다. 여러 지표들을 결합한 복합측정도구는 지수와 척도가 있다. **지수(指數, index)**는 경험적으로 쉽게 인식할 수 있는 지표들로 구성된 것이다.
예) 소비자 물가지수(CPI, Consumer Price Index), 종합주가지수(Stock Index) 등
㉣ **지표(指標, indicator)**는 변수의 속성을 나타내는 요소이며, 대부분의 사회과학적 개념은 성질상 복합적인 것이 많기 때문에 복합측정도구를 사용하는 것이 유리하다.

답 ②

OIKOS UP 지표와 지수

① **지표(指標, indicator)** : 변수의 속성을 나타내는 요소이다. 대부분의 사회과학적 개념은 성질상 복합적인 것이 많기 때문에 하나의 단순지표로 그것을 나타낸다는 것은 많은 제약점이 있으며, 이로 인해 가능하면 복합측정도구를 사용하는 것이 유리하다. 여러 지표들을 결합한 복합측정도구는 지수와 척도가 있다.
② **지수(指數, index)** : 경험적으로 쉽게 인식할 수 있는 지표들로 구성된 것을 말하고, 척도는 사람들의 태도 등과 관련된 변수들을 측정할 때를 말한다. 지수는 주로 규모가 큰 개념들을 나타내기 위해 사용하며, 주로 서열적 측정 수준을 가지고 있다. 예) 소비자 물가지수(CPI, Consumer Price Index), 종합주가지수(Stock Index), 생산성지수, 행복지수 등

05 다음 내용에서 설명하고 있는 척도는?

• 9회

○ 각각의 문항은 측정하고자 하는 개념의 속성에 대해 동일한 기여를 한다.
○ 내적 일관성 검증을 통해 신뢰도가 낮은 항목은 삭제할 필요가 있다.
○ 각 문항별 응답점수의 총합이 측정하고자 하는 개념을 대표한다는 가정에 근거한다.

① 리커트(Likert) 척도
② 거트만(Guttman) 척도
③ 서스톤(Thurstone) 척도
④ 사회적 거리(Social Distance) 척도
⑤ 의미분화(Semantic Differential) 척도

정답 및 해설

리커트(Likert) 척도는 Rensis Likert에 의해 개발된 것으로 총화척도(summated scale, 총합척도; 총화평정척도, summated rating scale)라고 부르기도 한다. 측정에 동원된 모든 항목들에 대해 동등한 가치를 부여한다. 각 항목의 값들을 단순 합산하여 측정값이 만들어지고, 그것으로 측정 대상자들의 서열성이 포함된 구분 속성 값을 부여하는 것이다.

답 ①

06 리커트(Likert) 척도에 관한 설명으로 옳은 것은?

• 11회

① 비율척도이다.
② 개별 문항의 중요도는 동등하지 않다.
③ 단일 문항으로 측정하는 장점이 있다.
④ 질적 조사에서 보편적으로 사용된다.
⑤ 척도나 지수 개발에 용이하다.

정답 및 해설

리커트 척도는 **척도구성 시 시간과 비용이 절감**되고, 높은 신뢰도와 타당도를 확보할 수 있다.

오답풀이
① 비율척도가 아니라 **서열척도**이다.
② 모든 질문 문항에 **가중치를 동일하게 부여**한다.
③ 리커트 척도는 한 변수를 측정하기 위해 적절하게 선택된 **한 세트의 다수의 문항으로 구성**된다.
④ **양적 조사**에서 보편적으로 사용된다.

답 ⑤

07 척도에 관한 설명으로 옳지 않은 것은?

• 12회

① 보가더스의 사회적 거리척도는 누적척도의 한 종류이다.
② 의미분화(semantic differential)척도는 한 쌍의 반대가 되는 형용사를 사용한다.
③ 리커트 척도의 각 문항은 등간척도이다.
④ 거트만 척도는 각 문항을 서열적으로 구성한다.
⑤ 서스톤 척도를 개발하는 과정은 리커트 척도와 비교하여 많은 시간과 노력이 요구된다.

정답 및 해설

리커트 척도(Likert Scale, 총화척도) 는 렌시스 리커트(Rensis Likert)가 개발한 것으로 등간척도가 아니라 **서열척도에 해당** 한다.

오답풀이

① 보가더스의 사회적 거리척도는 주로 인종 및 소수민족, 가족구성원, 사회집단 간, 사회계급, 직업형태, 사회적 가치 등에 대한 사회적 거리감의 정도를 측정하기 위해 개발된 것으로 누적척도에 해당한다. **누적척도에는 보가더스(Bogardus)의 사회적 거리척도(social distance scale)와 거트만(Guttman)의 척도도식법(scalogram method)이 있다.**
② 의미분화척도(Semantic Differential Scale)는 오스굿(Osgood), 수시(Suci), 탄넨바움(Tannenbaum)이 고안한 것으로, 일직선으로 도표화된 척도의 **양극단에 서로 상반되는 형용사를 배열**하고 양극단 사이에서 해당 속성에 대한 평가를 하는 척도이다.
④ 거트만(Guttman)의 척도도식법(Scalogram Method)은 누적척도로 서열척도에 해당한다. 리커트 척도에서는 개별 항목을 동일하게 취급하여 단순히 합산한 결과를 서열화하지만, **거트만 척도에서는 개별 항목들 자체에 서열성이 이미 부여되는 방식을 택한다.**
⑤ 써스톤(Thurstone)의 척도가 가진 가장 큰 단점은 지표들 사이의 경험적인 구조를 찾아내는데 너무 많은 시간과 노력을 필요로 한다는 것이다.

답 ③

08 척도 유형에 관한 설명으로 옳지 않은 것은? • 20회

① 리커트척도(Likert scale)는 문항 간 내적 일관성이 중요하다.
② 거트만척도(Guttman scale)는 누적 척도이다.
③ 서스톤척도(Thurstone scale)의 장점은 개발의 용이성이다.
④ 보가더스척도(Borgadus scale)는 사회집단 간의 심리적 거리감을 측정하는 데 적절하다.
⑤ 의미분화척도(semantic differential scale)의 문항은 한 쌍의 대조되는 형용사를 사용한다.

정답 및 해설

서스톤척도(Thurstone scale)는 본 조사대상자가 아닌 별도의 판단자에게 평가시킴으로써 비용과 시간이 많이 소요되며, 지표들 사이의 경험적인 구조를 찾아내는데 너무 많은 시간과 노력을 필요로 하기 때문에 **개발이 용이하지 않다.** 반면, 개발의 용이성을 장점으로 하고 있는 것은 리커트척도(Likert scale)이다.

보충설명

① **문항 간 내적 일관성은 주로 리커트 척도나 누적 척도에서 요구되는 사항이다.** 내적 일관성이란 한 측정도구의 문항들 내에서 일관성이 유지되는 정도를 말한다.
② 거트만(Guttman)의 척도도식법(scalogram method)과 보가더스(Bogardus)의 사회적 거리척도(social distance scale)는 **누적 척도**이다.
④ **보가더스척도(Borgadus scale)는** 소수민족, 사회계급 등에 대한 사회적 거리감의 정도를 측정하기 위해 하나의 연속성을 가진 문항들로 구성된 척도이다.
⑤ **의미분화척도(semantic differential scale)의** 문항은 형용사를 사용하여 어떤 것에 대한 주관적 느낌을 측정한다. 이때 형용사는 정반대의 반대말(밝은/어두운, 견고한/연한, 느린/빠른 등)을 가지고 있다.

 ③

09 척도에 관한 설명으로 옳은 것은? • 21회

① 리커트(Likert)척도는 개별문항의 중요도를 차등화한다.
② 보가더스(Bogardus)의 사회적 거리척도는 누적척도이다.
③ 평정(rating)척도는 문항의 적절성 평가가 용이하다.
④ 거트만(Guttman)척도는 다차원적 내용을 분석할 때 사용된다.
⑤ 의미차별(semantic differential)척도는 느낌이나 감정을 나타내는 한 쌍의 유사한 형용사를 사용한다.

정답 및 해설

보가더스의 척도는 보가더스(Bogardus)가 인종별로 선호도를 조사하여 인종적 편견의 강도를 측정하기 위해 고안한 것으로 **사회적 거리척도(Social Distance Scale)**라고 하며, **누적척도**이다. 누적척도에는 보가더스의 사회적 거리척도와 거트만의 척도도식법이 있다.

오답풀이
① 리커트(Likert)척도는 개별문항의 중요도를 차등화하지 않으며, **측정에 동원된 모든 개별문항들에 대해 동등한 가치를 부여**한다.
③ 평정(rating)척도는 문항의 적절성 평가가 **용이하지 않다.** 즉 평정척도는 다른 척도법과 달리 문항의 애매성이나 내적 일관성 등을 검증해서 문항의 적절성 여부를 평가해 볼 수 있는 특별한 절차가 없다.
④ 거트만(Guttman)척도는 **단일차원적 내용**을 분석할 때 사용된다. 즉, 거트만 척도는 단일차원적(unidimensional)인 특성, 태도, 현상 등을 측정하기 위해 마련된 누적척도의 한 방법이다.
⑤ 의미차별(semantic differential)척도는 느낌이나 감정을 나타내는 한 쌍의 **반대가 되는** 형용사를 사용한다.

답 ②

10 측정에 관한 설명으로 옳지 않은 것은? • 22회

① 측정은 연구대상의 속성에 대하여 일정한 규칙에 따라 숫자나 기호를 부여하는 과정이다.
② 사회과학에서는 개념을 측정하기 위해 특질 자체를 측정하기 보다는 특질을 나타내는 지표를 사용하여 간접적으로 측정하는 경우가 많다.
③ 보가더스(Bogardus)의 사회적 거리척도는 등간척도의 한 종류이다.
④ 리커트(Likert) 척도는 각 문항의 점수를 합산하여 전체적인 경향이나 특성을 측정하는 방법이다.
⑤ 측정항목의 수를 많게 하면 신뢰도가 높아지는 경향이 있다.

정답 및 해설

보가더스(Bogardus)의 사회적 거리척도는 **서열척도**의 한 종류이다.

보충설명
① 측정은 일정한 규칙에 따라 연구대상의 특성이나 속성에 대하여 숫자나 기호를 부여하는 체계적이고 과학적인 과정이다.
② 사회과학에서는 민주주의, 동기, 권력, 만족감 등과 같은 매우 추상적인 개념을 측정하기 때문에 직접적으로 관찰될 수 없다. 즉, 고도의 추상적인 개념들을 직접적인 경험적 특질들로 변환시키는 것이 어렵기 때문에, 그런 특질을 나타낼 것으로 간주되는 여러 지표들을 관찰해서 간접적으로 측정하는 방법을 사용한다.
④ 리커트 척도는 각 문항의 점수를 합산하여 전체적인 경향이나 특성을 측정하는 방법으로, 각 문항별 응답점수의 총합이 측정하고자 하는 개념을 대표한다는 가정에 근거한다.
⑤ 신뢰도는 주로 비체계적 오류와 관련된 것이므로 비체계적 오류의 발생가능성을 최대한 통제하는 것이 신뢰도를 높이는 방법이 된다. 비체계적 오류의 발생가능성을 통제하여 신뢰도를 높이는 방법으로는 측정항목의 수를 많이 늘리는 것이다. 대체로 동일한 개념이나 속성을 측정하기 위한 항목의 수가 많을수록, 측정값들의 평균치는 측정하고자 하는 속성의 실제값에 근접하게 되기 때문이다.

답 ③

11 중소기업 사장들의 중국계 외국인 노동자에 대한 친숙도를 조사하려고 한다. 어떤 척도법을 사용하는 것이 좋은가?
•6회

① 평정척도법
② Q-기법
③ 거트만 척도
④ 보가더스 척도법
⑤ 소시오메트리

> **정답 및 해설**
> **보가더스의 사회적 거리 척도**는 보가더스가 인종적 편견의 정도를 측정하기 위해 제시한 것으로 사회적 거리 척도(social distance scale)라고도 부른다. 이것은 응답자 자신과 다른 사회적 범주(국적, 인종)의 구성원 간의 인지되는 거리감을 측정하려는 것이다. 참고로 소시오메트리는 집단 내에 있어 개인 간의 친근관계를 측정하는 반면 **보가더스척도**는 집단 간의 친근 정도를 측정한다.
>
> 답 ④

12 다음 설문문항은 어떤 척도를 활용한 것인가?
•10회

※ 각 집단(이주노동자, 북한이탈주민)에 대해 귀하는 어느 수준까지 받아들일 수 있는지 제시된 7가지 문항 중 최고수준에 'O'표 해 주시기 바랍니다.

수 준		문 항	이주 노동자	북한 이탈주민
최고 수준	7	결혼하여 가족으로 받아들이겠다.		
	6	친구로서 받아들이겠다.		
↕	⋮	⋮		
최저 수준	2	방문객으로만 받아들이겠다.		
	1	우리나라에서 추방한다.		

① 총화평정(summated rating) 척도
② 사회적 거리감(social distance) 척도
③ 써스톤(Thurstone) 척도
④ 리커트(Likert) 척도
⑤ 어의변별(semantic differential) 척도

> **정답 및 해설**
> **사회적 거리감(social distance) 척도**는 응답자에게 사회심리적 거리가 가장 먼 것으로부터 가까운 것을 순서대로 배열시켜 이 순서를 수치화한다.
>
> 답 ②

> **OIKOS UP** 누적척도 : Bogardus의 사회적 거리척도
>
> ① Bogardus가 처음 개발한 것으로, 주로 인종 및 소수민족, 가족구성원, 사회집단 간, 사회계급, 직업형태, 사회적 가치 등에 대한 사회적 거리감의 정도를 측정하기 위해 개발되었으며, 하나의 연속성을 가진 문항들로 구성된 척도이다.
> ② 장점
>   ㉠ 적용범위가 매우 넓고, 예비조사에 적합하다.
>   ㉡ 다른 유형의 사람들과의 친밀성의 상이한 강도를 측정할 수 있는 기법이다.
>   ㉢ 집단상호 간의 거리측정에 매우 유용하다.
>   ㉣ 논리적 위계구조를 가진 설문문항을 사용하므로 정보처리에 있어서 경제성을 최대한 살릴 수 있다.
> ③ 단점
>   ㉠ 적용범위가 넓으나 척도로서 인위적 조작성이 강해 실제로 가용하고자 할 때는 여러 가지 한계에 직면할 수 있다.
>   ㉡ 7개의 서열화된 척도를 연속체상에 배치하여 응답자가 서열적인 선택을 하도록 한 것이나, 실제 응답자들이 하위항목에서 상위항목까지 혼합적으로 선택하기에 논리적으로 맞지 않다.

13 써스톤의 유사등간법에 대해 맞는 것은? •5회

① 한 개념을 여러 개의 문항을 통해 조사한다.
② 조사자가 다른 사람의 도움을 필요로 하지 않고 스스로 평가할 수 있다.
③ 문항 중 사분편차가 적은 문항을 조사한다.
④ 부정·긍정이 확실한 문항들이 나온다.
⑤ 모든 문항에 대해 동일한 척도 값을 부여한다.

> **정답 및 해설**
>
> 문항선정 시 **사분편차가 작고 척도 전체에 균등하게 배열된 중위수(척도치)를 가지고 있는 문구들을 골라 척도를 만든다.**
>
> **◎ 오답풀이**
> ① 유사동간법은 리커트 척도에서의 문항들이 **하나의 응답카테고리**가 된다. 즉, 유사동간법의 각 응답 카테고리가 리커트 척도에서는 한 문항에 해당한다.
> ② **써스톤 척도는 평가작업에 많은 인력을 동원**해야 한다.
> ④ 써스톤의 유사동간법에서는 문항들이 태도의 연속성을 모두 포함할 수 있도록 **가장 우호적인 것부터 비우호적인 것에 이르기까지 다양한 의견을 포함**하고 있어야 한다. 즉, 리커트 척도에서는 중간적인 성향을 가진 문항을 포함시키지 않으나, 써스톤의 유사동간법에서는 우호적·비우호적인 성향을 가진 내용뿐만 아니라 중간적 성향을 가진 내용도 포함시켜야 한다.
> ⑤ **모든 문항에 동일한 척도 값을 부여하지 않는다.** 즉, 척도로서 적합한 문구들이 선정되면 그 문구들의 중위수를 각 문항의 척도치(scale value)로 삼는다.
>
> 답 ③

14 다음은 무엇에 관한 설명인가?
• 17회

A연구소가 정치적 보수성을 판단할 수 있는 문항들의 상대적인 강도를 11개의 점수로 평가자들에게 분류하게 한다. 다음 단계로 평가자들 간에 불일치도가 높은 항목들을 제외하고, 각 문항이 평가자들로부터 받은 점수의 중위수를 가중치로 하여 정치적 보수성 척도를 구성한다.

① 거트만(Guttman)척도
② 서스톤(Thurstone)척도
③ 리커트(Likert)척도
④ 보가더스(Borgadus)척도
⑤ 의미차이(sematic differential)척도

정답 및 해설

정치적 보수성을 판단할 수 있는 광범위한 문항을 수집 또는 작성한 다음에 그 문항들을 다수의 판단자(judge, 사전평가자)들에게 주어 평가하도록 하고 있다. 상대적인 강도를 11개의 점수로 문항들을 분류한 것은 11점 척도를 이용하고 있음을 알 수 있다. 또한, 판단자들로부터 받은 점수의 중위수를 가중치로 척도를 구성하였다. 이와 같이 본 조사대상자가 아닌 별도의 판단자에게 평가시켜서 척도를 구성하고 있는 것은 서스톤(Thurstone)척도이다. 참고로, 리커트(Likert)척도의 경우에는 판단자(judge, 사전평가자)를 따로 쓰지 않고 피조사자의 응답만으로 문항분석을 한다.

답 ②

15 다음이 설명하는 척도로 옳은 것은?
• 19회

○ 사회복지사에 대해 느끼는 감정에 대해 해당 점수에 체크하시오.

```
              1점    2점    3점    4점    5점    6점    7점
1. 친절한     |-----|-----|-----|-----|-----|-----|      불친절한
2. 행복한     |-----|-----|-----|-----|-----|-----|      불행한
```

① 리커트척도(Likert scale)
② 거트만척도(Guttman scale)
③ 보가더스척도(Borgadus scale)
④ 어의적 분화척도(Semantic differential scale)
⑤ 써스톤척도(Thurstone scale)

정답 및 해설

어의적 분화척도(Semantic differential scale, 의의차별척도, 어의적 분별척도)는 어떤 개념에 함축되어 있는 의미를 평가하기 위해 고안된 것이다. 한 쌍의 반대가 되는 형용사를 사용하며, 응답 범주는 한 극단에서 다른 극단에 이르는 중간 범주가 5개 혹은 7개의 범주로 구성되어 있다.

답 ④

MEMO

제06장 신뢰도와 타당도

제2영역 : 사회복지조사론

▶ 제6장 회차별 출제빈도, 출제비중 및 출제논점 1, 2, 3순위

10회 2012	11회 2013	12회 2014	13회 2015	14회 2016	15회 2017	16회 2018	17회 2019	18회 2020	19회 2021	20회 2022	21회 2023	22회 2024
1	2	2	2	3	3	2	2(2)	3	2(1)	3(1)	3	2

출제비중	출제 논점		
	1순위 ☺	2순위 ※	3순위 ☆

2~3(1)	① 신뢰도 측정방법 : 조, 재, 복, 반, 크
	② 타당도 측정방법
	  : 내용, 기준, 구성타당도
		① 신뢰도와 타당도의 관계
		② 측정의 오류
		  : 체계적 오류 vs 비체계적 오류
			① 신뢰도를 높이기 위한 방법

01 신뢰도(reliability)

01 신뢰도를 측정하는 방법으로 옳은 것을 모두 고른 것은? • 19회

㉠ 재검사법 ㉡ 대안법
㉢ 반분법   ㉣ 내적 일관성 분석법

① ㉡
② ㉠, ㉢
③ ㉡, ㉣
④ ㉠, ㉢, ㉣
⑤ ㉠, ㉡, ㉢, ㉣

> **정답 및 해설**
>
> 신뢰도(reliability)는 측정의 일관성(consistency) 및 안정성(stability) 등을 반영하는 개념으로, 신뢰도를 측정하는 방법에는 ① 조사자 간 신뢰도(inter-observer Reliability, 상호관찰자 기법), ② **재검사법**(Test-retest Method, 검사 - 재검사법)(㉠), ③ **대안법**(Multiple Forms Technique, 복수양식법)(㉡), ④ **반분법**(Split-half Method, 이분절 기법)(㉢), ⑤ 크론바 알파(Cronbach's Alpha, **내적 일관성 분석법**)(㉣)가 있다.
>
> 답 ⑤

02 신뢰도를 측정하는 방법으로 옳지 않은 것은?

• 21회

① 동일한 상황에서 동일한 측정도구로 동일한 대상을 다시 측정하는 방법
② 측정도구를 반으로 나누어 두 개의 독립된 척도로 구성한 후 동일한 대상을 측정하는 방법
③ 상관관계가 높은 문항들을 범주화하여 하위요인을 구성하는 방법
④ 동질성이 있는 두 개의 측정도구를 동일한 대상에게 측정하는 방법
⑤ 전체 척도와 척도의 개별항목이 얼마나 상호연관성이 있는지 분석하는 방법

> **정답 및 해설**
>
> 상관관계가 높은 문항들을 범주화하여 하위요인을 구성하는 방법은 **요인분석**으로, 요인분석은 타당도 중 **구성타당도(construct validity)**를 측정하는 방법이다.
>
> ✓ **보충설명**
> ① 동일한 상황에서 동일한 측정도구로 동일한 대상을 다시 측정하는 방법은 **재조사법(검사-재검사법, Test-retest Method)**이다.
> ② 측정도구를 반으로 나누어 두 개의 독립된 척도로 구성한 후 동일한 대상을 측정하는 방법은 **반분법(Split-half Method, 이분절 기법)**이다. 반분법은 측정도구를 임의로 반으로 나누어, 같은 시간에 각각 독립된 두 개의 척도로 사용함으로써 신뢰도를 측정하는 방법이다.
> ④ 동질성이 있는 두 개의 측정도구를 동일한 대상에게 측정하는 방법은 **복수양식법(Multiple Forms Technique, 대안법)**이다.
> ⑤ 전체 척도와 척도의 개별항목이 얼마나 상호연관성이 있는지 분석하는 방법은 **크론바 알파(Cronbach's Alpha, 내적 일관성 분석법)**이다.
>
> 답 ③

03 동일대상에게 시기만 달리하여 동일 측정도구로 조사한 결과를 비교하는 신뢰도 측정법은?

• 10회

① 검사 – 재검사법
② 평행양식법
③ 반분법
④ 복수양식법
⑤ 내적 일관성법

> **정답 및 해설**
>
> 재조사법(Test-retest Method, 검사 – 재검사법)은 동일한 측정도구를 동일한 상황에서, 동일한 사람에게 일정한 시간을 두고 두 번 조사하여 그 결과를 비교하는 것이다.
>
> 답 ①

04. 반분법에 대한 설명으로 옳은 것은?

① 두 번 조사 하는 데 불편함이 있다.
② 검사효과가 발생한다.
③ 어떻게 반분하는가에 따라 상관계수가 다르게 나타날 수 있다.
④ 측정도구를 반분하는 방법에 따라 단일한 신뢰도 계수를 산출할 수 있다.
⑤ 한 조사대상에 대하여 2개의 척도를 시차를 두고 적용한다.

정답 및 해설

반분법이란 척도의 질문을 무작위적으로 반씩 나누어 둘로 만든 후 이 두 부분을 따로 떼어서 적용하는 것이 아니라, 내용적으로만 갈라놓고 실제로는 본래의 척도를 그대로 적용하는 것을 말한다. 두 번 조사할 필요도 없고 복수양식법과 같이 두 개의 척도를 만들 필요가 없이 측정도구 그 자체를 한 번 조사하여 신뢰도를 검증할 수 있다. 반분하는 방법에는 계속적 반분법과 기우수 반분법 두 가지가 있는데 어떻게 반분하느냐에 따라 다른 상관계수를 가질 수 있다.

답 ③

05. 총 20문항의 척도를 10문항씩 두 조합으로 나눈 후, 평균점수 간 상관관계를 보고 측정의 일관성을 확인하였다. 이에 관한 설명으로 옳지 않은 것은?

① 신뢰도 측정방법 중 하나다.
② 일관성 확인을 위해 두 번 조사해야 하는 불편함이 없다.
③ 20문항이 동일 개념을 측정해야 적용할 수 있다.
④ 문항을 어떻게 두 조합으로 나누는지에 따라 상관관계가 달라진다.
⑤ 상관관계가 낮을 경우 어떤 문항을 제거할지 알 수 있다.

정답 및 해설

총 20문항의 척도를 10문항씩 두 조합으로 나눈 후, 평균점수 간 상관관계를 보고 측정의 일관성을 확인하는 것은 **반분법**이다. 반분법에서 **신뢰도가 낮을 경우 이를 높이기 위해서는 어느 항목을 수정 또는 제거해야 할 것인가를 결정할 수가 없다.**

답 ⑤

06 신뢰도에 대한 설명으로 틀린 것은? •8회

① 복수양식법 – 동일한 양식의 측정도구를 사용한다.
② 반분법 – 측정도구를 내용적으로 두 개로 나누어 본래의 척도를 한 번 적용한다.
③ 크론바하 알파 – 상관관계계수와 상관이 있다.
④ 재검사법 – 상관관계와 관련이 있다.
⑤ 재검사법 – 같은 척도를 사용한다.

> **정답 및 해설**
>
> **복수양식법**은 유사한 형태의 두 개의 측정도구를 만들어 이것을 각각 동일한 대상에 차례로 적용하여 봄으로써 신뢰도를 측정하는 방법이다.
>
> 답 ①

07 신뢰도 측정 방법 중 크론바하 알파에 대한 설명으로 옳은 것은? •5회

① 신뢰도가 낮은 문항을 제거하면 크론바하 알파 값이 낮아진다.
② 문항들 간 평균 상관계수가 높을수록 크론바하 알파 값이 낮다.
③ 한 척도에 여러 개의 크론바하 알파 값이 있다.
④ 신뢰도가 높을수록 크론바하 알파 값이 높다.
⑤ 각 문항들이 서로 상관관계가 없다는 것을 기초로 하고 있다.

> **정답 및 해설**
>
> 크론바하 알파 값이 얼마 이상인 경우 신뢰도가 받아들일 만한 수준이라고 할 수 있는가 하는 문제는 학자마다 조금씩 다르기는 하지만, **크론바하 알바 값이 높아지면 신뢰도는 높다.**
>
> ✅ 오답풀이
> ① 신뢰도가 낮은 문항을 제거하면 크론바하 알파 값은 높아진다.
> ② 문항들 간 평균 상관계수가 낮으면(높으면) 크론바하 알파 값이 낮다(높다).
> ③ 한 질문지에 언제나 하나의 크론바하 알파 값만 가진다.
> ⑤ 크론바하 알파는 질문을 구성하는 모든 문항들이 서로 강한 관련성을 가지고 있다는 논리에 근거하고 있다.
>
> 답 ④

08 크론바하 알파(Cronbach's alpha)에 관한 설명으로 옳은 것은?

• 9회

① 척도를 구성하는 전체 문항 조합들의 상관관계 평균값을 계산한 것이다.
② 척도의 문항을 절반으로 나누어 두 부분 간의 상관관계를 계산한 것이다.
③ 복수의 조사자를 통해 측정한 점수를 비교하여 의견일치도를 평가한 것이다.
④ 비슷한 두 개의 척도로 동일한 대상을 측정한 점수들 간의 상관관계를 계산한 것이다.
⑤ 동일한 척도를 사용하여 동일대상에게 서로 다른 시점에 측정한 점수 간의 상관관계를 계산한 것이다.

> **정답 및 해설**
>
> **크론바하 알파**는 모든 질문항목들 간의 상관계수들의 평균에 의해 그 값이 결정되는데, 이는 반분법의 두 반분의 상관관계를 각각의 질문의 상관관계로 연장한 것이라 할 수 있다.
>
> ✅ **오답풀이**
> ② 반분법, ③ 조사자 간 신뢰도, ④ 복수양식법, ⑤ 재조사법에 대한 설명이다.
>
> 답 ①

09 내적 일관성 신뢰도에 관한 설명으로 옳지 않은 것은?

• 14회

① 반분법은 내적 일관성 신뢰도를 평가하는 방법이다.
② 척도 내 문항들 간 상관관계를 분석하여 평가한다.
③ 가장 일반적인 신뢰도 평가방법이다.
④ 크론바 알파(Cronbach's alpha)를 사용하여 나타낼 수 있다.
⑤ 동등한 것으로 추정되는 2개의 측정도구를 사용하여 평가하는 방법이 최근 추세이다.

> **정답 및 해설**
>
> **내적 일관성(internal consistency) 신뢰도**란 한 측정 도구의 문항들 내에서 일관성이 유지되는 정도를 통해 신뢰도의 크기를 결정하는 방법으로, 반분법과 크론바 알파(Cronbach's Alpha)가 있다. 동등한 것으로 추정되는 2개의 측정도구를 사용하는 것은 **복수양식법**을 말한다.
>
> 답 ⑤

10 내적일관성 방법에 근거하여 신뢰도를 측정하는 방법으로 옳은 것을 모두 고른 것은? • 22회

　　㉠ 검사-재검사법　　　　　㉡ 조사자간 신뢰도
　　㉢ 알파계수　　　　　　　㉣ 대안법

① ㉠　　　　　　　　　　② ㉢
③ ㉡, ㉢　　　　　　　　④ ㉠, ㉢, ㉣
⑤ ㉡, ㉢, ㉣

정답 및 해설

내적 일관성(internal consistency) 신뢰도는 한 측정 도구의 문항들 내에서 일관성이 유지되는 정도를 통해 신뢰도의 크기를 결정하는 방법으로, **반분법(Split-half Method, 이분절 기법)과 알파계수(Cronbach's Alpha, 내적 일관성 분석법, 크론바 알파)**가 있다.

답 ②

11 측정도구의 신뢰도에 관한 설명으로 옳지 않은 것은? • 11회

① 신뢰도는 무작위 오류와 관련이 있다.
② 재검사법을 사용하여 신뢰도를 평가할 경우 측정대상이 동일해야 한다.
③ 측정하고자 의도한 것을 측정하는 능력을 말한다.
④ 크론바하 알파(Cronbach's alpha)는 신뢰도 측정의 대표적 방법이다.
⑤ 측정결과가 일관된 정도를 말한다.

정답 및 해설

측정하고자 의도한 것을 측정하는 능력은 **타당도**이다.

답 ③

12 측정도구의 신뢰도에 관한 설명으로 옳은 것은? • 17회

① 일관성 또는 안정성으로 표현될 수 있는 개념이다.
② 측정도구가 의도하는 개념의 실질적 의미를 반영하는 정도와 관련이 있다.
③ 검사 – 재검사 신뢰도는 가장 널리 사용되는 신뢰도 유형이다.
④ 사회적 바람직성 편향은 신뢰도를 낮추는 주요 요인이다.
⑤ 특정 개념을 측정하는 문항수가 많을수록 신뢰도는 낮아진다.

정답 및 해설

신뢰도(reliability)는 장소와 시간에 구애받지 않고 일정한 값을 계속해서 산출해 내고 있는지를 보는 것이다. 즉, **측정의 일관성**(consistency) **및 안정성**(stability) 등을 반영하는 개념으로 측정도구의 안전도의 측면을 말한다.

오답풀이

② 측정도구가 의도하는 개념의 실질적 의미를 반영하는 정도와 관련이 있는 것은 **타당도**(validity)이다. 즉, 타당도란 **측정하려고 했던 것을 측정했는지**를 나타내는 것이다.
③ 가장 널리 사용되는 신뢰도 유형은 **크론바 알파**(Cronbach's Alpha, 알파 계수)이다.
④ **사회적 바람직성 편향은 측정의 오류 중 체계적 오류로 응답자들이 질문자의 의도를 고려함으로써 발생한다.** 즉, 자신이 어떻게 생각하는 지와는 무관하게, 응답을 통해 자신이나 자기 집단이 어떻게 비추어질 것인가를 고려해서 대답하는 경우에 사회적 바람직성 편향의 오류가 자주 나타난다. **체계적 오류는 척도의 타당도에 부정적인 영향을 미치므로, 사회적 바람직성 편향은 타당도를 낮추는 주요 요인**이다.
⑤ 크론바 알파는 문항 수에 영향을 받으며, 문항 수가 많을수록 크론바 알파값이 커진다. 따라서, **특정 개념을 측정하는 문항수가 많을수록 신뢰도는 높아진다.** 여러 문항에 의해 한 개념을 측정하면 설사 한 문항에 약간의 문제가 있더라도 다른 문항에 의해 그 질문이 희석될 수 있기 때문이다.

답 ①

13. 신뢰도를 높이는 방법에 관한 설명으로 옳은 것은?

• 20회

① 측정 항목 수를 가능한 줄여야 한다.
② 유사한 질문을 2회 이상 하지 않는다.
③ 측정자에게 측정도구에 대한 교육을 사후에 실시한다.
④ 측정자들이 측정방식을 대상자에 맞게 유연하게 바꾸어야 한다.
⑤ 조사대상자가 알지 못하는 내용에 대해서는 측정하지 않는 것이 좋다.

정답 및 해설

조사대상자가 잘 모르거나 관심이 없는 내용에 대해서는 응답자가 무성의하거나 실제와 전혀 다른 응답을 할 가능성이 있으므로 **측정을 하지 않는 것이 좋다.**

오답풀이

① **측정 항목 수를 가능한 늘려야 한다.** 대체로 동일한 개념이나 속성을 측정하기 위한 항목의 수가 많을수록, 측정값들의 평균치는 측정하고자 하는 속성의 실제값에 근접하게 된다.
② 동일한 질문이나 **유사한 질문을 2회 이상하여 응답자로 하여금 일관성 있는 응답을 하도록 유도**하는 방법이 있다.
③ 측정자에게 측정도구에 대한 교육을 **사전에 실시**한다. 즉, 측정자에게 측정도구에 대한 교육과 훈련을 통해 사전준비를 철저히 한다.
④ 측정자들이 측정방식을 대상자에 맞게 유연하게 **바꾸면 안된다.** 즉, 측정자들의 **측정방식이나 태도에 일관성을 유지**해야 신뢰성 있는 자료를 획득할 수 있다.

답 ⑤

OIKOS UP 신뢰도를 높이는 방법

① 측정도구를 명확하게 구성하여 모호성을 제거해야 한다.
② 개념을 측정할 항목수를 충분히 만드는 것이 바람직한데 그 이유는 항목 수가 많을수록 정규분포를 이루기 때문이다. 대체로 동일한 개념이나 속성을 측정하기 위한 항목의 수가 많을수록, 측정값들의 평균치는 측정하고자 하는 속성의 실제 값에 근접하게 된다.
③ 조사대상자가 잘 인지하지 못하거나 관심이 없는 내용에 대해서는 응답자가 무성의하거나 실제와 전혀 다른 응답을 할 가능성이 있으므로 측정을 하지 않는 것이 좋다.
④ 동일한 질문이나 유사한 질문을 2회 이상하여 응답자로 하여금 일관성 있는 응답을 유도하는 방법이 있다.
⑤ 측정자들의 측정방식이나 태도에 일관성을 유지해야 신뢰성 있는 자료를 획득할 수 있다. 응답은 조사자의 외모나 태도, 언어, 면접기술 등에 따라 응답내용이 달라져 오류가 개입될 여지가 있으므로 면접자는 신중하게 일관성을 가지고 자료수집에 임해야 한다.
⑥ 일반적으로 신뢰성이 인정되었거나, 이전의 경험에 비추어 신뢰할 수 있는 측정도구를 사용한다.
⑦ 측정자에게 측정도구에 대한 교육과 훈련을 통해 사전준비를 철저히 한다. 측정자에게 면접조사표나 관찰조사표와 같은 측정도구에 대해 교육을 하고 실제 예행연습을 하도록 함으로써 측정 시 오류를 줄일 수 있다.

02 타당도(validity)

01 인간의 지능지수를 머리 크기로 측정하였다면 이는 어떤 오류를 범한 것인가? •3회

① 타당도 ② 신뢰도
③ 내적 일관성 ④ 유의도
⑤ 무작위적 오류

> **정답 및 해설**
> 타당도(validity)란 측정도구로써 측정하고자 의도한 것을 실제 측정해 내는 정도를 말하는 것으로, 측정의 정확성을 반영하는 개념이다. 지능지수를 머리 크기로 측정한 것은 잘못된 측정도구를 사용함으로 인해 타당도에 있어 오류를 범한 것이다.
>
> 답 ①

02 ( ) 안에 알맞은 것은? •12회

A초등학교는 4학년 수학능력시험의 ( ) 타당도를 확보하기 위해 수학교사들의 회의를 통해 연산, 논리, 기하 등을 포함하기로 결정하였다.

① 내용 ② 동시
③ 예측 ④ 판별
⑤ 기준

> **정답 및 해설**
> 내용적 타당도(Content Validity)는 전문가가 측정도구의 항목을 분석하여 그 타당도를 결정하는 방법으로, 측정도구를 구성하고 있는 내용이 가지고 있는 대표성(representativeness)의 정도를 의미하는 것이다. 즉, 측정도구를 구성하고 있는 내용들이 자신이 측정하고자 하는 개념이 포함하고 있는 의미의 범위를 담고 있는 정도를 말하는 것이다.
>
> 답 ①

03 다음에서 사용한 타당도는?
• 15회

새로 개발된 주관적인 행복감 측정도구를 사용하여 측정한 결과와 이미 검증되고 널리 사용되고 있는 주관적인 행복감 측정도구의 결과를 비교하여 타당도를 확인한다.

① 내용(content) 타당도
② 동시(concurrent) 타당도
③ 예측(predictive) 타당도
④ 요인(factor) 타당도
⑤ 판별(discriminant) 타당도

정답 및 해설

동시적 타당도(Concurrent Validity)는 작성한 측정도구를 이미 존재하고 있는 신뢰할 만한 다른 측정도구와 비교하는 방법이다. 새로 개발된 행복감 측정도구를 이미 검증되고 널리 사용되고 있는 측정도구의 결과를 비교하여 타당도를 확인한다고 하였으므로 동시적 타당도에 해당한다.

답 ②

04 다음 ( ) 안에 알맞은 것은?
• 10회

종합사회복지관 채용시험에서 A의 성적은 높았고 B의 성적은 낮았지만 두 사람 모두 같은 복지관에 입사했다. 입사 후에 B가 A보다 업무능력이 뛰어난 것으로 나타난다면 이 복지관에서 사용한 채용시험의 (   ) 타당도는 낮다고 할 수 있다.

① 내용(content)
② 동시(concurrent)
③ 수렴(convergent)
④ 판별(discriminant)
⑤ 예측(predictive)

정답 및 해설

예측적 타당도는 해당 척도와 논리적으로 관련되어 있는 미래의 사건이 외부의 기준으로 이용되는 방법으로, 장래의 사건을 예견하는 측정능력을 말한다. 측정도구가 현재의 상태로부터 미래의 차이를 얼마나 정확하게 예측해 내는지의 능력 정도를 말한다.

답 ⑤

05 다음 사례에 기술된 '표준화된 척도'의 타당도 평가방법은?
• 14회

사회복지사가 클라이언트 100명의 약물남용 정도를 두 가지 방법으로 측정하였다. 첫째, 약물남용으로 인해 상담이나 치료를 받은 경험이 있는지를 질문하였고, 둘째, 표준화된 척도로 약물남용 정도를 측정하였다. 측정 결과, 상담이나 치료 경험이 있는 집단의 척도 평균 점수가 그렇지 않은 집단의 점수보다 통계적으로 유의미하게 높았다. (단, 척도의 점수가 높을수록 약물남용 정도가 심하다고 해석한다.)

① 기준타당도
② 수렴타당도
③ 판별타당도
④ 개념구성(construct)타당도
⑤ 액면타당도

정답 및 해설

기준타당도 중 **기준문항에 의한 타당도**이다. 응답들을 판별하는 데 기준이 될 수 있는 질문문항으로 집단을 구분하였다. 기준 문항인 상담이나 치료를 받은 경험과 약물남용 정도에 대한 합계점수 간에 통계적으로 유의미한 상관관계가 있는가에 의해 타당도를 측정하였다.

답 ①

06 다음에서 설명하는 타당도 유형은?
• 17회

최근에 개발된 불안척도를 사용하여 불안으로 치료 중인 집단과 일반인 집단의 불안수준을 측정하였다. 측정 결과 치료집단의 평균이 일반인 집단의 평균보다 통계적으로 유의미하게 높아 불안척도는 두 집단을 잘 구별하였다.

① 액면(face)타당도
② 내용(content)타당도
③ 기준(criterion)타당도
④ 이해(nomological)타당도
⑤ 수렴(convergent)타당도

정답 및 해설

최근에 개발된 불안척도로 '불안으로 치료 중인 집단'과 '일반인 집단'을 구분하여 측정하였다. 이것은 '최근에 개발된 불안척도'의 타당도를 확인하고자 하는 것으로, 불안으로 치료 중인 치료집단의 평균이 일반인 집단의 평균보다 높게 나왔다. 이것은 **기준(criterion)타당도** 중 **집단비교법(Known-groups Technique)**을 설명하고 있는 것으로, 집단비교법이란 상반된 태도나 특성을 가진 두 개의 집단을 선정하고 그 두 집단에 측정도구를 적용하여 그 결과의 차가 상반된 태도를 나타내는가를 보는 것이다.

답 ③

07 구성 타당도에 대한 설명 중 옳은 것은?

• 7회

㉠ 통계적으로 검증이 가능하다.
㉡ 추상적인 속성을 측정하는 척도의 타당도 검증에 적절하다.
㉢ 이론과 관련하여 측정도구의 타당도를 검증한다.
㉣ 구성 타당도의 내용으로 요인분석, 수렴 타당도, 판별적 타당도가 있다.

① ㉠, ㉡, ㉢
② ㉠, ㉢
③ ㉡, ㉣
④ ㉣
⑤ ㉠, ㉡, ㉢, ㉣

정답 및 해설

구성 타당도는 측정되는 개념을 정확히 측정할 수 있도록 측정도구가 작성되었는지를 관련되는 다른 개념 및 이론적 틀 속에서 분석하는 방법이다. 이 방법은 내용적 타당도와 기준 관련 타당도의 단점을 보완한 방법이다. 즉, 타당도를 평가하는 방법으로는 내용적 타당도가 논리적 검증을 기준 관련 타당도가 통계적 검증을 사용하는데 비해 **구조적 타당도는 논리적 및 통계적 검증을 함께 사용**한다.

답 ⑤

08 척도에 관한 설명으로 옳지 않은 것은?

• 9회

① 척도의 타당도가 높으면 신뢰도도 높다.
② 척도 문항의 응답범주는 상호배타적이어야 한다.
③ 척도의 문항들 간에는 내적 일관성이 있어야 한다.
④ 척도의 기준 관련 타당도는 구성체 타당도라고도 한다.
⑤ 평정척도의 응답범주들은 논리적 연관성이 있어야 한다.

정답 및 해설

기준 관련 타당도(= 기준 타당도)는 실용적 타당도(pragmatic), 동시적 타당도(concurrent validity), 또는 예측 타당도(predictive validity)라고도 불리며, 측정도구를 잘 평가할 수 있다고 생각되는 독립적 기준과의 비교를 통해서 척도의 타당성을 검증하는 것이다. **구성체 타당도**(= 구조적 타당도, 구성 타당도, 개념 타당도)는 측정되는 개념을 정확히 측정할 수 있도록 측정도구가 작성되었는지를 관련되는 다른 개념 및 이론적 틀 속에서 분석하는 방법이다. 즉, 측정도구가 실제로 연구자가 측정하고자 하는 것을 적절하게 측정할 수 있도록 만들어졌는가를 전반적인 이론적 체제 하에서 다른 개념과의 관계에 의해 검증하는 방법이다.

답 ④

09 측정 항목들이 적절한 내용을 담고 있는가에 대해 이론에 비추어 경험적으로 검증해 보는 것과 관련된 것을 모두 고른 것은?

• 16회

㉠ 체계적 오류
㉡ 무작위적 오류
㉢ 신뢰도
㉣ 타당도
㉤ 이분절(split half) 기법
㉥ 구성타당도

① ㉠, ㉣
② ㉠, ㉢, ㉤
③ ㉠, ㉣, ㉥
④ ㉡, ㉢, ㉤
⑤ ㉠, ㉣, ㉤, ㉥

> **정답 및 해설**
>
> 측정 항목들이 적절한 내용을 담고 있는가에 대해 관련되는 다른 개념 및 이론적 틀 속에서 경험적으로 검증해 보는 것은 ㉥ **구성타당도**(Construct Validity, 구조적 타당도)이다. 구성타당도는 ㉣ **타당도**를 측정하는 방법 중 하나이다. 신뢰도는 비체계적 오류 혹은 무작위 오류와 관련된 개념인 반면, 타당도는 ㉠ **체계적 오류**와 관련되어 있다. 체계적 오류는 우연한 실수 등으로 측정이 잘못되는 것이 아니라, 잘못된 측정 방법을 채택함으로 인해 그 오류가 지속적이고 체계적으로 발생하는 것이다. 체계적 오류가 발생하면 측정하려는 개념이 아닌 다른 개념이 지속적으로 측정되는 결과를 낳는다.
>
> **보충설명**
>
> ㉤ **이분절(split half) 기법**은 신뢰도를 측정하는 방법으로 반분법이라고도 하며, 측정도구의 내적 일관성을 확인하기 위한 것이다. 이 기법은 하나의 측정도구 질문을 무작위적으로 반씩 나누어 둘로 만든 후 이 두 부분을 따로 떼어서 적용하는 것이 아니라, 내용적으로만 갈라놓고 실제로는 본래의 척도를 그대로 한 번 적용하는 것을 말한다.
>
> 답 ③

10 다음에서 설명하고 있는 타당도는?

• 18회

측정되는 개념이 속한 이론 체계 내에서 다른 개념들과 논리적으로 어느 정도 관련성을 갖고 있는 지를 경험적으로 검증하는 가장 수준이 높은 타당도

① 액면 타당도(face validity)
② 기준 타당도(criterion validity)
③ 동시 타당도(concurrent validity)
④ 구성 타당도(construct validity)
⑤ 예측 타당도(predictive validity)

> **정답 및 해설**
>
> **구성 타당도**(construct validity)는 측정대상 개념이 관련을 맺고 있는 개념들이나 가정을 토대로, 이론적인 틀 속에서 측정 도구의 타당성을 경험적으로 검증하는 방법이다. 내용타당도가 측정 항목들이 개념의 내적 구조에 적절한 내용을 담고 있는지를 주관적으로 판단하는 것에 그치는 것이라면, 구성 타당도는 이론적으로 기대되었던 그러한 내적 구조가 경험적으로 확인될 수 있는지를 검사를 통해 검증해 보는 것이다. 따라서, **구성 타당도는 측정도구에 대한 타당도를 경험적으로 검증하는 가장 고차원적인 방법**이다.
>
> 답 ④

OIKOS UP — 구조적 타당도(= 구성 타당도/개념 타당도)

① 측정되는 개념을 정확히 측정할 수 있도록 측정도구가 작성되었는지를 관련되는 다른 개념 및 이론적 틀 속에서 분석하는 방법이다.
② 내용적 타당도가 논리적 검증을 기준 관련 타당도가 통계적 검증을 사용하는데 비해 구조적 타당도는 논리적 및 통계적 검증을 함께 사용한다.
③ 수렴 타당도(집중 타당도), 판별적 타당도, 요인분석의 방법이 있다.

11 ( ) 안에 알맞은 것은?

• 11회

우울 척도 A의 측정치가 우울 척도 B보다 자아존중감 척도 C의 측정치와 더 일치할 때 척도 A의 (   )는 문제가 된다.

① 내용 타당도(content validity)
② 판별 타당도(discriminant validity)
③ 액면 타당도(face validity)
④ 예측 타당도(predictive validity)
⑤ 기준 관련 타당도(criterion-related validity)

> **정답 및 해설**
>
> **판별 타당도**는 어떤 특정 구성체를 측정하기 위해 개발된 척도(우울척도 A)라면 부정적으로 관계를 가질 것으로 기대되는 다른 구성체(자아존중감 척도 C)와는 경험적으로 구별되는 특성을 가질 것이라는 이론적 전제를 갖는다. 즉, 논리적으로 구별되어야 하는 변수와 상관이 아주 낮거나 없어서 경험적으로 식별할 수 있는 결과를 보일 때 판별타당도를 말할 수 있다. 반면 **수렴타당도**는 동일한 개념으로 구성된 서로 다른 측정도구를 한 집단에 적용하였을 경우 점수가 유사하게 나오면 수렴타당도가 있다는 것을 나타낸다. 이는 이론적으로 관계가 있는 변수들이 높은 상관관계를 가진다는 것을 의미한다.
>
> 답 ②

12 다음 사례에서 측정하고자 하는 타당도로 옳은 것은? • 19회

연구자는 새로 개발한 우울척도 A의 타당도를 확인하기 위하여 자아존중감 척도 B와의 상관계수를 산출하였다. 그 결과, A와 B의 상관관계가 매우 낮은 것을 확인하였다.

① 동시타당도(concurrent validity)
② 판별타당도(discriminant validity)
③ 내용타당도(content validity)
④ 수렴타당도(convergent validity)
⑤ 예측타당도(predictive validity)

> **정답 및 해설**
>
> **판별타당도(discriminant validity)** 는 동일한 측정도구로 상이한 둘 이상의 구성개념을 측정했을 때 얻어진 두 측정치들 간에는 차이가 있어야 한다는 것이다. 우울을 측정하는 새로 개발한 척도 A와 자아존중감을 측정하는 척도 B와의 상관관계가 낮게 나오는 것은 **우울을 측정하는 새로 개발한 척도 A(우울척도 A)가 판별타당도가 있다는 것**이다.

답 ②

13 척도 구성을 위한 요인분석(factor analysis)을 통해 확인할 수 없는 것은? • 13회

① 문항들의 단일 차원성
② 내용 타당도의 크기
③ 척도 내의 불필요한 문항
④ 하위 척도의 존재 가능성
⑤ 각 문항의 상대적 영향력

> **정답 및 해설**
>
> **요인분석(Factor Analysis)** 은 변수들(각각의 질문들은 모두 하나의 변수)이 특정한 요인으로 결집되는가를 알아보는 통계분석방법으로, 내용 타당도가 아니라 **구성체 타당도를 측정하는 방법**이다.

답 ②

OIKOS UP 요인분석(Factor Analysis)

① 요인분석은 다수의 상호 관련된 항목들을 몇 개의 요인(factor)으로 집약하여 묶는 방법으로, 측정도구 또는 변수들 간에 존재하는 상호관계의 유형을 밝혀 이들을 보다 적은 수의 가설적 변수인 요인으로 축소시키기 위한 통계기법이다.
② 요인분석의 기본 원리는 문항들을 상관관계가 높은 것끼리 묶어 요인들을 형성하게 하고, 형성된 각 요인들이 상호 독립적이 되도록 하는 것이다. 따라서 하나의 요인 내에 묶여진 문항들은 동일한 개념을 측정하는 것으로 간주할 수 있다.

14 척도의 타당도를 평가하는 기준이 아닌 것은? • 20회

① 하나의 개념을 측정하는 개별 항목들 간의 일관성
② 이론적으로 관련성이 없는 두 개념을 측정한 두 척도 간의 상관관계
③ 어떤 척도와 기준이 되는 척도 간의 상관관계
④ 개념 안에 포함된 포괄적인 의미를 척도가 포함하는 정도
⑤ 개별 항목들이 연구자가 의도한 개념을 구성하는 요인으로 모이는 정도

> **정답 및 해설**
>
> 하나의 개념을 측정하는 개별 항목들 간의 일관성은 내적 일관성 신뢰도를 측정하는 것으로 **척도의 신뢰도를 평가하는 기준**이다. 문항들의 내적 일관성에 기준해서 산출되는 신뢰도는 **이분절 기법(반분법)과 크론바 알파**가 있다.
>
> **보충설명**
>
> ② 이론적으로 관련성이 없는 두 개념을 측정한 두 척도 간의 상관관계는 타당도 검증 방법 중 **판별타당도**에 해당된다.
> ③ 어떤 척도와 기준이 되는 척도 간의 상관관계는 타당도 검증 방법 중 **동시적 타당도**에 해당된다.
> ④ 개념 안에 포함된 포괄적인 의미를 척도가 포함하는 정도는 타당도 검증 방법 중 **내용타당도**에 해당된다.
> ⑤ 개별 항목들이 연구자가 의도한 개념을 구성하는 요인으로 모이는 정도는 타당도 검증 방법 중 **요인분석**에 해당된다.
>
> 답 ①

15 타당도에 관한 설명으로 옳은 것을 모두 고른 것은? • 21회

㉠ 특정 개념에 포함되어 있는 의미를 포괄하는 정도는 내용타당도(content validity)이다.
㉡ 개발된 측정도구의 측정값을 현재 사용되고 있는 측정도구와 비교하는 것은 동시타당도(concurrent validity)이다.
㉢ 예측타당도(predict validity)의 하위타당도는 기준관련타당도(criterion-related validity)와 동시타당도이다.
㉣ 측정하려는 개념이 포함된 이론체계 안에서 다른 변수와 관련된 방식에 기초한 타당도는 구성타당도(construct validity)이다.

① ㉠, ㉡
② ㉡, ㉢
③ ㉢, ㉣
④ ㉠, ㉡, ㉣
⑤ ㉠, ㉡, ㉢, ㉣

정답 및 해설

㉠ **내용타당도(content validity)**는 작성된 측정도구의 항목들이 조사자가 측정하고자 하는 특정 개념을 포괄하고 있느냐를 논리적으로 검토하는 것이다.
㉡ **동시타당도(concurrent validity)**는 개발된 측정도구의 측정값을 현재 사용되고 있는 신뢰할 만한 다른 측정도구와 비교하는 것이다.
㉣ **구성타당도(construct validity)**는 측정하려는 개념이 포함된 전반적인 이론적 틀 속에서 다른 개념들과 실제적으로나 논리적으로 적절한 관련성을 갖고 있는 정도를 경험적으로 검증하는 방법이다.

오답풀이

㉢ 예측타당도(predict validity)와 동시타당도는 **기준관련타당도(criterion-related validity)의 하위타당도**이다. 기준관련타당도의 하위타당도에는 예측적 타당도, 동시적 타당도, 집단비교법, 기준 문항에 의한 타당도가 있다.

답 ④

03 신뢰도와 타당도의 관계

01 신뢰도와 타당도의 관계로 맞는 것은?   • 1회

① 신뢰도와 타당도는 관계가 없다.
② 신뢰도가 높으면 반드시 타당도도 높다.
③ 신뢰도가 확보되면 타당도도 확보된다.
④ 타당도와 신뢰도는 대칭적인 관계이다.
⑤ 타당도가 높으면 높은 신뢰도가 확보된다.

> **정답 및 해설**
>
> 신뢰도가 높다고 해서 타당도가 높은 것은 아니지만, **타당도가 높으면 신뢰도는 높다.**
>
> ✓ 오답풀이
> ① 신뢰도와 타당도는 관계가 **있다**.
> ② 신뢰도가 높다고 타당도가 반드시 **높은 것은 아니다**.
> ③ 신뢰도가 확보된다고 타당도가 **확보되는 것은 아니다**.
> ④ 신뢰도와 타당도는 서로 **비대칭적 관계**(asymmetrical relationship)를 가진다. 비대칭적이라는 의미는 어떤 척도의 타당도가 높을 경우 당연히 신뢰도가 높지만 반드시 그 역은 아니라는 것이다. 즉, 어떤 척도의 신뢰도가 높은 경우에도 타당도는 낮을 수 있다는 것임. 반면 어떤 척도의 타당도가 높을 경우에는 척도의 신뢰도 역시 반드시 높다.
>
> 답 ⑤

02 측정도구의 신뢰도와 타당도에 대한 설명으로 옳은 것은? • 5회

① 타당도가 높으면 신뢰도도 높다.
② 신뢰도가 높으면 타당도도 높다.
③ 질적 연구에서는 신뢰도가 필요 없다.
④ 신뢰도 측정 방법에는 액면 신뢰도, 기준 신뢰도, 구성체 신뢰도 등이 있다.
⑤ 신뢰도는 측정하고자 하는 것을 실제로 측정한 정도를 말한다.

정답 및 해설

신뢰도와 타당도의 관계에서 신뢰도가 높다고 타당도가 반드시 높은 것은 아니나, **타당도가 높으면 신뢰도는 높다.**

오답풀이
② 신뢰도가 높다고 타당도가 반드시 **높은 것은 아니다.** 즉 신뢰도가 높은 측정은 타당도가 높을 수도 있고 낮을 수도 있다.
③ 질적 연구에서도 **신뢰도가 확보**되어야 한다.
④ 액면 타당도, 기준 타당도, 구성체 타당도 등은 **타당도를 측정하는 방법**이다. 신뢰도를 측정하는 방법에는 검사-재검사법, 복수양식법, 반분법, 크론바하 알파 등이 있다.
⑤ **타당도는** 측정하고자 하는 것을 실제로 측정한 정도를 말한다. 즉 측정하고자 하는 것을 제대로 측정해 내는 정도를 말한다.

답 ①

03 신뢰도에 관한 설명으로 옳은 것을 모두 고른 것은? • 20회

㉠ 재검사법, 반분법은 신뢰도를 평가하는 방법이다.
㉡ 신뢰도는 타당도의 필요충분조건이다.
㉢ 측정할 때마다 실제보다 5g 더 높게 측정되는 저울은 신뢰도가 있다.

① ㉠
② ㉡
③ ㉠, ㉡
④ ㉠, ㉢
⑤ ㉠, ㉡, ㉢

정답 및 해설

㉠ **신뢰도를 평가하는 방법**은 재검사법(검사-재검사법), 반분법(이분절 기법), 조사자 간 신뢰도(상호관찰자 기법), 복수양식법(대안법), 크론바 알파(내적 일관성 분석법)이 있다.
㉢ 실제보다 5g 더 높게 측정되는 것이므로 타당도는 없지만, 연속적으로 **반복측정할 때마다 동일하게 5g 더 높게 측정되고 있다는 것은 일관되게 측정되고 있는 것이기 때문에 신뢰도가 있다**.

보충설명

㉡ 신뢰도는 타당도의 **필요조건**이다. 즉, 신뢰도는 타당도의 충분조건이나 필요충분조건이 아니다.

 ④

OIKOS UP 신뢰도와 타당도의 관계

신뢰도와 타당도는 측정도구의 적합성을 평가하는 방법으로 서로 분리된 속성으로 다루어졌지만 서로 밀접히 관련되어 있다.
① 타당성 있는 측정은 항상 신뢰성이 있다.
② 타당성이 없는 측정은 신뢰성이 있을 수도 있고 없을 수도 있다.
③ 신뢰성이 있는 측정은 타당성이 있을 수도 있고 없을 수도 있다.
④ 신뢰성이 없는 측정은 타당성이 없다.

---

04 측정의 신뢰도와 타당도에 관한 설명으로 옳은 것은?   • 12회

① 동일인이 한 체중계로 여러 번 몸무게를 측정하는 것은 체중계의 타당도와 관련되어 있다.
② 편향은 측정의 무작위 오류와 관련되어 있다.
③ 측정도구의 높은 신뢰성이 측정의 타당성을 보증하지 않는다.
④ 측정도구의 타당도를 검사하기 위해 반분법을 활용한다.
⑤ 기준관련 타당도 검사를 위해 해당 개념과 관련된 이론적 모형이 필요하다.

정답 및 해설

신뢰도가 높다는 것은 어떤 현상을 일관성 있게 측정할 수 있다는 것을 의미할 뿐이며, 그 어떤 현상이 조사자가 측정하고자 하는 것이 아닐 수도 있다. 즉 **신뢰도가 높다고 타당도가 높은 것은 아니다.**

오답풀이

① 동일인이 한 체중계로 여러 번 몸무게를 측정하는 것은 **체중계의 신뢰도와 관련**되어 있다.
② 편향은 **체계적 오류**와 관련되어 있다. **체계적 오류**(systematic error)란 측정대상에 대하여 어떤 영향이 체계적으로 미침으로써 그 오류가 항상 일정한 방향으로 일어나, 측정결과가 모두 높아지거나 또는 모두 낮아지게 되는 편향된(biased) 경향을 보이는 것이다.
④ **반분법(Split-half Method)은 신뢰도를 측정하기 위한 방법**이다.
⑤ 해당 개념과 관련된 이론적 모형이 필요한 것은 **구조적 타당도**(Construct Validity, **구성체 타당도**)이다.

 ③

05 A시설 어린이들의 발달 상태를 조사하기 위해 체중계를 이용하여 몸무게를 측정했는데 항상 2.5kg 이 더 무겁게 측정되었다. 이 측정에 관한 설명으로 옳은 것은?
• 15회

① 타당도는 높지만 신뢰도는 낮다.
② 신뢰도는 높지만 타당도는 낮다.
③ 신뢰도도 높고 타당도도 높다.
④ 신뢰도도 낮고 타당도도 낮다.
⑤ 신뢰도나 타당도를 평가할 수 없다.

> **정답 및 해설**
> 측정도구인 체중계가 '항상 2.5kg이 더 무겁게 측정되었다.'는 것은 '항상'이라는 측면에서 측정의 일관성을 의미하는 **신뢰도는 높지만**, '2.5kg이 더 무겁게 측정되었다'는 측면에서 측정의 정확성을 의미하는 **타당도는 낮은 것**이다.
>
> 답 ②

06 신뢰도와 타당도에 관한 설명으로 옳은 것은?
• 16회

① 측정할 때마다 항상 30분 빠르게 측정되는 시계는 신뢰도가 높은 것이다.
② 측정도구의 신뢰도가 높으면 타당도도 높아진다.
③ 측정도구를 동일 응답자에게 반복 적용했을 때 일관된 결과가 나오면 타당도가 높은 것이다.
④ 동일한 변수를 측정할 때 신뢰도와 타당도를 높이기 위해서는 관련 문항 수를 줄인다.
⑤ 타당도를 검사하기 위해 복수양식법을 활용한다.

> **정답 및 해설**
> **신뢰도(reliability)**는 측정도구가 측정하고자 하는 현상을 일관되게 측정하는 능력을 말하는 것으로, **같은 대상에 반복적으로 적용된 특정 기법이 매번 같은 결과를 가져오는지 여부의 문제**이다. 측정할 때마다 항상 30분 빠르게 같은 결과를 가져오고 있으므로, 이는 신뢰도가 높은 것이다.
>
> **오답풀이**
> ② 측정도구의 타당도가 높으면 신뢰도는 높아지지만, **신뢰도가 높다고 타당도가 반드시 높은 것은 아니다.**
> ③ 측정도구를 동일 응답자에게 반복 적용했을 때 일관된 결과가 나오면 **신뢰도가 높은 것**이다.
> ④ **질문이 문항수가 많아지면 타당도는 높아진다.** 하지만, 응답의 성실성, 솔직성이 낮게 되며, **그만큼 신뢰도가 낮을 가능성이 높아진다.** 따라서, 동일한 변수를 측정할 때 신뢰도를 높이기 위해서는 관련 문항 수를 줄이고, 타당도를 높이기 위해서는 관련 문항 수를 늘린다.
> ⑤ **복수양식법은 신뢰도를 측정하는 방법**이다. **복수양식법은 유사한 형태의 두 개의 측정도구를 만들어 이것을 각각 동일한 대상에 차례로 적용(두 차례 실시)하여 봄으로써 신뢰도를 측정하는 방법이다.**
>
> 답 ①

07 측정의 신뢰도와 타당도에 관한 설명으로 옳은 것은?

• 18회

① 신뢰도는 일관성으로 표현될 수 있는 개념이다.
② 측정도구의 문항 수가 적을수록 신뢰도는 높아진다.
③ 검사 – 재검사 방법은 타당도를 측정하는 방법이다.
④ 편향(bias)은 측정의 비체계적 오류와 관련된다.
⑤ 측정도구의 신뢰도가 높아지면 타당도도 높아진다.

> **정답 및 해설**
>
> 신뢰도는 장소와 시간에 구애받지 않고 일정한 값을 계속해서 산출해내고 있는지를 보는 것으로, **측정값들의 일관성**을 의미한다.
>
> **오답풀이**
> ② 측정도구의 문항 수가 **많을수록** 신뢰도는 높아진다. 왜냐하면 여러 문항에 의해 한 개념을 측정하면 설사 한 문항에 약간 문제가 있더라도 다른 문항에 의해 그 잘못이 희석될 수 있기 때문이다.
> ③ 검사-재검사 방법은 **신뢰도**를 측정하는 방법이다.
> ④ 편향(bias)은 측정의 **체계적 오류**와 관련된다.
> ⑤ 측정도구의 **타당도**가 높아지면 **신뢰도**도 높아진다.
>
> ①

08 신뢰도와 타당도에 관한 설명으로 옳은 것은?

• 22회

① 타당도가 있다면 어느 정도 신뢰도가 있다고 볼 수 있다.
② 신뢰도가 높을 경우 타당도도 높다고 할 수 있다.
③ 요인분석법은 신뢰도를 측정하는 방법이다.
④ 신뢰도는 측정하려고 의도된 개념을 얼마나 정확하게 측정하는가를 나타내는 것이다.
⑤ 주어진 척도가 측정하고자 하는 내용을 담고 있다고 일련의 전문가가 판단할 때 판별타당도가 있다고 한다.

> **정답 및 해설**
>
> **타당도가 높으면 신뢰도는 높기 때문에**, 타당도가 있다면 어느 정도 신뢰도가 있다고 볼 수 있다.
>
> **오답풀이**
> ② 신뢰도가 높을 경우 타당도도 높다고 할 수 **없다**. 즉, 신뢰도가 높다고 타당도가 반드시 높은 것은 아니다.
> ③ 요인분석법은 **타당도**를 측정하는 방법이다.
> ④ **타당도**는 측정하려고 의도된 개념을 얼마나 정확하게 측정하는가를 나타내는 것이다.
> ⑤ 주어진 척도가 측정하고자 하는 내용을 담고 있다고 일련의 전문가가 판단할 때 **내용타당도**가 있다고 한다.
>
> ①

04 측정의 오류

01 사회복지재단에서 구직자의 팀워크를 알아보기 위해 성격검사를 실시하였다. 이때 해당 구직자들이 재단에 취업하기 위해 좋은 인상을 보여 주기 위한 응답만 선택할 수 있다. 이와 관련해서 발생할 수 있는 오류는?
• 8회

① 플라시보 효과
② 호손 효과
③ 사회적 바람직성
④ 문화적 편견
⑤ 후광 효과

> **정답 및 해설**
> 자신의 입장과는 다르게 사회적으로 바람직한(socially desirable) 것을 택하는 성향, 즉 **사회적 바람직성(= 사회적 적절성)에 의한 오류**이다. 이는 응답자들이 질문자의 의도를 고려함으로써 발생하는 측정의 오류로, 자신이 어떻게 생각하는지와는 무관하게 응답을 통해 자신이나 자기 집단이 어떻게 비추어질 것인가를 고려해서 대답하는 경우에 자주 나타난다.
>
> 답 ③

02 측정오류(measurement error)에 관한 설명으로 옳은 것을 모두 고른 것은?
• 9회

㉠ 체계적 오류는 측정도구의 구성에서 발생할 수 있다.
㉡ 측정오류의 정도는 측정대상과 측정도구의 성격에 따라 차이가 나타난다.
㉢ 측정오류는 신뢰도와 타당도가 확보된 측정도구를 이용하여 예방할 수 있다.
㉣ 무작위 오류는 수집된 자료를 코딩하는 과정에서 잘못 입력하는 경우에 발생한다.

① ㉠, ㉡, ㉢
② ㉠, ㉢
③ ㉡, ㉣
④ ㉣
⑤ ㉠, ㉡, ㉢, ㉣

> **정답 및 해설**
> ⊙ 체계적 오류는 문장의 표현의 문제 등 **측정도구 구성에서 발생**할 수 있다. 즉 체계적 오류는 **측정도구 구성(제작)에서 결정적인 실수로 인하여 나타나며 오류**는 상호 상쇄되지 않고 조사결과에 큰 영향을 미칠 수 있다.
> ⊙ 측정오류는 측정에서 본래의 참값과 측정도구에 의해 측정한 값인 측정치 사이에 나타날 수 있는 불일치 정도 또는 그 차이를 말하는 것으로, **측정대상과 측정도구의 성격에 따라 차이**가 나타날 수 있다.
> ⊙ 측정오류는 **신뢰도와 타당도를 가진 도구를 이용**하여 오류발생을 줄일 수 있다.
> ⊙ **무작위 오류란** 측정자의 피로, 기억, 감정변화 등과 같이 측정대상, 측정과정, 측정수단, 측정자 등에 전혀 우연적이며 일시적인 사정에 의해 불규칙적으로 일관성 없이 영향을 미침으로써 발생하는 오류로서, 수집된 자료를 코딩하는 과정에서 잘못 입력하는 경우에도 발생한다.
>
> 답 ⑤

03 측정의 무작위 오류(random error)에 관한 설명으로 옳은 것은? •14회

① 응답자가 자신에 대한 이미지를 좋게 만들기 위해 응답할 때 발생한다.
② 타당도를 낮추는 주요 원인이다.
③ 설문문항이 지나치게 많을 경우 발생하기 쉽다.
④ 연구자가 응답자에게 유도성 질문을 할 때 발생한다.
⑤ 일정한 양태와 일관성을 갖는 오류이다.

> **정답 및 해설**
> **무작위 오류는** 측정자의 피로, 기억, 감정변화 등과 같이 측정대상, 측정과정, 측정수단, 측정자 등에 전혀 우연적이며 일시적인 사정에 의해 불규칙적으로 일관성 없이 영향을 미침으로써 발생하는 오류이다. 대부분은 **측정자, 측정대상자, 측정상황, 측정도구 등의 요인으로 인해 발생**한다. 이 중 '설문문항이 지나치게 많을 경우' 조사대상자는 응답이 어렵고 복잡하다.
>
> ✓ **오답풀이**
> ① 응답자가 자신에 대한 이미지를 좋게 만들기 위해 응답하는 것은 **사회적 바람직성에 의한 오류**로 체계적 오류에 해당한다.
> ② **무작위 오류가 커질 경우** 응답의 일관성에 부정적 영향을 미치게 되어 **척도의 신뢰도가 낮아지는 결과**를 가져온다. 반면 **체계적 오차가 커질 경우** 실제 값을 제대로 측정하지 못하는 결과를 가져오게 되어 **척도의 타당도에 부정적인 영향**을 미친다.
> ④ 연구자가 응답자에게 **유도성 질문을 하여 응답이 긍정적 방향이나 부정적 방향의 편향된 결과를 가져올 수 있으므로, 이는 체계적 오류에 해당**한다.
> ⑤ 측정대상에 대하여 어떤 영향이 체계적으로 미침으로써 그 **오류가 항상 일정한 방향으로 일어나는 것은 체계적 오류**이다.
>
> 답 ③

04 측정의 오류에 관한 설명으로 옳은 것은?
• 15회

① 편향에 의해 체계적 오류가 발생한다.
② 무작위 오류는 측정의 타당도를 저해한다.
③ 체계적 오류는 측정의 신뢰도를 저해한다.
④ 표준화된 측정도구를 사용하더라도 체계적 오류를 줄일 수 없다.
⑤ 측정자, 측정 대상자 등에 일관성이 없어 생기는 오류를 체계적 오류라 한다.

정답 및 해설

측정대상에 대하여 어떤 영향이 체계적으로 미침으로써 그 오류가 항상 일정한 방향으로 일어나, 측정결과가 모두 높아지거나 또는 모두 낮아지게 되는 **편향된(biased) 경향을 보이는 것이 체계적 오류**이다.

오답풀이
② 무작위 오류는 **측정의 신뢰도**를 저해한다. 무작위 오류가 커질 경우 응답의 일관성에 부정적 영향을 미치게 되어 척도의 신뢰도가 낮아지는 결과를 가져온다.
③ 체계적 오류는 **측정의 타당도**를 저해한다. 즉 체계적 오차가 커질 경우 실제 값을 제대로 측정하지 못하는 결과를 가져오게 되어 척도의 타당도에 부정적인 영향을 미친다.
④ 체계적 오류는 우연한 실수 등으로 측정이 잘못되는 것이 아니라, 잘못된 측정방법을 채택함으로써 지속적이고 체계적으로 오류가 발생하는 것으로, **표준화된 측정도구를 사용하여 체계적 오류를 줄일 수 있다.**
⑤ 측정자, 측정 대상자 등에 일관성이 없어 생기는 오류를 **무작위 오류(비체계적 오류)**라 한다.

답 ①

05 측정 및 측정도구에 관한 설명으로 옳은 것을 모두 고른 것은?
• 17회

㉠ 측정도구를 개발하기 위해서 조작화가 요구된다.
㉡ 문화적 편견은 측정의 무작위 오류를 발생시킨다.
㉢ 리커트 척도구성(scaling)은 서열척도구성이다.
㉣ 수능시험은 대학에서의 학업능력을 예비적으로 파악하는 측정도구이다.

① ㉡, ㉢
② ㉡, ㉣
③ ㉠, ㉢, ㉣
④ ㉡, ㉢, ㉣
⑤ ㉠, ㉡, ㉢, ㉣

정답 및 해설

- ㉠ **조작화**(operational definition, 조작적 정의)는 추상적 개념을 잘 대변하면서 경험적으로 측정가능한 대체개념 또는 지수를 정립하는 것을 말한다. **조작화를 통해 연구문제의 범위와 주요 변수를 제시함으로써 연구대상을 측정 가능하게 해준다. 표준화된 척도(측정도구)는 조작화의 산물이다.**
- ㉢ 리커트 척도는 응답의 범주들이 명백한 서열을 가지는 **서열척도**이다. 서열적 척도화(ordinal scaling)는 측정대상을 그 특징이나 속성에 따라 일정한 범주로 분류하고, 각 범주들간의 상대적 순서관계를 밝힐 수 있도록 숫자나 기호를 부여하는 과정으로, 리커트 척도화, 거트만 척도화 등이 있다.
- ㉣ 측정도구가 현재의 상태로부터 미래의 차이를 얼마나 정확하게 예측해 내는지의 능력 정도를 파악하는 **예측적**(predictive) 타당도에 대한 설명이다. 수능시험에서 높은 점수를 받은 학생이 대학에서 학업성적이 높을 때 수능시험은 예측적 타당도가 높다고 할 수 있다.

오답풀이

- ㉡ **문화적 편견**(cultural gap bias, 문화적 차이 편향)은 측정의 **체계적 오류를 발생**시킨다. 측정과정에서 문화적 차이가 스며들어 측정의 체계적 오류를 일으키는 것이다. 어떤 문화 집단에서는 자연스럽게 이해되는 사실이 다른 문화 집단에서는 그렇지 않을 경우 많이 나타난다.

답 ③

---

06 측정 시 나타날 수 있는 체계적 오류에 관한 설명으로 옳지 않은 것은? •18회

① 코딩 왜곡은 체계적 오류를 발생시킨다.
② 익명의 응답은 체계적 오류를 최소화한다.
③ 편견 없는 단어는 체계적 오류를 최소화한다.
④ 척도구성 과정의 실수는 체계적 오류를 발생시킨다.
⑤ 비관여적 관찰은 체계적 오류를 최소화한다.

정답 및 해설

비체계적 오류의 영향은 측정을 치우치게 하는 것이 아니라 한 측정과 다음 측정 간에 일관성이 없게 만드는 것이다. 코딩 왜곡은 비체계적 오류를 발생시킨다. 즉, 자료를 코딩하거나 자료를 질문지에서 컴퓨터로 또는 녹음기에서 기록지에 옮기는 사람이 잘못된 숫자를 기록하는 것과 같이 단순한 오기(誤記), 또는 면접자가 응답자의 응답을 잘 못 이해하거나 판독하기 어렵게 기록하여 코딩하는 사람이 그 응답을 다른 것으로 잘못 이해하는 것은 **비체계적 오류에 해당**한다.

보충설명

② **익명의 응답**은 응답을 통해 자신이나 자기 집단이 어떻게 비추어질 것인가를 고려해서 답변함으로 인해 발생되는 **사회적 적절성 편향의 오류를 방지하기 때문에 체계적 오류를 최소화**한다.
③ **편견 없는 단어는 체계적 오류를 최소화한다. 그 이유는 편견은 연구자가 원하는 응답을 하게 만들거나, 사람들에게 그들의 진짜 견해나 행동을 왜곡시키는 방식으로 질문에 대답하게 할 수 있기 때문이다.**
④ 체계적 오류는 **문장의 표현의 문제 등 측정도구 구성에서 결정적인 실수로 인하여** 나타날 수 있다.
⑤ **비관여적 관찰은** 체계적 오류인 **사회적 적절성 편향의 오류를 최소화시키기 위해 사용**된다. 즉, 직접적인 행동을 측정한다면, 관찰되는 것을 클라이언트가 예민하게 느끼지 않아 그에 따라 좋게 보이기 위해 평소와 달리 행동할 가능성이 적도록 하는 노력을 해야 한다.

답 ①

07 측정에 관한 설명으로 옳지 않은 것은?

•20회

① 측정은 연구대상에 대해 일정한 규칙에 따라 숫자나 기호를 부여하는 과정이다.
② 지표는 개념 속에 내재된 속성들이 표출되어 나타난 결과를 말한다.
③ 측정의 체계적 오류는 타당도와 관련이 없다.
④ 리커트척도는 각 항목의 단순합산을 통해 서열성을 산출한다.
⑤ 조작적 정의는 실질적으로 측정하게 되는 연구대상의 세부적 속성이다.

> **정답 및 해설**
>
> 측정의 **체계적 오류는 타당도와 관련이 있다.** 체계적 오류가 커질 경우 실제 값을 제대로 측정하지 못하는 결과를 가져오게 되어 척도의 타당도에 부정적인 영향을 미친다. 반면, 측정의 **비체계적 오류는 신뢰도와 관련이 있다.** 비체계적 오류가 커질 경우 응답의 일관성에 부정적 영향을 미치게 되어 척도의 신뢰도가 낮아지는 결과를 가져온다.
>
> **보충설명**
> ① **측정은** 일정한 규칙에 따라 대상의 특성이나 속성에 대하여 숫자나 기호를 부여하는 체계적이고 과학적인 과정이다.
> ② **지표(指標, indicator)는** 변수의 속성을 나타내는 요소이며, 개념 속에 내재된 속성들이 표출되어 나타난 결과물들을 의미한다.
> ④ **리커트척도는** 각 항목의 값들을 단순 합산하여 측정값이 만들어지고, 그것으로 측정 대상자들의 서열성이 포함된 구분 속성값을 부여하는 것이다.
> ⑤ **조작적 정의는** 개념을 잘 대변할 수 있으면서 측정가능한 대체개념을 정립하는 것으로 실질적으로 측정하게 되는 연구대상의 세부적 속성이다.
>
>   ③

08 측정의 오류에 관한 설명으로 옳지 않은 것은?

● 21회

① 연구자의 의도가 포함된 질문은 체계적 오류를 발생시킨다.
② 사회적으로 바람직한 응답은 체계적 오류를 발생시킨다.
③ 측정의 오류는 연구의 타당도를 낮춘다.
④ 타당도가 낮은 척도의 사용은 무작위 오류를 발생시킨다.
⑤ 측정의 다각화는 측정의 오류를 줄여 객관성을 높인다.

정답 및 해설

신뢰도는 무작위 오류(비체계적 오류)와 관련된 개념인 반면, 타당도는 체계적 오류와 관련되어 있다. 따라서, **신뢰도**가 낮은 척도의 사용은 무작위 오류(비체계적 오류)를 발생시킨다.

보충설명

① 연구자의 의도가 포함된 질문은 긍정적 방향이나 부정적 방향의 편향된 결과를 가져오게 하기 때문에 체계적 오류를 발생시킨다.
② 사회적으로 바람직한 응답은 자신의 입장과는 다르게 사회적으로 바람직한 것을 택하는 성향으로 체계적 오류를 발생시킨다.
③ 측정의 오류는 연구의 신뢰도와 타당도를 낮춘다. 측정의 오류 중 체계적 오류는 연구의 타당도를, 비체계적 오류는 연구의 신뢰도를 낮춘다.
⑤ 측정의 다각화(triangulation, 삼각측량)는 자료수집에서 어떤 오류나 일관적이지 못한 것을 줄이기 위해 다양한 출처와 방법, 여러 관찰자를 활용하는 것이다. 따라서, 측정의 다각화는 측정의 오류를 줄여 객관성을 높일 수 있다.

답 ④

OIKOS UP 측정오류 최소화 방법

측정오류는 체계적 오류와 비체계적 오류로 나뉘며, 비체계적 오류를 줄이는 방법(즉, 신뢰도를 제고하는 방안)으로는 다음과 같다.
① 측정도구의 내용을 명확히 하게 한다.
② 측정항목수를 가능한 늘린다.
③ 측정자들의 측정방식이나 태도에 일관성이 있어야 한다.
④ 조사대상자가 잘 모르거나 관심이 없는 내용에 대해서는 응답자가 무성의하거나 실제와 전혀 다른 응답을 할 가능성이 있으므로 측정을 하지 않는 것이 좋다.
⑤ 동일한 질문이나 유사한 질문을 2회 이상하여 응답자로 하여금 일관성 있는 응답을 유도한다.
⑥ 일반적으로 신뢰성이 인정되었거나, 이전의 경험에 비추어 신뢰할 수 있는 측정도구를 사용한다.
⑦ 측정자에게 측정도구에 대한 교육과 훈련을 통해 사전준비를 철저히 한다.

제07장 표본추출(표집)

제2영역 : 사회복지조사론

제7장 회차별 출제빈도, 출제비중 및 출제논점 1, 2, 3순위

10회 2012	11회 2013	12회 2014	13회 2015	14회 2016	15회 2017	16회 2018	17회 2019	18회 2020	19회 2021	20회 2022	21회 2023	22회 2024
3	4	4	4	2	2	3	4	2	2	3(2)	3	2

출제비중	출제 논점		
	1순위 ☺	2순위 ※	3순위 ☆
2**3**4	① 확률표집방법 : 단, 체, 층, 군 ② 비확률표집방법 : 편, 유, 할, 눈	① 표집관련 용어 : 표집오차, 신뢰구간, 신뢰수준.. ② 대표성과 표본의 크기	① 표본추출과정 ② 기초통계학

01 표본추출의 의의와 용어

01 다음 중 표본과 관련된 용어와 그 설명이 옳게 된 것은?   •3회

㉠ 표본오차 - 표본의 통계 값과 모수치의 차이
㉡ 관찰단위 - 분석하고자 하는 단위
㉢ 모수(母數) - 모집단에서 특정 변수가 갖고 있는 특성을 요약하고 묘사한 값
㉣ 표본틀 - 관찰하는 실제 목록

① ㉠, ㉡, ㉢　　　　　　　　② ㉠, ㉢
③ ㉡, ㉣　　　　　　　　　　④ ㉣
⑤ ㉠, ㉡, ㉢, ㉣

> **정답 및 해설**
> ㉠ **표본오차**는 모집단 값과 표본의 값 간의 차이를 말한다.
> ㉢ **모수 또는 모치수**는 모집단에서 특정 변수가 가지고 있는 특성을 요약하고 묘사한 것을 말한다.
>
> ✓ **오답풀이**
> ㉡ **관찰단위**는 직접적인 조사대상으로 자료가 수집되는 요소 또는 요소들의 집합체이자 자료수집단위이다. 관찰단위는 분석단위와 대체로 일치하지만 반드시 일치하는 것은 아니다.
> ㉣ **표본틀**은 표본이 실제 추출되는 연구대상 모집단 전체의 목록 또는 모든 단위의 완전한 목록을 말한다. 표본틀은 실제 조사대상의 목록이기 때문에 조사모집단을 구성하는 요소목록이다.
>
> 답 ②

02 표본추출방법과 관련하여 기술적 용어와 설명이 잘못된 것은?

• 6회

> 서울시 소재 4개 종합사회복지관 이용자 중에서 2004년부터 2008년 2월 1일 현재까지 부부대상 프로그램을 이용한 경험이 있는 20~40세 미만 남녀를 대상자로 하였다. 조사대상자 선정을 위해, 해당 종합사회복지관의 부부 대상 프로그램 참여자 명부로부터 이용남녀의 성비에 따라 할당표집(quota sampling)하여, 종합사회복지관마다 50명씩 200명의 남녀를 표본으로 추출하였다.

① 모집단 – 서울시 소재 4개 종합사회복지관 이용자
② 표집틀 – 프로그램 참여자 명부
③ 표집방법 – 할당표집
④ 관찰단위 – 20~40세 미만 남녀
⑤ 표집단위 – 개인

정답 및 해설

모집단(母集團, population)은 시간, 공간, 자격 등의 조건들이 구체적으로 규정되어진 요소의 현실적–한정적 집합체이다. 이는 실제 연구의 대상이 되는 전체 집단으로서 연구자가 전수조사를 통해 자료를 수집하거나, 표본조사결과를 가지고 통계적 기법을 활용해 추정하려는 대상 집단을 말한다. 따라서 지문에서 모집단은 2004년부터 2008년 2월 1일 현재까지 부부대상 프로그램을 이용한 경험이 있는 20~40세 미만 남녀이다.

오답풀이

② 표집틀(sampling frame, 표본 추출틀, 표본프레임)은 표본이 실제 추출되는 연구대상 모집단 전체의 목록 또는 모든 단위의 완전한 목록(complete list of all units)을 말한다. 즉, 표집틀은 실제 조사대상의 목록이기 때문에 조사모집난을 구성하는 요소목록이다.
④ 관찰단위(observation unit)와 분석단위(analysis unit)는 무엇을 기준으로 표본을 추출할 것인가에 대한 기준으로, 표집과정의 각 단계에서 표집대상인 요소들의 단위이다. 자료수집의 단위가 관찰단위이고, 자료수집내용에서 실제분석하는 단위가 분석단위이다. 예 장애인 근로자가 근무하는 직장상사(관찰단위)와의 면담을 통해서 장애인 근로자(분석단위)의 직장적응에 관한 정보를 수집할 수 있다.
⑤ 표집단위(sampling unit)는 무엇을 기준으로 표본을 추출할 것인가에 대한 기준으로, 표집과정의 각 단계에서 표집대상인 요소들의 단위를 말한다. 대체로 표집단위는 개인이 되지만, 경우에 따라서는 개인이 아닌 집합체가 표집단위가 된다.

 ①

03 다음의 표집사례와 관련되어 잘못 연결된 것은? • 8회

> 지역아동센터를 이용하는 초등학생들을 대상으로 설문조사를 실시하였다. 표본은 지역아동센터에 등록된 전국 지역아동센터 대상자 명부로부터 10명 간격으로 1,000명을 무작위로 추출하였다. 단, 대상자 명부는 무작위로 구성되었다.

① 모집단 – 지역아동센터 이용 초등학생들
② 표집단위 – 지역아동센터
③ 표집틀 – 대상자 명부
④ 표집방법 – 체계적 표집
⑤ 관찰단위 – 개인

정답 및 해설

표집단위(sampling unit)는 무엇을 기준으로 표본을 추출할 것인가에 대한 기준으로, 표집과정의 각 단계에서 표집대상인 요소들의 단위를 말한다. 대체로 표집단위는 개인이 되지만, 경우에 따라서는 개인이 아닌 집합체가 표집단위가 된다. 여기서는 지역아동센터를 이용하는 초등학생 개인이다.

답 ②

04 다음의 내용에서 표집 관련 용어의 연결이 옳지 않은 것은? • 9회

> 2010년 12월 말 현재 맞춤형 건강관리프로그램 서비스를 이용한 경험이 있는 65세 이상 노인을 대상으로 조사를 실시하였다. 표본은 맞춤형 건강관리프로그램 이용자 명부로부터 무작위로 500명을 추출하였다.

① 모집단 – 2010년 12월 말 현재 맞춤형 건강관리프로그램 서비스 이용 경험이 있는 65세 이상 노인
② 표집틀 – 65세 이상 노인
③ 표집단위 – 개인
④ 표집방법 – 무작위
⑤ 관찰단위 – 개인

정답 및 해설

표집틀은 표본이 실제 추출되는 연구대상 모집단 전체의 목록 또는 모든 단위의 완전한 목록(complete list of all units)을 말한다. 여기서는 맞춤형 건강관리프로그램 이용자 명부이다.

 ②

05 다음 사례에서 표집 관련 용어의 연결이 옳지 않은 것은?   •11회

> 아동양육시설에 거주하는 아동을 대상으로 설문조사를 실시하기 위해 아동복지협회에 등록된 전체 대상자 명부에서 초등학생, 중학생, 고등학생으로 모집단을 구분하고 모집단의 비율에 맞게 무작위표본을 추출하였다.

① 모집단 - 아동양육시설 거주 아동
② 표집틀 - 대상자 명부
③ 표집방법 - 비례적 군집(cluster)표집
④ 표집단위 - 개인
⑤ 관찰단위 - 개인

정답 및 해설
표집방법은 군집(cluster)표집이 아니라 **비례 층화(stratified)표집**이다.

답 ③

06 17개 시·도의 69개 사회복지기관에서 근무하는 사회복지사 396명을 대상으로 근무기관의 규모별 직무만족도를 설문조사할 때 독립변수와 종속변수의 관찰단위를 순서대로 옳게 짝지은 것은?
•20회

① 개인 - 개인
② 기관 - 개인
③ 지역사회 - 개인
④ 지역사회 - 기관
⑤ 개인 - 지역사회

정답 및 해설
관찰단위는 모집단 혹은 표본에서 자료의 수집이 이루어지는 요소를 말한다. 일반적인 사회조사연구에서는 관찰단위와 표집단위가 동일한 것이 대부분이다. 사회복지사가 근무하는 기관의 규모(독립변수)에 따른 사회복지사의 직무만족도(종속변수)에 대한 설문조사이므로, 이 연구에서 **독립변수와 종속변수 모두 관찰단위(또는 분석단위)는 개별 사회복지사(개인)**이다.

✓ **보충설명**
자료수집의 단위가 **관찰단위**이고, 자료수집내용에서 실제분석하는 단위가 **분석단위**이다. 일반적으로 사회조사연구에서는 관찰단위와 분석단위가 일치하지만, 일치하지 않는 조사도 있다. 만약 이 연구에서 조사상의 편의를 위해 기관의 장에게 자신의 기관에서 근무하는 사회복지사들에 관한 조사를 실시한다면, 관찰단위는 기관의 장이 되고, 분석단위는 개별 사회복지사가 된다.

답 ①

07 다음 사례에 해당하는 표집용어와 관련한 내용으로 옳은 것은? • 22회

> A종합사회복지관을 이용하는 노인들을 대상으로 노인맞춤돌봄서비스에 관한 설문조사를 위하여 노인 이용자명단에서 300명을 무작위 표본추출 하였다.

① 모집단 : 표본추출된 300명
② 표집방법 : 할당표집
③ 관찰단위 : 집단
④ 표집틀 : 노인 이용자명단
⑤ 분석단위 : 집단

정답 및 해설

표집틀(sampling frame)은 표본이 실제 추출되는 **연구대상 모집단 전체의 목록**이다. 주어진 사례에서 모집단은 A종합사회복지관을 이용하는 노인들이므로, A종합사회복지관을 이용하는 노인들의 명단(노인 이용자명단)이 표집틀이다.

오답풀이
① **모집단은 A종합사회복지관을 이용하는 노인들**이며, 표본추출된 300명은 표본이다.
② 무작위 표본추출을 했으므로 표집방법은 확률표집이어야 한다. **할당표집은 작위적으로 표본을 추출하는 비확률표집 중 하나이다.**
③ 직접적인 조사대상으로 자료가 수집되는 요소 또는 요소들의 집합체이자 자료수집단위이며, 자료수집단위가 관찰단위(observation unit)이다. **관찰단위는 A종합사회복지관을 이용하는 노인으로 개인이다.**
⑤ 분석단위(analysis unit)는 자료수집내용에서 실제분석하는 단위이다. 주어진 사례에서 **분석단위는 관찰단위와 동일하게 A종합사회복지관을 이용하는 노인으로 개인이다.**

답 ④

08 표집오차(sampling error)에 관한 설명으로 옳지 않은 것은? • 12회

① 표본의 통계치와 모수 간의 차이를 의미한다.
② 일반적으로 표본규모가 클수록 감소한다.
③ 표본의 선정과정에서 발생하는 오차이다.
④ 모집단의 크기에 비례한다.
⑤ 모집단의 동질성에 영향을 받는다.

정답 및 해설

표집오차는 모집단의 크기에 비례하지는 않는다. 표집오차를 줄이기 위해서는 모집단을 잘 대표할 수 있는 표본을 추출해야 하는데, 대표성이 있는 표본을 추출하기 위해서는 ㉠ 모든 조사대상이 표본으로 추출될 동등한 기회를 가지도록 하고, ㉡ 가능한 한 표본이 크도록 해야 하며, ㉢ 모집단을 동질적인 층으로 분류할 수 있어야 한다.

오답풀이
① 표집오차는 **모집단 값과 표본의 값 간의 차이**로, 표본의 통계량에서 모집단의 모수를 추정하는 과정에서 발생하는 차이를 말한다.
② 표집오차는 모집단의 동질성과 표본의 크기라는 두 가지 변인과 관련된다. 표본크기가 클수록 표집오차는 줄어든다.
③ 표집오차는 **표본을 추출하는 과정에서 나타나는 오류**를 수치로 계산한 것이다.
⑤ **모집단의 동질성이란** 모집단의 구성요소들이 연구자가 연구하고자 하는 어떤 속성들을 유사하게 가지고 있는 정도를 의미한다. 모집단이 동질적이면 표집오차는 작아진다.

답 ④

09 표본추출에 관한 설명으로 옳지 않은 것은? • 14회

① 개인과 집단은 물론 조직도 표본추출의 요소가 될 수 있다.
② 표본추출단위와 분석단위가 일치하지 않을 수 있다.
③ 전수조사에서는 모수와 통계치 구분이 불필요하다.
④ 표본의 대표성은 표본오차와 정비례한다.
⑤ 양적연구에서 표본의 크기가 클수록 유의미한 결과를 얻는데 유리하다.

정답 및 해설

표본오차는 표본의 통계량에서 모집단의 모수를 추정하는 과정에서 발생하는 차이로 표본조사에서 발생한다. 표집오차는 모집단을 대표할 수 있는 전형적인 구성요소를 표본으로 선택하지 못했기 때문에 발생하는 오류이다. 따라서, **표본의 대표성은 표본오차와 반비례한다.**

답 ④

10 표집오차(sampling error)와 표준오차(standard error)에 관한 설명으로 옳지 않은 것은? • 16회

① 표집오차는 모집단의 모수와 표본의 통계치 간의 차이다.
② 표준오차는 무수히 많은 표본평균의 통계치가 모집단의 모수로부터 평균적으로 떨어진 거리를 의미한다.
③ 동일한 조건이라면 이질적인 집단보다 동질적 집단에서 추출한 표본의 표집오차가 작다.
④ 동일한 조건이라면 표준오차가 클수록 검정통계값이 통계적으로 유의할 가능성이 높아진다.
⑤ 동일한 조건이라면 표본의 크기가 커질수록 표집오차가 감소한다.

> **정답 및 해설**
>
> 표준오차는 표본평균을 이용해서 어떤 의사결정을 할 때 예상되는 오류의 크기를 나타내는 기준이 된다. 표준오차가 크면 표본의 평균을 가지고 의사결정할 때 오류가 커지며, 반대로 표준오차가 작으면 의사결정할 때에 오차가 작게 된다. 따라서, **표준오차가 클수록 검정통계값이 통계적으로 유의할 가능성은 작아진다.**
>
> 답 ④

11 신뢰수준에 관한 설명으로 옳은 것을 모두 고른 것은? • 16회

㉠ 99% 신뢰수준은 1% 유의수준을 사용한다는 의미이다.
㉡ 신뢰수준을 95%에서 99%로 높이면 1종 오류를 줄일 수 있다.
㉢ 95% 신뢰수준은 100번 조사하면 5번 정도는 오차가 허용될 수 있다는 의미이다.
㉣ 99% 신뢰수준에서 모집단의 평균값이 신뢰구간 내에 존재한다는 것을 99% 확신할 수 있다.

① ㉠, ㉡, ㉢
② ㉠, ㉡, ㉣
③ ㉠, ㉢, ㉣
④ ㉡, ㉢, ㉣
⑤ ㉠, ㉡, ㉢, ㉣

> **정답 및 해설**
>
> ㉠ 99% 신뢰수준은 1% 유의수준(= 제1종 오류)을 사용한다는 의미이다.
> ㉡ 신뢰수준을 95%에서 99%로 높이면, 유의수준은 5%에서 1%로 줄어들기 때문에 1종 오류를 줄일 수 있다.
> ㉢ 95% 신뢰수준은 100번 조사를 할 경우 95번은 우리가 설정한 신뢰구간에 실제 모수가 포함된다는 의미로, 5번 정도는 오차가 허용될 수 있다는 의미이다.
> ㉣ **신뢰수준은 우리가 추정한 신뢰구간이 옳다고 확신하는 정도로, 99% 신뢰수준에서 모집단의 평균값이 신뢰구간 내에 존재한다는 것을 99% 확신할 수 있다.**
>
> 답 ⑤

12 다른 조건이 같다면, 확률표집에서 표집오차(sampling error)에 관한 설명으로 옳지 않은 것은?

• 20회

① 표준오차(standard error)가 커지면 표집오차도 커진다.
② 신뢰수준(confidence level)을 높이면 표집오차가 감소한다.
③ 표본의 수가 증가하면 표집오차가 감소한다.
④ 이질적인 모집단 보다 동질적인 모집단에서 추출한 표본의 표집오차가 작다.
⑤ 층화를 통해 단순무작위추출의 표집오차를 줄일 수 있다.

정답 및 해설

다른 조건이 같다면, 즉 동일한 표본을 가정했을 때는 신뢰수준(confidence level)과 표집오차는 **비례 관계**이다. 따라서, 신뢰수준을 높이면 표집오차도 **증가**한다.

보충설명

① **표준오차는 표집오차(표본오차)에 비례**하므로, 표준오차가 커지면 표집오차도 커진다.
③ **표본의 수가 증가하면 표본의 대표성이 증가**하기 때문에 **표집오차는 감소**한다.
④ 모집단의 동질성은 표본의 대표성에 영향을 미친다. 즉, **동질적인 모집단에서 표본을 추출할 경우 표본의 대표성은 증가**되기 때문에 **표본의 표집오차가 작다**.
⑤ 층화는 모집단을 보다 동질적인 몇 개의 층(범주별)으로 나누는 것으로, 동질적인 층으로부터 표본을 추출하기 때문에 표본의 대표성이 증가되어 표집오차를 줄일 수 있다. 이것이 **층화표집을 통해 단순무작위추출의 표집오차를 줄일 수 있는 이유**이다.

답 ②

13 표집오차(sampling error)에 관한 설명으로 옳지 않은 것은? • 21회

① 신뢰수준을 높이면 표집오차는 감소한다.
② 모집단의 모수와 표본의 통계치 간의 차이이다.
③ 표본의 크기가 커지면 표집오차는 커진다.
④ 모집단의 동질성에 영향을 받는다.
⑤ 표본으로 추출될 기회가 동등하면 표집오차는 감소한다.

> **정답 및 해설**
>
> 표본의 크기가 커지면 표집오차는 **감소한다**. 즉, 표본크기가 클수록 표집오차는 감소하며, 표본크기가 작을수록 증가한다.
>
> **보충설명**
> ① 신뢰수준을 높이면 표집오차는 증가되지만, 사전에 표본의 크기를 늘리게 되면 표집오차는 감소될 수 있다.
> ② 표집오차(sampling error, 표본오차)는 모집단 값인 모수와 표본의 값인 통계치 간의 차이를 말한다.
> ④ 모집단을 구성하고 있는 개별 요소들이 어느 정도 동일한 속성을 가지고 있는지의 여부가 표본의 대표성에 직접적인 상관관계를 가진다. 즉 모집단이 동질적일수록 표본의 대표성을 증가되므로 표집오차는 감소한다.
> ⑤ 모집단의 모든 구성원들이 표본으로 선택될 기회를 동등하게 하면 표본이 모집단을 대표하게 된다는 것이 바로 동일확률선정법(EPSEM, Equal Probability of Selection Method)이다. 동일확률선정법으로 표본을 추출하게 되면 표본의 대표성이 증가되므로 표집오차는 감소한다.
>
> 답 ③

14 표집오차(sampling error)에 관한 설명으로 옳지 않은 것은? • 22회

① 표본의 선정과정에서 발생하는 오차이다.
② 표집방법에 따라 달라질 수 있다.
③ 동일한 조건이라면 표본크기가 클수록 감소한다.
④ 모집단의 크기와 표본크기의 차이를 말한다.
⑤ 동일한 조건이라면 이질적 집단보다 동질적 집단에서 추출한 표본의 표집오차가 작다.

> **정답 및 해설**
>
> 표집오차(sampling error, 표본오차)는 모집단 값과 표본의 값 간의 차이를 말한다.
>
> **✓ 보충설명**
> ① 표본오차는 표본을 추출하는 과정에서 나타나는 오류를 수치로 계산한 것이다.
> ② 동일확률선정법에 의해 표본을 추출하는 **확률표집방법이 비확률표집방법보다 표집오차가 작다**. 즉, 동일확률선정법으로 표본을 추출하게 되면 표본의 대표성이 증가되므로 표집오차는 감소한다.
> ③ 동일한 조건이라면 **표본크기가 클수록 표집오차는 감소**하며, 그 반대로 표본크기가 적을수록 표집오차는 증가한다.
> ⑤ 모집단의 동질성은 표본의 대표성에 영향을 미친다. 즉, 동일한 조건이라면 이질적인 집단보다 **동질적인 집단**에서 표본을 추출할 경우 **표본의 대표성은 증가**되기 때문에 표본의 **표집오차가 작다**.
>
> 답 ④

15 표집에 관한 설명으로 옳지 않은 것은?   •9회

① 신뢰수준은 표집오차와 관련된다.
② 표본의 크기를 결정한 후 모집단을 정한다.
③ 확률표집은 조사자의 주관성을 배제할 수 있다.
④ 표집은 모집단으로부터 조사대상을 선정하는 과정이다.
⑤ 표집은 연구목적, 문제형성 등 연구과정을 고려하여 실시해야 한다.

> **정답 및 해설**
>
> 표집과정 절차는 **모집단 확정 → 표본의 대표성 확인 → 표집틀 선정 → 표집방법 결정 → 표본 크기 결정 → 표본추출**의 순이다.
>
> **✓ 보충설명**
> ① 신뢰수준을 높게 잡으면 신뢰구간은 상대적으로 분산(표집오차 증가)되고, 신뢰구간을 집중시키면(표집오차 감소) 신뢰수준은 상대적으로 낮아지게 된다.
>
> 답 ②

02 대표성과 표본의 크기

01 표본조사에 있어서 대표성을 높일 수 있는 조건은? • 6회

㉠ 표본의 크기를 늘린다.
㉡ 비확률표집방법을 사용한다.
㉢ 확률표집방법을 사용한다.
㉣ 표본설계를 복잡하게 만든다.

① ㉠, ㉡, ㉢
② ㉠, ㉢
③ ㉡, ㉣
④ ㉣
⑤ ㉠, ㉡, ㉢, ㉣

정답 및 해설

대표성이란 추출된 표본의 특성이 모집단의 집합적 특성과 일치하는 정도에 의해 평가된다. 만일 추출된 표본이 모집단의 집합적 특성과 거의 동일한 집합적 특성을 갖고 있다면 그 표본은 모집단에 대해 대표성을 갖는다고 말한다. **표본의 대표성에 영향을 미치는 요인에는**

㉠ **표본의 크기(sample size)이다.** 표본이 모집단을 어느 정도 대표할 수 있는지의 여부는 모집단에서 추출되는 표본크기와 직접적인 상관관계가 있다.

㉢ **모집단의 동질성(homogeneity)이다.** 즉 모집단을 구성하고 있는 개별 요소들이 어느 정도 동일한 속성을 가지고 있는지의 여부가 표본의 대표성에 직접적인 상관관계를 가진다. 확률표집방법은 모집단의 동질성을 높여주어 대표성을 크게 향상시킨다.

답 ②

02 표본의 대표성에 관한 설명으로 옳지 않은 것은?   • 17회

① 무작위로 추출된 표본의 크기는 표본의 대표성과 관계가 있다.
② 층화표본추출은 단순무작위 표본추출보다 대표성이 높은 표본을 추출하는 방법으로 알려져 있다.
③ 표본의 대표성은 표본의 질을 판단하는 주요 기준이다.
④ 동일확률선정법으로 추출된 표본은 모집단을 완벽하게 대표한다.
⑤ 모집단의 동질성은 표본의 대표성과 관계가 있다.

정답 및 해설

확률표본추출의 기본 원칙은 모집단의 모든 구성원이 표본으로 선정될 수 있는 기회가 동일하다면 표본이 모집단을 대표하게 된다는 것이다. 그러나, 이와 같이 **동일확률선정법(EPSEM, Equal Probability of Selection Method)에 의해 추출된 표본조차도 표본을 뽑은 모집단을 완전하게 대표하는 경우가 거의 없다.** 확률표본이 결코 완벽하게 대표적이지는 않지만, 비확률표본 보다 모집단을 대표할 가능성이 더 큰 것이다.

보충설명

① **무작위로 추출되면** 모집단의 사례가 표본으로 선택되는 데 동등한 기회를 가지게 되고, **모든 요소가 동등하게 추출될 확률을 가지므로 편견이 개입될 확률이 희박**하다. 즉, 무작위로 추출된 **표본의 크기가 증가할수록 표본이 모집단을 대표할 가능성이 증가**한다.
② 층화표본추출 중 **비율적 층화표본추출은 각 층의 표집비율을 동일하게 하는 것으로 단순무작위 표본추출이나 계통적 표본추출보다 대표성이 있는 표본**을 얻을 수 있다.
③ 표본의 대표성은 추출된 표본의 특성이 모집단의 집합적 특성과 일치하는 정도에 의해 평가된다. 모집단의 속성을 정확하게 반영하는 대표성이 높은 표본이 좋은 표본이다.
⑤ 모집단을 구성하고 있는 개별 요소들이 어느 정도 동일한 속성을 가지고 있는지의 여부, 즉 **모집단의 동질성은 표본의 대표성에 직접적인 상관관계를 가진다.**

답 ④

03 표본의 크기에 관한 설명으로 옳지 않은 것은? • 9회

① 표본의 크기는 표집 비용과 시간에 영향을 받는다.
② 한 변수 내의 범주의 수가 많을수록 표본의 크기는 커져야 한다.
③ 표본의 크기가 커질수록 비표집오차는 표집오차처럼 감소한다.
④ 표본의 크기는 모집단의 특성을 추정하는 정확성과 관계가 있다.
⑤ 표본의 크기가 작으면 통계적 검증력이 떨어지고 제2종 오류를 범하기 쉽다.

정답 및 해설

표본의 크기가 크다고 무조건 좋은 것은 아니다. 이유는 **표본크기가 증가하면** 표본추출 과정에서 발생하는 **비표본오차**(= 비표집오차, 설문지나 조사자료의 작성, 또는 인터뷰 과정에서 비롯되는 오류, 분석된 자료의 그릇된 해석, 자료집계나 자료를 분석하는 도중에 발생하는 요인들, 응답자의 불성실한 태도 등에 의해 야기되는 오차를 말한다)는 **증가**하기 때문이다. 따라서 표본크기는 적정한 수가 바람직하다.

보충설명

⑤ **검증력(검정력)**은 영가설이 진이 아닐 때 영가설을 기각하는 확률을 말한다. 즉 연구가설이 진일 때 연구가설을 채택하는 확률이다. 표본의 크기가 작으면 통계적 검증력은 떨어진다. **제2종 오류**는 영가설이 진이 아닐 때, 즉 연구가설이 진일 때 영가설을 기각하지 않고 채택하는 오판을 말하며, 검증력이 떨어지게 되면 제2종 오류를 범하기 쉽다.

답 ③

04 표본크기와 표집오차에 관한 설명으로 옳은 것을 모두 고른 것은? • 13회

㉠ 자료수집 방법은 표본크기와 관련 있다.
㉡ 표본크기가 커질수록 모수와 통계치의 유사성이 커진다.
㉢ 표집오차가 커질수록 표본이 모집단을 대표하는 정확성이 낮아진다.
㉣ 동일한 표집오차를 가정한다면, 분석변수가 많아질수록 표본크기는 커져야 한다.

① ㉠, ㉡, ㉢   ② ㉠, ㉢
③ ㉡, ㉣   ④ ㉣
⑤ ㉠, ㉡, ㉢, ㉣

> **정답 및 해설**
>
> ㉠ **표본의 크기(sample size)는 모집단으로부터 추출한 표집단위의 총수로**, 조사방법의 유형에 따라 요구되는 표본의 크기는 달라진다. 실험연구나 사례연구, 또는 다른 질적 연구의 경우 그들이 갖고 있는 속성상 사례수가 작을 수 밖에 없는 반면, 서베이 조사에서는 표본의 크기가 대체로 크다.
> ㉡ **표본의 크기가 커지면 표본이 모집단을 대표할 확률 또한 높아진다.** 그로 인해 모집단의 모수와 표본의 통계치 간의 유사성도 커진다.
> ㉢ **표집오차는 모집단 값과 표본의 값 간의 차이를 말하는 것으로, 표집오차가 커질수록 모집단을 대표하는 정확성은 낮아진다.**
> ㉣ 한 변수 내의 범주의 수가 많아질수록, 각각의 범주에 일정한 수의 표본을 확보해야 하기 때문에, 전체 표본의 수는 증가하게 된다. 또한 **연구하고자 하는 변수의 수가 증가할수록, 표본의 크기는 더욱 커져야 한다.**
>
> 답 ⑤

05 표본에 관한 설명으로 옳은 것을 모두 고른 것은? • 10회

> ㉠ 표본의 크기는 조사자가 선택하는 신뢰수준에 따라 달라진다.
> ㉡ 표집오차는 모수(parameter)와 표본의 통계치(statistic) 간의 차이를 의미한다.
> ㉢ 다른 조건이 일정할 때, 표본의 크기가 커지면 표준오차는 작아진다.
> ㉣ 신뢰수준을 95%에서 99%로 높이려면 표본의 크기를 줄여야 한다.

① ㉠, ㉡, ㉢
② ㉠, ㉢
③ ㉡, ㉣
④ ㉣
⑤ ㉠, ㉡, ㉢, ㉣

> **정답 및 해설**
>
> ㉠ 특정한 표본 통계치로 모수를 추정하는 데는 어느 정도의 신뢰수준이 요구되는 지를 고려하여 표본의 크기가 계산된다.
> ㉡ 표집오차는 모수(parameter)와 표본의 통계치(statistic) 간의 차이를 의미하는 것으로, 표본의 통계량에서 모집단의 모수를 추정하는 과정에서 발생한다.
> ㉢ 다른 조건이 일정할 때, 표본의 크기가 커지면 표본의 대표성이 증가되어 표준오차는 작아진다.
>
> **오답풀이**
> ㉣ 표본크기에 대한 고려는 상대적인 것으로, 표준오차와 신뢰도에 대한 연구자의 결정에 따라 달라진다. 신뢰수준을 높이려면 표준오차를 줄여야 하는데, 표준오차는 표본의 크기에 민감하게 좌우된다. 표본의 크기를 늘려야 신뢰수준을 높일 수 있다.
>
> 답 ①

06 표본크기에 관한 설명으로 옳지 않은 것은?

• 19회

① 표본의 크기가 클수록 시간과 비용이 많이 든다.
② 신뢰수준을 높이려면 표본의 크기도 커져야 한다.
③ 표본의 크기가 증가하면 표본오차(sampling error)도 커진다.
④ 모집단이 이질적인 경우에는 표본의 크기를 늘려야 한다.
⑤ 같은 표본추출방법을 사용한다면 표본의 크기가 클수록 대표성은 커진다.

정답 및 해설

표본의 크기가 증가하면 표본의 대표성이 증가되므로 표본오차(sampling error)는 작아진다. 참고로 표본의 대표성이란 추출된 표본의 특성이 모집단의 집합적 특성과 일치하는 정도에 의해 평가된다.

보충설명

① 전수조사의 경우 막대한 인적, 물적 자원이 소요되기 때문에 조사비용과 시간을 절약하기 위해 표본을 사용한 표본조사를 하게 되는데, **표본의 크기가 작을수록 상대적으로 시간과 비용이 적게 든다.**
② **신뢰수준을 높이려면 표본오차가 커지게 되므로, 표본오차를 줄이기 위해 표본의 크기도 커져야 한다.** 자세히 설명하자면, 연구자가 신뢰수준 높일 때 신뢰구간이 커지게 되는데, 신뢰수준을 손상시키지 않는 상태에서 신뢰구간을 좁히기 위해서는(구간의 크기를 작게 하기 위해서는) 표본오차(표준오차)를 줄이는 방법밖에 없다. 그러나, 조사가 끝난 후 신뢰구간을 좁힐 수 있는 방법이 없다. 표본오차(표준오차)는 표본의 크기에 민감하게 좌우되기 때문에 사전에 표본의 크기를 늘리면 표본오차(표준오차)는 줄어들게 된다.
④ 모집단이 이질적인 경우보다 동질적인 경우 표본의 대표성이 높다. **모집단이 이질적인 경우에는 표본의 대표성이 떨어지므로, 표본의 대표성을 늘리기 위해 표본의 크기를 늘려야 한다.**
⑤ 표본이 모집단을 어느 정도 대표할 수 있는지 여부는 모집단에서 추출되는 표본크기와 직접적인 상관관계가 있다. 모집단에 비해 상대적으로 크기가 작은 표본을 추출할 경우 크기가 큰 표본보다 모집단의 특성을 보다 정확하게 반영하지 못하는 요소들을 추출할 확률이 훨씬 높아진다.

답 ③

03 표본조사의 설계(표본추출과정)

01 표본추출과정을 올바르게 나열한 것은? • 17회

  ㉠ 모집단 확정   ㉢ 표본추출방법 결정
  ㉡ 표본크기 결정   ㉣ 표집틀 선정
  ㉢ 표본추출

① ㉠ → ㉣ → ㉤ → ㉢ → ㉡
② ㉠ → ㉤ → ㉣ → ㉡ → ㉢
③ ㉡ → ㉤ → ㉠ → ㉣ → ㉢
④ ㉣ → ㉠ → ㉤ → ㉢ → ㉡
⑤ ㉤ → ㉠ → ㉣ → ㉡ → ㉢

> **정답 및 해설**
> 표본추출과정은 모집단 확정(㉠) → 표본의 대표성 확인 → 표집틀 선정(㉤) → 표집방법 결정(㉣) → 표본크기 결정(㉡) → 표본추출(㉢)의 순이다.
>
> 답 ②

04 표본추출의 방법

01 확률표집에 관한 설명으로 옳지 않은 것은? • 15회

① 모집단으로부터 표본으로 추출될 확률을 알 수 있다.
② 무작위방법이 기본 전제이다.
③ 비비례층화(disproportionate stratified)표집은 확률표집이다.
④ 신뢰수준이 높을수록 표본오차는 감소한다.
⑤ 표본의 수가 증가할수록 표본오차는 감소한다.

> **정답 및 해설**
>
> 신뢰수준이 높을수록 신뢰구간은 상대적으로 분산되어 표본오차는 증가한다. 다만, 사전에 표본의 크기를 늘리게 되면 표집오차는 감소될 수 있다. ①, ②, ③, ⑤ 번은 확실히 맞는 문장이므로 정답은 ④번이다.
>
> ✅ **보충설명**
> ② 확률표집 중 층화표집(Stratified Sampling)에는 비례 층화표집, 비비례 층화표집, 최적분할 비비례 층화표집(가중표집)이 있다.
>
> 답 ④

02 확률표집에 관한 설명으로 옳지 않은 것은? • 18회

① 무작위추출방식으로 표본을 추출한다.
② 의식적이거나 무의식적인 편향(bias)을 방지할 수 있다.
③ 모집단의 규모와 특성을 알 때 사용할 수 있다.
④ 표본오차를 추정할 수 있다.
⑤ 질적 연구에서 주로 사용된다.

정답 및 해설

확률표집은 양적 연구에서 주로 사용된다. 질적 조사에서 확률표본추출방법이 사용될 수는 있지만, 특정 개인이나 집단에 대해 연구자가 자신의 목적과 의도에 맞는 전형적인 표본을 선정하고자 하는 질적 조사에는 비확률표본추출방법이 최선의 표본추출방법이다.

보충설명
① 확률표집이란 표본을 추출하는 과정에서 **무작위추출방식이 사용되는 표집방법**을 말한다.
② 직관으로 대상을 선정하는 연구조사자는 **연구조사로 예상되는 결과 또는 가설을 지지하는 대상을 선택**하게 되기 쉬운데, 무작위추출방식으로 하는 확률표집에서는 이러한 위험을 제거한다.
③ 확률표집은 모집단의 규모와 특성 등 **모집단에 대한 정보를 가지고 있을 때 사용**할 수 있다. 다만, 모집단에 대한 정보를 가지고 있다 하더라도 상황에 따라 비확률표집을 사용하기도 한다.
④ 무작위 추출로 확률이론을 사용할 수 있으며, 그로 인해 **표본에서 도출되는 통계치와 그에 따른 표본오차의 정보를 이용하여 표본 결과의 모집단에 대한 대표성을 추정**할 수 있게 한다.

답 ⑤

03 표집에 관한 설명으로 옳은 것은?
• 20회

① 할당표집(quota sampling)은 무작위 표집을 전제로 한다.
② 유의표집(purposive sampling)은 확률표집이다.
③ 눈덩이표집(snowball sampling)은 모집단의 규모를 알아야만 사용할 수 있다.
④ 단순무작위표집(simple random sampling)은 모집단으로부터 표본으로 추출될 확률을 알 수 있다.
⑤ 임의표집(convenience sampling)은 모집단의 대표성이 높은 표본을 추출한다.

정답 및 해설

단순무작위표집은 확률표집방법이다. 확률표집방법은 각각의 **표집단위가 모집단으로부터 추출될 확률을** 정확히 알 수 있는 표집방법이다. 즉, 모든 사례가 추출될 확률이 명백한 표집방법이다.

오답풀이
① 할당표집(quota sampling)은 **작위 표집을 전제**로 한다. 작위란 표본을 조사자의 의도가 반영된 가운데 선정한다는 것을 의미한다.
② 유의표집(purposive sampling)은 **비확률표집**이다.
③ 눈덩이표집(snowball sampling)은 모집단의 규모를 **알지 못할 때** 사용할 수 있다. 즉, 약물중독, 매매춘, 도박 등과 같이 **응답자들이 눈에 잘 띄지 않는**(표본의 소재에 관한 정보가 부족한) 일탈적 하위문화(deviant subculture)를 연구하는데 유용하다.
⑤ 임의표집(convenience sampling)은 모집단의 대표성이 높은 표본을 **추출할 수 없다**. 즉, 비확률표집 중 하나인 임의표집(편의표집)은 표본이 모집단을 대표한다고 보기 어려우며, 쉽게 접근할 수 있는 대상만 선정해 표본이 어느 한 쪽에 치우치기 쉽고, 표집오차를 산정할 수 없는 단점이 있다.

답 ④

04 표본추출에 관한 설명으로 옳은 것은?

• 21회

① 모집단을 가장 잘 대표하는 표본추출방법은 유의표집이다.
② 모집단이 이질적인 경우에는 표본의 크기를 줄여야 한다.
③ 전수조사에서는 모수와 통계치의 구분이 필요하다.
④ 표집오류를 줄이기 위해 층화표집방법(stratified sampling)을 사용할 수 있다.
⑤ 체계적 표집방법(systematic sampling)은 모집단에서 유의표집을 실시한 후 일정한 표본추출 간격으로 표본을 선정한다.

정답 및 해설

층화표집방법(stratified sampling)에서 **층화의 궁극적인 기능은 모집단을 동질적인 하위집단으로 분류**하며, 각 하위집단에서 적정한 수의 요소를 선정하는 것이다. 모집단이 이질적인 경우보다 동질적인 경우 표집오류(표집오차)가 더 작다. 따라서, 층화표집방법은 표본의 대표성의 정도를 높이기 위한, 즉 표본추출오차를 줄이기 위한 방법이다.

오답풀이

① 유의표집(의도적 표집)은 비확률표본추출방법으로, **비확률표본추출은 표본의 대표성을 보장할 수 없다**. 따라서, 유의표집은 모집단을 가장 잘 대표하는 표본추출방법이 아니다.
② 모집단이 이질적인 경우에는 동질적인 경우에 비하여 그만큼 표본의 크기를 **늘려야** 한다.
③ 전수조사에서는 모수와 통계치의 구분이 **불필요**하다. 그 이유는 전수조사를 통해 수집된 자료를 통계분석해서 얻어진 통계치는 그것이 모집단의 값인 모수이기 때문이다.
⑤ 체계적 표집방법(systematic sampling)은 모집단에서 **첫 번째 표본선정은 무작위적으로 추출**하고, 그 후 일정한 표본추출 간격(표집간격)으로 표본을 선정한다.

답 ④

05

1,000명을 번호 순서대로 배열한 모집단에서 4번이 처음 무작위로 선정되고 9번, 14번, 19번, … 등이 차례로 체계(systematic)표집을 통해 선정되었다. 이 표집에서 표집간격(㉠)과 표본수(㉡)가 바르게 짝지어진 것은?

• 13회

① ㉠ : 4　　　　　　　　　　㉡ : 200
② ㉠ : 4　　　　　　　　　　㉡ : 250
③ ㉠ : 5　　　　　　　　　　㉡ : 200
④ ㉠ : 5　　　　　　　　　　㉡ : 250
⑤ ㉠ : 10　　　　　　　　　 ㉡ : 200

정답 및 해설

체계적(systematic) 표집은 첫 번째 표본선정은 무작위적으로 추출하고, 매 K번째 사례를 선정해 나가는 방법이다. 처음 4번이 무작위로 선정된 후 9번, 14번, 19번이 선정되었으므로 **표집간격(㉠)은 5**이고, 1,000명을 표집간격 5로 표집하므로 **표본수(㉡)는 1,000명 ÷ 5 = 200**이다.

답 ③

06

다음 조사에 해당하는 표집방법은?

• 15회

한국산업인력공단은 2015년 사회복지사 1급 국가시험 합격자 명단에서 수험번호가 가장 앞쪽인 10명 중 무작위로 첫 번째 요소를 추출하였다. 그 후 첫 번째 요소로부터 매 10번째 요소를 추출하여 합격자들의 특성을 파악하였다.

① 체계적 표집
② 단순무작위표집
③ 층화표집
④ 할당표집
⑤ 다단계 집락표집

정답 및 해설

모집단의 목록(표집틀)에서 일정한 간격(표집간격)을 두고 사례를 표본으로 추출하는 방법으로, 첫 번째 표본선정은 무작위적으로 추출하고 매 K번째 사례를 선정해 나가는 방법은 **체계적 표집**이다. '2015년 사회복지사 1급 국가시험 합격자 명단'은 표집틀이며, '매 10번째 요소를 추출'했다는 것은 표집간격이 10이라는 것을 알 수 있다.

답 ①

07 다음 사례의 표집에 관한 설명으로 옳은 것은?

• 20회

> 400명의 명단에서 80명의 표본을 선정하는 경우, 그 명단에서 최초의 다섯 사람 중에서 무작위로 한 사람을 뽑는다. 그 후 표집간격 만큼을 더한 번호에 해당하는 사람을 표본으로 선택한다.

① 단순무작위 표집이다.
② 표집틀이 있어야 한다.
③ 모집단의 배열에 일정한 주기성을 가지고 있어야 한다.
④ 비확률표집법을 사용하였다.
⑤ 모집단에 대한 대표성이 부족하다.

정답 및 해설

주어진 사례의 표집방법은 **체계적 표집(계층표집)**이다. 즉, 주어진 사례에서 **모집단은 400명, 표본 수는 80명**이다. 모집단 수(400명) ÷ 표본 수(80명) = **표집간격(5)**. 표집간격이 5이기 때문에 명단에서 최초의 다섯 사람 중에서 무작위로 한 사람을 뽑은 것이다. 그리고 그 후 표집간격(5) 만큼을 더한 번호에 해당하는 사람을 표본을 선택한 것이다.

보충설명
② 체계적 표집에서는 **모집단의 목록인 표집틀**이 있어야 한다.

오답풀이
① **체계적 표집**이다.
③ 체계적 표집에서는 **모집단의 배열에 일정한 주기성을 가지고 있으면 큰 편견을 가진 표본이 추출될 수 있다**. 표본이 모집단이 가지고 있는 특정한 패턴이나 규칙에 영향을 받아 대표성을 떨어뜨리는 것을 방지하기 위해서는 그러한 사례의 목록표를 무작위적으로 뒤섞어서 사용하는 것이 좋다. 즉, 단순무작위 표집에서는 표집틀을 무작위화시킬 필요가 없지만, 체계적 표집에서는 표집틀 내의 요소들이 무작위화 시킴으로써 일정한 패턴을 유지하고 있지 않도록 해야 한다.
④ **확률표집법**을 사용하였다. 체계적 표집은 확률표집방법에 해당한다.
⑤ 모집단에 대한 대표성이 **있다**. 체계적 표집은 확률표집이므로 모집단에 대한 대표성이 있다. 확률표집 방법은 통계치로 모수치를 정확히 추정하는 방법을 제시해준다.

답 ②

08 여자 500명 남자 500명, 총 1,000명의 모집단 인원에서 100명을 표본으로 선정할 때 남자 중 50명, 여자 중 50명을 무작위로 추출하였다. 이것은 무슨 표본추출방법인가? • 5회

① 층화표집
② 계통표집
③ 임의표집
④ 할당표집
⑤ 집락표집

정답 및 해설

층화표집으로, 층화표집에서도 **비례층화표집(비율적 층화표집)**에 해당한다. **비례층화표집**은 각 층의 표집 비율을 동일하게 하는 것으로 단순무작위표집이나 계통적 표집보다 대표성이 있는 표본을 얻을 목적으로 사용되는 방법이다. 예 어떤 모집단에 개신교 500명, 천주교 300명, 불교 200명이 있을 경우, 각 층별로 1/10(100/1000)의 표집 비율에 의해 개신교 50명, 천주교 30명, 불교 20명으로 비율표집을 하는 것이 무작위표집을 하는 것보다 더 신뢰성 있는 결과를 얻을 수 있다.

답 ①

09 모집단을 동질적인 특성의 몇 개의 집단으로 분류하고 각 집단에서 표본을 추출하는 방법으로 맞는 것은? • 7회

㉠ 누적표집, 유의표집 ㉡ 가중표집, 할당표집
㉢ 층화표집, 계통표집 ㉣ 비례층화표집, 비비례층화표집

① ㉠, ㉡, ㉢
② ㉠, ㉢
③ ㉡, ㉣
④ ㉣
⑤ ㉠, ㉡, ㉢, ㉣

정답 및 해설

모집단이 동질적인 표집에는 층화표집[비례층화표집, 비비례층화표집, 최적분할 비비율층화표집(= 가중표집 또는 가중층화표집)]과 할당표집이 있다. 여기서 가중표집(= 가중층화표집, 최적분할 비비율층화표집)은 동질적인 계층의 표본의 수를 적게 하고, 이질적인 계층일수록 표본의 수를 크게 하는 것으로 비비례층화표집에서 표본의 대표성을 보다 강화한 방법이다.

답 ③

10 다음에 해당하는 표집방법은?
• 10회

성인의 정치의식을 조사하기 위해 소득을 기준으로 최상, 상, 하, 최하로 구분한 다음, 각각의 계층이 모집단에서 차지하고 있는 비율에 맞추어 1,500명의 표본을 4개의 소득계층별로 무작위표집하였다.

① 층화(stratified)표집
② 군집(cluster)표집
③ 할당(quota)표집
④ 체계적(systematic) 무작위표집
⑤ 단순(simple)무작위표집

> **정답 및 해설**
>
> 층화표집은 모집단을 보다 동질적인 몇 개의 층(범주별)으로 나누고 이러한 각 층(각 범주)으로부터 단순무작위표집 또는 계통적 표집(체계적 표집)을 하는 방법이다.
>
> **보충설명**
> ① 층화표집으로, 층화표집에서도 **비율적 층화표집**에 해당한다.
>
> 답 ①

11 이질적 집단보다 동질적 집단에서 추출한 표본의 표집오차가 작다는 이론에 기초한 표집방법을 모두 고른 것은?
• 11회

㉠ 유의(purposive)표집 ㉡ 할당(quota)표집
㉢ 단순무작위(simple random)표집 ㉣ 층화(stratified)표집

① ㉠, ㉡, ㉢   ② ㉠, ㉢
③ ㉡, ㉣   ④ ㉣
⑤ ㉠, ㉡, ㉢, ㉣

> **정답 및 해설**
>
> **층화표집과 할당표집은** 동질적인 집단(homogeneous group) 내의 표집오차가 이질적인 집단(heterogeneous group)의 표집오차보다 더 작다는 확률분포 논리에 기초하고 있다.
>
> 답 ③

12 표본추출방법에 관한 설명으로 옳은 것을 모두 고른 것은? • 14회

> ㉠ 할당 표본추출 – 연구자의 편향적 선정이 이루어질 수 있다.
> ㉡ 체계적 표본추출 – 주기성(periodicity)이 문제가 될 수 있다.
> ㉢ 층화 표본추출 – 전체 모집단이 아니라 여러 하위집단에서 표본을 추출한다.
> ㉣ 군집 표본추출 – 다단계 표본추출이 가능하다.

① ㉠, ㉡, ㉢
② ㉠, ㉢
③ ㉡, ㉣
④ ㉣
⑤ ㉠, ㉡, ㉢, ㉣

정답 및 해설

㉠ 할당 표본추출은 모집단을 일정한 카테고리로 나눈 다음 이들 카테고리에서 **표본을 작위적으로 추출하는 방법**이다. 작위적이란 표본을 **조사자의 의도가 반영된 가운데 선정**한다는 것으로, 할당 표본추출은 연구자의 편향적 선정이 이루어질 수 있다.
㉡ 체계적 표본추출의 경우 목록표가 일정한 **주기성(periodicity)을 가지고 있을 때는 큰 편견을 가진 표본이 추출**될 수 있다.
㉢ 층화 표본추출은 집단을 구분하는 일정한 기준을 설정하고 그 기준에 따라 **집단을 분류하여 분류된 집단의 비율만큼 표본을 선정**하는 것으로, 전체 모집단이 아니라 여러 하위집단에서 표본을 추출한다.
㉣ 군집 표본추출은 1단계로 모집단에서 군집으로 된 표본요소를 추출하고, 2단계로 선정된 군집으로부터 조사대상자를 선정하는 방식으로, 다단계 표본추출이 가능하다.

답 ⑤

13. 비확률표집에 관한 설명으로 옳은 것을 모두 고른 것은?

• 12회

㉠ 표집틀이 없는 경우 사용된다.
㉡ 연구자의 편견이 개입될 수 있다.
㉢ 질적 연구에 빈번히 활용되는 방법이다.
㉣ 연구결과를 일반화할 수 있다.

① ㉠, ㉡, ㉢
② ㉠, ㉢
③ ㉡, ㉣
④ ㉣
⑤ ㉠, ㉡, ㉢, ㉣

> **정답 및 해설**
>
> ㉠ 표집틀(sampling frame)은 표본이 실제 추출되는 연구대상 모집단 전체의 목록으로, **비확률표집은 모집단 자체의 범위를 한정할 수 없을 경우 사용**된다.
> ㉡ 비확률표집은 모집단에서 표본을 추출하는 과정에서 확률이론에 근거한 무작위 표집을 전혀 사용하지 않는 표집방법으로, **모집단에 대한 표본의 대표성이 매우 낮으며 연구자의 편견이 개입**될 수 있다.
> ㉢ 연구자가 현상에 대해 **질적인 연구를 수행**하려 할 때 비확률표집은 유용하다.
>
> **오답풀이**
> ㉣ 비확률표집은 조사결과의 일반화가 필요없는 경우 사용하며, 이로 인해 **조사자가 발견한 것을 일반화시킴에 있어서 많은 제한점이 있다는 것이 단점**이다.
>
> 답 ①

14 눈덩이표집에 대한 설명으로 옳은 것을 모두 고르시오.　　•5회

> ㉠ 연결되어 있는 사람들의 특성을 파악하기 용이하다.
> ㉡ 표본의 대표성을 확보하기 어렵다.
> ㉢ 일반화가 어렵다.
> ㉣ 모집단에서 고르게 표집할 수 있다.

① ㉠, ㉡, ㉢　　　　　　　　　　② ㉠, ㉢
③ ㉡, ㉣　　　　　　　　　　　　④ ㉣
⑤ ㉠, ㉡, ㉢, ㉣

정답 및 해설

눈덩이표집은 비확률표집으로 눈덩이를 만드는 것 같이 표본추출을 하는 방법이다. 즉, 연결망을 통해 원하는 만큼 많은 수의 표본을 추출하는 방법이다. 모집단에서 고르게 표집할 수 있는 것은 확률표집방법에 해당하는 내용이다.

답 ①

15 표집유형에 관한 설명으로 옳지 않은 것은?　　•9회

① 눈덩이표집은 비확률표집이다.
② 할당표집은 표집오차의 추정이 가능하다.
③ 유의표집은 표본의 대표성을 보장할 수 없다.
④ 집락표집은 집락 간 표집오차가 발생할 수 있다.
⑤ 단순무작위표집은 모집단의 명부를 확보해야 한다.

정답 및 해설

할당표집은 비확률표집방법에 해당하는 것이므로 표집오차의 추정이 불가능하다.

답

김진원 OIKOS 사회복지사1급 역대기출문제집 1교시

16 다음 사례에 해당하는 표집방법은? •12회

> 서울의 지역사회복지관에 근무하는 종사자의 직무만족도를 조사하기 위하여 설문조사를 실시하였다. 표본은 서울시 각 구별 복지관 종사자 비율에 따라 결정된 인원 수를 작위적으로 모집하였다.

① 할당표집
② 군집표집
③ 계통적(systematic random) 표집
④ 비비례층화표집
⑤ 눈덩이표집

정답 및 해설

서울시 각 구별 복지관 종사자 비율에 따라 결정된 인원수로 층을 나누었지만, 마지막 작위적 모집을 하였으므로 층화표집이 아닌 할당표집에 해당한다. 할당표집은 모집단을 일정한 카테고리로 나눈 다음 이들 카테고리에서 표본을 작위적으로 추출하는 방법이다. **할당표집은 층화표집과 상당히 유사한데 마지막 단계에서 표본추출이 작위적으로 이루어진다는 점에서 근본적인 차이가 있다.** 작위적이란 표본을 조사자의 의도가 반영된 가운데 선정한다는 것이다.

답 ①

17 초·중·고등학생의 행복도를 조사하기 위해 모집단에서 차지하는 비율에 맞춰 조사대상자를 표집하고자 한다. 이 때 적절하게 사용할 수 있는 비확률표집방법은? •16회

① 층화(stratified)표집
② 체계(systematic)표집
③ 할당(quota)표집
④ 눈덩이(snowball)표집
⑤ 편의(convenience)표집

정답 및 해설

모집단에서 차지하는 비율에 맞춰 조사대상자를 표집할 수 있는 비확률표집방법은 할당표집이다. **할당(quota)표집**은 모집단을 카테고리로 나누고 그 각각의 카테고리에서 표본을 추출한다는 점에서 층화표집과 같지만, 할당표집은 표본을 무작위로 선정하는 것이 아니라 조사자가 판단하여 확보가능한 대상을 선정하는 점에서 다르다고 할 수 있다.

답 ③

18 할당표본추출에 관한 설명으로 옳지 않은 것은? • 17회

① 연구자는 모집단에 대한 사전지식을 가지고 있어야 한다.
② 연구자의 편향적 선정이 이루어질 수 있다.
③ 모집단의 구성요소들이 표본으로 선정될 확률이 동일하지 않다.
④ 표본추출 시 할당틀을 만들어 사용한다.
⑤ 전체 모집단에서 직접 표본을 추출한다.

> **정답 및 해설**
>
> **할당표집**은 전체 모집단에서 직접 표본을 추출하는 것이 아니라, **전체모집단을 일정한 카테고리로 나눈 다음 이들 카테고리에서 표본을 작위적으로 추출하는 방법**이다. 참고로 **작위적**이란 표본을 무작위적으로 선정하는 것이 아니라 조사자의 의도가 반영된 가운데 선정한다는 것이다.
>
> **보충설명**
>
> ① 모집단을 연령, 성별, 교육, 소득, 직업 등의 기준을 이용하여 몇 개의 카테고리로 분류하고, 그 변수의 비율에 맞게 표본추출을 하기 때문에 **모집단에 대한 사전지식**을 가지고 있어야 한다. 즉, 연구자가 모집단의 특성 가운데 관심을 가지고 있는 변수에 영향을 미칠 것으로 판단되는 요소들에 대하여 어느 정도 정보를 가지고 있어야 하며, 연구주제와 연관이 있는 변수에 대한 사전정보를 통해 특정변수에 대한 표본의 구성비율을 미리 할당한다.
> ② 표본을 작위적으로 추출하므로 연구자가 친구나 친척 등 **접근하기 쉬운 사람들만 조사할 가능성**이 있어 연구자의 편향적 선정이 이루어질 수 있다.
> ③ **각 사례가 추출될 확률이 다르며 추출될 확률도 정확히 알 수 없기 때문에** 조사결과에 대한 정확한 통계적 추론을 할 수 없다.
> ④ 표본추출 시 **할당틀**(quota frame, 다양한 셀들이 나타내는 비율)을 **만들어 사용**한다. 할당표본추출은 대상모집단의 특성을 기술하는 일종의 행렬표를 만드는 것으로 시작하는데, 그 집단의 남성과 여성의 비율, 성별 연령대, 교육수준, 민족 등의 비율을 알아야 한다. 행렬의 각각의 셀(cell)에 상대적인 비율을 할당하면, 각 항의 특성을 갖고 있는 사람들로부터 자료를 수집할 수 있다.
>
> ⑤

19 다음 사례에서 설명하는 표본추출방법은? • 19회

> 사회복지사들의 감정노동 정도를 조사하기 위하여 설문조사를 실시하였다. 표본은 전국 사회복지관에 근무하는 사회복지사를 대상으로 연령(30세 미만, 30세 이상 50세 미만, 50세 이상)을 고려하여 연령 집단별 각각 100명씩 총 300명을 임의 추출하였다.

① 비례 층화 표본추출
② 할당 표본추출
③ 체계적 표본추출
④ 눈덩이 표본추출
⑤ 집락 표본추출

정답 및 해설

연령을 고려해서 연령 집단별(30세 미만, 30세 이상 50세 미만, 50세 이상) 나누었고, 나누어진 연령 집단에서 각각 표본을 100명씩 추출한 것까지만 보면 ① 비례 층화 표본추출이나 ② 할당 표본추출이 될 수 있다. **표본을 추출할 때 임의 추출(작위적으로 추출)하였기 때문에 ② 할당 표본추출**이다. 만약 임의 추출이 아니라 단순무작위표집 또는 계통적 표집(체계적 표집)을 하였다면 ① 비례 층화 표본추출이 된다.

답 ②

20 할당표집방법에 관한 설명으로 옳지 않은 것은? • 21회

① 모집단의 주요 특성에 대한 정보를 활용한다.
② 모집단을 구성하는 주요 변수별로 표본을 할당한 후 확률표집을 실시한다.
③ 지역주민 조사에서 전체주민의 연령대별 구성 비율에 따라 표본을 선정한다.
④ 표본추출 시 할당틀을 만들어 사용한다.
⑤ 우발적 표집보다 표본의 대표성이 높다.

정답 및 해설

모집단을 구성하는 주요 변수별로 표본을 할당한 후 **비확률표집**을 실시한다. 즉 할당표에 따라 각 범주에 할당된 표본수를 임의표집하는 방법이다.

보충설명

① 할당표집방법은 모집단의 다양한 속성을 나타내는 여러 가지 단면들을 그대로 대표하는 표본을 얻는데 있다.
③ 할당표집방법은 지역주민 조사에서 전체주민의 연령대별 구성 비율에 따라 표본을 작위적으로 선정한다.
④ 우선 모집단의 주요 속성을 대표할 수 있는 일정수의 범주(category)를 선정하고, 각 범주를 대표하는 사례의 수, 즉 할당량을 결정하여 할당틀(quota frame)를 작성한다. 그리고 각 범주마다 할당된 수의 표본을 추출한다.
⑤ 할당표집방법은 가능한 한 모집단을 대표하는 표본을 얻고자 하는 방법으로, 비확률표집방법 중에 가장 정교한 기법이다. 우발적 표집(임의표집)보다 표본의 대표성이 높다.

답 ②

21 표집에 관한 설명으로 옳지 않은 것은?

• 22회

① 의도적 표집(purposive sampling)은 비확률표집이다.
② 할당표집(quota sampling)은 동일추출확률에 근거한다.
③ 눈덩이표집(snowball sampling)은 질적연구나 현장연구에서 많이 사용된다.
④ 집락표집(cluster sampling)은 모집단에 대한 표집틀이 갖추어지지 않더라도 사용가능하다.
⑤ 체계적 표집(systematic sampling)은 주기성(periodicity)이 문제가 될 수 있다.

정답 및 해설

동일추출확률에 근거하는 것은 확률표집으로, 확률표본추출의 기본 원칙은 동일확률선정법이다. 이는 모집단의 모든 구성원이 표본으로 선정될 수 있는 기회가 동일하다면 표본이 모집단을 대표하게 된다는 것이다. 할당표집은 비확률표집의 표집방법 중 하나로 동일추출확률에 근거하지 않는다.

보충설명

① 비확률표집의 표집방법에는 **의도적 표집(유의표집, 판단표집)**, 편의표집(임의표집), 할당표집, 눈덩이 표집이 있다.
③ **눈덩이표집(snowball sampling)**은 서로 상호작용을 하는 연결망(interconnected network)을 가진 사람들이나 조직들을 대상으로 연구할 때 많이 사용되는 방법으로, **질적연구나 현장연구에서 많이 사용**된다. 참고로 눈덩이(snowball)란 표현은 첫 단계에서 필요한 특성을 갖춘 사람으로 확인된 이들을 최초의 정보제공자로 삼고, 이들을 통해 다른 정보제공자를 계속해 찾아가는 누적과정을 의미한다.
④ 집락표집은 모든 표집요소들을 대상으로 **개인단위의 표집틀을 만드는 것이 현실적으로 어렵거나 불가능할 때 사용가능**하다. 즉, 표집단위가 표집요소 그 자체인 표집틀을 형성하는 것이 불가능하거나 비실용적일 경우 우선 집락으로 추출하고 여기에서 다시 개인을 추출하는 방식으로 한다.
⑤ 체계적 표집에 내포되어 있는 위험으로서 **만약 요소들의 목록이 표집간격과 일치하는 주기적인 형태로 배열되어 있다면, 매우 어긋난 표본이 추출될 것이다.** 따라서, 단순무작위표집에서는 표집틀을 무작위화시킬 필요가 없지만, 체계적 표집에서는 표집틀 내의 요소들이 무작위화시킴으로써 일정한 패턴을 유지하지 않도록 예방해야 한다.

답 ②

22 다음에 해당하는 표집방법은? •18회

빈곤노인을 위한 새로운 사회복지서비스 개발을 위해 사회복지관의 노인 사례관리담당자에게 의뢰하여 자신의 욕구를 잘 표현할 수 있는 빈곤노인을 조사 대상으로 선정하였다.

① 층화 표집
② 할당 표집
③ 의도적 표집
④ 우발적 표집
⑤ 체계적 표집

정답 및 해설

'사회복지관의 노인 사례관리담당자에게 의뢰하여 선정'하였으므로, 조사자의 판단에 의해 또는 조사목적에 의해 표집을 선정하는 방법인 **의도적 표집에 해당**한다. 의도적 표집은 비확률표집방법으로, 연구자가 적어도 모집단 및 그 요소들에 대해 풍부한 사전지식을 가지고 있을 경우에 유용하게 사용될 수 있다.

보충설명

④ **우발적 표집(편의표집, 우연표집)**은 비확률표집방법으로, 조사자가 임의로 확보하기 쉽고 편리하게 닥치는 대로 일정한 표본크기가 될 때까지 표본을 추출하는 방법이다.

답 ③

23 일반적으로 질적 연구에서 사용되는 표집방법이 아닌 것은? •11회

① 극단적 사례(extreme case)표집
② 전형적 사례(typical case)표집
③ 눈덩이(snowball)표집
④ 편의(convenience)표집
⑤ 체계적(systematic)표집

정답 및 해설

질적 연구에서 사용되는 표집방법으로는 비확률표집, 기준표집, 최대변이표집, 동질적 표본, 이론적 표집, 전형적·결정적 사례 표집, 확인 및 예외 사례 표집, 극단적 혹은 일탈적 사례표집, 준예외적 사례표집 등이 있다.
⑤ 체계적 표집은 확률표집에 해당한다.

답 ⑤

24 다음은 다양한 표집방법이 동원된 질적 연구 사례이다. 이 사례에서 동원된 표집방법이 아닌 것은? • 12회

> 희망복지지원단 사례관리자의 역할을 질적으로 분석하기 위하여 지난 1년간 담당한 사례가 가장 많은(302사례) 지자체와 가장 적은(51사례) 지자체 두 군데를 연구대상지역으로 우선 선정하였다. 아울러 전체 지자체의 연평균 담당 사례수가 약 150사례인 것을 확인하고, 담당사례수가 100사례 정도인 지자체와 200사례 정도인 지자체 두 군데를 추가로 표집하였다.

① 최대변화량 표집
② 예외사례 표집
③ 의도적 표집
④ 준예외적 표집
⑤ 동질적 표집

정답 및 해설

'지난 1년간 담당한 사례가 가장 많은(302사례) 지자체와 가장 적은(51사례) 지자체 두 군데를 연구대상지역으로 우선 선정'한 것은 **최대변화량 표집과 예외사례 표집**에 해당한다. "전체 지자체의 연평균 담당 사례수가 약 150사례인 것을 확인하고, 담당사례수가 100사례 정도인 지자체와 200사례 정도인 지자체 두 군데를 추가로 표집"한 것은 **준예외적 표집**에 해당한다. 이와 같은 표집방법은 모두 **의도적 표집**에 해당한다.

보충설명

① 최대변화량 표집(maimimum variation sampling) : 소규모 표본을 집중적으로 연구하면서 다양한 현상을 찾아내는 것을 말하는 것으로, 이질적인 조건 하에서 하나의 현상을 관찰함으로써 그에 대해 유용한 통찰력을 얻을 수 있다.
   예) 사례관리과정 연구 시에 담당건수가 가장 많은 프로그램, 중간인 프로그램 및 적은 프로그램 선정하는 것, 도시지역, 교외지역, 농촌지역에서의 프로그램 선정하는 것, 오래된 프로그램과 새로운 프로그램 선정하는 것 등
② 예외사례 표집(deviant cases sampling) : 일상적이거나 규칙적인 유형에 맞지 않는 사례들을 검토하여 규칙적인 태도와 행위의 유형을 더 잘 이해하게 되는 표집방법이다.
   예) 사례관리자의 담당건수가 극단적으로 많다고 알려진 2개 정도의 프로그램과 담당건수가 극단적으로 적다는 2개 정도의 프로그램을 선정하는 것
④ 준예외적 사례 표집(intensity sampling) : 일상적인 것보다는 약간 예외적이지만 예외적이라고 할 수 있을 정도로 그렇게 특이하지 않은 사례들을 선정하는 것을 말한다.
   예) 노인요양원의 보호에 가장 많이 참여한 가족과 가장 적게 참여한 가족을 선정하는 것보다 대부분의 가족들보다 약간 참여를 더하거나 덜 한다고 알려진 가족을 선정하는 것
⑤ 동질적 표집(homogeneous sampling) : 사례관리자의 과도한 역할부담을 처리하는 방법에 대한 연구 시에 사례관리자의 담당건수가 특히 많은 프로그램들로 표본을 한정하는 것을 말한다.

답 ⑤

25 아동기 성폭력 피해여성이 외상을 극복하고 대처하는 방법을 탐구하는 연구방법과 표집방법이 옳은 것은 무엇인가?
• 8회

① 질적 연구 – 단순무작위표집
② 양적 연구 – 눈덩이표집
③ 양적 연구 – 전형적 사례표집
④ 질적 연구 – 눈덩이표집
⑤ 질적 연구 – 층화표집

정답 및 해설

질적 연구는 양적 연구로는 발견 또는 분석하기 어려운 문제를 효과적으로 관찰하고 분석하며, 복잡한 사회현상을 심층적으로 규명하고 해석하기 위한 사회과학 연구방법의 한 패러다임을 말한다. 질적 연구에서는 전문가 또는 특정한 사람, 전형적인 사례에 대한 인터뷰와 관찰을 하는 등 잘 알려지지 않은 주제에 대한 탐색적 접근을 하고자 하는 경우에 한다. 눈에 잘 띠지 않는 대상자의 경우 눈덩이표집이나 전형적 사례표집방법을 취한다.

답 ④

26 '시설보호아동이 경험한 학교생활의 본질과 맥락에 대한 연구'를 진행할 때, 일반적으로 사용되는 표집방법이 아닌 것은?
• 13회

① 편의(convenience)표집
② 극단적 사례(extreme case)표집
③ 이론적(theoretical) 표집
④ 층화(stratified)표집
⑤ 사례(one case)표집

정답 및 해설

'시설보호아동이 경험한 학교생활의 본질과 맥락에 대한 연구'는 질적 연구방법을 의미한다. 이 문제는 **질적 연구방법에 사용되는 표집방법이 아닌 것을 묻는 질문이다.** 질적 연구방법에서는 주로 비확률표집방법이 활용된다. 층화표집은 확률표집으로 질적 연구방법에 사용되는 표집방법이 아니다.

답 ④

27 질적 조사에서 일반적으로 사용되는 표본추출방법으로 옳지 않은 것은? • 19회

① 이론적(theoretical) 표본추출
② 집락(cluster) 표본추출
③ 눈덩이(snowball) 표본추출
④ 극단적 사례(extreme case) 표본추출
⑤ 최대변이(maximum variation) 표본추출

> **정답 및 해설**
>
> 질적조사에서는 연구하고자 하는 현상의 심도있는 이해를 목적으로 하기 때문에 표본선정에 대한 접근 역시 현상을 잘 이해할 수 있게 해주는 참여자들을 작위적 또는 의도적으로 선택하는 것이 일반적이다. 즉 질적조사에서는 비확률표본추출방법을 선호한다. 비확률표본추출방법에는 편의(convenience)표집, 할당(quota)표집, 눈덩이(snowball)표집, 유의(purposive, 의도적)표집이 있으며, 이론적(theoretical) 표본추출, 극단적 사례(extreme case) 표본추출, 최대변이(maximum variation) 표본추출은 유의(purposive, 의도적)표집에 해당한다.
>
> ✅ 오답풀이
> ② 집락(cluster) 표본추출은 확률표본추출방법으로, 질적조사에서 일반적으로 사용되는 표본추출방법에 해당하지 않는다.
>
> 답 ②

28 질적 연구에서 일반적으로 사용되는 표집방법이 아닌 것은? • 22회

① 판단(judgemental) 표집
② 체계적(systematic) 표집
③ 결정적 사례(critical case) 표집
④ 극단적 사례(extreme case) 표집
⑤ 최대변이(maximum variation) 표집

> **정답 및 해설**
>
> 질적연구에서는 대표성을 위한 무작위 표집방법보다 연구목적에 따른 **판단 표집(의도적 표집, 유의표집)** 방법을 선호한다. 판단 표집(의도적 표집, 유의표집) 중 질적 연구에 사용되는 표집방법에는 **최대변이(maximum variation, 최대변화량) 표집**, 기준표집(criterion sampling), 동질적 표집(homogeneous sampling), 이론적(theoretical) 표집, **결정적 사례(critical case) 표집**, 확인 및 예외 사례 표집(confirming and deviant cases sampling), 준예외적 사례 표집(intensity sampling), **극단적 사례(extreme case) 표집**이 있다.
>
> ✅ 오답풀이
> ② 체계적 표집(Systematic Sampling, 계통적 표집, 계층표집)은 확률표집의 표집방법에 해당한다. 질적 연구에서 확률표본추출방법이 사용될 수는 있지만, 비확률표본추출방법이 최선의 표본추출방법이다.
>
> 답 ②

OIKOS UP 질적 연구에서의 표집(이윤로, 2003)

① 질적 연구에서는 연구결과의 일반화가 아닌 연구하고자 하는 현상의 심도있는 이해를 목적으로 하므로, 표본을 선정함에 있어 의도적으로 선택하는 것이 일반적이다.
  ㉠ 표집방법도 대표성을 위한 무작위표집방법보다 연구목적에 따른 의도적 표집방법을 선호
  ㉡ 의도적 표집 : 연구하고자 하는 현상이나 대상을 잘 보여줄 수 있는 사례를 의도적으로 선정하는 것

② 의도적 표집방법 중 질적 연구에 사용되는 표집방법들
  ㉠ 기준표집(criterion sampling) : 연구자가 연구하고자 하는 초점에 맞추어 미리 결정한 어떤 기준을 충족시키는 사례를 선정하는 것
    예) 직업재활 훈련 프로그램 참여경험 연구 시에 특정기관의 직업재활 훈련 프로그램에 1년 이상 꾸준히 참여한 사람들을 선정하는 경우
  ㉡ 최대변이 표집(maximum variation sampling) : 작은 표본 내에 다양한 속성을 가진 사례들을 골고루 확보하기 위한 표집방법
    예) 프로그램 참여 경험 조사 시에 같은 프로그램에 참여했어도 서로 상이한 경험을 가진 개인들 선정
  ㉢ 동질적 표본(homogeneous sample) : 동질적 사례들로 표본을 선정하여 어떤 특별한 하위집단을 심도있게 분석할 때 쓰이는 방법으로, 최대변이 표집과 대조됨
    예) 특정 주제에 관련 있는 사람들을 대상으로 집단면접을 하기 위해 유사한 배경과 경험을 가진 사례들을 선정
  ㉣ 이론적(theoretical) 표집 : 연구자의 연구문제나 이론적 입장과 분석틀, 실행할 분석방법, 그리고 도출해 내고자 하는 설명을 염두에 두고 탐구할 집단이나 범주를 선택하는 것을 의미
  ㉤ 결정적 사례 표집(critical case sampling) : 어떤 상황에 대해 아주 극적인 요점을 제공해 줄 수 있는 사례로 표본을 선정하는 것으로, 하나 또는 몇 개의 결정적 사례를 연구하는 것
  ㉥ 확인 및 예외 사례 표집(confirming and disconfirming case) : 초기 분석을 확인해 줄 수 있는 사례와 그러한 분석이 잘 맞지 않는 사례를 중심으로 선정하는 것 → 확인사례는 이미 나타나고 있는 유형에 일치하는 사례, 예외사례는 이미 나타나고 있는 유형과 일치하지 않는 사례
  ㉦ 극단적 혹은 일탈적 사례 표집(extreme or deviant case sampling) : 연구자의 관심현상이 전형적으로 나타내는 유형과 매우 다른 유형을 보이는 특이하고 극단적인 사례(아주 특별히 성공했거나 실패한 사례)를 연구함으로써 관심현상에 대한 이해를 넓히는 방법
  ㉧ 준예외적 사례 표집(intensity sampling) : 극단적 사례 표집의 강도를 약간 낮춘 표집방법으로, 일상적인 것보다는 약간 예외적이지만 극단적 예외라고 할 정도로 특이하지는 않는 사례를 선정하는 것

05 기초 통계학

01 정규분포곡선에 관한 설명으로 옳은 것을 모두 고른 것은?   • 10회

> ㉠ 좌우대칭이며 종모양을 지닌다.
> ㉡ 최빈값, 중위수, 산술평균이 한 점에 일치한다.
> ㉢ 표준정규분포의 평균은 0이고 표준편차는 1이다.
> ㉣ 표본의 대표성에 관한 유용한 정보를 제공해 준다.

① ㉠, ㉡, ㉢
② ㉠, ㉢
③ ㉡, ㉣
④ ㉣
⑤ ㉠, ㉡, ㉢, ㉣

정답 및 해설

가우스분포(Gaussian distribution)라고도 불리는 정규분포는 연속확률분포 중에서 가장 널리 이용되는 중요한 분포이다. **정규분포는 연속변수, 좌우대칭(평균 = 중앙값 = 최빈값, 단봉분포, 종모양), 면적 = 1, 분포의 특징(μ, σ)으로 규정의 특징**이 있다(㉠, ㉡). 다양한 형태의 정규분포를 유일한 하나의 분포로 만든 것을 표준정규분포라 한다. 표준정규분포란 유일한 분포로 **평균은 0, 표준편차는 1로 하는 분포**를 말하며 이를 Z분포 또는 단위정규분포라 한다(㉢). **표본이 대표성을 지닐 때, 즉 자료수집이 제대로 된다면 정규분포와 비슷한 형태를 띠게 된다**(㉣).

 ⑤

02 정규분포에 관한 설명으로 옳지 않은 것은?   • 11회

① 표본의 사례수와 무관하게 표집분포(sampling distribution)는 정규분포를 따른다.
② 표준정규분포의 평균은 0이고 분산과 표준편차는 동일하다.
③ 정규분포의 모양은 평균과 표준편차에 의해 결정된다.
④ 최빈값과 중위수는 같다.
⑤ 정규분포곡선은 좌우대칭이며 종모양이다.

정답 및 해설

표본의 사례수와 관련이 있다. **중심극한정리**에 의하면 표본의 크기가 30 이상이면 모집단의 분포모양에 관계없이 평균의 표집분포는 정규분포를 이룬다.

✅ 오답풀이
② 표준정규분포의 평균은 0이고 표준편차가 1이다.
③ 정규분포의 형태는 평균과 표준편차에 의해 달라진다.
④ 평균 = 중앙값(중위수) = 최빈값이다.
⑤ 정규분포곡선은 좌우대칭이며 종모양이다.

 ①

03 변수값이 집중경향치를 중심으로 흩어져 있는 정도를 알려주는 수치가 아닌 것은? • 11회

① 분산(variance)
② 사분편차(interquartile range)
③ 상관계수(correlation coefficient)
④ 표준편차(standard deviation)
⑤ 범위(range)

정답 및 해설

관찰된 자료가 흩어져 있는 정도를 분산도라 하며, 분산도를 나타내는 방법으로 범위, 평균편차, 표준편차, 사분위편차 그리고 분산 등이 있다.
③ **상관(correlation)**은 두 변수의 관계를 말하며, 이는 한 변수가 변할 때 다른 변수가 어떻게 변하는가를 나타낸다. 상관계수(correlation coefficient)란 두 변수가 관계되어 있는 정도를 나타내는 지수를 말하는 것으로, 두 변수가 동시에 변하는 정도를 나타내는 지수이다.

답 ③

04 확률이론에 근거한 표본평균들의 표집분포(sampling)에 관한 설명으로 옳지 않은 것은? • 13회

① 모집단의 평균이 10이면 표집분포의 평균도 10이다.
② 표준오차는 표집분포의 표준편차이다.
③ 표본크기와 상관없이 정규분포를 따른다.
④ 중심극한정리를 따른다.
⑤ 표본크기가 9배될 때 표준오차는 1/3로 감소한다.

정답 및 해설

중심극한정리를 충족시키기 위한 표본의 크기는 30 이상 혹은 20 이상이라는 주장이 있다. 즉 표본의 크기가 20보다 크면 중심극한정리를 충족시킨다고 할 수 있다. 즉, **정규분포는 표본크기와** 관련된다.

오답풀이

① 표집분포란 모집단에서 일정한 크기로 뽑을 수 있는 표본을 모두 뽑았을 때, 그 모든 표본의 특성치(통계치)의 확률분포를 말한다. **모집단의 평균과 표집분포의 평균은 언제나 일치한다.**
② 표집분포의 표준편차는 표집오차의 표준편차와 동일하다. 따라서 **표집분포의 표준편차는 표준오차(standard error)**이다.
④ **중심극한의 정리**란 모집단의 분포모양과는 관계없이 표본의 크기가 커지면 표집분포가 정규분포를 이루게 된다는 것이다.
⑤ 중심극한정리에 의하면 표집분포의 평균은 모집단의 평균과 같고, **표준오차는 모집단의 표준편차를 표본크기의 제곱근으로 나눈 값**이므로, 표본의 크기가 9배가 되면 표준오차는 1/3로 감소한다.

답 ③

MEMO

제08장 자료수집과 질문지법

제2영역 : 사회복지조사론

▶ 제8장 회차별 출제빈도, 출제비중 및 출제논점 1, 2, 3순위

10회 2012	11회 2013	12회 2014	13회 2015	14회 2016	15회 2017	16회 2018	17회 2019	18회 2020	19회 2021	20회 2022	21회 2023	22회 2024
4	–	3	1	1	1	1	(2)	1(1)	2	(1)	–	–

출제 비중	출제 논점		
	1순위 ☺	2순위 ※	3순위 ☆
01 3	① 질문지법 종류: 우편조사, 전화조사		① 질문지법 종류: 집합, 배포, 온라인조사

01 자료수집에 관한 설명으로 옳지 않은 것은?
● 18회

① 질문지법은 문서화된 질문지를 사용한다.
② 면접법은 조사대상자에게 질문내용을 구두 전달한다.
③ 관찰법은 유형, 시기, 방법, 추론 정도에 따라 조직적 관찰과 비조직적 관찰로 구분된다.
④ 비관여적 조사는 기존의 기록물이나 역사자료 등을 분석한다.
⑤ 내용분석법은 신문, 책, 일기 등의 직접자료를 수집하고 분석하는 방법이다.

정답 및 해설

내용분석법은 신문, 책, 일기 등 수집하고 분석하는 방법은 맞지만, 직접자료를 수집하는 것이 아니라 자료를 간접적으로 수집하는 **간접자료 수집방법**의 하나이다.

보충설명

① **질문지법**은 사전에 작성된 문서화된 질문지의 질문항목에 따라 응답자가 직접 기록하는 자료수집 방법을 말한다.
② **면접법**은 조사자들과 면접원들이 구두로 질문을 던지고 응답자들의 답변을 기록하는 방식이다.
③ **관찰법**은 유형, 시기, 방법, 추론 정도에 따라 조직적 관찰과 비조직적 관찰로 구분된다. **조직적 관찰법**은 보다 체계적 서술을 한다거나 인과관계에 관한 가설을 실험하려는 목적을 지닌 조사연구에서 주로 사용하며, **비조직적 관찰법**은 사전에 준비된 관찰도구나 기준 또는 범주를 가지지 않는 관찰법으로, 탐색적 연구를 위해 흔히 사용된다.
④ **비관여적 조사(비개입적 연구) 또는 비반응성 조사**는 연구 대상자들의 반응성(reactivity)으로 야기되는 오류들을 제거하기 위한 방법으로, 물리적 흔적을 관찰하거나 기존의 기록물이나 역사자료 등을 분석한다.

답 ⑤

02 설문조사에 관한 설명으로 옳은 것을 모두 고른 것은? •10회

㉠ 대단위 모집단의 태도와 성향을 측정할 때 적합한 방법이다.
㉡ 개인, 집단, 사회적 가공물(social artifacts) 등을 분석단위로 사용한다.
㉢ 표본의 소재(location)에 관한 정보가 부족할 때 눈덩이표집으로 할 수 있다.
㉣ 현상의 기술(description)을 목적으로 사용할 수 있다.

① ㉠, ㉡, ㉢
② ㉠, ㉢
③ ㉡, ㉣
④ ㉣
⑤ ㉠, ㉡, ㉢, ㉣

정답 및 해설

㉠ **설문조사(survey research) 방법**은 규모가 매우 큰 모집단의 태도와 성향을 파악하고자 할 때 유효한 방법이다.
㉡ 개인이 분석단위일 때 주로 사용되지만 **개인, 집단, 사회적 가공물 등도 분석단위로 사용**할 수 있다.
㉢ 표본의 소재에 관한 정보가 부족할 때 **비확률표집방법 중 눈덩이표집**으로 할 수 있다.
㉣ **현상의 기술, 탐색, 설명 등의 목적으로 사용**할 수 있다.

답 ⑤

03 면접 설문조사와 비교할 때 자기기입식 설문조사가 갖는 장점은? •10회

① 복잡한 쟁점을 다룰 때 효과적이다.
② 설문의 응답률이 높다.
③ 혼동을 일으키는 질문에 대한 추가 설명이 가능하다.
④ 개인의 민감한 문제를 다루는데 유리하다.
⑤ 일반적으로 시간이 덜 걸리지만, 비용 면에서는 별 차이가 없다.

정답 및 해설

자기기입식 설문조사에서는 피조사자가 익명으로 응답할 수 있으므로, 두려워하거나 꺼리는 견해를 솔직하게 표현하기 용이하다.

오답풀이
① 인쇄된 지시문에 의해 조사가 이루어지고, 설명할 수 없기 때문에 복잡한 쟁점을 다룰 때 효과적이지 못하다.
② 면접 설문조사에 비해 응답률이 낮다.
③ 응답자가 질문을 잘못 이해하더라도 질문의 요지를 설명할 수 없어(특히 우편조사나 배포조사의 경우) 융통성이 결여되어 있다.
⑤ 시간과 비용 면에서는 면접 설문조사보다 적게 든다.

답 ④

04. 서베이(survey)조사에 적절한 주제가 아닌 것은?

• 14회

① 신규 프로그램 개발을 위한 주민욕구 측정
② 기초생활보장제도의 대국민 만족도 측정
③ 틱(tic)현상을 가진 아동에 대한 단일사례 분석
④ 한국 청소년의 약물남용 실태조사
⑤ 노숙자들의 쉼터 이용 거부원인 분석

정답 및 해설

서베이(survey)조사는 모집단을 대상으로 추출된 표본에 대해 설문지나 조사표(면접조사표나 관찰조사표)와 같은 표준화된 조사도구를 사용하여 직접 질문함으로써 필요한 자료를 수집하는 방법이다.

오답풀이
③ 틱(tic)현상을 가진 아동에 대한 단일사례 분석은 **단일사례연구에 적절한 주제**이다. 단일사례연구에서는 한 사례를 대상으로 개입 이전과 이후에 측정을 반복하여, 개입 전후의 변화양상을 파악한다.

답 ③

05. 우편조사법의 장점과 단점에 대한 설명이 옳지 않은 것은?

• 4회

① 접근이 용이하여 넓은 지역을 조사할 수 있다.
② 비용이 적게 든다.
③ 낮은 회수율과 응답자 환경에 대한 통제가 어렵다.
④ 본인이 응답했는지에 대한 여부가 불확실하다.
⑤ 익명성의 보장이 어렵다.

정답 및 해설

우편조사는 익명성을 보장할 수 있다. 우편조사는 응답자의 익명성이 보장된다는 느낌을 가질 수 있으므로 민감한 문제에 대한 질문은 우편조사가 유용하게 사용될 수 있다.

답 ⑤

> **OIKOS UP** 우편조사의 장점과 단점
>
> ① 장점
>   ㉠ 저렴한 비용(대인 인터뷰와 같은 다른 서베이 방법들보다 비용이 적게 든다는 점)
>   ㉡ 편견에 의한 오류 감소(조사자의 성향 차이로 인한 편견은 나타나지 않음)
>   ㉢ 익명성의 보장(대인관계의 생략으로 응답자들은 자신들의 익명성이 보장된다는 느낌을 가질 수 있음)
>   ㉣ 사려 깊은 응답(응답자들이 여유 있는 시간대를 선택하여 응답하게 되므로, 응답에 따른 시간을 충분히 가질 수 있게 하고 때에 따라서는 응답을 위해 남들로부터 조언을 구할 수도 있음)
>   ㉤ 접근성의 증대(지리적으로나 혹은 제도적으로 쉽사리 접근하기 어려운 대상들에 대해서 우편설문이 보다 유용함)
> ② 단점
>   ㉠ 문제의 제한성(설문항목들은 응답자들이 스스로 이해할 수 있는 단순한 문제들에 제한되기 쉽다. 그 이유는 응답자들이 응답에 대한 강제성의 느낌을 크게 갖지 않기 때문에 이해하기 어려운 까다로운 질문을 담은 우편 설문은 응답률을 현저히 낮출 가능성이 높음)
>   ㉡ 규명의 어려움(우편으로 배달된 설문지가 어떤 상황에서 작성되었는지 통제할 수 있는 방법이 없음)
>   ㉢ 응답자의 통제 어려움
>   ㉣ 낮은 회수율

06 다음 중 전자서베이(e-mail survey)의 장점으로 옳은 것은? •6회

㉠ 비용절감   ㉡ 자료수집의 용이성
㉢ 부가적 질문의 용이성   ㉣ 표본의 특정성

① ㉠, ㉡, ㉢   ② ㉠, ㉢
③ ㉡, ㉣   ④ ㉣
⑤ ㉠, ㉡, ㉢, ㉣

> **정답 및 해설**
>
> **전자서베이**는 인터넷 홈페이지에 질문 문항을 제시하고 응답자들로 하여금 홈페이지에 접속하여 질문 문항에 응답하도록 하거나(웹을 이용한 설문조사) 질문 문항을 전자메일로 조사대상자에게 보내고 조사대상자가 응답한 후 반송하는 형식(전자메일을 통해 설문지를 주고받는 형식)으로 행해진다.
>
> **오답풀이**
> ㉣ 연구자가 타켓을 결정하지 못하고 응답자가 결정한다. 따라서 표본의 특정성이라는 말은 장점이 될 수 없다.
>
> 답 ①

> **OIKOS UP** 전자조사법의 장점과 단점
>
> ① 장점
> ㉠ 공간, 설비의 제약이 없으며 광범위한 지역을 대상으로 조사할 수 있다.
> ㉡ 시간과 비용의 절약
> ㉢ 실시간으로 진행결과를 파악
> ㉣ 응답의 오류를 줄일 수 있다.
> ㉤ 민감한 질문을 하기에 다른 방법보다 수월하다.
> ㉥ 면접자에 의한 오류가 없다.
> ② 단점
> ㉠ 표본의 대표성이 없다. 연구자가 타켓을 결정하지 못하고 응답자가 결정한다.
> ㉡ 기획한 홈페이지나 특정장소를 방문하여야만 조사가 가능하므로 응답률이 낮다.
> ㉢ 복잡한 질문이나 질문의 양이 많은 경우에 조사하기가 어렵다.

07 우편조사 대신 인터넷 조사를 하였다. 인터넷 조사의 장점이 아닌 것은? • 8회

① 자료수집의 용이성
② 조사비용의 절감
③ 부가질문의 용이성
④ 자료의 대표성 확보
⑤ 설문조사과정의 신속성

> **정답 및 해설**
>
> 인터넷 조사의 경우에는 컴퓨터 통신망 가입자 및 전자통신을 활용할 수 있는 사람에 한하여 조사할 수 있으므로 모집단을 대표할 수 있는 표본을 선정하는데 어려움이 따른다. 이로 인해 **자료의 대표성을 확보하기 어렵다는 단점**이 있다.
>
> 답 ④

08 다음 중 자료수집 방법으로 옳은 것은?

• 5회

㉠ 집합조사는 짧은 시간 내에 많은 사람을 조사할 수 있다.
㉡ 배포조사는 불분명한 질문 내용에 대해 보충설명을 할 수 있다.
㉢ 우편조사는 조사자의 익명성을 보장할 수 있다.
㉣ 전화조사는 많은 내용을 조사할 수 있다.

① ㉠, ㉡, ㉢
② ㉠, ㉢
③ ㉡, ㉣
④ ㉣
⑤ ㉠, ㉡, ㉢, ㉣

정답 및 해설

㉡ **배포조사는** 질문 내용의 애매한 사항에 대해 보충설명 할 수 있는 기회가 없다.
㉣ **전화조사는** 조사내용의 분량이 상대적으로 제한될 수밖에 없고 상세한 정보의 획득이 곤란하다.

답 ②

09 우편조사 시 회수율을 높이는 방법으로 옳지 않은 것은?

• 7회

① 설문지 우편발송 후 다시 한 번 응답을 요청하는 등의 후속조치를 한다.
② 설문조사자의 정보를 밝히지 않는다.
③ 대상자의 참여율을 높이기 위해 선물을 준다.
④ 표지 등의 디자인에 신경 쓴다.
⑤ 설문지 반송 기한을 기재한다.

정답 및 해설

설문조사자의 정보를 밝혀야 한다. 조사의 목적, 중요성 등을 설명하고 협조를 당부하는 소개편지를 동봉해야 하며, 반드시 우표가 붙은 반송봉투를 동봉해야 한다.

답 ②

10 설문지의 회수율 모니터링에 관한 설명으로 옳지 않은 것은? •10회

① 추가설문지의 발송시기를 예측한다.
② 비응답자들의 추가응답률을 높이는데 활용된다.
③ 모니터링을 중단하는 시점은 회수율이 50%인 때이다.
④ 여러 시점에서 회수된 설문지를 분석하면 표본추출의 편향을 추정할 수 있다.
⑤ 그래프로 일일 회수빈도와 누적빈도를 기록한다.

정답 및 해설
서너 번의 독촉엽서나 설문지의 재발송 등을 통해 최초 20% 가량에 머물던 **회수율을 70% 전후까지 끌어올릴 수 있다고 한다. 회수율은 높을수록 좋기 때문에 50%일 때 중단한다는 것은 옳지 않다.**

답 ③

OIKOS UP 설문지 회수율 높이는 기법들

방법	최적 조건
후속독촉 (우편엽서, 전화)	• 1회 이상의 후속 독촉 필요(보통 3회까지) • 전화와 우편엽서를 3회 가량 섞은 후속 독촉은 매우 큰 효과를 나타냄 • 2회 이상부터는 설문지 자체를 재발송해야 할 필요성도 고려
설문내용의 중요성	• 설문 내용이 응답자에게 중요한 것으로 인식될 때 응답률이 높아짐
후원자와 겉표지의 적절성	• 후원자의 권위가 응답자에게 인정될 때 응답률 상승 • 표지글에서 이타적인 동기에 호소하는 것이 중요
민감한 질문의 처리	• 사적인 비밀이나 개인적인 이해를 침해하는 문제에 대한 응답률은 저조 • 이름이나 신상, 소득, 개인의 사적 정보 등은 가능한 생략하는 것이 응답률을 높이는 데 도움
유인책의 사용	• 금전적인 보상에서 금액의 과소에 따른 차이는 그리 크지 않은 것으로 간주 • 후원자, 대상집단, 설문의 유형 등에 따라 각기 다른 유인책이 필요
회수방법	• 회수용 봉투의 사용은 반드시 필요(회수 기한 기재) • 사전 지불 형식보다는, 우표를 직접 붙인 봉투를 이용하는 것이 회수율에 보다 효과적
설문지의 도착시간	• 집으로 보내는 것이라면 주말쯤에 도착하게 하는 것이 효과적이다.
설문지 양식	• 표지글이 매력적이어야 응답 가능성 높임 • 응답자들의 시력을 감안 구성양식에 신경을 씀 • 한눈에 들어오는 질문들을 만들 필요가 있음
설문지 길이	• 될 수 있는 한 짧은 설문지가 좋으나, 조금 더 길고 짧은 것에 따른 차이는 그리 크지 않음

11 우편조사, 전화조사, 대면면접조사에 관한 비교설명으로 옳은 것은? •12회

① 일반적으로 우편조사의 응답률이 가장 높다.
② 우편조사와 전화조사는 자기기입식 자료수집 방법이다.
③ 대면면접조사에서는 추가질문하기가 가장 어렵다.
④ 원거리 응답자에게는 우편조사보다 대면면접조사가 더 적절하다.
⑤ 어린이나 노인에게는 대면면접조사가 가장 적절하다.

정답 및 해설

질문지법은 읽고 쓸 줄 알아야 하기 때문에 응답자가 어느 정도 교육을 받은 사람이어야 하는 데 반해, **면접법**은 응답자가 이해하지 못하는 질문에 대해 설명할 수 있는 여유가 있기 때문에 모든 사람에 대해서 할 수 있다. **교육수준이 낮고 노인이 많은 지역에서는 면접법이 적합한 자료수집 방법이 될 수 있다.**

오답풀이
① 면접조사의 회수율이 90% 정도인데 비해, 우편조사의 회수율은 20~40% 정도로 회수율이 면접조사에 비해 현저히 떨어진다.
② 우편조사는 자기기입식 자료수집 방법이지만, **전화조사는 자기기입식 자료수집 방법이 아니다.**
③ **대면면접조사에서는 적합한 추가질문(예정 이외의 질문)을 할 수 있고**, 질문과정에서 유연성이 높다.
④ 원거리 응답자에게는 대면면접조사보다 **우편조사가 더 적절하다.**

답 ⑤

12 서베이 조사에 관한 설명으로 옳지 않은 것은?

① 면접조사는 우편조사에 비해 비언어적 행위의 관찰이 가능하다.
② 일반적으로 전화조사는 면접조사에 비해 면접시간이 길다.
③ 질문의 순서는 응답률에 영향을 줄 수 있다.
④ 폐쇄형 질문의 응답범주는 상호배타적이어야 한다.
⑤ 면접조사는 전화조사에 비해 비용이 높을 수 있지만 무응답률은 낮은 편이다.

정답 및 해설

전화조사는 조사내용이 간단한 경우 즉 **응답내용과 응답시간이 짧은 경우에만** 가능하다. 따라서 전화조사는 면접조사에 비해 면접시간이 짧다.

보충설명
② 완성된 질문들은 논리적으로 배열되어야 하는데, 그 이유는 **질문의 순서가 응답률과 응답의 효율성에 직접적인 영향**을 주기 때문이다.

답 ②

13 대인면접에 비해 우편설문이 갖는 장점은?
• 16회

① 질문 과정의 유연성 증대
② 동일 표집조건 시 비용의 절감
③ 높은 응답률
④ 응답환경의 통제 용이
⑤ 심층규명 증대

> **정답 및 해설**
>
> **우편설문은 대인면접에 비해 시간과 비용이 적게 드는 장점**이 있다. 우편설문의 경우 일반적으로 4주~6주 안에 필요로 하는 자료를 수집할 수 있으나, 대인면접의 경우는 긴 시간이 요구된다. 또한 대인면접은 면접자의 훈련 및 교통비, 면접에 소요되는 시간 등으로 인해 시간과 비용이 많이 드는 반면, 우편설문은 이러한 비용을 절감할 수 있어서 경제적이다.
>
> **오답풀이**
> 질문 과정의 유연성 증대(①), 높은 응답률(③), 응답환경의 통제 용이(④), 심층규명 증대(⑤)는 우편설문에 비해 대인면접이 갖는 장점이다.
>
> 답 ②

14 다음 중 옳지 않은 것은?
• 17회

① 우편설문 : 원래 표본으로 추출된 응답자가 응답하지 않을 수 있다.
② 실험설계 : 개입을 제공하기 전에는 종속변수의 측정이 사실상 불가능하다.
③ 관찰 : 비언어적 자료수집이 가능하다.
④ 비반응성 자료수집 : 연구대상의 반응성 오류를 피할 수 있다.
⑤ 대인면접설문 : 방문 조사원에 의해 보충적인 자료가 수집될 수 있다.

> **정답 및 해설**
>
> 실험설계에서 **개입을 제공하기 전에 종속변수를 측정하는 것이 바로 사전검사(pretest)**이다. 즉, 개입을 제공하기 전에는 종속변수의 측정이 **가능**하다. 실험설계에서 사전검사와 사후검사를 실시하여 실험집단과 통제집단의 종속변수가 통계적으로 의미있는 변화가 있었는지를 검토하는 것이다.
>
> **보충설명**
> ① 우편설문의 경우 **표본으로 추출된 응답자가 응답했는지 아니면 대리인이나 전혀 엉뚱한 사람이 응답했는지 등을 확신하기 어렵다.** 예를 들어, 어떤 기관의 대표자 앞으로 발송된 설문조사에 대해 그 기관의 대표자 자신이 반드시 응답할 것이라고 장담하기는 어렵다.
> ③ 관찰은 **비언어적 상황(nonverbal situation)에 대한 자료수집을 가능**하게 한다. 말로 표현될 수 없는 행동 혹은 말을 할 수 없는 대상자에 대한 자료수집으로 관찰 방법이 적절하다.
> ④ 비반응성 자료수집 방법은 **연구 대상자들의 반응성(reactivity)으로 야기되는 오류들을 제거하기 위한 방법**이다. 참고로 반응성(reactivity)이란 연구 대상자들이 자신들이 자료 수집의 대상이 되고 있음을 인식하게 됨으로써, 이러한 인식 때문에 조사결과를 일반화할 수 없는 종속변수의 변화를 야기하는 것이다.
> ⑤ 대인면접설문의 경우 **면접조사의 환경이나 응답자의 성격 등을 조사 요원이 보충적으로 기록, 수집하는 것이 가능**하다. 또한 면접조사 도중에 나타나는 우발적인 반응이나 사건들에 대한 정보도 조사 과정에서 채집되어 자료 분석에 유용하게 쓰일 수 있다.
>
> 답 ②

15 A대학교는 전체 재학생 중 5백 명을 선정하여 취업욕구조사를 하고자 한다. 비용 부담이 가장 적고 절차가 간편한 자료수집방법은?
• 18회

① 우편조사　　　　　　　　② 방문조사
③ 전화조사　　　　　　　　④ 온라인조사
⑤ 면접조사

> **정답 및 해설**
>
> **온라인조사법**은 전자서베이라고 하며, 전자메일을 통해 설문지를 주고받으며 조사를 하거나 혹은 웹을 이용해 방문자들이 설문에 응답하도록 하는 방식 등이 있다. 저렴한 조사비와 시·공간의 제약을 받지 않는다는 장점이 있다. 온라인 조사법은 설문 발송과 회수에 따른 비용이 전혀 들지 않으며, 인터뷰 요원을 유지하는 데 따른 비용도 필요하지 않다. 또한 응답과 동시에 자료가 컴퓨터에 저장되므로 **절차가 간편하며 소요시간과 비용을 획기적으로 줄일 수 있다.**
>
> ✅ **오답풀이**
> ① **우편조사의 경우**도 비용이 적게 들지만, 우편요금, 인쇄비 등의 비용이 든다.
> ③ **전화조사의 경우** 조사가 간편하고 신속하여 조사비용이 절감된다. 즉 대인적 인터뷰에 비해 인건비와 교통비 등을 크게 줄일 수 있어 비용이 적게 들지만, **전화조사원(면접자)을 유지하는 데 따른 비용**이 든다.
>
> 답 ④

16 서베이(survey) 조사에 관한 설명으로 옳은 것을 모두 고른 것은?
• 19회

> ㉠ 전화조사는 무작위 표본추출이 가능하다.
> ㉡ 우편조사는 심층규명이 쉽다.
> ㉢ 배포조사는 응답 환경을 통제하기 쉽다.
> ㉣ 면접조사는 우편조사에 비해 비용이 많이 든다.

① ㉠, ㉡　　　　　　　　② ㉠, ㉣
③ ㉡, ㉢　　　　　　　　④ ㉠, ㉢, ㉣
⑤ ㉡, ㉢, ㉣

> **정답 및 해설**
>
> ㉠ **전화조사**는 전화번호부를 통한 **무작위표본추출**이 가능하며, 이를 통해 여론조사에 쉽게 활용할 수 있다.
> ㉣ **면접조사**는 훈련, 이동, 슈퍼비전, 면접자들에 대한 비용으로 인해 우편조사보다 시간과 비용이 많이 든다.
>
> ✅ **오답풀이**
> ㉡ **우편조사**는 일단 설문이 응답되고 나면, 그에 따른 추가 질문이나 불확실한 응답에 추가적으로 질의해 들어가는 등의 **심층규명(probing)이 어렵다.**
> ㉢ **배포조사**는 응답상황을 통제할 수 없기 때문에, 피조사자 본인의 의견이 기입되었는지 제3자의 영향을 받았는지 알 수가 없다.
>
> 답 ②

제09장 면접법과 관찰법

제2영역 : 사회복지조사론

▶▶ 제9장 회차별 출제빈도, 출제비중 및 출제논점 1, 2, 3순위

10회 2012	11회 2013	12회 2014	13회 2015	14회 2016	15회 2017	16회 2018	17회 2019	18회 2020	19회 2021	20회 2022	21회 2023	22회 2024
–	1	–	1	–	(1)	1	(3)	(2)	(1)	(1)	2	1

출제 비중	출제 논점		
	1순위 ☺	2순위 ※	3순위 ☆
0(2)2	① 면접조사의 장·단점 ② 관찰법의 장·단점	① 면접조사의 종류: 표준화면접, 비표준화면접	① 관찰법의 종류: 참여관찰, 비참여관찰

01 면접법(interviewing, 면접조사)

01 다음 중 면접조사의 장점이 아닌 것은? • 3회

① 환경을 통제할 수 있다.
② 무의식적인 응답을 기록할 수 있다.
③ 익명성 보장으로 민감한 쟁점을 물어볼 수 있다.
④ 응답률이 상대적으로 높다.
⑤ 예정 이외의 질문이 가능하다.

> **정답 및 해설**
> **면접조사는 익명성이 결여되어 개인적으로 꺼리는 내용에 대해 정확한 응답을 얻기 어렵다.**
>
> ③

02 비구조화된 면접에 비하여 구조화된 면접의 장점에 해당하는 것은? • 5회

① 신뢰도를 높일 수 있다.
② 타당도를 높일 수 있다.
③ 융통성을 가질 수 있다.
④ 불분명한 경우 보충질문을 할 수 있다.
⑤ 미개척 분야에서 가설을 세울 수 있다.

> **정답 및 해설**
> **비표준화 면접**은 질문을 달리할 가능성과 응답을 달리할 가능성이 있어 신뢰도가 떨어질 수 있으나, **표준화 면접**은 같은 질문에 응답자가 다르게 응답할 가능성만 있어 신뢰도가 높다.
> 답 ①

03 비구조화된 면접의 특징으로 옳은 것은? • 7회

㉠ 미개척분야의 연구에 적합하다.
㉡ 부호화가 어렵다.
㉢ 심층적인 질문이 가능하다.
㉣ 면접자 편의(bias)가 줄어든다.

① ㉠, ㉡, ㉢   ② ㉠, ㉢
③ ㉡, ㉣   ④ ㉣
⑤ ㉠, ㉡, ㉢, ㉣

> **정답 및 해설**
> 연구될 문제의 범위만 결정되고 있고, 구체적인 내용은 조사자가 면접상황에 따라 융통성 있게 조사하도록 하는 면접으로, 면접자는 단지 전반적인 면접주제만 가지고, 면접 상황에 따라 적절히 변경될 수 있도록 되어 있는 비교적 자유스러운 면접방법이다. 따라서 **면접자의 편의는 줄어들지 않고 늘어난다.**
> 답 ①

> **OIKOS UP** 비표준화 면접(= 비구조화 면접)
>
> ① 연구될 문제의 범위만 결정되고 있고, 구체적인 내용은 조사자가 면접상황에 따라 융통성 있게 조사하도록 하는 면접으로, 면접자는 단지 전반적인 면접주제만 가지고, 면접 상황에 따라 적절히 변경될 수 있도록 되어 있는 비교적 자유스러운 면접방법이다.
> ② 질문 자체가 고정되어 있지 않기 때문에 자유응답식인 경우가 많고, 응답자에게 응답할 내용에 대해 최소한의 지시나 방향을 제시할 뿐이다.
> ③ 융통성을 가지고 있다. 면접자는 응답자의 개인적인 특수상황에 따라 질문의 어구나 순서를 조절할 수 있다.
> ④ 면접결과에 대해 표준화 면접은 신뢰도가 높은 데 비하여, 비표준화 면접은 타당도가 높다.
> ⑤ 비표준화 면접은 미개척 분야에서 가설을 설정하는 데 필요한 자료를 얻는데 많이 사용될 수 있으며, 표준화 면접에서 필요한 질문을 만드는 데 유용한 자료를 제공해 준다.

04 자료수집방법으로서 면접법에 관한 설명으로 옳지 않은 것은? • 9회

① 표준화 면접은 비표준화 면접보다 타당도가 높다.
② 면접법은 질문지법보다 응답범주의 표준화가 어렵다.
③ 면접법은 질문지법보다 제3자의 영향을 배제할 수 있다.
④ 표준화 면접에는 개방형 및 폐쇄형 질문을 모두 사용할 수 있다.
⑤ 면접법은 면접목적에 따라 진단적 면접과 조사면접으로 구분된다.

> **정답 및 해설**
>
> 표준화 면접은 응답자의 지식을 충분히 끌어낼 수 있는 융통성이 없기 때문에 타당도가 저하될 수 있다. 면접결과에 대해 표준화 면접은 신뢰도가 높은 데 비하여, **비표준화 면접은 타당도가 높다.**
>
> 답 ①

05 자기기입식 설문조사에 비해 면접설문조사가 갖는 장점을 모두 고른 것은?

• 11회

㉠ 자료입력이 편리하다.
㉡ 응답의 결측치를 최소화한다.
㉢ 조사대상 1인당 비용이 저렴하다.
㉣ 개방형 질문에 유리하다.

① ㉠, ㉡, ㉢
② ㉠, ㉢
③ ㉡, ㉣
④ ㉣
⑤ ㉠, ㉡, ㉢, ㉣

정답 및 해설

면접설문조사는 **충실한 응답을 얻을 수 있고**(㉡), **개방형 질문을 사용하기 용이하다**(㉣).

오답풀이
㉠ 자료입력이 어렵다. 즉 응답이 다양하여 응답 대한 표준화가 어렵다.
㉢ 절차가 복잡하고 불편하며 비용이 많이 든다.

답 ③

06 서베이(survey)에서 우편설문법과 비교한 대인면접법의 특성으로 옳지 않은 것은?

• 13회

① 비언어적 행위의 관찰이 가능하다.
② 대리응답의 가능성이 낮다.
③ 질문과정에서의 유연성이 높다.
④ 응답환경을 구조화하기 어렵다.
⑤ 표집조건이 동일하다면 비용이 많이 든다.

정답 및 해설

대인면접법은 **응답환경을 통제, 표준화(구조화)**할 수 있다. 면접이 남한테 방해받지 않고 개별적으로 진행될 수 있도록 면접환경을 구조화하여 제3자의 영향을 배제할 수 있다.

보충설명
① 질문지의 문항 이외에도 **비언어적 행위나 표정 등**을 통해 면접원이 응답자에 대한 관찰적인 정보를 얻을 수 있다.
② 면접자가 응답자에 영향을 줄 수 있는 다양한 요인들을 통제할 수 있어, **제3자의 영향을 배제**시킬 수 있어 대리응답의 가능성이 낮다.
③ **질문과정에서 개별적 상황에 따라 높은 신축성과 적응성**을 가진다. 질문을 반복할 수 있고 알아듣기 쉽게 달리 말할 수도 있으며, 응답자의 표정, 태도까지 관찰할 수 있기 때문에 진실이 의심되는 것에 대해 적합한 추가 질문(예정 이외의 질문)을 할 수 있다.
⑤ 면접자가 응답자를 현장에서 일일이 만나 면접을 실시해야 하기 때문에 **많은 시간, 경비, 노력이 소요**되며, 또한 **면접에서 얻은 자료를 정리하는 데에도 많은 시간과 노력이 요구**된다.

답 ④

07 피면접자를 직접 대면하는 면접조사가 우편설문에 비해 갖는 장점이 아닌 것은?

• 21회

① 응답자의 익명성 보장 수준이 높다.
② 보충적 자료 수집이 가능하다.
③ 대리 응답의 방지가 가능하다.
④ 높은 응답률을 기대할 수 있다.
⑤ 조사 내용에 대한 심층적 이해가 가능하다.

정답 및 해설

응답자의 익명성 보장 수준이 높은 것은 **우편설문이** 면접조사에 비해 **갖는 장점**이다. 즉, 우편설문의 경우에는 응답자가 자신의 신분을 알고 있는 면접자가 없기 때문에, 두려워하거나 꺼리는 견해를 솔직하게 표현하기 용이하다.

보충설명

② 면접을 위해 현장방문을 하기 때문에 응답자의 환경조건이나 개인적인 것에 대한 참고자료를 얻을 수 있으며, 우발적 반응이나 사건들에 대한 보충적 자료나 정보를 얻을 수 있다.
③ 면접조사는 환경을 통제하여 제3자의 영향을 배제할 수 있기 때문에 대리 응답의 방지가 가능하다.
④ 면접조사의 경우 우편설문처럼 회수가 필요없기 때문에 높은 응답률을 나타낸다. 문맹자들도 질문에 대답할 수 있고, 사람들은 구두로 대답하는 것을 서면으로 대답하는 것보다 더 선호한다.
⑤ 면접자와 피면접자간의 언어적 상호작용을 통해 피면접자가 내면에 가지고 있는 자료를 수집할 수 있어서 조사 내용에 대한 심층적 이해가 가능하다.

답 ①

08 질문 내용 및 방법의 표준화 정도가 낮은 자료수집 유형끼리 바르게 묶인 것은?

• 22회

> ㉠ 스케줄-구조화 면접
> ㉡ 설문지를 이용한 면접조사
> ㉢ 심층면접
> ㉣ 비구조화 면접

① ㉠, ㉡   ② ㉠, ㉣
③ ㉡, ㉢   ④ ㉡, ㉣
⑤ ㉢, ㉣

정답 및 해설

㉢ **심층면접(probing, 프로빙)**은 인터뷰 과정에서 종종 어떤 질문에 대해 응답자가 불충분하게 대답하거나, 엉뚱한 것을 말할 경우 조사연구 목적에 필요한 추가적인 정보를 획득하기 위해 사용되는 것이다. 심층면접은 일반적으로 덜 구조화된 면접조사에서 많이 활용되며, 구조화된 면접조사로 갈수록 심층면접의 중요성은 줄어든다.

㉣ **비구조화 면접(Unstandardized Interview, 비표준화 면접 = 비스케줄 면접)**은 표준화(구조화)의 정도가 가장 약한 면접조사방식으로, 연구될 문제의 범위만 결정되고 있고 구체적인 내용은 조사자가 면접 상황에 따라 융통성 있게 조사하도록 하는 면접이다.

오답풀이

㉠ **스케줄-구조화 면접**은 가장 표준화(구조화)된 면접조사 양식으로, 스케줄은 질문순서, 응답형식 등을 미리 규정해 둔 것을 의미한다. 이 면접법은 질문의 내용과 말 표현, 순서 등이 미리 고정되어 있으며, 모든 면접 조사자(들)는 모든 응답자들에게 똑같이 이를 적용해야 한다.

㉡ 설문지는 연구자가 조사하고자 하는 조사항목을 체계적으로 배열하여 인쇄한 문서로, **설문지를 이용한 면접조사는 표준화된 언어구성, 질문순서, 지시 등**으로 인해 조사상황에 따라 변하지 않고 **질문의 일관성(uniformity)**을 기할 수 있다.

답 ⑤

02 관찰법(observational method)

01 관찰의 특징으로 옳지 않은 내용은? • 6회

① 즉각적인 자료수집이 가능하다.
② 도구효과를 줄일 수 있다.
③ 장기간 종단분석이 가능하다.
④ 의사표현능력이 없는 조사대상에 대한 조사가 가능하다.
⑤ 비언어적 표현에 대한 조사가 가능하다.

정답 및 해설

면접이나 관찰평가와 같이 측정자의 주관이 반영되기 쉬운 방법으로 평가가 이루어질 때 사전검사자와 사후검사자가 다르면 도구효과가 발생될 수 있다. **도구효과란** 사전-사후의 검사도구를 각기 달리 했을 때 발생할 수 있는 문제로서 각기 다른 도구를 쓰면 도구의 차이로 인해 전-후 점수의 차이가 발생할 수 있다는 것이다.

답 ②

02 자료수집방법으로서 관찰에 관한 설명으로 옳은 것은? • 9회

① 관찰 신뢰도는 관찰자의 역량과 관련이 없다.
② 관찰 가능한 지표는 언어적 행위에만 국한된다.
③ 관찰은 면접조사보다 조사환경의 인위성이 크다.
④ 관찰은 자연적 환경에서 외생변수의 통제가 용이하다.
⑤ 관찰은 응답과정에서 발생할 수 있는 오류를 줄일 수 있다.

정답 및 해설

관찰은 자연적 환경(natural environment)에서 일어나는 자연스러운 행동에 관한 자료를 수집한다. 즉 관찰자의 존재로 인해 본래 관찰하고자 하였던 조사대상자의 특성이 다른 조사방법에 비해 영향을 적게 받는다. 또한 관찰은 조사자가 관찰대상이나 행위가 일어나는 현장에서 즉시에 어떤 사실을 포착한다는 것이다. 조사자가 연구대상이나 행위의 진실된 모습을 포착할 수 있다. 이러한 측면에서 **관찰은 응답과정에서 발생할 수 있는 오류를 줄일 수 있다.**

오답풀이
① 관찰을 제대로 수행할 수 있도록 관찰자에 대한 사전훈련이 필요하다.
② 관찰은 언어나 문자의 제약으로 측정하기 어려운 비언어적 사실도 조사할 수 있다.
③ 관찰은 자연적 환경(natural environment)에서 일어나는 자연스러운 행동에 관한 자료를 수집한다.
④ 자연적 환경에서 조사자는 종종 자료에 영향을 미치는 외생변수에 대해 거의 통제할 수 없다.

답 ⑤

03 관찰법에 관한 설명으로 옳지 않은 것은?

• 16회

① 행위가 일어나는 현장에서 즉시 자료수집이 가능하다.
② 관찰자의 주관성이 개입될 수 있다.
③ 비언어적 상황에 대한 자료수집이 가능하다.
④ 서베이에 비해 자료의 계량화가 쉽다.
⑤ 질적연구나 탐색적 연구에 사용하기 용이하다.

정답 및 해설

관찰 과정은 구두(口頭)로 기록되거나 전체적인 맥락과 연결되어 있는 자료로 구성되므로, **관찰된 사실을 계량화된 자료 형태로 바꾸는 것이 어렵다**. 또는 관찰자의 주관적 판단을 배제할 수 있는 방법이 없고, 사람들의 주관적 판단은 대개 질적으로 구성되어 있어서 사후에 양화하기가 쉽지 않다.

보충설명

① 행동이 이루어지고 난 후에 그 기억을 묻는 것이 아니라, 그런 **행동이 나타나고 있는 상황에서 직접 보고 들은 것을 통해 자료를 수집**한다. 이것은 대상자의 파편적 기억이나 편견에 따른 왜곡 없이 자료를 수집할 수 있게 하는 장점을 준다.
② 관찰의 단점 중 하나는 관찰자의 주관이 개입될 수 있다는 것이다. 즉 관찰은 관찰자의 눈과 의식에 의해 자료가 도출되는 것으로, **관찰자의 주관성에 의해 편향성이 개입될 우려**가 있다. 마치 운동 경기 심판들이 모두 같은 점수를 산출해 내지 않는 것과 같다.
③ **관찰은 비언어적 상황(nonverbal situation)에 대한 자료 수집을 가능**하게 한다. 즉 말로 표현될 수 없는 행동이나 말을 할 수 없는 대상자에 대한 자료수집방법으로 관찰이 적절하다. 언어구사가 어려운 어린 아이나 장애인, 일반인의 경우에도 의사소통이 불가능하거나 비록 가능하더라도 정확한 의미 전달이 어려운 특정 행동들의 자료수집에는 관찰방법이 유용하다.
⑤ 관찰의 장점 중 하나는 **귀납적 자료 수집**이다. 관찰은 상황에 따른 폭넓은 범위의 자료를 도출하기에 용이하므로, **질적연구나 탐색적 조사연구 등에 많이 쓰인다**. 질적연구에서는 자료수집의 대상과 방법을 미리 엄격하게 제한하지 않은 비구조화된 관찰 방법을 주로 쓰는데, 이러한 자료 수집은 질적 연구의 귀납적 논리 전개를 위해 유용하다. 비슷한 이유로 관찰방법은 탐색적 조사의 목적을 위한 자료 수집에도 용이하게 쓰일 수 있다.

 ④

04 관찰을 통한 자료 수집에 관한 설명으로 옳은 것은?   • 21회

① 피관찰자에 의해 자료가 생성된다.
② 비언어적 상황의 자료 수집이 용이하다.
③ 자료 수집 상황에 대한 통제가 용이하다.
④ 내면적 의식의 파악이 용이하다.
⑤ 수집된 자료를 객관화하는 최적의 방법이다.

정답 및 해설

관찰은 **비언어적인(nonverbal) 상황**에 관한 자료를 수집함에 있어서 서베이조사, 실험, 문서조사보다 훨씬 뛰어나다. 따라서 언어적 기록을 제공할 수 없거나 의미상 자신들의 뜻을 명확하게 표현할 수 없는 개인들에 초점을 맞출 수 있다.

오답풀이

① 관찰자의 눈과 귀 등 감각기관에 의해 자료가 수집되기 때문에 **관찰자에 의해 자료가 생성**된다.
③ 자료 수집 상황에 대해 **거의 통제를 할 수 없다.** 즉, 자연적 환경에서 조사자는 종종 자료에 영향을 미치는 외생변수에 대해 거의 통제할 수 없다.
④ 관찰을 통한 자료수집은 직접적으로 질문에 의하지 않고 간접적으로 보거나 들어서 얻는 방법이므로, 내면적 의식의 파악이 **용이하지 않다.** 내면적 의식의 파악이 용이한 것은 **면접조사**이다.
⑤ 관찰과 관찰시점의 해석상 **관찰자의 주관성이 개입**될 수 있으므로, 수집된 자료를 객관화하는 최적의 방법이라는 것은 올바르지 않다.

답 ②

OIKOS UP 관찰조사의 장점과 단점

① 관찰조사의 장점
  ㉠ 비언어적 행동(nonverbal behavior)에 관한 자료를 수집함에 있어서 서베이 조사, 실험, 문서 조사보다 훨씬 뛰어나다.
  ㉡ 관찰은 **자연적 환경(natural environment)**에서 일어나는 자연스러운 행동에 관한 자료를 수집한다.
  ㉢ 조사자가 연구대상이나 행위의 **진실된 모습을 포착**할 수 있다.
  ㉣ 관찰은 언어나 문자의 제약으로 측정하기 어려운 **비언어적 사실**도 조사할 수 있다.
  ㉤ 조사대상이 유아와 같이 나이가 어려 표현능력이 부족하거나, 어떤 장애로 인해 자기의 행위나 감정을 표현하지 못하는 대상을 조사하는 경우에 적합하다.
② 관찰조사의 단점
  ㉠ **통제의 부족(lack of control)** : 자연적 환경에서 조사자는 종종 자료에 영향을 미치는 외생변수에 대해 거의 통제할 수 없다.
  ㉡ **표본의 크기가 작음(small sample size)** : 대체로 실험보다는 크지만 서베이 조사보다는 훨씬 작다. 즉 관찰할 수 있는 대상이 제한되어 있다.
  ㉢ **익명성의 결여(lack of anonymity)** : 익명성이 결여되었기 때문에 성질상 관찰이 곤란하거나 조사대상이 관찰되기를 꺼리는 범죄행위, 나태, 부부관계와 같은 민감한 이슈들(sensitive issues)은 조사하기 어렵다.
  ㉣ **현장진입(gaining entry)이 어려움** : 대부분 관찰이 자연환경에서 수행되는 현장조사이기 때문에, 많은 경우 관찰자가 조사할 수 있도록 승낙을 얻기가 어렵다.

05 다음 중 참여관찰에 대한 설명으로 옳은 것은? • 5회

① 단기적 횡단조사에 유용하다.
② 시간과 비용이 적게 든다.
③ 관찰대상자의 활동에 참여하여 관찰하는 방법이다.
④ 신뢰도와 타당도가 높다.
⑤ 실험의 반응성을 제거할 수 있다.

> **정답 및 해설**
> **참여관찰**은 관찰대상 집단의 내부에 들어가서 그 구성원의 일부가 되어 공동생활에 참여하면서 관찰하는 방법을 말한다.
>
> 답 ③

06 관찰조사의 타당도를 높이는 방법이 아닌 것은? • 4회

① 기록을 정기적으로 점검받도록 한다.
② 관찰자를 충분히 훈련한다.
③ 사실과 해석을 구분하여 기록하도록 한다.
④ 유사한 내용은 동일한 용어로 처리하도록 한다.
⑤ 관찰자를 여러 명이 아니라 가능하면 한 명으로 한다.

> **정답 및 해설**
> 하나의 관찰대상을 여러 사람이 동시에 관찰한 후 그 결과를 서로 비교해 보고 편견을 끄집어냄으로써 관찰의 신뢰성과 타당도를 높이는 방법이다.
>
> 답 ⑤

OIKOS UP 관찰조사의 신뢰도와 타당도

① 신뢰도를 높이는 방법 : 훈련을 통한 기술의 향상, 도구의 사용(녹음기, 사진기 등), 복수의 관찰자가 평가하는 방법이 있다.
② 타당도를 높이는 방법 : 관찰된 결과와 추리의 필요 정도는 밀접한 관계를 가지므로 추리가 적으면 적을수록 타당도가 높아진다. 또한 관찰자의 능력과 동시에 다른 방법(면접이나 질문지법)과 병행해 볼 필요가 있다.

제10장 비반응성 자료수집과 내용분석

제2영역 : 사회복지조사론

▶▶ 제10장 회차별 출제빈도, 출제비중 및 출제논점 1, 2, 3순위

10회 2012	11회 2013	12회 2014	13회 2015	14회 2016	15회 2017	16회 2018	17회 2019	18회 2020	19회 2021	20회 2022	21회 2023	22회 2024
2	1	2	1	3	1	1	(2)	1(2)	1	(1)	–	1

출제비중	출제 논점		
	1순위 ☺	2순위 ※	3순위 ☆
0 1 3	① 내용분석: 특성, 장·단점, 절차.	① 비반응성 자료수집 유형: 2차 자료의 분석	① 비반응성 자료수집 유형: 물리적 흔적 관찰

01 비반응성(nonreactive research) 자료수집 방법

01 비반응성 혹은 비관여적 연구조사에 관한 설명으로 옳지 않은 것은? • 10회

① 관찰현상에 대한 연구자의 영향력을 줄인다.
② 드러난 내용과 숨어있는 내용을 이해한다.
③ 연구자가 타당도와 신뢰도 간의 선택에 따른 딜레마로 고민할 수 있다.
④ 자료수집을 위해 다원측정(triangulation)의 원칙을 활용한다.
⑤ 명목수준의 측정에 국한되는 단점이 있다.

> **정답 및 해설**
>
> **비반응성 자료수집**은 연구하고자 하는 사회현상에 영향을 끼치지 않은 상태에서 이루어지는 연구로, 양적 방법과 질적 방법이 모두 가능하다. 명목수준의 측정에 국한되는 것은 아니다.
>
> **보충설명**
> ③ 비반응성 연구조사 중 하나인 2차 자료분석의 경우 기존 자료가 연구자의 관심과 일치하지 않을 수도 있으며, 연구자가 관심을 갖는 변수나 개념에 대한 타당한 지표가 아닐 수도 있다. 또한 기존 통계자료가 올바른 자료가 아닐 수 있어 신뢰도는 매우 취약한 셈이다.
>
> ⑤

02 청소년 쉼터에서 생활하는 청소년의 성적 호기심을 알아보기 위해 소장된 도서의 상태를 통해 조사했다. 이때 사회복지사가 사용한 조사내용은?

• 6회

① 퇴적측정
② 단순관찰
③ 내용분석
④ 마모측정
⑤ 설문조사

정답 및 해설

마모측정에 대한 질문이다. **마모측정**(erosion measure)은 마모된 정도가 제시하는 자료의 성격들을 수집하는 것이다.

보충설명

② **퇴적측정**(accretion measure)은 마모측정과는 반대의 경우로, 퇴적된 정도를 통해 그것이 의미하는 바의 자료를 수집하는 것으로 연구대상의 특정 행위나 태도를 나타내는 자료가 남아 있는 양을 가지고 분석하는 방법이다.

답 ④

OIKOS UP 비반응성

① **마모측정**(erosion measure)
   마모된 정도가 제시하는 자료의 성격들을 수집하는 것이다.
   예) 전시장이나 도서관의 책들 중에서 사람들이 어떤 것을 선호하는가를 알려면, 책의 마모 정도, 혹은 전시장의 전시물 앞의 바닥의 마모 정도, 오래된 건물의 출입문 손잡이의 색깔을 통해 이용자 중 왼손잡이와 오른손잡이 중에서 누가 다수를 차지하는 지 등을 조사해 보면 된다.

② **퇴적측정**(accretion measure)
   마모측정과 반대의 경우로, 퇴적된 정도를 통해 그것이 의미하는 바의 자료를 수집하는 것으로 연구대상의 특정 행위나 태도를 나타내는 자료가 남아 있는 양을 가지고 분석하는 방법이다.
   예) 어떤 지역사회의 술 소비량을 측정하려면, 그 지역의 쓰레기장에 모인 술병들을 헤아려 본다. 모아 놓은 연애편지의 양을 통해 연구대상이 된 부부의 결혼 전 친밀감의 정도를 측정하거나 영업사원의 영업활동 정도를 파악하기 위해 특정 기간 동안 축적된 자동차의 주행거리를 분석하는 것 등이 있다.

03 2차 자료분석(secondary analysis)에 관한 설명으로 옳은 것은?

• 10회

① 비관여적 접근이다.
② 원자료(raw data) 수집과정이 필요하다.
③ 인간을 대상으로 하는 연구에는 적합하지 않다.
④ 원자료에서 누락된 변수와 결측값을 복구할 수 있다.
⑤ 간접적 자료수집방법이므로 변화의 추이분석은 불가능하다.

> **정답 및 해설**
>
> 2차적 자료수집은 비관여적 자료수집(nonobtrusive research, 비개입적 연구) 또는 비반응성(nonreactive research) 자료수집 방법에 해당한다.
>
> **오답풀이**
> ② 원자료(raw data) 수집과정이 필요하지 않다.
> ③ 인간을 대상으로 하는 연구에는 적합하다.
> ④ 원자료에서 누락된 변수와 결측값을 복구할 수 없다.
> ⑤ 간접적 자료수집방법이며 변화의 추이분석이 가능하다.
>
> 답 ①

04 2차 자료 분석의 특징으로 옳지 않은 것은?

• 12회

① 비교적 적은 비용으로 대규모 사례 분석이 가능하다.
② 자료의 결측값을 추적할 수 있다.
③ 자료를 직접 수집하지 않아도 된다.
④ 기존 데이터를 수정·편집해 분석할 수 있다.
⑤ 정부나 연구소 등의 통계자료를 활용할 수 있다.

> **정답 및 해설**
>
> 2차 자료 분석은 이미 나와 있는 통계자료를 이용하여 2차적으로 분석하는 것이므로 **자료의 결측값을 추적할 수 없다.**
>
> 답 ②

05 다음 세 연구의 공통점으로 옳은 것은? • 14회

- 한부모 관련 기존 통계(existing statistics)의 분석연구
- 아동학대 관련 사례파일의 분석연구
- 물리적 흔적을 분석한 박물관 전시 공간 재배치 연구

① 비관여적 연구이다.
② 기초선(baseline) 설정이 필요하다.
③ 도구효과가 존재한다.
④ 공통의 표본추출 단위를 활용한다.
⑤ 생태학적 오류에 취약하다.

> **정답 및 해설**
> 주어진 세 연구는 **비관여적 연구**에 해당하는 것으로, 이는 **연구 대상자들의 반응성(reactivity)**으로 야기되는 오류들을 제거하기 위한 방법이다. 한부모 관련 기존 통계(existing statistics)의 분석연구는 **2차 자료의 분석**, 아동학대 관련 사례파일의 분석연구는 **문헌연구**, 물리적 흔적을 분석한 박물관 전시 공간 재배치 연구는 **물리적 흔적 관찰**에 해당한다.
>
> 답 ①

06 2차 자료 분석에 관한 설명으로 옳은 것을 모두 고른 것은? • 15회

㉠ 비관여적 방법이다.
㉡ 관찰대상에 대한 연구자의 영향이 크다.
㉢ 통계적 기법으로 자료의 결측값을 대체할 수 없다.
㉣ 신뢰도와 타당도에 관한 문제는 발생하지 않는다.

① ㉠
② ㉠, ㉢
③ ㉠, ㉢, ㉣
④ ㉡, ㉢, ㉣
⑤ ㉠, ㉡, ㉢, ㉣

> **정답 및 해설**
> ㉠ **비관여적 자료수집(비개입적 연구) 또는 비반응성 자료수집 방법**은 연구 대상자들의 반응성(reactivity)으로 야기되는 오류들을 제거하기 위한 방법이다. **2차 자료(secondary data) 분석**은 이미 나와 있는 통계자료를 이용하여 2차적으로 분석하는 것으로 비관여적 방법이다.
>
> **오답풀이**
> ㉡ 관찰대상에 대한 연구자의 영향은 연구 대상자들의 반응성(reactivity)을 말하는 것으로, **2차 자료 분석에서는 반응성의 문제가 크게 나타나지 않는다.**
> ㉢ 2차 자료 분석은 연구자에 의해 수집되고 처리된 자료가 흔히 다른 목적으로 다른 사람에 의해 재분석되는 조사형태이다. **이미 나와 있는 통계자료를 이용하여 2차적으로 분석하는 것이므로 자료의 결측값**을 추적(복구)할 수 없으나, **통계적 기법으로 자료의 결측값을 대체할 수 있다.**
> ㉣ 2차 자료 분석의 단점 중 하나는 **신뢰도와 타당도의 문제**이다. 즉 기존 자료가 연구자의 관심과 일치하지 않을 수도 있으며, 연구자가 관심을 갖는 변수나 개념에 대한 타당한 지표가 아닐 수도 있다. 또한 기존 통계자료가 올바른 자료가 아닐 수 있어 신뢰도는 매우 취약한 셈이다.
>
> 답 ①

02 내용분석(content analysis)

01 내용분석에 대한 설명으로 옳은 것은? • 6회

㉠ 질적 내용을 양적 자료로 전환   ㉡ 해석학에 기반
㉢ 객관적, 체계적인 분석방법   ㉣ 맥락에 대한 이해

① ㉠, ㉡, ㉢
② ㉠, ㉢
③ ㉡, ㉣
④ ㉣
⑤ ㉠, ㉡, ㉢, ㉣

정답 및 해설

내용분석은 비반응적 자료수집방법을 활용한 가장 대표적인 조사방법 중의 하나로, 사람들의 의사소통 내용 기록에 대한 분석이다.
㉠ 질적인 내용을 양적 자료로 전환하는 방법이다. 즉, 변수를 측정할 목적으로 의사전달의 현재적 및 잠재적 내용을
㉢ 객관적이고 체계적이며 계량적으로 기술하고 추론하는 연구조사방법이다.

오답풀이
㉡, ㉣은 질적 연구의 특징이다.

답 ②

02 2000년부터 2010년까지의 주요 일간신문의 기사를 분석하여 복지이념의 경향을 파악하는 연구를 하고자 한다. 이 연구방법으로 옳지 않은 것은? • 8회

① 조사반응성을 포함하지 않는다.
② 다양한 기록자료 유형을 분석대상으로 할 수 있다.
③ 직접조사가 어려울 때 사용하기 용이하다.
④ 코딩작업을 포함한다.
⑤ 오류가 있을 때 재시행을 할 수 없다.

> **정답 및 해설**
>
> 지문은 내용분석법에 대한 질문이다. 내용분석의 장점은 높은 안전도이다. 즉 문헌조사는 기초자료를 다시 검토해 보는 수고만으로 실수를 보완할 수 있다. **분석오류를 쉽게 수정**할 수 있다.
>
> ✓ **오답풀이**
> ② 내용분석의 단점 중에 하나가 기록한 것을 가지고 분석해야 하기 때문에 기록된 의사전달만 다룰 수 있다는 것이다. 즉, 기록된 자료에만 의존하여 기록되지 않은 자료로부터는 정보를 얻을 수 없다는 것이다. 하지만 지문에서는 다양한 기록자료 유형이라고 전제를 하고 있는 만큼 맞는 문장이 된다.
>
> 답 ⑤

03 내용분석의 장점이 아닌 것은? ● 9회

① 정보제공자의 반응성이 높다.
② 비용과 시간을 절감할 수 있다.
③ 장기간의 종단연구가 가능하다.
④ 필요한 경우 재조사가 가능하다.
⑤ 역사연구 등 소급조사가 가능하다.

> **정답 및 해설**
>
> 내용분석은 **반응성이나 연구자 개입효과가 발생하지 않는다.** 피조사자가 반작용을 일으키지 않으며, 연구조사자가 연구대상에 영향을 미치지 않는다.
>
> 답 ①

04 사회복지사 1급 국가시험이 1회부터 10회까지 아동 관련 이슈를 얼마나 다루었는지를 분석할 때 사용된 연구방법에 관한 설명으로 옳지 않은 것은? ● 11회

① 분석대상에 영향을 미치지 않는다.
② 필요한 경우 재분석이 가능하다.
③ 직접조사보다 경제적이다.
④ 양적 내용을 질적 자료로 전환한다.
⑤ 다양한 기록자료 유형을 분석할 수 있다.

> **정답 및 해설**
>
> 비반응성 자료수집으로 내용분석에 대한 질문이다. 양적 내용을 질적 자료로 전환하는 것이 아니라, **질적인 내용을 양적 자료로 전환하는 방법**이다.
>
> 답 ④

05 다음과 같은 조사방법의 특징으로 옳은 것은?   • 12회

보편적 복지에 대한 한국사회의 인식변화를 알아보고자 과거 10년간 한국의 주요 일간지 보도 자료를 분석하고자 한다.

① 표집(sampling)이 불가능하다.
② 수량분석이 불가능하다.
③ 보도자료 문장에 나타나지 않는 숨은 내용(latent content)은 코딩할 수 없다.
④ 인간의 모든 형태의 의사소통기록물을 활용할 수 있다.
⑤ 사전조사가 따로 필요치 않다.

정답 및 해설

지문은 내용분석으로, **내용분석(content analysis)은 비반응적 자료수집방법을 활용한 가장 대표적인 조사방법 중의 하나로, 사람들의 모든 의사소통기록물을 대상으로 현재적 및 잠재적 내용을 객관적, 체계적, 양적으로 분석하기 위한 조사방법**이다.

오답풀이

① 표집단위는 단어, 구(phrase), 문장, 절, 장, 책 전체, 작가 등이 될 수 있고, 어떤 수준에서도 표집이 가능하다.
② 내용분석은 질적인 자료를 양적으로 수량화하여 분석하는 것이다. 수량화를 위한 네 가지 체계(기법)로는 시간-공간체계, 유무 또는 출현 여부, 빈도체계, 강도 등이 있다.
③ 메시지의 현재적(顯在的, manifest) 내용뿐만 아니라 잠재적(潛在的, latent)인 내용도 때로는 분석의 대상이 된다. 현재적인 내용이란 분명하게 파악할 수 있는 내용을 말하고, 잠재적 내용이란 메시지의 내부에 숨어 있는 표면적 의미를 말한다. 내용분석은 현재적 내용(예 소설의 선정성을 나타내는 지표로 사랑, 키스, 포옹, 애무 등의 단어가 얼마나 사용되었는지 확인) 뿐만 아니라 숨은 내용(예 소설의 일부 단락이나 쪽을 발췌해서 그 기저에 깔린 의미로 평가)도 코딩할 수 있다.
⑤ 사전조사를 하기도 하므로 사전조사가 따로 필요치 않다는 것은 올바르지 않다.

 ④

06 내용분석(content analysis)에 관한 설명으로 옳은 것은?
• 13회

① 내용분석의 결과를 양적 분석에 사용할 수 있다.
② 주제를 기록단위로 할 때가 단어를 기록단위로 할 때보다 자료수집 양이 많다.
③ 하나의 단락 안에 두 개 이상의 주제가 들어 있는 경우 단락을 기록단위로 한다.
④ 기록단위가 맥락단위보다 상위단위이다.
⑤ 자료 유형화를 위한 범주가 설정되면 기록단위는 필요치 않다.

정답 및 해설

내용분석은 **질적인 자료를 양적으로 계량화(수량화)하여 분석하는 것**이다. 계량화를 위한 네 가지 체계(기법)로는 시간-공간체계, 유무 또는 출현 여부, 빈도체계, 강도 등이 있다.

오답풀이

② 단어를 단위로 하는 경우에는 선택된 단어가 얼마나 많이 사용되었는가를 분석해봄으로써 내용을 분석하는 것으로, **단어를 기록단위로 할 때가 주제를 기록단위로 할 때보다 자료수집 양이 많다.**
③ **하나의 단락 안에 두 개 이상의 주제가 들어 있는 경우에는 더 중심적인 주제를 가려낸다.** 한편 주제는 한 문장으로 표시되지만, 여러 개의 문장, 문단 혹은 전체 본문에 확산적으로 나타나 있을 수 있다.
④ **맥락단위(context unit)**란 기록 단위가 들어 있는 상위단위에 해당하는 것으로, 기록단위의 의미를 파악하는 데 쓰인다. 맥락 단위는 단어를 기록단위로 했을 때, 그 단어가 쓰인 문장이나 단락, 혹은 전체 글이 맥락 단위가 될 수 있다. 참고로 **기록단위(recoding unit)**란 표본 자료를 설정된 범주에 분류하는 데 사용되는 일종의 분석단위로, 단어, 주제, 인물, 문장이나 문단, 혹은 단락 전체 등이 가능하다.
⑤ 자료 유형화를 위한 **범주를 설정한 후** 연구의 목적과 문헌 자료의 성격을 감안하고 경제성과 연구문제에 대한 적합성을 동시에 고려하여 **기록단위를 설정한다.** 범주가 설정되었다고 자연스럽게 기록단위가 결정되는 것은 아니기 때문이다.

답 ①

07 장애인에 대한 인식의 변화를 알아보기 위해 지난 20년간 개봉된 영화 중 장애인이 등장하는 영화를 분석하기로 하였다. 이 연구에 관한 설명으로 옳지 않은 것은?
• 14회

① 연구 모집단을 규정하고 표본추출의 틀(sampling frame)을 구해야 한다.
② 사례수가 많으면 표본추출하여 줄일 수 있다.
③ '장애인에 대한 인식'의 조작적 정의가 필요하다.
④ 이 조사에서 표본추출의 단위는 사람이다.
⑤ 장애인에 대한 인식에서 현재적 내용과 잠재적 내용을 구분하여 분석할 수 있다.

정답 및 해설

'장애인에 대한 인식의 변화를 알아보기 위해 지난 20년간 개봉된 영화 중 장애인이 등장하는 영화를 분석'하는 것은 **내용분석**이다. 이 조사에서 표본추출의 단위는 **장애인이 등장하는 영화**이다.

답 ④

08

지난 20년 동안 A신문의 사회면 기사를 자료로 노인에 대한 인식변화를 알아보기 위해 진행한 연구에 관한 설명으로 옳은 것을 모두 고른 것은?

• 16회

㉠ 범주항목들은 신문기사 자료로부터 도출된다.
㉡ 주제보다 단어를 기록단위로 할 때 자료수집 양이 많다.
㉢ 맥락단위는 기록단위보다 더 큰 단위여야 한다.
㉣ 이 연구에서는 양적 분석방법을 사용할 수 없다.

① ㉠, ㉡
② ㉠, ㉢
③ ㉠, ㉡, ㉢
④ ㉠, ㉡, ㉣
⑤ ㉡, ㉢, ㉣

> **정답 및 해설**
>
> ㉠ 내용분석에서 표본으로 추출된 자료를 유형화시키기 위해 범주(category)가 필요한데, 범주의 설정 시에 범주항목들은 해당 문헌자료(지난 20년 동안 A신문의 사회면 기사)로부터 도출한다.
> ㉡ **단어(word)를 기록단위**(혹은 분석단위)로 삼으면 단위 간에 명백한 구분이 가능하다는 장점이 있지만, **자료 수집 양이 많아지게 되는 단점**이 있다. 반면, **주제(theme)를 기록 단위로 선정하면 자료 수집의 양은 줄어드나, 주제를 구분하는 경계가 불명확해서 주관적 판단이 개입될 여지**가 많아진다.
> ㉢ **기록단위(recording unit)**란 표본 자료를 설정된 범주에 분류하는 데 사용되는 일종의 분석단위로, 단어, 주제, 특성 인물, 문장이나 문단, 혹은 단락 전체 등이 가능하다. **맥락단위(context unit)**는 기록단위가 들어 있는 상위단위에 해당하는 것으로, 기록단위의 의미를 파악하는 데 쓰인다.
>   예 단어를 기록단위로 했을 때, 그 단어가 쓰인 문장, 단락, 혹은 전체글이 맥락단위가 될 수 있음
>
> **오답풀이**
> ㉣ 내용분석은 **양적인 분석방법뿐만 아니라 질적 분석방법을 모두 사용**하고 있다.
>
> 답 ③

09

소득주도성장에 대한 국내 일간지의 사설을 내용분석할 때, 다음의 표본추출방법 중 가능한 것을 모두 고른 것은?

• 17회

㉠ 무작위표본추출
㉡ 층화표본추출
㉢ 체계적표본추출
㉣ 군집(집락)표본추출

① ㉠, ㉡
② ㉠, ㉣
③ ㉡, ㉢
④ ㉡, ㉢, ㉣
⑤ ㉠, ㉡, ㉢, ㉣

정답 및 해설

소득주도성장에 대한 국내 일간지의 사설을 내용분석하면서 표본은 단어, 문구, 문장, 문단, 절, 장, 책, 작가 또는 작품과 관련된 맥락 등의 수준 어떤 것에서나, 또는 전부에서 추출할 수 있으며, **표본추출기법 중 어떤 것이라도 내용분석에서 사용**할 수 있다. 국내 일간지의 사설에 번호를 붙여서 **무작위 표본추출**(㉠)이나 **체계적 표본추출**(㉡)로 표본을 선정할 수 있다.

보충설명

㉢ **층화표본추출도 가능**하다. 모든 신문을 지역, 출간되는 지역사회의 크기, 출간 빈도 또는 평균 구독자수에 따라 먼저 분류하고 그런 다음 분석을 위해 신문의 무작위표본 또는 체계적 표본을 선정한다.

㉣ **군집표본추출도 가능**하다. 개별사설이 내용분석의 단위라면 표본추출의 첫 단계에서 신문을 선정하는 것은 군집표본이 된다.

답 ⑤

---

10 내용분석에 관한 설명으로 옳지 않은 것은? •18회

① 역사적 분석과 같은 시계열 분석에 어려움이 있다.
② 인간의 의사소통 기록을 체계적으로 분석한다.
③ 분석상의 실수를 언제라도 수정할 수 있다.
④ 양적 조사와 질적 조사에 공통으로 사용할 수 있다.
⑤ 기존 자료를 활용하여 타당도 확보가 어렵다.

정답 및 해설

내용분석은 역사적 연구에 적용 가능한 유용한 방법으로, **역사적 분석과 같은 시계열 분석이 가능**하다. 즉, 장기간에 걸쳐서 발생하는 과정을 연구하는 종단연구를 할 수 있다.

보충설명

② 인간의 **모든 형태의 의사소통기록물을 활용**할 수 있으며, 이를 **체계적으로 분석**한다. 체계성이란 분석 내용을 명백하고 일관성 있게 적용되는 규칙에 따라 선택하는 것을 의미한다.
③ 실험조사, 서베이 등에서 분석상의 실수를 할 경우 다시 반복하는 것이 불가능한 경우가 많지만, **내용분석에서는** 기존의 자료를 다시 한번 검토하는 일이 그리 어렵지 않으므로 **실수를 쉽게 보완할 수 있는** 안정성이 있다.
④ 내용분석은 **양적인 분석방법뿐만 아니라 질적 분석방법을 모두 사용**하고 있다.
⑤ 자료수집상의 타당도를 지녔다 하더라도 기록된 내용이 현실을 그대로 반영한다고 할 수 없기 때문에 **실제적인 타당도를 확보하는 일이 어렵다.**

답 ①

11. 내용분석(content analysis)에 관한 설명으로 옳지 않은 것을 모두 고른 것은?

• 19회

㉠ 기존 자료에 의존하기 때문에 연구의 범위가 무제한적이다.
㉡ 선정편향(selection bias)이 발생할 수 있다.
㉢ 연구대상자의 반응성을 배제할 수 있다.
㉣ 기존 자료를 활용하는 질적 조사이기 때문에 가설검증은 필요하지 않다.

① ㉡
② ㉠, ㉡
③ ㉠, ㉣
④ ㉢, ㉣
⑤ ㉠, ㉡, ㉣

정답 및 해설

㉠ 기록한 것을 가지고 분석해야 하기 때문에 **기록된 의사전달만 다룰 수 있으며**, 기록되어 있다 하더라도 많은 경우 **자료를 입수하는데 제한이 있어** 실제 연구에는 한계가 있다.
㉣ 내용분석은 **양적인 분석방법뿐만 아니라 질적 분석방법을 모두 사용하며, 가설검증을 한다.** 참고로 내용분석은 연구주제선정, 가설설정 및 조작적 정의, 모집단 선정, 표집, 내용의 범주화, 분석단위 선정, 자료분석 및 해석의 과정으로 진행한다.

보충설명

㉡ 동일하지 않은 요소들로 이루어진 모집단으로부터 표본을 구성할 경우 대표성을 갖는 표본을 추출하지 못할 수 있어 **선정편향(selection bias)이 발생**할 수 있다. 문헌자료는 그 자체로 편향성을 내포하고 있다. 글이나 여타 기록을 남길 수 있는 식자 계급이 그렇지 못한 무식자 계급에 비해 더 많은 문헌 자료를 남길 것이기 때문이다.
㉢ 내용분석은 **비반응적 자료수집방법**을 활용한 가장 대표적인 조사방법 중의 하나이다. 피조사자가 반작용을 일으키지 않으며, 연구조사자가 연구대상에 영향을 미치지 않는다.

답 ③

12 내용분석에 관한 설명으로 옳지 않은 것은? • 22회

① 반응적(reactive) 연구방법이다.
② 서베이(survey) 조사에서 사용하는 표본 추출방법을 사용할 수 있다.
③ 연구과정에서 실수를 하더라도 재조사가 가능하다.
④ 숨은 내용(latent content)의 분석이 가능하다.
⑤ 양적분석과 질적분석 모두 적용 가능하다.

> **정답 및 해설**
>
> 내용분석은 **비반응적 연구방법**이다. 즉, 피조사자가 반작용을 일으키지 않으며, 연구조사자가 연구대상에 영향을 미치지 않는다.
>
> **보충설명**
>
> ② 서베이(survey) 조사는 모집단을 대상으로 추출된 표본에 대해 설문지나 조사표(면접조사표나 관찰조사표)와 같은 표준화된 조사도구를 사용하여 직접 질문함으로써 필요한 자료를 수집하는 방법이다. **내용분석법에서 표본추출은** 먼저 표본추출단위와 사례수를 결정하고 그 다음 **확률표집방법에 의해 모집단으로부터 표본을 추출**한다. 내용분석에서 모집단이란 연구가 대상으로 하는 전체 문헌 자료를 말한다.
> ③ 내용분석에서는 실수를 하더라도 **연구를 다시 할 수 있으며, 필요하다면 자료의 한 부분만을 다시 작성**할 수 있다.
> ④ 분석의 측면에서 분명히 파악할 수 있는 현재적 내용 뿐만 아니라 **문맥이나 내용 속에 숨어 있는 숨은 내용**(latent content, 잠재적 내용)**을 포함**한다.
> ⑤ **양적인 분석방법뿐만 아니라 질적 분석방법을 모두 사용**할 수 있다.
>
> 답 ①

제11장 실험설계(집단설계)

제2영역 : 사회복지조사론

제11장 회차별 출제빈도, 출제비중 및 출제논점 1, 2, 3순위

10회 2012	11회 2013	12회 2014	13회 2015	14회 2016	15회 2017	16회 2018	17회 2019	18회 2020	19회 2021	20회 2022	21회 2023	22회 2024
5	4	3	4	5	3	2	4(1)	2	4	3	3	4

출제 비중	출제 논점		
	1순위 ☺	2순위 ※	3순위 ☆
2**4**5	① 실험설계의 타당도: 내적 타당도, 외적 타당도 ② 실험설계의 유형: 순수실험설계, 유사실험설계	① 실험집단과 통제집단 선정: 난선화, 배합 ② 실험설계의 유형: 전실험설계, 비실험설계	① 인과관계 ② 실험설계의 네 가지 기본 요소

01 실험설계의 기본 개념

01 실험설계가 적합한 상황은? • 12회

① 지역사회 욕구를 파악하기 위해 서베이 하고자 할 때
② 무료급식 서비스를 받은 노인의 변화를 분석하고자 할 때
③ 국제결혼가족의 이혼을 파악하고자 할 때
④ 지역아동센터의 지리적 접근성을 분석하고자 할 때
⑤ 정신장애인의 인권 민감도를 측정하고자 할 때

> **정답 및 해설**
> 실험(experiment)은 조사대상에 대한 여러 변수 간의 인과관계를 인위적으로 규정하여 조작된 변수의 효과를 파악하는 방법이다. **실험설계(experimental research or design)**란 실험을 통하여 자료를 수집하고 분석하는 연구로, 실험적 방법은 **실험집단과 통제집단이라는 둘 이상의 비교집단**을 둔다.
>
> **오답풀이**
> ② 무료급식 서비스를 받은 노인집단(실험집단)과 그렇지 않은 노인집단(통제집단)을 두어 무료급식 서비스에 따른 변화를 실험설계를 통해 분석할 수 있다.
>
> 답 ②

02 다음 내용과 관련하여 A 사회복지사가 간과하고 있는 인과관계의 조건은? • 9회

> 아동보호전문기관의 A 사회복지사는 지역사회의 아동학대 발생을 줄이기 위해 예방 프로그램을 실시하였다. 프로그램을 시행한 후 지역사회의 아동학대 발생 비율을 조사한 결과, 그 비율이 줄어들었음을 발견하고 예방 프로그램이 효과적이라고 판단하였다.

① 공변성
② 논리성
③ 간결성
④ 통제성
⑤ 시간적 우선성

정답 및 해설

외생변수의 통제, 즉 독립변수는 종속변수의 결과를 일으키나 종속변수의 결과는 독립변수 이외에는 일어나지 않아야 한다. 순수한 인과관계를 밝히기 위해서는 종속변수에 영향을 미칠 수 있는 제3의 외생변수의 영향을 제거한 상태에서 검증해야 한다.

답 ④

03 인과관계를 성립시키기 위한 요건에 해당하는 것을 모두 고른 것은? • 17회

> ㄱ. 독립변수가 종속변수를 시간적으로 앞서야 한다.
> ㄴ. 독립변수와 종속변수가 일정한 방식으로 같이 변해야 한다.
> ㄷ. 독립변수와 종속변수의 관계가 허위적 관계이어야 한다.

① ㄱ
② ㄱ, ㄴ
③ ㄱ, ㄷ
④ ㄴ, ㄷ
⑤ ㄱ, ㄴ, ㄷ

정답 및 해설

인과관계는 어떤 특정한 현상의 속성 또는 발생(X)이 다른 속성 또는 발생(Y)을 결정하는 요인이라는 것이다. 어떤 요인 X가 있을 때 이 요인 X가 언제든지 다른 요인 Y를 선행하며(antecedent), 항상 요인 Y를 예측 가능하게 하는 경우를 말한다. **인과관계의 성립조건에 해당되는 것은 공변성, 시간적 우선성(시간적 선행성), 통제(외부설명의 배제, 경쟁가설배제, 외생변수의 통제)**이다.
ㄱ. 독립변수가 종속변수를 시간적으로 앞서야 한다는 것은 **시간적 우선성**을 말한다. 즉, 원인과 결과를 추정하기 위해서는 원인이 결과보다 시간적으로 우선하여야 한다.
ㄴ. 독립변수와 종속변수가 일정한 방식으로 같이 변해야 한다는 것은 **공변성**을 말한다. 즉, 원인으로 추정되는 변수와 결과로 추정되는 변수가 동시에 존재하며, 상호연관성을 가지고 변화하여야 한다.

오답풀이
ㄷ. 독립변수와 종속변수의 관계가 **허위적 관계이어서는 안 된다**. 즉, 두 변수간의 관찰된 경험적 상관관계가 두 변수 모두의 원인이 되는 어떤 제3의 변수의 영향 때문에 존재하는 것으로 설명되어서는 안 된다. 이는 **통제(외부설명의 배제, 경쟁가설 배제)**로, 사회과학에서는 많은 외생변수가 존재하여 이론이 100% 정확히 맞을 수는 없으므로 가능하면 원인과 결과 간에 작용하는 외생변수들을 통제하여야 한다는 것이다.

답 ②

04 인과관계 추론에 관한 설명으로 옳은 것은? • 22회

① 독립변수들 사이의 상관관계는 인과관계 추론의 일차적 조건이다.
② 독립변수와 종속변수 간의 관계는 두 변수 모두의 원인이 되는 제3의 변수로 설명되어서는 안된다.
③ 종속변수가 독립변수를 시간적으로 앞서야 한다.
④ 횡단적 연구는 종단적 연구에 비해 인과관계 추론에 더 적합하다.
⑤ 독립변수의 변화는 종속변수의 변화와 관련성이 없어야 한다.

> **정답 및 해설**
>
> 독립변수와 종속변수 간의 관계가 두 변수 모두의 원인이 되는 제3의 변수로 설명되어서는 안 된다는 것은, 인과관계의 성립조건 중 **외생변수 통제(외부 설명의 배제, 경쟁가설 배제)** 를 말한다.
>
> **오답풀이**
> ① **독립변수와 종속변수 사이**의 상관관계는 인과관계 추론의 일차적 조건이다. 즉, 원인으로 추정되는 변수와 결과로 추정되는 변수가 동시에 존재하며, 상호 연관성을 가지고 변화(공변)하여야 한다. 이는 인과관계의 성립조건 중 **공변성**을 말한다.
> ③ **독립변수가 종속변수를** 시간적으로 앞서야 한다. 이는 인과관계의 성립조건 중 **시간적 우선성**을 말한다.
> ④ **종단적 연구는 횡단적 연구에 비해** 인과관계 추론에 더 적합하다. 횡단적 연구는 주로 상관성 혹은 상관관계의 확인에 초점을 두기 때문에, 인과관계 추론에 한계를 가지고 있다.
> ⑤ 독립변수의 변화는 종속변수의 변화와 관련성이 **있어야** 한다. 이는 인과관계의 성립조건 중 **공변성**을 말한다.
>
> ②

02 실험설계의 타당도

01 다음의 사례내용과 내적 타당도 저해요인을 옳게 나타낸 것은? • 9회

> 사례 1 : 동일한 지역 내의 두 복지관 가운데 한 복지관에서 효과가 높았던 여가프로그램이 다른 복지관에서는 높지 않은 것으로 나타났다.
> 사례 2 : 노인을 대상으로 물리치료 프로그램을 1년 동안 실시한 후, 프로그램의 성과를 평가한 결과 노인들의 신체적 건강상태에 변화가 없는 것으로 나타났다.

사례 1	사례 2
① 개입 확산	성숙효과
② 플라시보 효과	개입 확산
③ 통계적 회귀	개입 확산
④ 성숙효과	개입 확산
⑤ 통계적 회귀	플라시보 효과

정답 및 해설

개입확산은 실험집단과 통제집단 간의 인위적인 관계나 영향에 의해 나타나는 현상으로, 통제집단이 실험집단에 대한 정보를 사전에 인지함으로써 통제집단의 역할을 객관적으로 하지 못할 때 실험결과가 왜곡되는 것을 말한다. **성숙효과는** 연구기간 중에 개인에게 **일어나는 신체적 및 심리적 성숙**을 말한다. 즉, 실험적 처리를 전후한 기간에 피조사자 자체 내에서 일어나는 성장적 변이과정, 즉 시간의 경과에 따라 조사대상자에 나타나는 생리적 또는 심리적 변화를 말한다.

답 ①

02 다음의 조사 연구 설계에서 간과하고 있는 내적 타당도의 저해 요인은? •9회

> 방과 후 프로그램의 담당자는 현재의 수업방식이 아동들의 성적 향상에 효과적인지를 알아보기 위해 프로그램 전·후의 성적을 측정하였다. 그 결과 아동들의 성적이 향상되었음을 발견하고, 현재 수업방식이 효과적이라는 결론을 내렸다.

① 반응성(reactivity)
② 외부 사건(history)
③ 개입 확산(diffusion)
④ 완충(buffering) 효과
⑤ 플라시보(placebo) 효과

정답 및 해설

외부사건이란 사전검사와 사후검사 사이에 발생한 통제 불가능한 사건이다. 즉, 첫 번째 시행한 실험적 측정과 두 번째 시행한 실험적 측정 간에 일어나는 모든 사상(사건)들이 실험적 처리의 효과에 영향을 미칠 때 이를 역사요인 또는 우연한 사건이라 한다.

답 ②

03 사전 – 사후검사에서 서로 다른 척도로 사용해서 발생하는 타당도 저해요인은? •10회

① 성숙효과(maturation)
② 테스트 효과(testing effect)
③ 조사 반응성(research reactivity)
④ 도구 효과(instrumentation)
⑤ 통계적 회귀(statistical regression)

정답 및 해설

도구효과는 사전검사와 사후검사의 측정도구가 상이함으로써 나타나는 변화를 말한다. 사전검사와 사후검사 간의 차이가 독립변수에 의한 차이이기 위해서는 똑같은 조건 하에서 동일한 측정도구를 반복적으로 사용해야 한다.

답 ④

04 다음 사례의 내적 타당도 저해요인은?
• 11회

사전검사에서 우울점수가 지나치게 높은 5명의 노인을 선정하여 우울감소 프로그램을 제공한 후 동일한 도구로 사후검사를 실시하였더니 이들의 우울점수가 낮아졌다.

① 후광효과
② 통계적 회귀
③ 실험대상 변동
④ 도구효과
⑤ 인과적 시간 순서

> **정답 및 해설**
>
> **통계적 회귀**는 종속변수의 값이 가장 높거나 가장 낮은 극단인 사람들을 실험집단으로 선택했을 경우 발생하는 오류이다.
>
> 답 ②

05 다음 연구설계의 내용에서 확인될 수 있는 내·외적 타당도 저해요인에 관한 설명으로 옳은 것은?
• 12회

지진에 의해 정신적 충격에 빠진 재난지역주민 대상 위기개입 프로그램의 효과성을 검증하고자 한다. 이를 위해 위기개입 직전과 개입 후 한 달 만에 각각 동일한 척도로 디스트레스(SCL-90) 정도를 측정하여 비교하였다.

① 우연한 사건이 내적 타당도를 저해하고 있다.
② 도구효과가 내적 타당도를 저해하고 있다.
③ 실험대상자의 상실(attrition)이 외적 타당도를 저해하고 있다.
④ 성숙효과가 내적 타당도를 저해하고 있다.
⑤ 선택효과가 외적 타당도를 저해하고 있다.

> **정답 및 해설**
>
> **성숙**은 실험적 처리를 전후한 기간에 피조사자 자체 내에서 일어나는 성장적 변이과정, 즉 시간의 경과에 따라 조사대상자에 나타나는 생리적 또는 심리적 변화를 말한다. 이러한 변화가 실험결과에 영향을 주는 것이 성숙효과이다. 지진으로 인한 정신적 충격은 개입과는 관계없이 시간이 지나면서 완화될 수 있는 것이므로 위기개입 프로그램의 효과만으로 볼 수 없다.
>
> **오답풀이**
> ① **우연한 사건**은 사전검사와 사후검사 사이에 발생한 통제 불가능한 사건을 말하는 것으로 내적 타당도 저해요인이다. 지문의 내용만으로는 우연한 사건은 확인할 수 없다.
> ② **동일한 척도로 측정하고 있으므로**, 사전검사와 사후검사의 측정도구가 상이함으로써 나타나는 **도구효과**는 발생하지 않는다.
> ③ 실험대상자의 상실은 내적 타당도 저해요인이다.
> ⑤ 선택효과(Selection Factor, 선정요인)는 내적 타당도 저해요인이다.
>
> 답 ④

06 실험설계의 내적 타당도에 관한 설명으로 옳지 않은 것은? • 12회

① 실험요인 이외의 대안적 설명을 배제하고자 한다.
② 인과관계에 대한 확신의 정도와 관련 있다.
③ 우연한 사건의 영향을 배제하는 것이 필요하다.
④ 일반화 가능성에 관한 것이다.
⑤ 통계적 회귀효과를 배제하는 것이 필요하다.

> **정답 및 해설**
>
> 일반화 가능성에 관한 것은 외적 타당도와 관련된 것이다. 외적 타당도(external validity)란 일반화 또는 대표성에 대한 문제로서 실험에 의해 어떤 관계가 발생하였을 때, 그것을 어떤 모집단에 일반화할 수 있는가 하는 문제와 관련된다. 결과의 적용대상과 시간적·공간적인 확장이 어느 정도 가능한가와 관련된 것이다.
>
> 답 ④

07 매우 건강한 90대 남성노인들에게 건강서비스를 1년 동안 제공한 후 건강상태를 측정한 결과, 이들의 상태가 나빠졌고 통제집단인 여성노인들에 비해서도 낮게 나타났다. 이 연구에서 영향을 미칠 수 있는 내적 타당도 저해요인을 모두 고른 것은?
•13회

㉠ 성숙효과   ㉡ 선택(selection)과의 상호작용
㉢ 통계적 회귀   ㉣ 위약(placebo)효과

① ㉠, ㉡, ㉢
② ㉠, ㉢
③ ㉡, ㉣
④ ㉣
⑤ ㉠, ㉡, ㉢, ㉣

정답 및 해설

㉠ 성숙효과는 연구기간 중에 개인에게 일어나는 신체적 및 심리적 성숙을 말한다. 매우 건강한 90대 남성노인일지라도 1년 동안 건강은 나빠질 수밖에 없다.

㉡ 선택(selection)과의 상호작용, 즉 지문의 경우에는 선택의 편의(선정요인)와 성숙효과 간의 상호작용이 영향을 미쳤다. 실험집단은 남성노인들로 통제집단은 여성노인들로 구분하여 선택하고, 건강서비스를 실시하였다. 남성노인들의 건강상태가 낮게 나오는 것은, 선천적으로 건강상태가 남성노인들보다 상대적으로 높은 여성노인을 선택한 결과일 수 있다.

㉢ 통계적 회귀현상은 종속변수의 값이 가장 높거나 또는 가장 낮은 극단적인 사람들을 실험집단으로 선택했을 경우 발생하는 오류이다. 건강서비스가 노인들의 건강상태에 영향을 주는 지를 알아보기 위해 90대 노인을 선택한 것은 극단적인 사람을 선택한 것이므로 통계적 회귀에 해당한다.

오답풀이

㉣ 위약(placebo)효과는 내적 타당도 저해요인이 아니라 외적 타당도 저해요인이며, 지문의 내용으로 위약효과 여부는 파악할 수 없다. 참고로 위약효과(플라시보 효과)는 실제로는 피실험자들에게 실험 처치나 개입이 주어지지 않았는데도 불구하고 마치 그것을 받은 것과 유사한 효과가 나타나는 경우이다.

답 ①

OIKOS UP 선택(selection)과의 상호작용

① 선택의 편의(선정요인)와 다른 내적 타당도 저해요인과의 상호작용이 발생하여 종속변수의 변화가 어떤 원인에 기인한 것인지를 파악하기 어렵게 되는 경우로 내적 타당도 저해요인임

② 예 선택 - 우연한 사건의 상호작용과 선택-성숙 간의 상호작용이 대표적임

㉠ 선택 - 우연한 사건의 상호작용 : 실험집단과 통제집단이 서로 다른 우연한 사건을 경험하였거나 한 집단만이 특정의 우연한 사건을 경험한 상태에서 구분되어 각 집단으로 선택됨으로써, 그런 상황이 종속변수에 영향을 미치는 경우

㉡ 선택-성숙 간의 상호작용 : 실험집단과 통제집단이 성숙되는 정도가 서로 다른 이질적인 집단이 선택되는 경우

08 다음 연구의 내적 타당도에 영향을 미칠 수 있는 요인은? •14회

아동학대 예방을 위한 부모교육의 효과성 검증을 위해 아동보호전문기관을 통해 교육 참여를 희망하는 부모를 모집하고 교육을 실시하였다. 교육 종료 후 1년 동안, 교육을 받은 부모집단과 받지 않은 부모집단에서 아동학대 사례로 확인된 부모의 비율을 비교하였다.

① 통계적 회귀
② 편향된 집단 선택
③ 반복된 검사
④ 동시타당도
⑤ 인과관계 방향성의 모호함

정답 및 해설

부모교육을 실시한 **실험집단의 부모들을 '아동보호전문기관을 통해 교육 참여를 희망하는 부모를 모집'**한 것은 부모교육을 실시하지 않는 통제집단의 부모들과는 이미 차이가 있는 집단이 된다. 즉 자발적으로 부모교육 프로그램에 참여하기로 결정한 부모와 그렇지 않은 부모는 부모교육 이전부터 이미 차이가 난다.

답 ②

09 실험설계 시 고려해야 할 타당도 저해요인 중 특성이 같은 요인끼리 묶인 것은? •15회

㉠ 역사(history)
㉡ 성숙(maturation)
㉢ 표본의 대표성(sample representativeness)
㉣ 중도탈락(mortality)

① ㉡, ㉢
② ㉢, ㉣
③ ㉠, ㉡, ㉢
④ ㉠, ㉡, ㉣
⑤ ㉡, ㉢, ㉣

정답 및 해설

㉠ 역사, ㉡ 성숙, ㉣ 중도탈락은 **내적 타당도 저해요인**에 해당한다.

오답풀이
㉢ 표본의 대표성은 **외적 타당도 저해요인**에 해당된다.

답 ④

10 조사대상자의 선정편향(selection bias)이 영향을 주기 어려운 것은? •16회

① 내적 타당도
② 실험집단과 통제집단의 동질성
③ 표본의 대표성
④ 측정의 정확성
⑤ 결과의 일반화 정도

> **정답 및 해설**
>
> **조사대상자의 선정편향**(selection bias, 선택편의)은 조사대상집단(실험집단, 통제집단)의 대상자를 선정하는 데 있어 실험결과에 영향을 미칠 요인이 이미 작용한 사람을 선택하는 것을 말한다. 선정편향은 조사대상자 자신이 자기선택(self-selection, 스스로 선택하여 실험대상이 되는 경우)에 의해서 실험집단에 속하게 되는 경우에도 나타난다. **선정편향은 측정의 정확성과는 무관하다.**
>
> **보충설명**
> ① 조사대상자의 선정편향은 **내적 타당도 저해요인에 해당**한다. 이미 독립변수 이외에 종속변수에 영향을 미칠 수 있는 요인들이 현격히 차이가 나도록 실험집단과 통제집단이 선택되어졌기 때문에 독립변수인 실험처치 효과라고 확신하기 어렵기 때문이다.
> ② 조사대상자의 선정편향은 실험집단과 통제집단을 택하는 경우 양 집단 간의 자발적 참여 여부, 장애정도, 소득정도, 종교유무, 직업의 종류, 취업형태, 교육수준, 가치관 내지 태도, 평균성적 차이, 지능차이 등과 같은 요인들에 있어 **실험집단과 통제집단의 현격한 차이를 발생**시킨다.
> ③ 선정편향에 해당되는 자기선택(self-selection)의 경우, 즉 자발적으로 참여한 사람들이 주로 구성된 표본은 **전체 모집단을 일반적으로 대표하지 못할 수 있다.**
> ⑤ 자기선택으로 자발적으로 참여한 사람들은 비자발적 참여자들과는 다른 특성을 가질 수 있기 때문에, **연구의 일반화 가능성이 저하될 우려가 있다.**
>
> ④

11 내적 타당도 저해 요인 중 통계적 회귀에 관한 설명으로 옳은 것은?

• 22회

① 프로그램의 개입 후 측정치가 기초선으로 돌아가려는 경향
② 프로그램 개입의 효과가 완전한 선형관계로 나타나는 경향
③ 프로그램의 개입과 관계없이 사후검사 측정치가 평균값에 근접하려는 경향
④ 프로그램 개입 전부터 이미 이질적인 두 집단이 사후조사 결과에서도 차이가 나타나는 경향
⑤ 프로그램의 개입 전후에 각각 다른 측정도구로 측정함으로써 차이가 나타나는 경향

정답 및 해설

통계적 회귀는 모집단에서 표본추출을 하거나 실험집단을 구성할 때 종속변수를 기준으로 너무 낮은 점수나 너무 높은 점수를 보이는 극단적인 집단을 연구대상으로 선정할 경우 이들 집단들은 **실험처치의 효과 여부와 무관하게 사후검사의 측정치가 시간이 지날수록 점차 전체 모집단의 평균값으로 수렴하는 경향**을 보이는 것을 말한다.

오답풀이

① 통계적 회귀는 프로그램의 개입 후 측정치가 **평균값**으로 돌아가려는 경향을 말한다.
② **선형관계란** 두 변수가 일정한 비율만큼 변하는 것을 말하는 것으로, 선형관계에서는 X(프로그램의 개입)가 변할 때 Y(개입 효과) 역시 같은 비율로 변한다. 통계적 회귀는 프로그램 개입과 효과가 선형관계로 나타나는 것을 말하는 것이 아니다.
④ 프로그램 개입 전부터 이미 이질적인 두 집단이 사후조사 결과에서도 차이가 나타나는 경향은 **조사대상자의 선정편향**(selection bias, 선택편의)을 말한다.
⑤ 프로그램의 개입 전후에 각각 다른 측정도구로 측정함으로써 차이가 나타나는 경향은 **도구 효과**(instrumentation)를 말한다.

  ③

12 외적 타당도에 관한 설명으로 옳은 것을 모두 고른 것은?   • 11회

㉠ 연구대상의 대표성이 외적 타당도에 영향을 준다.
㉡ 연구대상의 조사 반응성은 외적 타당도를 저해할 수 있다.
㉢ 연구결과의 일반화와 관련이 있다.
㉣ 인과관계의 정도와 관련이 있다.

① ㉠, ㉡, ㉢   ② ㉠, ㉢
③ ㉡, ㉣   ④ ㉣
⑤ ㉠, ㉡, ㉢, ㉣

정답 및 해설

㉣ 인과관계의 정도와 관련 있는 것은 내적 타당도에 해당한다.

오답풀이
㉠, ㉢ 외적 타당도는 일반화 또는 대표성에 대한 문제이다.
㉡ 플라시보 효과처럼 조사반응성이 외적 타당도를 저해하는 요인이 된다.

답 ①

13 외적타당도를 저해하는 요인으로 옳은 것은?   • 19회

① 실험대상의 탈락   ② 외부사건(history)
③ 통계적 회귀   ④ 개입의 확산 또는 모방
⑤ 연구 참여자의 반응성

정답 및 해설

외적타당도는 연구결과를 연구의 조건을 넘어서 보다 많은 상황과 모집단에 적용시킬 수 있는 정도를 말하는 것으로, **외적타당도 저해요인에는** ① 표본의 대표성, ② 실험적 처리의 일반성, ③ 생태적 대표성, ④ 플라시보 효과 또는 **연구 참여자의 반응성**(⑤) 등이 있다. **연구 참여자의 반응성이란** 연구 참여자가 실험의 문제나 실험상황 등을 민감하게 반응함으로써, 실험결과가 다른 상황에서는 발생하지 않을 가능성이 있다는 것이다.

오답풀이
실험대상의 탈락(①), 외부사건(②), 통계적 회귀(③), 개입의 확산 또는 모방(④)은 내적타당도 저해 요인에 해당한다.

답 ⑤

14 연구의 외적 타당도를 저해하는 상황으로 옳은 것은?
• 21회

① 연구대상의 건강 상태가 시간 경과에 따라 회복되는 상황
② 자아존중감을 동일한 측정도구로 사전-사후 검사하는 상황
③ 사회적 지지를 다른 측정도구로 사전-사후 검사하는 상황
④ 실험집단과 통제집단 간 연령 분포의 차이가 크게 발생하는 상황
⑤ 자발적 참여자만을 대상으로 연구표본을 구성하게 되는 상황

> **정답 및 해설**
>
> 자발적 참여자만을 대상으로 연구표본을 구성하게 되면, **연구조사의 반응성으로 인해 외적 타당도를 저해**하게 된다. 조사대상자가 자신이 원해서 참여하였기 때문에 실험의 문제나 실험상황 등에 민감하게 반응함으로써, 실험결과가 다른 상황에서는 발생하지 않을 가능성이 있게 된다.
>
> **오답풀이**
> ① 연구대상의 건강 상태가 시간 경과에 따라 회복되는 상황은 내적 타당도 저해요인인 **성장 요인(성숙효과)** 에 해당한다.
> ② 자아존중감을 동일한 측정도구로 사전-사후 검사하는 상황은 내적 타당도 저해요인인 **검사요인(테스트 효과)** 에 해당한다.
> ③ 사회적 지지를 다른 측정도구로 사전-사후 검사하는 상황은 내적 타당도 저해요인인 **도구요인**에 해당한다.
> ④ 실험집단과 통제집단 간 연령 분포의 차이가 크게 발생하는 상황은 내적 타당도 저해요인인 **선택의 편의**에 해당한다.
>
> ⑤

15 조사설계의 타당성에 관한 설명으로 옳은 것은? •14회

① 내적 타당도와 외적 타당도는 서로 필요조건의 관계에 있다.
② 조사대상의 성숙은 외적 타당도에 영향을 미치는 요인이다.
③ 동일한 프로그램의 효과성이 서울과 제주에서 같지 않은 것은 외적 타당도의 문제이다.
④ 외적 타당도는 연구결과에 대한 대안적 설명 가능성 정도를 의미한다.
⑤ 특정 프로그램의 효과를 확인하기 위해 연구의 외적 타당도를 확보해야 한다.

정답 및 해설

외적 타당도는 특정 조사연구의 결과를 해당 조사설계와 **다른 대상이나 상황에도 일반화시켜 적용할 수 있는 정도를** 의미한다. 동일한 **프로그램의 효과성이 다른 상황(서울과 제주)에서 같지 않은 것은 외적 타당도의 문제이다.**

오답풀이

① 내적 타당도와 외적 타당도는 **서로 필요조건의 관계에 있지 않다.** 독립변수 X가 종속변수 Y의 필요조건인 경우는 X가 없이는 Y가 존재하지 않지만, X의 존재가 항상 Y를 존재하게 하는 것을 의미하지 않는 경우이다. **내적 타당도가 독특한 대상과 특수한 상황에서 이루어진 것이라면, 이 결과를 다른 대상이나 상황에 일반화시켜 적용하는 외적 타당도는 확보하는데** 어려움이 있다.
② 조사대상의 성숙은 **내적 타당도에 영향을 미치는 요인이다.**
④ 연구결과에 대한 대안적 설명 가능성 정도를 의미하는 것은 **내적 타당도이다.** 참고로 **대안적 설명은** 연구결과에 대한 원인이 될 수 있는 경합이 가능한 설명으로, 이는 최초의 설명을 약화시키거나 제한하는데 왜냐하면 대안적 설명 또한 이해된 사실들을 설명할 수 있기 때문이다.
⑤ '실험적 처리'가(특정 프로그램이) 과연 이 실험에서 기대하는 변인(효과)을 가져왔는가를 확인하기 위해 연구의 **내적 타당도를 확보**해야 한다.

 ③

16. 외적 타당도와 내적 타당도에 관한 설명으로 옳지 않은 것은?

• 17회

① 사전검사의 실시가 내적타당도에 부정적으로 영향을 미칠 수 있다.
② 외적타당도를 높이는 중요한 전략 중 하나는 연구를 반복적으로 실시하여 결과를 축적하는 것이다.
③ 내적타당도가 높으면 외적타당도 또한 높다.
④ 자신이 연구대상자라는 인식이 외적타당도를 낮출 수 있다.
⑤ 내적타당도는 인과관계를 추론할 수 있는 정도를 의미한다.

정답 및 해설

어떤 연구 디자인의 내적 타당도가 높다고 해서 외적 타당도가 저절로 높아지는 것은 아니다. 특정 연구 조건하에서 인과관계가 아무리 높게 검출되어도, 외부 환경에로의 일반화 가능성이 높다는 것과는 별개의 문제다. 내적 타당도를 높이기 위해 연구 디자인이 각종 인위적인 통제들을 실시할 경우, 일반적인 환경 조건과 더 멀어지게 되어 외적 타당성은 오히려 떨어지는 결과를 초래할 수도 있다. 따라서, 연구 디자인을 고려할 때는 내적 타당도와 외적 타당도의 균형을 맞추는 것에 대한 관심도 필요하다.

보충설명

① 사전검사가 사후검사에 영향을 미치게 되어 종속변수에 변화를 초래하게 되는 경우 **내적 타당도 저해요인인 검사요인(Testing Factor, 테스트 효과)이 발생**한다. 뿐만 아니라, 사전검사를 통해 실험집단이 이미 개입에 반응할 준비가 된 상태로 임하게 되는 경우 실험 개입의 효과가 증폭되어 나타날 가능성이 있어, **외적 타당도를 위협**하게 된다. 즉 사전검사를 통해 실험 개입에 대한 인식을 하고 있는 집단이 되어 버렸기 때문에 아무런 선행 경험도 없이 개입을 받아들이게 될 일반집단과는 차이가 있게 되며, 그래서 만약 사전검사 후 개입을 실시하여 개입의 효과성이 있는 것으로 드러나더라도 그것을 사전검사를 받지 않고 개입 받게 될 일반집단에도 마찬가지 효과가 있을 것이라고 일반화하기가 어려워진다.
② **외적 타당도는** 일반화시킬 수 있는 정도로, **연구결과를 연구의 조건을 넘어서 보다 많은 상황과 모집단에 적용시킬 수 있는 정도**를 말한다. 연구를 여러 상황과 모집단에 반복적으로 실시하여 결과를 축적하는 것은 외적타당도를 높이는 중요한 전략 중 하나이다.
④ 외적 타당도 저해요인인 **연구조사의 반응성(reactivity)** 문제로, 자신이 연구대상자라는 인식은 실험상황 밖에서는 일반화될 수 없는 종속변수의 변화를 야기할 수 있을지 모른다. 즉, 조사대상자가 실험의 문제나 실험상황 등을 민감하게 반응함으로써, 실험결과가 다른 상황에서는 발생하지 않을 가능성이 있다.
⑤ 내적 타당도는 실험적 처리가 실제로 의미 있는 차이를 가져왔는가를 검토하는 것으로, **인과관계를 확신할 수 있는 정도를 의미**한다.

답 ③

17 실험설계의 내적 타당도에 관한 설명으로 옳은 것을 모두 고른 것은? • 18회

㉠ 우연한 사건은 내적 타당도에 부정적 영향을 미칠 수 있다.
㉡ 사전점수가 매우 높은 집단을 선정하면 내적 타당도를 저해한다.
㉢ 내적 타당도가 높은 연구 결과는 일반화 가능성이 높다.

① ㉠
② ㉡
③ ㉠, ㉡
④ ㉡, ㉢
⑤ ㉠, ㉡, ㉢

정답 및 해설

㉠ **우연한 사건은 내적타당도를 저해하는 요인들 중 하나**이다. 우연한 사건이란 조사연구가 진행되는 동안 연구자가 조작한 실험조치 이외에 실험대상에 영향을 미쳐 종속변수를 변화시킬 수 있는 통제불가능한 특별한 사건을 말한다.

㉡ **사전점수가 매우 높은 집단을 선정했다는 것은** 내적 타당도를 저해하는 요인들 중 **통계적 회귀에 해당**된다. 모집단에서 표본을 추출하거나 실험집단을 구성할 때 종속변수를 기준으로 너무 낮은 점수나 너무 높은 점수를 보이는 극단적인 집단을 연구대상으로 선정하게 되면 이들 집단은 실험처치의 효과 여부와 무관하게 시간이 지날수록 전체 모집단의 평균값으로 수렴한다.

오답풀이

㉢ **외적타당도가 높은 연구 결과가 일반화 가능성이 높다. 외적 타당도란** 특정 조사연구의 결과를 해당 조사설계와 다른 대상이나 상황에도 일반화시켜 적용할 수 있는 정도를 말한다.

답 ③

18 다음 ( )에 알맞은 내용으로 옳은 것은? • 19회

○ 내적타당도를 높이기 위해서는 (㉠) 이외의 다른 변수가 (㉡)에 개입할 조건을 통제하여야 한다.
○ 외적타당도를 높이기 위해서는 (㉢)으로 연구대상을 선정하거나 표본크기를 (㉣) 하여야 한다.

① ㉠ : 원인변수, ㉡ : 결과변수, ㉢ : 확률표집방법, ㉣ : 크게
② ㉠ : 원인변수, ㉡ : 결과변수, ㉢ : 무작위할당, ㉣ : 작게
③ ㉠ : 원인변수, ㉡ : 결과변수, ㉢ : 확률표집방법, ㉣ : 작게
④ ㉠ : 결과변수, ㉡ : 원인변수, ㉢ : 확률표집방법, ㉣ : 크게
⑤ ㉠ : 결과변수, ㉡ : 원인변수, ㉢ : 무작위할당, ㉣ : 작게

> **정답 및 해설**
> - **내적타당도**는 결과변수(종속변수)에서 나타나는 변이(변화 차이)가 원인변수(독립변수)의 변이에 따른 것임을 경험적으로 확신할 수 있는 정도를 말한다. 따라서, 내적타당도를 높이기 위해서는 **원인변수(독립변수)** 이외의 다른 변수가 **결과변수(종속변수)**에 개입할 조건을 통제하여야 한다.
> - **외적타당도**는 현재 조건의 연구 결과를 다른 조건의 환경이나 집단으로 확대 해석하거나 일반화할 수 있는 정도를 말한다. 외적타당도에는 표본의 모집단에 대한 대표성이 중요하므로, 표본의 대표성을 높이기 위해 연구대상을 **확률표집방법 또는 무작위 표집방법으로 연구대상을 선정**하거나 **표본크기를 크게** 하여야 한다. 참고로 **무작위할당**은 연구대상이 모집단을 대표하도록 보증하기보다 실험집단의 연구대상이 통제집단의 연구대상을 대표하도록 만들어 주는 것으로, 내적타당도를 저해하는 요인을 통제하는 방법이다.
>
> 답 ①

19 조사설계의 내적 타당도와 외적 타당도에 관한 설명으로 옳은 것은? • 21회

① 어떤 변수가 다른 변수의 원인임을 정확하게 기술하는 것이 외적 타당도이다.
② 연구결과를 연구조건을 넘어서는 상황이나 모집단으로 일반화하는 정도가 내적 타당도이다.
③ 내적 타당도는 외적 타당도의 필요조건이지만 충분조건은 아니다.
④ 실험대상의 탈락이나 우연한 사건은 외적 타당도 저해요인이다.
⑤ 외적 타당도가 낮은 경우 내적 타당도 역시 낮다.

> **정답 및 해설**
>
> 내적 타당도가 높다고 외적 타당도가 반드시 높은 것은 아니기 때문에, 내적 타당도는 외적 타당도를 위한 충분조건은 아니다. 그러나, 내적 타당도는 외적 타당도를 확보하기 위해 필요하므로, 내적 타당도는 외적 타당도를 위한 필요조건이다.
>
> **오답풀이**
> ① 어떤 변수가 다른 변수의 원인임을 정확하게 기술하는 것이 **내적 타당도**이다.
> ② 연구결과를 연구조건을 넘어서는 상황이나 모집단으로 일반화하는 정도가 **외적 타당도**이다.
> ④ 실험대상의 탈락이나 우연한 사건은 **내적 타당도** 저해요인이다.
> ⑤ 외적 타당도가 낮은 경우라 하더라도, **내적 타당도**는 높을 수도 낮을 수도 있다.
>
> 답 ③

03 실험집단과 통제집단의 선정

01 실험집단과 통제집단의 차이는 무엇인가? • 2회

① 실험처치 유무
② 집단 구성원의 차이
③ 집단 구성 시기의 차이
④ 검사 여부의 차이
⑤ 집단 크기의 차이

> **정답 및 해설**
> 실험집단은 원인적 요소인 독립변수(실험처치)를 작용시키는 반면, 통제집단은 작용시키지 않는다.
>
> 답 ①

02 정밀배합에 대한 설명 중 맞지 않은 것은? • 7회

① 정밀배합에서도 통제되지 않는 변수들에 대해서는 난선화를 적용하도록 한다.
② 피실험자들을 주요 변수에 따라 실험집단과 통제집단에 일일이 일치하도록 배치시키는 방법이다.
③ 어떤 변수를 배합해야 할 것인지 결정하기 어려울 때가 많다.
④ 모든 외생변수를 통제하기 위한 이상적인 방법이다.
⑤ 실험결과에 영향을 줄 수 있는 주요 변수의 값을 동등화시켜서 내적 타당도를 높이는 방법이다.

> **정답 및 해설**
> 모든 외생변수를 통제하기 위한 방법은 배합보다는 **난선화(무작위 추출)에 의해서 가능**하다.
>
> 답 ④

03 실험설계에서 외생변수가 종속변수에 미치는 효과를 통제하기 위한 방법으로 옳지 않은 것은? • 9회

① 무작위 집단할당 방법을 이용한다.
② 동질적 집단할당을 위해 표본의 크기를 작게 한다.
③ 사전에 집단의 특성을 파악하여 이질적 구성요소를 최소화 한다.
④ 실험집단과 통제집단에 피실험자들을 동일 비율로 할당한다.
⑤ 피실험자들을 대상으로 제비뽑기 방법을 이용하여 실험집단과 통제집단으로 구분한다.

정답 및 해설

동질적 집단할당을 위한 방법으로 무작위 할당(난선화)과 매칭(Matching, 배합)이 있으며, 매칭(Matching, 배합)에는 **정밀통제와 빈도분포통제**가 있다.

답 ②

04 어떤 연구를 진행한 결과 호손(Hawthorne)효과가 발생했을 경우, 이후 연구에서 연구결과의 정확성을 높이기 위해 취해야 할 조치로 가장 적절한 것은? •13회

① 대상자수 증가
② 실험자극 강화
③ 전조사와 후조사의 간격 축소
④ 통제집단 추가
⑤ 신뢰도 분석 강화

정답 및 해설

호손(Hawthorne)효과란 반응성(reactivity)을 말하는 것으로, 연구 대상자들이 자신들이 자료 수집의 대상이 되고 있음을 인식하게 됨으로써, 이러한 인식 때문에 조사결과를 일반화할 수 없는 종속변수의 변화를 야기하는 것을 말한다. 반응성이 발생했을 경우 정확성을 높이기 위해 **실험집단과 동질적인 통제집단을 추가하여** 연구결과의 정확성을 높일 수 있다.

답 ④

05 실험설계에서 무작위 할당으로 예방할 수 있는 문제는? •14회

① 낮은 응답률
② 과다한 연구비용
③ 과다한 표본추출오차
④ 연구 일정의 지연
⑤ 우연한 사건의 영향

정답 및 해설

무작위 할당은 연구대상자들을 실험집단과 통제집단에 무작위적으로 배치하는 방법으로, 실험설계에서 **내적 타당도를 저해하는 요인을 통제**할 수 있다. 단순히 무작위 추출을 거침으로써 실험결과에 영향을 줄 수 있는 무수히 많은 요인들의 차이를 기회(chance)에 의한 차이로 줄여 보자는 것이다.

답 ⑤

06 다음 조사에서 연구대상을 배정한 방법은?

• 20회

사회복지사협회에서 회보 발송 여부에 따라 회비 납부율에 차이가 있는지 알아보고자 한다. 이를 위해 전체 회원을 연령과 성별로 구성된 할당행렬의 각 칸에 배치하고, 절반에게는 회보를 보내고 나머지 절반은 회보를 보내지 않았다.

① 무작위표집(random sampling)
② 할당표집(quota sampling)
③ 매칭(matching)
④ 소시오매트릭스(sociomatrix)
⑤ 다중특질-다중방법(MultiTrait-MultiMethod)

정답 및 해설

매칭(Matching, 배합)은 설정된 가설상의 독립변수와 종속변수에 영향을 미칠 것이라고 조사자가 사전에 알고 있는 외생변수를 실험집단과 통제집단에 동등하게 배치하여 외생변수의 영향을 동등하게 함으로써 실험집단과 통제집단을 동일하게 만드는 방법이다. 매칭에는 **정밀배합방법과 빈도분포배합방법 2가지**가 있다. 주어진 사례에서 회보 발송 여부(독립변수)가 회비 납부율(종속변수)에 영향을 미치는지를 보기 위해, 절반(실험집단)에게 회보를 보내고 나머지 절반(통제집단)은 회보를 보내지 않았다. 실험집단과 통제집단을 연령과 성별로 구성된 할당행렬의 각 칸에 배치한 것은 **매칭(Matching, 배합)** 중 **정밀배합방법**이다.

■ 할당행렬 예

	남성	여성
60세 이상	22	20
50~59세	14	18
40~49세	18	22
30~39세	24	28
20~29세	10	20

■ 정밀배합결과 예

	실험집단		통제집단	
	남성	여성	남성	여성
60세 이상	11	10	11	10
50~59세	7	9	7	9
40~49세	9	11	9	11
30~39세	12	14	12	14
20~29세	5	10	5	10

오답풀이

④ **소시오매트릭스(sociomatrix)**는 소시오메트리의 자료를 나타내는 방법으로, 보통 행(row)은 선택자로, 열(column)은 피선택자로 나타낸다.

⑤ **다중특질-다중방법(MultiTrait-MultiMethod, MTMM)**은 구성타당도를 경험적으로 확인하는 데 쓰이는 방법으로, 한 개념이 복수의 특질들과 복수의 방법들로 측정된다면 각 특질 내에서의 항목들 간 상관관계는 다른 특질항목들과의 상관관계보다 높아야 한다는 것이다. 예 자아존중감 개념을 측정하는 데, 자아존중감의 복수의 특질인 자긍심, 자신감, 자기노출, 개방성으로 측정된다고 가정해보자. 자긍심을 측정항목 A, B, C로, 자신감을 측정항목 D, E, F로 구성했다면, A, B, C간의 상관관계는 A·D라든지 A·E 등의 상관관계보다 높아야 한다는 것

답 ③

04 실험설계의 유형

01 통제집단사전사후 실험에서 사전검사를 하는 이유는? • 2회

① 통제집단과 실험집단의 분리
② 개입 전 독립변수 측정
③ 개입 전 외생변수 측정
④ 개입 전 종속변수 측정
⑤ 상호 연관성 측정

> **정답 및 해설**
>
> **통제집단사전사후검사설계는** 인과관계를 추정하기 위한 가장 전형적인 설계로 연구대상자를 실험집단과 통제집단으로 무작위적으로 배치한 후, 실험처치를 실시하기 전에 양 집단을 사전검사하여 개입 전 종속변수를 측정한다.
>
> 답 ④

02 제시된 두 가지 연구 유형의 분류기준이 바르게 연결되지 않은 것은? • 14회

① 양적조사와 질적조사 – 데이터의 성격
② 순수실험설계와 준(유사)실험설계 – 원인의 조작 여부
③ 기술적 연구와 설명적 연구 – 연구의 목적
④ 코호트(cohort)조사와 패널조사 – 동일표본의 반복측정 여부
⑤ 전수조사와 표본조사 – 표본추출의 여부

> **정답 및 해설**
>
> **순수실험설계와 준(유사)실험설계의 차이점은** 준(유사)실험설계의 경우 **연구대상자를 무작위 배치하는 것이 아니라 임의로 선정하여 배치한다는 점**이다. 또한 실험이 생활현장에서 이루어진다는 것과 순수실험설계와 같이 **엄격한 통제집단이 있는 것이 아니라 비교집단**이 있다는 것이다.
>
> **보충설명**
> ① 데이터의 성격에 있어 양적 조사는 정량적 성격인 반면, 질적 조사는 정성적 성격이다.
> ③ 탐색적 연구, 기술적 연구, 설명적 연구는 연구의 목적에 따른 구분이다.
> ④ 패널조사는 동일표본을 반복측정하지만, 코호트조사는 동일표본을 반복측정하는 것이 아니다.
> ⑤ 전수조사는 표본을 추출하지 않고 모집단 전체를 조사하지만, 표본조사는 모집단에서 표본을 추출하여 추출된 표본을 조사한다.
>
> 답 ②

03. 실험설계에 관한 설명으로 옳지 않은 것은? •14회

① 순수실험설계는 무작위 할당을 활용해야 한다.
② 순수실험설계가 준(유사)실험설계에 비해 내적 타당도가 높다.
③ 준(유사)실험설계에는 사전 측정이 있어야 한다.
④ 준(유사)실험설계에는 두 개 이상의 집단이 필요하다.
⑤ 단일집단사전사후검사설계는 전실험설계이다.

정답 및 해설

준(유사)실험설계의 유형 중 **단순시계열설계에는 두 개 이상의 집단이 필요하지 않다.** 단순시계열설계는 **통제집단(비교집단)**을 설정하기 곤란한 경우에 한 집단을 선택해서 독립변수의 조작이나 독립변수의 노출 전에 여러 번 관찰(검사)하고 독립변수 도입 후에 다시 여러 번 관찰하여 전후의 점수 또는 경향을 비교하는 것이다.

보충설명

① 순수실험설계는 실험설계의 네 가지 기본 요소인 **통제집단, 무작위 할당, 독립변수(실험변수)의 조작, 사전-사후검사** 등을 충족하고 있다.
② 순수실험설계가 준(유사)실험설계에 비해 **내적 타당도는 높으며, 외적 타당도는 낮다.**
③ 준(유사)실험설계에는 연구대상자를 임의로 선정하여 배치하고 통제집단이 없기도 하지만, **독립변수(실험변수)의 조작, 사전-사후검사는 충족**하고 있으므로 사전 측정이 있어야 한다.
⑤ 전실험설계에는 단일사례연구(1회 사례연구), **단일집단사전사후검사설계**, 정태적 집단비교설계(비동일집단사후검사설계)가 있다.

답 ④

04. 순수실험설계에서 인과성 검증에 관한 설명으로 옳지 않은 것은? •20회

① 사회복지 프로그램의 실행 여부가 독립변수로 설정될 수 있다.
② 사전조사에서 실험집단과 통제집단의 종속변수 측정치는 통계적으로 유의미한 차이가 없어야 한다.
③ 사전조사와 사후조사에서 통제집단의 종속변수 측정치는 통계적으로 유의미한 차이가 있어야 한다.
④ 실험집단과 통제집단의 동질성 확보가 필요하다.
⑤ 실험집단과 통제집단의 차이는 독립변수의 개입 유무이다.

> **정답 및 해설**

사전조사와 사후조사에서 통제집단의 종속변수 측정치는 통계적으로 유의미한 차이가 **없어야 한다**. 즉, 통제집단은 프로그램이나 개입방법인 독립변수(실험처치)를 도입하지 않았으므로 사전조사와 사후조사에서 종속변수의 측정치간에 차이가 없어야 한다.

> **보충설명**

① 실천 환경에서는 독립변수가 **프로그램 실행을 의미**하고, 실험실에서는 실험처치(자극, 치료, 개입 등)를 수행하는 것이 된다.
② **실험집단과 통제집단의 동질성 여부를 확인하기 위해 실시하는 것이 사전조사**이다. 따라서, 실험집단과 통제집단이 동질하다면 사전조사에서 실험집단과 통제집단의 종속변수 측정치는 통계적으로 유의미한 차이가 없어야 한다.
④ 실험집단과 통제집단의 동질성 확보를 위해 **매칭(Matching, 배합)이나 무작위 할당(Randomization, 난선화)**을 하는 것이다. 매칭(Matching, 배합)과 무작위 할당(Randomization, 난선화) 중 무작위 할당이 실험집단과 통제집단을 동질적인 집단으로 만들 가능성을 더 높이는 방법이다.
⑤ 프로그램이나 개입방법인 **독립변수(실험처치)를 개입한 집단이 실험집단**이며, 독립변수(실험처치)를 **개입하지 않은 집단이 통제집단**이다.

답 ③

05 외부사건(history)을 통제할 수 있는 실험설계를 모두 고른 것은? • 19회

㉠ 솔로몬 4집단 설계(Solomon four-group design)
㉡ 단일집단 사전사후검사 설계(one-group pretest-posttest design)
㉢ 단일집단 사후검사 설계(one-group posttest-only design)
㉣ 통제집단 사후검사 설계(posttest-only control group design)

① ㉣
② ㉠, ㉣
③ ㉡, ㉢
④ ㉠, ㉡, ㉣
⑤ ㉡, ㉢, ㉣

> **정답 및 해설**

무작위할당으로 연구대상자들을 실험집단과 통제집단에 배치하면 두 집단이 모든 조건에 있어서 **동일한 것으로 간주**된다. 즉 실험집단에만 독립변수를 도입하고, 통제집단에는 독립변수를 도입하지 않는 것을 제외하고는 양 집단간 모든 조건이 같게 된다. 따라서, 외부사건, 성숙, 검사요인, 도구요인, 통계적 회귀 등 영향은 같은 정도로 실험집단과 통제집단에 작용하게 되므로 **내적타당도 저해요인을 통제**할 수 있다. 솔로몬 4집단 설계(㉠)와 통제집단 사후검사 설계(㉣)는 무작위할당을 활용하는 순수실험설계로 외부사건을 통제할 수 있다.

> **오답풀이**

단일집단 사전사후검사 설계(㉡), 단일집단 사후검사 설계(㉢)는 무작위할당을 활용하지 않는 선실험(pre-experimental, 전실험)설계이므로 외부사건을 통제하지 못한다. 참고로 선실험(pre-experimental, 전실험)설계는 내적 타당도와 외적 타당도 저해요인이 거의 통제되지 못한다.

답 ②

06 다음의 연구에서 활용한 연구설계에 관한 설명으로 옳은 것은? • 21회

> 청소년의 자원봉사의식 향상 프로그램의 효과성을 검증하기 위하여 청소년 200명을 무작위로 두 개의 집단으로 나눈 후 A측정도구를 활용하여 사전 검사를 실시하였다. 하나의 집단에만 프로그램을 실시한 후 두 개의 집단 모두를 대상으로 A측정도구를 활용하여 사후 검사를 실시하였다.

① 테스트 효과의 발생 가능성이 낮다.
② 집단 간 동질성의 확인 가능성이 낮다.
③ 사전 검사와 프로그램의 상호작용 효과의 통제가 가능하다.
④ 자연적 성숙에 따른 효과의 통제가 가능하다.
⑤ 실험집단의 개입 효과가 통제집단으로 전이된다.

정답 및 해설

청소년 200명을 무작위로 두 개의 집단(실험집단과 통제집단)으로 나눈 후 A측정도구를 활용하여 두 개의 집단에 사전 검사를 실시하였다. 그리고 하나의 집단(실험집단)에만 프로그램을 실시한 후 두 개의 집단(실험집단과 통제집단) 모두를 대상으로 사전 검사 측정도구와 동일한 A측정도구를 활용하여 사후 검사를 실시하였다. 이는 순수실험설계 중 **통제집단사전사후검사설계**이다.

오답풀이
① 동일한 측정도구로 사전검사와 사후검사를 하기 때문에, 테스트효과 발생 가능성이 **높다**.
② 무작위로 두 개의 집단을 나누어서 집단이 동등하게 배치되고, 사전검사를 통해 정말 두 집단이 동질한지 확인한다. 따라서, 집단 간 동질성의 확인 가능성이 **높다**.
③ 사전 검사와 프로그램의 상호작용 효과의 통제가 **불가능**하다. 즉, 사전검사와 실험처치인 프로그램(독립변수)가 상호작용을 일으켜서 생기는 상호작용시험효과를 제거할 수 없다.
⑤ 실험집단의 개입 효과가 통제집단으로 전이되는 것은 내적 타당도 저해요인인 개입의 확산(모방)을 말한다. 순수실험설계는 실험실 연구로 개입의 확산을 통제할 수 있다. 따라서, 실험집단의 개입 효과가 통제집단으로 **전이되지 않는다**.

 ④

07 다음 사례에 관한 설명으로 옳지 않은 것은? • 22회

> 다문화교육이 청소년들의 다문화수용성에 미치는 영향을 알아보기 위해 청소년 100명을 무작위로 두 집단으로 나누었다. 교육 실시 전 두 집단의 다문화수용성을 측정하고, 한 집단에만 다문화 교육을 실시한 후 다시 두 집단 모두 다문화수용성을 측정하였다.

① 전형적인 실험설계이다.
② 교육에 참여한 집단이 실험집단이다.
③ 외적 요인의 통제를 시도하지 않았다.
④ 내적 타당도의 저해요인이 발생할 수 있다.
⑤ 두 집단 간의 사전, 사후 측정치를 비교하여 효과를 판단할 수 있다.

정답 및 해설

청소년 100명을 무작위로 두 집단으로 나누었으므로, 순수실험설계에 해당하는 것을 알 수 있다. 두 집단 중 다문화 교육을 실시한 집단은 실험집단이며, 교육을 실시하지 않은 집단은 통제집단이다. 그리고, 교육 실시 전 두 집단을 측정한 것은 사전검사이며, 교육실시 후 두 집단을 다시 측정한 것은 사후검사이다. 따라서, 주어진 사례는 순수실험설계 중 **통제집단사전사후검사설계**에 해당한다.

오답풀이

③ 순수실험설계는 실험실 연구로 외생변수의 영향을 차단할 수 있다. 따라서, 순수실험설계 중 하나인 **통제집단사전사후검사설계는 외적 요인을 철저히 통제하는 것이다.**

보충설명

① 통제집단 사전사후검사설계는 **인과관계를 추정하기 위한 가장 전형적이고 보편적인 실험설계**이다.
② 다문화 교육을 실시한 집단이 **실험집단**이며, 실시하지 않은 집단이 **통제집단**이다.
④ 동일한 측정도구로 사전검사와 사후검사를 하기 때문에, **내적 타당도 저해요인인 테스트 효과**가 발생할 가능성이 높다.
⑤ 두 집단(실험집단과 통제집단) 간의 사전검사와 사후검사 측정치 차이를 비교하여 효과를 판단한다.

답 ③

OIKOS UP 통제집단사전사후검사설계

① 인과관계를 추정하기 위한 가장 전형적이고 보편적인 설계방법이다.
② 실험대상자를 실험집단과 통제집단에 무작위 할당으로 배치하고, 실험처치(experimental treatment : 독립변수)를 실시하기 전에 양 집단을 사전검사하고, 실험처치를 실시한 후, 양 집단을 다시 사후검사하여 사전검사의 결과와 사후검사의 결과 간의 차이를 비교하는 설계이다.
③ 장 점
  ㉠ 난선화가 되어 있어 두 집단 간에 실험 전 차이는 통제된 것으로 간주할 수 있고, 두 집단에 대해 다같이 사전사후 검사를 하게 되므로 역사요인, 성장요인, 도구요인 등도 통제되므로, 내적 타당도는 높다고 할 수 있다.
  ㉡ 외생변수를 철저히 통제할 수 있다.
④ 단 점
  ㉠ 사전검사와 실험처치(독립변수)가 상호작용(O1 → X)을 일으켜서 생기는 상호작용시험효과(interaction testing effect)를 제거할 수 없다. 이는 실험결과를 그 상황만의 특수한 것으로 만들어 다른 상황에 일반적으로 적용할 수 없게 만들므로 외적 타당도는 낮아지게 된다.
  ㉡ 내적 타당도를 강화하면 외적 타당도가 희생되는 한계가 있다.
  ㉢ 많은 경우 표본의 대표성이 약하다.

08 다음 연구에 관한 설명으로 옳지 않은 것은?

• 15회

요가가 노인의 우울감에 미치는 영향을 조사하기 위해 우울감을 호소하는 노인 100명을 모집하였다. 이들 중 50명을 무작위로 선정하여 화요일에 요가강좌를 실시하고 이틀 후인 목요일에 100명을 대상으로 우울감 정도를 측정하였다.

① 요가강좌가 실험자극이다.
② 통제집단이 존재한다.
③ 요가강좌에 참여한 50명과 참여하지 않은 50명의 동질성을 확보하는 것이 중요하다.
④ 유사실험설계에서 사전조사가 생략되었다.
⑤ 내적 타당도 저해요인이 존재한다.

정답 및 해설

100명 중 50명을 무작위로 실험집단으로 선정하고, 사전조사 없이 요가강좌를 실시한 이틀 후 우울감 정도를 측정하였으므로 **통제집단사후검사설계**이다. 즉 **통제집단 사전사후검사설계에서 사전조사가 생략된 것**이다.

보충설명

① 실험자극은 독립변수로 프로그램인 요가강좌이다.
② 실험집단은 실험자극을 가하는 집단이고 통제집단은 실험자극을 가하지 않는 집단이다. **요가강좌에 참여하지 않은 50명이 통제집단**이다.
③ 연구대상자들을 실험집단(요가강좌에 참여한 50명)과 통제집단(참여하지 않은 50명)에 배정할 때 두 집단의 동질성을 확보하는 것이 중요하며, 이를 위해 무작위로 할당하는 것이다.
⑤ 사전조사를 하지 않기 때문에 종속변수의 측정결과가 단지 독립변수의 조작결과에 의한 것이라고 단정할 수 없다. 즉 내적 타당도 저해요인 중 **선정요인(Selection Factor) 또는 선택의 편의(Selection Bias)**가 존재한다.

답 ④

09 다음 연구설계에 관한 설명으로 옳지 않은 것은?

• 18회

> 노인복지관의 노노케어 프로그램 자원봉사자 40명을 무작위로 골라 20명씩 두 집단으로 배치하고, 한 집단에는 자원봉사 교육을 실시하고 다른 집단에는 아무런 개입을 하지 않았다. 10주 후 두 집단 간 자원봉사만족도를 비교·분석하였다.

① 사전조사를 실시하지 않아 내적타당도를 저해하지 않는다.
② 무작위 선정으로 내적타당도를 저해하지 않는다.
③ 통제집단을 확보하기 어려울 때 사용할 수 있는 설계이다.
④ 사전검사를 하지 않아도 집단 간 차이를 어느 정도 통제할 수 있다.
⑤ 통제집단 전후비교에 비해 설계가 간단하여 사회조사에서 많이 활용된다.

정답 및 해설

우선 '40명을 무작위로 골라'라는 것을 통해 순수실험설계인 것을 알 수 있다. 그리고, '20명씩 두 집단(실험집단과 통제집단)으로 배치하고, 한 집단(실험집단)에는 자원봉사자 교육을 실시하고 다른 집단(통제집단)에는 아무런 개입을 하지 않았다. 10주 후 비교·분석(사후검사)하였다.'는 것을 통해 **통제집단사후검사 설계**임을 알 수 있다.

오답풀이

③ 통제집단사후설계에서는 통제집단이 있다. 따라서 통제집단을 확보하기 어려울 때 사용할 수 있는 설계라는 것은 올바르지 않다. '다른 집단에는 아무런 개입을 하지 않았다'라는 문장이 나오는데 이때 **다른 집단은 통제집단**을 말한다. **통제집단(cotrol group)**은 독립변수(실험처치, 프로그램)를 작용시키지 않는 집단을 말한다.

답 ③

10 솔로몬 4집단설계의 특징으로 옳은 것은? • 5회

㉠ 설계의 타당도는 높으나 실험의 어려움이 있다.
㉡ 내적 타당도 저해요인은 계산하지 못한다.
㉢ 통제집단사전사후검사설계와 통제집단사후검사설계를 한꺼번에 한다.
㉣ 검사효과는 계산하지 못한다.

① ㉠, ㉡, ㉢
② ㉠, ㉢
③ ㉡, ㉣
④ ㉣
⑤ ㉠, ㉡, ㉢, ㉣

정답 및 해설

솔로몬 4집단설계는 통제집단사전사후검사설계와 통제집단사후검사설계를 결합한 설계로, ㉡ 내적 타당도 저해요인과 ㉣ 검사효과를 계산할 수 있다.

답 ②

11 솔로몬 연구설계에 관한 설명으로 옳은 것을 모두 고른 것은? • 10회

㉠ 4개의 집단으로 구성한다.
㉡ 사후측정만 하는 집단은 2개이다.
㉢ 검사와 개입의 상호작용효과를 도출할 수 있다.
㉣ 통제집단사전사후검사설계와 비동일비교집단설계를 합한 형태이다.

① ㉠, ㉡, ㉢
② ㉠, ㉢
③ ㉡, ㉣
④ ㉣
⑤ ㉠, ㉡, ㉢, ㉣

정답 및 해설

㉣ 솔로몬 연구설계는 통제집단사전사후검사설계와 통제집단사후검사설계를 결합한 설계로, 통제집단전후비교의 단점인 사전검사로 인한 영향을 통제하기 위하여 통제집단사전사후검사설계에 사전검사를 실시하지 않는 또 다른 실험집단과 통제집단을 추가한 설계이다.

보충설명

㉡ 통제집단과 실험집단 중에 각 한 집단에는 사전검사와 사후검사를 실시하고, **나머지 통제집단과 실험집단에는 사후검사만 실시한다.** 따라서 사전검사와 사후검사를 실시하는 집단은 2개이며, 사후측정만 하는 집단은 2개이다.

답 ①

12 검사효과(testing)를 통제할 수 있는 실험설계를 모두 고른 것은?

• 11회

㉠ 통제집단사전사후검사설계
㉡ 솔로몬 4집단설계
㉢ 비동일통제집단 설계
㉣ 통제집단사후검사설계

① ㉠, ㉡, ㉢
② ㉠, ㉢
③ ㉡, ㉣
④ ㉣
⑤ ㉠, ㉡, ㉢, ㉣

> **정답 및 해설**
>
> ㉡ 사전, 사후 검사의 변화 정도를 알고자 하지만 시험효과가 우려되는 경우 **솔로몬 4집단**을 실시한다.
> ㉣ **통제집단 사후검사 설계**는 사전검사를 실시하지 않으므로 검사효과를 통제한다.
>
> 답 ③

OIKOS UP 솔로몬 4집단설계

① 사전, 사후검사의 변화 정도를 알고자 하지만 시험효과가 우려되는 경우 솔로몬 4집단설계를 실시한다.
② 통제집단사전사후검사설계와 통제집단사후검사설계를 결합한 설계로, 통제집단전후비교의 단점인 사전검사로 인한 영향을 통제하기 위하여 통제집단사전사후검사설계에 사전검사를 실시하지 않는 또 다른 실험집단과 통제집단을 추가한 설계이다.
③ 실험집단이 2개이고, 통제집단이 2개이다.
④ 장 점
   ㉠ 각종 외생변수의 영향을 완전히 분리해 낼 수 있다. 즉 주효과, 주시험효과, 상호작용시험효과, 기타 외생변수효과를 완전히 분리해 낼 수 있는 큰 장점이 있다.
   ㉡ 하나의 실험집단과 비교집단에만 사전검사를 시행하기 때문에 시험(testing)효과를 통제할 수 있다.
   ㉢ 사전검사와 실험처리의 상호작용의 영향을 배제하기 때문에 외적 타당도를 높일 수 있다.
⑤ 단 점
   ㉠ 4개의 집단을 무작위 할당하기가 어렵고, 4집단을 관리하기도 곤란하다. 이와 같이 실험과정이 어렵고 복잡하며, 비용이 많이 들어 현실적으로 이용하는데 문제가 많아 실제로 잘 사용하지 않는다.
   ㉡ 집단선정 및 검사절차 등에 관련된 어려움과 노력에 비하면 실질적으로 얻는 이점은 크지 못하다.
   ㉢ 많은 실험 참가자들이 필요하고 실험을 두 번 해야 한다는 번거로움이 있다.
   ㉣ 집단 간의 격리가 잘 이루어질 수 없는 경우 효과적인 실험을 할 수가 없다.

13 다음 가설을 검증하기 위해 적합한 실험설계방식은?

• 10회

> ADHD 아동에게 프로그램 유형(놀이치료/음악치료)과 실시시기(낮시간/밤시간)를 달리함에 따라 개입의 효과가 달라질 것이다.

① 1회 검사사례설계
② 통제집단사후검사설계
③ 요인설계
④ 복수시계열설계
⑤ 단일집단 사전사후검사설계

> **정답 및 해설**
>
> **요인설계는** 독립변수가 두 개 이상일 때 적용되는 설계이다. 독립변수가 두 개 이상인 경우에는 이들 독립변수의 속성에 따라 할당행렬(quota matrix)을 만들고, 행렬상의 각 범주(category)에 따라 실험집단과 통제집단을 설정하고 개별독립변수와 종속변수 간의, 그리고 두개 이상의 독립변수가 상호작용하여 종속변수와 갖게 되는 인과관계를 검증하기 위한 설계이다.
>
> **답 ③**

14 요인설계(factorial design)에 관한 설명으로 옳지 않은 것은?

• 16회

① 집단비교 결과의 일반화 가능성이 높은 편이다.
② 독립변수의 속성에 따라 할당행렬을 만들고 행렬 상의 범주에 따라 집단을 설정한다.
③ 독립변수가 많을수록 요인설계를 활용하기 쉽다.
④ 주효과와 상호작용효과를 동시에 확인할 수 있다.
⑤ 분산분석(ANOVA)의 통계적 기법을 활용할 수 있다.

> **정답 및 해설**
>
> 요인설계는 고려해야 할 **독립변수의 수가 많은 경우,** 많은 범주가 생기게 되고, 그에 따라 많은 실험집단들이 만들어지게 되어 복잡하고 **시간과 비용과 인력이 많이 들게 되는 단점**이 있다.
>
> **보충설명**
>
> ① 한 개 이상의 독립변수가 개별적으로 또는 두 개 이상의 독립변수가 상호작용하면서 종속변수에 미치는 영향을 파악하는 것이므로 **조사결과의 일반화 정도가 높다.** 따라서 **높은 외적 타당도**를 갖게 된다.
> ② 독립변수가 두 개 이상인 경우에는 이들 독립변수의 속성에 따라 할당행렬을 만들고, 행렬상의 각 범주에 따라 실험집단과 통제집단을 설정한다.
> ④ 요인설계에서는 **두 가지 효과(주효과와 상호작용효과)**를 알아 볼 수 있다. **주효과(main effect)는** 하나의 독립변수가 종속변수에 미치는 직접적인 효과를 의미하는데, 요인설계에서는 두 개 이상의 독립변수가 있으므로 두 개 이상의 주효과를 알 수 있다. **상호작용효과(interaction effect)란** 한 독립변수의 효과가 다른 독립변수의 수준에 따라 달라지는 것을 말한다.
> ⑤ 요인설계에서 각 집단간의 차이는 분산분석(ANOVA)과 같은 통계적 기법을 활용하여 통계적 유의도를 파악한다.
>
> **답 ③**

15 단순 시계열(simple time-series)설계에 관한 설명으로 옳은 것은? •13회

① 실험효과를 파악하기 위해 개입 이후에는 1회만 관찰한다.
② 검사(test)와 개입의 상호작용 효과에 대한 통제가 용이하다.
③ 선실험(pre-experimental)설계 중 하나이다.
④ 통제집단을 포함하여 비교한다.
⑤ 종속변수의 변화를 추적·비교할 수 있다.

> **정답 및 해설**
>
> 단순시계열설계는 통제집단(비교집단)을 설정하기 곤란한 경우에 한 집단을 선택해서 **독립변수의 조작이나 독립변수의 노출 전에 여러 번 관찰(검사)**하고 독립변수 도입 후에 다시 여러 번 관찰하여 전후의 점수 또는 경향을 비교하는 것이다. 따라서, 종속변수의 변화를 추적·비교할 수 있다.
>
> **오답풀이**
> ① 실험변수를 노출시키기 전후에 일정한 기간을 두고 정기적으로 몇 차례의 결과변수에 대한 측정을 하는 방법이다.
> ② 동일대상에 대한 반복된 검사로 인한 검사(test)나 도구사용 효과가 강하게 나타날 수 있어 내적 타당도가 저해될 가능성이 있으며, 이에 대해 통제하기가 쉽지 않다. 즉 개입의 효과가 수많은 사전검사들을 실시해 본 집단에만 해당되는 효과가 아닌가라는 의심을 떨칠 수 있는 근거가 없다.
> ③ 유사실험설계(quasi-experimental design) 중 하나이다.
> ④ 단순시계열설계가 **통제집단을 사용하지 않으므로** 인해 내적 타당도가 저해되어 조사결과를 가지고 인과관계를 추론하기 어렵다.
>
> ⑤

16 다음과 같은 절차로 진행된 유사(준)실험설계의 특징으로 옳지 않은 것은? • 20회

> ○ 우울예방 프로그램에 참여할 하나의 집단을 모집함
> ○ 우울검사를 일정한 간격으로 여러 차례 실시함
> ○ 우울예방 프로그램을 진행함
> ○ 우울검사를 동일한 측정도구를 이용해 일정한 간격으로 여러 차례 실시함

① 통제집단을 두기 어려울 때 사용할 수 있다.
② 검사효과가 발생할 수 없다.
③ 정태적 집단비교설계(static-group comparison design)보다 내적 타당도가 높다.
④ 개입효과는 사전검사와 사후검사 측정치의 평균을 비교해서 측정할 수 있다.
⑤ 사전검사와 개입의 상호작용효과가 발생할 수 있다.

정답 및 해설

유사(준)실험설계 중 하나의 집단(실험집단)에 우울예방 프로그램 진행 전 여러 차례 측정(우울검사)하고 검사 후 다시 동일한 측정도구로 여러 차례 측정(우울검사)를 실시한 것을 통해 **단순 시계열**(simple time-series)**설계**인 것을 알 수 있다.

오답풀이
② 동일 대상에 대해 빈번한 조사를 실시해 **검사효과나 도구효과가 강하게 나타날 수 있다.**

보충설명
① 단순 시계열설계는 **통제집단을 설정하기 곤란한 경우 사용**할 수 있다.
③ **전실험설계**인 정태적 집단비교설계(static-group comparison design)보다 **유사실험설계**인 단순 시계열설계가 **더 내적 타당도가 높다.** **전실험설계**는 난선화에 의해 조사대상자가 선정되지 않고, 비교집단이 선정되지 않거나 선정되어도 집단간 동질성 확보가 되지 않으며, 독립변수의 조작에 의한 변화의 관찰이 한두 번 정도로 제한되어 있어 내적 및 외적 타당도 저해요인이 거의 통제되지 못한다.
④ 개입효과는 사전검사 측정치와 사후검사 측정치의 **절대값의 합을 비교**하거나 **평균치를 비교**하여 산정한다.
⑤ **사전검사와 개입의 상호작용효과를 통제하기 쉽지 않다.** 그 결과 개입의 효과는 수많은 사전검사를 실시해 본 집단에만 해당되는 효과가 아닌가 라는 의심을 떨칠 수 있는 근거가 없으며, 그 결과 사전검사를 받지 않은 일반 집단에로 확대 해석하려는 일반화에 한계로 작용한다.

 ②

17 다음의 내용은 어떠한 실험설계를 사용한 것인가? • 8회

> 40명의 아동이 신청한 언어치료프로그램에 먼저 신청한 20명에게는 프로그램을 시행하고 나머지 20명은 대기집단으로 프로그램을 시행하지 않았다. 두 집단을 사전-사후평가를 통해 비교하였다.

① 통제집단사후검사설계   ② 통제집단사전사후검사설계
③ 비동일통제집단설계   ④ 단순시계열설계
⑤ 복수시계열설계

🔹 **정답 및 해설**

지문의 내용은 **비동일통제집단설계**이다. 즉, 프로그램을 시행한 먼저 신청한 20명은 실험집단이며, 프로그램을 시행하지 않은 대기집단 20명은 통제집단이다. 각 집단의 구분이 무작위가 아닌 신청한 순서대로 임의적으로 이루어졌으며, 각 집단에 대해 사전검사와 사후검사를 실시하였다. **순수실험설계의 통제집단사전사후검사설계와 유사**하지만, 단지 무작위 할당에 의해 실험집단과 통제집단이 선택되지 않은 점이 다르다. **비동일이란** 말은 조사대상자가 실험집단과 통제집단에 무작위로 배치되지 않았기 때문에 통제집단의 초기 상태가 실험집단과 동일하지 않고 이질적일 가능성이 크다.

답 ③

18 다음에 해당하는 설계로 옳은 것은? • 17회

> 학교폭력 예방프로그램의 효과를 평가하기 위해 OO시 소재 중학교 중에서 학교와 학생들의 특성이 유사한 A학교와 B학교를 선정하였다. 두 학교 학생들을 대상으로 사전검사를 실시한 다음 A학교에서 학교폭력 예방프로그램을 실시한 후 다시 한 번 두 학교 학생들을 대상으로 사후검사를 실시하였다.

① 비동일 통제집단 설계   ② 통제집단 사후검사 설계
③ 정태적 집단(고정집단) 비교 설계   ④ 일회검사사례연구
⑤ 솔로몬 4집단 설계

🔹 **정답 및 해설**

학교폭력 예방프로그램을 실시한 A학교는 실험집단이며, 실시하지 않은 B학교는 통제집단이다. 실험집단인 A학교와 통제집단인 B학교 선정은 무작위할당이 아니라 비슷하다고 판단되는 집단을 임의적으로 하였다. 그리고, 두 집단에 대해 사전검사와 사후검사를 실시하였다. 이것은 유사실험설계 중 **비동일 통제집단 설계에 해당**한다.

답 ①

19 비동일비교집단설계(nonequivalent comparison groups design)에 관한 설명으로 옳지 않은 것은?
• 9회

① 사회복지실천 연구에 응용할 수 있다.
② 시계열설계와 달리 실험집단과 비교집단으로 구성된다.
③ 실험집단과 비교집단의 구분으로 모방효과를 통제할 수 있다.
④ 외부요인을 통제하기 위해 대상집단에 대한 연구자의 이해가 선행되어야 한다.
⑤ 무작위 방법으로 실험집단과 통제집단의 구성이 어려울 경우 사용하는 설계이다.

> **정답 및 해설**
>
> **비동일(non-equivalent)**이란 말은 조사대상자가 실험집단과 통제집단에 무작위로 배치되지 않기 때문에 통제집단의 초기 상태가 실험집단과 동일하지 않고 이질적일 가능성이 크다.
>
> **보충설명**
> ④ 비동질적인 두 집단의 선택에서 비롯된 다양한 외부 요인들의 설명을 통제하기 위해서는, 집단 간 차이에 대한 실천자(연구자)의 선험적이거나 직관적인 지식이 적절히 동원되어야 한다. 즉, 대상집단에 대한 실천자(연구자)의 깊이 있는 이해가 선행되어야 하는 것을 전제로 한다.
>
>   ③

20 다음 내용이 공통적으로 설명하는 조사설계는?
• 11회

○ 일회 사례연구보다 진일보한 설계이다.
○ 시간적 우선성과 비교의 기준이 존재한다.
○ 내적 타당도 저해요인을 통제하지 못한다.

① 통제집단사후검사설계
② 단일집단사전사후검사설계
③ 비동일통제집단설계
④ 플라시보통제집단설계
⑤ 통제집단사전사후검사설계

정답 및 해설

내적 타당도 저해요인을 통제하지 못하므로, 순수실험설계에 해당되는 ①, ④, ⑤는 제외된다. 유사실험설계에 해당되는 비동일통제집단설계의 경우 순수실험설계보다 내적 타당도가 저해되는 것은 사실이지만, 통제집단과 같은 역할을 하는 비교집단이 존재하므로 내적 타당도를 어느 정도 확보할 수 있다. 따라서 내적 타당도 저해요인을 가장 통제하지 못하는 것은 전실험설계인 단일집단사전사후검사설계이다. 비교집단이나 비교관찰값도 없이, 단 한 번의 측정으로 실험처치의 효과를 판단해야 하는 1회 사례연구보다 진일보한 설계라는 점에서도 단일집단사전사후검사설계가 해당된다. **단일집단사전사후검사설계는** 조사대상자에 대해 사전검사를 실시하고, 독립변수를 도입한 후 사후검사를 실시하여 독립변수 도입 전후 사전사후검사의 점수를 비교하여 인과관계를 추정하는 것이다.

 ②

21 다음 내용이 의미하는 조사설계는?   •13회

○ 비교를 위한 두 개의 집단이 있다.
○ 외부요인의 설명 가능성을 배제하기 어렵다.
○ 상관관계 연구와 유사한 성격을 지닌다.
○ 집단 간 동질성 보장이 어렵다.

① 정태(고정)집단 비교(static group comparison)설계
② 다중 시계열(multiple time-series)설계
③ 일회검사 사례(one shot case)설계
④ 플라시보 통제집단(placebo control group)설계
⑤ 통제집단 사후검사(posttest control group)설계

정답 및 해설

전실험설계(선실험설계) 중 **정태(고정)집단 비교(static group comparison)설계에 대한 설명**이다. 이는 비교를 위한 두 개의 집단이 있으며, 무작위 할당을 하지 않았으므로 집단 간 동질성 보장이 어렵고 외부 요인의 설명 가능성을 배제하기 어렵다. 또한 논리적으로 비실험설계의 상관관계설계와 비슷하다.

보충설명

② **다중 시계열(multiple time-series, 복수 시계열)설계는** 단순 시계열설계에 통집제단을 추가한 것으로, 비슷한 특성을 지니고 있는 두 집단을 택해서 실험집단에는 실험변수를 도입하기 전후로 여러 번 관찰하고, 통제집단에 대해서는 실험변수를 도입하지 않고 실험집단의 측정시기에 맞추어 관찰하여 종속변수의 변화상태를 비교하는 **유사실험설계**이다.
③ **일회검사 사례(one shot case)설계는** 단일집단에 대해 실험개입을 실시하고, 사후에 종속변수를 검사하는 **전실험설계(선실험설계)**이다.
④ **플라시보 통제집단(placebo control group)설계는** 통제집단 사전사후검사설계나 통제집단 사후검사설계에 플라시보 효과를 측정할 수 있는 한 집단을 추가로 배치하는 것으로 **순수실험설계**이다
⑤ **통제집단 사후검사(posttest control group)설계는** 통제집단 사전사후검사설계에서 사전검사를 실시하지 않는 **순수실험설계**이다.

 ①

22. 다음에서 설명하는 설계에 해당하는 것은?

• 22회

> 심리상담 프로그램이 시설입소노인의 정서적 안정감에 미치는 영향을 알아보기 위해 사전조사 없이 A요양원의 노인들을 대상으로 프로그램을 실시하였다. 프로그램 종료 후, 인구사회학적 배경이 유사한 B요양원 노인들을 비교집단으로 하여 두 집단의 정서적 안정감을 측정하였다.

① 비동일 통제집단 설계
② 정태적 집단비교 설계
③ 다중시계열 설계
④ 통제집단 사후검사 설계
⑤ 플라시보 통제집단 설계

정답 및 해설

심리상담 프로그램을 실시한 A요양원의 노인들은 실험집단이며, 프로그램 종료 후, 인구사회학적 배경이 유사한 B요양원은 통제집단(고정집단)에 해당된다. 통제집단에 해당되는 B요양원은 임의적으로 선정된 것이다. 실험집단(A요양원의 노인들)에 대해서는 독립변수(심리상담 프로그램) 도입 후 사후검사(정서적 안점감 측정)를 실시하고, 통제집단(B요양원의 노인들)에 대해서는 독립변수(심리상담 프로그램)를 도입하지 않고 사후검사(정서적 안정감 측정)를 실시한 것이다. 이는 전(선)실험설계에 해당되는 **정태적 집단비교설계**에 해당한다.

답 ②

OIKOS UP 정태(고정)집단 비교설계

① 전실험설계(선실험설계) 중 하나로 실험집단과 통제집단(고정집단)을 임의적으로 선정하고, 실험집단에 대해서는 독립변수 도입 후 사후검사를 실시하고, 통제집단에 대해서는 독립변수를 도입하지 않고 사후검사를 실시하는 것
  ㉠ 통제집단사후검사설계에서 무작위 할당만 제외된 형태
  ㉡ 사전에 실험집단과 통제집단으로 나누는 것 없이, 개입이 끝난 후 개입이 있었던 집단과 없었던 집단을 구분해서 두 집단 간 어떤 차이가 있었는지 살펴보는 방법
  ㉢ 비실험설계의 상관관계설계와 비슷하고 그것의 한 형태로 불리기도 함
② 한계점
  ㉠ 무작위 할당이 이루어지지 않아 양 집단의 초기 상태가 동일한지 여부는 알 수 없음
  ㉡ 선택의 편의가 발생하여 종속변수의 변화가 실험처지의 결과인지 판단할 수 없음. 즉 집단 간 차이에 대한 외부 요인의 설명 가능성을 전혀 배제하기 어려움

23. 실험설계에 관한 설명으로 옳지 않은 것은? • 15회

① 통제집단사후검사설계는 무작위할당으로 통제집단과 실험집단을 나누고 실험집단에만 개입을 한다.
② 정태적(static) 집단비교설계는 실험집단과 개입이 주어지지 않은 집단을 사후에 구분해서 종속변수의 값을 비교한다.
③ 비동일통제집단설계는 임의적으로 나눈 실험집단과 통제집단 간의 교류를 통제한다.
④ 솔로몬4집단설계는 통제집단사전-사후검사설계와 통제집단사후검사설계를 결합한 것이다.
⑤ 복수시계열설계는 실험집단과 통제집단에 대해 개입 전과 개입 후 여러 차례 종속변수를 측정한다.

> **정답 및 해설**
>
> **비동일통제집단설계**는 실험집단과 통제집단에 대한 구분이 임의적으로 이루어짐으로써 두 집단이 애초에 동질적인 집단으로 구성되었는지에 대한 설명이 약하다. 또한 두 집단 간의 교류 등을 통제하지 못하여 실험집단의 결과가 통제집단으로 모방되거나 확산되는 효과 등을 통제하지 못하는 어려움이 있다.
>
> **보충설명**
> ② 전(선)실험설계에 해당되는 **정태적 집단비교설계**는 실험집단과 통제집단을 임의적으로 선정하고, 실험집단에 대해서는 독립변수를 도입한 후 사후검사를 실시하고, 통제집단에 대해서는 독립변수를 도입하지 않고 사후검사를 실시한 후 양 집단 간의 사후검사 결과를 비교하는 것이다.
>
> 답 ③

24. 실험설계의 유형에 관한 설명으로 옳지 않은 것은?

• 19회

① 다중 시계열 설계(multiple time-series design)는 통제집단을 설정하지 않는다.
② 단일집단 사전사후검사 설계(one-group pretest-posttest design)는 검사효과를 통제하기 어렵다.
③ 통제집단 사후검사 설계(posttest-only control group design)는 사전검사의 영향을 배제할 수 있다.
④ 시계열 설계(time-series design)는 검사효과와 외부사건을 통제하기 어렵다.
⑤ 정태적 집단 비교설계(static group design)는 두 집단의 본래의 차이를 확인하기 어렵다.

정답 및 해설

단순시계열설계는 통제집단을 사용하지 않음으로 인해 우연한 사건(history) 등에 의해 내적 타당도가 저해되어 조사결과를 가지고 인과관계를 추론하기 어렵다. **다중시계열설계(multiple time-series design, 복수시계열설계)는 이러한 문제점을 개선하기 위해 단순시계열설계에 통제집단을 추가한 것**이다.

보충설명

② 단일집단 사전사후검사 설계(one-group pretest-posttest design)는 조사대상자에 대해서 **사전검사를 실시하고, 독립변수를 도입한 후 사후검사를 실시하기 때문에 검사효과를 통제하기 어렵다.**
③ 통제집단 사후검사 설계(posttest-only control group design)는 **사전검사를 실시하지 않으므로 사전검사의 영향을 배제할 수 있다.**
④ 이 문제에서 시계열 설계(time-series design)는 단순시계열설계를 의미한다. 시계열 설계는 **동일대상에 대해 빈번한 조사를 실시해서 검사효과가 강하게 나타날 수 있으며, 통제집단을 사용하지 않기 때문에 외부사건들의 영향일 가능성을 배제하지 못한다.**
⑤ 정태적 집단 비교설계(static group design)는 **무작위할당이 이루어지지 않아** 실험집단과 통제집단의 최초상태가 동일한지 여부는 명확히 파악될 수 없어 **선택의 편의(selection bias)가 발생**할 수 있다.

답 ①

MEMO

제12장

단일사례연구

제2영역 : 사회복지조사론

▶ 제12장 회차별 출제빈도, 출제비중 및 출제논점 1, 2, 3순위

10회 2012	11회 2013	12회 2014	13회 2015	14회 2016	15회 2017	16회 2018	17회 2019	18회 2020	19회 2021	20회 2022	21회 2023	22회 2024
1	–	1	1	(1)	1	1	1	1	1	–	2	1

출제 비중	출제 논점		
	1순위 ☺	2순위 ※	3순위 ☆
01 2	① 단일사례연구설계 종류: 다중요소설계(ABCD설계), 다중기초선 설계	① 단일사례연구의 기본구조 ② 단일사례연구의 특성	① 개입의 평가: 유의성 분석

---

01 단일사례연구에 관한 설명으로 옳지 않은 것은?   • 12회

① 단일사례로서 개인, 가족, 단체 등이 분석대상이다.
② 여러 명의 조사대상자들에게 개입시기를 다르게 하면 우연한 사건효과를 통제할 수 있다.
③ 기초선으로 성숙효과를 통제할 수 있다.
④ 측정을 위한 비관여적 관찰도 가능하다.
⑤ 비반응성 연구의 한 유형이다.

> **정답 및 해설**
>
> 비반응성 연구(비관여적 연구, 비개입적 연구)는 연구하고자 하는 사회현상에 영향을 끼치지 않은 상태에서 이루어지는 연구로, 간접관찰, 문헌연구, 2차 자료(secondary data)의 분석 등이 있다. 단일사례연구는 비반응성 연구에 해당하지 않는다.
>
> ✓ **보충설명**
> ② 여러 명의 조사대상자들에게 개입시기를 다르게 하는 것은 **우연한 사건효과를 통제**할 수 있게 한다. 즉, 하나의 개입 시점에서 우연히 외부 사건이 포함되어 개입에 영향을 줄 수 있지만, 모든 사례에서 매번 개입 시점마다 우연히 외부사건이 개입되어 있다고 말하기 어렵기 때문이다.
> ③ 개입하기 전의 단계인 기초선 단계에서 충분히 반복측정함으로써, 반복 측정을 통해 확인된 경향을 비교하여 **성숙효과나 통계적 회귀와 같은 외생요인을 통제**할 수 있다.
>
> 답 ⑤

---

02 단일사례연구에 관한 설명으로 옳지 않은 것은?   • 13회

① 개인과 집단뿐만 아니라 조직이나 지역사회도 연구대상이 될 수 있다.
② 외적 타당도가 높다.
③ 개입효과에 대한 즉각적인 피드백이 가능하다.
④ 조사연구 과정과 실천 과정이 통합될 수 있다.
⑤ 반복측정으로 통제집단 효과를 볼 수 있다.

> **정답 및 해설**
> 단일사례연구는 표집요소의 수가 하나이므로 조사결과를 일반화할 수 있는가의 문제인 **외적 타당도는 낮다**.
>
> ✓ **보충설명**
> ⑤ 단일사례연구는 별도로 통제집단을 갖고 있지 않고, 비교의 대상을 사례 내부에 갖고 있다. **개입 전의 반복측정된 결과를 통제된 상태로 보고 개입 중 또는 개입 후의 상태를 실험처치를 행한 후의 상태로 보아 개입 전과 개입 후를 비교**한다. 단일사례설계연구에서는 **기초선이 집단설계(실험설계)의 비교집단에 해당**되며, **측정횟수가 집단설계의 피실험자수에 해당**된다.
>
> 답 ②

03 단일사례연구에 관한 설명으로 옳지 않은 것은? • 16회

① 기초선 국면과 개입 국면이 있다.
② 연구대상과 개입방법은 여러 개가 될 수 없다.
③ 조사연구 과정과 실천 과정의 통합이 가능하다.
④ 경향과 변화를 파악하도록 반복 관찰한다.
⑤ 통계적 원리를 적용하여 분석할 수 있다.

> **정답 및 해설**
> 연구대상과 개입방법은 여러 개가 될 수 있다. **복수기초선(다중기초선) 설계의 경우 여러 연구대상**, 표적 문제, 세팅에 적용한다. 그리고, **ABCD설계(기초선→서로 다른 개입방법 사용단계)의 경우 하나의 기초선 자료에 대해서 여러 개의 각기 다른 개입방법들을 연속적으로 도입**한다.
>
> ✓ **보충설명**
> ① 모든 단일사례연구에는 두 가지의 기본적 국면이 있다. 하나는 개입 전 국면인 **기초선 국면(A)과 다른 하나는 개입 국면(B, 또 다른 개입 C, D)**이다.
> ③ 단일사례연구는 조사연구의 과정이 실천과정과 분리되지 않고 통합가능하다는 것이 중요한 특징이다. 기존의 연구는 대개 실천 개입이 끝난 후에야 그 결과를 두고 평가하는 데 사용되지만, 단일사례연구는 실천 개입이 계획되고 실행되는 과정 속에 포함되어져 개입의 효과성에 대한 지속적인 피드백 정보를 제공해 줄 수 있다. 이런 특성으로 인해 **직접 실천 서비스뿐만 아니라, 기획 및 행정분야에 종사하는 실천/연구자들에게도 매우 유용한 조사방법**이 되고 있다.
> ④ 단일사례연구는 **경향과 변화를 알 수 있도록 시계열적 반복관찰을 하는 것을 중요한 특성으로 삼고 있다**. 이와 같은 반복적 복수관찰은 개인전과 개입 도중 또는 개입 후에 이루어지므로 개입 전의 상태와 개입으로 인한 변화의 상태를 알 수 있는 자료를 제공한다.
> ⑤ **단일사례연구에서 개입결과에 대한 평가**는 크게 두 가지로 할 수 있다. 하나는 기초선부터 개입까지 관찰된 표적행동의 변화에 대한 자료를 나타낸 그래프의 형태를 시각적으로 평가하는 방법과 다른 하나는 **그래프에 나타난 자료의 분포를 통계적으로 분석(통계적 판단)**하는 것이다. 이 중 통계적 판단은 그래프로 나타난 자료를 통계학적 원리를 적용하여 분석함으로써 차이나 변화가 우연히 나타난 것인지 어떤 일정한 체계적 요인의 개입(독립변수)에 의해 나타난 것인지 판단하는 것을 말한다.
>
> 답 ②

04 단일사례설계 중 ABCD설계에 관한 설명으로 옳은 것을 모두 고른 것은?

• 10회

㉠ 기초선 형성 후 서로 다른 복수의 개입방법을 연속적으로 도입한다.
㉡ 우연한 사건은 개입효과에 영향을 미치지 않는다.
㉢ 서로 다른 개입방법의 효과성을 비교한다.
㉣ 다중기초선설계는 순서효과(order effect)를 통제할 수 있게 한다.

① ㉠, ㉡, ㉢
② ㉠, ㉢
③ ㉡, ㉣
④ ㉣
⑤ ㉠, ㉡, ㉢, ㉣

정답 및 해설

ABCD설계는 복수요소설계 혹은 다중요소설계라 한다. 이 설계는 하나의 기초선 자료에 대해서 여러 개의 각기 다른 개입방법들을 연속적으로 도입해 보는 것이다. 즉 하나의 기초선 자료에 대해서 여러 개의 각기 다른 방법(BCD)을 개입하는 방법이다. 이월효과, 순서효과, 우연한 사건과 관련된 제한점들이 있다.

오답풀이

㉡ ABCD설계에서 우연한 사건은 개입효과에 영향을 미친다.
㉣ 다중기초선설계는 AB설계와 동일한 과정을 여러 대상, 표적 문제, 세팅에 적용하는데, 기초선 단계는 동시에 시작하되 개입을 도입하는 시기를 달리하여, 그 효과가 서로 다른 대상, 표적문제, 세팅에서 개입시기에 맞추어서 나타나는지를 관찰하는 것이다. ABCD설계에서 나타나는 이월효과, 순서효과, 우연한 사건을 통제하기 위해서는 다른 클라이언트에게 같은 방법으로 결과를 측정하면서 다른 순서로 개입을 도입하며 개입을 재현하는 것이며, 또는 더욱 복잡한 다중요소설계를 하는 것이다.

답 ②

05 단일사례설계 중 다중기초선설계에 관한 설명으로 옳지 않은 것은? • 17회

① 내적타당도 저해요인을 통제하기 위한 주요 수단으로 개입의 철회를 사용한다.
② 일부 연구대상자에게 개입의 제공이 지연되는 문제를 갖는다.
③ 연구대상자의 수가 증가할수록 내적타당도는 증가한다.
④ 동일한 개입을 특정 연구대상자의 여러 표적행동에 적용하여 개입의 효과를 평가할 수 있다.
⑤ 수집된 자료의 분석을 위해 통계적 방법이 사용되기도 한다.

정답 및 해설

다중기초선설계(multiple baseline design, 복수기초선설계)는 복수의 AB설계들로 구성된 것으로, 여러 대상, 표적 문제, 세팅에 적용한다. 둘 이상의 기초선(A)과 개입단계(B)로 외부사건에 대한 통제를 시도한다. 둘 이상의 기초선을 설정하기 위해 개입을 철회(중단)하는 대신에 둘 이상의 기초선을 동시에 시작한다. ABAB 설계에서는 개입 도중에 기초선을 재확보하려고 개입을 철회(중단)했다가 나중에 다시 재개하는 등의 인위적인 개입 조작으로 비윤리성의 문제가 있지만, 다중기초선설계에서는 그런 문제가 없다는 것이 가장 큰 장점이다.

보충설명

② 각 기초선이 동시에 출발하더라도 **개입은 각 기초선의 서로 다른 시점에 도입**되기 때문에, 일부 연구대상자에게 개입의 제공이 지연되는 문제를 갖는다.
③ **대상자간 다중기초선설계의 경우** 특정 개입방법이 같은 상황에서 같은 문제를 가진 두 명 이상의 다른 대상자에게 적용될 때 그 개입방법은 효과가 있는지를 평가하기 위한 것이다. **같은 상황에서 같은 문제를 가진 다른 사람들에게 특정의 개입방법을 적용했을 때 기초선과 개입기간에 있어서 행동변화가 나타났다면** 이런 행동변화는 개입으로 인한 것이라는 확신(내적타당도)을 가질 수 있다. 이 때 연구대상자 수가 많을수록 내적타당도는 증가하는 것이다.
④ **문제간 다중기초선설계는** 하나의 특수한 개입방법이 같은 상황에서 같은 대상자의 다른 문제해결(다른 표적 행동)에 효과가 있는지를 평가하기 위한 것이다.
⑤ 개입의 유의성 분석을 위한 방법으로, 시각적 유의성, 통계적 유의성, 임상적 분석이 있다. 이 중 **통계적 유의성이** 통계적 방법을 사용하는 것으로, 평균비교와 경향적 접근이 있다.

답 ①

06 단일사례설계방법에 관한 설명으로 옳은 것은?

• 19회

① ABCD설계는 여러 개의 개입효과를 개별적으로 증명하기 위한 설계이다.
② AB설계는 외부요인을 충분히 통제할 수 있기 때문에 여러 유형의 문제에 적용가능하다.
③ 복수기초선설계는 기초선 단계 이후 여러 개의 다른 개입방법을 순차적으로 적용한다.
④ ABAB설계는 외부요인을 통제할 수 있어 개입의 효과를 확인할 수 있다.
⑤ 평균비교는 기초선이 불안정할 때 기초선의 변화의 폭과 기울기까지 고려하여 결과를 분석하는 방법이다.

정답 및 해설

ABAB설계는 AB의 과정이 한 번 더 반복되게 하여 **AB설계의 약점**이었던 개입 전후 시점에서의 외부 사건 가능성을 확인해 볼 수 있다는 장점이 있다. 즉, 첫 번째 AB과정에서 나타난 개입효과가 두 번째 AB과정에서도 나타난다면, 외부효과가 두 번이나 우연히 반복해서 나타났다고 설명하기 힘들 것이기 때문이다.

오답풀이

① **ABCD설계**는 하나의 기초선 자료에 대해서 **여러 개의 각기 다른 개입방법들을 연속적으로 도입**해 보는 것이다.
② AB설계는 개입 시점이 하나이기 때문에 그 시점에 우연히 다른 외부적 사건들이 동시에 관여해서 변화가 발생되었을 가능성을 배제하기 힘들다. 즉, **AB설계는 외부요인을 통제할 수 없다.** 또한, 외부요인을 충분히 통제할 수 있기 때문에 여러 유형의 문제에 적용가능한 것은 **복수기초선 설계**(multiple baseline design, 다중기초선 설계)이다.
③ 기초선 단계 이후 여러 개의 다른 개입방법을 순차적으로 적용하는 것은 **ABCD설계**이다.
⑤ **평균비교**는 기초선(A)에서 나타난 관찰값의 평균과 개입국면(B)에서의 평균값을 비교해 보는 방법이다. 기초선이 불안정할 때 기초선의 변화의 폭과 기울기까지 고려하여 결과를 분석하는 방법은 **경향선 접근**이다.

 ④

07 단일사례설계에 관한 설명으로 옳은 것을 모두 고른 것은? • 21회

㉠ BA설계는 개입의 긴급성이 있는 상황에 적합하다.
㉡ ABAC설계는 선행 효과의 통제가 가능하다.
㉢ ABAB설계는 AB설계에 비해 외부사건의 영향력에 대한 통제력이 크다.
㉣ 복수기초선디자인은 AB설계에 비해 외부사건의 영향력에 대한 통제력이 크다.

① ㉠, ㉡
② ㉡, ㉣
③ ㉢, ㉣
④ ㉠, ㉡, ㉢
⑤ ㉠, ㉢, ㉣

정답 및 해설

㉠ BA설계는 처음에 기초선기간을 설정하지 않고, 바로 개입단계(B)에 들어가고, 그 다음에 개입을 중단하는 기초선단계(A)를 갖는 설계이다. 따라서, 직접 개입단계에 들어감으로써 조속히 개입하여야 하는 개입의 긴급성이 있는 상황에 적합하다.
㉢ ABAB설계는 외생변수를 보다 효과적으로 통제하기 위해 제2기초선(A)과 제2개입단계(B)를 추가한 것이다. 따라서, AB설계에 비해 외부사건의 영향력에 대한 통제력이 크다.
㉣ 복수기초선디자인은 하나의 동일한 개입방법(AB설계)을 여러 문제, 여러 상황, 여러 사람들에게 적용하여 같은 효과를 얻음으로써 표적행동에 대한 개입효과를 추정하는데 신빙성을 높일 수 있다. 따라서, AB설계에 비해 외부사건의 영향력에 대한 통제력이 크다.

오답풀이

㉡ ABAC설계는 다중요소설계에 해당한다. 만약 C단계에서 개입의 효과가 나타나서 표적행동이 크게 변화하였다고 하더라도, 이전에 도입한 B단계의 프로그램은 필요하지 않다고 섣불리 결론을 내릴 수 없다. B단계의 프로그램의 효과가 이월되었을 수 있기 때문이다. 즉 ABAC설계는 선행 효과의 통제가 **불가능**하다.

답 ⑤

08 단일사례연구에 관한 설명으로 옳지 않은 것은?

• 22회

① 복수의 각기 다른 개입방법을 연속적으로 도입할 수 없다.
② 시계열설계의 논리를 개별사례에 적용한 것이다.
③ 윤리적인 문제가 발생할 수 있다.
④ 실천과정과 조사연구과정이 통합될 수 있다.
⑤ 다중기초선 설계의 적용이 가능하다.

정답 및 해설

복수의 각기 다른 개입방법을 연속적으로 도입할 수 **있다**. ABCD설계는 하나의 기초선 자료에 대해서 여러 개의 각기 다른 개입방법들을 연속적으로 도입해 보는 것이다.

보충설명

② 단일사례연구는 설계기법의 측면에서는 **유사실험설계에 속하는 시계열설계를 단일대상에 적용한 것이**라고 할 수 있다.
③ ABA설계와 같이 개입(B) 이후 개입의 효과를 평가하기 위한 목적으로 **개입을 중단 또는 철회(A)하는 것은 윤리적 문제**가 발생한다.
④ 단일사례연구는 **조사연구의 과정이 실천과정과 분리되지 않고 통합될 수 있다는 것**이 중요한 특징이다.
⑤ **다중기초선 설계**(multiple baseline design, 복수기초선설계)란 AB설계와 동일한 과정을 여러 대상, 표적 문제, 세팅에 적용하는 것이다.

답 ①

09 다음에서 설명하는 것은?

• 15회

> 단일사례설계에서 기초선이 불안정하게 형성되어 있는 경우, 기초선의 변화의 폭과 기울기까지 고려하여 결과를 분석한다.

① 평균비교
② 시각적 분석
③ 경향적 접근
④ 임상적 분석
⑤ 이론적 분석

정답 및 해설

단일사례설계로 도출되는 자료 결과는 시각적, 통계학적(평균비교, 경향선 접근), 임상적 분석(실용적 방법)을 써서 분석하고 해석된다. **경향선 접근**은 기초선이 불안정하게 형성되어 일종의 경사를 보이고 있을 때, 기초선의 변화의 폭과 기울기까지를 동시에 고려하는 방법이다. 경향선은 기초선에서 발생하는 변화를 기울기 경향으로 나타낸 것으로 개입이 없는 상태에서 자연스럽게 기초선이 연장된다면 어떤 결과가 나올 것인지를 보여주는 일종의 예측선이다.

보충설명

① **평균비교**는 기초선(A)에서 나타난 관찰값의 평균과 개입국면(B)에서의 평균값을 비교해 보는 방법으로, 개입국면(B)의 평균이 기초선(A)의 평균에서 얼마나 벗어나 있는지를 계산하고, 그 차이가 통계학적으로 의미 있는지를 판단하는 것이다.
② **시각적 분석(visual analysis)**은 기초선의 자료점과 개입 이후의 자료점에서 어떤 변화가 있는지를 확인하기 위해, 꺾은선 그래프 형태로 자료를 배열해 놓고 분석하는 방법이다.
④ **임상적 분석(실용적 분석)**은 변화의 크기를 임상적인 기준에서 판단해 보는 것이다. 문제의 특성에 대한 고려, 다른 케이스나 개입방법에서 보고되는 효과성과의 비교, 사례의 진행 과정에 대한 깊이 있는 전문적 이해 등을 통해 개입의 실천적 함의를 판단하는 것이다.

답 ③

10. 단일사례설계의 개입효과에 관한 설명으로 옳지 않은 것은? • 18회

① 개입 후 변화의 파동이 심하면 효과 판단이 어렵다.
② 기초선이 불안정할 경우 기초선의 경향선을 이용하여 통계적으로 개입효과를 판단한다.
③ 기초선에서 개입기간까지의 경향선을 통해 시각적으로 개입효과를 판단한다.
④ 기초선과 개입기간 두 평균값의 통계적 검증을 통해 개입효과를 판단한다.
⑤ 개입 후 상당한 기간이 지나 최초의 변화가 발생할 경우 개입효과가 있다고 판단한다.

정답 및 해설

개입 후 상당한 기간이 지나 최초의 변화가 발생할 경우 **개입효과가 없다고 판단**한다. 참고로 **개입(intervention)**이란 기존의 상태를 변화시키는 온갖 종류의 사건, 실험적 자극, 프로그램, 환경 변화 등을 포함하는 것으로, 실천가 입장에서 개입은 조사연구자의 관점에서는 **독립변수**가 된다.

보충설명

① **변화의 파동**은 관찰된 표적행동의 특성이 시간의 경과에 따라 파동을 일으키며 변화되는 정도를 말하는 것으로, 파동이 작으면 개입의 효과를 확실히 알 수 있다. 변화의 파동이 심한 경우 관찰의 횟수가 적으면 그 조사결과를 가지고 개입효과를 파악하는 것이 어렵기 때문에, 변화의 파동이 심한 경우는 관찰의 횟수가 많아야 변화의 일정한 유형을 판단할 수 있다.
② **통계적 접근 중 경향선 접근 방법**은 기초선이 불안정하게 형성되어 일종의 경사를 보이고 있을 때 기초선의 변화의 폭과 기울기까지를 동시에 고려하여 개입효과를 판단하는 것이다.
③ **시각적 유의성(시각적 분석)**은 기초선과 개입단계에서 그려놓은 그래프를 보면서, 개입 이전에 비해 개입 이후의 표적문제에서 눈에 띨만한 변화(파동, 경향, 수준을 고려)가 있었는지를 확인하는 것이다.
④ **통계적 접근 중 평균비교 방법**은 기초선(A)에서 나타난 관찰값의 평균과 개입국면(B)에서의 평균값을 비교해 보는 방법이다.

답 ⑤

11 단일사례설계의 결과 분석 방법에 관한 설명으로 옳지 않은 것은? • 21회

① 시각적 분석은 변화의 수준, 파동, 경향을 고려해야 한다.
② 통계적 분석을 할 때 기초선이 불안정한 경우 평균비교가 적합하다.
③ 평균비교에서는 평균과 표준편차를 함께 고려해야 한다.
④ 경향선 분석에서는 기초선의 측정값을 두 영역으로 나누어 경향선을 구한다.
⑤ 임상적 분석은 결과 판단에 주관적 요소의 개입 가능성이 크다.

> **정답 및 해설**
>
> 통계적 분석을 할 때 기초선이 불안정한 경우 **경향선 분석이** 적합하다. 경향선 분석은 개입의 효과를 평가하기 위해 기초선 변화의 경향을 개입기간 변화의 경향과 연결시켜 검토하는 것이다.
>
> **보충설명**
> ① 시각적 분석은 기초선과 개입을 그려 놓은 그래프를 보면서 개입 이전과 개입 이후의 표적행동들의 변화를 비교하여 개입의 효과를 분석하는 방법으로, 변화의 수준, 파동, 경향을 고려하여 파악한다.
> ③ 평균비교는 기초선(A)에서 나타난 관찰값의 평균과 개입국면(B)에서의 평균값을 비교해 보는 방법으로, 기초선을 기준으로 개입국면의 평균이 기초선의 평균보다 어느 정도(보통 표준편차가 ±2이상) 벗어나 있으면 통계학적으로 유의미하다(평균이 다르다)고 본다.
> ④ 경향선 분석은 기초선(A)의 관찰점을 전반부와 후반부로 절반 나누어 전반부의 평균과 후반부의 평균을 구해 두 점을 잇는 직선을 그어 개입 부분까지 연장하는 경향선을 긋는다.
> ⑤ 임상적 분석은 변화의 크기를 실질적이거나 임상적인 기준에서 판단해 보는 것으로, 결과 판단에 주관적 요소의 개입 가능성이 크다.
>
> 답 ②

제13장 질적 연구방법론

제2영역 : 사회복지조사론

▶ 제13장 회차별 출제빈도, 출제비중 및 출제논점 1, 2, 3순위

10회 2012	11회 2013	12회 2014	13회 2015	14회 2016	15회 2017	16회 2018	17회 2019	18회 2020	19회 2021	20회 2022	21회 2023	22회 2024
2	5	1	1	1	2	2	4	3	4	3	2	3

출제 비중	출제 논점		
	1순위 ☺	2순위 ※	3순위 ☆
12々	① 질적연구 특징(양적연구 비교) ② 질적연구에서의 표집	① 질적연구의 종류 ② 질적연구 시 특별한 고려 사항	① 질적연구의 엄격성을 높이는 전략 ② 삼각측량과 혼합연구

01 질적 조사로 보기 어려운 것은? • 17회

① 근거이론연구 ② 문화기술지연구
③ 솔로몬설계연구 ④ 내러티브연구
⑤ 현상학적연구

> **정답 및 해설**
> 질적 연구는 그 형태가 매우 다양한데, **근거이론연구(①), 문화기술지연구 또는 민속지학 연구(②), 내러티브연구(④), 현상학적 연구(⑤), 전기연구, 사례연구, 참여행동연구 등은 모두 질적 조사에 해당한다.**
>
> ✓ 오답풀이
> ③ 솔로몬설계연구는 **실험연구설계 중 진(순수)실험설계(Experimental Design)에 해당**한다. 실험연구설계는 관찰을 통하여 현상 내에 존재하는 독립변수와 종속변수를 구분하고, 외생변수를 엄격히 통제하여 그들간의 인과관계를 체계적으로 규명함으로써, 조사문제를 해결하는데 필요한 자료를 획득하는 과학적 조사설계이다.
>
> 답 ③

02 다음 중 질적 연구 방법에 대한 설명으로 맞는 것은? • 7회

① 자료수집 단계와 자료분석 단계가 명확히 구분된다.
② 구조화된 면접을 많이 활용한다.
③ 연역적 방법으로 자료를 분석한다.
④ 경험의 본질적 의미를 탐구한다.
⑤ 일반화 가능성이 높다.

정답 및 해설

질적 연구는 현상에 대한 **탐색과 기술이 주된 관심**이 된다. 무슨 일이 일어나고 있는지, 연구참여자들의 생활상, 그들의 생각 등을 묘사하고 보다 심도있게 이해할 수 있도록 기술하는 것이 특징이다.

오답풀이

① 연구절차가 덜 구조화되어 있고 자료수집 및 분석과정이 유연하고 직관적이다. 즉, 질적 연구에서는 조사에 필요한 절차나 단계를 사전에 엄격하게 결정하지 않으며, 연구자는 상황에 따라 적절한 방법을 채택해 나간다. 또한 연구자의 경험이나 직감 등에 의존하여 조사단계나 절차를 결정하고, 그것을 통해 새로운 설명개념들을 추출해 낸다.
② 구조화된 설문지를 사용하여 자료를 수집하는 양적 연구와 달리 연구자의 관찰과 통찰 등을 통해 자료를 수집하고 분석한다.
③ 현실에서 일어나는 경험적 자료들을 수집하고 분석함으로써 이로부터 이론을 도출하려는 귀납적 방법을 사용한다.
⑤ 일반화의 가능성이 낮다.

답 ④

03 질적 조사에 관한 설명으로 옳지 않은 것은? • 17회

① 실천, 이야기, 생활방식, 하위문화 등이 질적조사의 주제가 된다.
② 자연주의는 질적조사의 오랜 전통이다.
③ 확률표본추출방법이 사용될 수 있다.
④ 일반화 가능성이 양적조사보다 높다.
⑤ 현장연구라고 명명되기도 한다.

정답 및 해설

양적 조사에서도 일반화의 문제는 존재하지만, **양적 조사에 비해 질적 조사에 의해 도출된 이론은 널리 일반화되는 데 한계**가 있다. 그 이유는 질적 조사의 연구조사자가 하는 관찰과 측정은 개인적 성격을 가지고 있어서 다른 연구조사자에 의해 반드시 재현되지 않을 수 있다는 것이다. 또한, 특정한 집단에 관련한 경험을 깊게 다루기 때문에 그 집단에 대해서는 가장 적절한 설명이나 이론이 될 수 있지만 다른 집단에 대해서는 유보적이기 쉽다.

보충설명

① 질적 조사의 주제로 **실천(practice), 이야기(episodes), 역할(roles), 관계(relationships), 집단(groups), 조직(organizations), 부락(settlements), 사회적 세계(social worlds), 생활양식 또는 하위문화(lifestyles or subcultures)** 등이 된다. 실천(practice)은 다양한 종류의 행위를 말하며, 이야기(episodes)는 이혼, 범죄, 질병과 같은 다양한 사건을 말하며, 생활방식 또는 하위문화(lifestyles or subcultures)는 지배계급 또는 도시 하위계층과 같은 집단인 많은 수의 사람들이 생활에 적응하는 방법에 초점을 맞추는 것을 말한다.
② 질적 조사는 매일의 구체적인 생활이 실제로 자연스럽게 펼쳐질 때 생활을 관찰하는 것을 강조하기 위해 **자연주의적 연구조사(naturalistic research)**라고 한다.
③ 연구결과의 일반화를 극대화하기 위해, 양적 조사에서는 확률표본추출방법을 선호하고 질적 조사에서는 비확률표본추출방법을 선호하지만, **질적 조사에서 확률표본추출방법이 사용될 수는 있다.** 다만, 특정 개인이나 집단에 대해 연구자가 자신의 목적과 의도에 맞는 전형적인 표본을 선정하고자 하는 질적 조사에는 비확률표본추출방법이 최선의 표본추출방법이다.
⑤ 질적 조사는 다양한 이름으로 명명된다. **현장연구조사(Field Research, 현장조사)**, 근거 이론(grounded theory), 민속지(ethnography), 참여 관찰(participant observation), 현상학(phenomenology), 사례연구(case study), 행동 조사(action research) 등이다.

답 ④

04 질적 조사의 자료수집에 관한 설명으로 옳은 것은? • 17회

① 심층면접은 주요 자료수집 방법 중 하나이다.
② 연구자는 자료수집과정에서 배제되는 것이 원칙이다.
③ 완전관찰자로서의 연구자는 먼저 자료제공자들과 라포형성이 요청된다.
④ 가설설정은 자료수집을 위해 필수적 요건이다.
⑤ 표준화된 측정도구를 갖추어야 자료수집이 가능하다.

> **정답 및 해설**
>
> **심층면접(intensive interview)**은 면접시간이 길고, 따라서 그 내용도 깊다. 응답의 이유, 의견, 가치, 동기, 경험 등의 정보뿐 아니라 응답자의 비언어적 반응까지도 관찰이 가능하다. 질적 연구와 관련해서 실시되는 심층면접은 거의 전적으로 개방형이며 구조화되어 있지 않을 가능성이 많다.
>
> ✓ 오답풀이
> ② 질적 연구에서는 **연구자의 관찰과 통찰 등을 통해 자료를 수집하고 분석**하게 되므로, 연구자는 자료수집과정에서 배제되지 않는다.
> ③ **완전관찰자(complete observer)**는 관찰자로서의 신분을 노출시키지 않고 관찰대상과 어떠한 접촉이나 역할도 하지 않으면서 객관적인 제3자 입장에서 관찰하는 방법이다. 따라서, 완전관찰자로서의 연구자의 경우에는 자료제공자들과의 라포형성은 필요하지 않다.
> ④ 양적 연구에서는 연구자가 연구에 앞서 가설을 설정하고 그 가설을 검증하기 위해서 자료를 수집하고 분석하지만, **질적 연구에서는 연구에 앞서 가설을 설정하지 않고, 연구도중에 잠정적인 가설들이 부단히 형성, 기각, 수정**된다.
> ⑤ 질적 연구에서는 **유연성과 개방성에 기초한 제한되지 않은 다양한 정보의 수집이 중요**하기 때문에 표준화된 측정도구를 갖추어야 자료수집이 가능한 것은 아니다.
>
> 답 ①

05 질적 연구에 관한 설명으로 옳지 않은 것은? • 18회

① 풍부하고 자세한 사실의 발견이 가능하다.
② 문제에 대한 통찰력을 제공한다.
③ 연구참여자의 상황적 맥락 안에서 이루어진다.
④ 다른 연구자들이 재연하기 용이하다.
⑤ 현상에 대해 심층적으로 기술한다.

정답 및 해설

다른 연구자들이 **재연하기 용이하지 않다**. 즉, 질적 연구에서는 연구조사자가 하는 관찰과 측정이 개인적 성격을 갖고 있어서 다른 별개의 연구조사자에 의해 반드시 재현되지 않을 수 있는 결과가 나올 수 있다. 따라서, **조사결과를 일반화하는 데 어려움이 있다**.

✓ 보충설명

① 질적 연구는 **특정 문제나 현상에 대해 풍부하고 자세한 사실의 발견이 가능**하다. 그로 인해 양적 연구에 비해 결정주의나 환원주의적 성향이 적게 나타난다.
② 질적 연구는 문제에 대한 새로운 통찰력(시각)을 제공한다. 즉, 질적 연구에서 관찰은 부분적으로 특정한 관찰자에 의존하기 때문에 관찰은 **증명이나 진실보다는 문제에 대한 통찰력의 원천으로서 더 가치가** 있다.
③ 질적 연구는 **연구참여자의 상황적 맥락 안에서 이루어진다**는 점에서 **자연적**이다. 즉, 행동은 그 상황적, 환경적 맥락 안에서 관찰되어야 가장 잘 이해할 수 있다고 본다.
⑤ 질적 연구는 현상에 대한 탐색과 기술이 주된 관심이다. 무슨 일이 일어나고 있는지, **연구참여자들의 생활상, 그들의 생활 등을 묘사하고 보다 심도있게 이해할 수 있도록 기술**하는 것을 특징으로 한다.

답 ④

06 질적 연구에 관한 설명으로 옳은 것은? • 22회

① 변수중심의 분석이 이루어진다.
② 논리실증주의적 관점을 견지한다.
③ 인간행동의 규칙성과 보편성을 중시한다.
④ 모집단을 대표할 수 있는 표본을 추출한다.
⑤ 관찰로부터 이론을 도출하는 귀납적 방법을 활용한다.

정답 및 해설

질적 연구에서는 현실에서 일어나는 경험적 자료들을 수집하고 분석함으로써 이로부터 이론을 도출하려는 **귀납적 방법을 사용**한다. 반면에 양적 연구에서는 연역적 방법을 사용한다.

오답풀이
① 양적 연구에서는 연구자가 선택한 변수중심으로 분석이 이루어진다. 반면에 질적 연구에서는 변수를 일정수로 제한하지 않고 **고려할 가치가 있는 모든 변수들을 최대한 포함**시키려고 노력한다.
② 양적 연구는 논리실증주의적 관점을 견지하지만, 질적 연구는 **해석주의적 관점**을 견지한다.
③ 양적 연구는 인간행동의 규칙성과 보편성을 중시하지만, 질적 연구는 **인간행동의 가변성과 역동성**을 중시한다.
④ 양적 연구는 모집단을 대표할 수 있는 표본을 추출하지만, 질적 연구는 **모집단을 소규모로 설정하고 그 모집단 내의 모든 사례를 총체적으로 연구**하거나 양적 연구의 확률표집과는 성격이 다른 준거적 선택을 통해 연구사례를 선정한다.

 ⑤

---

07 근거이론(grounded theory) 접근을 채택한 연구에 관한 설명으로 옳지 않은 것은? • 9회

① 조사과정에서 조사자의 관점이 중요시 된다.
② 자료 분석을 통해 이론을 도출하는데 관심을 갖는다.
③ 연구결과의 일반화를 극대화하기 위해 확률표집이 선호된다.
④ 비구조화된 인터뷰와 관찰을 사용하므로 자료의 체계화가 중요하다.
⑤ 조사연구의 상황에서 조사자와 조사 대상자 간 상호작용이 반영될 수 있다.

정답 및 해설

근거이론 접근을 채택한 연구에 관한 설명은, 질적 연구에 대한 설명을 말하는 것이다.
③은 양적 연구방법에 해당하는 설명이다. **질적 연구에서는 비확률표집이 선호**되며, 작은 규모의 표본과 사례의 독특성 즉, 소수 사람의 생활을 면밀히 관찰해서 사회문제를 밝히며, 특히 잘 드러나지 않거나 주류에 속하지 않는 사람의 생활경험을 이해하려고 한다.

 ③

08 현장연구조사(field research)의 특성으로 옳은 것은? • 10회

① 모수(parameter)를 추정하는 것을 목적으로 한다.
② 원하는 변수를 미리 설정하여 측정한다.
③ 연구대상자를 자연적 상황에서 탐구할 수 있다.
④ 가설을 계량적으로 검증할 수 있다.
⑤ 장기간에 걸친 사회적 과정을 연구하는데 부적합하다.

정답 및 해설

현장연구조사는 질적 조사연구를 말하는 것으로 질적 연구의 특성에 해당하는 것은 ③번이다.

오답풀이
①, ②, ④번은 양적 조사에 해당하는 내용이다.

답 ③

09 양적 조사와 질적 조사의 사례로 옳지 않은 것은? • 10회

① 질적 조사 – 잠재적 클라이언트에 대한 심층면접을 실행하고 기록함
② 양적 조사 – 단일사례조사로 청소년들의 흡연횟수를 3개월 동안 주기적으로 기록함
③ 질적 조사 – 노숙인들과 함께 2주간 생활하면서 참여 관찰함
④ 양적 조사 – 초점집단면접을 통해 문제해결방안을 도출함
⑤ 질적 조사 – 사례연구의 기록을 분석하여 핵심적 개념들을 추출함

정답 및 해설

초점집단면접을 통한 문제해결방안 도출은 양적 조사가 아닌 질적 조사에 해당하는 것이다.

답 ④

10 질적 연구의 조사도구에 관한 설명으로 옳은 것을 모두 고른 것은? • 12회

㉠ 서비스평가에서 정성적 차원을 분석할 수 있다.
㉡ 양적 도구가 아니므로 신뢰도를 따질 수 없다.
㉢ 연구자 자신이 도구가 된다.
㉣ 구조화와 조작화의 과정을 거친다.

① ㉠, ㉡, ㉢ ② ㉠, ㉢
③ ㉡, ㉣ ④ ㉣
⑤ ㉠, ㉡, ㉢, ㉣

정답 및 해설

㉠ 양적 연구가 숫자로 측정하고 표현하는 정량적 차원을 분석한다면, **질적 연구는 계량화하기 어려운 정성적 차원**을 분석한다. 즉 **양적 연구**는 수량적, 계량화 가능성에 따라 연구의 영역이 결정되는 반면, **질적 연구**는 정성적 정보, 다의적이고 깊은 수준의 정보획득 가능, 계량화하기 어려운 매우 광범위하고 무제한적인 모든 영역의 연구가 가능하다.
㉢ 구조화된 설문지를 사용하여 자료를 수집하는 양적 연구와 달리 **질적 연구에서는 연구자의 관찰과 통찰 등을 통해 자료를 수집하고 분석**하게 된다. 질적 연구자는 자료수집도구로서 자신이 가지는 중요성을 인식하고 민감한 관찰도구로서 자신을 활용하기 위해 주의를 기울여야 한다.

오답풀이

㉡ **질적 연구에서도 신뢰도를 따질 수 있다.** 질적 연구자들은 서로 다른 관찰자들 간의 관찰결과의 일치도로서의 일관성이 아니라, 자료로서 그들이 기록하는 내용과 그 상황에서 실제로 일어나는 일 간의 일치되는 정도, 즉 자료의 정확성과 포괄성을 신뢰도로 간주한다.
㉣ 구조화와 조작화의 과정을 거치는 것은 양적 연구에서 이다. **질적 연구에서는 구조화하거나 조작화하지 않는다.** 현상의 체계를 단순하게 만들거나 범위를 제한하지 않고, 복잡한 현상을 가능한 '있는 그대로' 개방적인 상태에서 파악하려 한다.

답 ②

11 양적 연구방법에 관한 설명으로 옳은 것은?　• 13회

① 심층규명(probing)을 한다.
② 연구자의 주관성을 활용한다.
③ 선(先) 이론 후(後) 조사의 방법을 활용한다.
④ 연구도구로서 연구자의 자질이 중요하다.
⑤ 주로 사용되는 자료수집 방법은 면접과 관찰이다.

> **정답 및 해설**
> 양적 연구에서는 연구자가 연구에 앞서 가설을 설정하고 그 가설을 검증하기 위해서 자료를 수집하고 분석한다. 즉 선(先) 이론 후(後) 조사의 방법을 활용한다. 반면 질적 연구에서는 연구에 앞서 가설을 설정하지 않고, 연구도중에 잠정적인 가설들이 부단히 형성, 기각, 수정된다.
>
> ③

12 양적 연구와 비교한 질적 연구의 특성으로 옳지 않은 것은?　• 15회

① 연구자의 역할이 더 중요하다.
② 소수의 사례를 깊이 있게 관찰할 수 있다.
③ 연구결과의 일반화가 목표가 아니다.
④ 일반적으로 신뢰도가 더 높다.
⑤ 귀납적 추론의 경향이 더 강하다.

> **정답 및 해설**
> 질적 연구는 양적 연구에 비해 깊이 있는 정보를 얻을 수 있다. 따라서 양적 연구보다 **타당도가 더 높다**. 반면에 **질적 연구는 신뢰도 확보에 어려움**이 있다. 참고로 동일한 조건하에서 다른 연구들이 동일한 결과를 도출할 수 있는가에 대한 양적 연구의 신뢰도와는 다르게, 질적 연구에서의 신뢰도는 연구자가 기록하는 내용과 실제로 일어나는 상황 간에 일치되는 정도, 즉 자료의 정확성과 포괄성을 신뢰도로 간주하는 경향이 있으며 이를 확보하고자 한다.
>
> ④

13 양적 조사와 질적 조사의 비교로 옳지 않은 것은?   • 19회

① 질적 조사에 비하여 양적 조사의 표본크기가 상대적으로 크다.
② 질적 조사에 비하여 양적 조사에서는 귀납법을 주로 사용한다.
③ 양적 조사에 비하여 질적 조사는 사회현상의 주관적 의미에 관심을 갖는다.
④ 양적 조사는 가설검증을 지향하고 질적 조사는 탐색, 발견을 지향한다.
⑤ 양적 조사에 비하여 질적 조사는 조사결과의 일반화가 어렵다.

정답 및 해설

질적 조사에 비하여 양적 조사에서는 **연역법**을 주로 사용한다. 즉, 결과를 중시하는 **양적 조사**는 이론에서 연역적으로 가설을 도출해 자료를 통해서 검증한다면, 과정을 중시하는 **질적 조사**는 수집한 자료를 분석하여 이론을 산출해 내는 귀납법을 사용한다.

보충설명

① **양적 조사**는 많은 사례와 많은 변수들 간의 관계에 초점을 두지만, **질적 조사**는 적은 수의 사례에 대한 포괄적이고 다양한 자료들을 수집하여 심층적으로 이해를 하는 데 주된 초점을 둔다.
③ **양적 조사**는 계량적이고 객관적인 지표를 통해 사회현상의 구조를 개괄적으로 보여주는 반면, **질적 조사**는 사회현상의 주관적 의미에 관심을 갖는다. 질적조사는 연구자의 주관적 지각을 강조하기 때문에 사회현상을 관찰하고 해석할 때 주관성이 개입할 수밖에 없다고 본다.
④ **양적 조사**는 연구절차가 고도로 조직화되어 미리 설정한 가설의 검증(verification)을 지향하지만, **질적 조사**는 연구절차가 융통성이 있고, 탐색적이며, 수집된 자료에서 이론과 가설의 발견(discovery)을 지향한다.
⑤ **양적 조사**는 일반화가능성이 높지만, **질적 조사**는 일반화 가능성이 낮다고 평가된다. 즉 질적조사는 유연하고 깊이가 있지만 조사결과의 일반화가 어렵다.

  ②

14. '연장입양아동이 주관적으로 경험한 입양됨의 의미'와 같은 연구주제를 다룰 때 주로 사용되는 연구방법에 관한 설명으로 옳지 않은 것은?

• 11회

① 초기의 분석틀을 도중에 변경할 수 있다.
② 개방형 질문과 구조화 면접으로 심층정보를 얻는다.
③ 연구도구로서 연구자가 가진 자질이 중요하다.
④ 자료의 수집과 분석이 단계상 분명히 구분되지 않을 수 있다.
⑤ 연구자의 주관성이 개입될 수 있다.

> **정답 및 해설**
>
> 구조화된 면접이 아니라 **비구조화된 면접으로 심층정보**를 얻는다.
>
> **오답풀이**
> ④ 현장에서 자료수집과 동시에 분석이 진행된다.
>
> 답

OIKOS UP — 질적 연구의 특징

① 주관성 : 양적 연구에서는 객관적 세계의 존재를 기본 가정으로 하는 데 반해, 질적 연구에서는 연구자가 자신의 주관이 배제된 객관적 실재를 파악하는 것이 불가능하다고 본다.
② 기술적·탐색적 : 양적 연구에서 주로 변수들 간의 관련성이나 영향관계, 어떤 현상의 원인 등을 밝히고 설명하는 데 주된 초점이 있다면, 질적 연구는 현상에 대한 탐색과 기술에 주된 관심이 있다.
③ 총체적인 관점 : 질적 연구는 연구참여자의 세계, 시각 등을 총체적으로 살펴보려고 한다.
④ 자연적 : 질적 연구자는 연구참여자의 자연적인 상태를 있는 그대로 이해하고 묘사하고자 하며, 이를 위해 연구참여자들과 오랜 동안 지속인인 관계를 맺으면서 신뢰를 쌓고 이러한 신뢰를 바탕으로 연구참여자들의 자연스러운 생활상태에 근접하여 자료를 수집한다.
⑤ 귀납적 분석 : 양적 연구에서는 연역적 방법을 사용하지만, 질적 연구에서는 현실에서 일어나는 경험적 자료들을 수집하고 분석함으로써 이로부터 이론을 도출하려는 귀납적 방법을 사용한다.
⑥ 연구도구로서의 연구자
  ㉠ 구조화된 설문지를 사용하여 자료를 수집하는 양적 연구와 달리 질적 연구에서는 연구자의 관찰과 통찰 등을 통해 자료를 수집하고 분석하게 된다.
  ㉡ 질적 연구자는 자료수집도구로서 자신이 가지는 중요성을 인식하고 민감한 관찰도구로서 자신을 활용하기 위해 주의를 기울여야 한다.
  ㉢ 조사자(연구자)가 2명 일 때에는 상이한 배경을 가진 자로 하는 것이 연구자가 가진 편견을 명확히 하는 데 유리하다.
⑦ 연구절차의 유연성 : 질적 연구는 양적 연구에 비해 연구절차가 덜 구조화되어 있고 자료수집 및 분석과정이 유연하고 직관적이다.
⑧ 결과에 이르는 과정에 관심 : 질적 연구자들은 결과나 산물에 관심을 갖기 보다는, 그 결과에 이르는 과정에 더 많은 관심을 기울인다.
⑨ 작은 규모의 표본과 사례의 독특성 : 소수 사람의 생활을 면밀히 관찰해서 사회문제를 밝히며, 특히 잘 드러나지 않거나 주류에 속하지 않는 사람의 생활경험을 이해하려고 한다.

15 사회과학에서 추천되는 패러다임 중의 하나인 해석주의(interpretivism)에 관한 설명으로 옳은 것을 모두 고른 것은?
• 10회

㉠ 말이나 행위의 사회적 맥락을 고찰한다.
㉡ 일반화를 전개하는 것이 중시된다.
㉢ 개인의 일상경험을 해석하고 이해하는 것이 목적이다.
㉣ 현상의 원인을 객관적으로 측정한다.

① ㉠, ㉡, ㉢
② ㉠, ㉢
③ ㉡, ㉣
④ ㉣
⑤ ㉠, ㉡, ㉢, ㉣

정답 및 해설

해석주의에 관한 설명은, 곧 질적 연구에 대한 설명으로 ㉠, ㉢의 내용은 옳다.

오답풀이
㉡, ㉣은 실증주의 즉, 양적 연구방법에 대한 설명이다.

답

16 실증주의와 해석주의에 관한 설명으로 옳지 않은 것은?
• 11회

① 해석주의는 주로 언어를 분석대상으로 활용한다.
② 실증주의는 흔히 경험주의라고도 불린다.
③ 해석주의는 현상에 대한 직접적 이해가 가능하지 않다고 본다.
④ 실증주의는 객관적 실재가 독립적으로 존재한다고 본다.
⑤ 해석주의는 보편적으로 적용 가능한 분석도구가 존재한다고 본다.

정답 및 해설

해석주의는 보편적으로 적용 가능한 분석도구가 존재한다고 보지 않는다.

답

17 인식론에 관한 설명으로 옳지 않은 것은?

• 13회

① 실증주의는 경험적 관찰을 통해 이론을 재검증한다.
② 해석주의는 사회적 행위의 주관적 의미에 대한 이해를 강조한다.
③ 실증주의는 적은 수의 표본으로 결과를 일반화하는 것은 무리라고 주장한다.
④ 해석주의는 주로 언어를 분석 대상으로 활용한다.
⑤ 실증주의는 연구자의 가치나 태도 활용을 강조한다.

> **정답 및 해설**
>
> **연구자의 가치나 태도 활용을 강조하는 것은 해석주의**이다. 실증주의 연구자는 연구가 결코 정치적, 이데올로기적 가치로부터 완전히 자유로울 수 없음을 알고 있지만, 한 개인의 연구결과에 미치는 가치관의 영향을 줄이는 논리적 장치와 관찰기법을 활용할 수 있다고 믿는다.
>
> 답 ⑤

18 실증주의에 관한 설명으로 옳지 않은 것은?

• 17회

① 인간행위를 예측할 수 있는 확률적 법칙을 강조한다.
② 과학과 비과학을 철저히 구분하려 한다.
③ 관찰결과의 일반화 가능성을 강조한다.
④ 연구결과를 잠정적인 지식으로 간주한다.
⑤ 사회적 행동을 행위자의 입장에서 이해하려 한다.

> **정답 및 해설**
>
> 사회적 행동을 행위자의 입장에서 이해하려 하는 것은 **해석주의**이다. 개인의 일상경험, 깊은 의미와 느낌, 그리고 그들 행동에 대한 특유한 이유를 설명하려 하면서 **사람들이 마음속으로 어떻게 느끼는지에 대한 감정이입적 이해**를 얻고자 한다. 즉, 연구대상자의 눈을 통해 그들의 세상을 보려는 시도를 하여 개인의 말 또는 행동의 주관적 의미와 사회맥락을 더 깊이 조사하기를 원한다.
>
> 답 ⑤

19 실증주의의 특징과 가장 거리가 먼 것은? • 20회

① 이론의 재검증
② 객관적 조사
③ 사회현상의 주관적 의미에 대한 해석
④ 보편적이고 적용가능한 통계적 분석도구
⑤ 연구결과의 일반화

> **정답 및 해설**
>
> 사회현상의 주관적 의미에 대한 해석은 **해석주의 또는 해석주의 인식론에 기반을 둔 질적연구방법의 특징**이다. 해석주의는 인간의 사회적 행동이 다른 사람에게 주는 의미를 해석하고 감정이입을 통해 다른 사람의 내면을 깊이 있게 이해하는 데 초점을 둔다.
>
> ✅ **보충설명**
> 경험적 관찰을 통해 이론을 재검증(①), 객관적 실재가 독립적으로 존재하며 객관적 조사 가능(②), 보편적 적용 가능한 분석도구 존재(④), 연구결과의 일반화(⑤)는 **실증주의 또는 실증주의 인식론에 기반을 둔 양적 연구방법의 특징**이다.
>
> 답 ③

20 다음은 어떤 연구에 관한 설명인가? • 11회

○ 연구자가 연구대상자보다 우위에 있다는 암묵적 가정에 도전한다.
○ 연구대상자는 자신의 문제와 해결책을 스스로 정의한다.
○ 연구대상자는 연구설계에 주도적 역할을 수행한다.

① 현상학(phenomenology)
② 문화기술지(ethnography)
③ 근거이론(grounded theory)
④ 참여행동연구(participatory action research)
⑤ 내러티브탐구(narrative inquiry)

> **정답 및 해설**
>
> **참여행동연구(participatory action research : PAR)**에서 연구자들의 기능은 연구대상자들에게(전형적으로 불이익집단들) 하나의 자원으로서 기능하는 것인데, 연구대상자들이 자신들의 이해에 맞게 효과적으로 행동하는 기회를 주는 것이다. 연구대상자들은 자신들의 문제와 바람직한 해결책을 정의하고, 그들의 목표를 실현시키는 데 도움이 될 연구를 설계하는 데 주도적인 역할을 수행한다.
>
> 예 UN 식량·농업단체의 주민참여 프로그램을 들 수 있는데, 이 프로그램은 지역주민이 작은 자조집단을 만들고 자원을 이용함으로써 그들의 목적을 달성할 수 있음을 보여주었다. 이 프로그램에서는 약 130명의 집단도우미가 8~15명의 소집단을 만들어 문제인식과 대화, 토론, 교육 등을 통해 스스로 의사결정을 하고, 임파워먼트를 통해 자율적으로 문제(빈곤)를 해결해 나가도록 유도하였다.
>
> 답 ④

21. 다음의 연구에서 활용한 질적 연구방법에 관한 설명으로 옳은 것은? • 21회

A사회복지사는 가정 밖 청소년들의 범죄피해와 정신건강의 문제를 당사자의 관점에서 이해하고 주체적으로 해결하기 위해 연구를 시작하였다. 연구에 참여한 가정 밖 청소년들은 A사회복지사와 함께 범죄피해와 정신건강과 관련된 사회 구조적인 문제를 해결하기 위한 다양한 방안들을 스스로 만들고 수행하였다.

① 개방코딩-축코딩-선택코딩의 방법을 활용한다.
② 범죄피해와 정신건강을 설명하는 이론 개발에 초점을 둔다.
③ 단일사례에 대한 깊이 있는 분석에 초점을 둔다.
④ 관찰대상의 개인적 설화(narrative)를 만드는 것에 초점을 둔다.
⑤ 사회변화와 임파워먼트에 초점을 둔다.

정답 및 해설

주어진 사례의 연구에서 활용한 질적 연구방법은 **참여행동연구**이다. 참여행동연구는 문제인식과 해결과정에서 조사자(연구자)와 참여자(연구대상자)가 함께 문제를 분석(해결)하는 조사방법이다. 참여행동연구의 목적은 **사회변화와 임파워먼트**로, 단순히 지역사회문제나 현실을 밝히는 데 그치지 않고 급진적인 변화를 이루는 데 있다.

보충설명
① 개방코딩-축코딩-선택코딩의 방법을 활용하는 것은 **근거이론**이다.
② 범죄피해와 정신건강을 설명하는 이론 개발에 초점을 두는 것은 **근거이론**이다.
③ 단일사례에 대한 깊이 있는 분석에 초점을 두는 것은 **사례연구**이다.
④ 관찰대상의 개인적 설화(narrative)를 만드는 것에 초점을 두는 것은 **생애사**이다.

답 ⑤

22 근거이론에서 다음 설명에 해당하는 것은? • 16회

○ 이론을 통합시키고 정교화하는 과정으로 이론적 포화(theoretical saturation)와 변화범위(range of variability)에 대한 작업을 진행한다.
○ 주로 근거이론 코딩의 마지막 단계로 모형 내 범주들의 관계를 진술하는 명제를 구체화하거나 범주들을 통합하는 이야기를 서술한다.

① 선택(selective)코딩 ② 자료(data)코딩
③ 축(axial)코딩 ④ 개방(open)코딩
⑤ 역(reverse)코딩

정답 및 해설

근거이론에서 자료해석 방법의 핵심인 **코딩(coding)**은 자료를 해체하고, 개념화 그리고 새로운 방법으로 다시 조합하는 작업으로 이것은 자료로부터 이론을 도출하는 핵심과정이다. 코딩에는 **개방코딩(open coding), 축코딩(axial coding), 그리고 선택코딩(selective coding)의 세 가지 과정**이 있으며, 주로 근거이론 코딩의 마지막 단계는 **선택코딩(selective coding)**이다.

답 ①

23 다음에서 설명하는 근거이론의 분석방법은? • 19회

수집된 자료에서 나타난 범주들 간의 관계를 파악하기 위해 범주들을 특정한 구조적 틀에 맞추어 연결하는 과정이다. 중심현상을 설명하는 전략들, 전략을 형성하는 맥락과 중재조건, 그리고 전략을 수행한 결과를 설정하여 찾아내는 과정이다.

① 조건 매트릭스 ② 개방코딩
③ 축코딩 ④ 괄호치기
⑤ 선택코딩

정답 및 해설

질적연구방법의 하나인 근거이론은 **개방코딩, 축코딩, 선택코딩의 절차적 방법을 이용**하여 자료분석을 하고 이를 통해 자료로부터 의미 있는 구조를 도출해 낸다. 1 **개방코딩**이 자료를 검토하여 현상을 명명하고 범주화시키는 분석과정이라면, 2 **축코딩**은 중심이 되는 현상을 축으로 각 범주들 간의 관계를 보다 포괄적으로 설명하기 위해 인과적 상황, 중심현상, 맥락적 조건, 중재적 조건, 작용/상호작용 전략, 결과라는 근거이론의 틀에 맞추어 분석한다. 마지막 단계인 3 **선택코딩**은 이론을 통합시키고 정교화하는 과정으로 이론적 포화와 변화범위에 대한 작업을 진행하며, 모형 내 범주들의 관계를 진술하는 명제를 구체화하거나 범주들을 통합하는 이야기를 서술한다.

답 ③

24 근거이론의 분석방법에서 축코딩(axial coding)에 관한 설명으로 옳은 것은?

• 20회

① 추상화시킨 구절에 번호를 부여한다.
② 개념으로 도출된 내용을 가지고 하위범주를 만든다.
③ 발견된 범주의 속성과 차원을 고려하여 유형화를 시도한다.
④ 이론개발을 위해 핵심범주를 중심으로 다른 범주와의 통합과 정교화를 만드는 과정을 진행한다.
⑤ 발견된 범주를 가지고 중심현상을 중심으로 인과적 조건을 만든다.

정답 및 해설

축코딩에서 발견된 범주를 가지고 연구자는 관심사의 중심현상이 되는 한 범주를 확인하고, **중심현상에 영향을 주는 인과적 조건들**, 현상을 설명하는 전략들, 전략을 형성하는 맥락과 중재조건들, 전략을 수행한 결과들을 연결한다.

오답풀이

① 추상화시킨 구절에 번호를 부여하는 것은 **개방코딩**이다.
② 개념으로 도출된 내용을 가지고 하위범주를 만드는 것은 **개방코딩**이다.
③ 발견된 범주의 속성과 차원을 고려하여 유형화를 시도하는 것은 **개방코딩**이다.
④ 이론개발을 위해 핵심범주를 중심으로 다른 범주와의 통합과 정교화를 만드는 과정을 진행하는 것은 **선택코딩**이다.

답 ⑤

OIKOS UP 근거이론의 코딩(곽영순, 2014 ; 고미영, 2012 ; 이효선 외, 2005)

스트라우스와 코빈(Strauss and Corbin)이 제시한 자료 분석절차로서 개방코딩(open coding), 축코딩(axial coding), 그리고 선택코딩(selective coding)의 세 가지 과정이 있다.

① 코딩(coding)은 자료를 해체하고, 개념화 그리고 새로운 방법으로 다시 조합하는 작업으로 이것은 자료로부터 이론을 도출하는 핵심과정이다.
② 개방코딩으로 시작해서 축코딩 과정을 거쳐 선택코딩에 이르는 과정이 반드시 엄격한 연속적 방법으로 지켜져야 하는 것을 의미하지는 않는다.

코딩 단계	설 명
개방코딩 (open coding)	• 수집된 자료를 바탕으로 개념을 만들어 내고, 개념들을 묶어주는 더 포괄적인 범주를 만들고, 동시에 개념과 범주에 이름을 붙여나간다. • 자료 검토를 통해 현상에 이름을 붙이고 범주화시키는 분석의 한 부분으로, 범주화와 부호화는 개념을 만들며 근거이론의 기본 골격을 쌓는 기초작업이다.
축코딩 (axial coding)	• 개방코딩을 통해 도출되었던 범주들을 원자료와 함께 재검토하면서 좀 더 추상화된 범주를 만들고, 범주들 간의 관계 혹은 가설을 엮어보면서 핵심개념(혹은 중심현상)을 발견해 낸다. • 각 범주들 간의 관계를 보다 포괄적으로 설명하기 위해 인과적 상황, 중심현상, 맥락적 조건, 중재적 조건, 작용/상호작용 전략, 결과라는 근거이론의 틀에 맞추어 분석하고 시간의 흐름에 따라 작용/상호작용을 순서적으로 연결하여 과정분석을 실시한다.
선택코딩 (selective coding)	• 핵심개념을 다시 다른 개념이나 범주들과 연결해 보면서 이론화를 시도하는 것으로, 최초의 이론적 형태를 형성하기 위해 개발된 범주의 통합을 수반한다. • 이론을 통합시키고 정교화하는 과정으로 이론적 포화(theoretical saturation)와 변화 범위(range of variability)에 대한 작업을 진행하며, 모형 내 범주들의 관계를 진술하는 명제를 구체화하거나 범주들을 통합하는 이야기를 서술한다.

25 질적연구방법과 적절한 연구 주제가 바르게 연결된 것을 모두 고른 것은? • 18회

> ㉠ 현상학 – 늙어간다는 것이 어떤 의미인지를 이해할 수 있다.
> ㉡ 참여행동연구 – 이혼 가족이 경험한 가족해체 사례를 심층적으로 이해할 수 있다.
> ㉢ 근거이론 – 지속적 비교 기법을 통해 노인의 재취업경험을 이론화할 수 있다.
> ㉣ 생애사 – 위안부 피해자 할머니 삶의 중요한 사건을 이해할 수 있다.

① ㉠, ㉡
② ㉡, ㉢
③ ㉢, ㉣
④ ㉠, ㉢, ㉣
⑤ ㉠, ㉡, ㉢, ㉣

정답 및 해설

㉠ 현상학은 개인의 주관적인 경험의 본질과 의미에 초점을 두는 것으로, 연구자는 연구참여자들을 그들 자신들의 관점에서 이해하려고 한다. 따라서 '늙어간다는 것이 어떤 의미인지를 이해할 수 있다.'는 적절한 연구주제이다.

㉢ 근거이론은 귀납적인 과정을 거쳐 현실적인 자료에 근거하여 개발된 이론으로, 체계적으로 수집되고 분석된 자료를 지속적으로 상호 비교·검토함으로써 어떤 이론을 추출하는 방법이다. 따라서 '지속적 비교 기법을 통해 노인의 재취업경험을 이론화할 수 있다.'는 적절한 연구주제이다.

㉣ 생애사는 개인 혹은 특정 집단의 생애(일생 동안)적 역사에 대하여 시간대 혹은 순서대로 기록하고, 유추하고, 분석하는 연구방법이다. 따라서 '위안부 피해자 할머니 삶의 중요한 사건을 이해할 수 있다.'는 적절한 연구주제이다.

오답풀이

㉡ 참여행동연구는 문제인식과 해결과정에서 조사자(연구자)와 참여자(연구대상자)가 함께 문제를 분석(해결)하는 조사방법이다. '이혼 가족이 경험한 가족해체 사례를 심층적으로 이해할 수 있다.'는 사례연구에 적절한 연구주제이다. 사례연구란 조사자가 단일사례를 연구하거나 복합적인 사례에 초점을 맞추어 다각적이고 심층적인 분석을 하는 것이다.

답 ④

26 다음 중 질적 연구와 가장 거리가 먼 것은? •20회

① 문화기술지(ethnography)연구
② 심층사례연구
③ 사회지표조사
④ 근거이론연구
⑤ 내러티브(narrative)연구

> **정답 및 해설**
>
> **사회지표조사(social indicator analysis)**는 욕구조사를 위한 주요 자료수집방법 중 하나로, 지역사회에 대한 기존 통계를 이용하여 그 지역의 욕구를 파악하는 방법이다. 즉, 일정한 지역이나 대상집단의 생활상태나 문제에 관한 공공기록문서와 보고서(예 보건복지부자료, 인구조사자료 등)에 기록된 통계자료를 바탕으로 욕구를 추정하는 방법이다.
>
> **보충설명**
>
> 질적 연구의 종류에는 문화기술지(ethnography)연구(①), 심층사례연구(②), 근거이론연구(④), 내러티브(narrative)연구(⑤) 또는 생애사 연구, 현상학적 연구가 있다.
> ① **문화기술지(ethnography, 민속지학)연구**는 연구자가 현지에 몸소 들어가 장기간 체류하면서 현지 언어로 의사소통하고 현지인들의 일상생활에 다양한 방식으로 참여관찰하는 체험을 근간으로 행해지는 연구방법이다.
> ② **심층사례(case study)연구**는 하나의 사건, 현상, 사회적 단위에 대한 집중적이고 전체적인 설명과 분석을 하는 연구방법이다.
> ④ **근거이론(grounded theory)연구**는 수집된 자료를 근거로 하여 이론의 체계, 과정, 실행 혹은 실질적인 주제에 관한 상호작용 등을 설명하는 이론을 개발하는 연구방법이다.
> ⑤ **내러티브(narrative)연구**는 이야기를 통해 인간의 경험을 탐구하는 연구방법으로, 연구절차는 한 두 사람에 초점을 맞추어 그들의 이야기를 수집함으로써 자료를 모으고, 개별적인 경험들을 보고하고, 이런 경험들의 의미를 연대기적으로 나열하거나 생애주기 단계를 사용하는 것으로 구성된다.
>
> 답 ③

27 질적 연구방법과 양적 연구방법을 통합하는 혼합연구에 관한 설명 중 옳은 것은? •8회

㉠ 다각화(triangulation)를 할 수 있다.
㉡ 질적 연구로 양적 연구결과의 심층적 의미를 파악할 수 있다.
㉢ 질적 연구결과와 양적 연구결과는 서로 보완적 관계를 갖는다.
㉣ 연구순서상 양적 연구방법을 질적 연구방법보다 먼저 시행해야 한다.

① ㉠, ㉡, ㉢ ② ㉠, ㉢
③ ㉡, ㉣ ④ ㉣
⑤ ㉠, ㉡, ㉢, ㉣

> **정답 및 해설**
>
> ㉠ **다각화(triangulation)**란 여러 가지 관점에서 조사대상의 의미를 파악하기 위한 방법으로 연구자나 연구대상자의 주관적 판단이나 오류를 완화하기 위한 것이다. 즉 양적 연구와 질적 연구방법을 혼합함으로써 복잡한 현상이나 사건에 대한 의미를 보다 복수의 관점에서 명확하게 파악할 수 있다.
> ㉡ 양적 연구가 제한된 체계에서 사소하거나 예외적인 현상들을 배제하고 단순화시켜 현상을 파악하는 반면, 질적 연구는 복잡한 현상을 가능한 있는 그대로 개방적인 상태에서 파악하려 한다. **질적 연구를 통해 양적 연구결과의 심층적 의미를 파악할 수 있는 것이다.**
> ㉢ 질적 연구와 양적 연구는 직선적 관계가 아닌 **상호보완적인 순환적 관계**이다.
>
> ✓ 오답풀이
> ㉣ 연구순서에서 양적 연구를 꼭 우선할 필요성은 없다. **연구 주제와 내용에 따라 적합한 연구방법을 선택**하면 된다.
>
> 답 ①

28 양적 연구와 질적 연구를 통합한 혼합연구방법(mixed method)에 관한 설명으로 옳지 않은 것은?

• 11회

① 양적 연구의 결과에서 질적 연구가 시작될 수 있다.
② 두 가지 연구방법 모두에 대한 전문적 지식이 필요하다.
③ 연구자에 따라 두 가지 연구방법의 비중은 상이할 수 있다.
④ 다양한 패러다임을 수용할 수 있어야 한다.
⑤ 질적 연구결과와 양적 연구결과는 상반될 수 없다.

> **정답 및 해설**
>
> ⑤ "질적 연구결과와 양적 연구결과는 상반될 수 없다."라고 단정적으로 말할 수 있는 것이 아니다. **연구내용에 따라 결과는 일치될 수도 상반될 수도 있기 때문**이다.
>
> ✓ 오답풀이
> ① 현상에 대한 이해에서 양적 접근과 질적 접근은 모두 나름대로 한계가 있으므로, 두 가지 접근방법을 모두 사용할 때 유익이 있다. 즉 상호보완적이다. 따라서 무엇이 우선이냐와 관련해서는 양적 연구의 결과를 보완하기 위해 질적 연구가 시작될 수도 있고, 질적 연구의 결과를 발전시키기 위해 양적 연구가 시작될 수 있다.
>
> 답 ⑤

29 혼합연구방법론(mixed methodology)에 관한 설명으로 옳지 않은 것은? • 16회

① 질적연구 결과와 양적연구 결과는 일치해야 한다.
② 양적연구와 질적연구에 대한 전문적 지식이 모두 필요하다.
③ 연구에 따라 양적연구와 질적연구의 상대적 비중이 상이할 수 있다.
④ 질적연구의 결과에 기반하여 양적연구를 시작할 수 있다.
⑤ 상충되는 패러다임들도 수용할 수 있어야 한다.

> **정답 및 해설**
>
> 질적연구방법과 양적연구방법을 통합하는 혼합연구는 삼각측량의 종류 중 **방법론적 삼각 측정**이다. 양적연구와 질적 연구방법을 혼합함으로써 복잡한 현상이나 사건에 대한 의미를 보다 복수의 관점에서 명확하게 파악할 수 있다. **질적연구결과와 양적연구결과는** 일치해야 하는 것은 아니며 **상반될 수 있다.**
>
> **보충설명**
> ⑤ 다양한 패러다임 또는 상충되는 패러다임들도 수용할 수 있어야 한다.
>
> 답 ①

30 혼합연구방법(mixed methodology)에 관한 설명으로 옳지 <u>않은</u> 것은? • 18회

① 철학적, 개념적, 이론적 틀을 기반으로 한다.
② 설계유형은 병합, 설명, 구축, 실험이 있다.
③ 양적 설계에 질적 자료를 단순히 추가하는 것은 아니다.
④ 각각의 연구방법을 통해 얻은 결과가 서로 확증되는지 알아보기 위해 사용한다.
⑤ 질적연구방법으로 발견한 연구주제를 양적연구방법을 이용하여 탐구하기도 한다.

정답 및 해설

실험은 혼합연구방법이 아닌 양적연구방법이다. 혼합연구방법(mixed method)이란 양적연구와 질적연구를 결합한 연구로, 연구문제에 대한 보다 포괄적이고 온전한 이해를 제공하는 연구방법이다. 즉, 질적 자료와 양적 자료를 결합(combine), 혹은 이들을 **병합**(merge)함으로써 동시에 두 자료를 혼합 혹은 통합연결하거나, 하나를 수행하고 순차적으로 그것이 다른 것의 근거가 되게 하거나 혹은 다른 것 내에 하나를 끼워 넣는다.

보충설명

① **혼합연구방법은 다양한 철학적, 개념적, 이론적 패러다임 또는 상충되는 패러다임들도 수용**할 수 있어야 한다.
② **설계유형은** 혼합 목적에 의해 직접적인 영향을 받는데, 목적에 따라 연구방법 혼합, 우선순위나 가중치의 배분, 연구방법 간의 상호작용 정도, 실행순서가 달라져야하기 때문이다. 크레스웰과 클라크(Creswell & Clark)는 혼합방법을 네 가지 유형의 **삼각화 설계, 내재적 설계, 설명적 설계, 탐색적 설계**로 제시한 바 있다. ① **삼각화 설계(Triangulation Design)는** 혼합연구방법의 대표적이고 정형적인 설계방식으로, 같은 연구 주제에 대해 상이하지만 보완적인 자료를 얻는 것이다. ② **내재적 설계(Embedded Design)는** 한 쪽의 자료유형이 다른 쪽의 자료유형에 포섭(내재)되어 있는 설계 방식이다. ③ **설명적 설계(Explanatory Design)는** 2단계로 이루어진 설계 전략으로, 양적분석 결과를 설명하기 위해 질적 분석이 추가되는 것이다. 양적 분석 결과에 대해 면담이나 사례연구를 통해 특성이나 이유를 추가적으로 설명하는 것이다. ④ **탐색적 설계(Exploratory Design)** 역시 2단계로 이루어진 설계전략으로, 설명적 단계와는 반대로 질적 자료 분석이 완료된 후에 양적 자료 분석이 이루어지는 경우가 대다수이다.
③ 양적연구 및 질적연구 방법의 양자 사용하는 것을 의미하며, 두 **방법의 유기적 결합과 개별적으로 수집된 양식 그리고 질적 자료들을 자료분석단계 혹은 해석단계에서 결합시키는 것을** 의미한다.
④ 혼합연구방법은 연구방법에서 얻은 결과를 **수렴**(convergence), **확증**(corroboration), **조회**(correspondence) **시키는 것**에 목적을 둔다.
⑤ 양적 연구 결과의 심층적 의미 파악을 위해 질적 연구를 시도할 수 있고, **질적 연구의 결과를 일반화시키기 위해 양적 연구를 시도할 수도 있는 것**이다.

 ②

31 삼각측정(triangulation)에 관한 설명으로 옳지 않은 것은?

•13회

① 측정에서 조사자 편견이 작용할 여지를 줄일 수 있다.
② 하나의 개념을 측정하기 위해 두 개 이상 관련 자료를 수집하는 것이다.
③ 자료의 객관성을 높일 수 있다.
④ 상호일치도가 높은 자료를 판별하여 사용할 수 있다.
⑤ 여러 사람이 관찰하므로 측정오류의 발생 가능성이 높아진다.

> **정답 및 해설**
> 삼각측정(triangulation, 다각화)은 복수의 관점을 활용하여 조사대상의 의미를 명확히 파악하는 방법으로, 질적 연구의 과학적 엄밀성을 높이고 **연구자나 연구대상자의 주관적 판단이나 오류를 줄일 수 있다**.
>
> 답 ⑤

OIKOS UP — 질적 연구방법과 양적 연구방법을 통합하는 혼합연구

① 다각화(triangulation, = 삼각측량)란 질적 연구의 과학적 엄밀성을 높이기 위한 방법으로, 여러 가지 관점에서 조사대상의 의미를 파악하기 위한 방법으로 연구자나 연구대상자의 주관적 판단이나 오류를 완화하기 위한 것이다. 즉 양적 연구와 질적 연구방법을 혼합함으로써 복잡한 현상이나 사건에 대한 의미를 보다 복수의 관점에서 명확하게 파악할 수 있다. 삼각측량(triangulation)을 통해서 연구자의 편견을 최소화할 수 있다.
② 양적 연구가 제한된 체계에서 사소하거나 예외적인 현상들을 배제하고 단순화시켜 현상을 파악하는 반면, 질적 연구는 복잡한 현상을 가능한 있는 그대로 개방적인 상태에서 파악하려 한다. 질적 연구를 통해 양적 연구결과의 심층적 의미를 파악할 수 있는 것이다.
③ 질적 연구와 양적 연구는 직선적 관계가 아닌 상호보완적이고 순환적 관계이다. 즉 양적 연구 결과의 심층적 의미 파악을 위해 질적 연구를 시도할 수 있고, 질적 연구의 결과를 일반화시키기 위해 양적 연구를 시도할 수도 있는 것이다.
④ 현상에 대한 이해에서 양적 접근과 질적 접근은 모두 나름대로 한계가 있으므로, 두 가지 접근방법을 모두 사용할 때 유익이 있다.

32 질적연구의 엄격성(rigor)을 높이는 전략을 모두 고른 것은?   • 14회

㉠ 장기적 관여(prolonged engagement)를 위한 노력
㉡ 연구자의 원주민화(going native)를 경계하는 노력
㉢ 해석에 적합하지 않은 부정적인 사례(negative case) 찾기
㉣ 내부자적(emic) 시각을 유지하기 위해 완전관찰자 역할 지향

① ㉠, ㉡, ㉢
② ㉠, ㉢
③ ㉡, ㉣
④ ㉣
⑤ ㉠, ㉡, ㉢, ㉣

정답 및 해설

㉠ 조사 대상인 문화 및 집단에 대해 학습할 뿐만 아니라 학습하고 이해한 것을 확인하기 위해 충분한 시간을 투자하며 **장기적 관여(prolonged engagement)**를 해야 한다. 또한 매일 매일 관찰하고 그 관찰한 것을 지속적으로 기록하는 **지속적인 관찰(persistent observation)**이 필요하다.

㉡ **연구자의 원주민화(going native)**는 연구자 자신이 참여자의 관심과 관점에 과도하게 집착함으로써 나타난다. 이는 완전한 참여로 연구자가 관찰대상에게 반응성 또는 어떤 방식으로든 관찰대상의 사회과정에 직간접적으로 영향을 끼치게 된다. 이로 인해 **과학적 초연성은 멀어지게 된다.** 따라서 연구자의 원주민화(going native)를 경계해야 한다.

㉢ 질적연구의 과학적 엄중성(scientific rigor)과 연구의 신뢰도를 높이기 위해서 연구자가 연구설계에서부터 자료수집전략, 연구절차, 그리고 분석까지 모든 과정들을 객관화시키기 위한 노력과 전략이 필요하다. 이에 대한 전략들로 부정적 **사례분석**(negative case analysis), 장기적 관여(prolonged engagement, 개입의 연장), 삼각화 기법의 활용(triangulation), 동료 디브리핑(peer debriefing) 등이 있다.

오답풀이

㉣ **완전한 관찰자(complete observer)**는 사회적 상호작용에 전혀 참여하지 않으며 심지어 연구하는 세계에 대해 여타의 관여를 하는 것을 회피한다. 완전관찰자는 완전참여자보다 연구대상에 영향을 미칠 가능성이 적고 '원주민화'될 가능성은 적지만, 연구대상을 완전히 이해하게 될 가능성은 적어진다. 즉 **완전한 관찰자는 완전참여자보다 내부자적(emic) 시각을 유지하는 것이 어렵다.** 이믹(emic)적 시각이란 연구자가 연구대상자들의 관점을 취하는 것을 말하며, **에틱(etic)적 관점**은 객관성을 더욱 확보하는 데 관심을 가지고 연구대상자들의 시각에서 일정 거리를 유지하는 것을 말한다.

답 ①

33 완전참여자(complete participant)에 관한 설명으로 옳은 것은? • 22회

① 연구대상이 관찰된다는 사실을 알기에 자연적인 상태에서의 관찰이 불가능하다.
② 관찰대상과 상호작용 없이 연구대상을 관찰할 수 있다.
③ 관찰대상의 승인을 받고 관찰대상과 어울리면서도 객관성을 유지할 수 있다.
④ 관찰대상의 승인을 받지 않고 관찰한다는 점에서 연구윤리문제가 제기될 수 있다.
⑤ 관찰 상황을 인위적으로 통제한 상황에서 관찰을 진행할 수 있다.

정답 및 해설

완전참여자는 자신의 신분자체를 속이고 대상집단에 완전히 참여하여 자연스럽게 관찰하는 방법이기 때문에, 관찰대상의 승인을 받지 않고 관찰한다는 점에서 연구윤리문제가 제기될 수 있다.

오답풀이
① 완전참여자는 자신의 신분자체를 속이기 때문에 연구대상이 관찰된다는 사실을 **알지 못하기 때문에** 자연적인 상태에서의 관찰이 **가능**하다.
② 관찰대상과 상호작용 없이 연구대상을 관찰하는 것은 **완전관찰자**이다. 완전참여자는 관찰대상과 상호작용을 하면서 관찰한다.
③ 관찰대상의 승인을 받고 관찰대상과 어울리면서도 객관성을 유지하고자 하는 것은 **참여관찰자**이다. 참여관찰자는 연구대상자들에게 연구조사자로서의 신분을 밝히고 참여자들과 상호작용을 하지만, 실제로 전혀 참여자인 척하지는 않는다.
⑤ 완전참여자는 관찰 상황을 **인위적으로 통제하지 않는 상황**에서 관찰을 진행할 수 있다. 어떠한 경우든지 완전참여자의 역할을 맡으면 연구자가 아니라 참여자로 보이도록 하며 자연스럽게 관찰한다.

답 ④

OIKOS UP 관찰자의 4가지 역할(성숙진 외, 2001)

골드(Raymod Gold, 1969)는 관찰자가 취하는 역할을 완전참여자, 관찰참여자, 참여관찰자, 완전관찰자로 분류한다.
① 관찰참여자 : 연구대상자들에게 자신이 연구조사를 수행하고 있다는 것을 분명히 하고, 즉 신분을 명확히 밝히고 완전히 참여한다.
② 참여관찰자 : 연구대상자들에게 연구조사자로서의 신분을 밝히고 참여자들과 상호작용을 하지만, 실제로 전혀 참여자인 척하지는 않는다.

구 분	완전참여자	관찰참여자	참여관찰자	완전관찰자
관찰대상의 승인 여부 (신분제시 여부)	X	O	O	X
관찰대상과 상호작용 여부	O	O	O	X
연구하는 집단에 완전참여	O	O	X	X

34 질적연구방법에 관한 설명으로 옳지 않은 것은?

• 15회

① 근거이론의 목적은 사람, 사건 및 현상에 대한 이론의 생성이다.
② 문화기술지(ethnography)는 특정 문화를 이해하기 위한 방법, 과정 및 결과이다.
③ 현상학은 개인의 주관적인 경험의 본질과 의미에 초점을 둔다.
④ 자료 수집원을 다양화하여 연구의 엄격성을 높일 수 있다.
⑤ 부정적 사례(negative case)의 목적은 연구자가 편견에 빠지지 않게 동료집단이 감시기제로서의 역할을 하는 것이다.

정답 및 해설

연구자가 편견에 빠지지 않게 동료집단이 감시기제로서의 역할을 하는 것은 **동료 디브리핑(peer debriefing)**으로, 이는 연구자의 개인적 선호와 성향을 제거하기 위한 작업으로 연구 주제에 익숙하거나 익숙하지 않은 동료들과 함께 연구 중 떠오르는 주제들을 함께 토론하는 자리를 자주 갖는 것이다.

보충설명

⑤ **부정적 사례(negative case, 반증사례분석)**는 완벽한 귀납적 방법의 달성을 위한 방법으로 연구대상인 모든 사례를 포함할 수 있도록 지속적으로 변화하는 가정의 도출을 요하는 작업이다. 즉 지속적으로 나타나는 오류들을 모두 포함할 수 있는 가정의 재구성 작업을 말한다.

답 ⑤

35 질적조사의 엄격성(rigor)을 높이는 방법으로 옳은 것을 모두 고른 것은?

• 19회

㉠ 장기간 관찰
㉡ 표준화된 척도의 사용
㉢ 부정적 사례(negative cases)분석
㉣ 다각화(triangulation)

① ㉠, ㉡   ② ㉠, ㉢
③ ㉡, ㉣   ④ ㉠, ㉢, ㉣
⑤ ㉠, ㉡, ㉢, ㉣

정답 및 해설

질적조사의 과학적 엄격성(rigor)을 높이기 방법으로, 장기간 관찰(㉠), 부정적 사례(negative cases, 반증사례)분석(㉢), 다각화(triangulation, 삼각측량)(㉣), 동료 디브리핑(peer debriefing) 등이 있다.

오답풀이

㉡ 양적조사에서는 표준화된 척도를 사용하지만, 질적조사는 연구자가 곧 자료수집을 위한 도구이다.

답 ④

36. 「마을만들기 사업 참여경험에 관한 연구」의 엄격성을 높이는 방법으로 옳은 것을 모두 고른 것은?

• 21회

㉠ 삼각측정(triangulation)
㉡ 예외사례 표본추출
㉢ 장기적 관찰
㉣ 연구윤리 강화

① ㉠, ㉡, ㉢
② ㉠, ㉢
③ ㉡, ㉣
④ ㉣
⑤ ㉠, ㉡, ㉢, ㉣

정답 및 해설

「마을만들기 사업 참여경험에 관한 연구」는 질적 연구이다. ㉠, ㉡, ㉢, ㉣ 모두 질적 연구의 엄격성(rigor)을 높이는 방법에 해당한다. 참고로 **질적 연구의 엄격성이란** 질적 연구를 통해 얻은 결과와 결과해석을 신뢰할 수 있는 정도를 말한다.

오답풀이

㉠ **삼각측정(triangulation, 삼각측량 또는 다각화)란** 여러 가지 관점에서 조사대상의 의미를 파악하기 위한 방법으로 연구자나 연구대상자의 주관적 판단이나 오류를 완화하기 위한 것이다.
㉡ **예외사례 표본추출은** 의도적 표집방법 중 하나이다. 예외 사례는 이미 나타나고 있는 유형과 일치하지 않는 사례로, 일상적이거나 규칙적인 유형에 맞지 않는 사례들을 검토하여 규칙적인 태도와 행위의 유형을 더 잘 이해할 수 있다.
㉢ 인간은 독특성을 지닌 다양하면서도 복잡한 존재이며, 자연적 장면들도 독특성과 복잡성을 가지고 있다. 시간의 변화나 경과에 따라 달라지기도 한다. 따라서, **장기적으로 관찰하는 것은** 연구결과의 신뢰도, 타당도, 일반화 가능성 측면에서의 문제점을 극복하는데 도움이 된다.
㉣ 질적 연구는 연구조사자가 연구대상자들과 직접적이고 많은 경우 친밀한 접촉을 하도록 하기 때문에 윤리적 문제들을 극적 수준으로 높인다. 따라서, 질적 연구의 엄격성을 높이기 위해 **연구윤리를 강화**해야 한다.

답 ⑤

MEMO

제14장 욕구조사와 평가조사

제2영역 : 사회복지조사론

▶ 제14장 회차별 출제빈도, 출제비중 및 출제논점 1, 2, 3순위

10회 2012	11회 2013	12회 2014	13회 2015	14회 2016	15회 2017	16회 2018	17회 2019	18회 2020	19회 2021	20회 2022	21회 2023	22회 2024
3	1	–	1	1(1)	2	1	(1)	–	1	1	1	–

출제 비중	출제 논점		
	1순위 ☺	2순위 ※	3순위 ☆
01 2	① 델파이 기법(전문가의견조사) ② 포커스그룹(초점집단기법) ③ 형성평가, 총괄평가(효과성평가, 효율성평가)	① 브래드 쇼(Bradshow) 욕구 ② 명목집단기법(소집단투표방법) ③ 주요 정보제공자 서베이, 지역사회 포럼	① 자체평가, 내부평가, 외부평가, 메타평가 ② 사회네트워크 분석 ③ 프로그램평가의 오류: 이론적 오류, 실행 오류

01 욕구조사(Needs Assessment)

01 브래드 쇼가 분류한 욕구의 종류와 그 예가 맞는 것은? • 7회

㉠ 느낀(인지적) 욕구 – 서비스에 대한 설문조사
㉡ 표출된 욕구 – 대기자 명단
㉢ 비교적 욕구 – 사회지표
㉣ 규범적 욕구 – 면접, 서베이 조사

① ㉠, ㉡, ㉢ ② ㉠, ㉢
③ ㉡, ㉣ ④ ㉣
⑤ ㉠, ㉡, ㉢, ㉣

> **정답 및 해설**
> 면접, 서베이 조사는 인지적 욕구를 파악하기 위한 방법과 관련이 있다.
>
> 답 ①

> **OIKOS UP** 브래드 쇼(Bradshow)가 제시한 욕구판정을 위한 네 가지 인식기준
>
> ① 규범적 욕구(normative need) : 인식의 기준은 규범이며, 이 기준에 의해 파악된 욕구를 말한다.
> ② 체감적 욕구(felt need or perceived need, 느낀욕구, 감촉적 욕구, 인지적 욕구)
>   : 인식기준은 체감이며, 이 기준에 의해 파악된 욕구를 말한다.
> ③ 표현적 욕구(expressed need, 표출적 또는 요구된 욕구)
>   : 인식기준은 표적집단의 표현 또는 행위이며, 이 기준에 의해 파악된 욕구를 말한다.
> ④ 비교적 욕구(comparative need, 상대적 욕구; relative need)
>   : 인식기준은 비교이며, 이 기준에 의해 파악된 욕구를 말한다.

02 다음 중 2차 자료 조사로 활용될 수 있는 것은?   • 8회

㉠ 델파이 기법
㉡ 지역사회공청회
㉢ 주요 정보제공자 서베이
㉣ 사회지표조사

① ㉠, ㉡, ㉢
② ㉠, ㉢
③ ㉡, ㉣
④ ㉣
⑤ ㉠, ㉡, ㉢, ㉣

정답 및 해설

지문의 조사방법은 욕구조사 자료수집 방법들이다. 이 중 2차 자료 조사로 활용될 수 있는 것은 **사회지표조사**이다. **2차 자료**는 현재의 조사목적을 위해 조사자가 직접 수집하거나 작성하지 않았지만 조사목적을 위해 도움을 줄 수 있는 자료를 말한다.

예 기존의 사례기록물, 상담일지, 실태조사서, 정부자료, 기관의 간행물, 발표논문 및 기타 조사목적을 달성하는데 도움이 되는 자료들을 의미한다.

보충설명

㉣ **사회지표조사**는 기존 사회적 자료분석은 복지기관 서비스 이용 자료분석과 함께 이미 존재하는 자료를 분석하는 2차 자료분석의 한 방법이다. 대표적인 예로는 통계청에서 5년마다 실시하는 인구주택 총 조사결과 분석과 한국도시연감, 한국통계연감, 도시가계연보, 한국의 사회지표, 지역통계연보, 한국경제지표, 경제활동인구연보 등이 있으며, 그 외에 노동통계, 보건의료통계, 사법형무통계 및 도·시·군·구 등 각종 행정단위에서 조사한 정부자료가 있다.

답 ④

03 욕구조사의 유형에 관한 설명으로 옳지 않은 것은? • 9회

① 지역주민서베이는 수요자 중심의 욕구사정에 적합하다.
② 지역자원재고조사는 지역사회 서비스 자원에 대한 정보획득이 용이하다.
③ 사회지표조사는 지역사회 주민욕구의 장기적 변화를 파악하기 쉽다.
④ 지역사회포럼은 조사대상자를 상대로 개별적으로 자료를 수집하는 데 유리하다.
⑤ 주요 정보제공자(key informant) 조사는 정보제공자의 편향성이 나타날 수 있다.

> **정답 및 해설**
> **지역사회포럼은** 관심있는 사람들만 참석하기 때문에 이들만의 욕구가 반영되는 표집자 편의(selection bias)현상을 나타내어 표본의 대표성을 확보하기 어렵다.
>
> 답 ④

04 욕구조사에서 지역사회공개토론회의 특징으로 옳은 것을 모두 고른 것은? • 10회

㉠ 모든 지역주민이 동등하게 의견을 제시할 기회를 갖는다.
㉡ 표본의 대표성이 높다.
㉢ 현실적 실행 가능성이 낮다.
㉣ 이익집단의 영향을 배제할 수 없다.

① ㉠, ㉡, ㉢   ② ㉠, ㉢
③ ㉡, ㉣   ④ ㉣
⑤ ㉠, ㉡, ㉢, ㉣

> **정답 및 해설**
> **지역사회공개토론회는** 지역사회의 한 특수한 집단의 이익만을 대표하는 편중을 보일 수 있다. 참석하는 사람을 선별하거나 통제하기 어렵기 때문에, 지역사회의 대표성을 고루 갖춘 참석자를 확보하는 것이 어렵다. 그 결과 지역사회의 한 특수한 집단의 이익만을 대표하는 편중을 보일 수 있다. ㉠과 ㉡은 옳지 않다. 프로그램이나 정책실시상 주민의 지지나 협조를 얻을 수 있는 계기가 된다. 즉 복지기관 활동에 대한 좋은 홍보가 될 수도 있고, 복지기관 활동에 주민들의 협조와 지지를 얻을 수 있도록 하는 계기가 될 수도 있다. 따라서 ㉢은 옳지 않으며, 오히려 현실적 실행 가능성이 높다.
>
> 답 ④

05 대규모 설문조사와 비교하여 주요정보제공자(key informants)를 활용한 욕구조사에 관한 설명으로 옳지 않은 것은?   •10회

① 표본추출이 용이하다.
② 표본의 대표성이 높다.
③ 비용이 적게 든다.
④ 양적 정보뿐만 아니라 질적 정보도 파악할 수 있다.
⑤ 정보제공자들이 가지고 있는 정보의 양과 질에 의존하게 된다.

> **정답 및 해설**
> **주요정보제공자(key informants)를 활용한 욕구조사**는 정보제공자를 선정하는 과정이 자의적일 수 있어 잘못 선정된 사람들의 의견을 수집하는 반면, 잘못해서 제외된 사람들의 의견은 수집하지 못하는 결과를 초래할 수 있다. 그리고 정치 지도자들이나 지역사회 지도자들은 그들과 접촉이 가능한 집단들만 대변하는 의견을 제시할 수 있다. 따라서 대규모 설문조사에 비하여 표본의 대표성이 낮다.
>
> **답** ②

06 초점집단(focus group) 조사와 델파이 조사에 관한 설명으로 옳은 것은?   •13회

① 초점집단 조사에서는 익명 집단의 상호작용을 통해 도출된 자료를 분석한다.
② 초점집단 조사는 내용 타당도를 높이는 목적으로 사용될 수 있다.
③ 초집집단 조사의 자료수집 과정에서는 연구자의 주관적 개입이 불가능하다.
④ 델파이 조사는 비구조화 방식으로 정보의 흐름을 제어한다.
⑤ 델파이 조사는 대면(face to face) 집단의 상호작용을 통해 도출된 자료를 분석한다.

> **정답 및 해설**
> 초점집단은 집단적 상호작용과 역학을 통해 특정 주제에 관한 맥락적 정보를 획득할 수 있으며, **맥락을 통한 명료화가 자료의 내용 타당도를 높이는데 기여**한다.
>
> **오답풀이**
> ① **초점집단 조사는** 집단적 상호작용을 통해 자료수집을 한다는 점에서 델파이와 유사하지만, 익명 집단의 상호작용을 통해 자료를 도출하고 분석하는 델파이와는 달리 **참가자의 대면적 물리 회합을 필요로 한다**는 점에서 구분된다.
> ③ **초점집단 조사의 자료수집 과정에서 연구자의 주관적 개입이 될 수 있으므로**, 연구자는 자신의 의견을 절대로 표출해서는 안 되고, 참가자의 의견에 대해 판단을 내려서도 안 된다.
> ④ **델파이 조사는 구조화된 방식으로 정보의 흐름을 제어**한다. 즉 개별 참가자들로부터 설문지 서베이 방식을 통해 정보를 얻어, 수집된 정보들을 정리하여 참가자들에게 회신하고, 참가자들은 그것을 검토 후 수정된 의견을 다시 서베이 응답 형식으로 반응하는 것이다.
> ⑤ **델파이 조사는** 집단 참여자들 간에 물리적 대면 관계를 형성하지 않으면서 **자료를 도출**한다.
>
> **답** ②

07 초점집단(focus group) 조사에 관한 설명으로 옳지 않은 것은?

• 19회

① 집단을 활용한 자료수집방법이다.
② 익명의 전문가들을 패널로 활용한다.
③ 욕구조사에서 활용된다.
④ 직접적인 자료수집 방법이다.
⑤ 연구자의 개입에 의해 편향이 발생할 수 있다.

정답 및 해설

익명의 전문가들을 패널로 활용하는 것은 **델파이 기법(Delphi technique)**이다. **초점집단(focus group) 조사**는 집단적 상호작용을 통해 자료를 수집한다는 점에서 델파이 기법과 유사하지만, **집단참가자의 대면적 물리 회합을 필요로 한다**는 점에서 델파이 기법과 뚜렷이 구분된다. 즉, 초점집단이 대면(face to face)집단의 상호작용을 강조하는 데 반해, 델파이 기법은 익명(anonymous) 집단을 원격으로 상호작용하게 한다.

보충설명

① 초점집단은 **집단을 활용한 자료수집과 분석의 한 방법**이다.
③ **욕구조사(needs assessment)**는 특정 지역사회 또는 집단의 사회문제를 해소하기 위한 서비스의 개발이나 기존 서비스의 보완을 위한 작업에 앞서 대상집단의 욕구를 정확히 파악하기 위해 실시하는 조사로, **초점집단 조사는 욕구조사에서 활용**된다.
④ 초점집단은 조사자에 의해 선발되고 조합된 개인들의 집단으로, **집단을 활용한 직접적인 자료수집 방법**이다.
⑤ 자료수집 과정에서 **연구자의 주관적 개입이 될 수 있어서 연구자의 개입에 의해 편향이 발생할 수 있다.**

답 ②

OIKOS UP 포커스그룹(= 초점집단기법)

① 집단면접으로 불리는 초점집단 기법은 보통 6~8명(많은 경우 12명 15명 정도도 가능)이 한 그룹을 형성하고, 이 그룹에 참여하는 구성원에게 어떤 주제에 대한 상호작용을 유발함으로써 참가자로 하여금 의미 있는 제안 및 의견을 도출하도록 하여 자료를 수집하는 방법이다.
② 초점집단은 함께 모여 면접을 하는 피험자 집단으로, 논의의 증진을 위해 일시적으로 소집된다. 토론이 기본 목적이지, 갈등해소, 의사결정, 문제해결 등의 구체적 과제를 위해 구성된 집단이 아니다.
③ 본래는 영리기관에서 주로 상품평가나 서비스에 대한 평가 및 마케팅을 위해 시작되었다.
④ 주로 개방형 질문을 사용하여 참여자의 생각을 자극하고 고무하며, 그들의 아이디어, 태도, 반응, 제안 및 통찰력을 유도한다.

08 델파이 조사에 관한 설명으로 옳지 않은 것은?

• 14회

① 전문가 패널의 의견을 수렴하는 방법으로 활용된다.
② 외형적으로는 설문조사방법과 유사하다.
③ 연구자가 사전에 결정한 방향으로 패널의 의견이 유도될 위험이 있다.
④ 패널의 후광효과를 방지하기 어렵다.
⑤ 반복되는 설문을 통하여 패널의 의견이 수정될 수 있다.

> **정답 및 해설**
>
> 델파이 기법에서 모든 패널 참가자는 익명성을 유지한다. 이와 같은 **익명성 구조는** 집단 역학에 의해 권위나 퍼스낼리티에서 우위에 있는 사람이 논의 과정을 독점하는 것을 방지할 수 있게 함으로써, **시류 편승의 효과(bandwagon effect)나 후광효과(halo effect)를 최소화**시키고 자신의 견해를 자유롭게 개진해 나갈 수 있게 하는 데 도움을 준다. 참고로 시류 편승 효과는 다수의 견해에 쉽사리 동조하는 경향을 의미하고, 후광 효과는 권위 있는 사람의 견해에 쉽사리 현혹되는 경향을 의미한다.
>
> **보충설명**
>
> ③ **델파이 기법은 수집된 자료의 객관성의 문제**가 있다. 즉 외부적으로는 집단의 자유로운 의견개진을 표방하고 있지만, **실제로는 조정자가 사전에 결정된 목적과 방향으로 의견을 유도해 나가는 데 사용**될 수 있다. 질문을 제시하고, 수거하고, 정리하고, 다시 배포하고, 수거하고, 재정리해 나가는 반복과정에서 조정자의 역할이 지나치게 개입될 우려가 있다.
>
> 답 ④

09 델파이조사에 관한 설명으로 옳지 않은 것은? • 21회

① 전문가 패널을 대상으로 견해를 파악한다.
② 되풀이 되는 조사 과정을 통해 합의를 도출한다.
③ 반대 의견에 대한 패널 참가자들의 감정적 충돌을 줄일 수 있다.
④ 패널 참가자의 익명성 보장에 어려움이 있다.
⑤ 조사 자료의 정리에 연구자의 편향이 발생할 수 있다.

정답 및 해설

델파이조사에서 **모든 패널 참가자는 익명성을 유지**한다. 참가자를 익명으로 하기 때문에 특정인의 영향을 줄일 수 있고, 집단의 의견에 개인을 순종시키려는 집단의 압력을 줄일 수 있다.

보충설명

① 델파이조사는 조정자와 전문가 패널로 구성되며, 전문가들의 견해를 파악하고 합의점을 찾는 방법이다.
② 집단의 모든 응답자들은 정-반-합의 연속되는 과정을 통해 자신의 명제를 개진 및 수정해 가며, 점차 집단 전체가 '마음의 합치'를 지향해 가는 진화과정을 거친다.
③ 대면적인 회합이 없는 상태와 익명성의 구조이므로, 반대 견해를 가진 패널 참가자들의 직접적 맞대응을 피하고자 할 때 유용한 방법이다.
⑤ 반복되는 설문과정에서 매회 설문이 끝나면 조정자가 패널 전체의 응답을 정리해서 다음 설문에 첨부시켜서 피드백을 하는데, 조정자가 사전에 결정된 목적과 방향으로 의견을 유도해 나가는 데 사용될 수 있다.

답 ④

OIKOS UP 델파이 기법(= 전문가의견조사)

① 어떤 문제에 대해 올바른 판단을 하기 위해 체계적으로 전문가들의 합의점을 찾는 방법이다.
② 델파이 기법은 광범위하고 장기적인 정책이나 프로그램을 수립하는데 종종 사용된다.
③ 장점 : 익명성으로 인해 특정인의 영향을 줄일 수 있고, 익명으로 하기 때문에 집단의 의견에 개인을 순종시키려는 집단의 압력을 줄일 수 있고, 응답자의 시간을 효율적으로 이용할 수 있다는 점, 전문가의 합의에 의한 욕구파악, 민주적 의사결정 등이다.
④ 단점 : 반복적인 과정을 거치므로 시간과 비용이 많이 들고, 실제 욕구와 반드시 일치하지 않을 수 있으며, 극단적인 의견은 판단합의를 얻기 위해서 제외되는 경향이 있어 창의적인 의견들이 손상될 수 있다. 또한 반복되는 동안 응답자의 수가 줄어드는 문제가 있다.

10 집단조사 방법에 관한 설명으로 옳은 것은? • 16회

① 초점집단조사에서 집단역학에 관한 것은 분석대상이 될 수 없다.
② 델파이기법은 대면집단의 상호작용을 중요시한다.
③ 델파이기법은 일반인들을 대상으로 한 일반적 주제에 대한 견해를 도출하는데 유용하다.
④ 네트워크분석은 조직간 전달체계 분석에 부적절하다.
⑤ 네트워크 구조분석에는 관계형 변수를 주로 사용한다.

정답 및 해설

네트워크 구조분석에서는 **속성형 변수가 아니라, 관계형 변수를 주로 사용**한다. 속성이란 개체들의 내재된 특성을 뜻하고, 관계는 개체 간의 연결 특성을 뜻한다. 예를 들어, 성별이란 속성형 변수인데, 개인을 성별 변수로 측정하면 '남성' 혹은 '여성'이라는 속성 값으로 나타낼 수 있다. 거래(transaction)는 관계형 변수인데, 어떤 개인들에서 어떤 개인들에게로 이전이 이루어지는지에 관한 특성 관계를 나타낸다. 의사소통이나 파워 관계, 친족의 연결 등도 대표적인 관계형 변수가 될 수 있다.

오답풀이

① **초점집단조사는** 집단적 상호작용과 집단역학을 통해 특정 주제에 관한 맥락적 정보를 획득하는 것으로, **집단역학이 분석대상이 될 수 있다.**
② 초점집단과 델파이 기법은 집단 구성원들 간에 활발한 상호작용을 통해 조사를 수행한다는 공통점을 가지고 있다. 그러나 이 두 방법의 차이점은, 초점집단이 대면집단의 상호작용을 중요시하는 반면, **델파이기법은 익명(anonymous) 집단을 원격으로 상호작용**하게 한다.
③ **델파이기법은** 일반인들을 대상으로 한 일반적 주제에 대한 견해를 도출하고자 하는 것이 아니라, **특정한 주제에 대한 전문가 집단의 견해를 도출하는데 유용**하다.
④ **네트워크분석은 조직간 전달체계 분석에 적절**하다. 네트워크분석은 집단 내 개인 간의 상호작용뿐만 아니라, 조직이나 지역사회, 국가 등의 어떤 사회적 단위에도 다양하게 적용될 수 있다. 네트워크분석에 요구되는 복잡한 계산이 컴퓨터의 활용으로 수월하게 되면서, 네트워크분석의 개념과 적용분야가 빠른 속도로 확장되고 있다.

답 ⑤

OIKOS UP — 사회네트워크 분석(김영종, 2009)

사회네트워크 분석(SNA, Social Network Analysis)은 그 뿌리를 소시오메트리에 두고 있으며, 현재는 다양한 수학적 모델과 컴퓨터 기술이 결합해서 전형적인 소시오메트리 방법의 한계를 훨씬 뛰어넘은 사회네트워크 분석이 널리 쓰이고 있다.

(1) 네트워크 자료의 특성
　① 네트워크 구조분석에서는 속성형 변수가 아니라, <u>관계형 변수를 주로 사용</u>한다. 속성이란 개체들의 내재된 특성을 뜻하고, 관계는 개체 간의 연결 특성을 뜻한다.
　② 네트워크 자료수집의 목적은 관계형 변수를 분석하자는 것이며, 이를 위해 조사자는 <u>다음과 같은 관계의 특성</u>에 대해서도 관심을 갖는다.
　　㉠ 지속성(durability) : 관계가 얼마나 오래 동안 지속되는지
　　㉡ 상호교환성(reciprocity) : 관계를 맺는 양쪽이 동등한 입장에 있는지
　　㉢ 강도(intensity) : 관계가 어느 정도로 강한지
　　㉣ 밀도(density) : 집단 내에 얼마나 많은 관계가 있는지
　　㉤ 도달성(reachability) : 처음에서 끝으로 가는 데 얼마나 많은 관계가 필요한지
　　㉥ 중심성(centrality) : 관계가 집중되는 지점을 어느 정도 갖고 있는지

(2) 자료 수집의 방법
　① 사회네트워크 분석을 위한 자료 수집의 대상으로는 사회적 단위들 간에 이루어지는 모든 교환관계가 해당될 수 있으며, 서베이에서 관찰에 이르는 다양한 자료 수집 방법의 선택이 가능하다.
　② 네트워크 내 개인, 집단, 각종 조직 단위들 간의 교환 관계를 파악하게 만드는 것이면 무엇이든 자료 수집의 대상이 될 수 있다. 즉 사회복지 전달체계에서 지역사회 조직들 간 네트워크의 분석에는 자금의 흐름, 서비스의 의뢰, 공식적 및 비공식적 정보의 교류, 직원의 조직 간 교류와 인지도 등에 관한 온갖 지표 자료가 서비스, 관찰, 흔적 분석, 문헌자료 등과 같은 방식으로 수집될 수 있다.

(3) 네트워크 자료의 분석방법
　① 자료를 지도 모양의 그림(diagram)으로 나타내는 방법인 소시오그램
　② 자료를 행렬(matrix) 도표 형태로 나타내는 방법인 소시오매트릭스
　③ 자료를 축약된 양적 지수의 형태로 나타내는 방법

---

11 욕구조사의 방법으로 각각 바르게 짝지어진 것은? • 11회

㉠ 기존 자료를 활용하는 방법
㉡ 전문가를 대상으로 직접 수집하는 방법
㉢ 지역의 일반주민을 대상으로 직접 수집하는 방법

	㉠	㉡	㉢
①	사회지표조사	델파이 조사	지역사회 서베이
②	서비스 이용기록분석	주요정보 제공자 조사	2차적 자료분석
③	델파이 조사	주요정보 제공자 조사	공청회
④	서비스 이용기록분석	지역사회 서베이	2차적 자료분석
⑤	델파이조사	공청회	사회지표조사

📌 정답 및 해설

㉠ **기존 자료를 활용하는 방법**에는 사회지표분석, 2차 자료분석, 서비스 이용기록분석이 있다.
㉡ **전문가를 대상으로 직접 수집하는 방법**에는 델파이기법, 주요정보제공자 조사가 있다.
㉢ **지역의 일반주민을 대상으로 직접 수집하는 방법**에는 지역사회서베이, 공청회가 있다.

답 ①

12 욕구조사를 위한 자료수집 방법에 관한 설명으로 옳지 않은 것은? • 15회

① 지역의 통반장을 통해 자료를 수집한다.
② 지역사회 공청회를 통해 자료를 수집한다.
③ 지역주민에게 서베이를 실시한다.
④ 정부기관에서 발표하는 사회지표를 활용한다.
⑤ 일반인을 대상으로 델파이 기법을 활용한다.

📌 정답 및 해설

델파이 기법(Delphi technique)은 전문가 집단의 의견을 집약하는 데 효과적인 방법으로, 어떤 문제의 올바른 판단을 위해 체계적으로 전문가들의 합의점을 찾는 방법이다.

✅ 보충설명

① **주요 정보제공자(key informant)조사**는 지역주민의 문제에 대한 정보를 가장 적절히 파악한다고 여겨지는 사람들을 대상으로 수행하는 욕구 조사의 한 형태로, 주요정보제공자에는 **지역의 통반장**, 아파트 관리인, 동네 구멍가게 주인 등과 같은 수요자 측의 정보를 적절하게 대변하는 사람들이 포함되고, **지역사회문제에 대한 전문가 집단도 해당될 수 있다.**

답 ⑤

13 지역사회보장계획을 수립하기 위해 포함될 수 있는 조사를 모두 고른 것은?

• 17회

㉠ 자치단체장의 정책공약 관련 자료의 내용분석
㉡ 지역주민의 욕구파악을 위한 서베이
㉢ 복지 전문가 대상 초점집단면접
㉣ 질적 자료수집을 위한 구청 업무담당자와의 심층면접

① ㉠
② ㉡, ㉣
③ ㉠, ㉡, ㉣
④ ㉡, ㉢, ㉣
⑤ ㉠, ㉡, ㉢, ㉣

정답 및 해설

지역사회의 복지욕구조사를 위한 자료수집방법은 다양한 기법들이 사용될 수 있다. 즉, 공식 인터뷰, 비공식 인터뷰, 민속학적 방법, 초점집단면접, 심층면접, 델파이기법, 지역사회포럼 등의 질적 접근방법, 그리고 서베이, 모니터링, 사회지표분석 등과 같은 양적 접근방법을 사용할 수 있다. ㉠, ㉡, ㉢, ㉣ **모두 지역사회보장계획을 수립하기 위해 포함될 수 있는 조사에 해당**된다.

보충설명

참고로, 「사회보장급여의 이용·제공 및 수급권자 발굴에 관한 법률」 **제35조(지역사회보장에 관한 계획의 수립) 제7항** "보장기관의 장은 지역사회보장계획의 수립 및 지원 등을 위하여 지역 내 사회보장 관련 실태와 지역주민의 사회보장에 관한 인식 등에 관하여 필요한 조사(지역사회보장조사)를 실시할 수 있으며, 시·도지사 및 시장·군수·구청장은 **지역사회보장계획 수립 시 지역사회보장조사 결과를 반영**할 수 있다." **동법 시행령 제21조(지역사회보장조사의 시기·방법 등) 제1항** "법 제35조제7항에 따른 지역사회보장조사(지역사회보장조사)는 **4년마다 실시**한다. 다만, 필요한 경우에는 수시로 실시할 수 있다." 제2항 "지역사회보장조사의 내용에는 다음 각 호의 사항 전부나 일부가 포함되어야 한다. 1. 성별, 연령, 가족사항 등 지역주민 또는 가구의 일반 특성에 관한 사항, 2. 소득, 재산, 취업 등 지역주민 또는 가구의 경제활동 및 상태에 관한 사항, 3. 주거, 교육, 건강, 돌봄 등 지역주민 또는 가구의 생활여건 및 사회보장급여 수급실태에 관한 사항, 4. 사회보장급여의 이용 및 제공에 관한 지역주민의 인식과 욕구에 관한 사항, 5. 아동, 여성, 노인, 장애인 등 사회보장급여가 필요한 사람의 사회보장급여 이용 경험, 인지도 및 만족도에 관한 사항, 6. 그 밖에 보건복지부장관이 지역주민의 사회보장 증진을 위하여 필요하다고 인정하는 사항" 제3항 "지역사회보장조사는 표본조사의 방법으로 실시하되, **통계자료조사, 문헌조사 등의 방법을 병행**하여 실시할 수 있다."라고 규정하고 있다.

답 ⑤

02 평가조사(Evaluation Research, 평가연구)

01 지역아동센터에서 인지능력개발프로그램을 종료한 후 이를 재진행 할 것인지, 완전히 종결 할 것인지 등을 결정할 때 사용할 수 있는 평가는?

• 7회

① 형성평가
② 과정평가
③ 총괄평가
④ 사전평가
⑤ 메타평가

정답 및 해설

총괄평가, 즉 성과평가에 해당된다. **총괄평가는** 프로그램의 궁극적인 성공 여부를 가려 그 프로그램을 지속할 것인지와 그 프로그램을 다른 대안적 사항들보다 우선적으로 선택할 것인지를 결정하는 것과 연관된다. 총괄평가를 통해 최종적 결과를 알게 되며, 성공 여부에 따라 프로그램은 지속되거나 중단된다. 반면, 형성평가는 프로그램의 성패를 가르는 것과 관련이 없다. 대신에 프로그램 개혁과 수행 및 완성에 도움이 되는 정보를 얻는 데 초점을 둔다.

답 ③

OIKOS UP — 총괄평가(= 성과평가)

① 프로그램이 종료된 이후 행해지는 평가로, 어느 프로그램을 시작할 것인지, 지속할 것인지, 종결할 것인지, 또는 여러 개의 대안적인 프로그램들 가운데 어느 것을 택해야 하는지 등 총괄적인 의사결정을 할 경우 실시하는 평가이다.
② 프로그램의 궁극적인 성공 여부를 가려 그 프로그램을 지속할 것인지와 그 프로그램을 다른 대안적 사항들보다 우선적으로 선택될 것인지를 결정하는 것과 연관된다.
③ 프로그램 운영이 끝날 때 행해지는 평가로서 성질이 비슷한 새로운 프로그램을 다시 시작할 것인지 또는 종결한 것인지 등을 결정짓는데 유용하다. 프로그램의 효과성과 효율성을 평가하고자 하며, 대개 프로그램 시행이 종결된 후에 실시한다.
④ 성과(outcomes)평가로서, 목적지향적 평가라고도 불린다.

02 제3의 평가자가 여러 복지관에서 완성한 자체평가서들을 신뢰도, 타당도, 유용성, 비용적인 측면에서 다시 점검하는 것은?

• 8회

① 총괄평가
② 메타평가
③ 능률평가
④ 과정평가
⑤ 효과성 평가

정답 및 해설

질문은 **메타평가**(meta-evaluation)를 말한다. 메타평가는 평가의 평가로, 제시된 평가계획서나 완성된 평가를 다른 평가자에 의해 다시 점검을 받는 것을 말한다. 평가의 평가는 형식적으로는 형성평가나 총괄평가로 수행될 수 있다. 평가의 신빙도, 타당도, 유용도 외에 평가의 시기, 보고서의 문체, 적절성, 평가비용 등도 검토대상이 된다.

답 ②

03 A 복지관에서는 전년 대비 예산축소로 인해 현재 운영하고 있는 서로 다른 프로그램들의 성과를 동일한 가치기준으로 평가하여 차등 지원하였다. 이때 사용된 평가방법은?

• 9회

① 메타(meta)평가
② 형성(formative)평가
③ 비용편익(cost-benefit)평가
④ 비용성과(cost-outcome)평가
⑤ 비용효과(cost-effectiveness)평가

정답 및 해설

비용편익분석(cost-benefit)은 프로그램에 드는 비용과 효과뿐만 아니라 프로그램의 결과로 얻어지는 이익(사회적 편익)도 고려된다. 즉 프로그램의 성과와 프로그램에서 사용된 비용을 둘 다 고려한다. **프로그램의 비용과 결과(성과)를 모두 금전적 가치로 환산하는** 것으로, 서비스로 인해 나타나는 효과(성과)를 화폐가치로 환산해서 편익으로 두고 이를 비용으로 나눈 값이다.

답 ③

04 외부평가자와 비교하여 내부평가자를 활용할 때의 장점이 아닌 것은?   •10회

① 프로그램 관련 정보에 대한 접근성이 용이하다.
② 프로그램에 관한 많은 지식을 갖고 있다.
③ 현실적인 제약요건들을 융통성 있게 감안하여 평가할 수 있다.
④ 프로그램 운영자로부터 평가에 대한 협조를 구하기가 수월하다.
⑤ 해당기관으로부터 객관성과 독립성을 유지할 수 있다.

> **정답 및 해설**
> 내부평가자는 외부평가자보다 프로그램을 객관적이고 공정하게 지켜볼 수 없다. 또한 내부평가자는 프로그램의 세부적인 부분들을 알 수 있지만, 비판적으로 바라보지 못하는 경향이 있다.
> 답 ⑤

05 평가조사에 대한 설명으로 적절한 것은?   •6회

㉠ 효과성 평가 – 최소한의 비용으로 최대한의 산출을 의미한다.
㉡ 효율성 평가 – 프로그램 목표의 달성 여부를 말한다.
㉢ 총괄평가 – 프로그램 진행 중에 이루어진다.
㉣ 만족도에 대한 평가 – 주관적일 가능성이 크다.

① ㉠, ㉡, ㉢   ② ㉠, ㉢
③ ㉡, ㉣   ④ ㉣
⑤ ㉠, ㉡, ㉢, ㉣

> **정답 및 해설**
> **오답풀이**
> ㉠ **효과성 평가**는 프로그램 목표의 달성 여부를 말한다.
> ㉡ **효율성 평가**는 최소한의 비용으로 최대한의 산출을 의미한다.
> ㉢ **총괄평가**는 프로그램 종료 이후 행해지는 평가이다.
> 답 ④

OIKOS UP 만족도에 대한 평가

① 프로그램에 만족하는 정도로, 이는 프로그램을 이용한 사람들이 얼마나 그 프로그램에 대해서 만족하는지, 전달된 서비스나 기술들이 실제 자신의 문제해결에 도움이 되었는지, 프로그램에 대해 당초 기대했던 것이 얼마나 성취되었는지 등에 관해 질문함으로써 평가된다.
② 만족의 대상은 서비스 수혜과정이 될 수도 있고, 수혜결과가 될 수도 있으며, 의사소통과정이 될 수도 있다.
③ 만족성에 대한 평가는 같은 내용의 서비스에 대해서도 수혜자에 따라 서로 다른 평가가 나올 수 있어 상당히 주관적일 수 있다.

06 다음 내용에서 프로그램 평가의 오류에 관한 설명으로 옳지 않은 것은?

• 10회

A 노인복지센터에서는 상담을 통해 노인의 일에 대한 태도를 변화시켜 취업률을 향상시키는 프로그램을 시행하였다. 프로그램 시행 이후 효과성 평가를 실시한 결과, 효과적이지 못한 것으로 나타났다.

① 이론오류 – 노인의 취업기회가 부족하여 취업률이 낮다.
② 이론오류 – 노인의 취업은 노인의 일상생활 수행능력과 관계가 있다.
③ 이론오류 – 노인은 집단상담보다 개별상담을 선호한다.
④ 실행오류 – 노인복지센터 상담자의 연령에 따라 다르게 나타난다.
⑤ 실행오류 – 노인은 밝은 상담장소를 선호한다.

> **정답 및 해설**
>
> **이론오류**는 프로그램 개입이 매개변수들의 변화는 정확하게 초래했지만, 개입목표의 성과지표는 변화하지 않는 경우를 프로그램이 이론적 오류에 빠졌다고 한다. 매개변수의 변화가 성과와 연결되지 않는 경우를 프로그램의 이론적 오류라고 한다.
> ③의 노인은 집단상담보다 개별상담을 선호한다는 것은 이론오류가 아닌 **실행오류에 해당**하는 것이다.
>
> ③

07 프로그램 평가연구에 관한 설명으로 옳지 않은 것은?

• 15회

① 종속변수는 프로그램이다.
② 유사실험설계를 사용하여 효과를 측정할 수 있다.
③ 외생변수에 대한 고려가 필요하다.
④ 투입된 비용에 대한 효과를 평가할 수 있다.
⑤ 결과를 해석할 때 정치적 관점이 개입될 수 있다.

> **정답 및 해설**
>
> 프로그램 평가는 사회복지프로그램의 성공 여부나 효율성, 효과성 등을 확인하는 것이다. **종속변수는 프로그램으로 인해 나타난 결과**이며, **독립변수는 프로그램(개입)**이다. 독립변수는 클라이언트의 변화에 영향을 미치는 변수로 개입 또는 프로그램이다.
>
> 예) 취업상담 프로그램을 실시해서 취업을 촉진시키고자 한다면, 이때 취업상담 프로그램은 독립변수이며 취업은 종속변수이다.
>
>   ①

08 또래관계증진 프로그램이 결혼이민자 가정 자녀들의 자아정체감에 미치는 영향을 평가하는 연구를 실시하고자 한다. 이 때 자아정체감의 차이를 불러올 수 있는 부모의 사회경제적 지위는 다음 중 무엇에 해당하는가?

• 17회

① 산출변수
② 외생변수
③ 투입변수
④ 종속변수
⑤ 전환변수

정답 및 해설

종속변수인 '자아정체감'의 차이를 불러올 수 있는 '부모의 사회경제적 지위'는 **외생변수**에 해당한다. **외생변수란** 연구에 포함되지는 않았지만 종속변수에 미치는 변수를 말한다.

오답풀이
① 프로그램 평가요소는 프로그램 진행과정과 관련하여 검토해 볼 수 있다. 프로그램의 투입(input), 전환(throughputs), 산출(outputs), 성과(outcomes)의 과정으로 진행된다. **산출는** 서비스의 산출과 관련된 변수로, 프로그램 활동을 통해 얻어진 직접적인 산물을 의미한다. 상담건수, 서비스에 참여한 수, 서비스 제공시간, 제공된 활동의 양, 취업인원 등이 해당된다. **성과는** 이용자가 프로그램 참여를 통해 성취된 삶의 질 측면에서의 변화를 의미하는 것으로, 프로그램 서비스를 받은 후 참가자가 얻은 이익, 참가자에게 나타나는 변화, 효과 등을 의미한다.
③ **투입는** 이용자나 서비스 자원과 관련된 변수로, 이용자, 인적 자원(종사자, 자원봉사자 등), 물적 자원, 시설, 설비의 다섯 가지 요소를 포함한다.
④ **또래관계증진 프로그램은 독립변수**이며, **결혼이민자 가정 자녀들의 자아정체감은 종속변수**에 해당한다.
⑤ **전환는** 개입방법과 관련된 변수로, 전환은 서비스의 전달과정, 즉 목적달성을 위해 투입되는 자원을 활용하여 프로그램을 진행시키는 과정을 의미한다. 전환은 서비스의 종류, 서비스의 내용, 개입의 방법 등을 포함한다.

답 ②

09 평가연구에 관한 설명으로 옳지 않은 것은?

• 20회

① 보고서의 형식은 의뢰기관의 요청에 따를 수 있다.
② 목표달성에 대한 해석이 다양한 이해관계에 영향을 받을 수 있다.
③ 질적 연구방법을 적용할 수 있다.
④ 프로그램의 실행과정도 평가할 수 있다.
⑤ 과학적 객관성을 저해하더라도 의뢰기관의 요구를 수용하여 평가결과를 조정할 수 있다.

> **정답 및 해설**
>
> 의뢰기관이 필요로 하는 정보 욕구에 맞게 평가결과를 조정할 수 있지만, **과학적 객관성을 저해하는 것은 올바르지 않다.**
>
> ✅ **보충설명**
> ① 의뢰기관에서 요청하는 **체계, 문체, 주석 및 참고문헌 표기 방법, 여백 주기** 등의 보고서 형식에 맞게 작성할 수 있다.
> ② 목표달성에 대한 해석은 **프로그램 집행자, 프로그램의 자금을 지원하는 집단, 프로그램에 의해 영향을 받는 이해집단 및 클라이언트** 등 다양한 이해관계에 영향을 받을 수 있다.
> ③ **질적 연구방법과 양적 연구방법 모두 적용**할 수 있다.
> ④ **형성평가**의 경우, 프로그램 실행과정을 개선할 목적으로 프로그램을 평가한다.
>
> 답 ⑤

MEMO

제15장 자료처리 및 조사보고서 작성

제2영역 : 사회복지조사론

▶ 제15장 회차별 출제빈도, 출제비중 및 출제논점 1, 2, 3순위

10회 2012	11회 2013	12회 2014	13회 2015	14회 2016	15회 2017	16회 2018	17회 2019	18회 2020	19회 2021	20회 2022	21회 2023	22회 2024
-	-	-	-	-	-	-	-	-	-	(1)	-	-

출제비중	출제 논점		
	1순위 ☺	2순위 ※	3순위 ☆
0~(1)			① 코딩, 부호책(codebook) ② 연구보고서 작성: 고려사항, 문체와 양식, 체계

---

01 자료처리 제작과정에서 부호책(coding book)에 고려하지 않아도 되는 것은? • 3회

① 변수의 설명　　　　　② 변수의 유형
③ 변수의 값　　　　　　④ 통계적 유의수준
⑤ 변수의 이름

> **정답 및 해설**
>
> 숫자로 코딩된 자료만으로는 그 숫자가 무엇을 의미하는 지 혼동을 일으킬 수 있으므로, 이를 위해 연구에 이용된 모든 정보 단위들에 대한 변수 이름, 변수의 내용, 자리 수, 변수 값 등을 정리해 놓은 것이 **부호책**이다. 통계적 유의수준은 부호책에 포함되지 않는다.
>
> 답 ④

02 조사보고서 작성에 관해 옳지 않은 것은?

● 4회

① 조사보고서는 명확한 표현으로 정확하게 작성한다.
② 조사보고서는 독자의 수준에 맞게 작성한다.
③ 서론에는 조사의 목적과 필요성을 기술한다.
④ 본문은 가능한 길고 자세하게 서술한다.
⑤ 근거자료를 충분히 제시하는 것이 좋다.

> **정답 및 해설**
>
> 문장은 간결하고, 짧은 문장으로, 직설적인 표현을 쓰는 것이 좋다.
>
> 답 ④

03 조사보고서 작성에 있어서 옳지 않은 것은?

● 5회

① 서론에는 연구목적, 연구결과의 함의가 기술되어야 한다.
② 본론에는 이론적 배경, 연구방법, 연구결과가 제시되어야 한다.
③ 결론에는 본문의 핵심내용, 후속 연구에의 제언이 제시되어야 한다.
④ 정확하고 체계적으로 기술해야 한다.
⑤ 독자들이 충분히 이해할 수 있는 수준으로 기술해야 한다.

> **정답 및 해설**
>
> 서론은 연구의 배경 및 연구의 필요성 및 중요성을 포함한 문제제기, 연구목적 등이 포함되어 이어서 분석단위, 변수, 가설, 조작적 정의 등에 대한 논의가 포함된다. 만약 학술적 성격이 보다 강한 보고서나 학술지에 기재하는 보고서라면 서론 부분에 문헌에 대한 검토와 이론적 배경에 대한 논의를 추가하여야 한다. 연구결과의 함의는 결론에 기술되어야 한다.
>
> 답 ①

04 조사보고서에 반드시 들어갈 기본구조에 해당하지 않는 것은? • 6회

① 표제와 목차
② 연구비 내역
③ 결론 및 제언
④ 참고문헌
⑤ 개요

정답 및 해설

연구비 내역은 포함되지 않는다.

답 ②

OIKOS UP 조사보고서의 기본구조

① 표제 : 조사제목, 조사자, 기관의 이름, 작성일자
② 목차
③ 개요 : 조사목적, 조사배경, 조사문제, 가설, 조사내용, 조사방법, 주요 조사결과 및 발견사항, 결론
④ 서론 : 조사의 취지, 필요성, 목적, 조사범위, 기존의 연구와 비교, 용어의 설명 등의 서술
⑤ 본문 : 조사의 목적, 문제와 가설, 이론적 배경, 조사설계 및 조사방법, 연구결과 및 분석
⑥ 결론 및 제언 : 결과요약, 이론적 함의(정책적, 실천적 함의), 연구의 제한점, 향후연구를 위한 제언
⑦ 참고문헌
⑧ 부록 : 설문지, 상세한 통계분석 절차, 부수적인 그림이나 표, 사회지표 등

MEMO

2025 김진원 Oikos 사회복지사1급
단원별 역대기출문제집 제1교시

발행	2024년 4월 29일
편저자	김진원
발행인	김신은
발행자	오이코스북스
주소	서울시 금천구 한내로 62, 9동 905호
주문공급	010-7582-1259

저자와의
협의하에
인지생략

ISBN 979-11-92648-17-0(13330)

가격 35,000원

이 책의 무단전재 또는 복제행위는 저작권법 제136조 제1항에 의거
5년 이하의 징역 또는 5천만원 이하의 벌금에 처하게 됩니다.